생활속의
경영학

장영광·정기만

제8판

신영사

머리말

우리가 살고 있는 현대 사회는 도전의 연속입니다. 한 사람의 개인이든 크고 작은 조직이든 관계없이 지속적으로 변화하고 발전해야 합니다. 이러한 변화와 성장의 중심에는 경영학이 있습니다. 경영학은 단순히 영리조직체인 기업의 이익을 추구하는 학문이 아니라, 사람과 조직, 그리고 사회가 어떻게 상호작용하며 성장할 수 있는지를 탐구하는 학문입니다.

『생활속의 경영학』은 이러한 경영학의 원리를 현실성 있고 실제적인 감각을 살려 일상생활에 적용할 수 있는 방법을 제시하고자 집필되었습니다. 우리는 매일매일 선택을 해야 하는 상황에 놓이고 있으며, 그 선택은 개인의 삶뿐만 아니라 주변 사람들과의 관계, 본인이 속한 조직, 나아가 사회 전반에 영향을 미칩니다. 이 책은 경영학적인 시각에서 이러한 선택을 보다 잘할 수 있는 지혜를 제공합니다.

본 책에서는 경영학의 핵심원리를 일상적인 현장의 사례와 연결하여 설명합니다. 이를 통해 독자들은 경영학이 단순한 이론이 아니라, 실제 생활 및 현장에서 유용하게 활용될 수 있는 도구임을 깨닫게 될 것입니다.

본 책은 어느덧 제8판으로 여러분을 만납니다. 우리나라 경영학 입문서의 대표로 자리매김해온 본 책은 오로지 현장에서 묵묵히 후학 양성에 매진하고 계시는 선후배 및 동료 교수님 여러분 덕분이라고 생각합니다. 진심으로 머리 숙여 감사하다는 말씀을 드립니다. 본 책의 오늘날이 있도록 헌신적으로 뛰어주신 신영사의 권영섭 사장님, 국내 최고의 교과서 편집 전문가 박지영 편집국장님, 그리고 저자들이 놓치는 작은 것까지도 꼼꼼하게 챙기고 빈틈을 완벽하게 메워주시는 신영사 편집팀에게 깊이 감사드립니다.

이 책이 독자 여러분의 삶에 작은 길잡이가 되어주고, 경영학 원리의 이해를 통해 더 나은 선택을 할 수 있는 길잡이가 되기를 바랍니다. 행운을 기원합니다.

2024. 11

저자 씀

본 책의 특징, 그리고 제8판의 특징

- 경영학 이론에 대해 핵심이론 중심으로 간결하게 설명하면서, 본문 내에서 이를 실제의 다양한 현실사례와 연결하여 설명함으로써 이해를 도왔다.
- 본문과 관계있는 통계수치를 많이 제시하여 실감도를 높이고 이해를 크게 도왔다.
- 일방적인 주입식 교육이 아닌 학습자와의 상호작용(질문, 토론, 사고 등)을 위한 다양한 학습요소를 담았다.
- 각 장의 시작과 끝에 도입사례와 토론사례를 제시하였다. 도입사례는 해당 장에서 다룰 내용에 대한 준비를 위한 것이며 토론사례는 해당 장에 대한 종합적 사고와 토론을 할 수 있는 것으로 그 내용도 도입사례보다 길고 내용도 깊다.
- 각 장의 끝에는 본문 내용과 관련이 있는 영화나 책을 소개하였다.

본 책을 활용하는 방법

- 학습진도

전체의 장(章)은 13개로 이루어져 있다. 이는 한 학기 15주 강의를 기준으로 중간고사 및 기말고사를 치르는 두 개 주를 제외하고 13주로 구성한 것이다. 경영의 주요 관리기능을 담은 제10장부터 제13장까지는 경영학의 각론이므로 진도가 늦어지는 경우에는 생략 또는 간략하게 수업을 해도 될 것이다. 이 장들은 다른 장에 비해 내용도 많다.

- 다양한 학습요소 활용
  - 도입사례 : 학습동기 유발을 위해 해당 장과 연관이 있는 사례를 제시하였다.
  - 함께 생각해보자 : 본문 내용에서 진일보한 사고를 돕는 질문들을 제시하고 있다. 본문 내용의 이해도 점검도 가능하다.
  - 쉬어가기 : 본문과 연관 지어 잠깐 생각해볼 가치가 있는 내용을 제시하고 있다.
  - 숫자로 본 경영 : 본문의 내용과 직접적으로 연관되는 각종 수치 통계이다.
  - 토론사례 : 본문의 내용을 정리하는 토론자료와 토론주제를 각 장의 말미에 배치하였다. 해당 장의 학습내용을 종합 정리하는 데 도움이 될 것이다.
  - 볼거리 읽을거리 : 본문과 관련된 책이나 영화를 소개하는 코너이다. 적절히 활용하면 매우 재미있을 것이다.
  - 본문 중의 사진 설명 : 본문과 관련 있는 다양한 사진을 제시하고 있는데, 사진 설명 문구 역시 본문 이해에 도움이 되는 것들이다.

차 례

Part Ⅰ 경영학으로의 입문

Part Ⅱ 기업과 경영환경

제3장 기업론

제 4 장
경영환경론

Part Ⅲ 관리활동의 과정

제 5 장 계획수립

제 8 장
지 휘

제 9 장
통제와 정보기술

Part Ⅳ 경영의 각 기능들

제 10 장 판매활동

제 11 장
사람과 경영

제 12 장
제품 생산 · 서비스 운영

제 13 장
재무활동과 기업의 미래

PART

I 경영학으로의 입문

제Ⅰ부에서는 경영학에 입문하기 위한 기본적인 지식에 대하여 배운다.
먼저 제1장에서는 조직이란 무엇이며, 조직과 경영의 관계, 기업과 경영의 관계, 경영의 요소 등에 대하여 배우고 이어서 경영학이란 무엇인가에 대하여 배운다.
제2장에서는 역사적으로 경영학이 어떻게 전개, 발전되어 왔는지에 대하여 배운다. 역사를 배우게 되면 과거와 현재가 정리되고 미래를 생각할 수 있다.

Chapter 1 경영학으로 초대

Chapter 2 경영학 이론의 과거와 현재

CHAPTER

1 경영학으로 초대

1. 조직의 의의와 목표
2. 경영의 의의 및 그와 관련된 개념들
3. 경영의 요소
4. 경영활동의 내용과 과정
5. 본 책의 구성과 내용

2024년 기준 300억 달러(약 40조원) 이상의 자산을 운용하고 있는 아시아 최대의 사모펀드 운용회사 중의 하나인 MBK파트너스. 김병주가 자신의 영문이름(Michael ByungJu Kim)의 이니셜을 따서 2005년에 설립했다. (자료 : MBK파트너스)

MBK파트너스 김병주 회장을 아시나요?

사모펀드 전문가 김병주 MBK파트너스 회장. 2024년 포브스코리아가 선정한 우리나라에서 두 번째 부자이다.

그는 자수성가형으로 순자산은 97억 달러(약 12조 7,000억원) 정도이다. 참고로 1위 부자는 이재용 삼성전자 회장으로, 2024년에 처음으로 1위에 올랐다. 2023년 1위는 김병주 회장이었다.

1963년에 진해에서 출생한 그는 10대에 홀로 미국 유학을 떠났고 졸업 후 미국의 투자은행 골드만삭스(Goldman Sachs), 살로만스미스바니(Salomon Smith Barney)를 거쳐 세계적인 사모펀드 운용사인 칼라일(Carlyle)에 입사해 한국 사무소 대표로 일했다.

김병주 회장 (자료 : Forbes)

2005년 3월, 칼라일 그룹에서 나와 사모펀드 운용사 MBK파트너스를 설립한 뒤 대우정밀을 시작으로 수많은 인수입찰에 참여하면서 MBK파트너스를 아시아 대표 사모펀드로 키워왔다.

그는 MBK장학재단도 운영하고 있는데, 미국 경제지 포브스가 선정한 아시아의 대표 자선가로 뽑히기도 했다.

(Fobes 외 종합)

1 조직의 의의와 목표

인간의 생활과 조직의 필연성

인간은 사회적 동물이다. 사회생활을 해나가는 데 있어서 적어도 하나 이상의 조직 속에서 살아간다. 태어나면서 가족이라는 조직의 일원이 되며, 유치원에 가면 유치원이라는 새로운 조직에 추가적으로 속하게 된다. 가족이나 초등학교, 중학교 등과 같이 자신의 의지와 관계없이 태생적으로 어느 조직에 속하게 되는 경우도 있고, 동아리나 직장, 친목모임 등과 같이 자신의 선택에 의하여 특정조직에 속하는 경우도 있다. 또한 학교나 학원, 회사 등과 같은 공식적인 조직에 속하기도 하고 친한 친구끼리 만드는 비공식적인 조직에 속하기도 한다.

▌어느 대학의 동아리 모집 홍보 모습 (자료 : 이대학보)

대학생인 여러분 자신을 한번 살펴보자. 여러분은 우선 각자 가족이라는 한 조직의 구성원일 것이다. ○○대학에 재학중이라면 일단 무조건 ○○대학이라는 학교 조직에 속해 있고 각자 학과에 소속되어 있을 수 있다. 동아리에 가입하거나 스터디모임을 구성하여 활동할 수도 있다. 이처럼 매 순간마다 언제나 어떤 모임이나 단체, 즉 조직에 소속되어 있음을 알 수 있다. 가족의 경우처럼 자신의 의지와 관계없이 가족이라는 조직에 속하는 경우가 있는가 하면 동아리나 스터디모임처럼 자신의 의지에 따라 특정조직에 속할 수도 있다. 이러한 모임이나 단체를 통칭하여 조직이라고 부를 수 있다.

조직(organization)
어떤 역할이나 기능을 수행할 수 있도록 협동하는 체계

조직(organization)이란 어떤 역할이나 기능을 수행할 수 있도록 협동하는 체계라 정의할 수 있다. 조직은 개개의 요소, 즉 개인들이 일정한 질서하에 결합하여 하나를 이루는 것이며, 이때의 결합된 집단 또는 공동체가 일정한 목적을 달성하기 위해서, 지휘관리와 역할분담이 정해져 있을 때 비로소 조직으로 본다. 사람들이 단순히 모여 있기만 하거나 또는 목적이 동일하더라도 지휘관리와 역할분담이 없으면 조직으로 볼 수 없다. 예를 들어 버스 정류장에 사람들이 모여 있다고 해서 이를 조직이라 볼 수 없다. 또한 그 버스 정류장에 모인 사람들이 우연히 동일한 버스를 탈 목적을 가지고 있다 하더라도 그들 간에 지휘관리체계가 없고 역할분담된 것이 없으므로 조직이 되지 못하는 것이다.

사회의 수많은 집단 혹은 공동체들은 자신들의 목적달성을 위하여 합리적으로 조직되어 있으며 그 집단에 속한 사람들은 해당조직 속에서 일정한 역할이 부여되는데, 이러한 방식에 의해 집단의 사회적 역할에 참여하고, 집단의 구성원이 됨으로써 사회와 연결되는 것이다.

모든 조직은 목표를 가지고 있다. 명시적이든 묵시적이든 목표가 없는 조직은 없다. 예를 들면 학교는 학생들을 교육하고자 하며 구체적인 교훈을 갖고 있다. 기업은 '고객만족' 등과 같은 목표를 명시적으로 내세우기도 한다. 그러나 가족과 같은 조직은 조직이라는 느낌이 쉽게 와닿지 않고 가정의 목표라는 개념 역시 낯설다. 하지만 모든 가정에는 가훈이 있거나 묵시적이라 하더라도 이와 유사한 것이 있다.

함께 생각해보자

여러분은 동아리에 가입했거나 가입을 고려해본 적이 있는가? 가입했다면 왜 가입했는가? 동아리를 그만뒀다면 왜 그랬는가?

조직의 특징

조직의 가장 큰 특징은 목표(objective)가 있다는 점이다. 조직구성원은 조직의 목표를 달성하기 위하여 노력하며, 그러한 노력을 하는 과정중이거나 또는 그 결과가 나타날 때 자신이 속한 조직에 소속감을 느끼게 된다. 특히 어떤 조직에 참여할 것인지를 본인이 결정할 수 있는 경우에는 그 조직이 무엇을 지향하고 있는지, 즉 목표가 무엇인지가 큰 영향을 미친다.

조직의 두 번째 특징은 조직에 위계구조(hierarchy)가 있다는 점이다. 예를 들면 기업은 「사장-이사-부장-과장-사원」 등과 같은 조직구조가 있다. 가정이나 학교도 마찬가지이며 심지어 개인적인 친목모임을 보더라도 「회장-부회장-총무」식으로 위계구조가 짜여 있다. 각 위계단계를 맡는 사람에게는 조직의 목표를 달성하는 데 필요한 권한과 의무, 책임이 주어진다.

조직의 세 번째 특징은 조직의 모습과 조직운영에 대한 내용을 정한 규정(regulations)이나 규칙(rules)이 있다는 점이다. 이 규정에는 조직의 목표, 위계구조에 관한 것은 물론이고 조직의 운영방침과 방향 등 세부적인 내용이 담긴다. 규정은 문서화하는 것이 일반적인데, 공식적인 조직일수록 그 내용이 체계적이고 세밀하다.

마지막으로 조직의 존재는 목표의 달성 여부에 영향을 받는다. 친목을 추구하는 모임에서 즐거움을 느끼지 못하는 사람은 그 친목모임 조직에 나가지 않을 것이고, 그러다 보면 조직은 저절로 와해될 것이다. 이익을 추구하는 기업도 마찬가지이다. 그래서 조직의 목표를 달성하려는 구성원들의 노력은 조직의 유지·발전 및 성장에 매우 중요하다.

□ 그림 1-1
조직의 특징

목표가 있다 | 위계가 있다 | 규정/규칙이 있다 | 목표달성 여부가 조직의 존재 여부를 결정한다

조직의 종류

조직은 분류기준에 따라 여러 가지로 나눠볼 수 있다.

먼저 조직의 공식화 정도에 따라 공식조직과 비공식조직으로 나눌 수 있다. 공식조직은 공식적인 목표를 추구하기 위한 인위적 조직으로서 제도화된 공식적인 규범을 근간으로 하여 만들어진다. 학교, 회사, 군대, 시민단체 등을 예로 들 수 있는데, 각 조직은 인재양성, 이윤창출, 국가수호, 시민정신 함양과 같은 공식적인 목표를 가진다. 이들 조직의 학칙, 정관, 법률, 운영규정 등을 공식적 규범의 예로 볼 수 있다.

비공식조직은 공식조직에 속한 구성원들이 취미나 공통의 관심사를 기반으로 공식조직 내에서 자발적으로 형성한 집단(자발적 결사체)을 말한다. 공식

숫자로 본 경영

전 세계 NGO 및 자선단체 시장 규모

(단위 : 백만 달러)

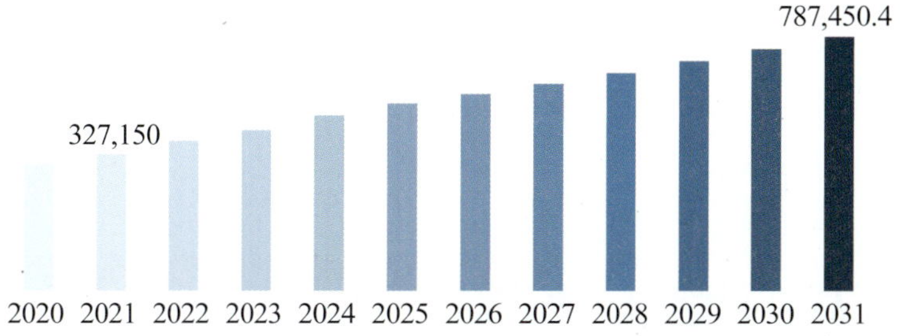

(자료 : businessresearchinsights.com)

조직과 비공식조직은 서로 반대의 개념처럼 보이지만 조직의 구조적인 면에서 보면 그렇지 않음에 유의할 필요가 있다. 비공식조직은 공식조직의 구성원 중 일부로 만들어지기 때문이다. 비공식조직은 공식조직 구성원간의 친밀감을 높이고 공식조직에서 느끼는 스트레스나 긴장감을 해소시켜 공식조직에 긍정적인 영향을 미치게 된다. 그러나 조직관리에서 문제가 되기도 한다. 공식조직의 업무에 사적 관계가 개입되고 파벌이나 연고주의가 작용하면 공식조직 시스템을 흔들게 된다. 비공식조직의 역기능이 나타날 수 있는 것이다.

조직은 그 조직이 영리를 추구하는지의 여부에 따라 영리조직과 비영리조직으로 나눌 수 있다. 영리조직은 소유주나 주주를 위해서 자본의 이익을 추구하는 단체를 말하며, 비영리조직(NPO : Non-Profit Organization)은 자본의 이익을 추구하지 않고 그 자본으로 어떠한 목적을 달성하는 단체를 말한다. 영리조직의 가장 대표적인 조직은 기업이다. 비영리조직은 다시 '사회 전체의 이익(公益)'을 목적으로 하는 단체와 '공동의 이익(共益)'을 목적으로 하는 단체로 구분할 수 있다. 전자의 예로는 학교·병원·사회복지시설을 운영하는 조직이 있으며, 후자의 예로는 동창회나 동호회가 있다.

비영리조직(NPO) 중 하나인 그린피스(Greenpeace)가 일본의 니신마루(Nisshin Maru) 선박 주위에서 불법적인 고래잡이를 중단할 것을 요구하며 시위하고 있다. (자료 : commonslibrary.org)

최근에는 두 조직 성격간의 경계가 애매한 경우도 나타난다. 영리조직이 이익만을 추구하다가 어려움에 빠지기도 하고 비영리조직이 재정적 뒷받침이 되지 않아 당초의 목표를 달성하지 못하는 경우도 있다.

조직은 그 존속기간에 따라 영구적(또는 지속적) 조직과 한시적 조직으로 나눌 수도 있다. 지속성 또는 한시성의 여부는 조직이 달성해야 할 목표가 제한된 시간범위 내에서 달성해야 하는 한시성인지에 따라 달라진다.

이상은 조직을 기초적인 관점에서 구분해본 것이다. 이 외에도 조직을 구분하는 여러 가지 방법과 내용이 있으나 이는 조직화를 다루는 제7장에서 별도로 살펴보기로 한다.

2 경영의 의의 및 그와 관련된 개념들

경영의 의의 : 조직과 경영의 관계에서 이해

조직은 당초에 세운 목표를 달성해야만 존립이 가능하다. 그래서 조직은 조직의 목표를 달성하기 위하여 계획을 세우고 실행을 하며 그 결과를 평가한다. 이러한 활동을 경영이라고 할 수 있다. 즉 '경영 또는 관리(management)'는 조직의 목표달성에 필요한 제반 활동, 과정 또는 수단이다.

경영 또는 **관리(management)** 조직의 목표달성에 필요한 제반 활동, 과정 또는 수단

경영을 보다 구체적으로 정의하면 다음과 같이 몇 개의 핵심내용으로 분할할 수 있다.*

* Michael A. Hitt et al., *Management*, p.8.

첫째, 경영은 하나의 '과정(process)'이다. 이러한 과정 속에서는 계획수립, 결정과 실행, 평가와 같은 일련의 활동(activities and operations)들이 계속된다.

둘째, 경영은 인적자원, 물적자원, 정보 등 여러 자원을 '모으고, 이를 활용하는' 활동이다.

셋째, 경영은 어떤 과업을 달성하기 위한 '목표지향적' 활동이다. 즉 경영이 이루어지면 어떤 활동이 무작위적으로 이루어지는 경우는 없다. 모든 활동은 목적적합한 것이며 방향성이 있다.

넷째, 경영은 하나의 '조직 내에서' 수행되는 활동이다.

조직의 리더는 조직의 목표를 달성하기 위하여 조직을 경영한다. 기업과

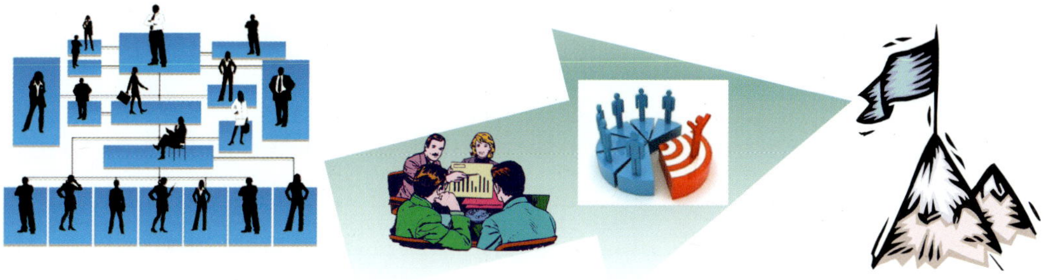

□ 그림 1-2
조직과 경영

같이 영리를 추구하는 조직이든, 학교나 공공기관처럼 비영리기관이든 예외가 없다. 기업경영, 학교경영, 병원경영, 국가경영, 심지어 '포장마차 경영'이라는 말은 그래서 기업이나 학교, 병원, 국가, 포장마차 각각의 조직에서 목표/목적을 달성하기 위한 활동을 한다는 의미이다.

그렇다면 조직체의 목표달성을 위하여 구체적으로 어떤 일을 어떻게 해야 할까? 이에 대한 대답이 본 책의 주요 내용이다.

효율성과 유효성

효율성과 유효성은 드러커(Peter Drucker)가 제안한 개념으로서 조직과 경영을 논함에 있어서 매우 중요한 개념 중의 하나이다. 경영이 조직의 목표를 달성하고자 하는 제반 활동이라면 효율성과 유효성(또는 효과성) 개념은 목표를 달성하고자 하는 조직의 성과를 평가하는 것과 연관되어 있다.

효율성(efficiency)
투입과 산출을 대비시킨 것으로 최소한의 투입으로 최대한의 산출을 얻는 것에 관한 것

유효성(effectiveness)
올바른 목표의 선택과 달성에 관한 것

효율성(efficiency)은 투입(input)과 산출(output)을 대비시킨 것으로 최소한의 투입으로 최대한의 산출을 얻는 것에 관한 것인 반면, 유효성(effectiveness)은 올바른 목표의 선택과 달성 여부에 관한 것이다. 전자가 자원의 사용을 최소화하는 능력, 즉 '일을 옳게 함(do things right)'이라면, 후자는 조직의 목표달성에 도움이 되는 활동을 하는 능력, 즉 '옳은 일을 함(do right things)'을 의미한다.

따라서 효율적인 경영이 투입된 양(인적자원, 자본, 장비, 시간 등)에 비해 상대적으로 많은 산출을 내는 경영이라면, 유효한 경영은 조직이 지향하고 있는 목표를 제대로 달성하는 것이다. 예를 들어, 어떤 음료회사가 새로운 탄산음료를 개발했는데, 새로운 공법을 적용하여 판매원가가 경쟁회사보다 20% 이상

□ 그림 1-3
효율성과 유효성

	효율성 (efficiency)	유효성 (effectiveness)
평가대상	자원의 사용 정도	목표의 달성 정도
의 미	일을 올바르게 함 (Do things right)	옳은 일을 함 (Do right things)
지향하는 것	최소한의 자원 투입으로 최대한의 산출	목표의 최대한 달성
조직의 목표달성과의 관계	목표달성을 위한 수단 −효율성이 높으면 목표달성이 쉽다	목표를 달성하는 것 −유효성이 높아야 목표달성이 된다

조직목표 달성을 위해서

효율적이고 효과적인 경영을 해야 한다

저렴하다고 가정해보자. 이는 효율성이 높아졌다고 할 수 있다. 그러나 음료시장에서 탄산음료시장은 침체 또는 축소되고 천연과즙 음료가 확대되고 있음을 감안한다면 새로운 탄산음료를 생산하고자 하는 경영의사결정은 잘못된 것으로 유효한 경영이 되지 못하는 것이다. 이처럼 효율성이 일종의 '수단'의 특성을 갖고 있다면 유효성은 조직의 '최종 목표'의 특성을 갖는다.

▌유효성과 효율성을 비교한 그림. 목표는 깃발 있는 곳에 도달하는 것이다. 깃발에 도달하는 것은 유효성에 관한 것이고, 얼마나 빠르고 적은 노력으로 도달할 것인가 하는 것은 효율성에 관한 것이다. (자료 : facilitiesnet.com)

효율성과 유효성을 [그림 1-4]와 같이 대응시키면 경영성과의 결과가 어떤 상태인지 쉽게 이해할 수 있다.

효율성이 높다는 것은 투입자원이 절약된다는 것이고 유효성이 높다는 것은 목표를 달성한다는 의미이다. 따라서 효율성과 유효성이 높으면 자원을 절약하면서도 목표를 달성하는 것이 된다. 가장 바람직한 경우이다. 반대로 가장 피해야 할 경우는 효율성도 낮고 유효성도 낮아서 투

□ 그림 1-4
효율성과 유효성의 대응과 경영성과 결과

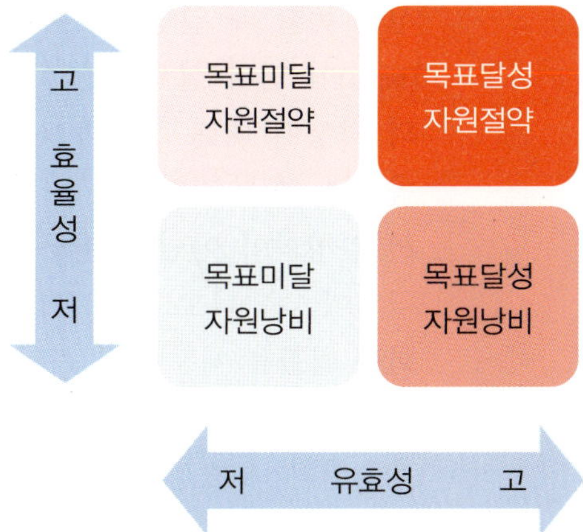

입자원이 낭비되었으나 목표도 달성하지 못하는 경우이다. 고민스러운 경우는 효율성은 낮으나 유효성은 높은 경우이다. 효율성을 무시하면 목표달성은 당연히 쉬워질 수밖에 없다. 100년 동안 사용할 수 있는 건물을 짓는 것이 목표라고 하자. 양질의 철근 자재를 표준보다 많이 사용하고 최고급 건축자재로, 우수한 인력을 투입하여 충분한 시간적 여유하에 공사를 진행한다면 당연히 좋은 건물이 될 수밖에 없다. 이처럼 목표달성 자체가 우선시될 경우, 효율성을 어느 정도까지 희생할 것인지는 경영진의 정책적 판단이 필요할 것이다.

1970년대 베스트셀러였던 미국 올즈모빌(Oldsmobile)사의 1970년형 컷래스(Cutlass)(위)와, 비슷한 시기에 미국으로 수출하기 시작한 일본 혼다의 시빅(Honda Civic)

효율적인 경영은 했으나 유효한 경영을 하지 못한 사례의 하나로 미국 자동차 회사가 인용된다. 1970년대 오일쇼크가 발생했을 때 소비자들은 연비가 좋은 차를 원하게 되었고 일본차들은 이러한 경향에 제대로 부응했다. 즉 일본차 업체가 유효한 경영을 한 반면, 미국 업체들은 자신들이 상대적으로 경쟁력이 있던, 그래서 효율성이 높은 중대형차 생산을 고집하면서 어려움에 빠지게 되었던 것이다. 당시 미국 자동차 업계는 자신들 브랜드에 대한 소비자의 신뢰가 확고할 것이라는 믿음하에 오판을 하였던 것이다.

한편 최근에는 효율성 및 유효성 개념에 새로운 관점이 도입되고 있다. 즉 지금까지는 효율성 및 유효성을 논할 때 일방향으로의 효용극대화 측면에 대해서만 관심을 가졌다. 투입(input)이 먼저 실행되면 이에 따라 산출(output)이 나오게 되는데, 이러한 한 번의 과정에 대해 투입과 산출의 비율을 따지는 것이 효율성이고, 산출이 당초 목표로 했던 것인가를 따지는 것이 유효성이다. 그러나 환경경영이 강조되면서 일방향이 아닌 순환구조(circular system)상에서 이들 개념을 보고자 하는 움직임이 나타나고 있다. 이는 유럽 일부 국가에서 환경보호를 목적으로 폐기물 회수 법률을 제정하여, 기업들로 하여금 생산물을 스스로 회수하여 처리하게 함으로써 도입된 개념이다. 환경경영이 강조되면서 선도적인 기업에서는 이미 효율성과 유효성을 '환경효율성(eco-efficiency)', '환경유효성(eco-effectiveness)' 관점에서 평가하고 있는 것이다.

기업과 경영

전통적으로 경영의 주 대상은 기업이었다. 기업은 국민경제의 중요한 한 축을 이루면서, 영리를 목적으로 경영활동을 수행하는 개별경제의 단위이다. 그렇다면 '기업경영'이라고 말할 때 기업과 경영은 어떤 관계일까? 기업과 경영을 비교 설명하면 다음과 같다.

첫째, 기업이 목적을 설정하면, 경영은 그 목적을 실현하기 위한 수단이다.
둘째, 기업은 소유단위이지만, 경영은 작업단위이다.
셋째, 기업은 수익성 또는 이윤을 추구하지만, 경영은 생산성 또는 경제성을 추구한다.

경영에 있어 효율성과 유효성도 중요하지만 경영은 일반적으로 생산성과 경제성을 추구한다.♣ 그 이유는 효율성과 유효성이 높으면 이는 더 바랄 나위 없는 최선의 상황이 되지만 유효성은 의사결정 당시에는 그 달성 여부를 쉽게 판단하기 어려운 면이 있기 때문이다(앞에서 예로 든 미국 자동차의 경우처럼 더 좋은 중대형차를 만들겠다고 내린 의사결정의 유효성 여부는 시간이 지나봐야 알 수 있다). 반면, 생산성은 효율성에 질의 개념이 포함되기 때문에 단순히 투입-산출의 과정에 초점을 두는 효율성 개념을 보완해주는

♣ 효율성과 유효성, 경제성, 생산성 용어 비교
- 효율성(efficiency): 투입 대비 산출의 비율. 투입-산출의 '과정'에 초점을 둠
- 유효성(effectiveness): 목표달성 정도를 따지는 것으로 '산출'에 초점을 둠
- 경제성(economy): '투입'에 중점을 둔 것으로 동일한 산출을 위한 최소의 비용인가의 문제에 초점을 둠
- 생산성(productivity): 효율성에 질(quality)의 개념을 추가한 것

측면이 있다. 한편 경제성이 추구되는 이유는 동일한 산출을 하고자 할 때 경영자는 그 투입비용을 최소화하고자 하는 동기를 갖기 때문이다. 예를 들어, TV 생산을 하는 데 있어 차별화 없이 가격경쟁이 치열해지는 상황인 경우, 경쟁에서 이기기 위해서는 동일한 TV 한 대를 생산하는 데 투입되는 비용을 줄일 수 있는 다양한 방법, 즉 경제성을 확보할 수 있는 방법을 강구하게 되는 것이다.

관리자와 리더

조직의 목표를 달성하기 위한 경영에 있어서 관리자(manager)와 리더(leader)의 차이점을 이해하는 것이 꼭 필요하다.

교수, 발명가, 엔지니어, 사업가로 특허를 186개나 갖고 있었던 케터링(위). 그가 개발한 구리 엔진(아래) (자료 : 종합)

먼저, 관리자의 주요 책임은 조직 내에서 특정목표를 달성하기 위해 자원을 계획, 조직화하고 통제하는 것이다. 말 그대로 관리활동을 하는 것이다. 관리활동에 대해서는 본장의 뒷부분에서 이어서 설명할 것이다. 관리자가 중점을 두는 것은 조직 운영이 원활하고 효율적으로 이루어지도록 사람, 프로세스 및 시스템을 잘 관리하는 것이다.

그러나 리더의 역할은 조직의 목표를 달성하기 위하여 사람들에게 영감을 주고 동기를 부여하는 것이다. 리더가 중점을 두는 것은 조직 내에서 사람들간의 관계를 형성하고 신뢰와 협력의 문화를 만드는 것이다. 리더는 명확한 비전과 방향을 설정하고, 효과적으로 의사소통하며, 구성원들이 직무를 할 수 있도록 권한을 부여하는 역할을 한다.

관리자와 리더의 역할 사이에는 일부 중복되는 부분이 있긴 하지만 가장 큰 차이점은 조직목표 달성에 대한 접근방식이다. 관리자는 자원을 통제하고 프로세스를 최적화하는 데 중점을 두는 경향이 있는 반면, 리더는 사람들이 조직목표를 향해 함께 일할 수 있도록 영감을 주고 권한을 부여하는 데 중점을 둔다.

그렇다면 실제의 경영현장에서 관리자와 리더를 상호 배타적으로 구분하는가? 즉 어떤 임원이 관리자라면 그는 리더가 아닌가? 그렇지 않다. 대부분의 관리자는 리더일 가능성이 매우 크다. 그러나 조직 내에서 어떤 사람은 관리자로서의 모습은 보이지만 리더로서의 특성을 갖지 않은 경우도(또는 그 반대도) 흔히 볼 수 있다. 예를 들어, 미국의 GM자동차에서 장기간 CEO, 사장, 회장을 역임했던 알프레드 슬론(Alfred P. Sloan)의 경우를 보자. GM은 당시 자동차 시장에서 포드자동차에 밀리고 있었다. 판세를 바꿔보고자 GM은 GM의 연구 책임자인 찰스 케터링(Charles Kettering)에게 공랭식 구리(copper) 엔진개발을 맡겼다. 그러나 제조부서에서는 강력하게 반대했다. 공랭식 엔진개발이 성공하면 당시로서는 시장을 뒤흔들 것으로 예상되었지만 제조부서에서는 기술적으로 성공하기 어렵다고 반대한 것이다. 공랭식 구리 엔진 프로젝트는 실패하고 폐기되었는데, 범회사적인 논란이 벌어지는 과정에서 슬론이 보인 자세는 리더의 모습은 전혀 없이 전형적인 관리자의 모습만 보였다고 전해진다.

3 경영의 요소

경영을 하기 위한 요소에는 크게 목적, 인적자원, 물적자원, 전략 및 정보 등이 있다. 전통적으로 재화를 생산하기 위한 투입요소로는 인적자원(노동)과 물적자원(자본)을 들었다. 이에 더하여 경영에서는 이러한 자원을 어떤 목적으로 사용할 것인지 '목적'이 명시되어야 하고 또한 어떻게 활용할 것인지에 관한 '전략'이 요구된다.

□ 그림 1-5
경영의 요소

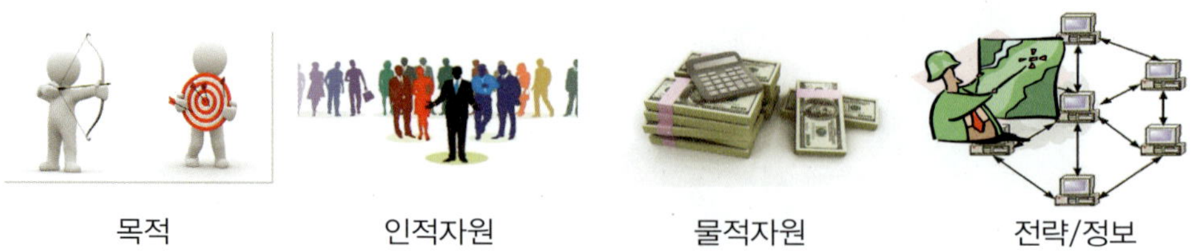

목 적

경영을 하기 위해서는 목적(purpose)이 분명하게 제시되어야 한다. 경영이 조직의 목적을 달성하기 위한 것이라면 경영의 목적은 조직의 목적이 될 것이다. 기업의 경우 경영자는 '세계 제일'이나 '고객만족 극대화' 등의 목적을 설정할 수 있다.

기업은 이윤을 추구하는 조직인데 어떻게 이런 목적설정이 가능할까? 이윤추구는 기업이 명시적인 목적으로 설정하지 않더라도 기업 존립의 기초가 된다. 기업은 궁극적으로는 이윤을 목적으로 하면서 그 과정에서 '세계 제일'이나 '고객만족 극대화' 등을 추구한다. 즉 '세계 제일'이나 '고객만족 극대화'를 달성함으로써 이윤을 획득하는 것이다.

기업의 목적에는 최고경영자의 경영철학이 담긴다. 이 때문에 기업의 정책이나 방침 등은 목적에서 출발하게 되고 모든 의사결정은 목적에 근거하여 이루어진다. 또한 조직구성원들이 경영목적을 적극적으로 수용하면 그 조직은 예상외로 큰 성과를 거두기도 한다. 그 결과 경영의 목적은 중장기적으로 조직의 특성 자체를 형성하게 된다. 예를 들어 현재 국내 재계에서 선두를 달리는 삼성의 경우 일찍이 최고경영자가 '세계 제일'을 주창했는데, 그 당시에는 국내에서조차도 그룹 소속 회사들이 각 산업분야에서 결코 최고라고 하기 힘들었다. 그러나 그룹 전체가 '세계 일류'를 추구하면서 조직구성원들의 행동양식이 달라졌으며 스스로 자긍심을 갖게 되었다. 이후 세계적으로 시장점유율 1위인 상품을 여러 개 보유하게 되었다. 유기발광다이오드패널, 낸드플래시 반도체, 초박형 TV 등이 그것이다.

인적자원 : 사람

목적을 수립했으면 이를 달성할 자원이 필요하다. 첫 번째 투입자원으로는 노동력을 제공하는 사람, 즉 인적자원(human resources)이 있다. 현대 경영에 있어서 인적자원의 중요성은 갈수록 강조되고 있다. 노동력에 주로 의존하는 기업은 물론이고 초현대화된 자동화 제조설비를 갖춘 기업이라 하더라도 그 시설을 운영, 관리하는 것은 사람이다. 기업의 미래 경쟁력의 원천이 되는 연구개발의 성과도 연구개발인력에 의해 좌우된다. 그래서 우수한 인재를 채용하기 위한

▌남아프리카 공화국 출신으로 테슬라, 스페이스X, X(SNS) 등 다수의 기술 기업의 CEO, 일론 머스크(Elon Musk). 늘 논란의 중심에 있다. (자료 : Skynews)

많은 노력이 이루어지고 있으며 채용 후에도 계속해서 교육훈련 등을 실시한다.

특히 기업간의 경쟁이 치열해지면서 인적자원으로서의 최고경영자의 중요성이 부각되고 있다. 최고경영자는 전 조직원의 능력을 극대화하고 조정할 뿐만 아니라 현재의 시장상황을 정확히 파악하고 미래를 예측하여 이에 대한 대비를 하는 의사결정을 하기 때문이다. 실제로 기업의 경영권이 후손에게 상속되는 경우가 많은 우리나라의 경우 창업주의 뒤를 이은 재벌 2, 3세들 중 경영능력에 문제가 있어 어려움을 겪은 사례를 종종 볼 수 있다.

물적자원 : 자본

경영을 하기 위해서는 물적자원, 즉 자본(capital)이 필요하다. "사업을 하고 싶어도 자본이 있어야 뭘 하지" 하는 식으로 자본은 우리가 일상생활에서도 흔히 사용하는 말이다. 땅과 건물을 사거나 빌리는 것, 기업활동에 필요한 자산을 구입하는 것, 사람을 채용하는 것 등에서 출발하여 모든 기업활동은 자본이 있어야 가능하다.

경영활동을 하기 위하여 자본을 조달하는 방법에는 자기자본으로 조달하는 방법과 타인에게서 빌리는 방법이 있다. 자본조달에서 중요한 것은 저렴하게 그리고 오랫동안 쓸 수 있는 자본을 조달하는 것이다.

좁은 의미의 자본은 화폐, 즉 돈을 의미하지만 자본 중에는 실물자본도 있다. 새로이 사업을 시작하려 할 때 돈을 제공하는 사람도 있고 물건을 직접 제공하는 사람도 있다. 물건으로 제공된 물적자원은 그에 상응하는 화폐가치로 환산하여 회계처리한다.

전략과 정보

전략(strategy)
모든 자원을 어떤 목적 달성을 위하여 조직화하고 이를 실행에 옮기는 것

사람과 자본을 준비했으면 이를 하나로 엮어내어 경영목적을 달성할 전략이 필요하다. 전략(strategy)은 기업 내의 모든 자원을 경영목적 달성을 위하여 조직화하고 이를 실행에 옮기는 것을 말한다. 기업이 우수한 사람과 풍부한 자본

정보(information)
의사결정에 도움을 주는 자료

을 보유하고 있다 하더라도 잘 짜인 전략이 없다면 크게 빛을 발하지 못하는 경우가 많다. 경영전략을 잘 수립한 기업만이 치열한 경쟁에서 살아남을 수 있다.

게토레이는 1965년 미국 플로리다주립대에서 미식축구팀을 위하여 개발한 음료이다. 이 팀의 마스코트는 악어(Gator)로, 게토레이는 이 이름에서 비롯되었는데, 이 팀이 1967년에 큰 성과를 내면서 알려지기 시작했다.
(자료 : https://fortunedotcom.files.wordpress.com)

한편 전략적 의사결정을 하기 위해서는 정보가 필요하다. 정보(information)는 의사결정에 도움을 주는 자료를 말한다. 정확하고 충분한 정보 없이는 정확한 의사결정을 내릴 수 없다. 경쟁력을 갖춘 기업은 정보전쟁에서 앞서 나가는 경우가 많다. 그래서 기업들은 정보 확보에 총력을 기울이고 있으며 정보 전담부서를 두는 경우도 많다.

스포츠 음료 게토레이의 사례는 정보가 전략과 어떻게 연동되는지에 대해 시사하는 바가 크다. 게토레이는 펩시코(PepsiCo)가 판매하는 음료이다. 게토레이의 마케팅전략 수립을 위하여 이 회사는 최신 정보기술을 가장 빠르게 도입한 회사로 꼽힌다. 실시간으로 소셜미디어에서의 반응을 연구하기 위하여 '미션 컨트롤(Mission Control)'이라는 소셜미디어 관리팀을 만들어서 페이스북이나 트위터 같은 소셜미디어에서 게토레이가 어떤 식으로 언급되는지를 실시간으로 조사했다. 연간 100만 건 이상의 빅데이터 분석이 이루어졌으며 그 결과는 다소 놀라웠다. 스포츠를 즐기는 사람들보다 온라인 게임을 하는 사람들이 게토레이를 훨씬 더 자주 언급하고 있었던 것이다. 당연히 마케팅전략의 초점이 이들에게 맞춰지게 되었고 그 결과는 지속적인 성장으로 이어졌다.

회원 수 약 3,100만 명으로 카드업계 점유율 1위를 차지하고 있는 신한카드도 빅데이터 분석에서 도출된 정보로 다양한 전략을 구사하고 있다. 민간기업으로는 최초로 데이터전문기관으로 선정된 금융사이기도 한 신한카드는 2013년에 금융기관 중에서 가장 먼저 빅데이터연구소를 설립했으며 심지어 확보된 빅데이터를 판매하여 2023년 기준 140억원의 수익을 올리기도 했다.

숫자로 본 경영

신한카드가 빅데이터 분석을 통해 파악한 병원 유형별 이용금액 증감률

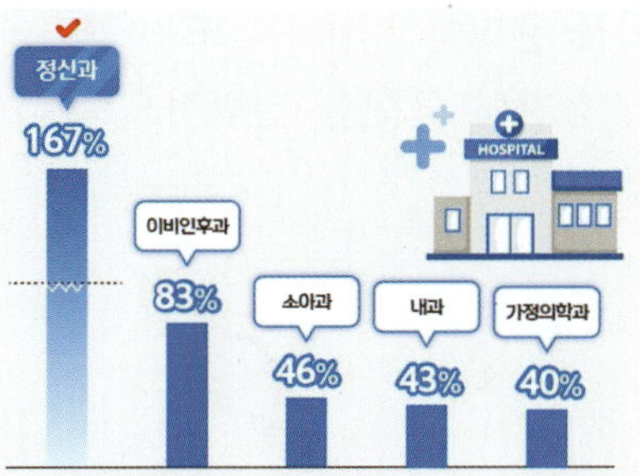

구분	정신과	이비인후과	소아과	내과	가정의학과
20대	128%	52%	-25%	23%	13%
30대	208%	59%	-5%	33%	19%
40대	172%	108%	120%	41%	46%
50대	158%	88%	131%	39%	42%
60대	146%	94%	74%	60%	58%

(자료 : businessplus.kr)

4 경영활동의 내용과 과정

구체적인 경영활동에는 어떤 것이 있고, 어떤 과정을 거칠까? 먼저 구체적인 경영활동에 대해서 알아보고, 이어서 경영 또는 관리 활동은 어떤 과정으로 이루어지는지 알아보자.

관리의 순환과정

PDS 사이클과 PDCA 사이클

경영은 조직의 목적을 달성하기 위한 활동이나 과정을 말한다. 실제로 이루어지는 경영활동은 조직, 예컨대 기업의 목표달성을 위하여

- 계획을 세우고(**p**lan)
- 이를 실행하며(**d**o)
- 실행결과를 평가하고(**s**ee) 이를 다시 계획에 피드백하는

관리의 순환과정
또는 **경영의 순환과정**
(business management cycle)
계획을 세우고 이를 실행하며, 실행 결과를 평가하고 이를 다시 피드백하는 일련의 연속적인 과정

일련의 연속적인 과정으로 이루어진다. 이를 관리의 순환과정 또는 경영의 순환과정(business management cycle)이라고 하며, 전자의 표현을 일반적으로 더 많이

□ 그림 1-6
PDS 사이클

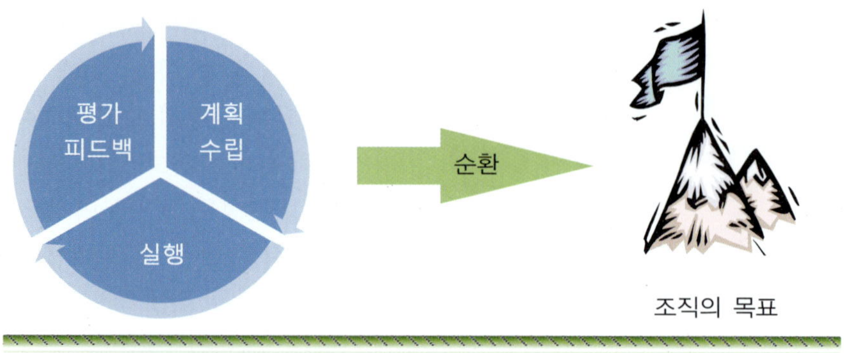

사용한다. 관리의 순환과정은 각 단계의 머리글자를 따서 PDS 사이클이라고도 부른다. '경영'활동은 1회만 하고 끝마치는 활동이 아니기 때문에 순환과정이라고 한다. [그림 1-6]에서 보는 바와 같이 계속되는 순환과정은 단순한 순환이 아니라 당초 세웠던 계획의 실행결과를 새로운 계획에 계속적으로 피드백하면서 조직의 목표를 달성하기 위한 방향으로 순환된다.

계획수립

계획(plan)을 세우는 것은 조직이 달성하려는 미래의 목표를 정하고, 이 목표를 달성하기 위하여 조직구성원이 어떤 일을, 어떻게 해야 하는지를 정하는 경영활동이다. 계획은 미래에 관한 것이지만 과거의 자료가 많은 참고가 된다. 따라서 기업은 연속되는 기업활동에서 자료의 관리에도 신경을 써야 한다.

수립된 계획에 따라 경영활동이 이루어지므로 계획은 정확성 및 정밀성을 갖추어야 한다. 그러나 조직을 둘러싼 환경은 계획수립 당시에 예측한 것과는 전혀 다른 방향으로 전개될 수도 있다. 이럴 때에는 당초 수립했던 계획이 차질을 빚게 된다. 그래서 계획은 미래의 예측하지 못한 환경변화에 대응하기 위하여 유연성을 갖는 것이 중요하다.

계획을 수립할 때에는 수립되는 대상기간에 따라 단기계획, 중기계획, 장기계획 등으로 나눌 수 있다. 통상적으로 단기계획은 1년 이내의 일상적인 조직활동에 대한 계획을 말하며, 중기계획은 1~2년 정도의 전술적인 면이 강한 계획이다. 장기계획은 전략적 계획으로서 3년 이상의 기간을 대상으로 수립되는 계획을 말한다.

한편 계획은 미래의 경영활동에 대한 계획이라는 점 외에도 실행된 경영활동의 평가시 평가기준이 된다는 중요한 의미가 있다. 즉 평가를 하기 위해서는 어떤 기준(표준)이 있어야 하는데, 평가활동이라는 것이 당초 계획했던 것에 대한 성취 여부를 판단하는 것이므로 계획이 평가의 기준이 되는 것이다. 따라서 계획을 수립할 때에는 계획의 실행 후 그 실행결과를 평가할 때의 상황도 고려할 필요가 있다.

실 행

계획이 수립되었으면 이를 실행(do)한다. 실행단계에서는 계획수립단계에서 계획된 그대로 실천하면 된다. 계획에 나타난 바에 의하여 조직화하고 리더의 지휘와 조정에 따라 과업을 수행한다.

평가와 피드백

경영활동의 순환과정에서 마지막에 위치하는 평가(see)는 경영활동의 실행결과가 당초 수립되었던 계획과 얼마나 일치하는지를 판단하는 활동이다. 평가결과는 다음의 계획수립시에 피드백(feedback)되어 반영된다.

계획과 결과를 비교하는 평가결과는 크게 두 가지가 있을 수 있다. 하나는 계획보다 성과가 나은 경우이고, 다른 하나는 성과가 계획에 미치지 못하는 경우이다. 전자의 경우에는 양호한 성과에 대한 보상과 칭찬이 주어져야 할 것이며, 후자의 경우에는 무엇보다 그 원인분석이 선행되어야 한다.

결과가 나온 뒤의 평가도 중요하지만 이때에는 이미 확정된 결과에 대한 평가만 가능할 뿐 결과의 수정이 불가능하다. 따라서 평가활동이 궁극적으로 당초 수립된 목표를 달성하려는 활동임을 감안한다면 평가활동은 처음 단계에서부터 이루어져야 한다. 그렇게 함으로써 실행내용이 계획과 달라지는 상황이 파악되면 적기에 이를 교정할 수 있기 때문이다.

한편 PDS 사이클과 유사한 것으로 PDCA 사이클이 있다. 이는 계획을 세우고(**plan**)-실행 후(**do**)-확인하여(**check**)-조치한다(**act**)의 줄임말로 전통적인 품

□ 그림 1-7
PDCA 사이클

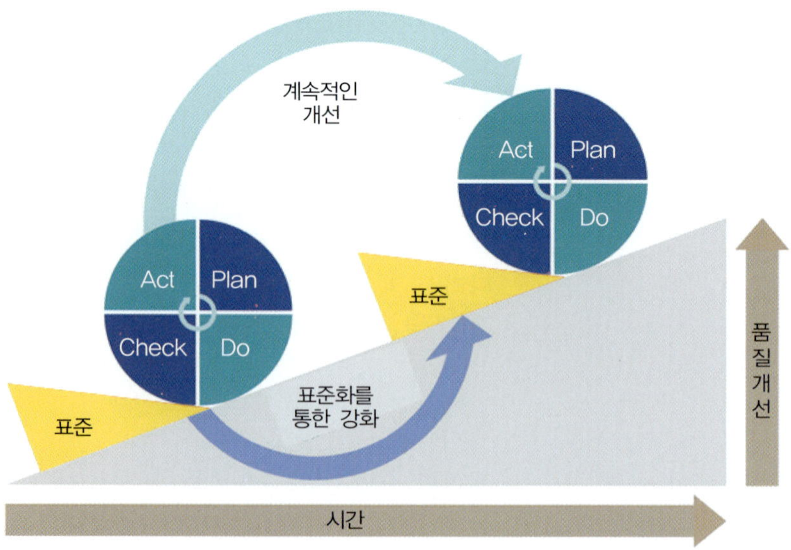

질관리 영역에서 지속적인 품질개선을 위한 프로세스로 시작해서 일반적인 비즈니스 영역에서도 광범위하게 적용되고 있다.

PDCA가 추구하는 것은 [그림 1-7]처럼 경사면을 시각화하여 설명할 수 있다. 하나의 PDCA 사이클이 완료되면 경사면을 따라 올라가게 된다(품질이 개선된다). 개선 내용이 반영된 표준이 그림에서처럼 쐐기가 되어 기존의 프로세스가 후퇴되지 않도록 버팀목 역할을 한 상태에서 다음의 PDCA 프로세스가 계속된다. 시간의 흐름에 따라 이러한 과정의 반복을 통하여 품질개선이라는 조직 목표 중의 하나가 달성되도록 하는 것이다. 이 사이클은 월터 슈하트(Walter Shewhart)가 처음 제안했고 에드워즈 데밍(Edwards Deming)이 관리에 실제로 활용하면서 널리 알려졌다. 이 때문에 슈하트 사이클 또는 데밍 사이클이라고도 한다.

POLC 프레임워크

앞서 설명한 관리의 순환과정은 「계획수립-실행-평가」의 3단계로 나타내었다. 이러한 3단계 순환과정은 직관적으로 이해하기가 쉬운 반면 실행단계에서 이루어지는 활동이 무엇인지를 나타내주지 못한다. 3단계 순환과정을 좀더 세분화하면 [그림 1-8]과 같이 4단계 순환과정으로 나타낼 수 있다.

□ 그림 1-8
POLC 프레임워크

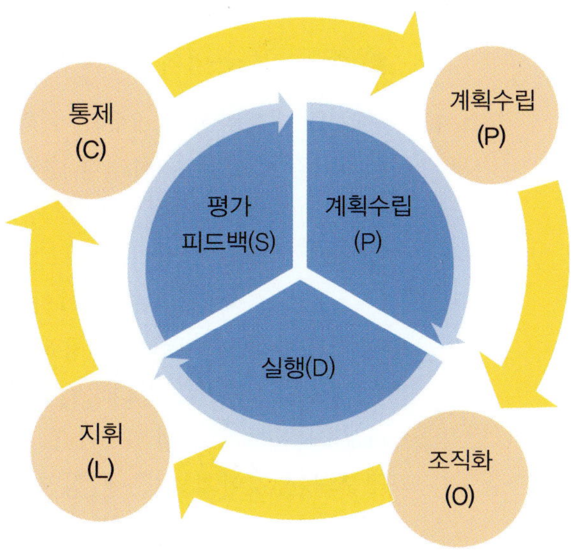

즉 관리의 순환과정은

- 계획을 수립하고(**p**lanning)
- 계획을 실천하기 위한 조직을 갖추고(또는 조직을 재구성하고)(**o**rganizing)
- 리더의 지휘에 따라 실제적인 과업을 수행하고(**l**eading 또는 directing)
- 계획된 대로 과업이 수행될 수 있도록 통제활동을 수행하고 이를 다시 계획에 피드백하는(**c**ontrolling)

일련의 연속적인 과정으로 이루어진다. 3단계 순환과정과 비교하여 달라진 점은 PDS 사이클의 '실행' 부문이 4단계에서는 '조직화'와 '지휘' 활동으로 나누어졌다는 것이다. 마지막 단계인 '평가와 피드백'은 사실상 '통제'와 동일한 활동이다. 이러한 관리의 순환과정을 POLC 프레임워크라고 한다.

3단계인 PDS 사이클은 관리의 일반적인 형태를 보이는 반면, 4단계인 POLC 프레임워크는 활동을 구체적으로 명시하고 있기 때문에 경영학에서 관리의 순환과정을 설명할 때에는 후자를 인용하는 것이 일반적이다. 따라서 본 책도 제Ⅲ부에서 관리의 순환과정을 설명할 때 4단계 구분방법에 의할 것이다.

구체적인 경영/관리 활동 : 경영의 주요 기능

주요 기능분야의 구분

관리의 순환과정은 「계획-실행-평가」 또는 「계획수립-조직화-지휘-통제」로 이루어짐을 보았다. 이러한 순환과정은 무엇을 대상으로 이루어지는 것일까? 즉 '무엇(what)'에 대하여 계획을 수립하고 실행하며 평가하는 것일까? 그것은 바로 조직의 목적을 달성하기 위하여 수행해야 할 구체적인 과업 또는 업무이다.

기업을 예로 들면, 관리의 순환과정의 대상이 되는 과업으로는 필요한 자금을 조달하고, 사람을 채용하며, 제품이나 서비스를 생산하여 판매하고, 이러한 활동을 수치로 정리하는 것 등이 있다. 이러한 일들은 기업의 주요 기능(function)분야라고 할 수 있다. 주요 기능분야는 결국 기업경영에서의 업무별로 구분되는 것이기 때문에 경영의 주요 업무부문이라고도 한다.

이를 간단히 정리하면 다음과 같다.

- 인적자원관리 : 사람의 선발, 교육, 배치, 과업부여 및 평가
- 생산 · 운영관리 : 제품이나 서비스의 생산 또는 창출
- 마케팅관리 : 제품이나 서비스의 홍보, 판매
- 재무관리 : 조직이 필요한 자금의 조달 및 운용
- 회계 : 기업활동을 수치로 요약, 정리
- 경영정보시스템 : 경영을 돕기 위하여 구축된 정보시스템

주의할 것은 회계와 경영정보시스템 부문은 앞의 네 기능분야(인적자원관리, 생산 · 운영관리, 마케팅관리, 재무관리)와 병립하는 분야가 아니라 네 분야의 활동결과를 요약 또는 집중시키는 부문이라는 점이다. 이는 [그림 1-9]를 보면 잘 나타나 있다. 한편 기업의 주요 기능분야인 이러한 활동은 사실 기업에 국한되는 것만은 아니다. 비영리조직이나 공공기관도 업무를 기능별로 분화하면 이와 유사하다.

ㅁ 그림 1-9
경영의 각 기능분야와 관리의 순환과정의 관계

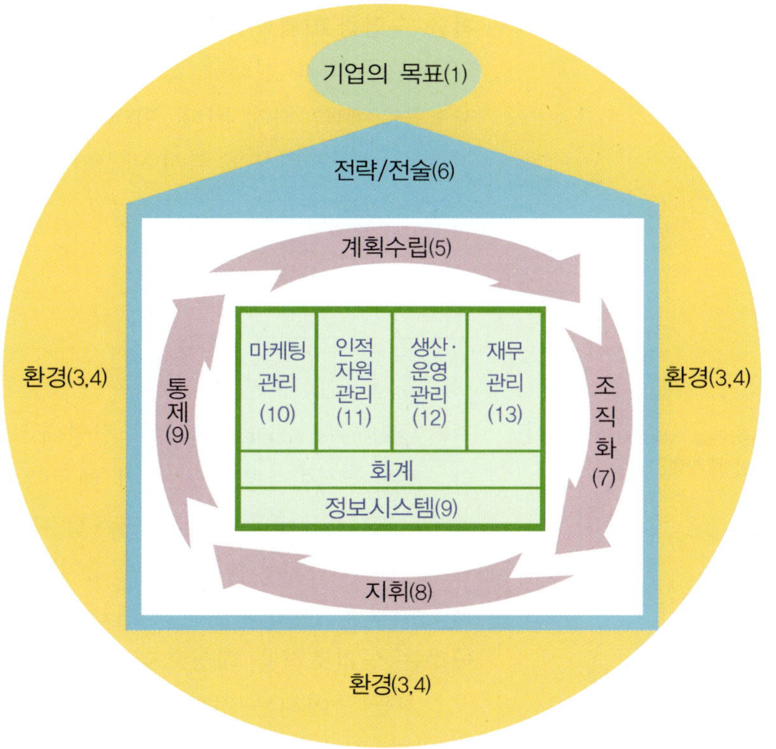

※ ( ) 속의 숫자는 본 책의 장(章)을 나타냄

본 책 제Ⅲ부에서는 이러한 각 기능부문에서 어떠한 관리활동이 이루어지는지 알아볼 것이다.

각 기능분야의 목표와 기업 전체의 목표

이들 각 경영기능분야는 나름대로의 부문별 목표가 있을 수 있지만 궁극적으로는 기업 전체의 목표/목적에 부합되는 목표를 수립해야 한다. 예컨대 어느 기업이 '세계 일류'라는 기업목표를 세웠다면 인적자원부문은 '세계적인 경쟁력을 갖춘 인재 양성'이라는 목표를 세울 수 있고, 생산부문에서는 '세계 제일의 제품 개발'이라는 목표를 정할 수 있다. 각 기능분야가 추구하는 목표와 기업 전체가 추구하는 목표가 조화로워야 하는 것이다.

관리의 순환과정과 각 기능분야의 관계

관리의 순환과정이 3단계 혹은 4단계인가의 여부와 관계없이 각 기능부문에서는 관리의 순환과정활동이 일어난다. 마케팅의 판매활동을 예로 들면 판매계획을 수립하고[계획수립], 이에 필요한 인력이나 조직을 구성한 후[조직화], 리더의 지휘에 따라 실행에 옮기며[지휘], 계획대로 과업이 추진되는지에 대한 통제활동[통제]을 하게 된다. 이러한 관리의 순환과정은 생산관리부문, 마케팅관리부문, 재무관리부문 역시 마찬가지이다. [그림 1-9]를 보면 이러한 관계가 잘 나타나 있다.

경영학의 의의와 특성

경영학(business administration)
경영에 대한 체계적인 연구를 하는 학문분야

경영학(business administration)은 경영에 대한 체계적인 연구를 하는 학문분야이다. 모든 조직이 '경영'을 하기 때문에 경영학의 대상도 모든 조직이 된다. 그래서 경영학을 넓은 의미로 인식할 때에는 모든 조직체를 대상으로 하는 경영을 말한다. 그러나 전통적으로 경영의 주된 대상은 기업이었다. 그래서 아직도 '경영' 하면 '기업경영'을 떠올리는 경우가 많다. 좁은 의미의 경영학은 기업이라는 영리조직을 대상으로 한다.

최근 들어서는 기업뿐만 아니라 거의 모든 조직에 '경영' 개념이 도입되고 있다. 심지어 가장 보수적이라고 할 수 있는 학교나 종교기관까지도 '경영'

이라는 말을 서슴없이 붙이고 있는 실정이다.

경영학은 유기체와 같은 조직을 대상으로 하기 때문에 실용적인 성격이 강하다. 또한 조직체의 목적달성에 도움이 될 만한 타 학문분야를 응용하여 적용하기도 한다. 경제학, 사회학, 심리학, 인류학, 정치학 등 제반 학문지식을 응용하고 통합하는 응용학문, 통합학문의 특성도 지니고 있다.

5 본 책의 구성과 내용

본 책은 크게 4부로 구성되어 있다. 먼저 제Ⅰ부에서는 현대 기업과 경영을 이해하기 위한 기초적인 개념들을 배운다. 제1장에서는 조직과 경영이란 무엇인지 배웠다. 제2장에서는 경영학이 어떻게 발전되어 왔는지 그 역사에 대하여 배운다. 지금까지의 경영학의 전개의 토대가 되었던 이론 및 향후의 경영학 발전 방향에 대한 시사점을 얻을 수 있을 것이다.

제Ⅱ부에서는 기업과 환경에 대하여 배운다. 먼저 제3장에서는 기업의 종류와 변화 양태에 대하여 배우고, 제4장에서는 기업경영에 영향을 미치는 환경에 대하여 배운다.

제Ⅲ부에서는 관리의 순환과정에 대하여 다룬다. 관리의 순환과정은 계획수립, 조직화, 지휘, 통제의 순으로 이루어진다. 먼저 제5장에서는 계획수립에 대하여 배우고, 제6장에서는 장기적인 관점에서의 계획수립인 전략적 계획수립에 대하여 배운다. 이어서 제7장에서는 조직화, 제8장에서는 지휘, 제9장에서는 통제 및 경영정보시스템에 대하여 배운다.

제Ⅳ부에서는 경영의 주요 기능분야에 대하여 다룬다. 제10장에서는 마케팅관리에 대하여 배우고, 제11장에서는 인적자원관리에 대하여 배우며, 제12장에서는 생산·운영관리에 대하여 배운다. 마지막 제13장에서는 재무관리에 대하여 배운다.

경영의 전반적인 체계와 본 책의 구성은 [그림 1-9]에 정리하였다.

토론

"미래 먹거리로 활로 찾는다"… 카드사, 빅데이터 사업 정조준

카드사들이 빅데이터를 활용해 경쟁력 강화에 나선다. 카드사들이 보유한 방대한 데이터를 판매해 수익을 창출하거나, 빅데이터 연구를 기반으로 상품 개발이나 마케팅에 활용하면서다. 카드사들은 결제내역 등 데이터 자산의 활용도를 지속적으로 높여갈 방침이다.

3일 업계에 따르면 카드사들은 데이터 관련 조직을 두고 빅데이터 분석, 판매 등 다양하게 데이터 관련 업무를 추진하고 있다. 신한카드는 빅데이터 기획, 신한원데이터 관리, 트렌드 분석 등을 담당하는 빅데이터연구소와 데이터 수익사업을 맡는 데이터사업본부를 두고 있다. 신한카드는 2013년 빅데이터연구소를 설립했다. 올해부터는 데이터사업본부를 본부급 조직으로 격상했다. 신한카드의 데이터판매 수익도 지난해 기준 140억원 수준까지 확대됐다.

삼성카드는 '인공지능(AI)·빅데이터담당' 조직을 두고 있다. 빅데이터를 분석하고 AI를 통해 학습시키면서 다양하게 활용하기 위한 조직이다. 삼성카드는 최근 보유한 데이터 콘텐츠와 상품을 이용할 수 있는 데이터 플랫폼인 '블루 데이터랩(BLUE Data Lab)'을 오픈했다. 하나투어, 아모레퍼시픽, 세빌스코리아 등 업체들과 업무협약을 체결하며 빅데이터 마케팅을 추진할 예정이다.

KB국민카드는 데이터사업부, 데이터서비스 1·2부 등으로 이뤄진 데이터사업그룹을 운영하고 있다. 데이터사업부는 데이터 분석, 컨설팅 등의 사업을 하며 수익사업을 추진하고 있으며 데이터서비스부는 데이터 분석을 통한 모델링, 이업종

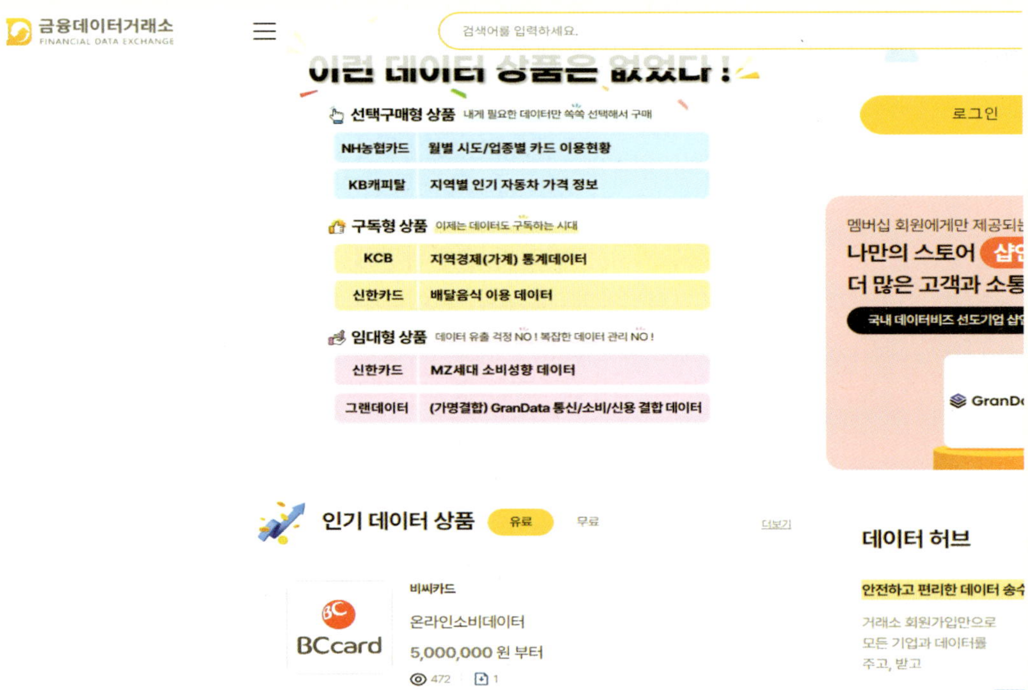

금융데이터거래소 홈페이지. 카드사를 포함한 금융사들이 데이터를 판매하고 있음을 알 수 있다. 하단의 BC카드의 온라인소비데이터 가격은 500만원부터임도 알 수 있다. (자료 : 금융데이터거래소)

데이터 제휴 등을 맡고 있다. 국민카드는 AI와 데이터 기반의 마케팅 및 플랫폼 경쟁력 강화, 데이터 비즈니스 관련 신사업 영역 확장, KB금융그룹 데이터 시너지 확대를 중점으로 두고 데이터 사업을 추진하고 있다.

현대카드는 데이터사이언스실, 데이터 랩 등을 통해 데이터 관련 업무를 수행하고 있다. 단순히 데이터를 분석하고, AI를 활용하는 수준을 넘어 현대카드의 금융 데이터를 활용할 수 있도록 데이터를 설계하고 알고리즘을 개발해 고도화하고 있다는 설명이다. 특히 다양한 PLCC(상업자 전용 신용카드)를 기획 · 운영하고 있는데 해당 파트너사들과 데이터 교차 마케팅을 진행하고 있다.

롯데카드는 사내에 데이터사이언스실을 두고 있다. 산하에는 데이터사이언스팀, 추천알고리즘팀, 데이터스(Datus)분석팀 등이 있다. 빅데이터 분석, 개인화추천 서비스 기획 및 개발, 빅데이터 모델 개발 및 운영, 데이터 판매 등을 각각 담당하고 있다. 우리카드는 D&D(디지털앤데이터)사업본부를, 하나카드는 데이터본부, BC카드는 데이터사업본부를 각각 운영하고 있다.

카드업계는 축적된 데이터를 분석해 마케팅 등에 활용하는 한편, 외부와의 협업 등도 지속 추진해 나간다는 방침이다. 새로운 성장동력을 발굴하기 어려운 카드업계가 미래 경쟁력을 확보하기 위해 빅데이터를 주목하고 있다는 분석이다. 카드업계 관계자는 "금융업권의 경계가 없어지고 타 업권과 경쟁하기 위해서는 플랫폼과 데이터의 경쟁력이 필수"라며 "데이터 기반의 차별화된 경쟁력을 갖춰 새로운 먹거리를 발굴하고자 빅데이터 관련 사업을 계속 추진하고 있다"고 말했다.

(아시아투데이, 2024.6.3)

토론주제 금융상품 이용자의 정보가 축적되어 만들어진 빅테이터의 활용은 어디까지 허용되어야 할까? 금융기관(은행, 카드사 등)의 입장과 이용자인 개인의 각각 입장에서 토론해보자.

볼거리 **읽**을거리

돈 밝히는 세계사

차현진 지음 | 문학동네 | 2024

정치, 경제, 철학, 역사, 문화 등 분야를 넘나들며 탐욕을 비롯해 돈을 대하는 여러 감정이 낳은 역사적 사건들과 그에 담긴 돈의 속성을 조명함으로써 돈의 생사고락이 곧 인간의 역사임을 보여준다. 돈과 경제에 관한 최소한의 교양뿐만 아니라, 한국은행 37년 경력의 베테랑 뱅커만이 전할 수 있는 국가정책과 중앙은행의 숨은 뒷이야기까지 금융과 경제를 바로 보기 위한 통찰이 담겨 있다. 저자를 따라 과거부터 오늘날까지 인간과 돈이 어떻게 서로 연결되고 이어져왔는지 파헤치다보면 돈의 특성을 입체적으로 알게 되고 나아가 경제의 흐름을 읽는 새로운 시야를 얻게 될 것이다.

(자료 : 교보문고)

핵심용어

- 조직
- 조직의 특징
- 공식조직과 비공식조직
- 영리조직과 비영리조직
- 경영
- 관리
- 효율성, 유효성
- 환경효율성, 환경유효성
- 경제성
- 관리자, 리더
- 경영의 요소
- 목적
- 인적자원
- 물적자원
- 전략/정보
- 관리의 순환과정
- PDS 사이클
- PDCA 사이클
- POLC 프레임워크
- 기업경영의 주요 기능분야

요 약

- 조직은 어떤 역할이나 기능을 수행할 수 있도록 협동하는 체계이다. 모든 조직은 목표를 정한 후, 위계구조를 만들고 조직운영에 대한 내용을 정한 규정이나 규칙에 따라 목표를 달성하려 한다. 따라서 조직의 존속 여부는 목표의 성취 여부에 좌우된다.
- 조직은 분류기준에 따라 공식조직과 비공식조직, 영리조직과 비영리조직, 영구적 조직과 한시적 조직으로 나눌 수 있다.
- 효율적인 경영이 투입된 양에 비해 상대적으로 많은 산출을 내는 경영이라면, 유효한 경영은 조직이 지향하고 있는 목표를 제대로 달성하는 것이다.
- 환경경영이 중요시되면서 환경효율성과 환경유효성 개념이 대두되고 있다.
- 기업과 경영의 관계를 보면, 기업이 목적을 설정하면 경영은 그 목적을 실현하기 위한 수단이 된다. 기업은 수익성 또는 이윤을 추구하지만, 경영은 생산성 또는 경제성을 추구한다.
- 경영은 조직의 목표달성에 필요한 제반 활동, 과정 또는 수단이다. 경영을 하기 위한 요소에는 크게 목적, 인적자원, 물적자원, 전략 및 정보 등이 있다.
- 경영활동은 조직, 예컨대 기업의 목표달성을 위하여 계획을 세우고(plan), 이를 실행하며(do), 실행결과를 평가하고(see), 이를 다시 계획에 피드백하는 일련의 연속적인 과정으로 이루어진다. 이를 관리의 순환과정(business management cycle)이라고 한다. 관리의 순환과정은 「계획수립－조직화－지휘－통제」로도 나타낼 수 있다.
- 기업경영의 주요 기능분야로는 인적자원관리, 생산 · 운영관리, 마케팅관리, 재무관리 등이 있으며 이를 정리 · 집계하는 회계 등이 있다. 이들 각 부문의 목표는 기업 전체의 목표와 조화를 이룬다. 또한 이들 각 부문에서는 관리의 순환과정에서 볼 수 있는 활동이 수행된다.

연습문제

1. 조직이란 무엇이며 어떤 특징이 있는가?
2. 경영이 무엇인지 정의를 내리되, 정의 각 항목에 대하여 구체적으로 설명하라.
3. 경영과 조직의 관계를 설명하라.
4. 효율성과 유효성이 어떻게 다른지 보기를 들어 설명하라.
5. 환경효율성과 환경유효성의 개념이 기존의 효율성 및 유효성 개념과 다른 점은 무엇인가?
6. 관리자와 리더는 어떻게 다른지 설명하라.
7. 경영의 네 가지 요소가 경영활동에서 어떤 의미가 있는지 설명하라.
8. 두 가지의 관리의 순환과정을 비교하여 설명하라.
9. 기업경영의 주요 기능분야를 제시하고 이들과 관리의 순환과정의 관계를 설명하라.

CHAPTER

2 경영학 이론의 과거와 현재

1. 경영사를 배우는 이유와 경영사 전개 구조
2. 초기 경영학 시대
3. 고전적 경영학 이론
4. 행동학적 경영학 이론
5. 계량경영학 이론
6. 현대 경영학 이론

산업혁명은 빈곤을 가져왔고 가난한 사람들을 더욱 가난하게 만들었다는 주장은 프리드리히 엥겔스(Friedrich Engels)를 비롯한 여러 사람이 주장했던 것으로, 1949년 토마스 애쉬튼(Thomas Ashton)의 『산업혁명(The Industrial Revolution)』이 출판되면서 바로잡혔다. 사진은 산업혁명 당시의 공장 모습(자료 : Adamsmith.org)

* 저자주 : 경영학은 역사적으로 미국뿐만 아니라 독일, 심지어 일본조차도 나름의 역사를 가지고 있다. 본 책에서는 본류라고 할 수 있는 미국 경영학의 역사를 중심으로 서술하였다.

산업혁명의 명과 암

산업혁명은 18세기 중반 영국에서 시작되어 나중에 전 세계로 퍼진 기계화와 혁신의 시기를 말한다. 영국 산업혁명은 석탄과 철이 그 중심에 있다. 미국 산업혁명은 때때로 "제2차 산업혁명"이라고도 불리며, 1870년대 도금 시대에 시작되어 제2차 세계대전까지 이어진 시기를 말한다. 이 시대에는 농업과 제조업이 기계화되었고 증기기관, 자동차, 비행기를 포함한 새로운 교통수단이 도입되었다.

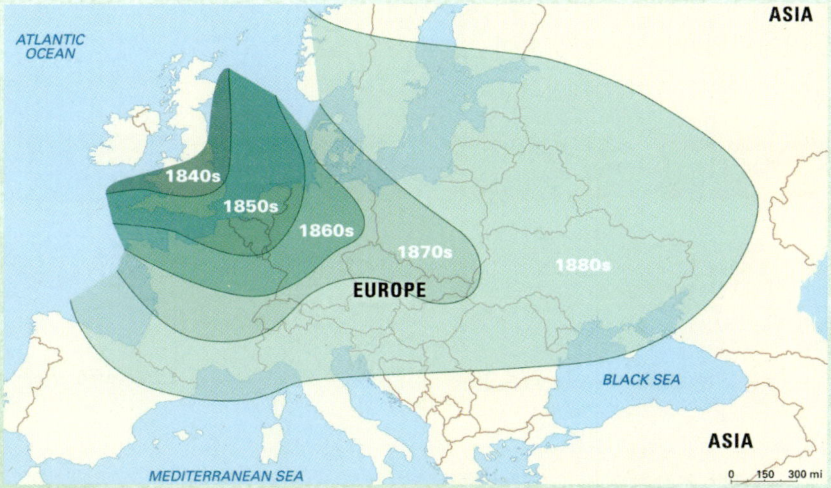

산업혁명의 전파 (자료 : britannica.com)

산업혁명 이전에는 대부분 사람들이 농업에 종사했으며 그들의 삶은 매우 비참했다. 산업혁명이 진행되면서 이들은 도시로 이주하게 되었고 공장에서 일하면서 농업 분야에서 일하는 것보다 더 많은 임금을 받았다.

그러나 공장의 수가 늘어나고 도시로의 이주가 늘어나면서 오염, 열악한 작업 및 생활환경, 아동노동이 문제가 되었다. (관련 자료 종합)

1 경영사를 배우는 이유와 경영사 전개 구조

본장에서는 경영학의 역사에 대해 살펴본다. 경영사를 배우는 것은 여러 이유에서 중요하다. 먼저 조직을 경영하고 관리하는 이론과 실무적 관행이 시간의 흐름에 따라 어떻게 진화했는지를 알 수 있다. 이런 과정에서 경영자들은 현대 기업들의 관행의 맥락을 파악하고 조직관리를 하는 데에 도움을 얻을 수 있다. 혁신을 위한 영감을 얻을 수도 있다. 과거를 돌아봄으로써 조직의 관리자는 당면 과제에 대한 독특한 해결책을 찾을 수 있고 환경적 요인에 대한 통찰력을 얻을 수도 있다. 각 시대의 관리방식은 당시의 문화적·사회적·경제적 요인들의 영향을 받은 것이다. 경영사를 공부하면 이러한 영향을 이해하게 되고 현대 기업의 여러 상황의 맥락에 맞게 관리방식을 조정하는 데 도움이 되는 것이다.

▮경영사에서 최초의 체계적인 이론이었던 테일러리즘이 세상에 나온 지 100년이 넘었지만 지금도 현장에서는 다양하게 적용된다. 심지어 디지털 테일러리즘이라는 용어가 만들어질 정도이다. (자료 : Economist)

경영학이 전개된 역사는 [그림 2-1]과 같이 정리할 수 있다. 본격적인 경영학 이론이 태동하기 이전인 '초기의 경영학 시대' 이후 첫 번째로 등장한 이론이 '고전적 경영학'이다. 이후 행동학적 경영학, 계량경영학, 현대 경영학 순으로 경영학의 역사는 진행되어 왔다.

□ 그림 2-1
경영학 이론의 전개

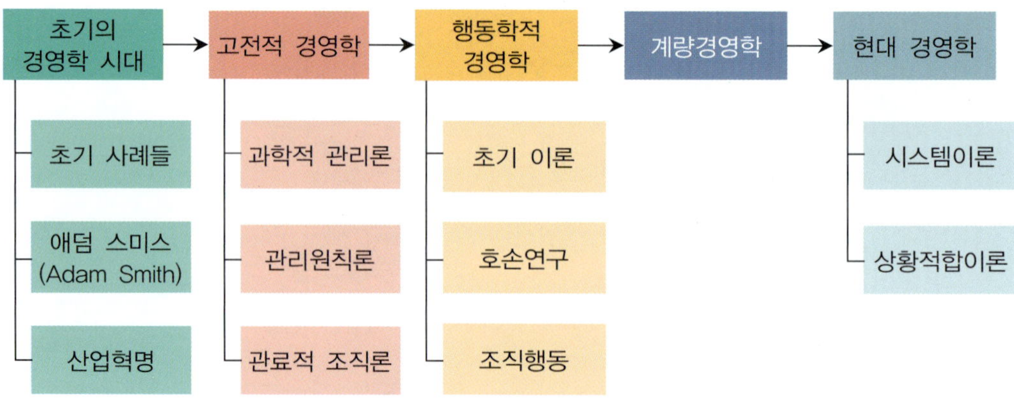

2 초기 경영학 시대

초기 사례들

경영 혹은 관리(management)는 언제부터 시작되었을까? 이 질문에 대하여 명쾌하게 답을 하는 사람은 아직 없다. 아니, 한마디로 대답하는 것은 애초부터 불가능해 보인다. 제1장에서 설명한 바와 같이 관리과정은 계획(plan)을 세우고, 이를 실천(do)하며, 이를 점검(see)하여 피드백하는 것으로 이루어지는데, 이는 인류가 출현했을 때부터 이미 실행되었으리라 짐작할 수 있기 때문이다. 그래서 경영의 역사적 연원을 연구한 학자 중 한 사람인 렌(Daniel Wren) 교수는 기원전 5000년경 고대 수메르인(Sumerian)들이 그들의 정부조직과 상업활동에 대한 '관리'를 한 기록이 있다고 주장하기도 했다.

또한 많은 학자들은 이집트의 피라미드나 중국의 만리장성 축조가 수많은 인적 및 물적 자원의 투입을 필요로 했기 때문에 당시에는 비록 '경영'이라 부르지는 않았지만 경영 개념 없이는 그러한 토목공사가 불가능했다고 본다.

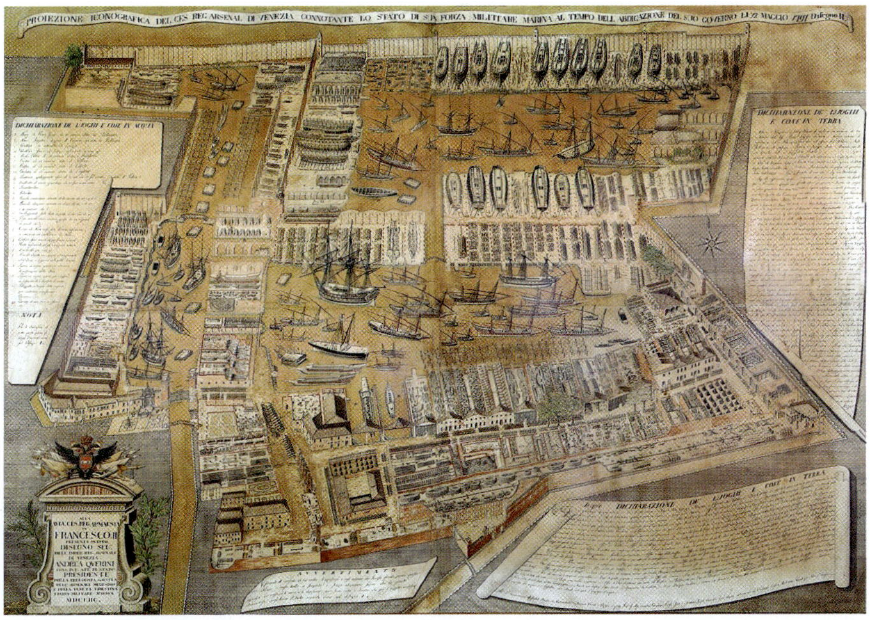

▌1797년 나폴레옹에 의해 점령되기 직전의 베니스 병기창과 함선 및 관련 시설 (자료 : Marina Militare)

12세기부터 산업혁명 이전까지 유럽에서 가장 큰 산업단지였던 이탈리아 베니스의 병기창(Venetian Arsenal)은 역사상 최초로 선박 및 무기 제조에 대량생산방식을 사용한 것으로 평가된다. 병기창에는 16,000명 이상의 근로자가 근무하면서 4,500척 이상의 선박을 만들었는데, 정교한 공급망 관리를 하는 등의 방법으로 매일 선박을 한 척씩 제작할 수 있었다. 자동차 대중화의 선구자인 미국의 헨리 포드(Henry

Ford)가 20세기 초에 이르러서야 대량생산기술을 자동차 생산에 사용했으니 베니스의 앞선 관리기법은 오늘날에 비해서도 손색이 없다. 베니스에서는 14세기에 무역거래가 크게 만개했는데 이 역시 경영관리활동이 이루어졌던 사례로 인용된다.

이와 같은 여러 사례에서 보듯이, '경영' 또는 '관리'라는 활동은 수천 년 동안 인간의 활동과 함께해왔다. 그러나 20세기가 되기 전에 경영학의 발전사에 큰 획을 긋는 두 개의 사건이 발생하는데, 그중 하나는 스미스가 주창한 분업이라는 개념이고 다른 하나는 산업혁명이다.

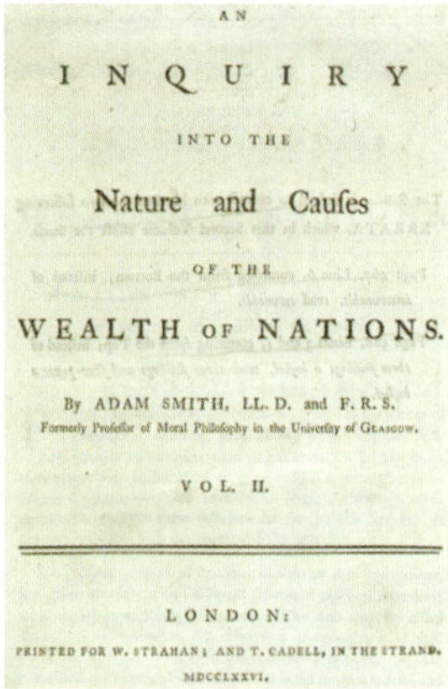
AN
INQUIRY
INTO THE
Nature and Caufes
OF THE
WEALTH OF NATIONS.
By ADAM SMITH, LL. D. and F. R. S.
Formerly Profeffor of Moral Philofophy in the Univerfity of GLASGOW.
VOL. II.
LONDON:
PRINTED FOR W. STRAHAN; AND T. CADELL, IN THE STRAND.
MDCCLXXVI.

▌근대경제학의 아버지라 불리는 애덤 스미스. 그는 독특하게도 자신의 옆모습을 좋아했던 것 같다. 그의 대부분의 사진이나 초상화가 옆모습이다. 오른쪽 그림은 그의 1776년 저서인 『국부론』의 표지

애덤 스미스가 제안한 분업

1776년 스미스(Adam Smith)는 그의 저서 『국부론(The Wealth of Nations)』에서 분업(division of labor)의 장점을 설파했다. 그에 의하면 핀을 만들 때 혼자서 처음부터 끝까지 일을 다 하면 하루에 1인당 10개 정도의 핀을 만드는 데 비하여, 10여 명이 핀 작업을 분화하고 전문화하여 작업을 하면 하루에 무려 48,000개 정도의 핀을 만들 수 있었다고 한다.

산업혁명

또 하나의 중요한 사건은 18세기에 영국에서 시작된 산업혁명(industrial revolution)이다. 산업혁명은 인력에 의해 이루어지던 재화 생산을 기계로 대체하게 했고, 가내수공업 형태의 생산방식을 공장에서의 대량생산방식으로 바꾸는 계기가 되었다. 본격적으로 체계적이고 구체적인 이론에 근거한 경영 혹은 관리의 필요성을 요구하게 된 것이다.

그러나 19세기가 다 가도록 이렇다 할 경영학 이론은 나타나지 않다가 마침내 1911년 근대 경영학 이론이 사실상 최초로 등장하게 된다.

3 고전적 경영학 이론

고전적 경영학(classical approaches to management)은 1911년 테일러의 과학적 관리론에서 출발한다. 고전적 경영학에서는 '인간은 이성적 또는 합리적이다'라고 가정한다. 고전적 경영학의 세 가지 핵심이론은 [그림 2-2]와 같다.

□ 그림 2-2
고전적 경영학의 핵심이론

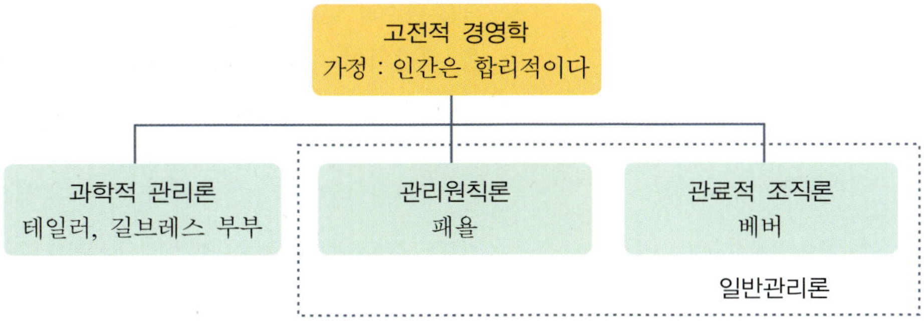

과학적 관리론

테일러의 과학적 관리법

▮ 과학적 관리의 아버지라고 불리는 테일러(1856~1915). 그의 과학적 관리론은 그 효과가 실증되면서 곧 전 세계로 전파되었다.

테일러(Frederick Taylor)는 미국 펜실베이니아주의 베들레헴(Bethlehem)이라는 철강회사에서 일하면서 지속적으로 노동자의 업무효율성이 낮다는 사실에 관심을 갖고 이를 해결하고자 노력했다. 그에 의하면 노동자들은 똑같은 일을 하는데도 각자 서로 다른 방법으로 일을 하고 있었다. 노동자들은 가능하면 하기 쉬운 방법으로 일을 하고 있었고 그 결과 그들이 가진 능력의 3분의 1 정도만 발휘되고 있었다. 또한 작업에 대한 표준(standard)도 없었다. 심지어 노동자들은 각자 소질이나 능력과 관계없는 업무에 배치되어 있었다.

테일러는 과학적 관리법 또는 과학적 관리론(scientific management)을 적용하여 이러한 문제점을 극복하고자 하였다. 즉 테일러는 동작연구(motion study)와 시간연구(time study)라는 개념을 도입하여 어떤 작업을 수행하는 데 필요한 동작을 하나하나 분석함으로써 그 작업을 가장 효율적으로 수행하는 방법을 찾

과학적 관리법 또는 **과학적 관리론 (scientific management)**
시간연구와 동작연구를 기초로 작업수행과정의 능률을 극대화할 수 있는 여러 가지 합리적인 방법을 찾는 활동, 과정 또는 수단

고자 하였다. 각 업무에 대해 그것을 수행하는 '최선의 방법(best way)'을 찾고자 시도한 것이다.

그 결과 그는 고용자와 노동자 모두에게 경제적으로 도움이 될 수 있는 다음과 같은 네 가지의 관리원칙을 제시하여 적용하였다.

- 원칙 1 [경험적인 방법을 과학적인 방법으로 대체] : 어떤 한 개인의 작업을 구성하고 있는 각 세부 구성요소, 즉 단위작업에 대하여 동작원칙, 표준화된 작업절차, 적절한 작업환경 등을 포함한 '과학적인 방법(테일러는 이를 단순히 'science'라고 불렀는데, 이 방법이 위에서 말한 '최선의 방법'이다)'을 개발하여 이를 그동안 해왔던 '경험에 의한 방법(습관적으로 또는 상식에 근거하여 해온 방법)'과 대체한다.
- 원칙 2 [과학적인 작업자 선발, 배치와 교육 훈련 실시] : 특정작업에 작업자를 배치할 때에는 그 작업에 가장 적절한 작업자들을 과학적으로 선발하며, 훈련 및 교육을 통하여 그들의 능력을 개발한다.
- 원칙 3 [과학적인 방법에 근거한 지도와 감독] : 앞서 개발된 '과학적인 방법'에 따라 모든 작업이 수행될 수 있도록 지도와 감독을 실시하며, 성과를 계속해서 점검한다. 작업자들은 이러한 관리행위에 진심으로 협조한다.
- 원칙 4 [업무의 균등한 배분] : 관리자와 노동자가 하는 일을 균등하게 배분한다. 즉 관리자는 노동자가 '과학적인 방법'에 의해 일을 할 수 있게 계획을 세우고 훈련을 시키며 효율적으로 작업을 할 수 있도록 하는 일을 맡아서 하고, 노동자는 관리자의 그러한 관리행위에 따라 작업을 한다.

아울러 그는 초기적인 형태의 성과급제를 실시하여 모든 작업자에게 동일한 임금을 주던 기존의 관행을 깨고 각 작업자의 성과가 목표를 달성하거나 초과달성하는 경우에는 임금을 차등지급하였다.

과학적 관리법의 실제 효력은 어땠을까? 테일러는 과학적 관리법을 철도 노동자에게 적용시켜 보았다. 철도 노동자들은 무게가 92파운드(약 41.7kg) 정도 되는 쇳덩어리를 화물열차에 싣는 작업을 하고 있었다. 노동자들은 하루에 평균적으로 12.5톤 정도 싣고 있었다. 테일러는 과학적 관리법을 적용하여 이 작업에 '최선의 작업방법(best way)'을 개발하여 적용했다. 즉 적재적소에 인력

▮ 테일러가 1911년에 저술한 『과학적 관리의 원칙』

테일러주의 또는
테일러리즘(Taylorism)
= 과학적 관리법 또는
과학적 관리론

을 배치하고 작업에 맞는 작업 도구와 장비를 제공했으며, 작업자들을 그의 가르침대로 움직이게 했다. 또한 개선된 성과에 대해서는 경제적인 인센티브를 제공했다. 그 결과 하루 평균 작업량이 47~48톤까지 늘어난 것으로 테일러는 분석했다.

다른 작업에도 과학적 관리법을 적용한 결과 통상 생산성이 200% 이상 개선되었다고 한다. 이러한 결과는 당시의 미국 사회에 커다란 충격을 주었다. 테일러가 궁극적으로 추구했던 것은 이러한 과학적 관리법의 활용으로 고임금과 저비용(저노무비)을 가능하게 함으로써 노사 공동의 번영을 기하고 사회발전을 이루는 것이었다. 이러한 사상적 관점으로 인해 과학적 관리법을 테일러주의 또는 테일러리즘(Taylorism)이라고 부르기도 한다. 그의 연구 결과는 1911년 발간된 그의 저서 『과학적 관리의 원칙(The Principles of Scientific Management)』으로 정리되었다.

그러나 과학적 관리론은 노동자가 잠시도 쉴 틈을 주지 않고 몰아세우는 방편일 뿐만 아니라 동종의 산출량에 필요한 인력의 수를 줄여 일자리를 줄이게 된다는 비판도 받았다.

테일러의 과학적 관리론은 길브레스 부부에게 큰 영향을 끼쳤다.

길브레스 부부의 과학적 관리법

각각 건설업자와 심리학자였던 길브레스 부부(Frank & Lillian Gilbreth)는 테일러의 과학적 관리법을 계승 발전시킨 사람들이다. 그들은 사람의 동작 중에서 불필요한 동작을 찾아 이를 줄이고자 다양한 연구를 했으며, 작업의 성과를 극대화할 수 있는 각종 도구와 장비 개발에도 관심을 기울였다.

▮ 길브레스 부부(남편 : 1868~1924)에게는 12명의 자식들이 있었는데, 과학적 관리법을 자식들에게조차 적용했다고 한다. 길브레스는 자식은 최소한 12명은 되어야 하며, 가능하면 많은 쌍둥이를 한꺼번에 낳아 기르는 것이 경제적이라고 생각했다. 또한 표를 살 때에는 "한 다스(자식 12명을 의미함)는 싸게 해주시나요?" 하고 매번 물었다. 오죽했으면 자식 중 두 명이 『한 다스 자식들로 보다 싸게(Cheaper by the Dozen)』라는 책을 썼을까?

그들의 연구 중 가장 대표적인 것은 벽돌쌓기에 관한 것이다. 그들은 벽돌공의 작업 장면을 면밀히

표 2-1 서블릭의 17가지 기본동작

	기 호	명 칭	기호설명		기 호	명 칭	기호설명
1		빈손이동	빈 접시 모양	10		찾는다	눈으로 물건을 찾는 모양
2		잡다	물건을 잡는 모양	11		선택	선택할 물건을 찾아낸 모양
3		운반	접시에 물건을 담은 모양	12		생각한다	머리에 손을 대고 생각하는 모양
4		위치설정	물건이 손가락 끝에 있는 모양	13		준비	볼링핀 모양
5		조립	조립시킨 모양	14		유지	자석에 쇳조각이 붙어 있는 모양
6		사용	영어의 유즈(use)의 머리글자 모양	15		휴식	사람이 의자에 앉아 있는 모양
7		분해	조립된 것으로부터 하나를 뗀 모양	16		피할 수 없는 지연	사람이 걸려 넘어진 모양
8		놓다	물건을 담은 접시를 거꾸로 한 모양	17		피할 수 있는 지연	사람이 누워 있는 모양
9		검사	렌즈모양				

분석한 결과, 외부벽 작업 벽돌공의 동작을 18개에서 5개로, 내부벽 작업 벽돌공의 동작을 18개에서 2개로 줄였다. 이에 따라 생산성은 3배 정도 높아졌다고 한다.

길브레스 부부는 작업자의 동작연구를 위하여 마이크로미터(micrometer)라고 불리는 모션픽처(motion picture) 기계를 개발하여 활용하였다. 그들은 이 기계로 작업자의 동작을 기록한 다음, 하나하나 분석함으로써 육안으로는 발견할 수 없었던 불필요한 작업 동작을 찾아내 제거하였다. 그들은 또한 서블릭(therbligs : 이들 부부의 영문자 성을 거꾸로 쓰되, th 부분은 한 글자로 한 것이다)이라고 불리는 것을 발표했는데, 이는 인간의 모든 동작은 〈표 2-1〉과 같은 17개의 기본적인 동작으로 이루어져 있다는 것이다.

서블릭(therbligs)
길브레스 부부가 연구한 인간의 동작연구 기법. 인간의 기본동작은 17개의 기본동작으로 구성되어 있다고 주장한다.

과학적 관리법의 경영학적 시사점

과학적 관리법은 경영학의 발전은 물론이고 실제 경영현장에 커다란 영향을 끼쳤으며 오늘날에도 많이 활용되고 있다. 과학적 관리법이 관리자에게 주는 시사점은 다음과 같다.

- 어떤 작업에 있어서 불필요한 동작을 제거하기 위하여 동작 및 시간 연구를 행할 것
- 각 작업에 최적인 작업자를 고용 또는 배치할 것
- 각 작업자가 능력을 최대한 발휘할 수 있도록 훈련시킬 것
- 각 작업자가 능력을 최대한 발휘할 수 있게 감독자가 지원할 수 있도록 감독자를 훈련시킬 것
- 성과에 근거한 보상체계(성과급제)를 설계, 시행할 것

패욜의 관리과정론과 관리원칙론

앙리 패욜(1841~1925)

관리라는 주제를 연구하면서 특별히 조직 전체적인 관점에서 연구를 수행한 연구자들이 있었는데 이들이 일반관리론 연구자(general administrative theorist)들이다. 이들의 관심은 '일반적으로 관리자라면 무엇을 해야 하는지', '좋은 관리라는 것은 어떤 내용으로 구성되는지'에 관한 것이었다. 이러한 연구 접근 중에 가장 대표적인 것이 패욜의 관리원칙론과 베버의 관료적 조직론이다. 이 두 이론은 주로 현장관리자에게 초점을 둔 테일러의 과학적 관리론과는 달리 조직 전체적인 측면에서 접근하기 때문에 일반관리론의 한 범주로 묶기도 한다.

패욜(Henri Fayol)은 테일러와 비슷한 시기의 사람이다. 테일러가 '최일선의 관리자'와 '과학적 관리법'에 주로 관심을 가졌다면 패욜은 '모든 관리자'의 활동에 관심을 가졌다. 그의 이론은 프랑스의 대형 광산업에서 관리자로 일한 경험에 기반한 것이다. 그가 주장한 내용 중 많은 것이 오늘날에도 활용되고 있기 때문에 그를 현대 경영학의 아버지로 부르기도 한다. 그의 이론 중 대표적인 두 가지를 꼽는다면 하나는 오늘날 관리의 순환과정(제1장 참조)이라고 부르는 '관리의 과정'에 관한 것이고 다른 하나는 '관리의 14가지 원칙'이다. 전

쉬어가기 관리과정론에 대하여

본문에서 언급하고 있는 것처럼 패욜은 현대 경영학의 기반이 되는 많은 주장과 이론을 내놓았다. 그중 우리나라에서 패욜의 '관리과정론'이라고 칭하는 이론의 경우, 실제로 패욜이 이러한 명칭을 사용하지는 않았다. 그는 단지 "five 'rules' and 'duties' of management"를 주장했을 뿐이다. 그런데 이 내용이 제1장에서 배웠던 오늘날의 관리의 과정 또는 관리의 순환과정(management cycle)의 토대가 되었고 결과적으로 매우 유사하기 때문에 그의 주장을 관리과정론이라고 칭하는 것 같다. 특이한 점은 이 부분에 대하여 서양에서는 패욜의 표현을 그대로 사용하는 경향이 많은 반면 일본은 관리과정론이라고 칭하는 경우가 많으며 그를 관리과정학파라고 하는 경우도 종종 있는 것으로 보아 우리나라는 일본의 영향을 받은 것으로 보인다.

자만을 강조하여 그동안 우리나라의 많은 책에서는 패욜의 주장을 관리과정론이라고 주로 설명해왔으나 후자인 관리원칙론 또한 중요도가 전자에 비해 결코 떨어지지 않는다. 이를 차례로 보면 다음과 같다.

먼저 관리과정론을 보자. 패욜은 다음과 같은 관리의 다섯 가지 규칙(rules) 또는 관리자가 해야 할 의무(duties)(즉 관리의 과정 또는 단계)를 제시했다.

① 준비(foresight) : 미래의 행동에 대한 계획을 완벽하게 세운다.
② 조직화(organization) : 그 계획을 수행하기 위하여 자원을 조달, 공급한다.
③ 명령(command) : 종업원을 선발, 평가, 리드한다.
④ 조정(coordination) : 다양한 노력들을 결집시키고, 정보를 공유하며 문제가 해결되도록 한다.
⑤ 통제(control) : 계획이 달성되도록 한다. 필요하면 필요한 조치를 취한다.

위의 다섯 가지 내용은 제1장에서 본 관리의 순환과정(계획수립-조직화-지휘-통제)과 거의 동일함을 알 수 있다.

또한 그는 관리라는 것은 기업이나 정부, 심지어 가정 등 인간의 모든 조직에 공통적인 활동이라고 보았으며 다음과 같은 14가지의 관리의 원칙(principles of management)을 모든 조직에 적용할 수 있다고 주장하였다. 이것이 관리원칙론이다.

관리의 14가지 원칙(principles of management)
기업이나 정부, 심지어 가정 등 인간의 모든 조직에는 관리라는 공통적인 활동이 있으며, 모든 조직을 관리함에 있어서 적용할 수 있다고 패욜이 주장한 14가지 원칙

① 분업(division of work or labor) : 전문화는 효율성을 제고하여 생산성을 높인다.
② 권한(authority) : 관리자는 명령을 내릴 수 있으며, 권위가 수반되어야 한다.
③ 규율(discipline) : 조직구성원은 조직을 지배하는 규율을 준수해야 한다.
④ 명령일원화의 원칙(unity of command principle) : 하위자는 오직 1명의 상급자로부터 명령을 받아야 한다.
⑤ 지휘통일화의 원칙(unity of direction principle) : 성과의 목표가 동일한 모든 활동은 한 사람에게 부여되어야 한다.
⑥ 전체이익에 대한 개인의 복종(subordination of individual interest to the general interest) : 종업원 각 개인이나 집단의 이해가 조직 전체의 이해에 앞서서는 안 된다.

⑦ 보상(remuneration) : 종업원은 공정한 보상을 받아야 한다.

⑧ 집권화(centralization) : 권력과 권한은 가능한 한 상위계층으로 집권화 되어야 한다.

⑨ 계층화의 원칙(scalar chain principle) : 조직은 위에서 아래로 명쾌하고 견고한 의사소통 경로를 가지고 있어야 한다. 권한의 연쇄는 위에서 아래로 연결되어야 하며 항상 준수되어야 한다.

⑩ 질서(order) : 인적 · 물적자원은 적재적소에 있어야 한다.

⑪ 공정(equity) : 관리자는 하위자에게 친절하고 공정하게 대해야 한다.

⑫ 종업원 신분의 안정성(stability of tenure of personnel) : 관리자는 종업원의 신분안정을 위하여 노력해야 한다.

⑬ 주도권(initiative) : 주도권을 가지고 계획을 수립, 수행하는 종업원은 매우 열심히 노력하게 된다.

⑭ 단결(esprit de corps(team spirit)) : 발전하는 팀의 정신은 조직을 조화롭고 일사불란하게 한다.

패욜은 이상과 같은 관리의 기본적인 원칙은 학습할 수 있고 또한 모든 조직 상황에 적용할 수 있다고 보았다. 패욜의 이론은 오늘날까지도 경영학의 주요한 토대가 되고 있음을 알 수 있다.

관료적 조직론

막스 베버(1864~1920)

베버(Max Weber)는 조직활동을 연구한 독일의 사회학자였다. 그는 관료주의라는 이상적인(ideal) 조직의 유형을 제시했다. 그가 주장한 관료주의(bureaucracy)란 합리적이고 이상적이며 매우 효율적인 조직은 분업, 명쾌하게 정의된 조직의 위계, 공식적인 규칙과 절차, 인간적인 면을 배제한 관계 등의 원칙에 근거한다는 것이다.

베버는 이러한 이상적인 조직은 현실에서는 실제로 존재하지 않는 것으로 인식했다. 대신, 그는 이러한 이론체계에 근거하여 대규모 조직에서 과업이 어떻게 수행될 수 있는지에 대한 이론적 토대를 제공하고자 했다. 실제로 오늘날 많은 대형 조직에서는 조직구조를 설계할 때 베버의 이론을 차용하고 있다.

ㅁ 그림 2-3
베버의 이상적인 관료주의

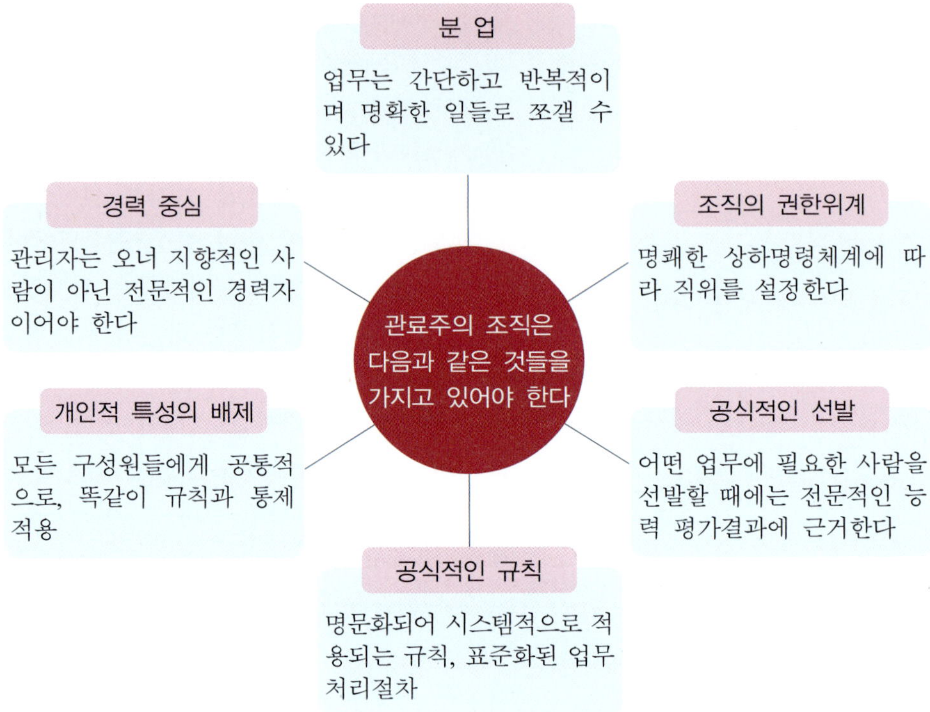

관료주의(bureaucracy)
합리적이고 이상적이며 매우 효율적인 조직은 분업, 명쾌하게 정의된 조직의 위계, 공식적인 규칙과 절차, 인간적인 면을 배제한 관계 등의 원칙에 근거한다는 주장

다만 오늘날에는 관료주의 또는 관료(bureaucrat)라는 용어 자체가 종종 부정적인 의미로 사용되는 경우가 많다. 예를 들면, 이들 용어는 지나친 서류 중심, 형식 지향, 변화 거부, 복지부동 등과 같은 의미를 담고 있는 것으로 인식된다. 이러한 것들은 역동적으로 변화하는 환경에 신속하게 대응해야 하는 기업의 입장에서는 매우 부정적인 것들이다. 이에 따라 오늘날 연구자들은 이러한 부정적인 측면을 극복하고 관료주의의 장점만을 극대화할 수 있는 방안을 연구하고 있다.

고전적 경영학의 평가

모든 연구자가 그런 것은 아니었지만 일반적으로 고전적 경영학에서는 기계론적 시각에 입각하여 조직과 사람을 본다. 조직 전체가 하나의 기계라면 사람 하나하나는 부속품으로 보는 것이다. 사람을 단순한 부속품으로 보는 것과 자원으로 보는 것에는 많은 차이가 있다. 연구자들은 생산성 및 조직 전체의 효율성 측면에서 사람의 행동을 표준화하고 통제하는 데에 관심을 기울였다. 이러한 접근은 곧 여러 비판에 직면하게 되며, 이에 따라 대두된 접근방법이 다음에서 다루고자 하는 인간행동에 중심을 둔 행동학적 연구들이다.

일부 비판이 있긴 했지만 고전적 경영학 연구들은 경영학 발전에 있어 중요한 기초를 제공했으며, 현대 경영학에 있어서도 그 틀이 유지되고 있을 정도이다. 또한 경영을 과학적 시각에서 접근했다는 점에서 경영학사에 큰 획을 그었다고 할 수 있다.

4 행동학적 경영학 이론

조직에서의 모든 행위는 인간에 의해서 이루어진다. 따라서 인적자원의 중요성은 새삼 강조할 필요조차 없다. 이에 따라 많은 연구자들은 조직에서의 인간의 행위 또는 행동(action, behavior)에 대해 연구를 해오고 있는데, 이러한 연구분야를 조직행동론(OB : Organizational Behavior)이라고 하며 이러한 접근을 행동학적 경영학이라고 한다.

1920년대에 들어서 조직에서의 인간에 초점을 둔 연구가 본격적으로 이루어지기 시작했다. 이러한 연구의 주요 흐름은 [그림 2-4]와 같이 나타낼 수 있다.

□ 그림 2-4
행동학적 경영학의 토대가 된 이론들

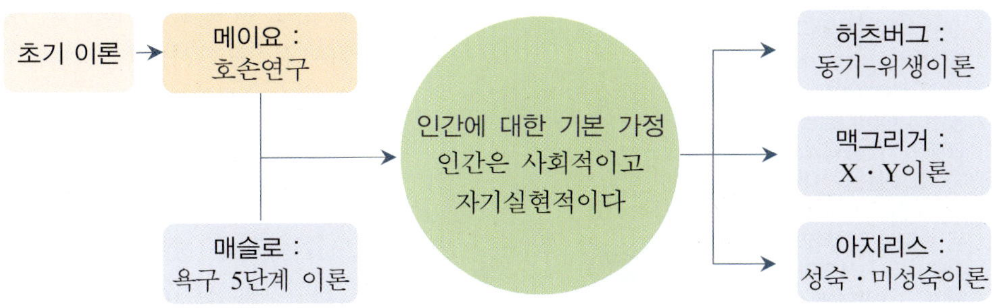

보기 : 조직행동 · 인간관계

그림에서 보듯이 행동학적 경영학에서는 인간은 사회적이며 스스로 자기 실현을 하려는 특성을 가진다고 본다. 또한 각 직장에서 인간들은 만족스러운 사회적 관계(social relationship)를 추구한다고 가정한다. 이하에서 행동학적 경영학의 각 이론들을 살펴보기로 하자.

행동학적 경영학의 초기 연구자들

대학 졸업 시절의 폴렛(1868~1933). 부유한 가정에서 태어난 그녀는 경영이론가 겸 컨설턴트, 사회복지사, 철학자, 작가 등의 활동을 했으며, 다중 언어에도 능통한 진보적 성향의 실력자였다. 루스벨트 대통령의 자문도 했다. (자료 : 종합)

OB 접근법의 대표적인 초기 주창자 또는 연구자로 먼저 오웬(Robert Owen)이 있다. 18세기 후반에 웨일스 지방에서 태어난 그는 유토피아적 직장을 제안했다. 그는 직원에게 명령을 내리거나 통제하려고 하는 것보다 직원들에게 행복한 업무환경을 만드는 것이 훨씬 낫다고 주장했다.

뮌스터베르크(Hugo Munsterberg)는 19세기 중후반에 태어난 독일계 미국인 심리학자이다. 그는 응용심리학의 선구자 중 한 명으로, 심리학의 연구와 이론을 법률, 의학, 임상, 교육 및 비즈니스 분야로 확장했다. 산업심리학도 그가 개척한 것으로 인정받고 있다. 그는 조직의 효율성을 높이기 위해서는 직무와 근로자의 정서적 및 정신적 능력을 잘 대응시키는 것이 핵심이며, 성공적으로 대응시키면 직원은 만족스러워하고 생산성은 높아진다고 주장했다. 종업원의 채용이나 교육훈련, 동기부여 관련 연구를 할 때에는 심리학적 테스트를 해야 한다고 제안하기도 했다.

"현대 경영의 어머니"로 알려진 폴렛(Mary Follett)은 기본적으로 "경영은 사람을 통해 일을 처리하는 기술"이라고 믿었다. 관리자와 감독자는 직원에게 강압적이기보다는 직원에게 힘을 실어주어 직원과 협력적으로 갈등을 해결할 수 있다고 제안했다. 관리자와 직원이 서로의 차이점, 관심사, 욕망, 필요 및 갈등에 대해 솔직한 대화를 나눔으로써 갈등을 넘어 조직구성원의 통합에 이를 수 있고, 조직구성원 모두와 조직 전체의 목표를 달성할 수 있다고 주장했다. 폴렛의 경영이론, 특히 조정과 직원 참여에 대한 부분은 오늘날 많은 중소기업에서 활용하고 있거나 권장되고 있다.

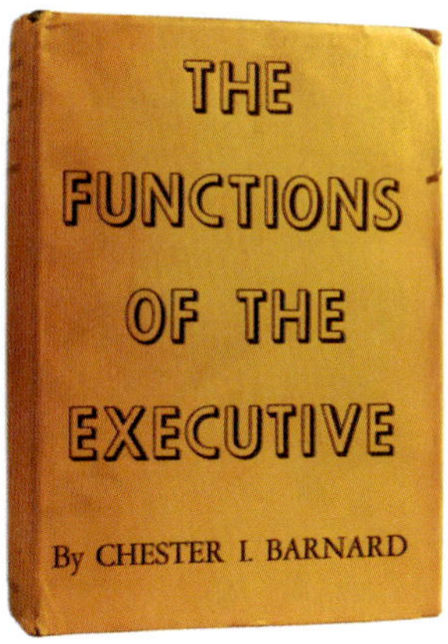

바너드가 1938년에 출간한 책인 『임원의 기능(The Functions of the Executive)』. 오랫동안 대학의 경영이론 교재로 사용되었으며, 대학교수들을 대상으로 한 설문에서 20세기 두 번째로 영향력이 큰 경영서로 선정되기도 했다. 1968년에 30주년 기념판이 인쇄되었는데 지금도 판매되고 있다. (자료 : 종합)

한편 바너드(Chester Barnard)는 조직을 사람들의 협력이 필요한 사회적 시스템으로 보았다. 관리자의 주요 역할은 부하직원이 열심히 노력하도록 의사소통을 하고 격려(자극)하는 것이며, 경영자는 기업을 둘러싼 환경을 잘 파악하고 이에 조직을 잘 대응·조정하여 균형상태를 유지해야 한다고 주장했다. 그는 일반적으로 조직의 수명은 짧은데 그 이유로 조직 생존에 필요한 두 가지 기준인 효과성과 효율성(제1장에서 배운 개념임)을 충족하지 못하기 때문이라고 강조했다. 바너드의 이론은 당시는 물론이고 지금까지도 많은 영향을 미치고 있는데, 21세기 기업에 어떻게 적용할 것인가에 대한 논문이 발표될 정도이다.

호손연구

행동과학적 연구의 발전에 가장 크게 기여한 연구가 바로 호손연구(Hawthorne studies)이다. 이 연구는 미국 일리노이(Illinois)주의 웨스턴 전기회사(Western Electric Company Works. 오늘날에는 루슨트 테크놀로지(Lucent Tech.)로 바뀌었다가 알카텔(Alcatel)과 합병하여 Alcatel-Lucent가 되었다)의 호손공장에서 행한 일련의 연구들로 이루어져 있다. 주요 연구내용은 다음과 같다.

호손연구의 진행

첫 번째 연구는 미국 국립과학아카데미 연구팀(National Academy of Sciences)과 웨스턴 전기회사 내의 자체 엔지니어 합동팀에 의해 수행되었다. 1924~1927년 사이에 수행된 이 연구에서는 조명의 밝기가 작업자의 생산성에 미치는

1957년 미국 일리노이주에 있던 웨스턴 전기회사의 외부, 내부 모습

영향을 알아보는 것이 연구의 주목적이었다. 그래서 작업자들을 실험집단(experimental group)과 통제집단(control group)으로 나눈 후 통제집단에는 조명을 항상 일정하게 한 반면 실험집단에는 조명 밝기를 다양하게 해보면서 두 집단의 생산성을 비교해보았다.

결과는 다소 놀라웠다. 즉 실험집단의 조명을 높였는데 실험집단과 통제집단 모두의 생산성이 동시에 증가했다. 또한 실험집단만 조명을 낮추었을 때에도 두 집단의 생산성은 계속 증가했는데, 유일하게 실험집단에 달빛 정도 수준으로 조명을 낮추었을 때에만 비로소 실험집단의 생산성이 감소된 것으로 나타났다.

이에 따라 연구진은 이러한 결과에 대해 조명의 밝기가 집단의 생산성에 직접 영향을 미치지는 않으며 "뭔가 다른 어떤 것"이 영향을 준다는 결론에 도달했다. 그러나 그들은 그 "뭔가 다른 어떤 것"을 밝혀내지는 못했다. 그래서 그들은 마침내 당시 하버드대학 교수였던 메이요(Elton Mayo)에게 연구를 의뢰하게 된다.

메이요(1880~1949). 그는 호주에서 태어나 미국에서 교수를 하고, 영국에서 사망했다.

1927년에 시작된 메이요 팀의 연구는 1932년까지 계속되었다. 이 연구는 13가지의 다양한 실험적인 처치를 하면서 5년 동안 진행되었다. 그 처치 내용에는 작업의 재설계, 휴식시간의 횟수와 길이의 조작, 하루 근무시간과 주중 작업일수의 변화, 개인 대 집단 임금체계 비교 효과 등이 포함되었다. 예를 들면, 임금 인센티브를 개인 단위로 주지 않고 집단 단위로 줄 때 집단의 생산성에 어떤 효과가 있는지에 대한 연구 등이 실행되었다.

연구 결과에 의하면 인센티브가 생산성에 미치는 효과는 집단이 주는 압력이나 소속감, 안전감에 의한 효과보다는 작은 것으로 나타났다. 이에 따라 연구팀은 사회적인 규범이나 집단이 갖고 있는 기준(standard)이 조직에서의 개인행동에 핵심 결정요소라고 결론을 내렸다.

호손연구의 결론과 파급효과

메이요가 내린 결론은 다음과 같다.

- 인간의 행동과 태도는 서로 관련이 있다.
- 집단은 개인의 행동에 영향을 미친다.
- 집단의 기준 또는 표준은 개별 노동자의 생산성을 결정한다.

- 금전은 집단의 표준, 집단의 태도 등과 같은 집단의 요인보다 생산성에 미치는 효과가 작다.

이러한 결론에 따라, 조직에서의 인간행동에 영향을 미치는 요인이 강조되게 되었다.

물론 호손연구는 연구 설계의 취약, 연구 결론의 일반화에 있어서의 비약, 실증연구 결과에 대한 논란 등의 문제점이 지적되고는 있으나 경영학 발전에 있어서 획기적인 계기가 되었다. 이 연구로 인해 기술적이고 구조적인 부문에 관심을 두었던 전통적인 경영학 연구는 쇠퇴하고 사회적 · 인간적 측면이 경영학 연구의 핵심으로 떠올랐다. 관리에 있어서 인간의 감정, 태도, 작업자간의 관계 등이 중요한 요소가 되었고 작업집단의 중요성을 인식하게 되었다. 연구자들은 또한, 사람은 단지 관심을 기울여주기만 해도 성과가 개선된다는 이른바 호손효과(Hawthorne effect)를 찾아냈다.

호손효과(Hawthorne Effect)
사람은 관심을 기울이면서 어떤 기대를 하면 그 기대에 부응하는 성과를 내는 경향이 있다는 효과

쉬어가기 호손연구 분석지 중 하나 보기

제시된 두 개의 그림은 메이요 연구팀의 분석지 중 일부이다. 두 개의 그림 중 위 그림은 우정관계(인간관계)를 표시한 것이고 아래 그림은 게임을 할 때 참여 정도를 관찰하여 표시한 것이다.

그림에서 원 안에 표기된 알파벳 중 W는 선재(wiring) 작업을 하는 작업자를, S는 납땜(soldering) 작업자를, I는 검사(inspection) 작업자를 의미하며, 숫자는 사람의 일련번호이다. 선재 작업자(W)는 1번부터 9번까지 9명, 납땜 작업자(S)는 3명, 검사 작업자는 2명이어서 집단 전체 인원은 14명임을 알 수 있다. 일련번호를 보면, 납땜 작업자 1명과 검사 작업자 1명이 호손연구 당시 결원으로 되어 있음도 알 수 있다.

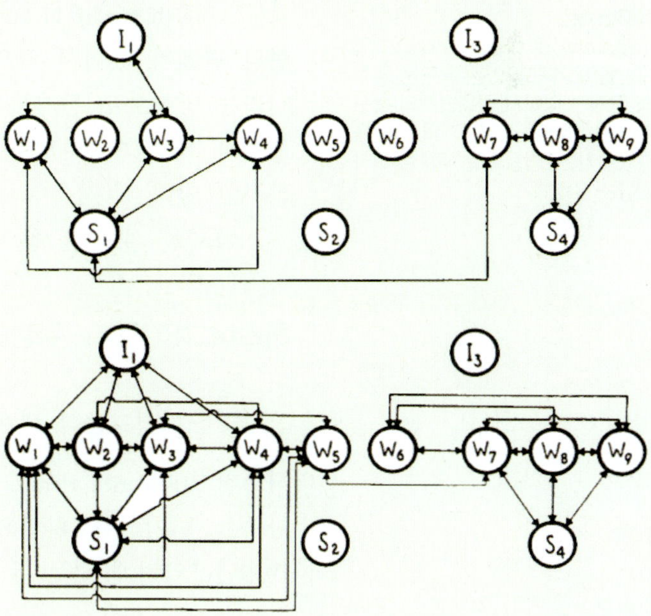

두 개의 그림을 구체적으로 보자. 먼저 우정관계를 표시한 위 그림을 보면 우정관계가 가장 폭넓은 작업자는 W_3과 S_1이다. 반면, S_2와 I_3는 우정관계가 사실상 없다. 게임 참여 정도를 표시한 아래 그림을 보면 W_4가 가장 참여도가 높긴 하나 전체적으로 보면 대체로 우정관계와 비슷하다.

메이요 연구팀은 14명의 전체 작업조 내에서 우정관계가 좋거나 게임 참여 정도가 높은 작업자인 W_4, W_3, S_1 등의 생산성은 높은 반면, S_2나 I_3와 같이 집단 내에서 우정관계가 좋지 않은 작업자의 생산성은 낮다는 사실을 발견했던 것이다.

호손연구는 1950년대와 1960년대의 인간관계운동(human relations movement)의 출현에 큰 영향을 미쳤다. 이 운동은 작업장에서의 좋은 인간관계가 생산성에 영향을 미친다는 호손의 연구결과에 기초한 것이었다. 호손연구는 조직에서의 개인과 집단에 관한 연구, 즉 조직행동(organizational behaviour) 분야의 연구에 지대한 공헌을 했다. 호손연구는 조직에서의 인간행동에 대한 연구의 이정표가 된 것이다.

조직행동 · 인간관계 이론

매슬로의 욕구단계론

인간관계와 관련된 연구에 있어, 인간의 욕구(need)에 대한 연구의 초석은 매슬로(Abraham Maslow)가 쌓았다. 그의 욕구 5단계 이론은 많은 분야에서 응용되고 활용될 정도로 인정받았다.

사람은 자신의 욕구를 채우지 못하면 긴장을 느끼고 이 긴장은 자신의 행위나 태도에 영향을 미치게 된다. 따라서 관리자는 부하직원들의 욕구가 무엇인지, 욕구의 내용이 무엇인지 파악해야 한다. 1954년에 발표된 매슬로의 욕구단계론(hierarchy of human needs)에 의하면 사람들이 가지고 있는 욕구는 일련의 단계가 있어서 하위단계의 욕구가 충족되어야 상위단계의 욕구를 충족시키는 방향으로 동기부여가 된다. 이 이론에서는 인간이 가지고 있는 욕구를 생리적 욕구, 안전 욕구, 소속 욕구, 존경 욕구, 자아실현 욕구의 5단계로 구분하고 있다.

욕구단계론
(hierarchy of human needs)
사람들이 가지고 있는 욕구는 일련의 단계가 있어서 하위단계의 욕구가 충족되어야 상위단계의 욕구를 충족시키는 방향으로 동기부여가 된다는 주장

자세한 설명은 제8장의 '동기부여' 부분을 참고하기 바란다.

허츠버그의 동기-위생이론 또는 2요인이론

동기-위생이론의 체계

허츠버그(Frederick Herzberg)는 203명의 회계사와 기술자를 대상으로 만족과 불만족을 야기하는 환경요인에 대하여 연구를 수행하였다. 그의 연구결과는 1959년 『일하게 하는 동기(The Motivation to Work)』라는 책에 발표되었다.

▌허츠버그(1923～2000)

동기-위생이론 (motivation-hygiene theory)
사람들에게 만족을 주는 요인과 불만족을 주는 요인은 별개로서 전자의 요인은 동기요인, 후자의 요인은 위생요인이라는 주장. 2요인이론(two-factor theory)이라고도 한다.

연구결과 그는 당시로서는 독특한 사실을 발견하였다. 작업자들에게 만족을 주는 요인과 불만족을 주는 요인은 그 차원이 별개라는 것이다. 즉 만족(satisfaction)의 반대는 불만족(dissatisfaction)이 아닌 '만족하지 않는 것(no satisfaction)'이고 불만족의 반대 역시 만족이 아닌 '불만족이 아닌 것(no dissatisfaction)'이었던 것이다.

이러한 결과를 설명하기 위해 그는 동기-위생이론(motivation-hygiene theory)을 만들어냈다. 그는 만족 여부에 영향을 미치는 요인을 동기요인(motivator)이라고 하고 불만족 여부에 영향을 미치는 요인을 위생요인(hygiene factor)이라고 칭했다. 두 가지 요인으로 구성된 이론이라고 하여 2요인이론(two-factor theory)이라고도 한다.

동기-위생이론에 의하면, 불만족을 느끼던 어떤 작업자에게 위생요인을 충족시켜 주면 만족을 느끼는 게 아니라 단지 불만족의 상태가 해소되기만 할 뿐이다. 이 작업자가 만족을 느끼게 하려면 동기요인을 별도로 충족시켜야 하는 것이다. 이러한 관계는 [그림 2-5]에 나타나 있다.

허츠버그에 의하면 위생요인으로는 회사규칙과 관리(company policy and administration), 감독(supervision), 상사와의 관계(relationship with supervisor), 작업조건(work conditions), 급여(salary), 동료와의 관계(relationship with peers), 개인생활

□ 그림 2-5
동기-위생이론의 구조

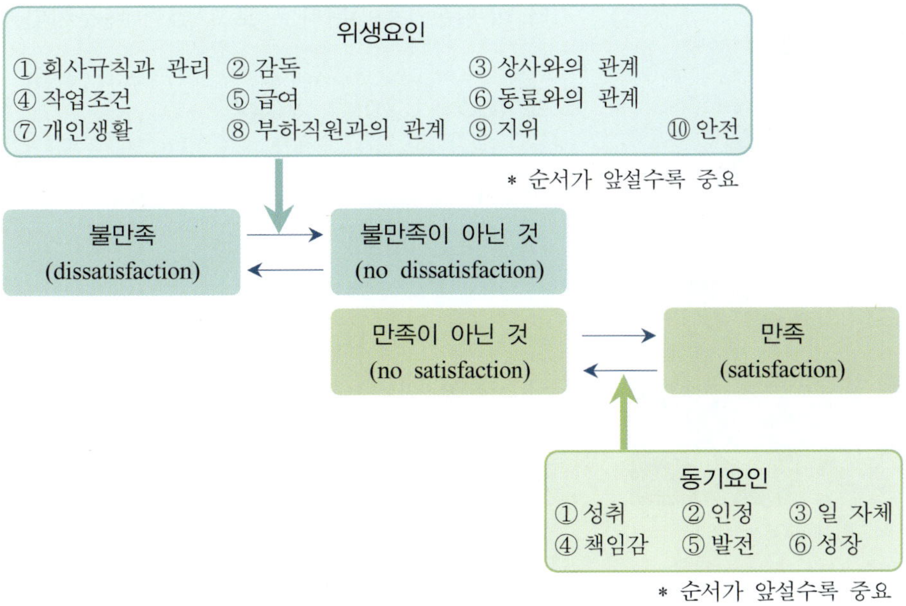

(personal life), 부하직원과의 관계(relationship with subordinates), 지위(status), 안전(security) 등이 있는데, 앞에 나온 요인일수록 영향력이 크다.

한편 동기요인에는 성취(achievement), 인정(recognition), 일 자체(work itself), 책임감(responsibility), 발전(advancement), 성장(growth) 등이 있는데 역시 앞에 나온 요인일수록 영향력이 크다.

가장 특징적인 것은 통상의 예상과 달리 급여가 동기요인이 아닌 위생요인이라는 점이다. 급여를 더 주는 것이 동기를 증진시키지는 못하고 단지 불만족한 부분을 해소시키는 것에 머문다는 주장인 것이다.

동기-위생이론의 시사점

동기-위생이론이 타당하다면, 관리자는 종업원을 동기부여시키기 위해 위생요인뿐만 아니라 동기요인도 충족되도록 해야 한다. 이 이론에 대한 비판론자들은, 사람의 본성은 만족은 자기 자신의 요인으로 돌리고 불만족은 외부요인으로 돌리는 경향이 있기 때문에 당연히 두 가지의 요인이 별개의 차원으로 나타날 수밖에 없다고 주장한다.

허츠버그의 이론은 이러한 약점이 있음에도 불구하고 오늘날에도 광범위하게 응용되고 있다. 특히 이 이론의 가치가 지속적으로 인정받고 있는 것은, 진정한 동기부여는 물질적 또는 물리적 요인(위생요인)이 아닌 사람 자체로부터 비롯(동기요인)된다고 보고 있기 때문이다.

맥그리거의 X이론, Y이론

맥그리거(1906~1964)

맥그리거(Douglas McGregor)는 호손연구와 매슬로로부터 영향을 크게 받아 이른바 X이론, Y이론을 주창했다.

X이론과 Y이론의 내용

이 이론은 인간본질에 대한 가정을 두 가지—X이론, Y이론—로 크게 구분하여 각기 특성에 따른 관리전략을 처방하는 동기부여이론이다. 즉 그는 인간을 X이론에 입각하여 보는 접근과 Y이론에 입각하여 보는 접근의 두 가지로 보았는데 그 내용은 다음과 같다.

X이론의 가정	Y이론의 가정
• 사람은 일하기를 싫어한다 • 사람은 야망이 부족하다 • 사람은 책임감이 없다 • 사람은 변화를 싫어한다 • 사람은 앞장서기보다는 끌려다닌다	• 사람은 기꺼이 일하려고 한다 • 사람은 자기통제 능력이 있다 • 사람은 기꺼이 책임을 진다 • 사람은 창조적이고 상상력이 있다 • 사람은 스스로 방향을 설정한다

X이론
인간은 일하기 싫어하고 야망이 없으며, 책임감이 없고 피동적이라고 가정하는 이론

Y이론
인간은 기꺼이 일하려고 하고 자기통제 능력이 있으며, 책임감이 있고 창조적·자발적이라고 가정하는 이론

위 표에서 보는 바와 같이 X이론의 가정에 의하면 인간은 본래 게을러서 일하기를 싫어하며, 야망과 책임감이 없고, 변화를 싫어할 뿐만 아니라 피동적으로 끌려만 다니는 반면 금전적 보상이나 제재, 통제 등 외부적 유인에는 반응한다. 따라서 이 이론에 입각하면 조직구성원들을 동기부여하기 위해서는 금전적 보상을 제시하는 한편 강제와 위협, 철저한 감독과 통제에 기초한 관리전략을 구사해야 한다.

한편 Y이론은 인간은 본성적으로 일을 즐기고 책임감이 있으며, 문제해결에 창의력과 상상력을 발휘하고, 스스로 통제를 할 수 있을 뿐만 아니라, 자아실현 욕구 등을 가지고 있다고 가정한다. 따라서 관리적인 측면에서 볼 때 조직구성원들을 동기부여하기 위해서는 그들의 고급욕구를 충족시켜 주어야 한다. X이론과 Y이론은 마치 인간에 대한 성악설과 성선설의 다른 설명이라고 할 수 있다.

맥그리거는 인간에 대한 이 두 가지 가정 중 X이론은 고급욕구의 충족을

♣ Z이론

맥그리거의 X·Y이론이 경영학사에서 큰 발자취를 남기자 Z이론(theory Z)이 등장했다. 그러나 이 이론은 한 가지로 통일된 개념이 아닌, 내용이 서로 다른 최소한 세 가지 종류가 있다. 먼저 룬스테트(Sven Lundstedt)가 주장한 Z이론은 X이론의 권위주의적 관리방식이나 Y이론의 민주적 관리방식에 비교하여 자유방임 관리방식을 의미한다. 두 번째 Z이론은 한때 일본 기업이 미국 기업을 압도할 때 일본식 경영을 배우고자 하는 흐름에서 나온 것으로 오치(William Ouchi)가 주장한 것이다. 그의 Z이론은 미국 내의 일본식 경영관리방식을 의미한다. 마지막으로 로레스(David Lawless)의 Z이론은 불확실한 환경하에서 조직을 관리할 때에는 상황을 객관적으로 파악하여 이에 상응하는 관리전략을 세우고 변화시켜 나가야 한다는 이른바 상황적 접근방법을 의미한다.

오치. 그는 현재 UCLA대학 교수로 있다. Z이론 중에는 그의 이론이 가장 대중적이다.

원하는 현대인에게 동기유인을 제공하지 못할 것이라고 비판하고 현대인에게는 Y이론에 입각한 관리방법이 낫다고 주장했다.

X이론과 Y이론의 시사점

만일 어떤 경영자가 X이론이 옳다고 생각한다면 그의 관리방식은 권위적이고 강제적이며 지시 위주로 이루어질 것이다. 그러면 부하직원들은 자연스럽게 수동적·의존적으로 되어서 시키는 일만 할 것이다. 반면 어떤 경영자가 Y이론에 입각하여 자유, 자율을 인정하고 참여적인 경영을 한다면 부하직원들은 업무에 적극적·창의적으로 참여하게 될 것이다.

아지리스의 성숙·미성숙이론

▮ 아지리스(1923~2013)는 300여 편이 넘는 논문과 31권의 책을 저술한 하버드대학의 교수였다.

성숙·미성숙이론 (immaturity-maturity theory)
인간은 미성숙단계에서 성숙단계로 발전해 가므로 조직에서 성숙 기회를 얻을 수 있는 관리전략이 필요하다는 이론

매슬로와 맥그리거에게서 영향을 받은 아지리스(Chris Argyris)는 그의 저서 『인성과 조직(personality and organization)』에서 인간 본성에 대한 새로운 주장을 내놓았다.

그에 의하면 공식조직은 인간의 미성숙 상태를 조장하는 고전적 관리방식을 채택하고 있다. 그런데 이는 인간을 수동적·의존적·종속적으로 만든다. 따라서 조직구성원이 스스로 목표를 세우고 스스로 욕구를 충족시킴으로써 성장과 성숙의 기회를 얻을 수 있도록 하는 새로운 관리전략이 필요하다는 것이다.

이 이론이 아지리스의 성숙·미성숙이론(immaturity-maturity theory)이다. 예컨대 고전적 관리방식 중 베버의 관료주의에 의하면 합리적이고 이상적이며 효율적인 조직은 분업, 명쾌한 조직위계, 공식적인 규칙과 절차, 비인간적인 관계 등의 원칙을 지키는 조직이다. 그러나 아지리스에 의하면, 이처럼 분업화되고 조직의 위계가 엄격하며 인간적인 면을 배제하면 창의적·능동적이며 자아통제적인 성숙된 작업자의 모습을 기대하기 힘들다는 것이다.

그에 의하면 미성숙 단계에 있는 인간과 성숙 단계에 있는 인간을 비교하면 다음과 같은 특성이 있다.

미성숙 단계	성숙 단계
• 수동적이다 • 의존심이 강하다 • 한정된 행동만 한다 • 업무에 관심이 별로 없다 • 미래에 대해 단기적으로 생각한다 • 자아의식이 없다 • 스스로 종속적으로 정의한다	• 능동적이다 • 독립심이 강하다 • 다양한 행동을 한다 • 업무에 큰 관심을 갖는다 • 미래에 대해 장기적으로 생각한다 • 자아의식이 강하고 스스로 통제한다 • 스스로 대등하거나 우월한 위치에 있다고 정의한다

그에 의하면, 일반적으로 공식조직에서는 업무의 전문화, 명령체계의 확립과 단일화, 통솔범위의 적절화 등의 고전적 방식으로 관리를 하게 되는데, 이러한 관리방식은 조직원을 미성숙 상태에 머물도록 한다. 따라서 종업원을 성숙 상태로 전환하기 위해서는 직무확대나 참여적 리더십과 같은 새로운 관리전략이 필요하다는 것이다.

행동학적 경영학 연구에 대한 평가

행동학적 경영학 연구가 갖는 가장 큰 기여는 무엇보다 이전의 이론과 달리 조직의 목표를 달성하기 위한 관리활동의 접근방법에 있어 인간의 행동에 초점을 맞췄다는 점이다. 조직에서의 의사소통, 그룹 역학, 동기부여, 리딩 등 실제 업무 현장에서 인간행동을 연구하고 그 결과를 적용하기 위하여 심리학, 사회학, 인류학, 경제학 등 다양한 학문을 활용하고자 시도한 것도 평가할 만하다.

조직구성원을 수동적인 도구가 아닌 적극적인 인적자원으로 봐야 한다고 강조했는데 이는 매우 큰 인식의 변화였으며, 행동학적 경영학 이론의 많은 부분은 오늘날에도 활용되거나 계속 연구되고 있다.

5 계량경영학 이론

계량경영학(quantitative approach to management)은 경영의사결정에 계량적인 기법을 활용하는 것을 말한다. 계량경영학은 OR(Operation Research) 또는 경영과학(management science)이라는 용어와 혼용되어 사용된다.

위즈 키즈의 멤버 중 포드자동차 사장까지 승진한 맥나마라(Robert McNamara). 그는 후에 미국 국방부장관까지 오른다. 왼쪽 사진은 이와 관련된 타임지의 표지. 오른쪽 사진은 수치만을 강조한 위즈 키즈의 대표적 실패사례인 1970년에 출시된 포드의 핀토(Pinto). 이 차는 후면충돌시 폭발위험이 있었다.

계량경영학은 제2차 세계대전 동안에 군사 목적으로 활용되었던 수학적·통계학적 기법에서 비롯되었다. 전쟁이 끝난 후 전쟁에서 사용되었던 여러 기법이 경영에 도입되었는데, 대표적인 사례가 위즈 키즈(Whiz Kids)라는 별명을 갖고 있던 일단의 장교그룹이다. 그들은 1940년 중반에 포드자동차에 합류하여 경영의사결정에 통계학적 기법과 계량적인 방법을 적용했다. 이와 같은 방식으로 군대에서 사용되었던 각종 계량적인 기법이 민간기업에 도입되었던 것이다.

계량적 기법에 의한 문제해결방법은 전형적으로 다음의 단계를 따른다.

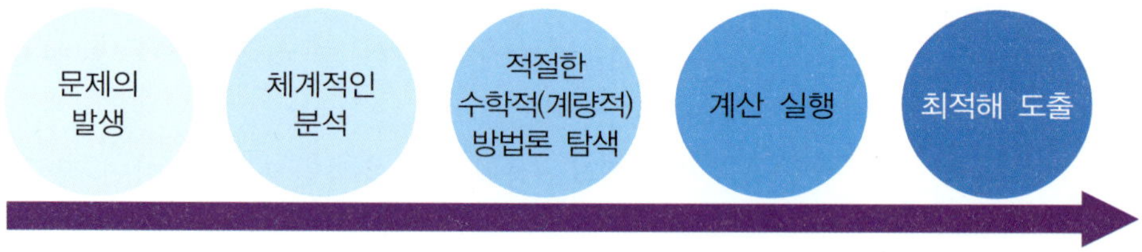

계량경영학의 주요 기법 중 몇 가지를 소개하면 다음과 같다.

- 선형계획법(LP : Linear Programming) : 일정한 제약조건하에서 최적해를 도출하는 기법
- 재고모형(inventory modelling) : 재고가 조금 남았을 때 언제, 얼마나 주문

할 것인지를 수학적으로 계산하는 기법

- 대기이론(queuing theory) : 작업공정의 대기행렬, 서비스를 기다리는 작업자나 재료의 대기행렬 등의 대기시간을 최소한으로 하고자 하는 기법
- 시뮬레이션(simulation) : 어떤 문제나 사회적 현상 등을 해결하고자 할 때 실제와 비슷한 계량적 모형을 만들어놓고 변숫값을 바꿔가면서 반복적으로 계산하여 그 특성을 파악하는 기법

계량경영학 기법은 오늘날 다양하게 활용되고 있다. 특히 정보기술이 크게 발달하면서 컴퓨터 하드웨어의 가격이 저렴해지고 다양한 소프트웨어가 출시되면서 계량경영학 기법들이 보다 정교해지고 세련되고 있다. 이러한 관점에서 경영정보시스템(MIS)도 계량경영학의 연장이라고 보는 시각도 있다.

현대 경영에서는 과거처럼 직관이나 느낌에 의한 관리보다는 계량적인 모형에 의해 도출된 결과에 근거하거나 참조하여 경영의사결정을 내리는 것이 일반적이다. 다만 그 과정에서 계량적 모형이 태생적으로 안고 있는 한계점, 예컨대 인간의 행위와 같이 계량화하기는 어렵지만 관리에 있어서는 중요한 변수가 있다는 점, 모든 모형은 비현실적인 가정을 전제한다는 점을 충분히 고려해야 할 것이다.

6 현대 경영학 이론

경영학에 있어 현대적인 이론들은 지금까지 살펴본 고전이론, 행동학적 이론, 계량경영학적 이론 모두의 토대하에서 만들어지고 성장했다. 현대 경영학 이론에서는 기본적으로 모든 상황과 모든 조직에 일률적으로 적용할 수 있는 단일의 모형은 없다고 본다. 인간은 복잡하고 가변적이어서 시간의 흐름에 따라 욕구가 수시로 변하기 때문이다. 이 때문에 현대 경영학 이론을 통합적 경영이론이라고 부르기도 한다.

대표적인 현대 경영학 이론으로는 시스템이론과 상황적합이론이 있다.

시스템이론

그동안 기계론적 측면에서 조직을 바라보던 시각은 1960년대 들어 새로운 시각, 즉 시스템적 사고로 바뀌어 새롭게 조직을 분석하게 된다. 시스템(system)이란 한 가지 목적을 달성하기 위해 상호작용하면서도 독립적으로 움직이는 부분(이를 하위시스템(subsystem)이라고 한다)들의 집합을 말한다. 시스템은 외부환경과 상호작용이 일어나느냐의 여부에 따라 개방시스템(open system)과 폐쇄시스템(closed system)으로 나뉜다. 전자가 외부환경에 영향을 받으면서 동시에 상호작용하는 반면 후자는 그렇지 않다. 단순히 시스템이라고 말하면 개방시스템을 의미하는 것이 일반적이다.

오늘날 대부분의 조직은 시스템, 즉 개방시스템이다. 개방시스템으로서의 조직은 [그림 2-6]과 같이 기능한다. 즉 자본, 노동, 전략, 정보 등이 투입되어 경영관리활동이 이루어지고 각종 경영기법이 적용되며 종업원의 활동이 전개되면 결과물인 산출물이 나오게 된다. 그 결과는 다시 피드백되는데, 이러한 제 과정은 환경의 영향을 받으며 동시에 상호작용한다.

시스템이론(system theory)
조직은 하나의 시스템처럼 움직이므로 조직의 목표를 달성하기 위해서는 조직 내의 모든 요인들이 적절히 상호작용하고 조화로우며 균형을 이루어야 한다는 이론

그렇다면 이러한 시스템이론이 경영관리에 있어서 어떤 시사점을 주는 것일까? 시스템이론(system theory)에 의하면 조직이라는 것은 각종 상호의존적

□ 그림 2-6
시스템이론의 도해

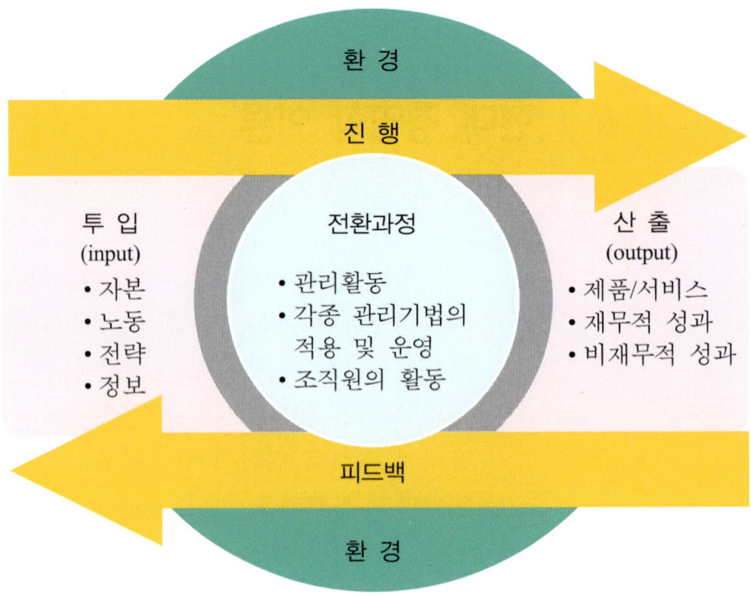

인 요인들 — 개인과 집단, 공식적 구조와 비공식적 구조, 권한과 책임, 구성원의 동기, 태도, 직위 등 — 의 총합체이다. 따라서 관리자는 조직의 목표를 달성하기 위해서 조직 내의 모든 요인들이 적절히 상호작용하고 조화로우며 균형을 이룰 수 있게 해야 한다는 것이다. 또한 조직 내의 한 부문의 의사결정과 행위는 다른 부문에도 영향을 미칠 뿐만 아니라 이 모든 것이 환경과도 밀접한 상호작용을 하기 때문에 이러한 점도 충분히 고려해야 한다는 것이다.

상황적합이론

고전적 경영이론, 행동학적 이론, 계량경영학 등의 경영이론들이 수많은 상황에서 발생하는 모든 문제를 해결할 수 있는 '유일하고도 최선인 방법(one best way)'을 찾기 위한 시도였다면, 앞서 설명한 시스템이론도 그렇지만 특히 지금부터 설명하려는 상황적합이론은 이러한 기본 접근 자체를 인정하지 않는다. 상황에 따라 유효한 경영기법이 달라진다는 것이다.

상황적합이론 (contingency theory)
조직들은 처한 상황이 모두 서로 다르고 또한 시간의 흐름에 따라 상황이 변하기 때문에 관리기법도 각 상황에 가장 적합한 관리기법이 적용되어야 한다는 이론

즉 상황적합이론(contingency theory)에 의하면, 조직들은 모두 서로 다르고 또한 같은 조직이라도 시간의 흐름에 따라 변하기 때문에 계속해서 새로운 상황에 직면하게 된다. 따라서 관리기법도 각 상황에 가장 적합한 관리기법이 적용되어야 한다는 것이다.

그렇다면 '상황'에 따라 달라진다고 할 때 상황의 동질성 여부는 어떤 기준으로 판단할 수 있을까? 연구자들에 의하면 대개 다음과 같은 변수들이 상황의 동질성 여부 판단에 도움을 준다.

- 환경적 특성 : 산업 또는 기업을 둘러싼 환경이 급격하게 변하는지, 아니면 상대적으로 안정적인지의 정도. 경쟁이 치열하고 한 치 앞을 내다보기 힘든 환경상황 속에 있는 기업이 취하는 관리기법과 시장이 안정적이고 미래 예측이 어느 정도 가능한 기업의 관리기법에는 차이가 있어야 할 것이다.
- 조직의 규모 : 조직의 규모가 어느 정도인지의 여부. 조직규모는 통상 조직구성원의 인원수로 판단하는 경우가 많다. 예컨대 종업원 수가 1,000명인 회사와 10명인 회사의 상황은 크게 차이가 있다. 따라서 적용되는 관리기법도 달라야 할 것이다. 그러나 종업원이 900명인 회사가 있

다면 이 회사는 1,000명인 기업의 관리기법을 원용할 수도 있을 것이다.

- 개인적인 특성과 조직의 문화 : 조직을 구성하고 있는 각 개인의 특성과 조직의 문화도 중요한 판단기준이다. 자유로운 의견 개진이 가능한 조직문화에서 각 개인의 욕구가 강하고 기대치가 높은 기업에 적용되는 관리기법과, 이와는 반대 상황의 조직문화와 개인들이 있는 기업에 적용되는 관리기법에는 분명 차이가 있어야 할 것이다.
- 과업의 구조화 정도 : 업무가 얼마나 구조적인가의 정도도 조직상황을 달라지게 한다. 즉 업무가 구조적이어서 반복적이고 정형화된 일을 하는 조직에 적용되는 관리기법은 창의적이고 비반복적인 일을 하는 조직에 적용하는 기법과는 달라야 한다.

쉬어가기 미국경영학과 독일경영학

경영학은 크게 미국경영학과 독일경영학으로 대별되며, 그 특성에 있어 차이가 있다. 우선 두 경영학은 접근하는 철학이 근본적으로 다르다. 미국경영학은 실용적 · 실천적이고 실무자 중심인 데 반해, 독일경영학은 이론적 · 방법론적이고 학자 중심이다. 독일의 경영학은 상학자들의 연구를 바탕으로 출발하고 발달한 반면, 미국의 경영학은 현장에서의 실무자들의 경험을 중심으로 발달했기 때문이다. 독일의 경영학이 공동체에 대한 경제학의 범주 내에서 다루어져 경영경제학(betriebswirtschaft)이라고 하는 반면, 미국의 경영학은 주로 '관리'에 관심을 두어 경영관리학(business administration, business management)이라고도 한다.

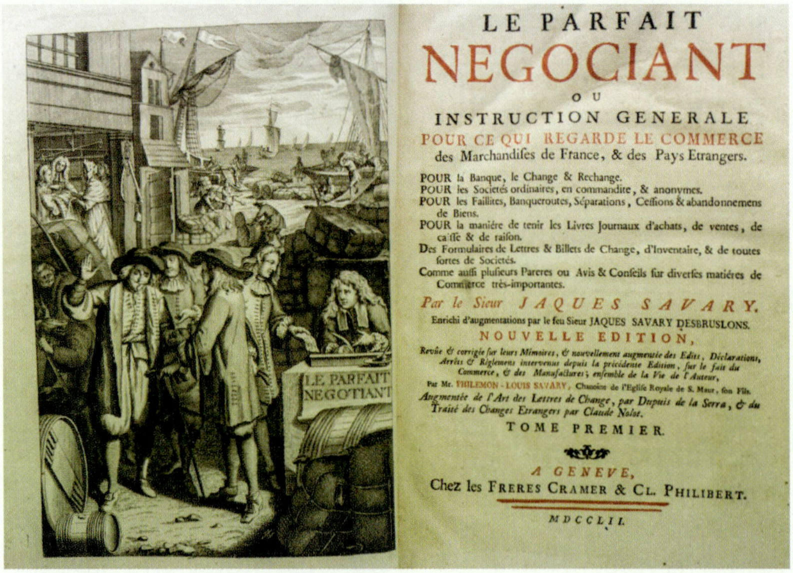

자크 사바리(Jacques Savary, 1622~1690)의 저서 『Le parfait négociant(완전한 상인, 1675)』 표지

역사는 독일경영학의 경우가 훨씬 오래되었다. 프랑스 학자인 사바리(J. Savary)가 처음으로 상업학에 관한 체계적인 문헌으로 알려진 『완전한 상인』을 출판한 연대인 1675년을 그 기점으로 보는 것이 정설이다. 이 책은 곧 독일 최초의 상학자이자 독일상업학의 선구자인 마르페르거(P.J. Marperger)에 의해 번역되어 독일에 소개되면서 독일에서 상업학이 꽃을 피우게 된다. 상업학은 후에 경영경제학으로 발전한다. 반면 미국경영학은 본장에서 배운 바와 같이 1911년의 테일러의 연구를 그 시초로 본다.

오늘날의 상황은 어떨까? 현대의 경영학은 미국경영학이 득세하고 있다. 그 전환점은 통상 1960년대경으로 본다.

현대 경영학 이론과 그 이전의 이론 비교

현대 경영학 이론 이전의 이론(주로 고전적 경영학 이론과 행동학적 경영학 이론)들이 유일하고도 최선인 하나의 대안을 찾고자 한다면 현대 경영학 이론은 기본적으로 최선의 대안이 존재한다고 보지 않는다. 후자는 시스템 내에서의 시스템 작동과정에 따라(시스템이론) 또는 상황에 따라(상황적합이론) 다양한 대안이 존재할 수 있다고 본다.

이러한 가정에 대한 근본적인 차이는 조직의 관점에서 환경을 바라보는 시각의 차이에서 기인한다. 현대 경영학 이론들은 조직이 환경과 개방적으로 상호작용하는 개방시스템(open system)으로 보고 있는 반면, 이전의 경영학 이론들은 조직 내부 중심의 폐쇄적인 시스템(closed system)으로 보는 것이다. 이에 따라 현대 경영학 이론 이전의 이론들이 상대적으로 조직 내부를 중점적으로 분석하는 미시적 접근이라면, 현대 경영학 이론들은 조직 외부의 환경까지 고려하는 상대적으로 거시적 접근이라고 할 수 있다.

토론

직장 내 갈등 관리, 인지와 예방이 우선이다

구인·구직 사이트인 인쿠르트가 2022년 직장인 대상으로 진행한 설문조사에서, 이직을 결심한 사유로 연봉 불만족(43.1%) 다음으로 높게 나온 것이 '동료간 불화(35.4%)'였다. 이러한 직장 내 갈등은 심한 경우 법적 분쟁으로 이어지기도 하는데, 노동위원회에 접수된 관련 사건 수는 2023년에는 전년에 비해 19.9%나 증가했다고 한다.

직장 내 갈등은 이해관계 대립, 신념, 성격, 생각 등에 관해 직장동료간의 의견이 일치하지 않는 것을 뜻한다. 직장 내 갈등은 다양한 원인과 유형으로 발생한다. 직장 내 갈등이 악화하고 특정직원에 대한 괴롭힘으로 발현되는 경우, 근로기준법이 금지하는 직장 내 괴롭힘이 될 수 있다. 다양한 사람들이 모여 조직을 이루는 기업의 특성상 직장인들은 직장 내 괴롭힘이나 성희롱 외에도 세대간 갈등, 차별, 오피스 빌런(office villain)으로 불리는 소위 문제직원 등 수많은 갈등 상황에 맞닥뜨리게 되고, 이는 곧 기업의 손실로 연결된다. 생산성 감소, 직원들의 이직률 증가, 기업 이미지 훼손, 그리고 법적 비용까지 그 손실 규모는 상상 이상으로 클 수 있다. 그러나 직장 내 갈등에 대한 기업의 대응은 미흡한 경우가 많다. 직장 내 괴롭힘 신고가 접수되어야 비로소 외부 기관에 조사를 위탁하고 그 결과에 따라 행위자에 대해 징계처분 정도를 할 뿐이고, 예방을 위한 조치로는 전 직원을 대상으로 온라인 교육을 진행하는 것이 거의 전부이다. 심지어 성희롱 예방교육과 달리 괴롭힘 예방교육은 법에서 강제하고 있지 않은 터라, 이마저도 하지 않은 기업이 많다. 나아가 법에서 정하고 있지 않은 직장 내 괴롭힘 이외의 갈등에 대해서는 별다른 조치도 못하고 있다.

사무실 곳곳에서, 그리고 블라인드 앱(blind app) 등에서 직장 내 갈등 상황이 종종 발견되지만, 관리직이자 기성세대들은 조직에서 흔히 있을 수 있는 일이라며 애써 외면하고, 직원들은 공연히 나서서 주목받고 싶지 않아 침묵할 뿐이다. 결국 기업이 나서서 상황을 파악하고 문제를 해결해야 하지만, 법적 의무도 없고 괜한 비용만 들 것 같아, 문제해결보다 갈등이 외부로 표출되는 것을 막기에 급급하다.

하지만 이제는 기업이 선제적으로 나서서 직장 내 갈등 상황을 직시하고 이를 개선하기 위한 노력을 해야 할 때이다. 미국의 유명한 농구선수였던 마이클 조던은 "Talent wins games, but teamwork wins championships(재능은 게임을 이기게 한다, 그러나 팀워크는 우승을 가져온다)"라고 했다. 기업이 높은 기술력과 경쟁력으로 업계에서 돋보일 수는 있지만, 최고의 기업이 되기 위해서는 그것만으로는 부족하다. 구성원들간의 협력과 상호 신뢰가 반드시 필요하다.

이를 위해 직장 내 갈등을 예방하는 것이 무엇보다 중요하다. 예방을 위해서는 먼저 '최고경영자의 관심' 아래, '직장 내 갈등 발생 위험요인에 대한 점검'과 '직장의 조직문화 진단'이 필요하다. 현재 우리 기업의 조직 상태는 어떠한지, 구성원들이 가지고 있는 생각은 무엇인지를 알아야 그에 맞는 해결책을 찾을 수 있다.

직장 내 갈등이 발생할 수 있는 위험요인을 발견하고, 조직문화를 진단한 후 그 결과를 분석하여 구성원들과 공유하고, 확인된 갈등 상황이나 위험요인을 제거하고 예방하기 위한 최적의 솔루션을 실시하여야 한다. 형식적이고 의례적인 예방교육이 아니라, 구성원들이 참여하고 이해할 수 있는 맞춤 교육을 실시할 필요가 있다. 또한 조직구성원간 이해와 단합을 향상시킬 수 있는 프로그램과 워크숍들을 진행하고, 직장 내 소통을 원활하게 하기 위한 대화 창구를 개설하고, 또한 갈등 유발 직원을 적절하게 관리해 나가야 한다. 그리고 이러한 솔루션은 일회성으로 그치는 것이 아니라, 지속적인 모니터링과 피드백을 통해 그 효과를 검증하고 부족한 부분을 보완해 나가야 할 것이다. (법률신문, 2024.4.1)

토론주제 각자 본인이 속해 있었던 조직(예를 들어, 동아리나 아르바이트했던 곳 등)에서 어떤 갈등이 있었고 그 갈등을 어떻게 해결했는지 또는 그 갈등을 해결하지 못해 어떤 일이 발생했는지 발표하고 해결하지 못했던 갈등에 대해서는 해결방안에 대해 토론해보자.

볼거리 읽을거리

장하준의 경제학 레시피
: 마늘에서 초콜릿까지 18가지 재료로 요리한 경제 이야기

장하준 지음 | 김희정 번역 | 부키 | 2023

"자유시장의 자유에 맡겨 두면 경제가 저절로 발전할까?" "사람들이 가난한 건 게으르기 때문일까?" "기회의 평등만 보장하면 공정한 세상이 만들어질까?" "복지제도는 가난한 사람들에게 무료로 혜택을 베푸는 제도일까?" "기업은 과연 주주들의 것일까?" "정부의 개입은 정말로 경제발전에 불필요할까?" "자유무역은 정말로 자유로운 무역일까?" "뛰어난 기업가 개인의 역량이 기업과 산업 발전을 좌우할까?" "자동화가 우리의 일자리를 모두 빼앗아 갈까?" "이제 제조업은 끝났고 서비스업이 대세라는 주장은 옳을까?"

세계적인 석학이자 베스트셀러 『장하준의 경제학 강의』, 『그들이 말하지 않는 23가지』, 『나쁜 사마리아인들』의 저자 장하준 교수의 저서이다. 본 저자는 경영학의 역사를 배운 지금 경영학이 아닌 경제학자의 시각으로 세상을 바라보는 본 책을 한번 읽어보기를 권한다. (자료 : 교보문고)

핵심용어

- 고전적 경영학
- 과학적 관리론
- 동작연구
- 시간연구
- 테일러주의(테일러리즘)
- 서블릭
- 관리원칙론
- 관료주의
- 행동학적 경영학
- 호손연구
- 호손효과
- 욕구단계론
- 동기-위생이론
- X · Y이론
- Z이론
- 성숙 · 미성숙이론
- 계량경영학
- 시스템이론
- 상황적합이론

요 약

- 경영학의 시작에 대해서는 여러 주장이 있지만 근대 경영학 이론은 1911년 테일러의 과학적 관리법이 그 출발점이다. 경영학의 발달사는 크게 고전적 경영학, 행동학적 경영학, 계량경영학으로 이어진 후 현대 경영학으로 계속되었다.
- 고전적 경영학에는 과학적 관리론, 관리원칙론, 관료적 조직론 등이 있으며 뒤의 두 이론을 묶어 일반관리론이라고 한다. 과학적 관리론은 동작연구와 시간연구 등을 통하여 작업자와 고용자 모두에게 경제적으로 이익이 되는 가장 효율적이고 최선인 작업방법을 찾고자 했던 접근방법이었다.
- 행동학적 경영학은 조직에서의 인간의 행위 또는 행동을 연구하는 접근방법으로 초기이론, 호손연구, 조직행동 · 인간관계 연구로 대별할 수 있으며, 인간관계 연구로 욕구단계론, 동기-위생이론, X · Y이론, 성숙 · 미성숙이론 등이 있다.
- 계량경영학은 경영의사결정에 선형계획법, 재고관리모형 등 다양한 계량적인 기법을 활용하는 것을 말한다.
- 현대 경영학 이론으로는 크게 시스템이론과 상황적합이론이 있다. 전자는 조직이 마치 하나의 시스템과 같아서 조직 내의 모든 요인들이 상호의존적으로 작용함을 알고 이에 대응해야 한다는 주장이며, 후자는 동일한 조직상황은 없으므로 각 상황에 맞는 별도의 관리기법을 적용해야 한다는 주장이다.
- 이상의 모든 경영학 이론 등은 지금도 관리현장에서 선택적으로 적용되고 있다.

연습문제

1. 경영학의 주요 이론이 어떻게 전개되어 왔는지 정리하라.
2. 고전적 경영학, 행동학적 경영학, 계량경영학 이론의 특징을 설명하라.
3. 고전적 경영학, 행동학적 경영학, 계량경영학 이론이 관리자에게 각각 어떤 시사점을 주고 있는지 설명하라.
4. 계량경영학과 행동학적 경영학 이론의 가장 큰 차이점은 무엇인가?
5. 현대 경영학 이론이 그 전까지의 이론과 가장 크게 다른 점은 무엇인가?
6. 시스템이론과 상황적합이론을 비교하라.

PART

Ⅱ 기업과 경영환경

제Ⅱ부에서는 기업의 종류와 성장, 기업을 둘러싼 환경에 대해 배운다. 다양한 기업형태를 이해함으로써 각 기업이 어떻게 운영되고 전략을 구사하는지 그 배경을 이해하는 데 도움이 된다. 성장하는 기업의 특성과 그 과정에서 겪은 도전과 극복 사례, 그리고 기업을 둘러싼 환경이 어떤 방식으로 기업과 상호작용하는지를 알게 되면 기업의 이해관계자들은 더 나은 의사결정을 내릴 수 있고 미래의 잠재적 기회를 예측할 수 있다.
먼저 제3장에서는 기업의 형태, 모습의 성장과 변화, 대리인 문제 등을 배우고 제4장에서는 기업 내외의 환경에 대해서 배운다.

CHAPTER

3 기업론

1. 기업의 분류와 기업형태의 선택
2. 기업 모습의 변화
3. 경영자와 대리인 문제
4. 기업의 성장과 국가경제

전 세계 41개국 이상에서 온라인 음식주문(online food ordering)을 주업으로 하고 있는 딜리버리히어로(Delivery Hero)의 독일 베를린 본사 (자료 : Delivery Hero)

외감법 피해 '유한책임회사'로… 실적 공개 피하는 외국계 자본

2020년 11월 신(新)외감법(주식회사 등의 외부감사에 관한 법률 개정)이 본격적으로 시행되면서 유한회사(자산 또는 매출 500억원 이상)도 외부회계감사대상에 포함됐다. 그러나 신외감법 개정 4년이 지난 현재, 법의 감시망을 피한 사각지대가 여전히 존재한다. 유한회사에 속하던 외국계 기업들이 외부감사대상에서 제외된 '유한책임회사'로 옮겨가며 재무공개를 회피해서다. 물론 상법상으로는 유한회사에서 유한책임회사로 바로 전환하는 것은 금지돼 있다. 다만 꼼수를 통해 빠져나간다. 기존 유한회사에서 주식회사로 전환한 뒤 유한책임회사로 다시 전환하는 식이다. 애초 외국계 기업이 국내 법인을 세울 때 유한책임회사로 들어오는 관행도 굳어졌다.

소위 명품 브랜드인 에르메스, 루이비통, 샤넬과 달리 디올(Dior)은 한국법인을 주식회사 형태로 하고 있다. (자료 : dior.com)

실제 유한회사이던 구찌코리아는 신외감법이 시행된 11월 주식회사를 거쳐 유한책임회사로 전환해 감사보고서 제출대상에서 벗어났다. 이 과정까지 단 두 달밖에 걸리지 않았다. 같은 해 독일 딜리버리히어로코리아(현 위대한상상)도 단 며칠만에 '유한회사→주식회사→유한책임회사' 과정을 거쳐 빈축을 샀다. 주식회사에서 유한책임회사로 전환한 기업도 많다. 이베이코리아와 아디다스코리아, 월트디즈니컴퍼니코리아 등이 대표적이다.

올해에는 중국계 이커머스 테무가 유한책임회사로 국내시장에 진출했다는 소식이 논란이 됐다. 금융투자업계에 따르면 테무는 3월 국내에 '웨일코코리아 유한책임회사(Whaleco Korea LLC)'를 설립했다. 이를 두고 국내에서 급성장하고 있는 테무가 정작 실적은 공개하지 않으려고 유한책임회사를 세웠다는 비판이 나온 것이다. (이투데이 발췌, 2024.7.9)

1 기업의 분류와 기업형태의 선택

조직을 경영하기 위해서는 조직체의 법적인 형태를 결정해야 한다. 사업(business)을 하는 모든 조직(기업)은 법적인 테두리 안에서 존재하기 때문이다. 본장에서는 기업이 선택할 수 있는 법적인 조직형태를 먼저 살펴보기로 한다.

기업은 다양한 분류기준에 따라 여러 가지로 나눌 수 있다. 먼저, 출자자, 소유방식, 법률이 정하는 바에 따라 구분한 후 이의 관계를 정리하면 [그림 3-1]과 같다.

□ 그림 3-1
출자자 · 소유방식 · 법률에 따른 기업의 분류

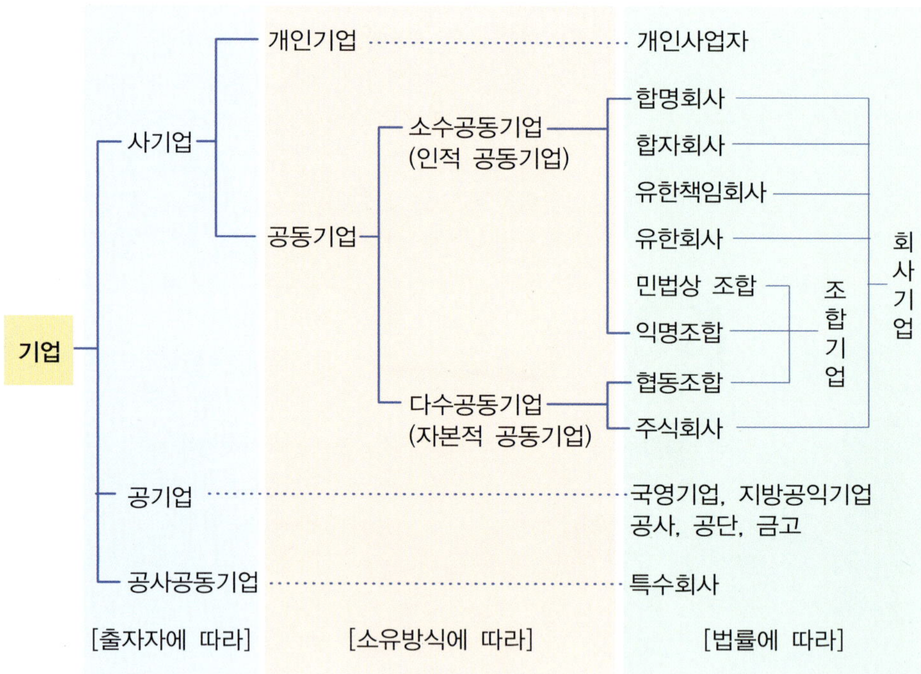

> **숫자로 본 경영**
>
> **사업체 통계**
>
> - 개인사업체 : 4,843,794개
> - 회사법인(합명회사, 합자회사, 유한책임회사, 유한회사, 주식회사) : 930,974개
> - 회사 이외 법인(재단법인, 사단법인) : 259,128개
>
> (자료 : 통계청, 2022년 기준, 2023년 9월 발표)

출자자에 따른 구분

기업은 자본을 제공하는 출자자가 누구냐에 따라 크게 사기업과 공기업, 공사공동기업으로 나뉜다.

소유방식에 따른 구분

출자자수가 1인이면 단독기업이고, 2인 이상이면 공동기업이다. 후자는 소수의 출자자로 구성되면 소수공동기업이라 하고, 출자자가 다수이면 다수공동기업이라 한다. 소수공동기업은 인적 요소 중심인 경우가 일반적이기 때문에 인적 공동기업이라 하고, 다수공동기업은 물적 요소 중심이기 때문에 물적 또는 자본적 공동기업이라고 한다.

법률에서 정하는 방식에 따른 구분

상법에서는 사원의 책임형태에 따라 회사를 합명회사, 합자회사, 유한책임회사, 유한회사, 주식회사의 다섯 가지로 나눈다. 이와는 별도로 협동조합기본법에 의해 협동조합이라는 형태의 기업을 설립하여 운영할 수 있다.

이 외에도 상법 등이 아닌 타 법령 또는 통계작성, 주식시장 관리 등 다양한 실무 분야에서의 필요에 따라 기업을 다음과 같이 구분하고 있다.

숫자로 본 경영

2024년 공시대상기업집단 중 상위 20개 집단

순위	기업집단명	동일인	계열회사수 (개)	공정자산 총액 (십억원)
1	삼성	이재용	63	566,822
2	에스케이	최태원	219	334,360
3	현대자동차	정의선	70	281,369
4	엘지	구광모	60	177,903
5	포스코	포스코홀딩스(주)	47	136,965
6	롯데	신동빈	96	129,829
7	한화	김승연	108	112,463
8	HD현대	정몽준	29	84,792
9	지에스	허창수	99	80,824
10	농협	농협중앙회	54	78,459
11	신세계	이명희	53	62,051
12	케이티	(주)케이티	48	46,859
13	씨제이	이재현	73	39,854
14	한진	조원태	34	39,092
15	카카오	김범수	128	35,127
16	엘에스	구자은	67	31,965
17	두산	박정원	22	26,960
18	DL	이해욱	45	26,769
19	셀트리온	서정진	8	25,696
20	에이치엠엠	에이치엠엠(주)	5	25,508

(자료 : 공정거래위원회)

기업규모에 따른 구분

기업은 매출액, 종업원수, 자본금에 따라 소기업, 중기업, 중견기업, 대기업으로 분류할 수 있다. 매출액 기준으로 살펴보면 업종마다 기준이 다르다. 일반적인 제조업의 경우 매출액이 120억원 이하이면 소기업으로 분류된다. 숙박업이나 서비스업은 10억원 이하이면 소기업으로 분류된다.

중기업은 제조업의 경우 매출액이 120억원~1,500억원이면 중기업으로 분류된다. 매출액 기준이 가장 낮은 숙박업이나 서비스업은 10억원~400억원이면 중기업이다. 중견기업은 중소기업이 아닌 기업으로 몇 가지 요건을 충족하면 해당되는데, 내용이 다소 복잡하므로 자세한 내용은 생략한다. 마지막으로 대기업은 명확한 기준은 없으나 중소기업 및 중견기업이 아니면서 이들보다 규모가 더 큰 기업으로, 현실적으로 적용되는 기준으로는 공정거래위원회가 매년 5월경에 지정하는 공시대상기업집단을 들 수 있다. 2024년 5월에는 자산총액 5조원 이상인 88개 기업집단(소속회사 3,318개 기업)을 공시대상기업집단으로 지정한 바 있다.

업종에 따라

한국표준산업분류기준은 업종별로 기업을 분류하고 있다. 기본적으로 20개 대분류, 63개 중분류로 나누는데, 대분류는 다음과 같이 구분하고 있다.

- 제조업(음식료, 섬유 의복, 종이목재출판, 화학, 고무 플라스틱, 비금속, 철강금속, 기계, 전기전자, 의료정밀, 운송장비, 기타제조)
- 어업・광업, 유통업, 전기가스업, 건설업, 운수창고, 통신업
- 금융업(은행, 증권, 보험)
- 서비스(전문기술, 숙박, 교육서비스, 오락 등)

이하에서는 출자자–소유방식–법률에 따른 분류기준으로 각 기업형태에 대해서 간략하게 살펴본다.

개인기업

개인기업
개인이 출자하여 소유, 경영 및 지배하는 기업

개인기업은 개인이 출자하여 소유, 경영 및 지배하는 기업이다. 개인기업이기 때문에 설립 및 폐쇄가 자유롭고 신속한 의사결정이 가능하며, 비밀유지가 용이하다는 점 등이 장점이다. 반면 자본조달의 한계, 관리능력의 한계, 확장의 한계, 소유자의 독단적 경영가능성 등의 단점이 있다. 부채에 대해서는 소유자가 무한책임을 가진다.

인적 공동기업

합명회사와 합자회사

합명회사
혈연관계에 있는 2명 이상이 출자하여 경영 및 채무를 무한히 책임지는(무한책임) 기업형태

합자회사
무한책임사원과 자신이 출자한 범위 내에서만 책임을 지는 유한책임사원으로 구성되는 기업형태

인적 공동기업 중 합명회사는 혈연관계에 있는 2명 이상이 출자하여 경영 및 채무를 무한히 책임지는(무한책임) 기업형태이다. 공동기업 중에서 개인기업에 가장 가까운 기업형태이다. 반면 합자회사는 무한책임사원과 자신이 출자한 범위 내에서만 책임을 지는 유한책임사원으로 구성되는 기업형태이다. 경영은 무한책임을 지는 출자자인 무한책임사원이 맡는 것이 일반적이다.

유한책임회사

유한책임회사
회사의 정관이나 상법에 다른 규정이 없으면 합명회사에 관한 규정을 준용하는 회사형태

유한책임회사는 2011년에 개정된 상법에서 처음으로 도입된 회사형태이다. 회사의 정관이나 상법에 다른 규정이 없으면 유한책임회사에 대해서는 합명회사에 관한 규정을 준용한다. 그러나 '유한'이라는 명칭에서도 알 수 있듯이 출자자는 자신의 출자금액 한도에 대해서만 책임을 진다. 기존의 유한회사와 가장 큰 차이점은 이사나 감사를 두지 않아도 되고, 사원이 아닌 사람도 회사의 업무집행자가 될 수 있다는 점이다.

유한책임회사 제도를 도입한 배경은 이러한 특징들을 보면 알 수 있다. 즉 합명회사처럼 설립 및 운영은 쉽게 할 수 있게 하되 출자자의 책임한도를 출자금액 한도로 제한해 줌으로써 신생 벤처기업과 같은 기술형 신생기업을 부담 없이 창업할 수 있도록 한 것이다.

이 기업형태는 합명·합자회사와 후술할 유한회사의 중간 정도에 위치하고 있는 것으로 정부가 스타트업이나 벤처기업의 창업을 유도하기 위하여 만든 소기업을 위한 제도임에도 불구하고 일부 초대형 다국적기업이 채택하고 있는데, 외부감사 및 공시의무 회피 등의 목적이 아닌지 의심받고 있다.

유한회사

유한회사
소수의 사원과 소액의 자본으로 운영되는 중소기업에 적당한 기업형태

유한회사는 출자자에게 유한책임을 지우는 가족형에 알맞은 기업이다. 소수의 사원과 소액의 자본으로 운영되는 중소기업에 적당한 기업형태이다. 사원 전원의 책임이 간접이며 유한인 점, 분화된 기관을 가지는 점 등 많은 점에서 주식회사와 유사하나, 설립절차와 운영방법이 주식회사에 비해 매우 간단하고 법의 규제도 느슨하며 지분의 양도가 자유롭지 못한 점이 주식회사와 다르다.

유한회사의 폐쇄적·비공개적인 특징은 합명회사의 경우와 비슷하다. 다만, 우리 정부는 회계투명성 강화를 위해 유한회사도 외부감사와 공시의무를 부여하도록 2018년 6월 외감법*을 개정하고 2020년부터 일정규모 이상의 유한회사는 외부감사를 받도록 했다.

* 법률의 정식 명칭은 '주식회사 등의 외부감사에 관한 법률'이다. 2018년 개정된 법률을 실무에서는 약칭으로 '신외감법'이라고 부른다.

이처럼 법이 강화되자, 여러 다국적기업들이 유한책임회사로 변경했다. 당초 법 개정시 이러한 상황이 예상되어 해당 법에서는 유한회사가 유한책임회사로 변경하는 것을 금지했는데, 주식회사로 먼저 변경한 후 다시 유한책임회사로 변경하는 사례까지 나타났다. 이러한 분위기 속에 기존에는 주식회사였던 외국계 기업이 유한책임회사로 변경하는 사례도 생겼다.

참고로, 유한회사는 독일식(대륙식) 법체계에 근거한 것이고 유한책임회사는 영미식 법체계에 근거한 것으로 유한회사와 유한책임회사를 동시에 두는 경우는 매우 드물다고 한다.

표 3-1
외감법 변경 전후 다국적 회사 법인형태 변경 사례들

주식회사 → 유한책임회사	유한회사 → 주식회사 → 유한책임회사
이베이코리아	딜리버리히어로코리아
아디다스코리아	록시땅코리아
월트디즈니	아마존웹서비시즈코리아
구찌코리아	애플이엔씨

자본적 공동기업

주식회사

주식회사
출자한 한도 내에서 유한책임을 지는 1인 이상의 출자자에 의해 설립되는 기업형태

대부분의 기업이 취하고 있는 형태인 주식회사는 출자한 한도 내에서 유한책임을 지는 1인 이상의 출자자에 의해 설립되는 기업형태이다. 대규모 기업에 적당한 기업형태이지만 회사법인의 대부분은 주식회사이다. 다음과 같은 특징을 갖고 있다.

■ 자본의 증권화제도

기업은 거액의 자본금을 오래도록 사용하기를 원하지만, 자본제공자는 일반적으로 소액의 자본을 투자하되 필요하면 언제든지 회수하기를 원한다. 이러한 양 당사자의 이율배반적인 요구를 동시에 해결하는 방식이 자본을 증권화하는 제도이다. 즉 기업이 증권(주식)을 소액으로 발행하면 투자자는 소액의 주식을 구입한다. 소액이 모아지면 거액의 자본금이 되어 기업은 영구히 경영활동에 사용할 수 있고, 주식을 구입했던 투자자(주주)는 자금회수를 원하면 주식을 회사가 아닌 다른 투자자에게 팔면 된다.

□ 그림 3-2
자본의 증권화제도가 제공하는 이점

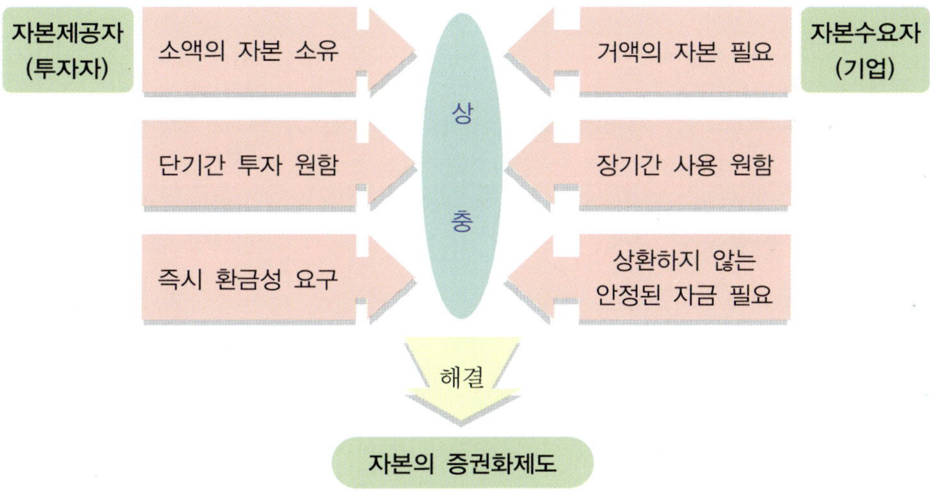

■ 소유와 경영의 분리제도

자본출자자(주주)수가 많아지고 주식분산이 고도화될수록 이들은 경영에 관여하지 않고 주가상승차익이나 배당과 같은 이익획득에만 관심을 갖는다. 대신 능력 있는 전문경영자에게 경영을 맡긴다. 이른바 소유와 경영이 분리되는 것이다.

이상의 상법상 기업을 종합하여 비교하면 다음과 같다.

표 3-2 상법상 기업 비교

구 분	합명회사	합자회사	유한책임회사	유한회사	주식회사
구성	• 2인 이상 무한책임사원	• 무한책임사원 · 유한책임사원 각 1인 이상	• 1인 이상 유한책임사원	• 1인 이상 유한책임사원	• 1인 주주 이상
출자	• 재산 · 노무 · 신용출자 인정	• 무한책임사원 : 재산 · 노무 · 신용출자 인정 • 유한책임사원 : 금전 · 재산출자	• 출자금액무관 사원 1명당 의결권 1개 • 출자금 무관하게 이익분배 가능	• 1좌 금액 100원 이상 균일 • 1좌 1의결권	• 1주 금액 100원 이상 균일 • 1주 1의결권
책임유형	• 직접 · 무한 · 연대책임	• 무한책임사원 : 직접 · 무한 · 연대책임 • 유한책임사원 : 간접 · 유한책임	• 간접 · 유한책임	• 간접 · 유한책임	• 간접 · 유한책임
기관의 구성	• 무한책임사원이 회사를 대표 • 주주총회 · 사원총회 · 감사기관 없음	• 무한책임사원이 회사를 대표 • 주주총회 · 사원총회 · 감사기관 없음	• 업무집행사원이 회사를 대표 * 이사 선임 불필요(유한회사와 다른 점)	• 사원총회 • 이사가 회사 대표 역할 • 감사 둘 수 있음	• 주주총회, 이사회
적합한 사업형태	• 가족 또는 친밀한 사람들끼리 동업	• 사모펀드 등	• 창업벤처기업, 스타트업 등 • 외부감사 비대상	• 중소규모	• 대기업 또는 대기업 지향 기업

함께 생각해보자 개인기업이 공동기업에 대하여 갖는 장단점에 대하여 생각해보자.

협동조합

협동조합은 2012년 12월에 협동조합기본법이 만들어지면서 가능해진 새로운 형태의 조직으로 기업의 기능을 수행할 수 있다.

기존의 협동조합

원래 우리나라의 협동조합에는 흔히 잘 알고 있는 농업협동조합(농협), 신용협동조합(신협) 등이 있었는데 이들은 각각의 개별 법률에 의하여 성립되어 있다. 예를 들어 농협은 농업협동조합법에 의하여 설립되고 관리된다. 이러한 협동조합으로는 위의 둘 외에 수산업협동조합, 엽연초협동조합, 산림조합, 중소기업협동조합, 소비자생활협동조합이 있고 새마을금고법에 의하여 설립된 새마을금고도 일종의 협동조합으로 본다. 이들 8개의 협동조합들은 정책적 필요성에 의해서 국가가 주도하여 만들어졌다고 할 수 있다.

새로운 협동조합

협동조합이라는 조직은 '공동의 목적'을 수행하기 위하여 '자격이 있는 사람'들이 모인 집합체이다. 여기서 '자격'이라고 하는 것은 일반적으로 출자금을 낸 사람을 뜻한다. 그동안 성격은 협동조합인데도 법적인 뒷받침이 없어 개인사업자나 주식회사 또는 사단법인 형태로 운영되어 왔던 조직이 전국적으로 8, 9천여개에 이르는 것으로 추정되어 왔다. 이러한 조직을 위한 새로운 제도가 도입된 것이다.

새로 도입된 협동조합의 성격은 [그림 3-3]과 같이 설명할 수 있다.

□ 그림 3-3
협동조합의 위치

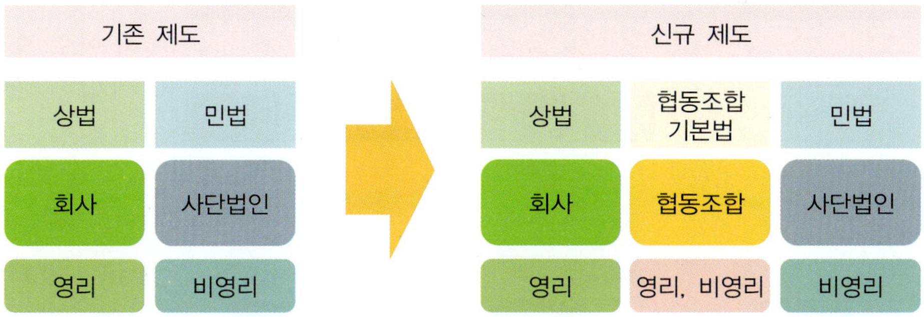

기존에는 협동조합 설립에 3억원 이상의 출자금과 200명 이상의 발기인이 필요했지만 협동조합기본법에 의한 협동조합은 출자금 제한도 없고, 발기인도 5명 이상이면 된다. 특히 조합원들은 주식회사의 주주들처럼 유한책임만 지면 되기 때문에 협동조합이 부채가 과다하여 파산을 하더라도 조합원이 빚을 책임지지 않는다. 본인이 당초에 출자했던 출자금만 잃게 된다. 이 부분도 주식회사와 유사하다(주주는 주식투자금만 잃는다).

물론 이러한 장점만 있는 것은 아니다. 의사결정에 있어서는 출자금 액수와 무관하게 조합원이 1인 1표를 행사하기 때문에 민주적인 결정이 가능한데, 협동조합의 특성상 조합원의 이익이 우선이기 때문에 성과나 효율 등에서 일반 기업에 비해 뒤떨어질 수박에 없다.

창업시 어떤 형태의 회사를 선택할까?

위에서 본 바와 같이 우리나라 상법상 회사의 형태에는 합명회사 및 합자회사, 유한회사, 유한책임회사, 주식회사가 있다. 특별한 경우가 아니면 일반적으로 유한회사, 유한책임회사, 주식회사 중 하나를 선택하게 된다.

유한회사와 유한책임회사는 많은 공통점을 갖고 있지만, 가장 큰 차이는 의결권에 있다. 유한회사의 사원은 투자금액을 1좌의 금액으로 나누어 출자좌수에 따라 지분을 갖고 의결권을 행사한다. 마치 주식회사가 1주를 기준으로 주식수에 따라 의결권을 행사하는 것과 유사하다. 이와 비교하여, 유한책임회사의 사원은 투자금액에 상관없이 사원 1인당 1개의 의결권을 갖는다. 이러한 점은 협동조합과 유사하여 외부에 대해 매우 폐쇄적인 경영구조를 갖게 하는 효과가 있어서 아주 작은 규모의 법인사업자로 사업을 하거나 가족경영으로 사업을 하는 경우에 주로 유한책임회사를 선택한다.

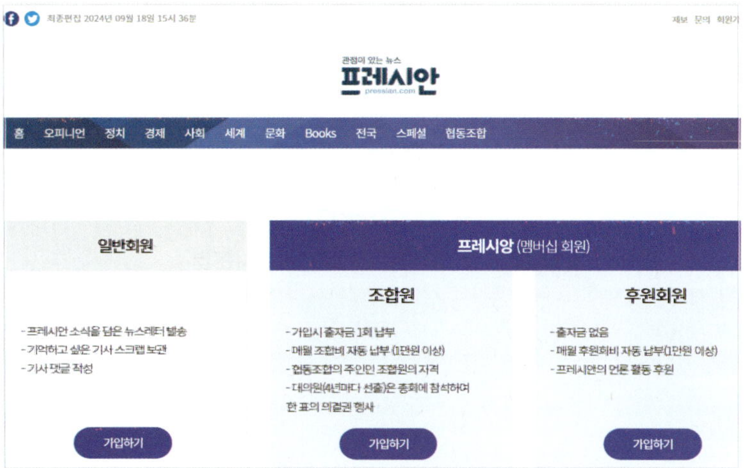

프레시안은 우리나라 유일의 협동조합 체계의 언론이다. (자료 : 프레시안 홈페이지)

결론적으로, 장차 큰 기업체로 키우고 싶은 의지가 있다면 주식회사 형태를, 소규모 사업을 하려는 경우에는 유한회사를 선택하는 것이 일반적이며 유한책임회사를 설립하는 경우는 흔하지 않다.

공기업과 공사공동기업

사기업은 개인이 출자한 기업으로 영리추구가 주목적인 반면, 공기업은 공익을 목적으로 국가 및 공공기관이 출자한 기업이다. 공사공동기업(mixed undertaking)은 사기업과 공기업의 결점을 보완하고 장점만을 극대화하려는 의도로 국가 또는 지방공공단체와 개인 또는 사적 단체가 공동으로 출자하여 공동으로 경영하는 기업을 말한다.

2 기업 모습의 변화

미국의 자존심이면서 오랫동안 미국 주식 시가총액 1위를 했던 제너럴 일렉트릭(GE : General Electric). 발명왕 토머스 에디슨이 1878년 설립한 전기조명회사를 모태로 탄생한 GE는 오랜 기간 세계 모든 기업의 부러움과 경영의 교과서로 배움의 대상이 되었다. 전구로 시작한 사업부문은 가전제품, 제트엔진, 터빈 등 제조업으로 기반을 다진 후 의료기기, 방송, 금융 분야까지 사업을 확장해 미국 시가총액 1위 기업에 올랐다. 잭 웰치, 제프리 이멜트 등 경영과 무관한 사람들도 알 수 있을 정도의 저명하고 뛰어난 CEO가 GE와 함께했다.

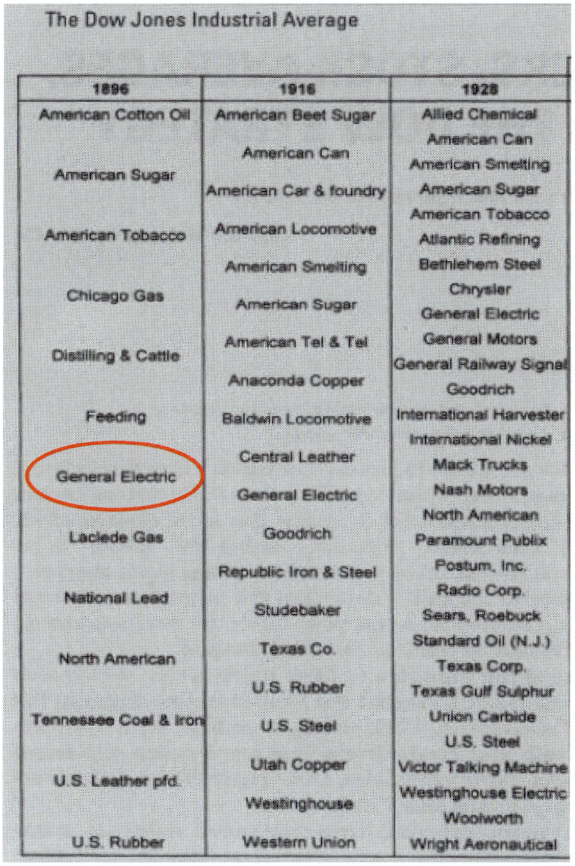

The Dow Jones Industrial Average

1896	1916	1928
American Cotton Oil	American Beet Sugar	Allied Chemical
American Sugar	American Can	American Can
American Tobacco	American Car & foundry	American Smelting
Chicago Gas	American Locomotive	American Sugar
Distilling & Cattle Feeding	American Smelting	American Tobacco
General Electric	American Sugar	Atlantic Refining
Laclede Gas	American Tel & Tel	Bethlehem Steel
National Lead	Anaconda Copper	Chrysler
North American	Baldwin Locomotive	General Electric
Tennessee Coal & Iron	Central Leather	General Motors
U.S. Leather pfd.	General Electric	General Railway Signal
U.S. Rubber	Goodrich	Goodrich
	Republic Iron & Steel	International Harvester
	Studebaker	International Nickel
	Texas Co.	Mack Trucks
	U.S. Rubber	Nash Motors
	U.S. Steel	North American
	Utah Copper	Paramount Publix
	Westinghouse	Postum, Inc.
	Western Union	Radio Corp.
		Sears, Roebuck
		Standard Oil (N.J.)
		Texas Corp.
		Texas Gulf Sulphur
		Union Carbide
		U.S. Steel
		Victor Talking Machine
		Westinghouse Electric
		Woolworth
		Wright Aeronautical

다우존스 산업평균지수를 만들 때 최초로 포함된 12개의 회사 명단이 실린 당시의 신문 지면. 적색 원으로 표시된 곳에 제너럴 일렉트릭이 있다. (자료 : dividendgrothinvestor.com)

그런 GE였지만 2008년 글로벌 금융위기 때 그룹 전체가 흔들리면서 미국 연방 정부로부터 긴급 구제금융을 받아야 했고, 2009년에는 신용등급 중 가장 상위 등급인 'AAA'를 상실했다. 이후에도 위기에서 벗어나지 못한 GE는 2018년에 30개 기업으로 구성된 다우존스 산업평균지수(DJIA : Dow Jones Industrial Average Index)에서 퇴출당했다. DJIA는 1896년에 12개 회사로 만들었는데, 1928년에 이르러서야 오늘날과 같이 30개사로 지수가 구성되었다. GE는 그중의 하나로 마지막까지 남아 있었으나 2018년 6월에 마침내 탈락하게 된다. 이 시기만 하더라도 모두가 GE는 곧 망할 것이라고 얘기했으나 GE는 뼈를 깎는 구조조정을 거치면서 제조업 중심 기업으로 다시 살아나고 있다.

1965년 우리나라 10대 기업에 속했던 기업 중 현재도 존속하고 있는 기업은 삼성과 LG 2개 기업에 불과하다. 외환위기를 거치면서 30대 재벌기업 중 12개가 망했다. 60여 년이 안 되는 사이에 일어난 변화이다. 외국의 사례를 보면 서기 578년에 설립되어 1,428년 동안이나 기업활동이 계속되어 세계 최고(最古) 기업으로 인정받던 일본의 기업 '곤고구미(金剛組)'가 2006년 문을 닫았다.

한편 중국의 유명한 동인당은 1669년에 설립되어 현재도 왕성한 기업활동을 하고 있고, 우리나라의 경우에는 1896년에 설립된 두산이 가장 오래된 기업으로 지금도 대기업집단을 유지하면서 2024년 기준 17위권 수준에 포진하고 있다.

새로 생겨나거나 소멸하는 기업수가 전체 기업에서 차지하는 비율은 얼마나 될까? 우리나라의 경우에 대해 통계청이 2023년 12월에 발표한 자료를 중심으로 살펴보자.

〈표 3-3〉은 2007년부터 2022년까지 우리나라의 활동기업과 신생기업, 그리고 소멸기업 수에 대한 통계이다. 매년 70~110만개의 기업이 생겨나고 있는데, 이는 전체 활동기업의 15% 내외의 수준이다. 한편 매년 60~80만개의 기업이 소멸하고 있는데, 이는 10~14% 수준이다. 이에 따라 전체 활동기업수는 꾸준히 증가하고 있음을 알 수 있다. 주목할 만한 것은 신생률이 소멸률을 앞지르고 있어 꾸준히 활동기업이 늘고 있다는 사실이다.

그렇다면 기업의 연도별 생존율은 어떻게 될까? [그림 3-4]는 역시 2023

표 3-3
연도별 기업생멸 현황

(단위 : 천개, %)

	활동기업		신생기업		소멸기업	
		전년비		신생률		소멸률
2007	4,726	5.9	847	17.9	616	13.0
2008	4,908	3.9	796	16.2	638	13.0
2009	5,032	2.5	760	15.1	662	13.2
2010	5,147	2.3	773	15.0	650	12.6
2011	5,305	3.1	809	15.3	683	12.9
2012	5,379	1.4	770	14.3	741	13.8
2013	5,377	0.0	749	13.9	664	12.4
2014	5,559	3.4	843	15.2	777	14.0
2015	5,554	−0.1	813	14.6	640	11.5
2016	5,776	4.0	876	15.2	626	10.8
2017	6,051	3.3	913	15.1	698	11.5
2018	6,250	3.3	920	14.7	692	11.1
2019	6,577	4.4	1,005	15.3	744	11.3
2020	6,873	4.5	1,069	15.6	768	11.2
2021	7,113	3.5	1,034	14.5	735	10.3
2022	7,353	3.4	997	13.6	−	−

□ 그림 3-4
우리나라 기업의 생존율

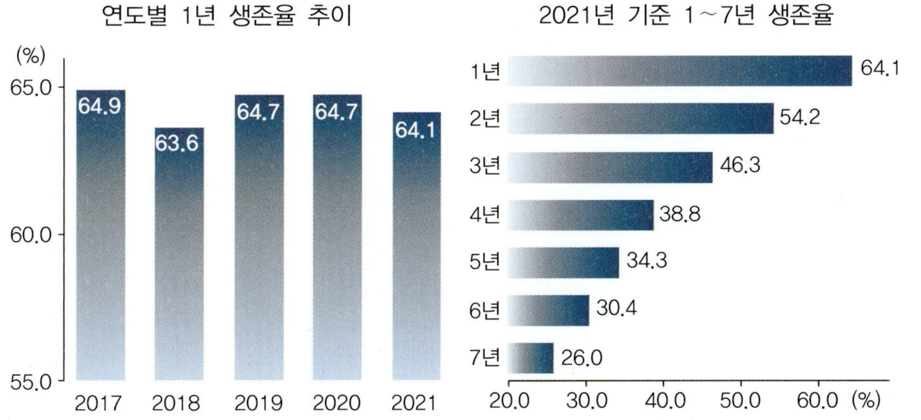

(자료 : 통계청)

년 12월에 발표된 자료이다. 먼저 왼쪽 그림은 2017년 이후 1년 생존율 추이를 보여준다. 2017년 기준으로는 신생기업의 1년 생존율이 64.9% 수준이었다. 이후 약간의 등락이 있었지만 가장 최근 연도인 2021년에는 64.1% 수준이다. 그림을 보면 그 차이가 큰 것처럼 보이나 이는 착시에 가깝다. 즉 최근 5년간의 1년 생존율을 보면 63~65% 수준을 오르내리고 있다. 신생기업의 3분의 1은 대략 1년이 경과하기 전에 소멸한다는 뜻이다.

미국의 공유오피스 기업 위워크(WeWork). 2008년에 설립되어 우버(Uber), 에어비앤비(AirB&B)와 함께 공유경제의 상징으로 기업가치가 2019년에 470억 달러(약 63조원)까지 커졌으나 2023년 11월에 파산신청을 했다. 우리나라에도 들어와 있으며, 한국법인은 정상 운영중이다. (자료 : 종합)

한편 2021년을 기준으로, 신생 3년차 기업(2018년 창업기업)은 생존율이 46.3%이고 5년차 기업은 34.3%에 불과하다. 전체적으로 보아 창업 3년이 지나면 대여섯 개, 5년이 지나면 일곱 개가 망하고 있음을 알 수 있다. 기업의 생존이 이 정도로 어려운 것이다.

미국의 경우는 어떠할까? 다양한 통계와 많은 사례가 보여주듯이 미국은 가장 활발한 스타트업 기업들의 각축장이다. 스타트업에 투자하는 벤처투자자도 많고 투자자본의 흐름도 매우 왕성하다. 그런데 미국 스타트업들이 2021~2022년 호황기 후유증으로 자금조달에 어려움을 겪으면서 파산가능성이 지난 1년간(2024년 8월 기준) 60%나 증가한 것으로 나타났다. 수십억 달러의 벤처 자금이 인공지능(AI) 분야로 투자되고 있지만 스타트업 파산은 급증하고 있는 것이다. 주식 관리 지원 플랫폼 카르타(Carta)에 의하면 2024년 1분기 자신들이 지원하는 스타트업 고객사 가운데 254개사가 파산했다면서 이러한 파산비율은 스타트업 파산을 추적하기 시작한 2019년에 비해 7배 이상 늘어난 것이라고 한다.

이처럼 조직으로서 기업은 마치 살아 있는 유기체처럼 모습이 바뀐다. 설립된 후 지속적으로 성장하는 기업이 있는가 하면, 성장하다가 하루아침에 없어지는 기업도 생기고, 오랫동안 영업활동이 지지부진한 상태에 머무르는 기업도 있다. 그런가 하면 다른 기업을 인수하여 덩치가 갑자기 커지기도 하고, 다른 회사와 손잡고 마치 여러 기업이 한 기업처럼 경영활동을 하기도 한다.

지금부터는 이와 같은 기업의 다양한 변화 모습을 살펴보기로 한다. 기업 양태를 변화시키는 대표적인 활동으로는 인수·합병과 기업분할이 있다. 전자는 전 세계적으로 붐이 일고 있다고 할 정도로 기업경영에 있어서 중요한 화두 중의 하나이다. 한편 인수·합병과는 정반대 성격인 기업분할도 기업구조조정의 한 방법으로 크게 주목받고 있다.

다음에서는 인수·합병과 기업분할을 먼저 살펴보고 이어서 기업이 집단화하는 모습을 알아보기로 하겠다.

기업의 인수·합병

인수·합병은 기업이 성장전략을 추구할 때 활용할 수 있는 강력한 도구 중의 하나이다. 외국의 경우엔 일찍부터 많은 사례가 있어왔지만 우리나라에서 인수·합병이 본격적으로 시작된 것은 1997년 외환위기 이후부터이다. 당시에 많은 기업이 부실화되어 인수·합병 시장에 나왔는데, 당시 정부에서는 인수·합병을 용이하게 하기 위하여 몇 가지 법률을 개정하였다. 대표적으로 어떤 상장기업의 주식 10% 이상을 매입할 때에는 증권관리위원회의 허가를 받도록 하는 대량주식소유제한 규정이 있었는데 이를 폐지하였고, 외국인의 M&A를 허용했다. 2001년에 들어서는 M&A 사모펀드를 설립하여 적대적인 M&A를 허용하기도 하였다.

이하에서는 인수·합병의 의의, 방법과 그 효과, 그리고 몇 가지 사례에 대하여 살펴본다.

기업 인수·합병의 의의

합병(merger)
두 개 이상의 기업이 하나로 통일되어 단일기업이 되는 경제행위

인수(acquisition)
특정기업이 다른 기업의 주식 또는 자산을 취득하여 경영권을 획득하는 경제행위

기업의 성장을 기업 자체 내의 내적 발전에 의해 성장하는 내적 성장과 외부적으로 타기업과의 결합을 통하여 성장하는 외적 성장으로 구분할 때, 기업의 인수·합병은 외적 성장의 주요 수단이다. 기업 인수·합병(M&A : Merger and Acquisition)은 두 가지의 개념이 결합된 것이다. 하나는 기업지배권 획득을 목적으로 두 개 이상의 기업이 하나로 통합되어 단일기업이 되는 합병(merger)이고, 다른 하나는 특정기업이 다른 기업의 주식 또는 자산을 취득하여 경영권을 획득하는 인수(acquisition)이다.♣

♣ 기업 인수·합병시의 공격과 방어 기법

▸ 공격기법
- 공개매수(tender offer, take over bid) : 특정기업의 주주들로부터 공개적으로 장외에서 주식을 사들이는 행위. 주주들은 장내보다 비싼 값에 주식을 팔 수 있다.
- 그린 메일(green mail) : 특정기업의 일정지분을 장내에서 사들인 뒤 경영권을 쥔 대주주를 협박, 장외에서 비싼 값에 주식을 되파는 수법. 이런 사람을 그린 메일러(green mailer)라고 한다. 대주주가 말을 듣지 않으면 경영권을 약탈할 수도 있다. 이를 기업사냥꾼(raiders)이라 부른다.
- 파킹(parking) : 우호적인 제3자를 통해 지분을 확보하게 한 뒤 주총에서 제3자로 하여금 투표권을 행사하게 하여 기습적으로 경영권을 탈취하는 방법.
- 흑기사(black knight) : 경영권 방어를 돕는 백기사와는 달리 경영권 탈취를 돕는 제3세력을 말한다.
- 토요일 밤 기습작전(saturday night special) : 방어할 틈을 주지 않기 위해 토요일 저녁 황금시간대에 TV를 통해 공개매수를 선언하는 방법. 미국에서 주로 사용된다.

▸ 방어기법
- 백기사(white knight) : M&A 공격을 받았으나 스스로 방어할 자본이 부족할 때 우호적인 제3세력이 나서서 경영권을 보호해주는 방법으로, 제3세력을 백기사라고 한다.
- 황금 낙하산(golden parachute) : 인수·합병을 하는 기업이 피인수기업의 임원을 해임할 때 거액의 퇴직금을 지급토록 하여 공격자의 인수 부담을 늘리는 전략. 한편 퇴직금 지급 대상자가 일반 종업원일 경우엔 이를 주석(tin, 朱錫) 낙하산이라고 한다.
- 팩맨(pac man) : 방어자가 거꾸로 공격자의 주식을 매집하는 등 정면 대결을 하는 방법. 같이 죽기 전략. 양측이 서로 돌이킬 수 없는 상처를 입을 수 있다.
- 독약처방(poison pill) : 특정기업을 상대로 적대적 인수 시도가 있을 경우 대상기업의 독소증권을 보유한 주주에게 특별한 권리를 부여해 이를 행사하게 함으로써 인수자로 하여금 적대적 인수를 포기하도록 유도하는 권리 또는 증권을 말한다. 예를 들어 인수기업이 존속기업으로 되는 흡수합병이 발생할 경우에는 대상기업의 주주에게 합병기업의 주식을 염가로 매입할 수 있는 권리를 부여한다.
- 왕관의 보석(jewel of crown) : 왕관에 달려 있는 보석처럼 회사의 핵심자산을 매각해서 인수하려는 기업의 의욕을 꺾는 방법. 보석이 없는 왕관을 생각해보라.
- 초다수의결제 : 이사 선임이나 해임, 인수·합병에 대한 결의요건을 크게 강화하여 인수회사가 이사 선임 및 해임, 인수·합병을 어렵게 하는 방법. 예를 들어, 이사 선임 및 해임 요건을 주주의 80% 이상이 동의하도록 정관에 명시한다면 어떤 기업이 다른 기업을 M&A 했어도 임원을 교체하기 힘들어진다.

기업 인수 · 합병의 방법

기업 인수 · 합병의 방법으로는 다음과 같이 기업합병, 주식취득, 자산취득이 있다.

- **기업합병** : 기업합병이란 복수의 회사가 합하여 법률적으로 하나의 기업이 되는 가장 강력한 기업결합 수단이다. 흡수합병과 신설합병 두 가지가 있다.
  ① **흡수합병** 합병기업 중 한 기업이 존속기업으로 남아 소멸되는 다른 기업의 모든 영업활동은 물론이고 자산, 채무를 인계받는 것을 말한다. 가장 강력한 기업 인수 · 합병의 수단이다.
  ② **신설합병** 결합하려는 모든 기업이 해산되고 새로운 기업을 설립하며, 신설기업이 해산기업의 자산, 영업, 채무를 인계받는다.
- **주식취득** : 주식취득은 한 기업(취득기업)이 다른 기업(피취득기업)의 주식의 일부 또는 전부를 그 주주로부터 취득하는 방법이다. 자산취득과 달리 취득기업이 피취득기업의 주주로부터 직접 주식을 매입하는 공개매수도 포함된다. 주식취득이 합병과 가장 다른 점은 주식취득이 일어나도 해당기업이 개별기업으로 계속 존재한다는 점이다.
- **자산취득** : 자산취득 또는 영업양수는 두 기업간에 체결된 계약에 따라 한 기업이 상대기업 영업의 전부가 아닌 일부만을 인수하는 것을 말한다. 형식적으로는 매각기업의 기업구조나 주주들의 주식소유권에는 영향이 없다.

쉬어가기 무자본 M&A

무자본 M&A는 돈을 들이지 않고(자본을 지출하지 않고, 또는 최소한의 자본으로) 다른 회사를 인수하는 방법을 말한다. 어떻게 가능할까? 일반적인 방법은 인수회사(또는 개인)가 피인수회사의 주주나 소유주에게 대가를 지불하고 피인수회사를 인수하게 된다. 그러나 무자본 M&A는 M&A에 드는 자금을 피인수회사의 자산이나 이익창출능력을 근거로 조달한다.

대표적인 방법으로 두 가지가 있다. 하나는 비교적 많이 알려진 '레버리지 바이아웃'(LBO : Leveraged Buyout)이다. 이는 피인수회사의 자산을 담보로 대출을 받아 그 회사를 인수하는 방법이다. 대출금은 피인수회사를 인수한 후 그 회사가 벌어들이는 현금으로 상환한다. 두 번째 방법은 '언 아웃'(earn-out)으로 인수대금의 일부를 인수 후 나중에 지불하는 방법이다.

그런데 무자본 M&A는 그 자체가 불법은 아니다. 다만, 자기 돈을 거의 들이지 않고 기업을 인수하기 때문에 기업경영 목적보다는 인수한 주식을 매도해 시세차익을 얻는 데 악용하는 사례 등이 있어 부정적으로 보는 경우가 많다. 인수한 주식을 고가에 매도하기 위하여 주가조작을 할 유인이 있는데, 주가조작은 명백히 불법이다.

기업 인수·합병의 효과

M&A를 하게 되면 어떤 효과가 있을까? M&A를 하는 기업들은 다양한 분야에서 시너지 효과를 기대한다. 시너지 효과(synergy effect)란 1+1=3과 같은 결과를 가져오는 효과를 말한다. 구체적으로 기대되는 효과로는 다음과 같은 것들이 있다.

- **매출수익의 증대효과** : M&A 전보다 유통망, 브랜드, 제품믹스 등을 효율적으로 이용할 수 있어 시장 다변화, 제품 다변화, 사업영역의 확대로 매출의 증대를 기대할 수 있다. 동종산업 내에서 이루어지는 수평적 M&A의 경우에는 시장점유율의 확대로 지배적 위치를 확보할 수도 있다.
- **비용절감** : 영업활동에서 통합되는 회사의 여러 가지 자원을 공동으로 이용함으로써 원가가 절감되는 규모의 경제성을 기대할 수 있다. 생산 및 유통과정에서 인접하는 전후방 기업간에 이루어지는 수직적 M&A인 경우에는 영업효율성이 증대될 수 있다.
- **현금흐름의 개선과 위험감소** : 많은 이익을 낸 기업이 손실을 낸 기업을 M&A 하면 원래 내야 했던 세금을 줄일 수 있다. M&A로 재무건전도나 재무상의 신뢰가 확보되면 부채차입능력이 커지고 자본의 조달비용이 감소한다. 또한 M&A가 이루어지면 생산, 마케팅, 인사 등 자원의 공동이용이 가능해져 투자자본, 운전자본 소요액이 절감된다. 상이한 성격의 기업끼리 M&A를 하면 영업 종류가 많아져 영업위험이 분산되고 수익안정화를 기할 수 있다.

> **숫자로 본 경영**
>
> **M&A 시장 규모 추이**
>
> **국내**
>
> 거래 금액 **681억 달러(한화 81조 원)**
> 거래 건수 **1,809건**
>
> **전년 대비 거래 건수 -12% 감소**
> **거래 금액 -17% 감소**
>
> 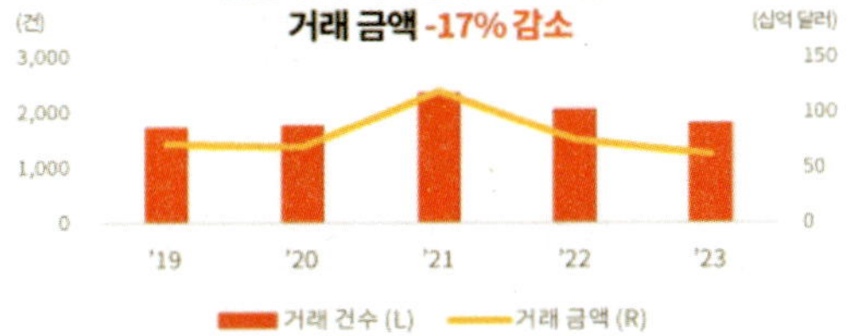
>
>
> **글로벌**
>
> 거래 금액 **2.5조 달러(한화 3,269조 원)**
> 거래 건수 **54,656건**
>
> **전년 대비 거래 건수 -6% 감소**
> **거래 금액 -25% 감소**
>
> 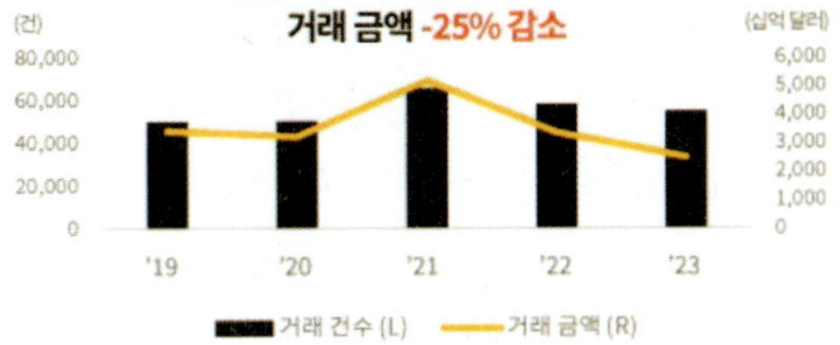
>
>
> (자료 : PWC)

기업성장전략으로 M&A를 가장 잘 활용한 대표적인 성공사례들로 대형 IT기업들을 들 수 있다. 마이크로소프트(MS)는 1986년에 다이내믹 시스템(Dynamical Systems Research)을 시작으로 지금까지 무려 270개가 넘는 회사를 M&A 해오고 있는데, 특히 최근에는 게

숫자로 본 경영

2000년 이후 빅테크 기업의 10억 달러 이상 대형 기업인수 사례

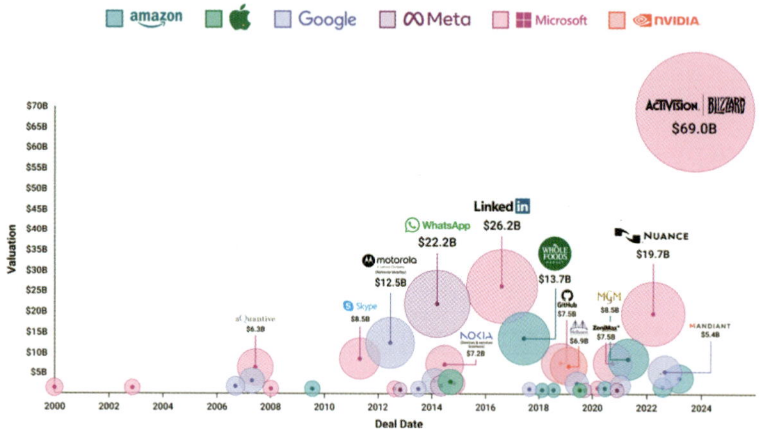

(자료 : CBINSIGHTS)

숫자로 본 경영

글로벌 IT기업의 'AI 분야' 기업인수 건수

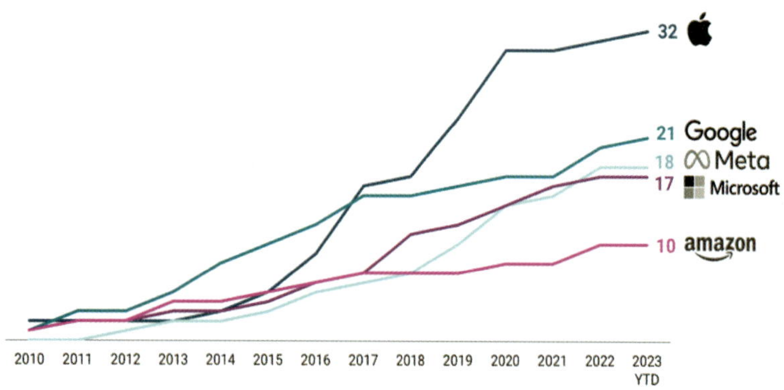

(자료 : CBINSIGHTS)

임업체 액티비전 블리자드(Activision Blizzard)를 정보기술(IT) 업계 M&A 역사상 최대 금액인 687억 달러(약 92조원)에 인수했다. 이로써 MS는 단숨에 세계 3대 게임사로 올라섰다. 알파벳(Alphabet, 구글)은 1998년에 창업하여 다양한 회사를 M&A 하면서 오늘날 브랜드 가치 세계 최고 그룹 기업에 올랐다. 이 회사는 2001년 2월 12일 데자뷔(Dejavue)라는 회사를 시작으로 2024년 6월 5일에 카메요(Cameyo)까지, 무려 258개의 기업을 M&A 해오고 있다. 메타(Meta, 과거의 페이스북)는 지난 2004년부터 현재까지 인스타그램과 왓츠앱 등 97개가 넘는 회사를 인수했으며, 애플(Apple)은 창립 후 130여 개의 기업을 인수했다. 이들 빅테크 기업들은 최근 AI 경쟁이 치열해지면서 AI 관련 기업을 적극적으로 인수하고 있다.

우리나라의 경우에는 이러한 극적인 사례의 하나로 SK를 들 수 있다. 일부 정치적인 논란이 있기는 하지만 SK는 1980년에 유공, 1994년에 한국이동통신을 차례로 인수해 SK그룹의 양대 축인 에너지와 정보통신의 틀을 완성했다.

넷마블의 경우는 이례적인 M&A 성공사례로 평가받고 있다. 넷마블은 2020년에 1조 7,401억원을 들여 코웨이 지분 25.08%를 매입하여 코웨이를 인수했다. 그해 코웨이의 매출액과 영업이익은 각각 3조 2,374억원, 6,064억원이었다. 게임업체인 넷마블이 정수기, 매트리스, 안마의자 등의 렌털 산업을 영

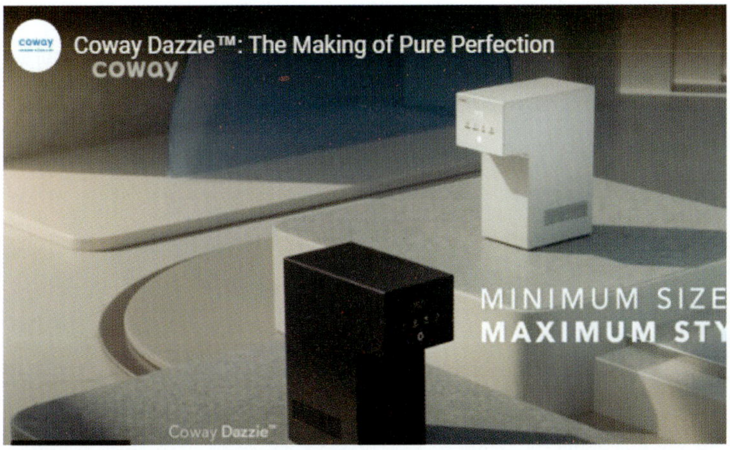

▌코웨이는 원래 "웅진코웨이"로 웅진그룹의 대표격이었다가 넷마블에 매각되면서 "코웨이"가 되었다. 말레이시아에서는 코웨이가 보통명사인 정수기를 의미할 정도로 유명세이다. 사진은 말레이시아 코웨이 TV 광고 중 한 장면 (자료 : 코웨이)

위하고 있는 코웨이를 인수한 것에 대해서 많은 전문가들이 사업적으로 시너지가 크지 않을 뿐만 아니라 넷마블의 렌털업 이해도가 높지 않아서 무리한 인수라는 시각이 지배적이었다. 그러나 넷마블은 소유와 분리의 원칙을 잘 지켜 코웨이 경영은 해당 부분 전문가에 맡겼고, 그 결과 코웨이는 꾸준히 좋은 실적을 내어 2024년에는 매출 4조 2,000억원이 기대되고 있다.

그런데 M&A의 긍정적인 효과가 항상 나타나는 것은 아님에 유의할 필요가 있다. 오히려 M&A로 인하여 어려움을 겪는 사례도 적지 않다(이러한 경우를 '승자의 저주'라고 부른다). 세계적 컨설팅회사 AT커니(Kearney)의 분석에 의하면 M&A를 한 115개 기업을 검토해보았더니 M&A 후 58%의 기업에서 기업가치가 오히려 하락한 것으로 나타났다. 베인&컴퍼니(Bain & Company)나 하버드비즈니스리뷰(HBR) 조사 결과에 의하면 M&A 성공률은 30~35% 수준에 그치고 있다.

구체적인 사례로, 독일 자동차회사 다임러(Daimler)는 1998년 400억 달러에 크라이슬러(Chrysler)를 인수했다가 2007년에 겨우 60억 달러에 매각했다. 미국 역사상 최악의 M&A로 인용되는 것은 타임워너(Time Warner)-AOL의 합병이다. 타임워너는 2,840억 달러나 주고 아메리카온라인(AOL)을 M&A 했으나 순식간에 두 기업의 가치 합계 중 93%가 사라졌다. 당시에는 신(AOL)-구(타임워너) 미디어의 합병으로 기대감이 높았던 것도 사실이다. 그러나 최악의 M&A로 결론나면서 경영진 대부분은 퇴진했고 2009년 들어서 결국 AOL은 다시 분사되었다.

국내에서 가장 대표적인 승자의 저주 사례는 금호아시아나그룹이다. 금호는 2006년 대우건설, 2008년 대한통운을 잇달아 인

숫자로 본 경영

국내 택배시장에서 CJ대한통운의 택배업 점유율 추이

(단위 : 백만개)

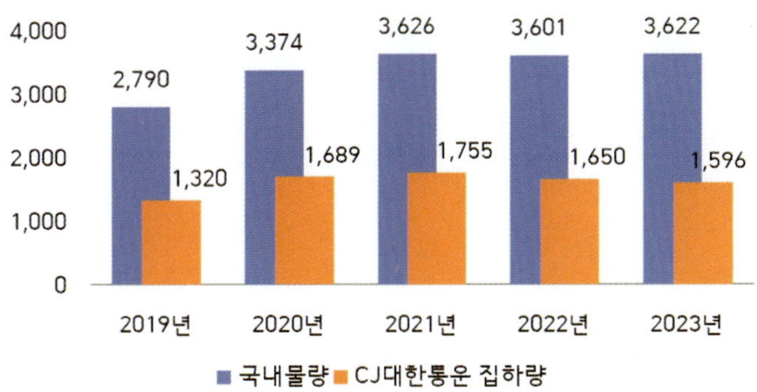

(자료 : 금융감독원, 뉴스워커)

수하면서 외부 차입금을 포함해 10조 5천억원의 거액을 투입했다. 금호는 이를 통해 재계 순위가 14위에서 9위로 껑충 뛰었지만, 부채도 8조 4천억원에서 23조 4천억원으로 3배 가까이 급증하면서 승자의 저주에서 벗어나지 못했다. 결국 대우건설은 2010년에 산업은행에 매각되었고, 대한통운은 CJ가 포스코 컨소시엄과의 치열한 경쟁 끝에 2011년 7월에 인수하였다. 그러나 이 결정 이후 CJ의 주가가 한때 20% 이상 폭락하는 등 승자의 저주가 재현되는 것이 아닌가 하는 우려가 제기되기도 했다. 이후 CJ는 그룹이 이미 보유하고 있던 또 다른 물류회사인 CJ GLS와 대한통운을 합병하고 CJ대한통운으로 사명을 변경하였다. 이후 여러 우여곡절을 겪었지만 이내 안정화되었으며 국내 택배 시장점유율 1위를 유지하고 있다.

기업의 분할

IMF 이후 우리나라에서는 한때 구조조정의 일환으로 기업분할이 크게 유행한 적이 있다. 지금도 기업분할은 여러 가지 이유로 계속되고 있다.

기업분할(division)
회사의 영업을 둘 이상으로 분리하여 회사를 신설하거나 다른 회사와 합병하는 것

회사분할 또는 기업분할(division)은 M&A와 반대되는 것으로 회사의 영업을 둘 이상으로 분리하여 회사를 신설하거나 다른 회사와 합병하는 것을 말한다. 이에 따라 분할하는 회사는 소멸하거나 축소된 상태로 존속하게 되며, 분할하는 회사의 주주는 신설회사 또는 다른 회사의 주식을 취득하게 된다.

기업분할의 방법을 정리하면 다음과 같다.

단순분할

단순분할이란 영업을 분할하여 새로운 회사를 신설하는 것을 말한다. 단순분할은 분할회사의 소멸 여부에 따라 다시 소멸분할과 존속분할로 구분된다. 주식배정방법에 따라서는 인적 분할과 물적 분할로 구분되는데, 이는 뒤에서 자세히 설명한다.

분할합병

분할합병이란 영업을 분할하여 일부 영업을 기존의 다른 회사에 흡수합병시키거나 또는 기존의 회사들과 회사를 신설하는 것을 말한다. 분할합병의 경우에

도 분할회사의 소멸 여부에 따라 소멸분할합병과 존속분할합병으로 구분된다. 분할 후 타 회사에 영업권을 넘기는 것으로, 기업들이 구조조정을 할 때 영업부문의 일부를 매각하는 경우는 대부분 여기에 속한다.

본절의 도입 부분에서 언급했던 GE의 경우, 금융위기 전까지는 적극적인 M&A를 통하여 덩치를 키웠으나 금융위기 이후에는 구조조정을 시작하면서 여러 사업부문을 분할해서 매각을 진행했다. 2013년, 방송사업부문이었던 NBC유니버설 지분 처분을 시작으로 GE캐피털의 사업 대부분을 매각했다. 가전사업부문을 중국 하이얼에 매각했고, 바이오사업부문도 팔았으며 심지어 GE의 상징과도 같았던 전구사업부문도 매각을 했을 정도이다.

여객기를 제조사에 주문할 때에는 엔진을 지정해서 주문할 수 있다. 사진의 왼쪽 엔진을 보면 엔진 중앙에 달팽이와 같은 GE 엔진 표식이 있음을 알 수 있다. (자료 : 대한항공)

GE에서 남은 사업부문은 크게 세 개로 항공우주, 의료, 에너지 분야였는데, 2023년부터 의료부문이 GE헬스케어(HealthCare)로 독립했고 에너지부문은 2024년 4월에 GE버노바(Vernova)로 독립하면서 남은 항공우주부문은 GE에어로스페이스(Aerospace)가 되었다. GE에어로스페이스는 GE의 법적인 승계회사로 이 회사의 법적 이름은 여전히 GE (General Electric Company)를 사용하고 있다.

단순분할과 분할합병의 병행

단순분할과 분할합병을 동시에 진행하는 방법이다.

위와 같은 구분은 상법에 의한 구분으로, 실제 현장에서는 인적 분할과 물적 분할 중심으로 논란이 많다. 물적 분할이란 분할회사(모회사)의 영업부문의 일부를 자회사에 이전시키고 모회사가 자회사의 주식을 보유하여 주주들은 자회사의 주식을 직접 취득하지 않고 물적으로만 분리하는 경우를 말한다.

한편 인적 분할이란 모회사가 영업부문의 일부를 신설된 회사로 이전시키면서 모회사의 주주가 자회사의 주식을 취득하는 경우로서 인적으로 분할되는 경우를 말한다.

숫자로 본 경영

신세계이마트의 기업분할내용

구 분	분할 후 존속회사	분할 신설회사
법인	신세계	이마트
사업부문	백화점	대형마트
자본금 (분할비율)	492억원(26.1%)	1,394억원(73.9%)
최대주주 (지분)	이명희, 정용진 등 (27.14%)	이명희, 정용진 등 (27.14%)
계열사	신세계인터내셔날, 신세계첼시, 광주신세계, 신세계의정부역사 등	조선호텔, 신세계푸드, 신세계건설, 신세계아이엔씨, 스타벅스코리아, 신세계L&B, 이마트 중국법인 등

인적 분할은 일반적으로 모회사 주주들이 자신들의 주식 소유비율대로 신설회사의 주식을 나눠 갖기 때문에 모회사와 신설회사 간에는 모(母)-자(子) 회사 관계가 성립하지 않아 서로 별개의 회사가 된다. 다만 주주들은 동시에 두 회사의 주주가 된다. 그러나 물적 분할은 신설된 기업의 주식을 모회사가 전부 소유하며 실적과 자산가치 역시 존속회사에 그대로 연결되기 때문에 두 회사는 모-자 관계에 놓인다. 주로 지주회사를 만드는 방법으로 이용된다.

신세계의 분할은 인적 분할의 한 예이다. 백화점과 대형마트업을 영위하던 신세계는 2011년 5월에 백화점 부문과 대형마트 부문으로 분할한 바 있다. 분할비율은 자본금 기준으로 신세계 26.1%, 이마트 73.9%이다.

기업분할을 하는 주요 동기로는 사업의 전문화 및 효율화, 위험부담의 제한, 기업내분의 효과적인 해결, 기업간 경쟁관계의 해소, 결손부분의 분리, 경영활동의 특화, 독립채산의 실효화 등을 들 수가 있다. 이와는 달리 경영권 승계의 목적으로 분할이 이루어지는 경우도 있는데, 신세계의 경우도 그렇게 보는 시각이 있다.

때로는 기업의 분할이 경영진이나 주주의 자발적 의사가 아닌 정부 당국의 정책적 의도에 따라 강제적으로 이루어지기도 한다. 이를 기업분할명령제라고 하는데, 주로 어느 한 기업이 시장을 독점적으로 지배함으로써 소비자의 권익이 침해당하거나 그럴 가능성이 높을 경우에 취해진다. 미국의 통신회사 AT&T가 대표적인 사례이다. 한때 미국 전화시장의 80%를 장악했던 AT&T는 1984년에 7개의 지역회사로 강제분할되었다. 이후 이 회사는 다른 회사에 합병되는 운명을 맞았다. 미국에서는 그 이전에 스탠더드 오일(Standard-oil)이 30개 회사로, 미국 담배시장의 95%를 장악하고 있던 아메리칸 타바코(American Tabacco)가 16개 회사로 강제분할된 적이 있다. 자본주의의 꽃이라고 할 수 있는 미국에서 이러한 제도가 운용되고 있는 점은 다소 역설적이다. 그러나 소비자의 권익이 침해되었다고 정부(주무부처는 법무부)가 판단하면 예외가 없고 매우 단호하다.

1998년 5월에 시작된 미국 법무부의 마이크로소프트(MS : Microsoft)에 대한

McClure's Magazine

VOL. XX *NOVEMBER, 1902* NO. 1

THE HISTORY OF THE STANDARD OIL COMPANY

BY IDA M. TARBELL

Author of "The Life of Lincoln"

CHAPTER I—THE BIRTH OF AN INDUSTRY

ONE of the busiest corners of the globe at the opening of the year 1872 was a strip of Northwestern Pennsylvania, not over fifty miles long, known the world over as the Oil Regions. Twelve years before, this strip of land had been but little better than a wilderness its only inhabitants the lumbermen, who every season cut great swaths of primeval pine and hemlock from its hills, and in the spring floated them down the Allegheny River to Pittsburg. The great tides of Western emigration had shunned the spot for years as too rugged and unfriendly for settlement, and yet in twelve years this region avoided by men had been transformed into a bustling trade center, where towns elbowed each other for place, into which the three great trunk railroads had built branches, and every foot of whose soil was fought for by capitalists. It was the discovery and development of a new raw product, petroleum, which had made this change from wilderness to market-place. This product in twelve years had not only peopled a waste place of the earth, it had revolutionized the world's methods of illumination and added millions upon millions of dollars to the wealth of the United States.

Petroleum as a curiosity was no new thing. For more than two hundred years it had been described in the journals of Western explorers. For decades it had been dipped up from the surface of springs, soaked up by blankets from running streams, found in quantities when salt wells were bored, bottled and sold as a cure-all—"Seneca Oil" or "Rock Oil," it was called. One man had even distilled it in a crude way, and sold it as an illuminant. Scientists had described it, and travelers from the West often carried bottles to their scientific friends in the East. It was such a bottleful, brought as a gift

GEORGE H. BISSELL

The man to whom more than any other is due the credit of what is called the "discovery" of oil; for it was he who first took steps to find its value and to organize a company to produce it. It was he, too, who suggested the means of getting oil which proved practical. After the oil company which he organized obtained oil in the Drake well, he aided in establishing the needed industries and institutions in the new country.

3

▌법원이 스탠더드 오일에 강제분할하라고 명령을 내리게 하는 데 결정적인 역할을 한 아이다 미네르바 타벨(Ida Minerva Tarbell)의 폭로기사 19회분 중 1회차 기사. 당시 스탠더드 오일은 미국에서 생산되는 석유의 95%를 독점하고 수많은 석유생산업자·정유업자·운반업자는 물론이고 소비자까지 힘들게 했다고 한다. (자료 : 종합)

독점금지법(셔먼법, Sherman Act) 위반 소송은 이러한 미국 정부의 의지를 충분히 보여주었을 뿐만 아니라 현대 기업사에서 기념비적인 사건이었다. 2024년 8월 현재 전 세계 모든 기업 중에서 애플에 이어 시가총액 2위인 미국 MS. 그러나 1990년대의 MS 위상은 지금과는 비교가 되지 않을 정도로 전 세계 기업 중에서 가히 절대적이었다. MS의 가치는 윈도(Window)라는 PC 운영체제에서 비롯되었다. 당시 거의 모든 PC는 윈도를 운영체제로 사용하고 있었고 새 버전의 윈도가 출시되면 전 세계가 들썩일 정도였다. 그러던 중 법무부로부터 독점금지법을 위반했다는 소송을 당한 것이다. 위반내용은 MS가 자사의 웹브라우저인 익스플로러(Explorer)를 PC 운영체제 시장의 절대 강자인 윈도에 무료로 끼워 넣어서 웹브라우저 시장의 공정한 경쟁을 방해했다는 것이었다.

그런데 법무부의 주장에는 논란이 있었다. 독점금지법의 취지는 독점으로 인한 가격 상승으로 소비자에게 피해가 가는 것을 방지하는 것이다. AT&T, 스탠더드 오일 등의 경우에는 이에 해당되어서 강제로 기업을 분할당했다. 그러나 MS의 경우에는 무료로 익스플로러를 제공했기 때문에 오히려 소비자에게 이익이라는 주장이 있었을 정도로 과거의 상황과는 달랐다.

결론은? 치열한 법적 공방 끝에 1심 재판부는 MS가 다른 회사들의 시장경쟁 노력을 막는 등 독점금지법을 위반했다고 인정하고 회사를 운영체제(윈도) 회사와 일반 소프트웨어 회사의 두 회사로 분할하라고 판결한다. 항소심에서는 독점은 인정하면서 회사분할 명령은 취소하였고, 법무부와 MS는 MS의 경쟁자들을 지원하기 위해서 MS에 제한을 가하는 내용에 합의했다.

MS에 대한 반독점 소송은 IT 생태계를 개방적이고 경쟁적인 환경으로 변모시켰고, 애플과 구글, 메타와 같은 새로운 거대 IT테크기업들의 성장을 가능하게 했다. 그런데 MS 반독점 소송의 수혜를 입고 성장한 구글 및 애플이 이제는 미국 법무부와 반독점 소송을 벌이고 있다. 소송 결과에 따라 이들 기업

쉬어가기 美 법무부는 구글과 '반독점 소송' 어떻게 승리했나

미국 정부가 구글에 '독점기업'이란 굴레를 씌우는 데 성공했다. 워싱턴DC 연방법원의 아미트 메타 판사는 지난 5일(현지시간) "일반 검색 서비스와 텍스트 광고 시장에서 독점적 배포 계약을 통해 독점을 유지함으로써 셔먼법 제2조를 위반했다"고 판결했다. 셔먼법 제2조는 독점을 위해 담합하는 것을 금지하는 것이 골자다. 이로써 미국 법무부는 2020년 구글을 제소한 지 4년 만에 소중한 승리를 거두게 됐다.

'이게 뭐 그리 특별한 일인가'라고 반문할 수도 있다. 구글이 독점 시비에 휘말린 것은 한두 번이 아니기 때문이다. 하지만 구글은 우리가 생각하는 것만큼 미국에서 독점규제를 강하게 받은 적은 없다. 여러 차례 독점제재를 당했던 유럽연합(EU)과 달리 미국에서 구글이 '독점금지법 위반' 판결을 받은 것은 이번이 처음이다. 그러다보니 곧바로 2000년 마이크로소프트에 대한 기업분할 판결이 소환될 정도로 이번 판결이 큰 파장을 일으키고 있다. 성질 급한 일부 전문가들은 벌써부터 구글의 '회사분할' 가능성까지 거론하고 있을 정도다.

그렇다면 법무부는 구글과의 반독점 소송에서 어떻게 승리할 수 있었을까? 여러 가지 요인을 꼽을 수 있겠지만, 기본 검색엔진으로 설정하는 것이 얼마나 위력적인지 잘 입증한 것이 결정적이었다.

■ **"한번 기본 검색으로 설정해 놓으면 거의 안 건드려"**

법무부는 소송과정에서 구글이 애플을 비롯한 주요 업체들과 체결한 기본 검색 설정 관련 독점계약을 집중적으로 파고들었다. 그 과정에서 구글이 자사 검색엔진을 웹 및 모바일 브라우저에 기본 탑재하기 위해 2021년 한 해에만 263억 달러(약 35조원)를 쏟아부은 사실이 공개되기도 했다. 특히 애플과의 독점계약이 핵심쟁점이었다. 구글은 아이폰을 비롯한 애플 제품들에 기본 검색엔진 자리를 차지하기 위해 2021년 한 해 동안 200억 달러 가까운 돈을 지불했다.

이번 소송은 1990년대 마이크로소프트를 상대로 한 반독점 소송과 굉장히 많이 닮았다. 아미트 메타 판사가 판결문에서 마이크로소프트 소송을 판결근거 중 하나로 거론할 정도였다. 하지만 두 회사는 운영체제(마이크로소프트)와 검색(구글) 시장을 90% 가까이 독점하고 있다는 점 외에는 다른 점도 적지 않다. 1990년대 플랫폼이었던 마이크로소프트는 고객인 PC업체들을 압박했다. 자사 프로그램을 기본 탑재하지 않으면 윈도를 공급하지 않겠다고 협박하기도 했다. 이런 채찍을 토대로 그 유명한 '브라우저 끼워팔기'를 밀어부쳤다. 반면 구글은 채찍보다는 당근을 제공했다. 애플을 비롯한 고객사들에 자사 검색엔진 기본 탑재 대가로 거액의 사용료를 지불했다. (물론 일부 업체들을 강하게 압박한 정황도 드러났다)

이 부분에서 법무부는 두 가지 전략으로 접근했다.

첫째, 구글은 검색을 통해 방대한 '이용자 데이터'를 확보했다. 이 데이터는 전방위로 사용돼 구글 지배력 강화에 결정적 역할을 했다.

둘째, '이용자 경험 측면'에서 검색 기본 설정은 그대로 시장지배력으로 이어졌다.

당연하게도 구글은 검색시장 지배는 '뛰어난 품질' 덕분이라고 맞섰다. 데이터도 중요하지만, 뛰어난 소프트웨어가 핵심 경쟁 포인트라는 것이 구글의 주장이었다. 많은 기업들이 구글 검색을 기본 탑재한 것도 '뛰어난 품질' 때문이라는 게 구글의 논리였다. 하지만 미국 법무부의 입장은 명확했다. 구글은 기본 탑재를 위해 돈을 쓰긴 했지만, 그 대가로 검색 서비스를 통해 방대한 고객 데이터를 확보할 수 있었다고 주장했다. 이렇게 확보한 데이터는 검색 서비스뿐 아니라 구글의 다른 서비스에도 널리 활용됐다. 이는 그대로 구글의 지배력 강화로 이어졌다.

더 중요한 공격 포인트는 '기본 설정이 갖는 위력'을 부각시키는 부분이었다. 이용자들은 일단 기본 설정돼 있으면, 좀체 바꾸려 하지 않는다는 사실을 논리적으로 입증했다. 이를 위해 캘리포니아공과대학의 신경과학, 행동생물학, 그리고 경제학 교수인 안토니오 레인절을 증인으로 불렀다. 그는 방대한 연구 결과를 토대로 "이용자들은 아무리 간단해도, 기본 설정돼 있는 것을 다른 서비스로 바꾸려 하지 않는다"고 증언했다.

이번 소송에서 결정적인 역할을 한 조나단 칸터 법무부 반독점 국장도 이런 부분을 강조했다. 칸터는 1심 판결 직후 더버지와 인터뷰에서 "우리는 재판 첫날부터 행동과학자를 (증인으로) 불러 기본 설정에 대해 소비자들이 어떻게 반응하는지 설명하도록 했다"고 말했다. 그는 "정부가 (재판에서) 이런 시도를 한 것은 처음이다"라고 주장했다. 실제로 법무부는 소비자들이 브라우저나 스마트폰에 기본 설정된 것을 얼마나 자주 바꾸는지 (혹은 바꾸지 않는지) 설명하는 데 주력했다. 또 소프트웨어 안에 있는 아주 작은 부분이 실제로는 얼마나 큰 영향을 미치는지 집중 부각시키는 데 많은 공을 들였다.

이런 전략은 1심 판결에 그대로 녹아들었다. 메타 판사가 "구글은 기본 설정 계약을 통해 경쟁사들에 유례를 찾기 힘든 이점을 누렸다"고 판결했을 정도였다. 물론 구글이 애플을 비롯한 단말기 제조업체들에게 기본 검색 대가로 거액의 돈을 지불한 것이 결정적인 역할을 하긴 했다. "품질이 시장지배력의 결정적 요인이라면 왜 그렇게 많은 돈을 지불했느냐"는 질문에 대해 명쾌한 답변을 내놓지 못했기 때문이다. 하지만 간단해 보이는 '기본 검색 지정'이 소비자들의 행동에 얼마나 막강한 영향을 미치는지 체계적으로 입증한 전략도 중요한 역할을 했다. 그런 점에서 이번 소송은 바이든 행정부 출범 초기 결성된 '반독점 삼각편대' 전략이 성과를 거둔 대표적인 사례로 꼽을 수 있을 것 같다.

■ **미국의 강력한 반독점 삼각편대, 빅테크 규제 어디까지 갈까**

현재 미국 정부에는 강력한 '반독점 삼각편대'가 구축돼 있다. 리나 칸 연방거래위원회(FTC) 위원장과 팀 우 국가경제위원회(NEC) 기술 · 경쟁정책담당 대통령특별보좌관, 그리고 조나단 칸터 법무부 반독점 국장이 그 주인공이었다. 리나 칸은 '아마존 저격수'로 유명한 학자이다. '아마존의 반독점 역설'이란 논문으로 유명한 리나 칸은 100년 전 제정된 '독점금지법'이 21세기 들어 제 역할을 하지 못하고 있다고 주장하고 있다. 특히 플랫폼 사업자의 경쟁 방해 행위에 누구보다 정통한 편이다. 반면 조나단 칸터는 '구글의 적'으로 유명한 법조인이다. 반독점 소송 전문 변호사로 옐프, 마이크로소프트(MS)를 대리해 구글과 소송을 진행한 경험도 있다. 클린턴 행정부 시절 FTC 경쟁국에서 근무한 이력도 있다. 상원 법사위원장인 에이미 클로버샤 의원은 "조나단 칸터는 수년 동안 연방, 주, 국제 경쟁 당국이 독점기업에 대해 반독점 규제를 강화하도록 하는 데 선도적인 역할을 해 왔다"고 평가했다.

또 한 축을 형성하고 있는 팀 우는 '망중립성 대부'로 불리는 인물이다. 특히 팀 우는 거대기업 합병에 대해 굉장히 비판적인 편이다. 팀 우는 대형기업 합병에서는 '가석방 제도'를 두자고 주장하고 있다. 100년 전의 법률로는 제어할 수 없으니 새로운 기준을 제시하자는 것이다. (지디넷, 2024.8.10)

숫자로 본 경영

전 세계 기업의 시가총액 순위

Rank	Name	Market Cap
1	Apple AAPL	$3.493 T
^1 2	Microsoft MSFT	$3.070 T
v1 3	NVIDIA NVDA	$2.884 T
4	Alphabet (Google) GOOG	$2.000 T
^1 5	Amazon AMZN	$1.806 T
v1 6	Saudi Aramco 2222.SR	$1.802 T
7	Meta Platforms (Facebook) META	$1.311 T
8	Berkshire Hathaway BRK-B	$1.009 T
9	TSMC TSM	$877.22 B
10	Eli Lilly LLY	$846.58 B

* 6위 사우디 아람코와 9위 대만의 TSMC를 제외하면 모두 미국 기업이다.

(자료 : companiesmarketcap.com, 2024.8.30 기준)

이 분할될 수도 있어서 세계적인 관심을 끌고 있다(이 부분은 '쉬어가기' 참조).

일본도 정부에 의한 기업분할명령이 가능한데, 아직까지는 사례가 없다. 우리나라도 계속해서 논의는 되고 있으나 현재까지 가시적으로 드러난 것은 없다.

기업의 집단화

기업은 집단화되려는 특성이 있다. 기업의 집단화란 단독기업에서 벗어나 둘 이상의 단위기업이 보다 큰 경제단위로 결합하는 것이다. 기업이 집단화하려는 이유 또는 목적으로는 다음과 같은 것들이 있다. ① 주로 동종업종 기업끼리 집단화함으로써 시장에서 경쟁을 회피하거나 시장통제력을 강화한다. ② 생산공정이나 유통경로상 전후방에 있는 기업끼리 집단화함으로써 생산공정이나 유통의 합리화를 추구한다. ③ 출자관계를 만듦으로써 다른 기업을 지배하려는 금융상의 목적 때문에 집단화를 추구한다.

그림 3-5
기업의 집단화

카르텔 트러스트 콘체른

※ 그림을 보면 카르텔은 언제든지 손을 놓을 수 있음을, 트러스트는 여러 기업이 하나가 됨을, 콘체른은 '지배'가 특징임을 보여주고 있다.

기업이 집단화하는 방법에는 여러 가지가 있다. 대표적인 방법인 카르텔, 트러스트, 콘체른에 대하여 알아본다. 한 가지 주의할 점은 기업의 집단화와 앞서 설명한 기업 인수·합병은 별개의 개념이 아니라는 것이다. 일부 개념은 중복되어 있다.

카르텔

카르텔(kartel, cartel)
동종 또는 유사업종 기업간에 수평적으로 맺는 협정. 각 기업은 법률적·경제적으로 독립되어 있다.

카르텔(kartel, cartel)은 동종 또는 유사업종 기업간에 수평적으로 맺는 협정을 말한다. 카르텔에 참여하는 기업들은 법률적·경제적으로 완전히 독립되어 있어 협정에 구속력이 없다. 그래서 기업연합이라고 하며 흔히 담합이라고도 한다. 가장 흔한 형태의 카르텔은 판매에 관한 카르텔로서 판매가격을 담합하거나 판매조건, 수량, 지역 등을 협정한다. 구매에 대한 카르텔과 생산에 관한 카르텔도 있다. 공동판매기관을 설립하여 협정에 참여한 기업의 생산품 판매를 규제하는 카르텔을 특히 신디케이트(syndicate)라고 하며 여기에서 빠진 기업을 아웃사이더(outsider)라고 한다.

카르텔은 공정경쟁을 저해하기 때문에 대부분의 나라에서 법률(우리나라의 경우 '물가안정 및 공정거래에 관한 법률')로 금지하고 있다. 그럼에도 불구하고 종종 담합행위가 적발되어 처벌되는 경우를 보게 된다. 선진국의 경우에는 처벌의 정도가 더 강한 경향이 있다. 시일이 상당기간 경과한 후에도 처벌을 받는 경우조차 있다. 대한한공과 아시아나항공은 2000년부터 7년 동안 미주노선 항공료를 담합한 반독점법 위반 혐의로 피소되어 2007년에 미국 법무부에서 각각 3억 달러와 5천만 달러의 과징금을 부과받았다. 이에 더하여 이 기간 동안에 미국-한국 노선 항공권을 구입한 고객에게 아시아나항공은 총 2,100만 달러를 배상하기로 2011년에 합의했고 대한항공은 총 6,500만 달러를 배상하기로 2013년에 합의했다. 그러나 이러한 배상은 미국에서 항공권을 구입한 고객에게만 해당되며 한국에서는 이 담합과 관련된 어떠한 과징금이나 고객에 대한 피해배상은 없었다.

우리나라 내에서의 담합도 자주 드러난다. 특히 공사 수주를 위하여 입찰을 해야 하는 건설업에서 특히 사례가 많다. 건국 후 최대 토목사업으로 불렸던 4대강 사업이나 고속철도 사업 등에서 담합이 드러나 과징금 처벌을 받았다. 최근에는 한샘, 현대리바트 등 31개 가구업체가 아파트 빌트인 특판가구 구매 입찰에서 담합해 공정거래위원회로부터 시정명령과 과징금 총 931억원을 부과받았다. 공정위에 따르면 31개 가구업체는 2012년부터 10년간 24개 건설사가 발주한 738건의 입찰에서 건설사별 영업담당자들이 입찰에 참여하기 전에 모임 또는 유선 연락을 통해 낙찰예정자, 들러리 참여자, 입찰가격 등을 합의하는 방법으로 담합했다고 한다. 처벌이 계속됨에도 담합이 반복되고 있는데, 이는 담합에 의한 처벌 금액보다 담합에 의해 얻어지는 효익이 더 크기 때문이라는 주장이 있다.

20년 GS 현장 리스트

	현장명	세대수	착공	준공	비고	순서	업체	
1		432	2019.06	2021.01	아파트:967 OT:270	7	A사	
2		603	2018. 10	2021.02				
3		761	2018. 10	2021.06		3	B사	
4		1,481	2018.07	2021.06	아파트:364 / OT:342	5	A사	
5		647	2019.04	2021. 10				
6		959	2018.09	2021. 10		10	C사	수주
7		1,531	2019.05	2021.11		9	D사	
8		1,200	2019.05	2021.11		11	E사	
9		706	2019.07	2021.11				
10		2,099	2018.12	2021.11		4	B사	
11		2,562	2018.11	2021.12		1	F사	
12		1,599	2019.01	2021.12		2	G사	
13		1,333	2019.04	2022.02		6	H사	
14		1,021	219.09	2022.02				
15		2,387	2019.07	2022.02	4,774세대(대우,LH발주)			
16		1,386	2019.04	2022.03				
17		584	2018.09	2022.03	4/17 입찰 : 보조주방	9(1)	E사	
18		752	2018.12	2022.03	4/23 입찰예정	8	I사	
19		648	2019.11	2022.04				
20		947	2019.09	2022.06				

제비뽑기로 만든 가구업체 낙찰순번표 (자료 : 공정거래위원회, 연합인포맥스)

함께 생각해보자 카르텔(담합)로 의심될 만한 상황을 주위에서 보았는지 각자 의견을 나눠보자.

트러스트

트러스트(trust)
두 개 이상의 기업이 법적·경제적으로 독립성을 상실하고 하나로 통일되어 단일기업이 되는 경제행위

카르텔에서는 가맹기업이 법적·경제적으로 독립되어 있기 때문에 강제력이 약한 편이다. 반면 트러스트(trust)란 법적·경제적으로 독립성을 상실하기 때문에 기업합동이라고 부른다. 따라서 가장 강력한 기업집단화 방법이다. 기존의 기업이 해체되고 새로운 기업으로 발족하는 신설합동과 자본력을 가진 한 기업이 다른 기업을 흡수하는 흡수합동으로 구분할 수 있다.

트러스트는 앞서 설명한 M&A에서의 '기업합병'과 같다고 할 수 있다.

콘체른

콘체른(konzern)
두 개 이상의 기업이 법률적으로는 독립적이지만 경제적으로는 지배를 받는 형태로 결합하는 경제행위

콘체른(konzern)은 자본에 의해 결합하는 집단화 형태로서, 지배되는 기업은 법률적으로는 독립성을 유지하지만 자본적으로는 독립성을 상실하고 지배를 받는다. 우리나라의 재벌도 이와 유사한 방법으로 기업을 집단화하고 있다.

한 기업(모기업)이 다른 기업(자회사)을 지배하는 방법으로는 자회사의 주식을 소유하는 자본참여방법, 자본을 제공하는 금융방법, 경영진을 파견하여 경영에 관여하는 방법 등이 있다.

지주회사(holding company)
자회사 주식의 일부 또는 전부를 소유해 자회사의 경영권을 지배하는 회사

지주회사도 콘체른의 한 형태이다. 지주회사(holding company)란 자회사 주식의 일부 또는 전부를 소유해 자회사의 경영권을 지배하는 회사를 말한다. 지주회사는 경영권 지배 외에는 사업내용이 없는 순수지주회사와 자체적인 수익사업을 행하는 사업지주회사로 나뉜다.

콘체른의 일부 방법은 M&A의 방법 중 주식취득과 사실상 같다.

우리나라 대표적인 지주회사는 LG그룹의 (주)LG이다. 우리나라 대기업집단(재벌)은 적은 지분으로 많은 계열사를 순환출자 방식으로 지배했는데, 여러 가지 문제점들이 노정되고 있었다. LG그룹은 2001년 4월 3일 국내 최초로 순환출자를 해소하고 지주회사 체제로 전환했다. 2024년 9월 현재 우리나라의 지주회사는 173개사가 있다.

표 3-4
지주회사 목록
(자산순위 상위 15개사)

자산 순위	지주회사 전환순서	지주회사명	설립/전환일	자산총액 (백만원)	자·손자·증손회사 계
1	154	포스코홀딩스(주)	2022/03/02	51,646,198	45
2	3	(주)신한금융지주회사	2001/09/01	37,289,553	28
3	30	(주)케이비금융지주	2008/09/29	29,528,898	35
4	85	에스케이(주)	2015/08/03	28,638,916	171
5	58	농협금융지주(주)	2012/03/02	26,301,312	27
6	128	(주)우리금융지주	2019/01/11	25,786,022	22
7	12	(주)하나금융지주	2005/12/01	24,941,617	29
8	46	에스케이이노베이션(주)	2011/01/04	21,362,775	21
9	129	에이치디한국조선해양(주)	2019/06/03	11,774,250	9
10	1	(주)엘지	2001/04/03	10,000,583	61
11	6	한국투자금융지주(주)	2003/01/11	9,730,678	47
12	116	롯데지주(주)	2017/10/12	9,340,977	82
13	105	에이치디현대(주)	2017/04/05	9,122,274	29
14	150	에스케이스퀘어(주)	2021/11/02	7,361,687	26
15	48	(주)BNK금융지주	2011/03/15	6,968,998	9

(자료 : 공정거래위원회, 2024년 기준)

3 경영자와 대리인 문제

경영자는 경영목적을 설정하고 사람과 자본을 조달하고 경영전략을 수립하는 데 있어서 최종적인 의사결정자이다.

▌애플의 CEO였던 스티브 잡스. 간결한 프레젠테이션 화면, 터틀넥 상의, 청바지가 그의 상징이었다.

경영자는 한 기업입장뿐만 아니라 국민경제 차원에서도 매우 중요하다. 기업이 국민경제 발전의 핵심이기 때문이다. 뿐만 아니라 오늘날의 가장 일반적인 기업형태가 주식회사이고 주식회사의 대표적인 특징 중의 하나가 소유와 경영의 분리인 점을 고려한다면 경영자가 수행하는 역할은 더욱 중요하다고 할 수 있다. 한 기업에서 최고경영자가 얼마나 중요한지를 보여주는 'CEO 리스크(risk)'가 최근 들어 더욱 강조되고 있다. 대표적인 예로, 애플의 CEO였던 스티브 잡스의 존재감은 쉽게 가늠하기 힘들다. 우리나라의 금융사나 포스코, KT 등도 CEO 리스크에서 자유롭지 않다. 이 용어는 CEO 한 사람의 역량이 기업 전체에서 차지하는 비중이 얼마나 큰지를 상징적으로 보여주는 것이라고 할 수 있다. 여기에서는 기업의 경영자를 중심으로 경영자의 역할은 무엇인지, 경영자와 관련된 문제 중 대리인 문제가 무엇인지 알아보기로 한다.

경영자의 역할

▌헨리 민츠버그(1939~). 캐나다 맥길 대학(McGill University)에 재직중이다.

경영자는 조직의 리더, 대표자, 최고의사결정자로서 크게 대인관계 역할, 정보의 역할, 의사결정의 역할을 수행한다.♣ 참고로 이는 헨리 민츠버그(Henry Mintzberg)가 주장한 경영자 역할에서 비롯된 내용으로 오늘날 경영자의 역할을 논할 때 일반적으로 인정받고 있는 내용이다.

▣ 대인관계 역할

대인관계 역할이란 사람들과의 대면 과정에서 수행하는 역할을 말한다. 대인관

♣ 회장? 사장? 대표이사? 최고경영자? CEO?

기업을 이끄는 경영자에 대한 호칭이 다양하다. 특히 최근 기업환경이 국제화되면서 전통적으로 우리가 들어왔던 명칭과는 다른 호칭이 많아지고 있다. 여기에서는 경영자에 대한 호칭을 정리해본다.

- CEO(Chief Executive Officer), 최고경영자 : 기업의 최고경영자를 말한다. 일반적으로 미국에서는 회장이 CEO가 되며 우리나라에서는 사장이 CEO가 되는 경우가 많다. CEO는 기업그룹의 방침을 결정하거나 장기계획을 책정하는 등의 책임을 진다.
- COO(Chief Operating Officer), 최고업무책임자 : CEO의 정책방침에 따라 일상업무에 관련된 의사결정을 한다. 우리나라에서는 COO를 부사장(부사장이 여러 명인 경우는 수석 부사장) 또는 전무가 맡는 경우가 많다.
- CFO(Chief Finance Officer), 최고재무관리자 : 기업의 자금, 비용, 경리 등 재무분야의 조직을 하나로 통합하여 이를 총괄하는 재무관리 분야의 최고책임자이다.
- CMO(Chief Marketing Officer), 최고마케팅경영자 : 마케팅계획을 수립하고 집행하며 통제・관리활동을 총괄하는 책임자를 말한다.
- CKO(Chief Knowledge Officer), 최고지식경영자 : 조직구성원들의 전문지식을 효과적으로 발굴, 활용하는 이른바 지식경영을 총괄하는 책임자를 말한다.
- CTO(Chief Technology Officer), 최고기술경영자 : 기술을 효과적으로 획득・관리・활용하기 위한 경영지원 활동을 총괄하는 책임자이다.
- CIO(Chief Information Officer), 최고정보경영자 : 정보분야 담당 최고임원으로 기업의 정보전략을 세우며 정보기술과 정보시스템에 책임을 진다.
- CSO(Chief Security Officer), 최고보안경영자 : 기업의 보안의 중요성이 강조되면서 등장한, 기업기밀과 기술기밀 등 보안관련 부문을 책임지는 최고경영자이다.
- CCO(Chief Compliance Officer), 최고감사책임자 또는 최고준법책임자 : 회사의 경영에 있어서 준법관련 사항을 책임지는 최고책임자이다.
- CGO(Chief Green Officer), 최고환경책임자 : 환경업무를 전담하는 환경 담당 최고책임자로, 기후변화협약 등 국제환경협약이 단순히 환경규제를 넘어서 하나의 무역장벽으로 작동하면서 중요성이 커지고 있다.
- CRO(Chief Risk Officer), 최고위기관리책임자 : 근래 들어 기업의 위기관리의 중요성이 인식되면서 도입된 관리책임자로서 기업활동에 수반되는 수많은 위험에 대처하는 책임을 진다.
- CBO(Chief Brand Officer), 최고브랜드경영자 : 브랜드관리를 기업경영의 최고관리자 차원에서 관리하는 경영자이다.
- CCO(Chief Communication Officer), 최고홍보경영자 : 홍보분야 담당 최고임원으로 기업의 목표나 정책을 고객 또는 대중 및 언론에 설명하고 정보를 제공하며, 필요한 자료를 조사・수집하여 기업의 정책에 반영되도록 하는 일을 수행한다. 기업에 있어서 홍보의 중요성이 강조되면서 새롭게 부상하고 있다. 한편 기업의 성격에 따라 chief contents officer의 약어, 즉 최고콘텐츠관리자의 의미로 사용되기도 한다. 이는 주로 정보산업 관련 기업에서 사용한다.
- CDO(Corporate Development Officer 또는 Chief Design Officer), 기업발전최고책임자 또는 최고디자인책임자 : 최고디자인책임자의 의미로 사용되는 경우도 있지만 보다 일반적으로는 기업발전최고책임자를 지칭한다. 기업발전최고책임자는 주로 인수・합병(M&A)을 통한 기업발전을 책임진다. 기업 인수・합병이 기업발전의 중요한 수단의 하나가 되면서 M&A 전과정을 책임지고 수행해야 할 직책이 필요해 생긴 직책이다. 한 기업의 미래를 좌우할 정도로 중요한 직책이기 때문에 우리나라의 경우엔 일반적으로 오너일가 중 한 사람이 맡는다.
- CLO(Chief Legal Officer), 최고법률책임자 : 최근 경영 관련 법규가 까다로워지고 특히 분쟁 증가, 윤리경영 강조 등과 같은 환경변화에 대응하기 위하여 법률적인 문제를 총괄하여 책임지는 CLO 제도가 도입되고 있다.

계 역할로는 ① 대외행사 참석이나 내방객 접대 등을 하는 기업의 대외 대표자로서의 역할, ② 종업원의 채용, 동기유발 등을 수행하는 리더로서의 역할,

③ 종업원과의 접촉, 기업과 이해관계자들의 연결 및 접촉 등의 업무를 수행하는 연락 또는 접촉자로서의 역할 등이 있다.

정보의 역할

경영자는 경영에 필요한 정보를 기업 내외에서 다양한 경로로 수집하고, 필요하면 이를 다시 전달한다. 경영자가 갖는 구체적인 정보의 역할로는 ① 경영활동에 필요한 정보를 수집하는 모니터로서 개인적인 정보망과 공식적인 조직을 통하여 정보를 수집하는 역할, ② 수집된 정보를 기업 내에 전달, 퍼뜨리는 역할, ③ 대표자, 대변인으로서 내외부 이해관계자에게 정보를 전달하는 역할 등이 있다.

의사결정의 역할

경영자는 경영활동을 전개하면서 끊임없이 의사결정을 해야 한다. 경영자가 갖는 구체적인 의사결정의 역할로는 ① 기업가로서 기업의 성장과 발전을 위한 노력을 해야 하는 역할, ② 경영방해요인의 관리자로서 파업, 계약위반 등 기업과 관련된 제반 애로사항을 해결해야 하는 역할, ③ 협상자로서 노조나 협력회사, 이해관계회사와 각종 협상을 해야 하는 역할 등이 있다.

대리인 문제

대리인 문제의 발생배경 : 전문경영자의 출현

소규모 개인기업을 하는 경우에는 기업의 소유주가 곧 경영자인 경우가 대부분이다. 이를 소유경영자(owner manager)라고 한다. 그러나 기업이 점차 커지면 그에 비례하여 마케팅 부문이나 생산 부문, 인력관리 부문, 정보관리 부문 등의 업무가 늘어나 소유경영자 혼자 감당하기 힘들어진다. 이때 소유경영자는 경영자를 고용해 경영의 일부를 맡기게 된다. 이러한 경영자를 고용경영자(employed manager)라고 한다.

한편 주식회사가 기업의 일반적인 형태가 되면서 새로운 경영자가 나타나게 되었다. 주식회사의 특징 중의 하나는 소유와 경영의 분리임을 앞에서 배웠다. 즉 주식을 소유하고 있는 주주는 주가상승이나 배당 등에 관심을 가

전문경영자
(professional manager)
소유와 경영의 분리에 의해 기업의 소유자를 대신하여 기업의 경영을 전문적으로 하는 사람

지며 기업경영은 전문적인 경영능력을 가진 전문경영자에게 위임한다. 전문경영자(professional manager)는 자신의 판단에 의해 경영에 관한 의사결정을 행하고 영업성과에 근거하여 주주들에게 평가받게 된다.

이처럼 기업규모 및 기업의 성장발전 단계에 따라 「소유경영자-고용경영자-전문경영자」 순으로 경영자가 달라진다. 물론 우리나라의 경우는 기업규모에 관계없이 아직도 대주주가 경영자로 활동하는 경우가 많아 이러한 관계가 반드시 성립한다고 보기 어려운 면도 있다.

어쨌든 전문경영자의 출현은 필연적으로 대리인 문제를 발생시키게 하였다. 전문경영자 제도가 정착되어 있는 여러 선진국에서는 대리인 문제에 관한 많은 연구가 이루어지고 있기도 하다.

대리인 문제란 무엇인가?

대리인 문제
주체와 대리인의 이해관계가 일치하지 않아 발생하는 문제

대리인 관계(agent relation)가 성립하기 위해서는 주인(주체, 고용자, principal)과 대리인(피고용자, agent)이 있어야 하며 주인이 위임하는 내용에 대해서 계약을 하게 된다.

가장 바람직한 대리인 관계는 대리인은 주인의 이익을 위하여 최선을 다하고, 주인은 대리인을 믿고 대리인의 노력을 제대로 평가하여 보상을 충분히 해주는 관계이다.

주식회사의 경우를 들어 대리인 문제를 살펴보자. 주식회사의 주인은 주주이다. 수많은 주주들이 직접 경영에 참여할 수 없으므로 주주들은 전문적인 경영능력이 있는 전문경영자에게 경영을 맡기게 된다. 전문경영자는 주주들을 대신하여 기업을 경영하는 대리인이 된다.

□ 그림 3-6
주식회사의 대리인 관계

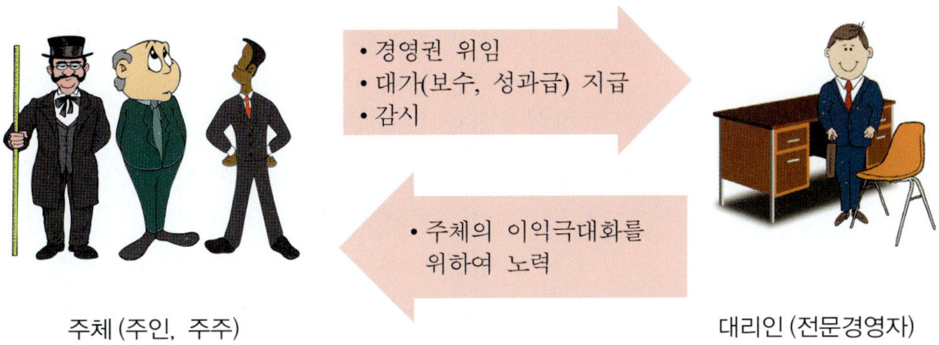

주주는 대리인이 주주 부의 극대화가 되도록 의사결정하기를 원한다. 하지만 전문경영자는 자신의 이익을 위하여 행동할 수도 있는데 이 경우 주주는 대리인의 도덕적 해이(moral hazard)로 손해를 보게 된다. 이때에 대리인 문제가 발생한다. 예를 들면 전문경영자가 활동비를 필요 이상으로 많이 사용하거나 회사의 자동차 또는 비행기를 업무외적으로 이용하는 행위, 이익을 부풀려 자신의 능력을 과대포장하고 성과급을 많이 받으려 하는 행위, 큰 투자성과를 가져다줄 수도 있는 고수익 고위험 투자안은 가능하면 회피하려는 등의 행위를 할 수가 있다. 이러한 행동들은 전문경영자 개인에게는 이익이 되지만 주주에게는 손해를 끼치는 행위이다.

함께 생각해보자

우리 생활 중에서 이와 같은 대리인 관계를 찾아보자.

대리인 비용

경영은 경영자인 대리인이 하는 것이기 때문에 주주는 자신들의 이익을 위해 대리인이 경영을 하는지를 제대로 알 수 없고 따라서 항상 대리인을 감시하려 들 것이다. 한편 대리인의 입장에서도 자신이 주주를 위하여 일하고 있다는 것을 입증해야 하는 어려움이 있다.

이러한 대리인 문제에서 발생하는 비용에는 다음과 같은 것들이 있다.

- 감시비용(monitoring cost) : 주주는 대리인이 주주들을 위하여 경영활동을 하는지, 즉 대리인 자신의 이익을 추구하고 있지는 않은지 감시해야 하는데, 여기에 소요되는 비용을 감시비용이라고 한다. 한편으로 주주는 전문경영자가 주주를 위하여 의사결정을 하도록 유인하는 제도를 도입하곤 하는데, 이때 소요되는 비용도 감시비용에 포함된다. 전자에 해당하는 방법에는 외부회계감사제도, 사외이사제도 등이 있으며 후자에 속하는 방법에는 성과급제도, 주식옵션제도 등이 있다. 결국 이러한 제도를 운영하는 데 드는 비용이 감시비용이 되는 것이다.
- 확증비용(bonding cost) : 대리인인 전문경영자는 자신의 경영활동과 의사결정이 주주를 위한 것임을 주주들에게 증명하려 하는데, 이때 소요되는 비용을 확증비용이라고 한다. 예를 들면 전문경영자가 자신의 의사결정이나 경영행위가 회사, 즉 주주를 위한 것임을 주주에게 설득하기

위하여 지나치게 경제적·시간적인 노력을 투자하는 경우를 들 수 있다. 이러한 경영자의 노력은 결과적으로 회사에는 손실이 된다.

- 잔여손실(residual loss) : 감시비용이나 확증비용 외에 전문경영자가 기업을 위한 최적의 의사결정을 하지 않음으로써 발생하는 기업가치손실비용을 말한다.

함께 생각해보자

기업의 형태가 주식회사라 하더라도 대리인 문제가 발생하지 않는 경우도 있다. 어떤 경우일까?

4 기업의 성장과 국가경제

국민경제의 주체와 기업의 역할

국가경제 혹은 국민경제를 구성하는 주체로는 크게 가계(가정), 기업, 정부 등이 있다. 이 중 가계는 소비주체라고 할 수 있고, 기업은 생산주체이다. 이들 국민경제를 구성하는 각 주체들의 역할과 각 주체간의 관계를 살펴보자.

우선 이들 세 주체의 관계는 [그림 3-7]과 같이 정리할 수 있다.

가계와 기업의 관계

가계는 기업이 생산활동을 할 수 있도록 생산요소를 제공하고, 기업은 그 대가를 가계에 지불한다. 즉 가계가 노동력, 토지, 자본 등을 기업에 제공하면 기업은 각각의 대가로 임금, 지대, 이자 등을 가계에 지불한다. 가계가 받는 이들 대가는 가계소득이 된다. 가계는 다시 이 소득으로 기업이 판매하는 상품이나 서비스를 구입한다.

정부와 가계, 기업과의 관계

가계는 소득의 일부를 정부에 세금으로 납부하며, 기업 또한 세금을 정부에

▢ 그림 3-7
국민경제의 순환과정

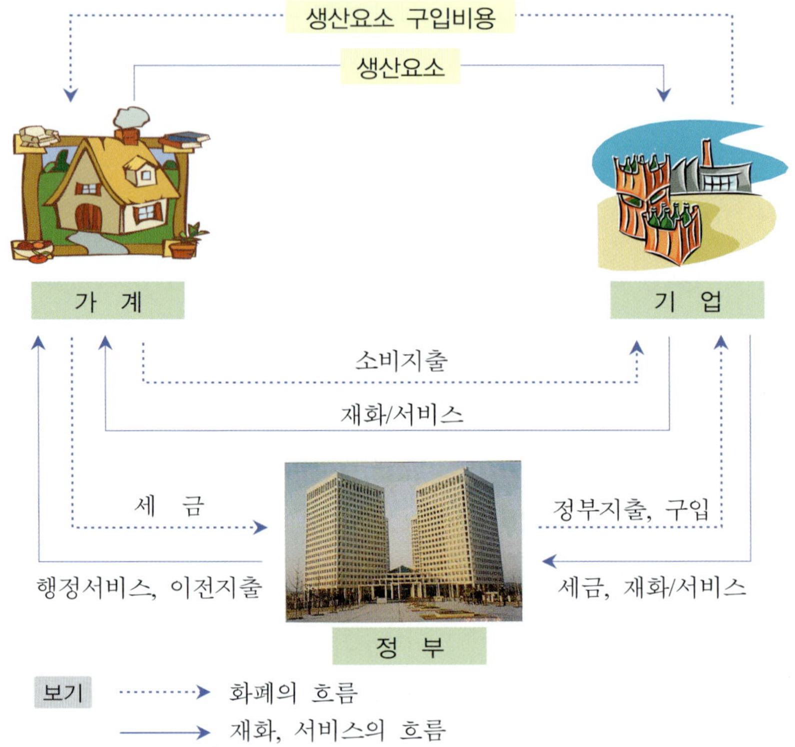

세계적인 공항으로 부상한 인천국제공항. 정부 자본지출의 한 사례이다.

납부한다. 정부는 거둔 세금으로 먼저 각종 행정서비스를 제공한다. 이를 위해서는 필요한 땅을 사거나 건물을 지어야 하는데, 이를 자본지출이라고 한다.

공무원 임금도 주어야 하는데 이를 경상지출이라고 하고, 재해보상금이나 원호금, 기타 각종 보조금의 지출을 이전지출이라고 한다.

정부는 또한 기업부문에 대해서는 정부가 필요로 하는 각종 재화나 서비스를 구입하고 그 대가로 정부지출을 한다. 물론 기업활동을 돕기 위하여 지출하는 각종 지원금 역시 재원은 세금이다.

함께 생각해보자

[그림 3-7]에 또 다른 경제주체인 금융부문을 추가시켜 금융기관의 역할을 국민경제의 순환과정, 즉 전체적인 관점에서 생각해보자.

기업이 국가경제에서 중요한 이유

국민경제의 순환과 기업의 역할

기업은 한 나라의 국민경제를 결정짓는다. 기업은 [그림 3-7]에서 보았던 것처럼 국민경제주체 중의 하나이지만 다른 경제주체보다 중요한 역할을 수행한다. 다음의 두 가지 시나리오, 즉 국민경제가 선순환하는 경우와 악순환하는 경우의 두 가지를 보면 이러한 역할을 이해하기가 쉽다.

먼저 국민경제가 선순환하는 경우를 보자. 기업의 생산이 증가하면 이에 따라 국민소득이 증가하고, 정부의 재정이 확대되며 이는 생산물에 대한 수요를 증가시킨다. 수요의 증가는 다시 생산의 증가로 계속 이어진다. 이는 [그림 3-8]에서 파란색 선으로 표시되어 있다.

그러나 기업의 생산이 감소하면 소득이 줄고 수요감소로 이어져 다시 생산을 감소시키는 악순환이 된다. 이는 [그림 3-8]에서 빨간색 선으로 표시되어 있다.

ㅁ 그림 3-8
국민경제의 순환

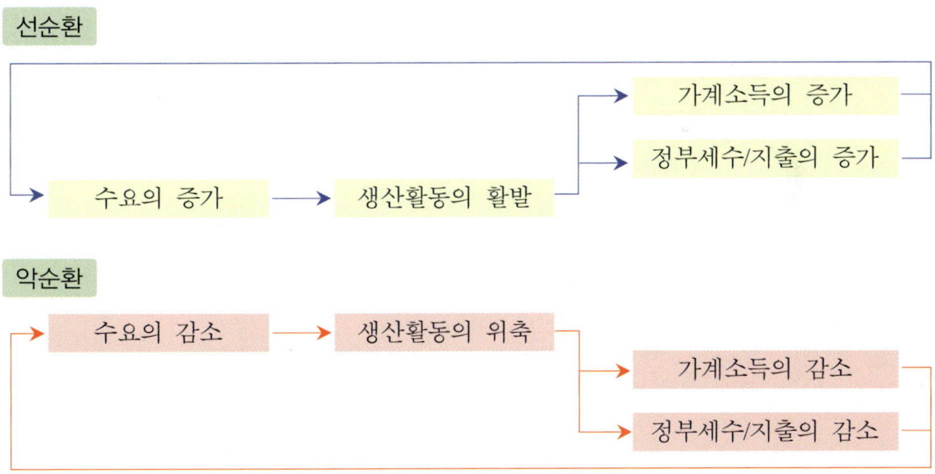

한편 이러한 국민경제의 순환과 관련된 중요한 개념으로 승수효과와 구축효과가 있다. 승수효과(multiplier effect)란 경제체제 내에서 한 변수의 변화는 그 변수의 영향을 받는 후속 변수들에 순차적으로 영향을 미치게 되는데, 이 과정에서 나타나는 그 영향의 합계, 즉 총효과를 말한다. 예컨대 어느 한 사람이 휴대전화기를 100만원에 샀다고 하면 이 단계까지의 총수요는 100만원이

다. 그러나 이는 곧 생산을 1대 증가시키게 되고 이는 다시 가계소득과 정부세수 증가로 이어진다. 단순하게 이 세 단계만을 고려해도 총수요는 300만원이 된다. 이 경우 승수는 3이다. 승수효과는 [그림 3-2]에서 선순환뿐만 아니라 악순환과도 밀접하게 관련이 되어 있다. 왜냐하면 수요가 100 줄면 총수요는 300이나 줄기 때문이다. 그래서 경기가 나쁠 때 정부는 재정지출을 늘려 선순환의 승수효과를 노리게 된다.

그러나 정부가 재정을 늘리기 위해서는 세금을 더 거두거나 채권을 발행해야 한다. 하지만 세금을 늘리면 그만큼 민간부문에서 소비가 줄고, 채권을 발행하는 경우에도 이자율이 올라 총수요를 감소시키게 된다. 이처럼 정부의 지출 확대가 민간 소비와 기업의 투자지출을 줄이는 효과를 구축효과(crowding-out effect)라고 한다.

두 효과 중 어느 효과가 더 큰지에 대해 많은 논란이 있어 왔지만 사실상 결론은 유보적이다. 다만 경제상황과 그에 대처하는 정부의 경제정책이 얼마나 효율적으로 조화를 이루는지에 따라 그 효과가 달라지는 것으로 본다.

그러나 국민경제의 순환과정에서 생산주체로서의 기업의 역할이 중요하다고 하는 사실에 대해서는 이론의 여지가 없다. 기업의 생산액은 곧 국가의 국민소득을 의미하는 것이기 때문에, 결국 기업 활동의 성패, 즉 개별기업 하나하나가 얼마나 경영을 잘하는가가 국민경제의 미래를 결정짓게 된다.♣

♣ 기업의 활동과 국민소득

- 국민소득의 의미 : 한 국가의 국민소득은 해당국가의 생산물 흐름의 가치를 일정기간에 대하여 합산한 것이라고 할 수 있다. 이때 생산물은 전통적인 경제학적 관점에서 보면 그 국가의 노동력과 자본이 투입된 결과에서 기인한 것으로서 총액 개념이 아닌 순생산액을 뜻한다. 즉 순생산액은 생산경제주체인 기업이 생산한 총액에서 중간생산물의 가치를 뺀 것, 즉 부가가치(value added)이다.
- 생산국민소득과 분배국민소득 : 한편 부가가치는 생산에 참가한 생산요소인 노동과 자본에 분배된다. 즉, 기업이 생산한 부가가치는 생산요소를 제공하고 그 대가로 임금이나 이자(이윤 포함) 등을 받는 입장에서 보면 소득이 된다. 결국 어느 한 나라의 생산액의 합계는 가계 등에 분배된 국민소득과 같아진다. 생산국민소득과 분배국민소득이 같아지는 것이다.
- 분배국민소득과 지출국민소득 : 분배된 소득을 받은 가계는 다시 그 소득을 지출한다. 즉 기업 등이 생산한 재화나 서비스를 구입하기 위한 소비나 투자에 충당된다. 분배국민소득과 지출국민소득이 같아지는 것이다.
- 국민소득의 삼면등가의 원칙 : 한 국가의 생산물의 흐름 또는 소득의 흐름은 「생산 → 분배 → 지출 → 재생산」 등의 과정을 거치며 순환된다. 따라서 국민소득은 생산·분배·지출의 세 가지 측면에서 파악할 수 있으며 그 각각을 생산국민소득·분배국민소득·지출국민소득이라고 한다. 이들은 동일한 소득의 흐름을 단지 다른 측면에서 측정한 것이기 때문에, 각 소득액은 동일하다. 이를 국민소득의 '삼면등가(三面等價)의 원칙'이라고 한다.

기업과 국가의 경쟁력

한 국가의 경쟁력을 비교하여 발표하는 대표적인 기관으로는 세계경제포럼(WEF : World Economic Forum)과 스위스의 국제경영개발원(IMD : International Institute for Management Development)이 있다.

그러나 보다 직관적이고 쉽게 이해할 수 있는 지표가 있다. '숫자로 본 경영'에서 인용하고 있는 자료도 그중의 하나로

숫자로 본 경영

전 세계 GDP에서 미국, EU 27개국, 중국의 비중 변화

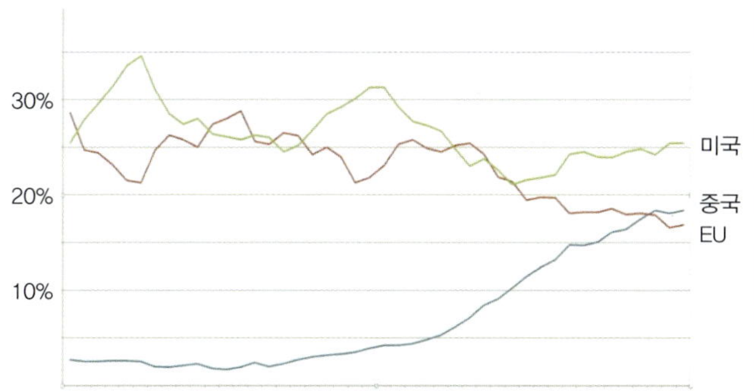

(자료 : IMF, 기간 : 1980~2023년)

전 세계 GDP 중 특정국가가 차지하는 비중 변화를 보는 것이다. 그림을 보면, 미국은 1980년부터 2023년까지 대부분의 기간에서 가장 높은 비중을 차지하고 있다. 금융위기 시기부터 약 10년간 25%를 하회하기도 했으나 근래 다시 25% 수준을 견고하게 유지하고 있다. 반면 EU(27개국 합계)와 중국의 경우를 보면 극명하게 대조된다. EU는 세계 금융위기 시기를 지나면서 미국보다 조금 늦게 비중이 줄기 시작했고, 중국은 미국과 EU의 감소분, 특히 EU 부분을 고스란히 잠식하고 있음을 알 수 있다. 중국의 성장이 무서울 정도이다.

한편, 이러한 흐름은 포춘 글로벌 500대 기업(Fortune Global 500) 지표(매출액 기준)에서도 잘 나타난다. [그림 3-9]는 포춘 글로벌 500대 기업 중 상위 5개국에 속한 기업수를 정리한 것이다. 그림을 보면 미국은 장기적으로 줄어드는 추세였다가 정체 후 최근에는 다시 늘어난 반면 중국은 꾸준히 늘고 있다. 일본은 지속적으로 감소하고 있다. 2023년 기준으로 글로벌 500대 기업 중 중국은 142개사가 포함되어 있고 뒤이어 미국 136개사, 일본 41개사, 독일 30개사 정도이다. 20년 전인 2003년엔 중국, 미국, 일본, 독

□ 그림 3-9 '포춘 글로벌 500대 기업' 목록에서 상위 5개국의 기업 숫자 변화

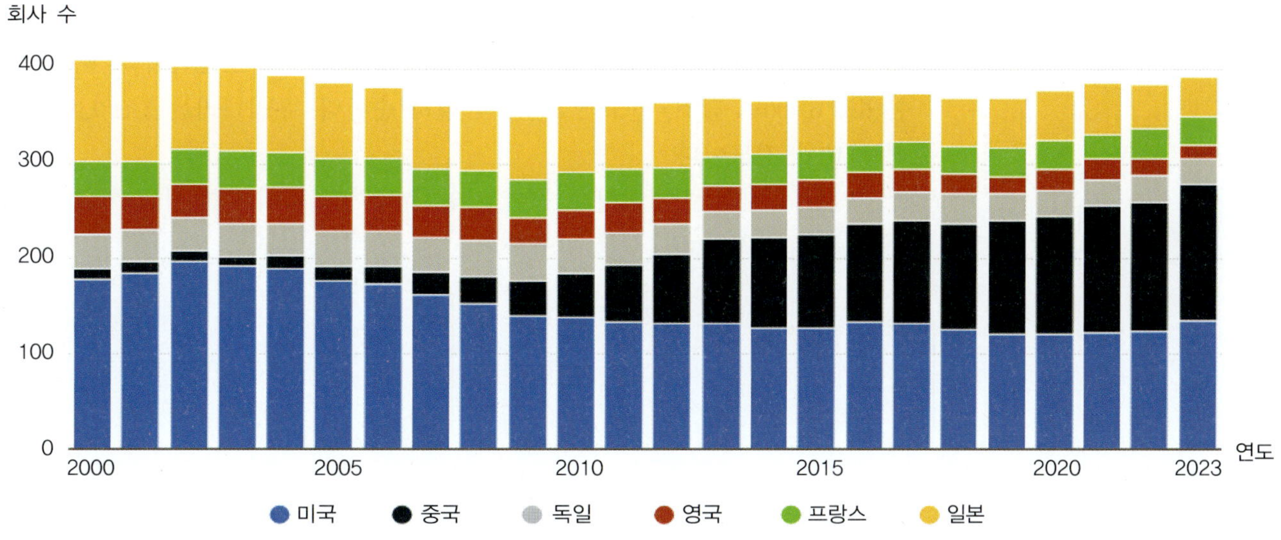

□ 그림 3-10 국가별 주식 시가총액 추이

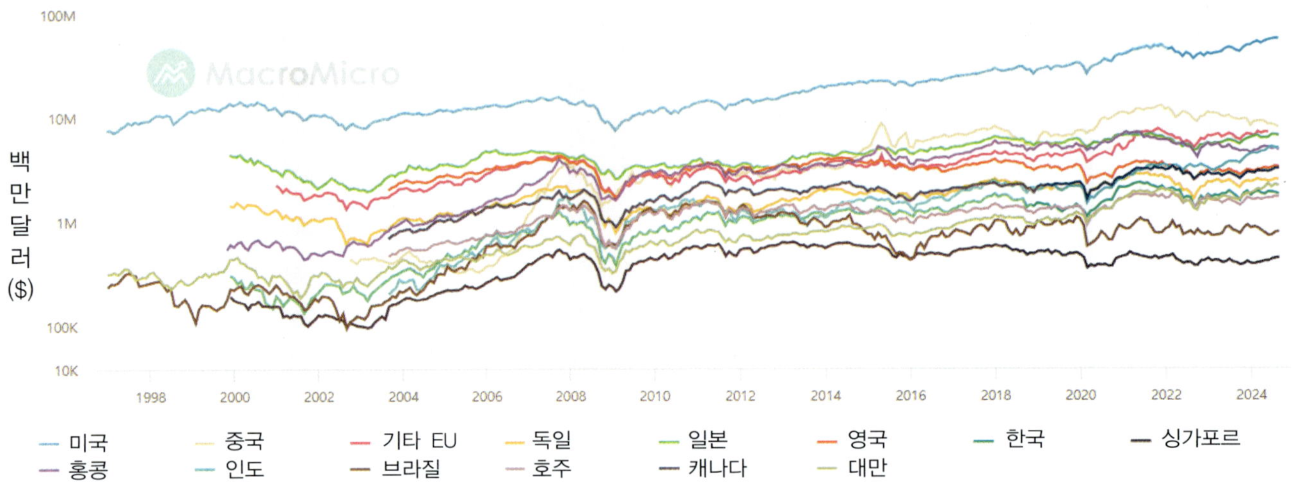

(자료 : MacroMicro.com)

일 기업의 수가 각각 11개, 192개, 88개, 35개였음과 비교하면 큰 변화가 아닐 수 없다.

한편, 우리나라는 18개 기업이 500대 기업에 들었는데, 삼성전자가 25위, 현대차가 85위, SK가 92위 등의 순위를 보였다.

이러한 흐름은 각 국가의 주식시장에 상장된 기업들의 전체 시가총액에도 그대로 반영된다. [그림 3-10]은 전 세계 각 국가별 주식시장에 상장된 주식의 시가총액 변화를 보인 것이다. 2024년 9월 13일 기준으로 미국이 56조 2,514억 달러로 단연 1위이고, 중국이 7조 9,208억 달러로 2위이다. 이어서 일본 6조 6,400억 달러, 인도 5조 303억 달러 순이다. 우리나라는 1조 7,961억 달러로 10위 정도이다.

이상의 여러 통계에서 보듯이 기업이 국가 전체의 경쟁력에 기여하는 바는 재론할 여지가 없다 할 것이다.

토론

“주가조작은 마약”… 위법 무자본 M&A 10명 중 4명이 재범

무자본 인수·합병(M&A)을 통한 주가조작 등 불공정거래 행위로 거액의 이익을 거두고 회사를 망치는 이른바 ‘기업사냥꾼’들의 만행이 금융당국의 적발 후에도 다시 반복되고 있는 것으로 나타났다. 과거 범행으로 적발된 기업사냥꾼 중 절반가량이 또다시 부정행위를 저질렀다 당국에 덜미를 잡히고 있다는 조사 결과가 나오면서다.

21일 국회 정무위원회 소속 더불어민주당 강훈식 의원실이 금융감독원으로부터 제출받은 ‘연도별 무자본 M&A 불공정거래 사건 처리 현황’ 자료에 따르면 최근 5년간(2020~2024년 5월) 무자본 M&A를 통해 불공정거래에 나섰다가 적발된 ‘기업사냥꾼’ 143명 중 41.3%에 달하는 59명은 과거에도 같은 행위로 적발된 전력이 있었다. 최근 5년간 적발된 143명의 불공정거래 적발자 중 금융감독원이 수사기관에 ‘고발’, ‘통보’한 인원은 각각 56명, 87명이었고, 과징금 조치한 인원은 7명이었다.

무자본 M&A는 자기자본 없이 돈을 빌려 기업을 인수하는 방식이다. 그 자체로는 불법이 아니지만 무리한 시세차익 추구로 허위사실 유포, 시세조종 등 자본시장법상 금지행위가 동반되는 경우가 많다. 또 인수된 기업 경영실적이 크게 악화하거나 상장폐지까지 되는 사례도 있어 불법 무자본 M&A 관련자들을 ‘기업사냥꾼’으로도 부른다.

지난 2020년 45건에 달했던 무자본 M&A 불공정거래 혐의자수는 2021년 31명, 2022년 17명으로 감소추세를 보였지만, 작년 들어선 46명으로 1년 전에 비해 3배 가까이 늘었다. 일명 ‘라임·옵티머스 사태’가 불거졌던 2020년보다도 적발자수가 늘어난 것이다. 앞서 지난 2020년 펀드 환매 중지 사태를 일으키며 개미(소액 개인투자자)들에게 천문학적인 피해를 안긴 바 있는 라임자산운용과 옵티머스자산운용의 투자자금이 공통적으로 무자본 M&A에 연루됐다는 의혹이 불거진 바 있다. 실제로 ‘기업사냥꾼’으로 알려진 A씨와 B씨는 1조 6,000억원대 환매 중단 사태를 일으킨 라임자산운용으로부터 약 1,000억원을 지원받아 코스닥 상장사 두 곳을 인수했다. 이들은 두 회사 자금 470억원을 횡령, 전문 시세조종업자에게 수십억원을 제공한 뒤 인수기업의 주가를 인위적으로 부양시켜 시세차익을 얻은 혐의 등을 받는다.

한국거래소 관계자는 “2023년의 경우 무자본 M&A 등 각종 테마 관련 복합 불공정거래 사건이 증가하면서 부정거래 관련 혐의자 적발건수가 늘었다”고 설명했다. 한 증권업계 관계자는 “2023년의 경우 차액결제거래(CFD)를 활용해 주가를 조작했던 일명 ‘라덕연 사태’와 더불어 ‘2차전지 투자붐’에 따른 주가 과열 양상을 악용한 불공정거래자들이 꼬리를 밟힌 것으로 보인다”고 짚었다.

무자본 M&A 관련 불공정거래는 최근 5년간 총 23건 발생했다. 기업사냥꾼들이 이 같은 행위를 통해 편취한 부당이익의 총액은 1,776억원에 달한다. 연간 355억원이 넘는 금액만큼 개미들이 피해를 입고 있다는 뜻이기도 하다. 무자본 M&A 관련 불공정거래 행위를 유형별로 살펴보면 '부정거래'와 '허위공시 등 공시위반(지분보고 등)'이 각각 20건으로 가장 많았고, '시세조종' 8건, '미공개정보 이용' 6건이 그 뒤를 이었다.

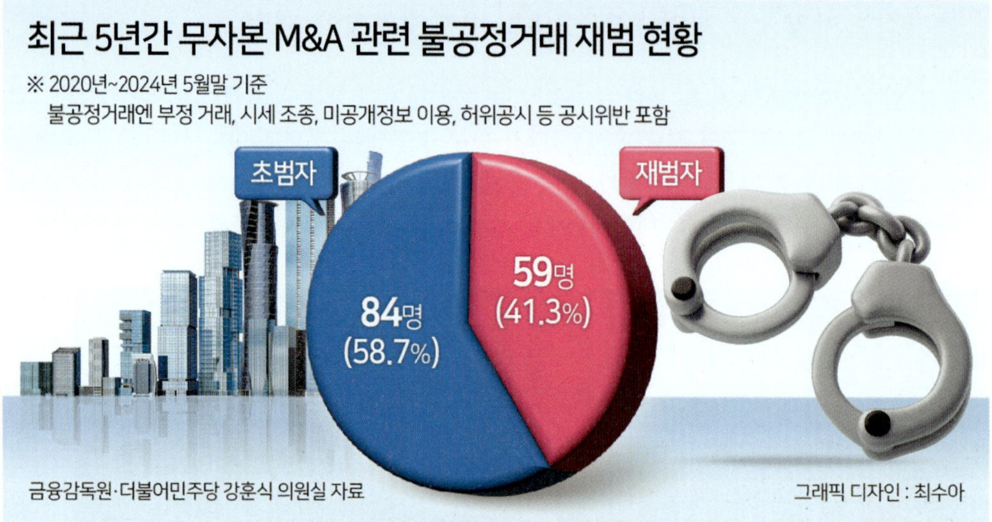

강훈식 의원은 "시장 투명성을 저해하는 무자본 M&A 관련 불공정거래로 인해 일반 주주들의 피해가 계속해서 발생하고 있는 점은 매우 우려되는 상황"이라며 "금융당국에 시장 모니터링 강화를 촉구하고, 근본적인 제도개선 방안을 마련하겠다"고 말했다.

(헤럴드경제, 2024.7.21)

토론주제 무자본 M&A 관련 불공정거래를 줄일 수 있는 방법에 대해 토론해보자.

M&A 거래의 기술

볼거리 **읽**을거리

류호연 지음 | 매일경제신문사 | 2023

M&A를 실행할 때, 사전에 관련 지식을 가지고 있느냐 그렇지 않느냐에 따라 M&A 거래의 성공가능성이 크게 달라진다. 지식이나 정보가 없는 상태로 M&A에 나선다면 거래상대방에게 끌려다닐 수밖에 없으며 거래과정에서 시행착오를 겪을 가능성이 크다. 작은 시행착오 하나 때문에 거래가 무산될 수도 있고 M&A 자체가 실패로 끝나버릴 수도 있다.

M&A를 하고자 하는 매수인이나 매도인은 최소한 거래가 어떻게 진행되고 절차마다 어떤 점을 고려해야 하는지에 대한 지식이 있어야 한다. 그래야 M&A의 시작부터 종결까지 모든 과정을 지배하고 리드할 수 있으며 시행착오 역시 최소화할 수 있다. 비록 M&A는 거래마다 이슈도 다르고 진행절차도 다르기 때문에 한두 번의 경험으로는 통찰을 얻기 어려운 분야이지만, 이 책을 통해 M&A 거래 전체를 보는 시각과 통찰을 얻을 수 있을 것이다.

(자료 : 교보문고)

핵심용어

- 합명회사
- 합자회사
- 유한책임회사
- 유한회사
- 주식회사
- 자본의 증권화제도
- 협동조합
- M&A
- 기업합병
- 주식취득
- 자산취득
- 기업분할
- 물적 분할
- 인적 분할
- 기업분할명령제
- 카르텔
- 트러스트
- 콘체른
- 지주회사
- 소유경영자
- 고용경영자
- 전문경영자
- 대리인 문제
- 대리인 비용
- 감시비용
- 확증비용
- 잔여손실
- 국민경제의 순환
- 승수효과
- 구축효과

요 약

- 기업은 크게 사기업과 공기업, 공사공동기업으로 나눌 수 있다. 가장 보편적인 기업형태는 주식회사로서 주식회사는 자본의 증권화제도, 유한책임제도, 소유와 경영의 분리라는 특징을 갖고 있다.
- 기업의 인수·합병은 외적 성장의 주요 수단으로서 그 방법으로는 기업합병, 주식취득, 자산취득이 있다. 기업 인수·합병의 효과로는 매출수익의 증대효과, 비용절감, 현금흐름의 개선과 위험감소 등이 기대된다. 실패 사례도 의외로 많음에 주의할 필요가 있다.
- 기업의 분할은 M&A와 반대로 기존의 기업을 쪼개는 것이다. 인적 분할과 물적 분할의 두 가지 방법이 있다.
- 기업의 집단화란 단독기업에서 벗어나 둘 이상의 단위기업이 보다 큰 경제단위로 결합하는 형태이다. 기업이 집단화하는 방법에는 카르텔, 트러스트, 콘체른 등이 있다.
- 경영자는 경영목적을 설정하고 사람과 자본을 조달하며 경영전략을 수립하는 데 있어서 최종적인 의사결정자로서, 대인관계의 역할, 정보의 역할, 의사결정의 역할을 수행한다.
- 주식회사의 소유와 경영이 분리되면서 주주가 대리인인 전문경영자에게 기업경영을 맡기는 대리인 관계가 형성되었다. 주주는 대리인이 주주 부의 극대화를 위하여 의사결정하기를 원하지만 전문경영자는 자신의 이익을 위하여 행동할 수도 있다. 이 때문에 대리인 문제가 생기며, 각종 대리인 비용이 발생한다.
- 국가경제의 3대 주체로는 가계, 기업, 정부가 있으며, 기업은 생산주체로서 기업이 생산한 부가가치는 국민소득이 되므로 기업의 성패는 곧 한 국가의 경제를 좌우한다.

연습문제

1. 유한책임회사의 특성에 대하여 설명하라.
2. 주식회사가 다른 기업형태에 비하여 갖는 장단점을 설명하라.
3. 기업인수와 기업합병은 어떻게 다른가?
4. 기업 인수·합병, 기업분할이 왜 일어나는지에 대하여 비교 설명하라.
5. 경영자의 역할 중 정보의 역할이라는 것은 무엇인가?
6. 왜 대리인 문제가 발생하게 되었는지 기업의 발전과 기업의 형태를 연관지어 설명하라.
7. 기업이 국민경제에서 수행하는 역할에 대하여 설명하라.

CHAPTER

4 경영환경론

2024년 9월 10일, 유럽연합(EU) 최고법원인 유럽사법재판소(ECJ)는 애플이 불법적 법인세 혜택을 받았다면서 애플이 아일랜드에 이자를 포함해 143억 유로(약 21조원)의 세금을 지급하도록 명령했다. 2016년부터 시작된 긴 법정 소송의 결론이다. (자료 : 매일경제)

"여기선 꼼수 안 통해"… 구글·메타에 무조건 세금 때린다는 이 나라

빅테크의 대표적인 문제로 지적되어온 조세회피, 시장지배력 남용 문제가 전 세계에서 잇따라 철퇴를 맞고 있다. 유럽연합(EU)을 선두로 천문학적 과징금 부과 사례가 잇따르고 있어서다. 수십조원에 달하는 과징금으로 인해 빅테크들은 새로운 글로벌 전략을 짜야 하는 상황에 처해 있다. 애플은 아일랜드에 21조원 외에 음원 스트리밍 시장에서 독점적인 위치를 사용했다면서 18억 유로(약 2조 6,000억원)의 과징금을 부과받았다.

EU가 빅테크에 부과한 과징금

기 업	위반내용	과징금
애플	조세회피	143억 유로 (약 21조원)
	음원시장 독점	18억 유로 (약 2.6조원)
구글	광고시장 독점	미정
메타	광고시장 독점	최대 120억 유로 (약 18조원)

페이스북 모회사인 메타 역시 EU 집행위로부터 광고시장 독점 혐의로 거액의 과징금을 부과받을 수 있다고 파이낸셜타임스(FT)가 보도했다. 미국에선 빅테크 기업들이 반독점 소송에 걸려 있다. 구글은 지난 8월 연방법원으로부터 검색 서비스가 독점이라는 판결을 받았고 애플, 아마존, 메타도 미국에서 반독점 소송이 진행중이다. 최악의 경우 빅테크들은 사업부를 분리매각해야 할 수도 있다.

이 같은 전 세계적인 강력한 규제에도 불구하고 한국에서는 상황이 다르다. 정보기술(IT) 업계 관계자는 "세계 주요 국가에서 빅테크의 독과점 규제를 강화하고 있지만 정작 한국에서는 제재가 공회전되고 있다"라며 "주무부처의 정상화를 통해 왜곡된 국내 시장 상황을 바로잡아야 한다"라고 지적했다. (매일경제, 2024.9.20)

1 기업환경의 중요성과 구조

기업환경의 의의와 중요성

2024년 2월, 서울에서 열린 리그 오브 레전드(LOL) e스포츠 프로리그 LCK (LOL 챔피언스 코리아)가 디도스(DDoS) 공격이라는 외부요인으로 인해 장기간 경기가 중단되는 사태가 발생한 적이 있다. 1일차 경기부터 '핑(접속지연)' 문제가 발생하여 수시로 경기가 중단되기를 반복했고, 경기 진행을 위해 외부자가 경기시간을 알 수 없도록 녹화중계를 하거나 무관중 생중계로 진행해야만 했다.

LCK의 경기중단 사태는 해외 미디어의 큰 관심을 끌었다. 사진은 theScore esports의 해당 내용 리포트 'DDoS'd, Delayed, Asleep'의 한 장면 (자료 : theScore esports)

출범 후 10여년 동안 성장세를 이어온 한국의 '리그 오브 레전드' 공식 리그, 세계 최고의 e스포츠 리그는 외부 디도스 공격으로 인해 뷰어십, 관중 수입, 선수 경기력 등 모든 것, 특히 e스포츠 비즈니스에 큰 타격을 입은 것이다.

인간이 인간을 둘러싼 환경을 벗어나서 살 수 없듯이 위의 사례처럼 기업도 기업 내외의 환경에 의하여 영향을 받는다. 기업을 둘러싼 경영환경은 기업의 성장 여부는 물론이고 종종 기업의 생존 여부를 결정하기도 한다. 경영환경(managerial environments)은 기업과 같은 조직의 경영에 영향을 미치는 외부 및 내부 요인들을 총칭하는 것이라고 할 수 있다.

경영환경
기업과 같은 조직의 경영에 영향을 미치는 외부 및 내부 요인들을 총칭하는 것

기업은 자신이 속해 있는 환경과는 분리해서 존재할 수 없기 때문에 단독으로 경영활동을 수행할 수는 없다. 마치 유기체와 같이 기업의 내외적 환경 요소들과 상호작용을 하면서 성장 및 발전을 도모한다. 기업은 생산에 필요한 자원을 주위 환경에서 조달하고, 생산된 재화 및 서비스를 다시 환경에 공급하는 식으로 환경과 상호의존적인 경영활동을 전개한다. 따라서 기업이 소기의 경영목적을 달성하기 위해서는 환경에 적절히 대응해야 한다.

□ 그림 4-1
경영환경의 역동성,
기업과 환경의 상호작용

▌현대차 HB20. 브라질시장에서만 판매하는 고유 모델이다.
(자료 : Hyundai.com.br)

숫자로 본 경영

미국 자동차시장 차종별 점유율

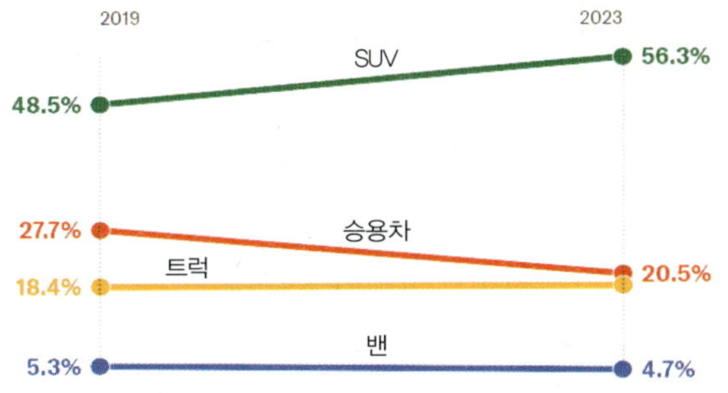

(자료 : edmunds.com)

상호작용의 한 예로 현대자동차를 들 수 있다. 세계 6위 규모의 자동차시장을 가지고 있는 브라질에서 현대차가 약진하고 있다. 그 비결은 다름 아닌 브라질 환경의 정확한 파악이다. 브라질은 세계 최대 사탕수수 생산국인데, 1970년대 석유 파동을 겪은 후 사탕수수에서 에탄올을 추출하는 산업을 크게 키워 왔다. 최근 브라질에서 큰 인기를 끌고 있는 현대차의 HB20은 혼합연료차량(FFV : Flex-Fuel Vehicle)으로 휘발유에 에탄올과 메탄올을 섞은 혼합연료를 사용한다. HB20은 해당 세그먼트에서 판매 1위를 달성하고 있다.

2019년에 출시되어 북미에서만 판매하고 있는 현대차 계열 기아자동차의 텔룰라이드도 마찬가지이다. 미국인은 승용차보다 SUV차량을 훨씬 선호하며 SUV 중에서도 큰 차량을 선호한다. 처음부터 북미 전략형 모델로 기획된 준대형 SUV인 텔룰라이드는 IIHS(미국 고속도로 안전보험협회) 충돌 테스트에서 유일하게 모든 영역에 만점을 받았다. 출시 후 수많은 상을 휩쓸었으며 2020년에는 대한민국 자동차 브랜드 역사상 최초로 '2020 세계 올해의 차'에 선정되기도 했다.

현대차가 영국에서 판매중인 '제네시스 X Dog'

제네시스 X Dog 차량 (자료 : GENESIS EUROPE)

도 마찬가지다. 2023년에 영국에서 처음 공개된 이 차량은 애견인구가 많은 영국시장의 환경적 특성을 반영한 차이다. 반려견을 위한 탈착식 모듈로 트렁크를 반려견 공간으로 바꿀 수 있게 설계했다. 모듈 내부는 미끄럼 방지 마감했고 샤워 시설, 반려견 안전 잠금장치, 열선 기능이 있는 애견 쿠션, 반려견 헤어드라이어 등을 갖추었으며 반려견의 승하차를 위하여 알루미늄과 탄소 섬유로 제작된 경량 접이식 경사로까지 제공한다.

당연한 말이기는 하지만 기업환경의 하나로 소비자는 매우 중요한 위치에 있다. 그렇지만 기업이 항상 소비자에게 순응해야만 하는가? 김치시장은 이 물음에 대한 답으로 좋은 예이다. 과거에는 김치는 집에서 담가 먹어야 하는 것으로 알았으며, 겨울이 오면 김장하는 것을 당연하게 생각했다. 그러나 요즘에는 기업에서 생산한 김치를 사먹는 가정이 적지 않다. 세태의 변화도 이러한 변화의 한 요인이 되었지만 김치생산기업의 지속적인 마케팅이 큰 영향을 끼쳤다. 소비자의 의식변화를 기업이 주도한 셈이다.

이처럼 기업은 하나의 개방시스템(open system)으로서 자신을 둘러싼 환경과 상호작용을 한다. 기업을 둘러싼 경영환경(business environment)은 기업의 경영성과에 영향을 미치는 요인이라고 정의할 수 있다.

환경은 계속해서 변화하는 특성을 가지고 있다. 또한 기업은 환경에 의해 주로 영향을 받지만 때로는 기업 스스로 능동적으로 환경을 변화시키기도 한다.

성공적인 기업경영이 이루어지기 위해서는 경영자는 환경의 중요성을 충분히 인식해야 한다. 특히 경영환경이 급격하고 다양하게 변화할수록 환경변화를 사전에 예측하고 이에 적극적으로 대처할 수 있는 통찰력과 판단력을 갖추어야 한다.

경영환경의 구조와 분류

조직을 둘러싼 경영환경은 조직의 외부에서부터 크게 외부환경(external environment)과 내부환경(internal environment)으로 구분할 수 있으며 전자는 다시 일반환경과 업무환경으로 나눌 수 있다. [그림 4-2]는 이를 보인 것이다(외부환경은 검정색 글씨로, 내부환경은 흰색 글씨로 구분했다).

□ 그림 4-2
기업 경영환경의 분류

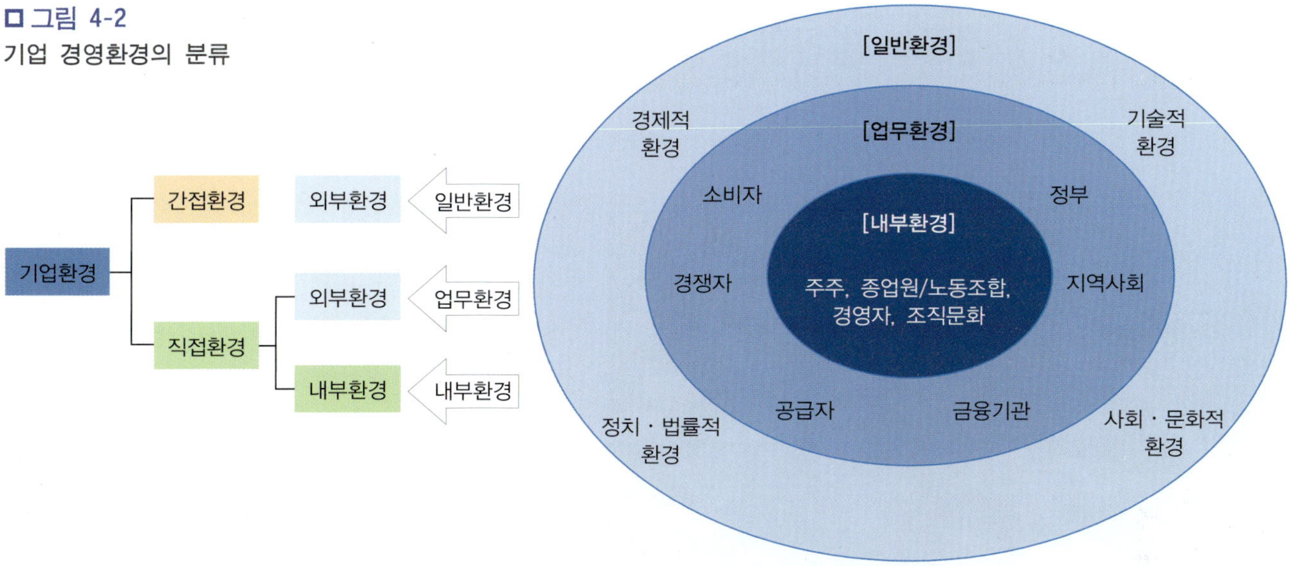

일반환경(general environment)은 조직의 외부에 있으면서 조직에 간접적으로 영향을 미치는 환경요인으로서 경제적 환경, 정치 · 법률적 환경, 사회 · 문화적 환경, 기술적 환경 등이 있다. 경영환경 중에서 전형적인 간접환경에 속한다. 업무환경(task environment)은 역시 조직의 외부에 있긴 하나 조직에 직접적으로 영향을 미치는 환경을 말하며, 소비자, 경쟁자, 공급자, 금융기관, 지역사회, 정부 등이 있다. 외부환경이면서 직접환경이다. 마지막으로 내부환경(internal environment)은 조직의 내부에서 조직에 직접적으로 영향을 미치는 환경으로 주주, 종업원/노동조합, 경영자, 조직문화 등이 있다.

일반환경은 업무환경이나 내부환경에 비해 광범위하고 포괄적이며 그 영향의 정도가 비교적 장기적 추세로 나타나는 특징이 있다. 경영자는 끊임없이 환경변화에 대응해야 한다. 일반환경과 대부분의 업무환경은 경영자가 통제할 수 없는 환경요인이어서 기업이 수동적으로 대응해야 하는 반면, 내부환경은 능동적으로 대응할 수 있다는 점에서 차이가 있다.

다음에서는 먼저 일반환경인 경제적 환경, 정치 · 법률적 환경, 사회 · 문화적 환경, 기술적 환경을 살펴보고, 이어서 업무환경, 내부환경 순으로 살펴보기로 한다.

2 경영의 일반환경

1970년대 대구의 한 봉제공장. 여공들이 아침 7시~저녁 7시, 저녁 7시~아침 7시의 2교대로 일했다. 숙식은 회사 공장의 기숙사에서 6인 1조로 해결했다. 조원이 힘들어서 결근하면 다른 조원이 24시간을 근무하기도 했다.

먼저 기업경영환경 중 간접환경인 일반환경에 대하여 살펴보자. 일반환경은 경영환경 구조상 기업의 가장 외곽에 존재한다. 경영자가 쉽게 통제할 수 없는 환경요인이기 때문에 기업의 입장에서는 환경변화에 적응해야 하는 특성을 가지고 있다. 간접적으로 기업에 영향을 미치기 때문에 환경변화를 무심코 지나치거나 때로는 환경변화를 제때 파악하지 못할 수도 있다. 상황변화의 심각성을 인식한 후에는 이미 돌이키기 어려운 경우도 있다.

한때 우리나라의 대표적인 수출산업 중의 하나였던 섬유산업이 대표적인 사례이다. 우리나라 섬유산업의 수출경쟁력 요인 중의 하나는 값싼 노동력이었다. 그러나 중국이 우리보다 더 값싼 노동력을 이용하여 섬유산업에 뛰어들고 우리나라 임금이 크게 상승하자 우리나라 섬유산업은 국제시장에서 더 이상의 경쟁을 할 수 없었다. 일찍이 이러한 상황을 예측하고 중국이 쉽게 따라오기 힘든 첨단

ㅁ 그림 4-3
간접환경요인

고부가가치 섬유산업 분야를 개척한 기업만이 섬유산업 한국의 명성을 이을 수 있었다.

이처럼 간접환경인 일반환경의 변화에 대한 사전준비와 대응이 얼마나 중요한가를 보여주는 사례는 매우 많다. 일반환경으로는 경제적 환경, 정치·법률적 환경, 사회·문화적 환경, 기술적 환경 등이 있다.

경제적 환경

모든 기업은 경제주체로서 경제행위를 하기 때문에 하나의 경제시스템 구성원이 되어 자신이 속한 경제적 환경의 영향을 받게 된다.

경제적 환경의 구체적인 요인들로는 먼저 경제체제를 들 수 있다.♣ 한 국가의 경제체제가 자본주의인지 사회주의인지의 여부 그리고 자본주의 체제 내에서도 정부의 간섭 정도에 따라 기업경영활동은 많은 영향을 받는다. 사회주의·계획경제보다 자본주의·시장경제체제에서의 기업활동이 상대적으로 자유롭기 때문에 경영의 효율성 역시 높다. 이 때문에 지구상에서 경제체제로서의 사회주의 체제는 사실상 소멸되어 가고 있다. 중국의 경우는 독특해서 사회주의이면서 시장경제를 지향해서 사회주의 시장경제체제라고 할 수 있다.

♣ 경제체제
한 사회가 경제적 자원의 소유 및 분배를 결정하는 일련의 원리와 기술을 총체적으로 파악하는 양식. 분류기준에 따라 다양하게 분류할 수 있는데, 경제기구 운용방식에 의해 구분하면 관습적 경제, 시장경제, 계획경제 등으로 분류할 수 있고, 소유형태를 기준으로 하면 자본주의경제체제와 사회주의경제체제로 분류된다.

국가의 경제상황이 호황인가 불황인가의 여부도 경제적 환경요인의 하나가 될 수 있다. 일반적으로 경제상황이 호황일 때 기업경영이 수월하지만 이러한 사실이 모든 기업에 적용되는 것은 아니다. 예컨대 라면은 경기가 불황일 때 오히려 혜택을 보는 제품이다. 경기가 나쁘면 맥주나 위스키 소비량보다 상대적으로 값이 싼 소주 소비량이 늘어나는 현상도 볼 수 있다. 불황 때 돼지고기의 소비가 증가하는 것도 비슷한 이유로 설명된다. 현실도피적인 경향으로 인하여 영상산업도 상대적으로 불황 때 유리하다.

국민경제규모가 어느 정도인가도 경제적 환경요인이 된다. 국민경제규모가 클수록 잠재적인 수요자가 많기 때문에 그렇지 않은 경우보다 기업환경이 양호하다. 오늘날의 경우처럼 국제적으로 자유주의 무역체제를 주창하면서도 실제적으로는 보호무역주의가 팽배할 때에는 특히 국민경제규모가 중요한 요인이 된다.

숫자로 본 경영

GDP 국가별 순위

(단위 : GDP, 조 달러; 인구, 백만명)

순위	국 가	GDP	1인당 GDP	인 구
1	미국	$28.78	$83,320	345
2	중국	$18.53	$13,057	1,419
3	독일	$4.59	$54,299	84
4	일본	$4.11	$33,215	123
5	인도	$3.94	$2,713	1,450
6	영국	$3.50	$50,555	69
7	프랑스	$3.13	$47,033	66
8	브라질	$2.33	$10,997	211
9	이탈리아	$2.33	$39,230	59
10	캐나다	$2.24	$56,418	39
11	러시아	$2.06	$14,203	144
12	멕시코	$2.02	$15,414	130
13	호주	$1.79	$67,021	26
14	한국	$1.76	$34,049	51

(자료 : 2024 IMF, worldpopulationreview)

국민경제규모는 각 개별 상품의 시장크기에도 영향을 미친다. 국민경제의 규모는 흔히 수출에 대비되는 용어로 내수라고 한다. 개별 상품의 내수시장규모가 얼마나 중요한가를 보여주는 미국이나 중국이 좋은 사례이다. 미국이 세계 질서에서 절대 강자인 이유는 국민경제규모(GDP)가 세계의 약 4분의 1 정도를 점유하고 있기 때문이다. 이는 EU보다 크고 중국·일본의 합계보다 큰 것이다. 근래에는 중국의 경제규모가 급격하게 커지면서 세계적인 기업들이 많아지고 있으며 국제시장 질서에서 목소리를 높이고 있다.

문화콘텐츠도 국민경제규모에 따라 그 경쟁력이 크게 달라진다. 전문가들에 의하면 한 국가의 인구가 최소한 1억명 수준은 되어야 자국 내에서의 자생력을 갖춘다고 한다. 이러한 관점에서 본다면 우리나라의 SM엔터테인먼트와 같은 대형 엔터테인먼트 회사들이 일찍이 상품(음악이나 드라마 등) 기획단계부터 외국 수출을 전제로 하는 것은 올바른 판단이라고 볼 수 있다.

한편, 한 국가 내에서 자국민만을 대상으로 영업활동을 하는 기업의 입장에서는 국민경제규모가 작은 것이 오히려 바람직할 수도 있다. 한 국가의 경제규모가 작으면 국제적인 경쟁력을 갖춘 다국적기업이 진출할 가능성이 낮기 때문에 힘에 겨운 거대기업과의 경쟁에 휘말릴 가능성이 낮은 것이다.

어떠한 산업구조를 갖고 있는가, 정부가 어떠한 경제운용계획을 갖고 있는가 등도 경제적 환경의 한 요인이 된다. 또한 금리, 환율, 물가 등을 다루는 재정 및 금융 정책도 기업경영에 영향을 미치는 경제적 요인이다.

〈표 4-1〉은 경제적 환경과 관련된 지표들이다.

JYP엔터테인먼트의 걸그룹 트와이스의 미국 공연 모습. 메이저 기획사 중 최초로 일본인 멤버가 3명이다. 이 때문에 한일관계가 불편한 시기에도 일본의 반한 감정에서 자유로울 수 있었다는 평가가 많다. (자료 : MHNSports)

표 4-1
주요 경제지표

구 분	관련 지표
국민소득	GNP(국민총생산), GDP(국내총생산), GNI(국민총소득), 경제성장률, 저축률 등
실물경제	생산과 출하 : 산업생산, 출하, 재고, 제조업 평균가동률 등 투자 : 건축허가면적, 건설수주액, 기계수주액 등 소비 : 도소매 판매, 내수용 소비재 출하 등
대외거래	국제수지 : 경상수지(수출입 수지), 자본수지(직접투자, 증권투자) 등 수출입 : 수출, 수입 외채, 외국인투자, 원유도입 등
통화/금리	환율, 이자율, 국공채 수익률 등
물가 및 수출입 단가	생산자물가, 소비자물가, 수출단가, 수입단가
고용	경제활동인구, 실업률, 평균임금
경기	선행지수, 동행지수

정치 · 법률적 환경

기업경영활동은 일정한 법률적 테두리 내에서 이루어진다. 대표적인 법률로는 상법, 공정거래법, 노동법, 독과점규제법 등을 들 수 있다.

법률적 환경에 대해 기업경영활동에 규제를 가하는 부정적인 면만을 생각하기 쉬우나 실제로는 그렇지 않다. 예컨대 공정거래법(정식 명칭은 독점규제 및 공정거래에 관한 법률)은 시장구조의 독과점화를 억제하고 경쟁제한적인 행위나 불공정한 거래행위를 규제함으로써 공정하고 자유로운 경쟁질서를 확립하는 데 목적을 두고 있다. 즉 공정거래법은 기업의 경영활동을 위축시키기보다는 오히려 경쟁질서 확립과 시장기능 활성화를 통해 기업체질을 개선함으로써 기업의 경쟁력을 강화시켜 준다. 또한 특정 사업자의 시장지배적 지위의 남용과 부당한 거래행위 등으로부터 소비자를 보호하여 국민경제의 균형발전을 기할 수 있도록 해주는 것이다.

한편 각종 법률은 정부의 정치적 성향이나 동기가 구체화된 것이기 때문에 정치적 환경 역시 중요한 기업환경요인이 된다. 구체적인 정치적 환경으로는 정부 여당의 정책 기조, 정치 및 정당 체계, 정치 풍토, 정치적 안정도 등이 있다.

전통적으로 보수적인 성향의 정당이 집권한 정부는 상대적으로 기업 입장의 정책을 추진하는 반면, 진보적인 정부는 노동자 및 서민을 위한 정치를 전개하는 경향이 있으며 법률의 제정·개정도 그러한 경향을 반영하게 된다. 보수적인 정부는 기업의 편에 서서 기업에 대한 금융지원을 강화하고 각종 세금을 경감해주며 기업에 대한 간섭을 줄이고자 한다. 예컨대 미국의 공화당은 전통적으로 보수정당으로서 기업 입장을 두둔하는 반면, 민주당은 진보정당으로 공화당과는 상반되는 기업정책을 지향한다. 영국의 보수당과 노동당도 비슷하게 생각할 수 있다.

법률은 정부의 추상적인 정치적 의지가 구체적인 형태로 구현된 것이다. 따라서 법률적인 환경과 정치적인 환경은 매우 밀접한 관계를 가지고 있으며 그 중심에 정부가 있다.

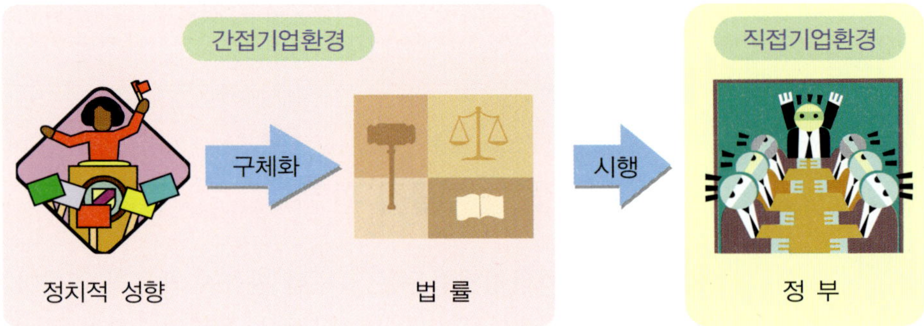

□ 그림 4-4
정치·법률적 환경요인과 정부의 관계

법률은 제정에 시간이 소요되기 때문에 특정상황에 대비하여 미리 법률을 제정해 놓지 않았다가 뒤늦게 문제가 되거나 정부가 정책 방향을 바꾸고자 하는 경우 제때에 효과적인 대응을 하지 못하는 경우가 발생한다. 법률을 제정하더라도 어떻게 접근하느냐에 따라 결과는 전혀 달라질 수 있다. 제조물에 대한 책임 소재의 경우를 예로 들어보자. 2018년부터 시행되고 있는 우리나라 제조물 책임법에 따르면 제조사가 아닌 피해자가 제조물의 결함과 피해를 입증해야 배상을 받을 수 있다. 그러나 매그너슨-모스 보증법(Magnuson-Moss Warranty Act, 일명 레몬법)이 시행중인 미국에서는 소비자 측의 요구에 따라 제조사가 제품에 결함이 없다는 걸 입증해야 하고 그러지 못하면 소비자에게 배상해야 한다. 여기에 영미법 체계인 미국은 징벌적 손해배상(punitive damages, exemplary damages)제도도 가지고 있다. 이는 민사상 가해자가 피해자에게 "악의를 가지고" 또는 "무분별하게" 재산 또는 신체상의 피해를 입힐 목적으로 불법행위를 행한 경우에, 이에 대한 손해배상 청구시 가해자에게 손해 원금과 이자만이 아니라 형벌적인 요소로서의 금액을 추가적으로 포함시켜서 배상받을 수 있게 한 제도이다.

이 제도에서 유의할 점은 징벌적 손해배상은 다소 형벌적인 성격이 들어가 있다 하더라도 이는 어디까지나 민사책임이므로 형사책임, 행정제재와는 다르다는 것이다. 징벌적 손해배상을 해주고 나서도 별도의 형사책임을 지거나 과징금 등의 행정제재를 받을 수 있다. 처벌이 매우 강력하기 때문에 불법행위의 사전 예방 목적이 강하다.

그러나 우리나라는 대륙법 체계를 따르고 있어서 이러한 제도가 사실상 없다. 우리나라가 따르고 있는 대륙법 체계에서는 가해행위로써 발생한 책임을 가해자가 그 책임 범위만큼 보상해준다는 의미의 전보배상(compensatory damages)을 원칙으로 하고 있기 때문이다. 다만 '하도급법'에서는 도급인 등의 갑질 등으로 인한 손해배상의 경우 실제 피해의 최대 3배까지 배상받을 수 있다는 규정이 도입되어 있다. 결국 정부가 어떤 태도를 갖느냐가 중요한 것이다.

이러한 법적 체계의 차이로 인하여 유사한 사건에 대해 기업에 대한 처벌의 정도가 다르고 당연히 소비자에 대한 기업의 대응도 달라진다. 예를 들어, 2015년에 있었던 폭스바겐 자동차의 소위 디젤게이트의 경우, 이 회사는 배기가스 조작 사건이 발생했을 때 미국 고객에게 "상당한 수준의 보상"과 차량 약 50만대에 대한 차량 환매를 제안했다. 이후 폭스바겐은 민사적 합의금 147억 달러(약 18조원) 등 이 사건으로 2020년까지 벌금, 과징금, 재정적 합의 및 환매 비용으로 333억 달러(약 40조원)를 지출했다. 그러나 우리나라에서는 이와는 전혀 다른 대응을 했다. 소유자에게 100만원 수준의 서비스 쿠폰을 제시했고 2020년 1심 법원에서 벌금 260억원을 선고받은 정도이다.

닛산 캐시카이. 닛산자동차는 배출가스 재순환장치(EGR)를 불법 조작해서 유로6 인증을 받은 사실이 뒤늦게 드러났다. 실제 도로주행에서는 질소산화물이 인증기준보다 20.8배 많이 배출되는 것으로 조사되었다. (자료 : Phuketimes.com)

일본차 도요타는 '라브4(RAV4)' 차량을 미국고속도로안전보험협회의 '최고 안전 차량'이라고 광고해왔으나 정작 우리나라에서 판매한 차량에는 브래킷이라고 하는 안전보강재를 뺀 채로 팔았으며, 닛산은 '인피니티' 차량의 연비를 조작하고 '캐시카이' 차량의 배출가스 재순환장치를 불법 조작한 사실이 드러났으나 우리나라에서는 공정거래위원회가 부과한 과징금이 도요타 8억여원, 닛산

지난 2007년 미국 오클라호마주에서 급발진 사고가 발생, 1명이 사망하고 1명이 부상하자 법원은 제조사 도요타측의 과실을 인정했다. 도요타는 400여 건의 급발진 소송에 대해 리콜과 소송 합의금, 벌금 등으로 총 40억 달러(4조 7천여억원)를 지출한 것으로 알려졌다. (자료 : 오마이뉴스)

'틱톡' 등 SNS를 중심으로 현대차 · 기아 차량을 훔치는 과정을 놀이처럼 공유하는 이른바 '기아 챌린지(Kia Challenge)'가 유행했다. 이를 보도하고 있는 미국 NBC 방송 (자료 : NBC)

한국법인과 일본법인에 각각 9억원이 전부이다.

자동차 급발진 논란도 마찬가지이다. 우리나라에서는 최근까지 14년 이상 800여 건의 자동차 급발진 사고 신고 건수가 있으나 차량 결함으로 인정받은 사례는 사실상 없다. 그러나 미국에서는 인정된 사례가 있는데 이 역시 법적 체계의 차이에서 비롯된 것으로 볼 수 있다.

최근에는 현대차와 기아가 미국의 차량 도난 집단소송과 관련해 약 2억 달러(약 2,700억원) 규모의 피해자 보상에 합의했다. 일부 주에서는 2024년 현재도 소송이 진행중이다. 엔진 이모빌라이저가 없는 현대차 · 기아 차량이 주요 절도 대상이 됐다. 엔진 이모빌라이저는 자동차 키 손잡이에 특수암호를 내장한 칩을 넣은 도난방지 장치다. 피해 차주들은 비용절감 목적으로 도난방지장치를 설치하지 않고 판매했다며 현대차와 기아를 대상으로 집단소송을 냈던 것이다. 현대차와 기아는 2023년부터 절도 피해 가능성이 있는 미국 내 차량을 대상으로 소프트웨어 업그레이드를 지원했다. 보험사와 협력해 해당차량 소유주 등에게 보험 옵션도 제공해왔다. 푸시 버튼 시동장치와 도난방지장치가 없고 소프트웨어 업그레이드가 불가능한 구형 모델을 대상으로는 차량 도난방지 솔루션을 추가로 내놨는데, 자동차가 외부 침입자에 의해 제어되는 것을 원천 차단하도록 설계된 이 솔루션은 무료로 제공됐다. 이 외에도 자동차 핸들을 움직이지 못하게 할 '핸들 락' 장치도 계속 제공할 방침이다. 국내의 대응과는 분명 다른 면이 있다. 참고로, 엔진 이모빌라이저 장착이 미국에서 법적으로 의무화되어 있지는 않다.

정치 · 법률적 환경의 연장인 국가간 글로벌 분쟁

국가는 정치 · 법률적 환경요인의 연장선에 있다. 국가는 기업운영의 기본 틀과 규칙이 되는 각종 법률과 제도를 만들어 기업들이 경영활동을 할 수 있도록 해주는 한편으로 그러한 법과 제도를 제대로 준수하는지 감시한다. 만일 기업에 대한 이러한 제도적 뒷받침이 없다면 불공정한 경쟁이 일상화될 수 있고 건전하게 운영되는 기업은 발을 붙일 수 없게 된다. 그 피해는 당장 소비자나 일반 시민에게 전가된다. 한편으로 국가에서 시행하는 정책은 수시로 바뀐다. 이런 변화에 기업이 적절히 대응하지 못하면 낭패를 겪게 된다.

국가가 국제적인 경쟁질서에서 직접 경쟁 당사자처럼 움직이는 경우도 적지 않다. 예를 들어, 세계적인 기업들이 중국시장에 진출했다가 철수하는 일이 계속 있어 왔다. 그 이유를 국제정치적 시각에서 크게 보면 정반대의 두 가지 사유가 있다. 하나는 중국 정부에서 비롯된 것이고 다른 하나는 타국 정부, 예컨대 미국 정부에서 비롯된 것이다.

먼저 전자의 사례를 보면, 구글이 철수한 것이나 X(구 트위터) · 페이스북 · 유튜브의 접속이 차단되고 있는 것, 차량공유서비스 세계 1위 기업인 우버(Uber)가 중국시장에서 견디지 못하고 철수한 것, 돌체 앤 가바나(Dolce and Gabbana)가 DG Loves China라는 프레이즈를 걸고 준비한 상하이 쇼 컬렉션의 프로모션 영상에서 중국인 비하 논란이 터져 사실상 중국시장에서 퇴출된 사례 등이 있다. 중국은 돌체 앤 가바나 전체 매출액의 50%가 나오던 가장 큰 시장이었다. 이들 기업이 현지화 노력을 게을리했다는 지적도 있지만 중국 정부의 보이지 않는 손이 작동하는 것으로 보는 전문가가 많다.

돌체 앤 가바나의 홍보 영상 중 한 장면. 젓가락으로 피자를 먹는 장면인데, 이 부분이 인종차별적이라는 비난이 터져 나왔다. (자료 : youtube)

반면, 미국에서 비롯된 것은 무엇 때문이었을까? 국가간의 무역 분쟁은 늘 있어 왔지만 WTO가 지속적으로 추구해온 전 세계의 무역규제 철폐 목표는 그동안 어느 정도 효과를 보는 듯했다. 그러나 2018년에 시작된 미국과 중국 간의 무역전쟁은 WTO 체제가 얼마나 무기력한지를 보여주었다. 미국의 트럼프 대통령은 2018년부터 중국산 제품에 대해 25%의 보복관세를 매겼고 중국도 같은 규모의 보복관세로 대응했다.

미국 상무부의 통계에 의하면 2017년 미국의 대중국 수출액은 1,304억 달러였던 반면 대중국 수입액은 5,056억 달러로 한 해 동안에만 3,750억 달러의 적자를 기록하였다. 이에 트럼프 대통령은 중국이 불공정한 무역 관계를 유지

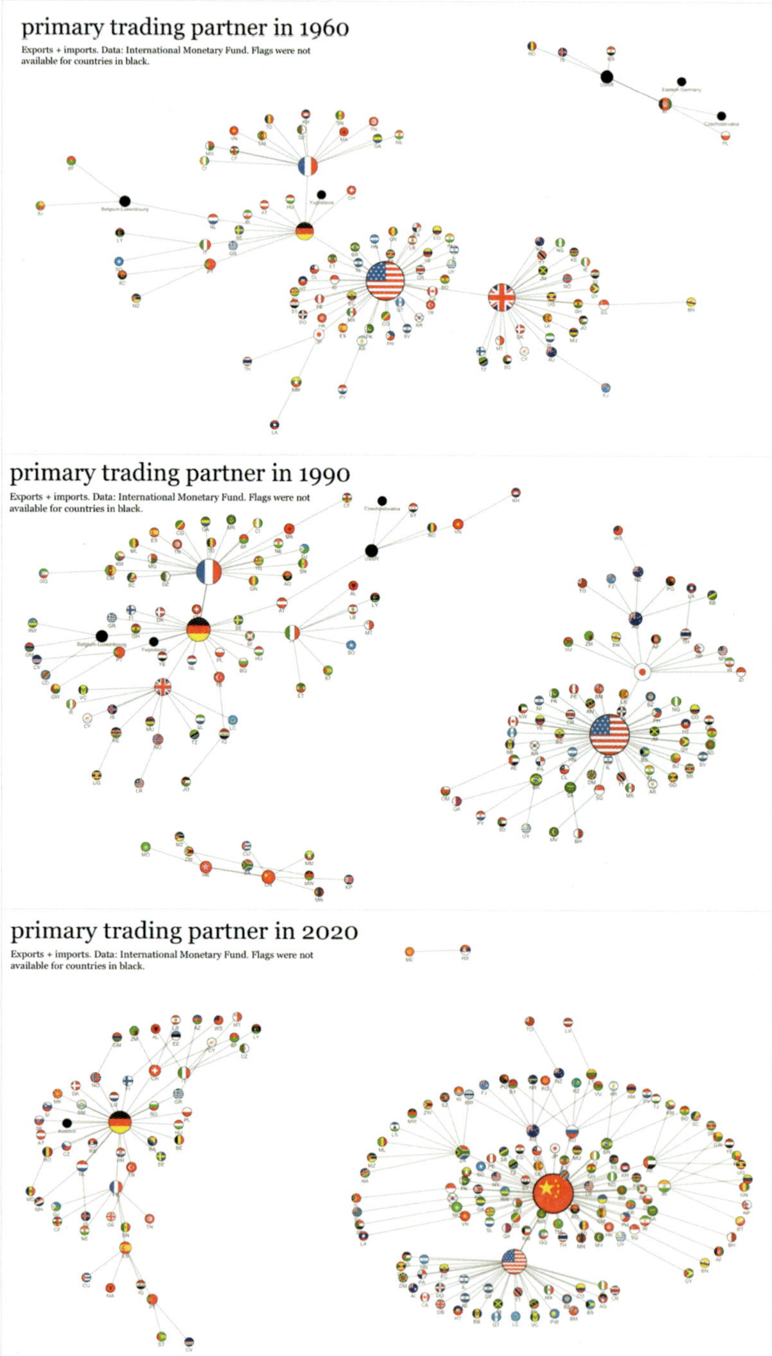

각 국가별 가장 큰 무역교역국을 시간대에 따른 변화로 표현한 그림. 중국의 부상을 한눈에 보여준다. (자료 : IMF, Visualcapitalist.com)

해 왔으며 일방적인 무역흑자를 내면서 미국 국민들의 일자리를 빼앗아 갔다고 주장했다. 왼쪽 그림은 전 세계의 각 국가별로 최대무역국을 30년 주기로 표시한 것이다. 1960년의 세계 무역 중심국은 미국, 영국, 프랑스, 독일 순이었고, 1990년대에는 미국, 독일, 프랑스 순으로 중국이 하단에 조그맣게 자리잡고 있었는데, 2020년에는 중국이 세계 무역의 중심이 되었음을 볼 수 있다. 이 그림을 보면 미국이 왜 대중국 무역전쟁을 시작했는지 이해되는 부분이 있다.

이후 시간이 흐르면서 두 국가의 무역전쟁은 계속해서 그 전선이 확대되었으며, 민주당인 바이든 행정부가 들어서도 계속되었다. 바이든 대통령은 중국 소유의 소셜미디어 거대 기업인 틱톡(TikTok)을 금지할 수 있는 법안에 서명했다. 중국의 첨단 기술 확보를 제한하기 위하여 전례 없는 수출 통제 제도를 도입했고, 중국 군대에 도움이 될 수 있다고 판단되는 기술에 대해 미국 기업들이 중국에 투자하는 것을 금지했다. 또한 중국에서 만든 전기 자동차에 대한 관세를 4배, 철강 및 알루미늄에 대한 관세를 3배, 반도체에 대한 관세를 2배로 올렸다. 심지어, 중국 정부가 통제하는 회사 주식에는 미국 공적연금이 투자하는 것을 금지하기까지 했다.

미중 무역분쟁은 다른 나라 기업에도 많은 영향을 미쳤다. 일부 국가는 경제적인 이익을 얻었는데, 두 국가간 무

숫자로 본 경영

미국의 대중국 교역액 변화

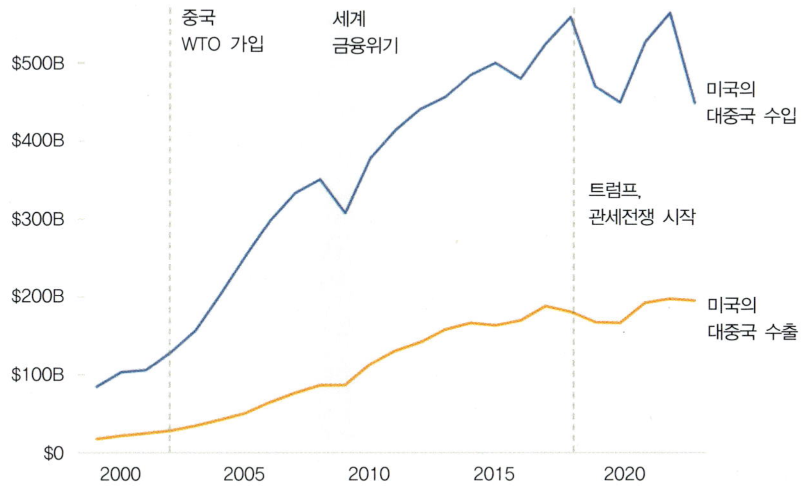

(자료 : cfr.org)

역 감소로 인해 생긴 격차를 메우기 위해 미국과 중국으로의 수출이 늘어났기 때문이다. 베트남, 칠레, 인도, 말레이시아, 아르헨티나가 그 수혜국이다. 가장 큰 수혜국은 베트남으로, 애플(Apple), 인텔(Intel), 구글(Google) 등 미국의 거대 기술업체들을 비롯한 많은 글로벌 기업들이 생산 기지를 중국에서 베트남으로 이전하고 있으며, 이들 회사의 협력 업체들도 덩달아 이전하고 있다. 닌텐도(Nintendo)도 그중의 하나로 닌텐도 스위치(Nintendo Switch) 제조 시설을 중국에서 동남아시아로 옮겼다. 대만도 큰 혜택을 입었다. 콴타컴퓨터(Quanta Computer), 써콤(Sercomm) 등 여러 회사들이 대만 내 생산을 확대했고 이 과정에서 늘어난 일자리가 21,000개를 넘었다. 덩달아 대만 화폐가치가 상승하는 일도 벌어졌다.

물론 미중 분쟁이 일부 국가의 기업들에게 긍정적인 영향만 초래한 것은 아니다. 예컨대 중국의 화웨이가 미국의 통제를 받으면서 화웨이와 거래하던 우리나라 기업을 포함한 여러 나라 기업의 매출이 감소하는 피해를 보았다. 일부 회사의 파산도 초래했는데, 대만의 LCD 패널 제조업체인 청화(CPT : Chunghwa Picture Tubes)는 그중 하나이다.

양 국가의 분쟁은 2024년 10월 현재도 진행중이며, 현재까지는 대체로 미국이 이득을 보고 있다는 평이 많다.

함께 생각해보자

우리나라의 각 정당은 기업의 정치적 환경 측면에서 어떤 성향을 갖고 있는지 생각해보자.

사회 · 문화적 환경

사회 · 문화적 환경이란 사회구성원의 생각과 행위에 영향을 미치는 사회 · 문화적 제도와 태도를 말한다. 구체적인 요인으로는 관습, 전통, 문화, 가치관, 생활양식 등을 들 수 있다. 이러한 것들은 하루아침에 형성되는 것이 아니라 앞서 설명한 경제적 환경, 정치 · 법률적 환경과 뒤에서 설명할 기술적 환경 등 제 환경요인이 복합적으로 작용하여 생성되기도 하고 또한 이들 환경요인과 혼합되어 영향을 미치기도 한다.

사회가 다원화되고 문화의 독창성 및 다양성이 강조되면서 기업들은 사회 · 문화적 환경요인의 변화 내용과 분석, 예측에 어려움을 겪기도 하며 환경에 대응하지 못한 기업은 경쟁에서 탈락하기도 한다.

아주 미세한 문화적인 차이가 큰 영향을 미치기도 한다. 중국인들은 식재료는 가능한 한 신선하고 살아 있는 제품을 선호한다. 특히 생선은 죽은 것은 잘 사지 않는다. 그래서 중국 마트는 산 생선을 수족관에 넣어놓고 파는 경우가 많다. 그러나 우리나라 소비자들은 조리할 때 손이 덜 가는 손질된 생선을 좋아한다. 이마트는 진출 초기 생선을 내장까지 깨끗하게 손질하여 내놨다. 중국인의 특징을 제대로 파악하지 못하고 한국식을 고집했던 것이다. 월마트나 까르푸가 우리나라에서 실패했던 것과 동일한 방식의 경험을 우리나라 대형마트도 중국에서 했던 것이다.

2008년, 2016년에 인도네시아에 각각 진출했던 롯데마트나 GS슈퍼마켓

▌인도네시아 중 일부. 17,000개 이상의 섬으로 구성된 인도네시아는 인구 2.7억명으로 세계에서 네 번째로 인구가 많은 나라이다. (자료 : 구글지도)

역시 2024년까지도 쉽지 않은 경쟁을 하고 있다. 인도네시아는 수백 개의 섬으로 이루어져 물류망을 구축하기 쉽지 않다는 점과 함께 현지인들은 필요할 때마다 즉시 일반 슈퍼와 같은 소매점에서 물건을 구매하는 습관이 있어 굳이 롯데마트나 GS슈퍼마켓과 같은 대형마트까지 찾아가지 않는 문화적 경향이 있기 때문인 것으로 분석되고 있다.

주방에서 사용하는 프라이팬 하나에도 문화적인 차이가 나타난다. 우리나라에서 주로 판매하는 프라이팬은 지름이 28cm가 일반적이다. 그러나 인도에서는 지름이 26cm이면서 얇고 가벼운 프라이팬을 선호한다. 밀가루 반죽을 얇게 굽는 '차파티'라는 음식 문화가 숨어 있다. 반대로 중국에서는 30cm의 두껍고 우묵한 팬을 선호한다. 중국 음식은 주로 남성들이 센 불에서 기름으로 요리하기 때문이다. CJ오쇼핑은 이러한 각국의 문화적인 차이를 반영한 프라이팬을 판매하여 크게 성공한 바 있다.

상사가 부하에게 하는 짓궂은 농담 정도로 치부되던 말들도 직장 내 성희롱으로 인정되어 당사자는 물론 회사가 곤욕을 치르는 현상 등도 사회·문화적 환경변화의 한 예이다. 외국에서 크게 유행했던 군대식 복장인 밀리터리 룩이 우리나라에서는 별로 인기가 없는 현상도 같은 차원에서 이해할 수 있다.

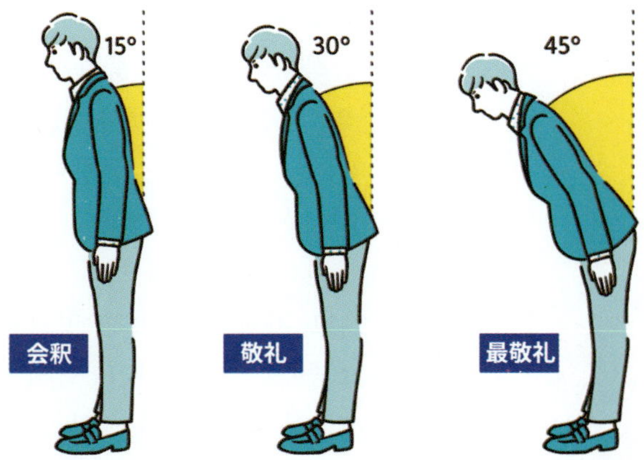

일본 인사인 에샤쿠, 케이레이, 사이케이레이(왼쪽부터). 오른쪽으로 갈수록 정중한 의사표시이다. 우리나라에서는 인사할 때 등을 구부려 하는 경우가 많지만 일본에서는 반드시 등을 곧게 해서 인사를 해야 한다. (자료 : relog.softlanders.com)

문화적인 차이는 당연히 좁게는 국가간, 넓게는 문화권간에 더 크게 나타난다. 예를 들어 중국과의 비즈니스에서는 자명종 시계나 우산 선물은 피해야 한다. 자명종의 종(鐘)과 끝을 의미하는 종(終)의 발음이 같아 이별을 암시하기 때문이고, 우산의 산(傘)과 헤어짐을 의미하는 산(散)의 발음이 같기 때문이다. 일본에서는 의사소통시 직접적인 표현보다는 간접적인 방식, 특히 비언어적 의사소통에 유의해야 한다. 미소는 공손함이나 동의를 나타낼 수 있지만, 그렇지 않은 경우도 얼마든지 있기 때문에 상대방의 뜻과 감정을 제대로 이해하려면 상대방의 눈과 대화의 맥락에 주의를 기울여야 한다. 침묵도 중요한 의사소통 수단의 하나로, 화자에 대한 부정적 반응보다는 화자에 대한 묵상이나 존경심을 표현하는 데 자주 사용된다.

스타벅스의 베트남 진출도 사회·문화적 환경을 제대로 파악하지 못한 사례의 하나이다. 스타벅스가 베트남에 진출한 것은 2013년이다. 당시 베트남

2013년 6월, 베트남 호치민에 문을 연 베트남 최초의 스타벅스 매장

커피업계는 크게 긴장했다. 그러나 2023년 기준으로 스타벅스는 베트남 전체 커피시장에서 2% 정도의 점유율을 보이고 있다. 스타벅스 지점 확장도 사실상 정체되어 있어서 92개의 매장에 불과하다. 이는 백만명당 1개도 되지 않는 것으로 한국의 인구 100만명당 40여개 가까운 스타벅스 매장 수와 비교하기도 어려울 정도이다. 스타벅스가 베트남에서 고전하고 있는 이유 중의 하나는 가격도 비싸지만 베트남의 커피 문화를 정확히 파악하지 못했기 때문이다. 베트남의 커피 역사는 100년이 넘고 세계 2위의 커피 수출국일 정도로 커피에 전문적인 나라로, 베트남 사람들은 쓰고 신맛이 강한 커피를 주로 마신다. 그런데 스타벅스는 전 세계적으로 맛의 일관성을 위해 본사의 커피를 사용한다. 그래서 베트남 스타벅스를 찾는 사람들은 커피보다는 다른 음료를 더 찾는다.

이처럼 사회·문화적 환경요인이 갖는 특징 중의 하나는 그 영향이 국지적 성격이 강하다는 것이다. 어떤 지역에서는 효과적인 경영전략이 다른 지역에서는 전혀 효과를 보지 못하는 경우도 있고 연령대에 따라 선호되는 상품이 전혀 다를 수도 있다.

인구통계학적 변수
나이, 성, 소득, 직업, 지역, 종교 등 인구(人口)의 특성과 관련된 변수

또 하나의 사회·문화적 환경요인의 특징은 인구통계학적 변수에 의하여 좌우되는 경향이 많다는 것이다. 예컨대 인구의 고령화는 실버산업의 중흥기를 예고하고 있고 가족의 분화와 맞벌이 부부의 증가는 외식산업 업체에 좋은 기회가 되고 있다. 1인 가구가 크게 늘어나면서 원룸형의 주거지가 큰 인기를 끌고 한 사람의 주거공간에 적합한 가전제품, 가구 등도 관련 기업들의 관심사가 되고 있다. 통계청 자료에 의하면 전체 가구 중 1인 가구 비율은

숫자로 본 경영

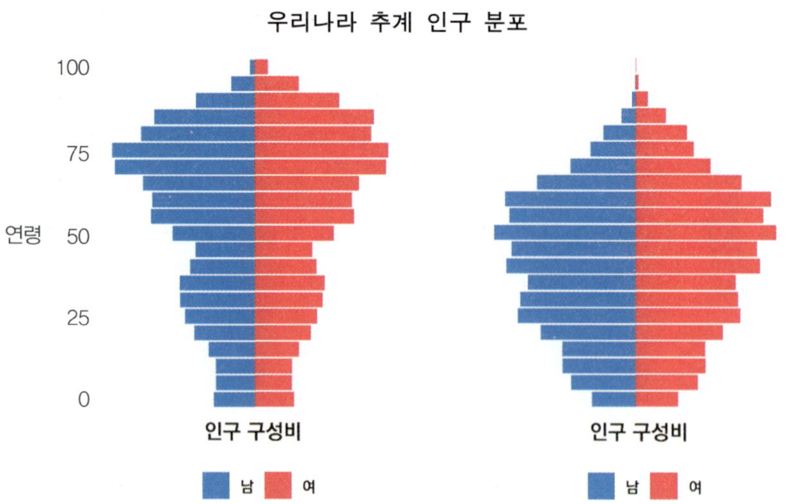

(자료 : 통계청, 왼쪽은 2070년 추계, 오른쪽은 2023년 현재)

2022년 기준(2024년 9월 발표)으로 34.1%에 이른다. 전체 세 가구 중 한 가구가 1인 가구인 셈이다.

1985년 당시 4.3% 수준이던 65세 이상 인구(이를 '고령인구'라고 한다. 이 비율이 20%를 넘으면 그 사회를 '초고령사회'라고 부른다)는 2023년에는 18.4%로 늘었다. 2025년에는 20.6%로 초고령사회로 진입할 것으로 추정되고 있다. 잠재적 여성 취업자 수의 증가, 고학력자의 증가, 출산율의 급격한 감소 등도 인구통계학적 변수로서 기업활동에 영향을 미칠 수 있는 의미 있는 사회・문화적 환경요인이다.

함께 생각해보자

사회・문화적 환경의 특징은 글로벌(global, total)보다는 국지적(local, partial)이라는 점은 위에서 설명한 바와 같다. 그러나 이는 일반적인 속성을 말한 것으로서 예외적으로 글로벌의 속성을 지닌 상품도 얼마든지 있다. 어떤 것이 있는지 생각해보자.

기술적 환경

기술적 환경은 일반 환경요인 중에서 가장 변화가 빠르고 그 정도가 심한 환경요인으로서 기업조직뿐만 아니라 사회 전 부문에 광범위하고 심대한 영향을 끼친다.

기술적 환경은 생산에 적용되는 기술 자체만을 의미하는 것이 아니라 단순한 기능적인 것에서 출발하여 경영활동에 활용될 수 있는 사실상의 모든 지식을 망라하는 것이라고 할 수 있다. 즉 생산과 직접적으로 관련된 기술뿐만 아니라 정보통신, 생명공학, 유통, 소재산업 등 특정 재화나 서비스 생산과 관련이 없어 보이는 모든 분야를 포괄한다.

특히 최근에는 정보기술의 눈부신 발달로 기술적 경영환경이 급변하고 있다. 한 예로 정보통신기술을 적용하여 오프라인에서 이루어지던 자재 조달을 온라인상에서 처리함으로써 비용 및 시간을 크게 줄일 수 있게 되었다. 과거에는 거대기업은 조직의 복잡성과 대량의 자료 발생으로 인하여 자료 취합 및 분석에 시간이 많이 소요되었고 이에 따라 의사결정이 늦어져 변화에 신속하게 대응하지 못하곤 했다. 그러나 오늘날에는 거대기업일수록 막강한 자금력으로 정보부문에 대한 대규모 투자가 가능해져 경영정보시스템(management information system)을 구축함으로써 의사결정이 중소기업보다 오히려 더 신속하

경영정보시스템
경영활동이 이루어지는 현장에 구축된, 정보기술을 기반으로 하는 시스템 혹은 컴퓨터기반의 정보시스템

숫자로 본 경영

프리미엄 TV 선적량 기준 시장점유율

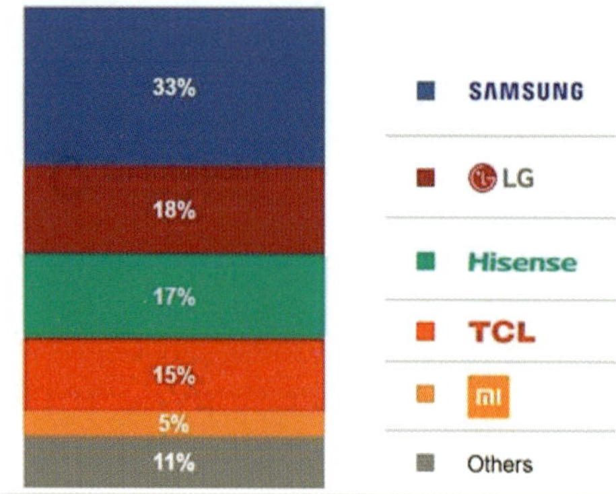

(자료 : Counterpoint Research, 2024년 2사분기 기준)

게 이루어지기도 한다.

일본의 가전산업 몰락은 기술변화의 흐름을 놓친 결과물로 평가된다. 한때 일본 가전산업은 소니, 도시바, 파나소닉, 샤프 등을 앞세워 전 세계를 주름 잡았다. 그러나 파나소닉 그룹의 가전부문은 중국 하이얼(海爾)에 매각되었고, 샤프와 도시바 PC사업부는 대만 홍하이에, 도시바의 TV, 전자레인지, 드럼세탁기 등의 백색가전 사업부는 유리병과 플라스틱 뚜껑 제조업체였던 중국 메이디(美的)에, 세계 최초로 50인치 대형 플라즈마 TV를 만들었던 파이오니아는 홍콩의 펀드회사에 매각되었다. 이러한 결과가 야기된 원인에 대해서는 다양한 주장이 있으나 디지털 시대로 전환하는 환경변화 흐름을 제대로 파악하지 못해 시장(수요자)의 수요보다는 기업(공급자) 입장에서 기존의 아날로그 기술의 완성도를 높이는 것에만 집착한 패착 때문으로 분석되고 있다.

정보기술의 발전은 사회 전 부분에 대해 예측하지 못할 정도의 영향력을 미치고 있다. 산업혁명이 발발한 이래 200년 이상 유지되어 오던 산업간 경계가 최근 들어 급격하게 무너지고 있는데, 이는 주로 정보기술의 발달에 기인한 바 크다. 또한 기술적 환경의 변화는 상호의존적으로 협력관계에 있던 산업군을 경쟁관계로 바꾸기도 하고 심지어 전혀 관계없던 사업영역을 경쟁관계로 바꾸기도 한다.

스마트폰은 이러한 급격한 기술적 환경 변화의 중심에 있다. 세계 젊은이들이 열광했던 휴대용 음악 재생 플레이어 소니의 워크맨을 사장시킨 MP3 플레이어. MP3 플레이어가 최초로 시장에 나온 것은 1997년 우리나라의 새한정보시스템이라는 회사에 의해서였다. 음악을 아날로그에서 디지털로 전환하여 들을 수 있게 한 획기적인 제품으로, 오래전 추억처럼 생각될 수 있으나 그리 오래된 것은 아니다. 전화기 기능으로 시작한 휴대전화가 스마트폰으로 진화하면서 MP3 플레이어를 사실상 퇴출시켰으며, 게임기 시장 역시 상당 부분을 스마트폰에 내줬다. 카카오톡과 같은 종류의 SNS 도구는 국제전화 서비스 업체를 곤란에 빠뜨렸다. 스마트폰으로 TV 시청을 할 수 있게 되면서 소형 TV는 시장에서 퇴출되었다.

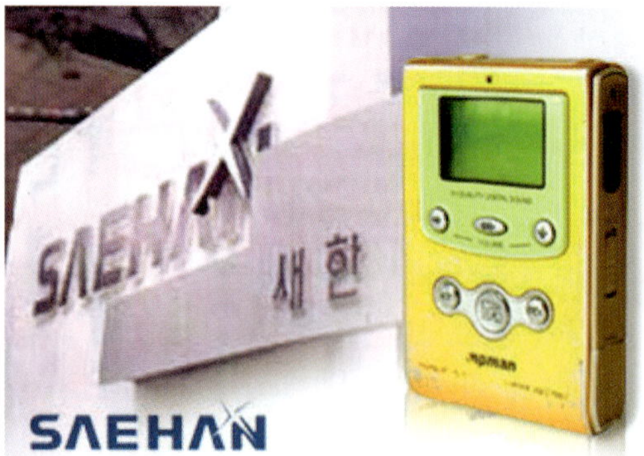

세계 최초의 MP3 플레이어는 새한정보시스템에서 출시되었는데, 기술개발은 디지털캐스트라는 우리나라 벤처기업이 담당했었다. (자료 : DBR)

숫자로 본 경영

(자료 : 아이지에이웍스의 모바일인덱스, 2024년 상반기 기준)

나아가, 스마트폰 관련 기술의 발전은 우리 삶을 통째로 바꾸고 있다. 아이지에이웍스의 모바일인덱스 중 2024년 전반기 우리나라 스마트폰 등의 모바일 기기 사용자 데이터를 보면 모바일 기기로 인터넷을 사용한 사람은 5,027명이며 네이버(4,313명)와 구글(3,303명)로 검색을 한다. 식음료 서비스를 이용한 사람은 2,996만명인데 배달의 민족과 쿠팡이츠, 요기요를 주로 이용한다. 카카오톡으로 메시지를 보내고 T전화로 전화를 하며 인스타그램과 밴드로 커뮤니티 활동을 한다. 인공지능 서비스인 챗지피티와 에이닷의 도움을 받고 대화를 한다. 유튜브에서 동영상을 보고 넷플릭스에서 영화를 보며 유튜브 뮤직이나 멜론에서 음악을 듣고 아프리카TV나 치지직의 개인방송을 본다. 쿠팡이나 11번가, GS숍, CJ온스타일에서 물건을 사며, 당근과 번개장터에서 중고물건을 사고판다. 이처럼 우리 생활의 거의 모든 것이 스마트폰을 통하여 이루어지고 있다고 해도 과언이 아니다.

전혀 별개였던 사업영역이 경쟁관계로 바뀐 예로는 오디오 산업과 컴퓨터 산업을 들 수 있다. 원래 두 산업은 전혀 관련이 없는 별개의 사업영역이었다. 그러나 정보기술의 발달로 오늘날에는 많은 사람들이 컴퓨터를 이용하여 음악을 듣고 녹음하고 편집한다.

DTC시장의 경우는 전혀 관련이 없던 분야가 기술 진보로 협업관계로 발전하고 있는 사례이다. DTC(Direct To Consumer)시장이란 일반인 소비자가 민간 유전자분석업체에 유전자분석을 직접 의뢰하는 시장을 말한다. 우리나라에선 2016년부터 12개 항목, 46개 유전자에 대해 검사가 허용되었다. 체질량지수, 혈당, 비타민C, 탈모가능성, 피부 타입 등의 검사가 가능하다. 금액도 20만원 이하 수준이다. 이에 따라 유전자 검사 회사들은 비타민 회사와 협업으로 맞춤형 비타민을 추천해주고, 음식료품 회사와 연계하여 식단을 추천해주는 서비스를 도입하고 있다. 화장품 회사와는 개인 맞춤형 화장품을 추천해주는 연구도 하고 있다.

LG전자가 CES 2024에서 공개한 LG 알파블. 알파블은 알파(α)와 able의 합성어로 '차 안에서 모든 것을 가능하게 한다'는 의미와 함께 '기대 이상의 경험가치를 준다'는 의미라고 한다. (자료 : lge.co.kr)

숫자로 본 경영

한국인이 좋아하는 유튜버

(단위 : 구독자수, 응답자 비율 %)

(자료 : 한국갤럽, 2024년 상반기 기준)

자동차 업계도 기존 기술 분류체계 파괴가 나타나고 있다. 테슬라(Tesla)에서 전기자동차를 출시하면서 본격적으로 달궈진 자동차시장의 경쟁은 미래를 예측하기 어렵다. 중국의 IT·전자 회사들 중 스마트폰 제조업체인 화웨이와 샤오미가 전기차를 출시했고 중국의 네이버라고 할 수 있는 바이두, 심지어 알리바바도 전기자동차 시장 경쟁에 참전하고 있다. 일본의 소니도 2022년에 전기차시장에 뛰어들었다. 그런가 하면 2024년 8월 현재 세계 전기차 시장점유율 1위인 회사는 중국의 BYD인데 이 회사는 원래 배터리제조업체였다. 삼성과 LG는 어떨까? 이미 두 회사는 각종 자동차용 전장부품을 공급하고 있다. 전장부품은 자동차 부품 중 80%를 넘는다. 최종 완성차 조립만 안 하고 있을 뿐이지 어찌 보면 두 회사 모두 이미 자동차를 만들고 있다고 해도 과언이 아니다. 실제로 LG는 미국 라스베이거스에서 열린 세계 최대 가전·IT 전시회 CES 2024에서 'LG 알파블'이라는 자동차를 공개해 많은 관심을 끌었다. 삼성도 같은 전시회에서 자동차 전장 관련 기술을 대거 선보였다.

기술의 진보로 기존의 경계가 무너지는 과정에서 업계 내의 암묵적 룰도 무시되고 있다. 예를 들어, 전통적으로 양산용 자동차 업계에서는 최고속도 시속 250km 정도를 묵시적 상한으로 정해놓고 속도 성능 경쟁을 하지 않는다고 한다. 그러나 IT·전자 회사들이 전기자동차 시장에 뛰어들면서 샤오미처럼 최고 속도를 350km라고 공공연하게 강조하는 경쟁자가 출현하는 식이다.

정보의 흐름 방식도 과거와는 전혀 다른 양상을 띤다. 예전에는 대규모 공급자(기관이나 대기업)에 의해 정보가 일방적으로 공급되었다면 이제는 유튜브가 하나의 거대한 정보 유통 플랫폼 역할을 하면서 개인이 유튜브 채널로 큰 영향력을 행사하는 등 과거와는 다른 양상이 벌어지고 있다. 기술의 발달은 현재로서는 전혀 예상하기 힘든 일이 머지않은 미래에 펼쳐질 것을 예고하고 있다.

함께 생각해보자

인터넷의 발달이 영화산업에 미치는 효과는 현재까지는 혼재되어 나타나고 있다. 영화산업의 입장에서 긍정적인 효과와 부정적인 효과 두 가지 측면 모두를 생각해보자. 궁극적으로 유리할지 불리할지 생각해보자.

3 경영의 업무환경

소비자

기업경영활동에 직접적으로 영향을 미치는 환경요인 중 가장 강력하고 중요한 환경구성요인이 바로 소비자(consumer)이다. 왜냐하면 소비자는 기업이 판매하는 재화나 서비스의 직접적인 구매자이기 때문이다. 따라서 기업은 소비자와의 소통에 늘 신경을 써야 한다. 소비자의 기호나 선호도를 정확하게 파악하고 이에 부합되는 제품이나 서비스를 제공하는 기업은 경쟁력을 갖게 된다.

▌쉐이크쉑 1호점인 매디슨 스퀘어 공원점. 쉐이크쉑은 2001년, 뉴욕의 매디슨 스퀘어 공원(Madison Square Park) 복구기금 마련을 위한 1회성 이벤트로 열었던 것이 큰 반향을 일으켜 정식 출범한 회사이다. (자료 : 6sqft.com)

이러한 예의 하나가 쉐이크쉑(Shake shack)이라는 회사이다. 햄버거는 질 낮은 음식(junk food)이라는 생각이 그동안의 통념이었다. 그러나 쉐이크쉑은 친환경을 요구하는 시대적 조류와 좋은 식재료에 대한 소비자들의 요구를 정확히 파악하고 대응하여 버거에 대한 인식까지 바꾼 성공적인 사례이다.

기업환경차원에서 소비자를 생각할 때에는 다음과 같은 특성을 이해할 필요가 있다.

첫째, 앞서 기술한 일반 기업환경요인에 의하여 소비자의 구매행태나 성격이 달라진다. 예컨대, 대량생산이 가능해지고 경쟁이 심화되면서 시장구조가 판매자시장에서 구매자시장으로 바뀌었는데, 이러한 변화는 소비자의 위상을 제고시키는 계기가 되었다. 판매자시장(seller's market)은 수요가 공급보다 많은 시장상태를 말한다. 공급이 부족하기 때문에 판매자는 시장에서 수요자인 소비자보다 우위를 점하여 가격을 인상해도 상품을 판매할 수 있다. 반면 구매자시장(buyer's market)은 공급이 초과인 시장상태를 말한다. 공급의 초과는 주로 기업규모의 확대와 대량생산체제의 도입, 이로 인한 경쟁의 심화 등으로 인해 나타난다. 이러한 시장상황에서는 거래 조건이 구매자, 즉 소비자에게 유리하게 전개된다.

판매자시장
수요가 공급보다 많은 시장상태

구매자시장
공급이 수요보다 많은 시장상태

둘째, 소비자운동의 활성화 정도에 따라 소비자의 영향력이 달라진다. 전

▌사회적 영향력이 큰 자발적 소비자운동이 종종 일어나는 중고자동차 쇼핑몰 보배드림 중 일부 (자료 : 보배드림)

세계적으로 소비자단체는 기업경영 활동에 커다란 영향력을 행사하고 있으며 우리나라도 예외는 아니다. 소비자단체는 단순히 상품을 비교 평가하여 그 정보를 소비자에게 제공하는 것에서 출발하여 결함이 있는 상품에 대한 리콜을 주도하기도 하고, 나아가 소비자를 위한 법적·제도적 장치를 요구하는 정치적인 힘을 발휘하기도 한다. 비윤리적인 기업에 대해서는 사실상의 불매운동을 전개하기도 한다.

최근 소비자운동의 특징 중 하나는 특정단체가 아닌 커뮤니티를 중심으로 하는 비체계적이고 자발적인 운동이라는 점이다. 예컨대, 오랫동안 우유업계에서 선도적인 위치에 있었으나 2024년에 결국 회사의 주인이 바뀐 모 유업회사의 경우는 시사하는 바가 적지 않다. 대리점에 제품 밀어내기 강매사건에서 시작된 논란은 비도덕적인 마케팅 방식까지 회자되면서 회사의 브랜드 가치는 크게 떨어졌다. 급기야 이 회사는 제품 포장에서 회사의 로고를 잘 드러내지 않는 방식으로 처리한다는 의심까지 받았다. 결국 회사는 경영권이 넘어갔고 오너경영은 창업주에 이어서 2세에서 멈추고 말았다.

▌보배드림 웹사이트의 '베스트글'에서 '돈쭐'로 검색한 결과 화면 (자료 : 보배드림)

소비자운동의 또 하나의 특징은 부정적 접근이 아닌 긍정적인 방향으로의 접근이 많아졌다는 것이다. 즉 어떤 나쁜 기업을 "혼쭐내는" 것도 있겠지만 좋은 기업을 "돈쭐내는" 식으로 진화한 것이다. 전통적인 소비자운동이 나쁜 기업에 대한 불매운동, 즉 "보이콧(boycott)"이었다면 새로운 소비자운동은 좋은 기업에 대한 구매운동, 즉 "바이콧(buycott)"으로 발전하고 있는 것이다. 특히, 우리나라의 경우처럼 불매운동이 자칫 위법으로 처벌받을 가능성이 있는 상황에서는 보이콧보다는 바이콧 행위가 소비자에게는 편안할 수 있다. 다만, 미국에서 시행된 한 연구에 의하면 바이콧을 유도하는 긍정적 정보의 힘보다 보이콧을 유도하는 부정적 정보의 힘이 더 크다고 한다.*

* Kam, C. D., & Deichert, M.(2020). Boycotting, buycotting, and the psychology of political consumerism. The Journal of Politics, 82(1), 72-88.

셋째, 소비자는 최종소비자와 중간소비자로 구분할 수 있다. 중간소비자는 중간상처럼 제품을 구입한 후 다음 단계에 다시 파는 경우와 제품을 구입하여 이를 부품으로 사용하는 경우가 있다.

경쟁자

경쟁자(competitor)는 동일하거나 유사한 제품 또는 서비스를 소비자에게 제공한다. 따라서 소비자와 함께 업무환경을 구성하는 또 하나의 중요한 요인이 된다. 특정산업 내에서의 경쟁강도는 다음과 같은 요인들에 의하여 좌우된다.

첫째, 기존 경쟁기업간의 경쟁상황이다. 경쟁기업의 수가 많은 경우, 시장점유율이 비슷한 경우, 규모와 영업방식이 유사한 경우에 경쟁이 치열하다.

둘째, 당해산업의 성장률이다. 산업성장률이 낮은 경우에는 경쟁이 치열한 반면 성장률이 높은 산업에서는 상대적으로 경쟁강도가 약하다. 성장률이 낮으면 서로 상대기업이 점유하고 있는 시장을 빼앗아야 하기 때문이다.

셋째, 진입장벽의 높이이다. 새로운 기업의 시장진입을 막는 진입장벽이 낮은 산업일수록 새로운 기업이 손쉽게 경쟁에 뛰어들 수 있기 때문에 이런 업종은 경쟁이 치열하다. 조선, 자동차 산업과 같이 거대자본이 소요되는 산업은 진입장벽이 높다. 정부에서도 진입장벽을 조절한다. 즉, 기간산업과 같은 특정산업의 경우, 기업들의 무제한적인 참여가 공급과잉이나 업체간 과당경쟁 등을 유발하고 이로 인한 부작용이 크다고 판단되는 경우에 진입제한 조치를

□ 그림 4-5 경쟁강도를 결정짓는 요인들

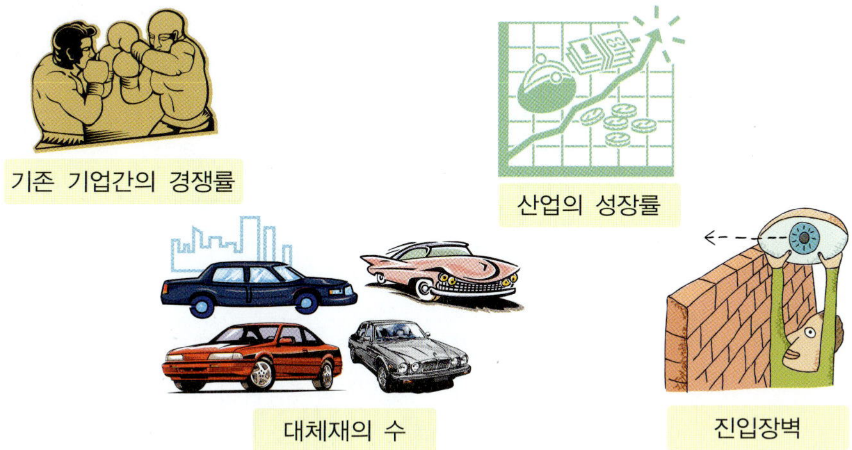

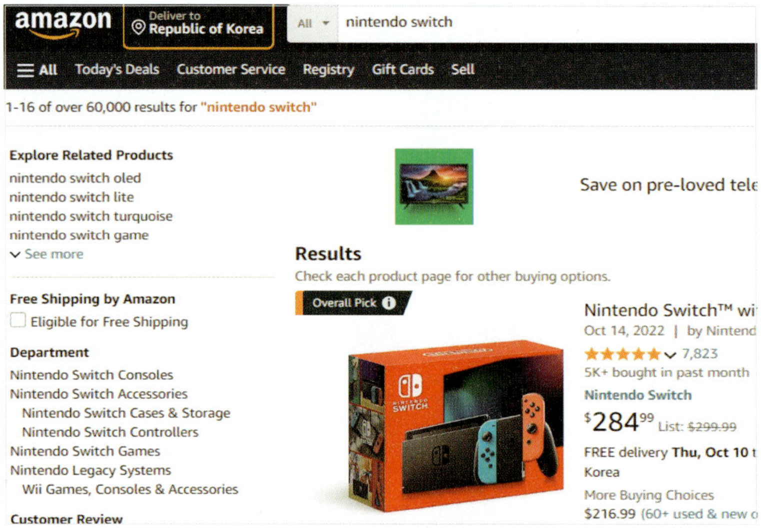

▌아마존에서 판매되고 있는 닌텐도 스위치. 평점이 만점이다. 2017년에 첫 출시한 이후 2024년 10월까지도 실질적인 신기종 없이 순항 중이다. (자료 : Amazon.com)

취한다. 이러한 조치는 신규참여뿐 아니라 기존 업체의 설비 증설을 제한하는 것도 포함한다.

넷째, 대체재의 수 그리고 신규 대체재의 출현가능성 정도이다. 대체재가 많은 제품이나 서비스는 경쟁자가 많음을 뜻하고 이는 곧 경쟁이 치열함을 의미한다. 전혀 관계없던 제품이 새로운 대체재가 되기도 한다. 일반 음식료품을 주로 팔던 편의점에서 세탁서비스나 통신요금 등을 수납하는 서비스를 하고 있는데, 이는 기존 세탁업자나 금융기관에게는 새로운 대체재가 나타났음을 의미하는 것이다. 한때 나이키(Nike)의 진정한 경쟁자는 다른 아웃도어 브랜드가 아닌 닌텐도라고 평가될 정도로 닌텐도는 휴대용 게임기 시장에서 절대경쟁우위를 누리고 있었다. 위(Wii)라는 게임기의 개발동기는 이러한 상황 인식에서 비롯되었다. 즉 게임이 앉아서만 하기 때문에 건강에 도움이 되지 않는다는(즉 닌텐도가 나이키와 대척점에 있다는) 소비자의 인식을 바꾸기 위하여 개발된 혁신적인 게임기였던 것이다. 그러나 전혀 경쟁자라고 예상하지 못했던 이동전화기-스마트폰의 모바일 게임이 대체재로 등장하자 불과 2~3년 사이에 세계 최고 게임기 회사에서 회사의 장래가 불투명할 정도로 급격하게 매출이 줄었다. 이는 앞서 설명한 간접환경에서 기술적 환경과 관련해 볼 때 기술의 진보로 새로운 경쟁자가 출현했기 때문이다. 이후 닌텐도는 최신 정보기술인 지리정보기술과 증강현실기술을 융합한 모바일 게임 '포켓몬 고', '닌텐도 스위치'의 성공 등 새로운 도약에 접어들고 있다.

공급자

경영의 요소에는 목적, 인적자원, 물적자원, 전략과 정보가 있음을 제1장에서 배웠다. 이들 요소 중 인적자원과 물적자원은 외부에서 공급되는 요소이다. 경영의 성패가 경영요소에 좌우된다고 볼 때 외부에서 인적자원과 물적자원을

숫자로 본 경영

세계 자동차 부품사 매출액 순위

(단위 : 백만달러)

순위	회 사	국 가	매출액
1	보쉬	독일	55,890
2	ZF	독일	49,709
3	마그나	캐나다	42,797
4	CATL	중국	41,365
5	덴소	일본	40,723
6	현대모비스	한국	36,964
7	아이신	일본	32,698
8	콘티넨탈	독일	28,743
9	포비아	프랑스	28,310
10	리어	미국	23,467

(자료 : automotive news, 2023년 기준)

공급하는 공급자(supplier)는 중요한 경영환경이 된다.

자원을 공급받는 입장에서는 우수한 품질의 자원을 경제적인 가격에, 적기에, 원하는 만큼 공급받기를 원할 것이다. 생산성이 높고 우수한 인력이 공급되는 환경, 뛰어난 품질을 가진 부품을 공급해주는 협력업체가 있는 환경에서 생산되는 제품은 경쟁력이 높을 수밖에 없다. 그래서 기업들은 우수공급자 선정 관리 프로그램을 운영하기도 하고, 더 나아가 직접 공급자의 경쟁력을 높이는 적극적인 노력을 기울이기도 한다.

'덴소가 없으면 도요타자동차도 없다'는 말이 있다. 세계 5위(줄곧 2위였으나 전기차 판매비중이 커지면서 세계 배터리 1위 기업 CATL의 약진 등으로 순위 하락)의 자동차 부품업체인 일본의 덴소는 도요타자동차에 핵심기술을 제공하는 셈이다. 덴소는 일본 경제가 장기 불황에 허덕일 때에도 높은 성장을 지속했다.

공급체인관리(SCM)
수요자가 공급자를 선정하여 지속적으로 기술적 · 경제적 지원을 하면서 우수한 재료를 공급받는 관리체계

공급체인관리(SCM : Supply Chain Management)도 공급자의 중요성이 반영된 결과이다. 공급체인관리는 수요자가 공급자를 선정하여 지속적으로 기술적 · 경제적 지원을 하면서 우수한 재료를 공급받는 관리체계이다. 수요자 입장에서는 양질의 자원을 안정적으로 공급받고 공급자 역시 안정적인 수요자를 확보할 수 있기 때문에 양자에게 모두 유리하다.

▮ 멈춰선 포드자동차 생산라인. COVID-19 팬데믹 시절 한때는 미국 자동차 공장의 93% 이상이 가동을 중단하기도 했다. (자료 : cnet.com)

COVID-19 팬데믹은 글로벌 공급체인관리가 얼마나 중요한지를 보여줬다. 예컨대, 자동차 산업의 경우 많은 공장들이 일시적으로 폐쇄되었고 완성차 업체들은 원자재와 부품을 공급받지 못해 생산을 중단해야 했다. 특히 반도체 칩의 부족으로 일시적으로 특정기능의 반도체를 뺀 채 생산하기도 했다. 전 세계적인 물류와 운송의 중단으로 인해 부품의 이동이 지연되었고, 해상 운송비용이 급등하면서 전체적인 생산비용이 증가했다. 이러한 상황은 자동차 가격상승으로 이어졌다.

공급망과 관련한 최근 특징 중의 하나는 공급망의 지역화이다. 미국과 중국의 무역갈

등과 같은 지역간, 국가간 갈등에 따라 기업들은 공급망의 리스크를 줄이기 위해 생산기지를 본국으로 되돌리거나, 가까운 지역으로 이전하는 식으로 대응하고 있다. 이는 오랫동안 확장되어온 기업활동의 글로벌화 흐름에 반하는 변화로 향후 추이가 주목된다.

인적자원의 주요 공급자는 학교이다. 학교의 교육수준에 만족하지 못하는 일부 대기업은 신입사원 선발 후 장기간 자체 교육을 다시 시키기도 한다.

금융기관

기업은 자본이 있어야 영업활동을 할 수 있는 자산을 준비할 수 있다. 본격적인 기업이 아니라 하더라도 영업활동을 영위하는 조직은 모두 마찬가지이다. 예를 들면 소규모의 김밥 식당을 하더라도 주방 조리기구, 식탁, 안내 데스크, 김밥 재료, 물 등과 같은 자산을 준비해야 하는데, 이를 위해서는 자본이 필요하다.

자본을 조달하는 방법에는 크게 자기자본으로 조달하는 방법과 타인자본으로 조달하는 두 가지 방법이 있다. 자본을 자기자본만으로 조달하는 것이 안정적인 경영에 도움이 되기는 하지만 조달되는 자본의 규모가 제한적이기 때문에 거의 모든 기업들은 타인자본도 이용하게 된다.

기업은 대부분의 타인자본을 금융기관(financial institution)을 통하여 조달한다. 자본시장에서 회사채를 발행하여 자금을 조달할 때에는 증권회사의 도움을 받을 수 있고, 은행에서 직접 차입할 수도 있다.

금융기관은 앞서 설명한 경영환경요인으로서의 '공급자' 중 자본이라는 물적자원을 공급하는 공급자 중의 하나인 셈이다. 기업에 자본중개를 하거나 직접 빌려주는 금융기관 입장에서 중요한 것은 기업의 원리금 상환능력이다. 금융기관은 자금을 필요로 하는 기업의 신뢰도나 재무건전도를 평가하기 위한 다양한 노력을 기울인다. 기업의 신용도를 잘못 평가하여 빌려준 대출금의 환수가 어려워지는 바람에 은행들이 곤욕을 치르는 사례가 종종 발생하면서 금융기관들은 자본공급에 더욱 신중해지고 있다.

숫자로 본 경영

기업의 주요 자금조달 수단

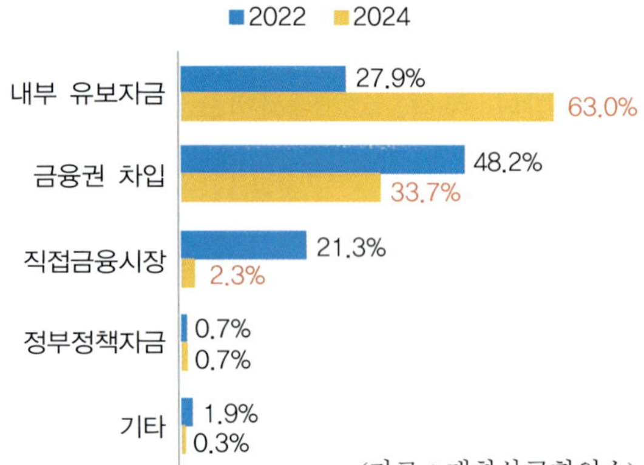

(자료 : 대한상공회의소)

자본은 다른 여타의 물적자원은 물론이고 인적자원 확보의 수단이 되기 때문에 기업경영활동의 근간이 된다. 따라서 기업 대 금융기관 관계는 종종 기업의 존폐를 결정할 정도로 중요한 사안이다.

지역사회

지역사회(community)란 기업이 위치하고 있는 시, 군, 구, 읍, 면, 동 등의 지방자치단체를 말한다. 지역사회는 기업과 다양한 차원과 방법으로 긴밀한 관계를 맺는다. 기업은 지역사회 주민들에게 고용의 기회를 제공하고, 지방정부에 세금을 납부하며, 지역의 여러 기업들과 협력관계를 맺음으로써 지역사회에 기여한다. 지역사회 주민을 위한 각종 문화행사나 교육지원을 하기도 한다. 이 때문에 전 세계적으로 지방정부는 기업체를 유치하기 위하여 많은 노력을 기울인다. 선거 때가 되면 많은 지방자치단체 후보들이 자신이 경제전문가임을 내세우고 지지를 호소하는 모습은 이제는 낯설지가 않다.

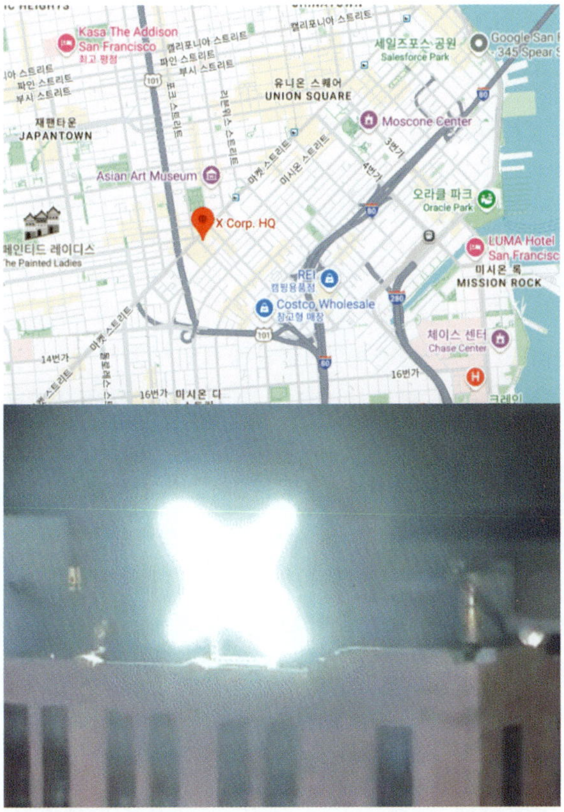

▌샌프란시스코 다운타운 중심의 X 본사 위치(위)와 본사 건물 위의 홍보조명 시설(아래) (자료 : 구글지도, 서울신문)

현대자동차가 미국 현지공장 부지를 물색할 때 잠재적 후보지로 대두된 주(state)의 정치인 등이 대거 나서 치열한 유치전을 벌인 사실은 지역사회에서의 기업활동이 지역사회에 얼마나 큰 기여를 할 수 있는지를 간접적으로 시사하는 것이라고 할 수 있다.

그러나 지역사회와 기업의 관계가 이처럼 긍정적인 것은 기업이 지역사회에 공헌한다고 인정될 때만이다. 만일 기업이 폐수를 방류하고 공해를 일으키거나 임금을 의도적으로 체불한다든지 하여 지역사회에 피해를 입히면 그 기업은 지역사회의 공격대상이 된다.

중립적인 기계식 검색엔진으로 세계시장을 석권하면서 선망의 기업이 된 구글도 정작 본사가 위치한 미국 샌프란시스코(정확하게는 1600 Amphitheatre Pkwy, Mountain View, CA 94043, USA) 지역사회의 일부 시민으로부터 공격을 받고 있다. 구글의 성장과 함께 직원도 늘면서 지역사회의 집값을 끌어올려 원래 살고 있던 지역 주민들이 오르는 집세 때문에 고통을 겪거나 집세를 감당하지 못해 아예 정든 고향을 버리고 이사를 가는 일이 많아지고 있기 때문이다. 또한 교통량이 많아지면서 교통체증으로 인한 불편도 가중되고 있다고 한다.

일론 머스크 테슬라 CEO가 소유한 소셜미디어(SNS) X(옛 트위터)의 본사 이전 문제도 비슷한 관점에서 볼 수 있다. 2006년에 미국 캘리포니아주 샌프란시스코에 설립한 X 본사를 머스크가 정치적인 문제*로 텍사스주 오스틴으로 옮기고자 했는데, 지역사회에서는 별다른 반응이 없었고 오히려 속이 시원하다는 의견까지 있었다고 한다. 2011년, 트위터 시절 본사 이전을 시도했을 때에는 지역사회 모두가 만류했던 것과는 정반대 현상이 벌어진 것이다. 이는 머스크가 트위터를 인수한 이후 70% 가까운 직원을 해고하는 등 사세가 크게 기울어 지역사회에 별다른 기여를 못하는 상황에서, 회사 건물 꼭대기에 바뀐 회사명 X를 상징하는 거대한 조명 구조물을 설치하여 밤새 번쩍이는 바람에 지역사회와 갈등을 겪고 있기 때문이었다.

* 머스크는 본사 이전 이유로 개빈 뉴섬(Gavin Newsom) 캘리포니아 주지사가 서명한 성소수자 학생 관련 법 'AB1955' 등을 들었다. 이 법은 캘리포니아의 학교 직원이 학생의 성 정체성이나 성적 지향을 본인의 허락 없이 부모 등 다른 사람에게 알리도록 강요하는 것을 금지하는 것이었는데, 보수단체는 이 법이 학부모의 권리를 침해한다며 반발해 왔다. 머스크는 보수성향 기업인으로 분류된다.

정 부

업무환경으로서의 정부(government)는 앞서 설명한 간접환경요인이었던 정치·법률적 환경요인의 연장선에 있다. 후자가 모든 산업, 모든 기업에 일률적으로 적용된다면 전자는 특정 산업이나 기업에 미치는 영향으로서, 그리고 후자에 의해 정책방향이 설정되면 전자는 이를 구체적으로 실행하는 환경으로서 의미를 갖는다.

기업활동의 지원과 규제에 대하여 법률로 이미 규정되어 있다 하더라도 현실적으로 이를 시행하는 정부의 의지에 따라 기업이 느끼는 체감지수는 현저히 달라질 수 있다. 예컨대 공해방지와 관련된 법률만 하더라도 〈표 4-2〉에서 보는 바와 같이 30여개에 이른다. 정부가 이들 법률을 강력하게 집행한다면 일부 기업들은 기업활동에 어려움을 겪을 수도 있다. 불법주차의 경우도 마찬가지이다. 버스나 트럭 등 운송업체 차량들은 도로에 불법주차하는 경우가 많다. 정부가 이들을 강력하게 단속한다는 것은 행정력의 한계로 현실적으

표 4-2
공해방지와 관련된 법률

• 환경정책기본법	• 대기환경보전법	• 수질환경보전법
• 소음 · 진동규제법	• 환경분쟁조정법	• 지하생활공간 공기질관리법
• 자원환경보전법	• 자연공원법	• 습지보전법
• 환경개선비용부담법	• 토양환경보전법	• 조수보호 및 수렵에 관한 법률
• 환경관리공단법	• 환경개선특별회계법	• 유해화학물질관리법
• 폐기물관리법	• 한국자원재생공사법	• 하수도법
• 수도법	• 먹는물관리법	

- 한강수계 상수원 수질개선 및 주민지원 등에 관한 법률
- 환경범죄의 단속에 관한 특별조치법
- 독도 등 도서지역의 생태계 보전에 관한 특별법
- 환경 · 교통 · 재해 등에 관한 영향평가법
- 환경기술개발 및 지원에 관한 법률
- 오수 · 분뇨 및 축산폐수의 처리에 관한 법률
- 자원의 절약과 재활용 촉진에 관한 법률
- 폐기물의 국가간 이동 및 그 처리에 관한 법률
- 폐기물처리시설 설치촉진 및 주변지역 지원 등에 관한 법률
- 수도권매립지 관리공사의 설립 및 운영 등에 관한 법률

관광객을 태운 관광버스의 불법주차가 지속적으로 교통 불편을 야기하자 서울시는 아예 주차선을 만들어 주차를 양성화했다. (자료 : 카카오맵 로드뷰)

로 쉬운 일이 아닐뿐더러 그러한 단속이 행해질 경우 해당기업은 기업활동에 상당한 어려움을 겪게 될 것이다. 실제로 서울의 롯데월드나 남대문시장, 이태원 주위에 불법으로 주차되어 있던 대형 관광버스의 불법주차를 단속하였더니 이들 차량이 쉬지 않고 주위 도로를 계속 맴돌아 오히려 도로가 크게 막힌 적이 있었다.

규제뿐만 아니라 지원활동도 마찬가지이다. 예컨대 정부는 유망 중소기업 육성을 위한 다양한 정책을 시행 중이다. 그러나 일선의 담당 공무원들이 행정처리를 지연시키거나 소극적으로 임한다면 중소기업 육성책과 같은 정치 · 법률적인 환경이 아무리 좋다 하더라도 큰 의미가 없을 것이다. 그래서 정부는 이러한 제도가 실효를 거둘 수 있도록 암행감찰이나 사후 실적감사 등 각종 방안을 수립하여 시행하기도 한다.

함께 생각해보자

업무환경 중에는 언론기관도 있다. 어떠한 측면에서 언론기관이 기업에 중요한 의미가 있는지 생각해보자.

4 경영의 내부환경

주 주

자본주의 경제에서는 많은 기업들이 주식회사의 형태로 경영활동을 하고 있다. 현대의 주식회사는 소유와 경영이 분리되어 운영된다. 즉 주식회사의 주인은 주식을 소유하고 있는 자, 즉 주주(stockholder, shareholder)이지만, 실제의 기업경영은 주주에게서 경영을 위탁받은 전문경영자에 의해서 이루어진다. 따라서 주주는 전문경영자가 기업의 소유주인 주주들을 위하여 경영을 하도록 유도하거나 끊임없이 감시한다. 전문경영자의 능력이 부족하다고 판단되거나 주주의 이익에 반하는 경우 전문경영자는 교체된다. 주주는 자신이 보유한 주식지분율만큼 주주총회에서 투표권을 행사한다.

전문경영자
소유와 경영의 분리에 의해 기업의 소유자를 대신하여 기업의 경영을 전문적으로 하는 사람

우리나라는 선진국과 달리 대주주가 경영자인 경우가 많아 주주의 영향력은 상대적으로 크지 않은 편이다. 이런 배경으로 지금까지 우리나라에서는 주주가 제대로 대접받지 못한 점도 부인할 수 없다. 그러나 근래에 자본시장에서 외국인의 역할이 커지고 외국인 대주주가 많아짐에 따라 주주를 중시하는 선진국의 기업행태가 많이 보급되고 있다. 특히 단순 투자 목적으로 주식을 소유하는 외국인 투자자도 기업경영에 글로벌 스탠더드를 요구하고 있다.

이러한 측면에서 주주는 기업을 경영하는 경영자에게 영향을 끼치는 환경요인이 되는 것이다.

숫자로 본 경영

OECD 국가 노조 가입 비율

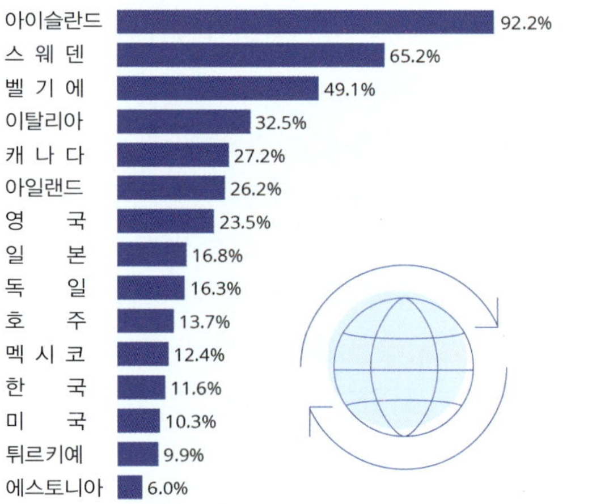

(자료 : OECD, 2020년 또는 가장 최신 자료)

종업원/노동조합

주주가 기업의 생산투입요소 중 자본의 일부를 공급한다면 종업원은 그 자신이 노동력 공급자이다. 종업원은 매우 중요한 기업 내적인 환경요인이다. 종업원은 생산의 한 핵심요소를 구성하기 때문에 종업원의 경쟁력이

곧 기업의 경쟁력으로 직결되기도 한다. 그 때문에 기업들은 종업원의 동기를 부여하고 생산성을 높이기 위하여 우리사주제도, 성과분배제도, 경영참여제도 등과 같은 각종 제도를 도입하기도 한다.

한편 종업원은 생산투입요소로서 기업경영활동에 영향을 미치는 요인일 뿐만 아니라 노동조합을 결성하여 생산요소와는 전혀 다른 차원으로 기업에 영향을 미치기도 한다. 즉, 기업에 결성되어 있는 노동조합은 종업원이 조합원이 되어서 조합원의 권익 보호, 예컨대 적정한 임금 및 고용의 안정성 확보 등을 추구한다.

노동조합은 그 영향력을 배가시키기 위하여 동일 업종의 연합노조를 만들기도 하고 전국적인 노동조합 단체를 만들어 정부를 압박하기도 한다.

사용자 또는 경영자와 노동조합원은 자신이 속한 조직의 성장과 발전을 위하여 공동으로 노력해야 하는 관계, 즉 서로 적대적인 관계가 아닌 동반자적인 관계에 있음을 명심할 필요가 있다.

경영자

"명장 밑에 약졸 없다"라는 말이 있다. 지휘관의 중요성을 적시한 말이다. 경영자(executive, manager)는 기업의 경영활동을 지휘하는 사람이기 때문에 경영목표 달성 여부의 중심에 있다. 적자에 시달리던 일본의 닛산(日産)자동차를 살려냈던 카를로스 곤(Carlos Ghosn)의 사례, 미국의 델타(Delta)항공을 폐업위기에서 세계적인 수준의 항공사로 끌어올리고 2016년 5월에 과감하게 은퇴한 리처드 앤더슨(Richard Anderson)의 사례, 그리고 애플의 스티브 잡스(Steve Jobs)의 사례 및 잡스의 뒤를 성공적으로 이은 팀 쿡(Timothy Cook)의 사례 등은 경영자가 기업경영에서 얼마나 중요한 위치에 있는지를 상징적으로 보여준다. 또한 아르빈드 크리슈나(Arvind Krishna)는 2020년 IBM의 CEO로 취임한 후, 클라우드 컴퓨팅과 AI를 성공적으로 접목시켜 IBM의 비즈니스 모델을 현대화하고 시장에서의 입지를 공고히 하는 데 크게 기여했다. 마이크로소프트(Microsoft)의 사티아 나델라(Satya Nadella)는 운영체제가 핵심 사업이던 MS를 클라우드 서비스 기업으로 성공적으로 체질개선했다는 평을 받는다.

마이크로소프트 최고경영자인 나델라(사진)는 인도에서 출생했다. 빅테크 기업 중의 하나인 IBM의 크리슈나 역시 인도에서 출생했다. (자료 : 종합)

조직문화

조직문화
조직구성원들이 공유하는 가치관이나 신념, 사고방식

조직문화(organizational culture)란 조직구성원들이 공유하는 가치관이나 신념, 사고방식을 말한다. 조직문화는 조직구성원들의 머릿속에서 존재하며 과업수행 행동을 지배하기 때문에 목적달성에 적지 않은 영향을 미친다. 이 때문에 많은 경영자나 리더들은 바람직한 형태의 조직문화가 형성될 수 있도록 노력과 관심을 기울이고 지원 또한 아끼지 않는다.

예를 들어 사관학교 생도들은 조직에 대한 자부심과 조국에 대한 충성심이 어느 집단보다 투철한데, 이는 사관학교에 형성되어 있는 조직문화에서 영향받은 것이다. 국내 모 재벌의 경우에도 조직구성원들이 그 집단에 속한 것에 상당한 자긍심을 갖고 있는 것으로 유명하다. 이들은 실제로 자신의 자존심을 지키기 위하여 끊임없이 자기발전을 추구하고 경쟁회사보다 앞서기 위하여 노력하는 것으로 알려져 있다. 이는 기업의 입장에서는 매우 큰 자산이 된다. 이 재벌이 세계 제일의 제품군을 다수 보유하고 있는 것도 우연이 아닌 것이다.

전 세계적으로 가장 존경받는 리더십의 권위자이자 조직 컨설턴트이고 〈타임〉지에 의해 미국에서 가장 영향력 있는 25명 중 한 명으로 선정된 스티븐 코비 박사

최근 들어 조직문화는 더욱 강조되고 있다. 『성공하는 사람들의 7가지 습관(The seven habits of highly effective people)』이라는 책을 쓴 스티븐 코비(Stephen Covey)는 포드나 GM, 크라이슬러가 어려움에 빠지게 된 것은 미국 자동차회사들의 문화가 CEO나 임직원간 수평적 대화나 위기의식 공유보다는 산업화 시대에나 맞는 지시와 통제에 익숙해 있는 조직문화 때문이라는 진단을 내놓기도 했다.

하지만 조직 또는 기업의 문화를 형성하는 것은 쉬운 일이 아니다. 컨설팅 전문가인 론 애시케너스(Ron Ashkenas)가 하버드 비즈니스 리뷰(Harvard Business Review)에서 주장한 것을 음미할 필요가 있다. 그에 의하면 대부분의 기업들이 기업문화라는 개념 자체를 제대로 이해하지 못하고 경영자가 원하는 대로 조직의 문화를 만들 수 있다고 오해하고 있다. 그러나 기업의 문화는 경영자가 먼저 직원들에게, 경영자 자신이 추구하는 기업문화가 기업발전에 어떤 긍정적인 영향을 미칠 수 있는지 스스로 보여주는 식으로 그 형성을 유도해야 한다는 것이다.

론 애시케너스의 저서. 대부분의 기업 내부가 지나치게 복잡하며 그 정도가 더 심해지고 있다고 주장한다.

문화는 개별조직뿐만 아니라 동류집단별로 형성되기도 한다. 예컨대, 신제품 발표 행사를 할 때 발표하는 방식에도 산업별로 차이가 있다. IT 업계는 CEO가 가벼운 복장으로 처음부터 끝까지 발표를 한다. 2시간 넘게 발표하는 CEO도 있다. 애플의 스티브 잡스, 엔비디아의 젠슨 황, AMD의 리사 수 등이 그 예이다. 이 때문에 IT 회사의 CEO를 하기 위해서는 발표능력도 뛰어나야 하고 전문지식도 갖춰야 하며 심지어 체력도 좋아야 한다. 그러나 자동차 업계는 정장 차림을 한 CEO가 먼저 인사를 한 후 핵심 메시지 정도를 언급하고 빠지면 전문적인 지식을 갖춘 실무책임자가 나와서 발표를 하는 식이다.

5 기업의 사회적 책임

기업의 사회적 책임의 의의와 전개과정

기업의 사회적 책임의 의의

기업의 사회적 책임에 대해서는 그 범위만큼이나 개념 정의에 대해서도 여러 주장이 있다. 경제협력개발기구, 즉 OECD(Organization for Economic Cooperation and Development)는 기업의 사회적 책임, 즉 CSR(Corporate Social Responsibility)을 "기업과 사회의 공생관계를 성숙시키고 발전시키기 위해 기업이 취하는 행동"이라고 정의하고 있다. 국제표준화기구 ISO(International Organization for Standardization)는 CSR을 "조직이 사회·경제·환경문제를 사람·지역공동체 및 사회 전체에 혜택을 줄 수 있도록 추진하는 활동"이라고 본다. 두 정의에는 크게 차이가 없다.

캐롤은 미국 조지아대학(Univ. of Georgia)에서 40년 넘게 경영학을 연구한 원로학자이다.

한편 캐롤(Archie B. Carroll)은 CSR을 보다 명확하게 정의하고 있다. 캐롤은 기업이 사회적 책임을 충족하기 위한 네 가지 책임을 명시한 'CSR 피라미드'를 제시하였다. 개념이 명쾌하고 간결하기 때문에 현재까지 가장 일반적으로 인용되는 CSR의 개념이라고 할 수 있다. [그림 4-6]을 보면서 알아보자.

ㅁ 그림 4-6
캐롤이 제시한 CSR 피라미드

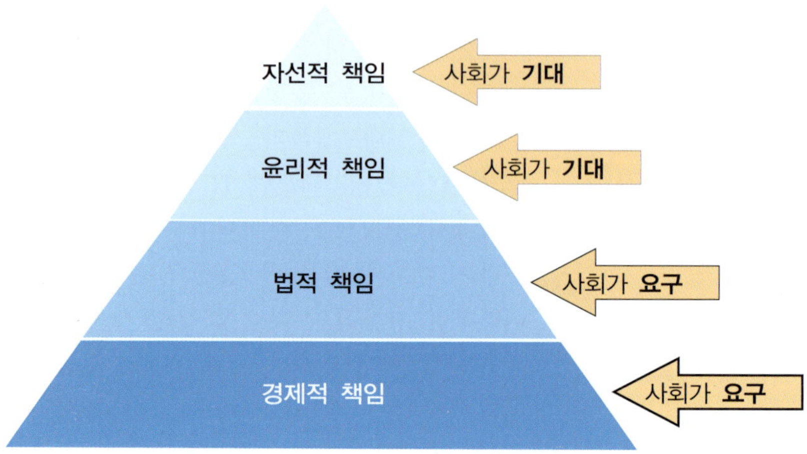

- 경제적 책임 : 경제적 책임은 기업경영에서 가장 기본적이고 중요한 부분이다. 경영자(기업)의 최우선 책임은 주주와 이해관계자에게 최대의 이익을 창출하는 것이다. 기업은 이익을 내기 위하여 경영활동시 성장과 발전에 장애가 되는 다양한 내부 및 외부의 도전을 이겨내야 한다. 이 책임은 사회에 의해서 "요구되는(required)" 책임이기 때문에 반드시 그 책임을 이행해야 한다.
- 법적 책임 : 피라미드의 두 번째 계층은 회사의 법적 책임에 관한 것이다. 회사의 경영진은 기업을 경영하면서 정해진 법률을 준수해야 한다. 이 책임 역시 사회에 의해 "요구되는" 책임이다.
- 윤리적 책임 : 윤리적 책임은 법률에 의해 규제되지는 않지만 사회가 "기대하는(expected)" 윤리 및 도덕적 가치를 지킬 것에 대한 책임이다. 앞의 두 가지 책임인 법적 책임 및 경제적 책임에 비해 윤리적 책임이 갖는 주요한 차이점은 윤리적 책임은 경영진의 재량에 달려 있어 기업이 반드시 이행할 필요는 없지만 사회가 여전히 기대한다는 점이다. 기업은 법률이 정한 좁은 수준의 책임에 안주하지 말고 더 큰 범위의 윤리적 책임을 다해야 한다.
- 자선적 책임 : 자선적 책임은 기업이 사회의 일원으로서 "훌륭한 기업 시민(be a good corporate citizen)"이 되어서 사회와 국민 삶의 질을 향상시켜야 한다는 것이다. 다양한 지역사회 프로그램에 참여, 자원봉사, 기업 기부, 사회문제에 대한 기금 모금 등이 그 예이다. 이 책임 역시 사회가

"요구하는" 것이 아닌 "기대하는" 책임이다.

캐롤의 CSR 피라미드의 가장 중요한 특징은 수익의 측면을 가장 중요하게 여기고 있다는 점이다. 이익을 내지 못하면 기업이 존속하지 못하기 때문이다. 또한 네 가지 CSR 요소를 단순히 나열하지 않고 굳이 피라미드 형태로 주장한 것은 CSR에 있어 선후관계가 있다는 의미이다. 불법을 저지르면서 윤리적 책임을 다할 수는 없는 것이고 윤리적 책임을 다하지 않으면서 자선적 CSR을 한다는 것은 이해하기 어렵다.

캐롤 모델의 강점은 이해하기 쉽고 CSR에 둘 이상의 요소가 있다는 것을 간결하게 제시해준다. 또한 CSR이 수익창출에서 출발한다는 점을 강조하고 있다. 반면 이 모델에 대해 비판적인 주장도 있는데, CSR을 지나치게 단순화했다는 것과 기업이 이윤창출 이전에(또는 이윤창출 과정에서) 사회적인 도덕과 윤리를 따라야 하는 점을 간과했다는 것이다.

실제로 기업들은 이 네 가지의 CSR 요소 중 어디까지를 CSR의 범위로 인식할까? 그것은 뒤에서 살펴보기로 하자.

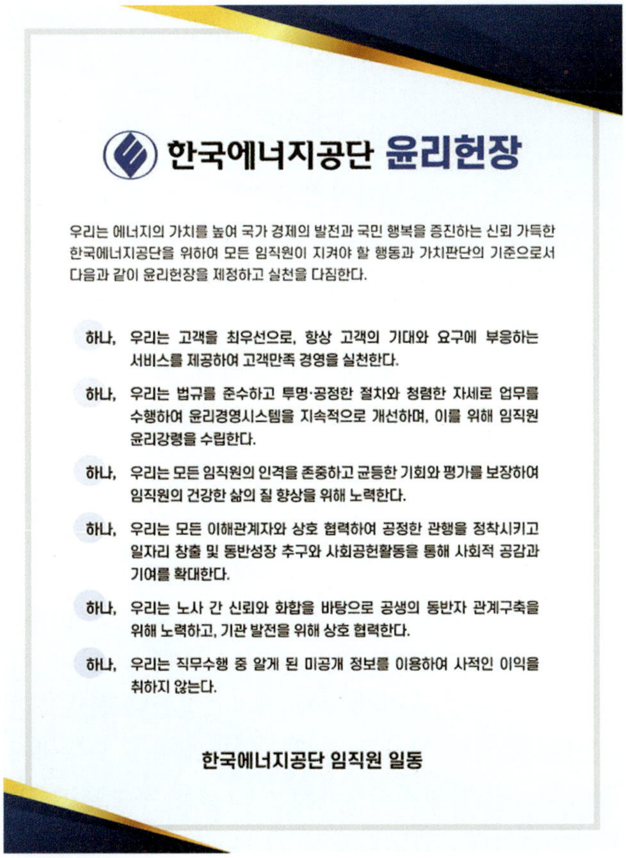

한국에너지공단 윤리헌장

우리는 에너지의 가치를 높여 국가 경제의 발전과 국민 행복을 증진하는 신뢰 가득한 한국에너지공단을 위하여 모든 임직원이 지켜야 할 행동과 가치판단의 기준으로서 다음과 같이 윤리헌장을 제정하고 실천을 다짐한다.

하나, 우리는 고객을 최우선으로, 항상 고객의 기대와 요구에 부응하는 서비스를 제공하여 고객만족 경영을 실천한다.

하나, 우리는 법규를 준수하고 투명·공정한 절차와 청렴한 자세로 업무를 수행하여 윤리경영시스템을 지속적으로 개선하며, 이를 위해 임직원 윤리강령을 수립한다.

하나, 우리는 모든 임직원의 인격을 존중하고 균등한 기회와 평가를 보장하여 임직원의 건강한 삶의 질 향상을 위해 노력한다.

하나, 우리는 모든 이해관계자와 상호 협력하여 공정한 관행을 정착시키고 일자리 창출 및 동반성장 추구와 사회공헌활동을 통해 사회적 공감과 기여를 확대한다.

하나, 우리는 노사 간 신뢰와 화합을 바탕으로 공생의 동반자 관계구축을 위해 노력하고, 기관 발전을 위해 상호 협력한다.

하나, 우리는 직무수행 중 알게 된 미공개 정보를 이용하여 사적인 이익을 취하지 않는다.

한국에너지공단 임직원 일동

한국에너지공단의 윤리헌장 (자료 : 한국에너지공단)

CSR의 전개과정

CSR 개념이 도입된 시점에 대해서 여러 주장이 있지만 미국을 중심으로 보면 통상 1950년대를 그 시작 시점으로 본다. 다만 이 시기는 CSR에 대하여 어떤 공식적인 개념이 만들어졌다기보다는 기본적으로 경영자들을 중심으로 개인적이고 "자선적인" 성격의 활동이 주를 이루었다. 1960년대에는 기업의 이해관계자들이 기업에 자선활동 이상의 적극적이고 가시적인 CSR을 요구하게 되었으며 경영자들은 이에 대응해야 했다. 1980년대는 윤리적 차원의 CSR이 도입된 시기이다. 기업윤리는 경영자 개인의 차원이 아니기 때문에 자연스럽게 기업이라는 조직 차원에서 다양한 사회적 이슈와 기업문화에 대해 대응해야 했다.

즉 CSR을 본격적인 기업경영 차원의 문제로 보기 시작한 것이다. 기업들이 윤리헌장이나 규범을 제정하고 발표한 것도 이 시기의 특징이다. 1990년대가 되면 또 한 번 CSR에 대한 인식 변화가 이루어져, 기업은 일반 시민사회의 구성원과 동일하게 사회적 의무와 규범을 따를 책임이 있는 법적인 객체(시민사회의 구성원의 하나로서의 '시민')로 인식된다.

CSR에 대한 시대적 인식 변화의 대표적인 산물로는 'OECD의 다국적기업 가이드라인(OECD Guidelines of Multi-National Enterprises)', UN 글로벌 콤팩트(UN Global Compact), 국제표준화기구(ISO 26000) 등이 있다. 이 세 가지에 대해서는 뒤에서 자세히 따로 살펴볼 것이다.

사회적 책임이 요구되는 이유

증가되는 환경요인간의 상호작용

정보통신기술과 물류체계의 발달, 전문성의 증대, 산업의 고도화 등은 사회를 구성하는 모든 요인들의 상호의존성을 더욱 심화시키고 있다. 이에 따라 사회의 각 요인 또는 구성원들의 서로를 위한 협력의 필요성 역시 더욱 강조되고 있다. 사회에 재화와 용역을 제공하는 기능을 하는 기업에 이러한 측면에서 책임이 요구되는 것이다.

이러한 상호의존성은 전 세계가 마치 하나의 생태계처럼 작동하면서 갈수록 심화되고 있다. 중국의 부품 공장에 문제가 생기면 한국의 현대자동차가 공장을 멈추는 일이 발생하는 식이다.

시장의 불완전성

시장의 많은 부분에서 공정하고 완전한 경쟁이 이루어지지 않는 것이 현실이다. 한 개의 기업 또는 소수의 기업이 시장을 독점하거나 과점하는 경우가 많다. 이러한 경우 기업은 카르텔을 형성하여 비교적 자유롭게 가격조정이나 물량조절을 할 수 있다. 즉 완전시장에서는 가격과 생산량이 생산자와 소비자 모두에게 최선이 되도록 시장기능이 작동하지만 불완전시장에서는 그것을 기대할 수 없기 때문에 시장실패로 이어지는 것이다.

시장실패(market failure)란 시장이 가장 효율적인 자원배분에 실패하는 것을

□ 그림 4-7
기업의 사회적 책임이 요구되는 이유

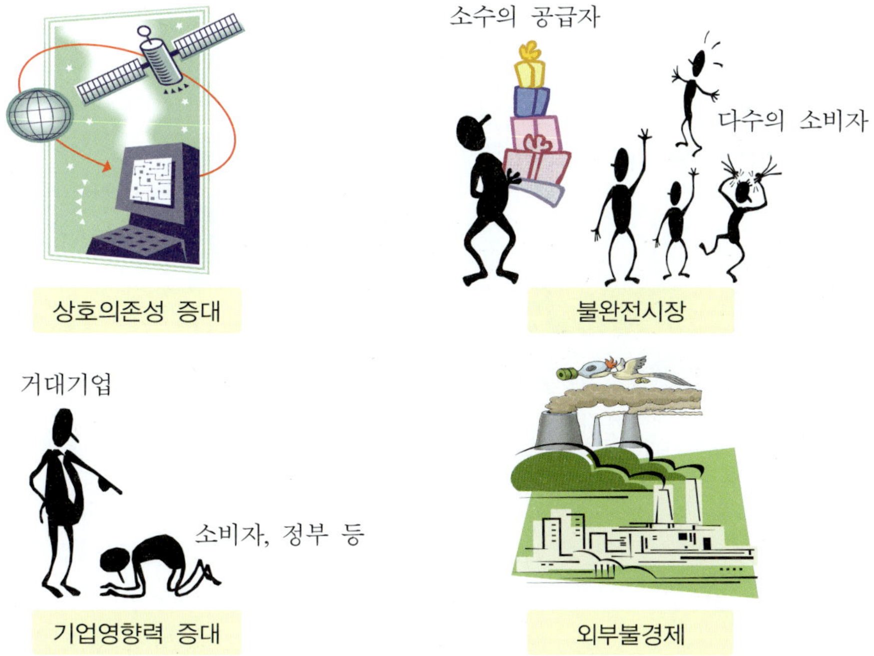

말한다. 시장실패를 가져오는 원인 중의 하나가 불완전한 경쟁시장이다. 한 국가의 전체적인 관점에서 보면 수요자와 공급자 간의 완전한 경쟁은 희소한 자원을 효율적으로(가장 원하는 재화와 용역을 가장 경제적인 비용으로 가장 필요한 사람에게) 배분할 수 있게 해준다. 그러나 불완전한 경쟁시장에서는 독과점기업이 굳이 양질의 제품을 생산할 필요성을 느끼지도 않고 가격 또한 기업이 마음대로 올릴 수 있기 때문에 소비자 만족도가 떨어지고 자원이 낭비되는 등 비효율적인 자원배분이 이루어지게 된다.

따라서 시장실패가 예견되는 불완전시장에서는 공급자, 곧 기업의 사회적 책임 문제가 대두되는 것이다.

외부불경제

생산자나 소비자의 경제활동에는 근본적으로 대가가 수반된다. 상품을 구입할 때에는 대금을 지불해야 하고 상품을 파는 사람은 물건값을 받는다. 그러나 가끔씩은 이러한 경제활동이 아무런 대가 없이 제3자에게 이익을 주거나 손해를 끼칠 때가 있다. 이를 외부효과라고 한다.

▌추석 연휴에 내비게이션 안내에 따라 농촌의 농로(農路)로 들어갔다가 오랫동안 갇혀 있다시피한 자동차 행렬. 동네 주민들은 영문도 모른 채 덩달아 이동에 불편을 겪었다. 외부불경제효과의 하나라고 할 수 있다. (자료 : 커뮤니티 종합)

외부효과에는 제3자에게 이익을 주는 외부경제효과(또는 이로운 외부효과)와 제3자에게 손해를 끼치는 외부불경제효과(또는 해로운 외부효과)가 있다. 전자의 예로는 인재를 양성하여 사회에 배출하는 학교를 들 수 있다. 학교는 인재를 기업에 공급하면서 기업으로부터 아무런 대가를 받지 않는다. 후자의 예로는 공해를 내뿜어 이웃에 피해를 주는 기업, 주택가에 유흥업소를 차리는 업주 등을 들 수 있다.

외부경제효과나 외부불경제효과 모두 시장실패를 가져오는 요인이 되지만 문제의 심각성은 주로 외부불경제효과에 모아진다. 외부불경제효과를 끼치는 당사자는 제3자에게 손해를 끼치는데도 비용을 지불하지 않아도 되기 때문에 사회적으로 어떤 규제나 문제제기가 있지 않으면 굳이 생산활동을 억제할 필요를 느끼지 않는다.

이러한 외부불경제효과는 기업의 사회적 책임을 묻는 근거의 하나가 되고 있다.

함께 생각해보자

외부경제효과, 외부불경제효과의 사례를 찾아보자.

기업영향력의 증대

많은 기업은 규모의 경제를 추구하기 때문에 대형화되는 속성이 있다. 기업의 거대화는 당해기업의 영향력 증대와 직결된다. 거대기업은 좁게는 기업 내의 종업원, 거래회사, 경쟁회사, 소비자에게 영향을 미치고 넓게는 지역사회 및 정부에까지 영향을 미친다. 특히 독점적 지위에 있는 거대기업은 그 영향력이 광범위하고 그 정도가 심대하다. 즉 기업이 사회에 대해 영향력을 행사하게 되는 것이다. 시야를 전 세계로 넓혀서 보면, 이러한 영향력 측면에서 다국적 기업은 특별히 늘 관심의 대상이 되어 왔다.

영향력을 소유한 기업이 언제나 사회구성원의 이익과 일치하는 방향으로 움직이는 것은 아니다. 따라서 해당기업의 사회적 책임문제가 대두된다. 이해관계자 및 사회에 대하여 영향력을 갖는 기업은 그에 상응한 책임을 동시에 져야 하는 것이다.

기업의 사회적 책임의 범위

CSR 범위 논의의 접근방법

기업에 요구되는 사회적 책임의 범위는 어디까지일까? 이에 대해서는 그동안 많은 주장이 있어 왔다. 예컨대 다음과 같은 것들이 있다.

"회사를 존속시키기 위하여 이익을 창출할 수만 있으면 된다"
"이익창출 이상의 뭔가를 해야 한다"
"자발적인 활동이어야 한다"
"사회에 대한 보다 큰 관심을 갖는 것이다"
"사회구성원에 대해 책임을 가져야 한다"

수많은 주장은 사실 두 가지의 극단적인 견해인 고전적인 견해와 사회경제학적 견해로 정리할 수 있다.

94세에 사망한 20세기 후반 최고의 경제학자 프리드먼(1912~2006). 개인적 자유에 바탕을 둔 자유민주사회의 건설을 위해 학문적 정열을 불태운 경제학자이다.

고전적인 견해

고전적인 견해(classical view)에 따르면 기업의 유일한 사회적 책임은 이익을 극대화하는 것이다. 주로 경제학자들이 주장하는 것으로 대표적으로 프리드먼(Milton Friedman)을 들 수 있다. 그는 경영자의 근본적인 책임은 주주의 이익에 최선이 되도록 기업을 경영하는 데에 있다고 하였다. 이때 주주에게 최선이 되는 것은 유일하게 재무적인 성과, 즉 이익인 것이다. 그에 의하면 사회적인 선(善)을 위하여 기업이 하는 행위들은 상품의 원가를 끌어올려 가격을 상승시키고 주주의 이익을 줄이게 될 뿐이라는 것이다.

사회경제학적 견해

사회경제학적 견해(socioeconomic view)는 기업의 사회적 책임은 이익을 극대화해야 하는 것뿐만 아니라 공공의 복지를 보호하고 이를 증진시킬 책임까지 있다고 본다. 이러한 주장은 기업이 주주뿐만 아니라 사회구성원들에 대해서도 독립적으로 존재할 수 없다는 점을 배경으로 하고 있다. 또한 기업은 사회적으로 약속된 다양한 법률과 규제의 산물이면서(즉, 기업은 법적인 토대하에서 만들어진 조직이다) 사회구성원이 그들의 상품과 서비스를 구입해주기 때문에 존재할 수 있다는 점도 이 주장의 근거가 되고 있다.

두 견해의 비교

고전적인 견해는 기업에 최소한의 사회적 책임만을 주장한다. 즉 기업은 기업소유주 부의 극대화 또는 이윤극대화를 추구하되 법적인 한계만을 지키면 된다는 주장이다. 사회경제학적 견해는 기업에 최대한의 책임을 주장하는 것으로서 기업은 사회의 모든 구성원에 대해 책임을 가져야 한다는 주장이다.

기업에 요구되는 사회적 책임의 정도는 경제체제, 정부의 정책, 산업구조, 사회구성원간의 상호의존도 등에 따라 다를 수 있으며 실제로 아직도 논쟁이 계속되고 있다. 그러나 환경요인의 상호작용이 증대되고 시장실패의 비용이 커질수록 그리고 기업의 영향력이 커질수록 기업의 사회적 책임에 대한 요구는 더 커질 것이다.

글로벌 표준으로 본 사회적 책임의 범위

기업의 사회적 책임에 대한 가장 대표적인 글로벌 표준으로 'OECD의 다국적기업 가이드라인', 'UN 글로벌 콤팩트', '국제표준화기구' 등이 있다. 여기에서는 이들의 내용을 간략하게 살펴봄으로써 글로벌 시각에서 보는 CSR의 범위를 알아보자.

OECD의 다국적기업 가이드라인

'OECD의 다국적기업 가이드라인(OECD Guidelines of Multi-National Enterprises)'은 OECD에 의해 1976년에 처음으로 채택된 가이드라인이다. 가이드라인의 내용을 보면 개념 및 원칙, 일반정책, 정보공개, 인권, 고용 및 노사관계, 환경, 뇌

물공여, 뇌물청탁 및 강요 방지, 소비자 보호, 과학 및 기술, 경쟁, 조세 등 모두 11개 장에서 광범위한 기업윤리 분야를 포괄하고 있다.

그런데 이 가이드라인이 만들어진 배경에 주목할 필요가 있다. 사람에게도 국적이 있는 것처럼 기업에게도 국적이 있다. 다국적기업은 국적이 두 개 이상인 기업이다. 다국적기업(MNC : Multi-National Corporation)*에 대한 정의는 비교적 다양하나 일반적으로 수개국에 걸쳐 영업 또는 제조 거점을 가지고 국가적·정치적 경계에 관계없이 세계적인 범위와 규모로 영업을 하는 기업을 말한다. 세계 각국에 자회사, 공장, 지사, 합병회사 등을 두고 있는데, 이들이 현지국적을 취득한 현지법인의 형태로 존재한다. 다국적기업은 국제직접투자의 특수한 형태로서 각국의 현지법인은 현지의 실정과 모회사(母會社)의 전략에 따라 움직인다.

* 다국적기업이라는 용어는 1960년 릴리엔탈(D.E. Lilienthal)이 처음 사용하였다.

3M은 70여개국이 넘는 나라에 자회사가 있으며 사실상 전 세계 모든 나라에서 60,000개 이상의 제품을 판매하는 다국적기업이다. (자료 : cnbnews.com)

다국적기업이 현지국가에 주는 이로움이 적지 않은 것은 사실이다. 예를 들면 부족한 투자재원의 확보, 신규고용 창출, 소비자 효용의 증가, 세수의 증가, 선진기술의 이전 및 습득 등과 같은 것들이 그것이다. 그러나 다국적기업이 갖는 문제점 또한 간과할 수 없는 것도 현실이다. 대표적인 문제점으로는 다국적기업을 받아들이는 국가가 통상 개발도상국임을 감안할 때 현지국가의 소득불평등 및 경제 이중구조 심화, 현지국가의 환경이나 인권은 도외시한 채 이익창출에만 몰두, 투자이익을 현지국가에 재투자하지 않고 본국 송금, 불법 환투기나 자금조작으로 현지국가의 금융통화정책 무력화 등을 들 수 있다.

이러한 문제점 및 부정적인 면이 부각된다면 다국적기업의 활동은 위축될 것이다. 이에 따라 전 세계적으로 어떤 곳, 어떤 나라에서 경영 활동을 하든 "정상적인" 기업으로서 인정을 받기 위한 표준이 필요했다. OECD는 다국적기업이 해당국가에 긍정적 영향력을 높이고, 부정적 영향을 최소화하도록 돕기 위하여 모범적인 행동규범인 'OECD 다국적기업 가이드라인'을 제정하게 된 것이다.

UN 글로벌 콤팩트

'UN 글로벌 콤팩트(UN Global Compact)'는 기업이 UN 글로벌 콤팩트의 핵심가치인 인권, 노동, 환경, 반부패 분야의 10대 원칙을 기업의 운영과 경영전략에 내재화시켜 지속가능성과 기업의 사회적 책임 관점에서 기업 시민의식 향상에 동참할 수 있도록 권장하고, 이를 위한 실질적 방안을 제시하는 세계 최대의 자발적 기업시민 협약 또는 그 기구를 말한다.

UN 글로벌 콤팩트의 10대 원칙을 구체적으로 살펴보면 다음과 같다.

- 인권(Human Rights)
  원칙 1 : 기업은 국제적으로 선언된 인권보호를 지지하고 존중해야 하고,
  원칙 2 : 기업은 인권침해에 연루되지 않도록 적극 노력한다.
- 노동규칙(Labour Standards)
  원칙 3 : 기업은 결사의 자유와 단체교섭권의 실질적인 인정을 지지하고,
  원칙 4 : 모든 형태의 강제노동을 배제하며,
  원칙 5 : 아동노동을 효율적으로 철폐하고,
  원칙 6 : 고용 및 업무에서 차별을 철폐한다.
- 환경(Environment)
  원칙 7 : 기업은 환경문제에 대한 예방적 접근을 지지하고,
  원칙 8 : 환경적 책임을 증진하는 조치를 수행하며,
  원칙 9 : 환경친화적 기술의 개발과 확산을 촉진한다.
- 반부패(Anti-Corruption)
  원칙 10 : 기업은 부당취득 및 뇌물 등을 포함하는 모든 형태의 부패에 반대한다.

현재 전 세계 165개국 24,000여개 회원(20,000여개 기업회원 포함)이 참여하고 있는데, 이 역시 법적 강제력이 없는 점은 'OECD 다국적기업 가이드라인'과 유사하다. 우리나라에는 2007년 9월에 설립된 UN 글로벌 콤팩트 한국협회가 활동하고 있으며 기업, 시민, 학계 등 340여개의 회원이 참여 중이다.

ISO 26000

ISO 26000은 기업뿐만 아니라 정부, 비정부기구(NGO)까지 사회를 구성하는 모

든 조직이 인권 등 7개 핵심주제에 대해 준수해야 할 사항을 정리해 놓은 지침서이다. 이 지침서는 앞서 살펴본 'OECD 다국적기업 가이드라인', 'UN 글로벌 콤팩트'뿐만 아니라 지금까지 나온 사회적 책임과 관련한 모든 국제적 이행 지침들을 총합한 것이라 할 수 있다.

ISO 26000의 핵심주제 7가지를 간략하게 정리하면 다음과 같다.

- 조직 거버넌스(organizational governance) : 조직 거버넌스란 조직에서 결정을 내리고 그 결정을 실행하는 시스템을 말한다. 흔히 지배구조라는 용어로 사용된다. 조직 거버넌스는 사회적 책임의 원칙을 존중하고 이를 기존의 사업 관행에 통합하는 활동이다.
- 인권(human rights) : 인권은 모든 인간이 인간이기에 부여받은 기본 권리이다. 크게 두 가지로 시민적·정치적 권리와 경제적·사회적·문화적 권리가 있다.
- 노동관행(labour practices) : 조직의 노동관행은 조직 내의, 조직에 의한, 조직을 대신해서 수행되는 업무와 관련된 모든 정책 및 관행을 포함한다. 근로자의 채용과 승진, 징계와 고충처리 절차, 근로자의 전근과 재배치, 고용의 만료, 훈련과 기능개발, 보건, 안전 및 산업위생, 특정 근로시간과 보수와 같은 근로조건에 영향을 미치는 정책 및 관행을 포함한다. 또한 고용과 관련된 쟁점을 다루기 위한 단체교섭, 사회적 대화, 노사정협의도 포함된다.
- 환경(environment) : 환경적 책임은 인류의 생존과 번영을 위한 전제조건이며 사회적 책임의 중요한 측면으로 다른 사회적 책임의 핵심주제와 쟁점에 밀접하게 연계된다.
- 공정운영 관행(fair operating practices) : 공정운영 관행은 조직이 다른 조직을 대할 때 윤리적 행동을 하는 것과 관련된다.
- 소비자 이슈(consumer issues) : 소비자에게 제품과 서비스를 제공하는 조직은 그 소비자와 고객에 대한 책임이 있다.
- 지역사회 참여와 발전(community involvement and development) : 지역사회 참여는 지역사회를 지지하고 그와 관계를 쌓아가는 일, 나아가 지역사회의 가치를 인정하는 것을 포함한다.

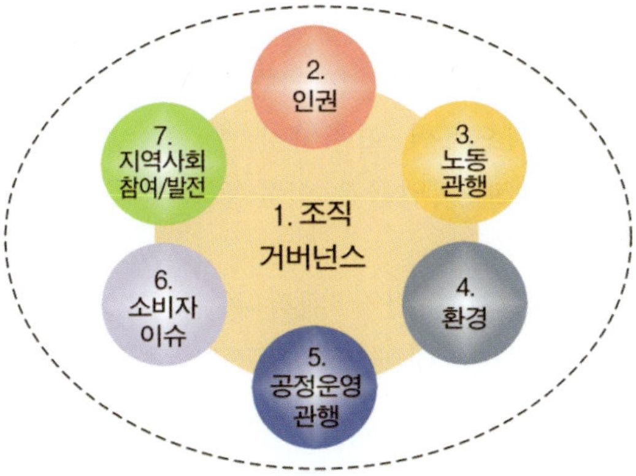

ISO 26000의 핵심주제 7가지. 번호는 편의상 붙인 것으로 순서를 의미하는 것은 아니다.

현실적으로 본 기업의 사회적 책임의 내용

기업은 경영자에 의하여 운영된다. 따라서 기업의 사회적 책임은 종종 경영자의 사회적 책임이라고도 한다. 이하에서는 지금까지 논의한 기업의 사회적 책임의 내용을 보다 현실적으로, 즉 CSR을 어떻게 수행할 것인지 고민하기 시작한 일반적인 기업들에 적용가능한 내용 중심으로 구체적으로 살펴보자.

기업의 유지, 발전에 대한 책임

기업은 국가경제에서 생산주체로서 중요한 역할을 수행하고 있다. 기업이 망하면 국가체제, 특히 자본주의체제는 성립하기 어려워진다. 재화와 서비스 공급이 끊기고 사람들은 일자리를 잃는다. 전 세계적으로 실업문제를 해결하지 못하여 물러나는 정권을 자주 볼 수 있다. 일자리가 없으면 소득기반이 붕괴되므로 기업이 생산하는 재화와 용역의 소비 역시 줄게 된다.

이러한 관점에서 경영자가 기업을 유지하고만 있다면 본분을 다했다고 보는 시각도 있다. 캐롤의 피라미드에서 보면 맨 하단의 '경제적 책임'에 해당하는 책임이라고 할 수 있다. CSR 범위에 대한 논쟁 중 고전적 견해에 부합되는 범위이다.

기업의 이해관계자에 대한 책임

- 소유주 · 주주에 대한 책임 : 기업은 기업의 주인인 소유주 또는 주주에 대한 책임을 다해야 한다. 주주에 대한 책임은 주주 부(wealth)의 극대화를 기함으로써 달성될 수 있다. 주주 부의 극대화는 기업가치를 높임으로써 이루어질 수 있는데, 이를 위하여 일반적으로 기업들은 이윤을 우선적으로 추구하게 된다.

삼성전자의 주주총회는 늘 관심의 대상이다. (자료 : 삼성뉴스룸)

- 종업원에 대한 책임 : 먼저 재화나 서비스 생산의 한 주체인 종업원에 대한 책임은 근로기준법 등과 같은 법률로 규정되어 있는 부분을 생각할 수 있다. 또한 기업들이 다양하게 활용하고 있는 복지제도, 경영참가제도 등도 종업원에 대한 책임과 연관되는 것들이라고 할 수 있다. 이처럼 종업원에 대한 책임

은 노동력 제공에 대한 단순한 물질적 보상뿐만 아니라 인간관계적 관점에서의 정신적 · 심리적 · 사회적 책임까지 포함하기도 한다.

- 소비자에 대한 책임 : 기업은 소비자에게 제품이나 서비스를 제공함으로써 생존과 발전을 꾀한다. 기업은 소비자가 원하는 제품이나 서비스를 제공함으로써 그 존재의 정당성이 인정된다.

  한편 소비자가 제품을 구입할 때에는 그 제품으로부터 기대하는 무엇인가가 있으며, 기대수준에 대응하는 대가를 지불한다. 따라서 기업은 제품을 생산판매하는 데 있어서 소비자의 이러한 기대수준에 부응해야 하는 책임이 있다. 즉 기업이 재화를 판매하고 소비자가 구매하는 과정은 일종의 거래와 관련된 계약행위라고 볼 수 있으므로 기업은 소비자에 대한 계약을 충실히 이행할 책임이 있는 것이다.
- 지역사회 및 정부에 대한 책임 : 환경오염 문제나 자원보존 문제 등과 같은 자연환경에 대한 책임, 지역사회에 대한 고용창출 및 유지나 지역사회에 대한 경제적 · 문화적 투자 등과 같은 지역발전에 대한 책임 등이 기업이 갖는 지역사회에 대한 책임이다. 즉 기업은 인간의 삶의 질과 연관된 환경문제에 대한 책임뿐만 아니라 기업활동 결과 얻어진 성과를 지역발전을 위하여 재투자해야 하는 책임을 갖는 것이다.

위에서 말하는 이해관계자에 대한 책임은 캐롤의 CSR 피라미드에서 법적 · 윤리적 · 자선적 책임에 해당되는 것들이다.

사회적 책임에 대한 새로운 시각

CSR과 CSV

많은 경영자들은 여전히 CSR에 대해 기업의 본업과는 관련이 없는 활동으로 인식해 왔다. 기업의 이윤을 일부 떼어내서 책임활동에 사용하는 것이다. 즉 전자회사가 불우이웃에 자금을 지원하는 식이다. 그러나 최근 관심이 쏠리고 있는 기업활동은 공유가치 창출(CSV : Creating Shared Value)이다. 공유가치 창출이란 경제적 · 사회적 조건을 개선시키면서 비즈니스 핵심 경쟁력을 강화하는 일련의 기업정책 및 경영활동을 말한다. 쉽게 말하면 기업이 본업과 관련된

CSV가 체계적으로 소개된 HBR
(자료 : HBR)

활동을 하면서 사회적으로 기여하는 것이다. 이 개념은 경영학의 대가 마이클 포터(Michael Porter)와 마크 크라머(Mark Kramer)가 2006년에 최초로 제시하였다.

기업이 공유가치를 창출하기 위해서는 세 가지 조건이 충족되어야 한다. 즉 제품과 시장에 대해 새로운 시각으로 재구상해야 하고, 가치사슬(value chain)상의 생산성을 재정의해야 하며, 기업을 둘러싸고 있는 환경을 중심으로 지역 협력 클러스터를 구축해야 한다.

CSR과 CSV의 가장 큰 차이점은 해당기업 비즈니스와의 연계 여부에 있다. CSR은 시민의식과 자선이라는 동기에서 출발하며 제한된 예산을 활용한다. 기업의 입장에서는 일종의 비용을 지출하는 것으로 인식한다. 주로 기업의 가치사슬상에 존재하는 사회문제 또는 이와 관련된 이해관계자들에 대해 대응하는 활동이 이루어진다. 반면 CSV는 기업이 경제적으로 이윤극대화를 추구하는 과정에서 여기에 사회적·환경적 가치의 통합을 추구한다. CSV는 기업의 경쟁우위를 위한 전략이 되어야 하기 때문에 조직의 전 역량과 예산이 투입된다. 투입되는 예산은 비용이 아닌 투자의 개념에 가깝다.

CSR과 CSV의 비교는 커피 공정무역으로 예를 들 수 있다. 커피회사가 가난한 커피 농가에 커피 제값을 쳐주는 공정무역을 한다면 이는 선행으로서 CSR을 실천한 것으로 볼 수 있다. CSV는 여기에서 더 나아가 양질의 커피를 수확할 수 있도록 커피재배 농법을 지도하고 농가를 위한 지역협력과 지원체계를 구축하여 커피회사와 농가 모두 경쟁력을 확보하는 방식으로 이루어진다.

CSV에 대한 평가는 엇갈린다. 긍정적으로 보는 입장은 전 세계적으로 저성장 시대로 접어들면서 기업이 생존게임에 내몰리고 있는 상황 인식에 기초한다. 기업은 원래 이윤창출이 전제되어야 생존이 가능한 조직체이기 때문에 기업이 이익을 내기 위하여 "원래 하던 기업활동"을 하되, 다만 사회적 및 환경적 가치에 부합되는 경영을 하면 된다는 것이다. 부정적으로 보는 시각은, CSV는 그동안 합의하고 이행해온 글로벌 CSR 또는 SR(ISO 26000의 경우에 해당)의 범위를 다시 좁히고 있다는 것이다.

두 의견을 평가하면, 후자의 주장대로 CSV는 CSR 범위를 좁히는 것은 맞다. 그럼에도 불구하고 전자의 주장처럼 기업의 생존이 중요하지 않은 것도 아니기 때문에 두 주장은 경제상황 및 기업경영의 결과가 사회에 미치는 영향 정도 등에 따라서 무게가 달라질 것으로 보인다.

기업정책과 DEI 통합

기업의 CSR을 수행함에 있어 새로운 접근방법 중의 하나는 CSR의 운영방식을 근본적으로 바꾸는 것으로, 기부와 같은 외부지향 활동이 아니라 기업 내부정책이나 기업문화 등 전반적인 비즈니스 관행에 CSR을 적용하는 방식이다. 즉 CSR을 기업운영의 핵심에 통합하여 다양성, 형평성 및 포용성(DEI : Diversity, Equity, and Inclusion)을 지향하는 것으로 매일매일의 일상적인 기업활동에 DEI를 녹아들게 하는 것이다. DEI를 목표로 교육을 하고, 채용 관행을 조정하며 조직의 모든 수준에서 DEI를 촉진함으로써 기업들은 CSR을 다하는 것이다.

기업정책과 DEI를 통합하는 것은 기업경영에도 도움이 되는 것으로 분석되고 있다. 미국 CNBC의 조사에 의하면 80%의 근로자가 DEI를 중요시하는 회사에서 일하고 싶다고 응답했다. 이는 DEI 전략이 우수한 기업에 유능한 인재들이 지원할 가능성이 더 크다는 것을 의미한다. 컨설팅 회사인 맥킨지에 의하면 임원진의 성별 다양성 한 가지만 충족하더라도 기업의 수익성이 더 높아진다고 한다. 최근 조사에 의하면, 다양성이 높은 1사분위(상위 25%)의 기업들의 수익성이 다양성이 낮은 4사분위(하위 25%) 기업들보다 평균적으로 25% 이상 높았다. 이는 2014년의 15%, 2017년의 21%에 비하여 계속 증가하고 있는 것으로, DEI에 대한 사회적 요구가 더 강해졌음을 시사한다.

토론

"맨날 지각에 옷차림은 왜 저래?"··· 줄줄이 해고 당한 Z세대

미국 기업 관리자들이 젠지세대(Z세대 · 1990년대 중반에서 2000년대 초반 태어난 인구) 직원들과 더 이상 함께 일하지 못하겠다며 해고에 나서고 있다는 현지 설문조사 결과가 27일(현지시간) 나왔다.

미 뉴욕포스트, 포춘 등 외신을 종합하면 교육 전문 매체 인텔리전트닷컴이 약 1,000명의 기업관리자를 대상으로 설문조사를 실시한 결과, 10명 중 6명의 기업관리자가 올해 초 대학을 갓 졸업한 Z세대 직원(이하 Z세대)들을 이미 해고했다고 밝혔다.

이어 조사 결과에 따르면 관리자 10명 중 5명은 Z세대에게 가장 큰 불만을 느끼거나 관계가 잘 풀리지 않은 이유로 그들의 '동기 부족'과 '주도성 결여'를 꼽았다. 이어 △전문성이 부족하고 △조직적이지 않으며 △의사소통능력이 떨어진다는 점을 Z세대를 해고하게 된 주요 이유라고 언급했다.

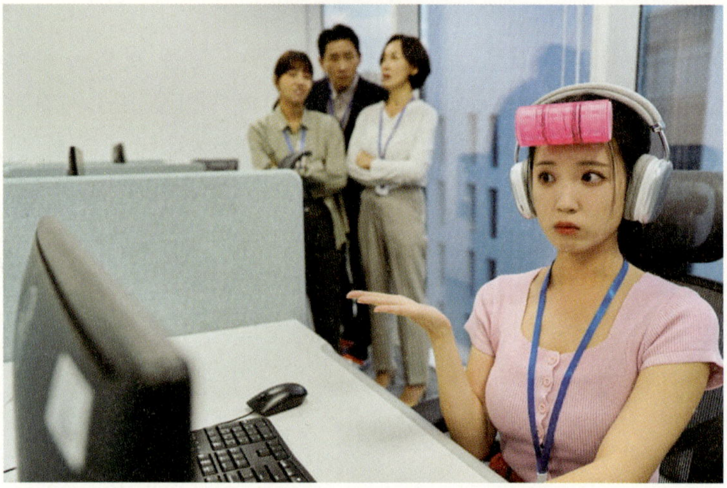

관리자 6명 중 1명은 Z세대를 다시 채용하는데 대해 망설이고 있다고 응답한 것으로 나타났다. 또 관리자 7명 중 1명은 내년에는 아예 Z세대를 채용하지 않을 수 있다고 했다. 특히 10명 중 약 8명은 최근 Z세대 채용이 모든 면에서 '불만족스러웠다'고 응답했다.

관리자들은 잦은 지각, 부적절한 옷차림과 언어 사용 등 문제에 대해서도 Z세대들과 씨름을 벌이고 있다고 토로했다. "절반 이상의 관리자는 Z세대가 직장생활에 대한 준비가 이뤄지지 못했다는 결론에 도달했다"고 매체는 전했다.

인텔리전트닷컴의 후이 응우옌 경력 개발 고문은 Z세대를 향해 "직장에서 사려 깊은 질문을 하고, 피드백을 구한 뒤 이를 적용해 개인 성장에 대한 동기를 보여줘야 한다"며 "긍정적인 태도를 유지하고, 기한을 준수하며, 프로젝트에도 자발적으로 참여함으로써 신뢰할 수 있는 평판을 쌓으라"고 조언했다. (한경닷컴, 2024.9.27)

토론주제 직장 옷차림에 대해서, 개인의 판단사항이라는 입장과 그렇지 않다는 입장으로 나눠서 토론해보자.

핵심용어

- 기업환경
- 간접환경
- 직접환경
- 외부환경
- 내부환경
- 일반환경
- 업무환경
- 경제적 환경
- 정치 · 법률적 환경
- 사회 · 문화적 환경
- 기술적 환경
- 소비자
- 판매자시장
- 구매자시장
- 경쟁자
- 공급자
- 금융기관
- 지역사회
- 정부
- 주주
- 종업원/노동조합
- 경영자
- 조직문화
- 기업의 사회적 책임
- 캐롤의 CSR 피라미드
- 경제적 책임
- 법적 책임
- 윤리적 책임
- 자선적 책임
- 시장의 불완전성
- 시장실패
- 외부불경제
- CSR에 대한 고전적 견해
- CSR에 대한 사회경제학적 견해
- OECD의 다국적기업 가이드라인
- UN 글로벌 콤팩트
- ISO 26000
- 기업의 유지, 발전 책임
- 기업의 이해관계자에 대한 책임
- 공유가치 창출(CSV)
- DEI

요 약

- 기업은 하나의 개방시스템(open system)으로서 자신을 둘러싼 환경과 상호작용을 한다. 환경변화에 적절히 대응한 기업은 그렇지 않은 기업보다 시장에서 생존할 가능성이 크다.
- 경영환경은 크게 간접환경과 직접환경으로 나눌 수 있다. 간접환경은 일반환경으로 볼 수 있고, 직접환경 중 외부환경은 업무환경으로 분류된다. 일반환경으로는 경제적 환경, 정치 · 법률적 환경, 사회 · 문화적 환경, 기술적 환경 등이 있다. 업무환경으로는 소비자, 경쟁자, 공급자, 금융기관, 지역사회, 정부 등이 있으며, 직접환경 중 내부환경으로는 주주, 종업원/노동조합, 경영자, 조직문화 등이 있다.
- 경제적 환경에는 경제체제, 경제상황, 국민경제규모, 산업구조, 재정 및 금융정책이 포함된다. 간접환경인 법률적 환경은 정치적 환경이 구체화되어 나타난 것인데, 이를 실행하는 정부는 직접환경이 된다.
- 사회 · 문화적 환경이란 사회구성원의 생각과 행위에 영향을 미치는 사회 · 문화적 제도와 태도를 말한다. 구체적인 요인으로는 관습, 전통, 문화, 가치관, 생활양식 등을 들 수 있는데, 그 영향이 국지적이며 인구통계학적 변수에 의하여 좌우된다는 특징이 있다. 기술적 환경은 일반 환경요인 중에서 가장 변화가 빠르고 그 정도가 심한 환경요인으로서 기업조직뿐만 아니라 사회 전 부문에 광범위하고 심대한 영향을 끼친다.

- 기업경영활동에 직접적으로 영향을 미치는 환경요인 중 가장 강력하고 중요한 환경은 소비자이다. 왜냐하면 소비자는 기업이 판매하는 재화나 서비스의 직접적인 구매자이기 때문이다. 경쟁자는 동일하거나 유사한 제품 또는 서비스를 소비자에게 제공하는 자를 말하며, 외부에서 인적자원과 물적자원을 공급하는 공급자, 자금을 제공하는 금융기관 역시 기업의 환경요인이 된다.
- 지역사회는 기업이 위치하고 있는 시, 군, 구, 읍, 면, 동 등의 지방자치단체로, 기업과 다양한 차원과 방법으로 긴밀한 관계를 맺는다. 주주는 전문경영자가 기업의 소유주인 주주들을 위하여 경영을 하도록 유도하거나 끊임없이 감시한다. 전문경영자의 능력이 부족하다고 판단되거나 주주의 이익에 반하는 경우 전문경영자를 교체한다. 조직문화란 조직구성원들이 공유하는 가치관이나 신념, 사고방식을 말한다.
- 기업은 이윤이 발생해야 유지가능한 조직체이다. 그러나 한편으로는 사회적으로 수행해야 할 책임이 있다. 캐롤에 의하면 CSR은 경제적 책임, 법적 책임, 윤리적 책임, 자선적 책임이 피라미드 형태로 구성된다.
- 기업에 사회적 책임을 묻게 된 배경으로는 증가되는 환경요인간의 상호작용, 시장의 불완전성, 외부불경제, 기업영향력의 증대 등이 있다.
- CSR의 범위에 대해서는 계속해서 논쟁이 있기는 하지만, 글로벌 표준으로 OECD의 다국적기업 가이드라인, UN 글로벌 콤팩트, ISO 26000 등이 있다.
- 기업이 수행해야 할 사회적 책임을 이행하는 일반적인 기업의 현실적인 측면에서 본다면 크게 기업의 유지 및 발전에 대한 책임, 기업의 이해관계자에 대한 책임이 있다. 후자의 구체적인 책임내용으로는 소유주·주주에 대한 책임, 종업원에 대한 책임, 소비자에 대한 책임, 지역사회 및 정부에 대한 책임 등으로 볼 수 있다.
- 최근에는 공유가치 창출(CSV)에 이어 DEI라는 새로운 방법이 제시되고 있다.

연습문제

1. 기업이 환경에 수동적으로 적응해야 할 때는 어떤 상황인가?
2. 기업의 외부환경 중 정치적 요인이 기업에 미치는 영향을 설명하라.
3. 환경요인으로서 정부, 정치·법률적 환경의 관계에 대해 구체적인 예를 들어 설명하라.
4. 환경요인으로서의 소비자의 특성에 대하여 설명하라.
5. 기업의 경영환경 중에는 경쟁자가 있다. 경쟁자가 특정기업에 영향에 미칠 때 그 영향의 강도를 결정짓는 요소들을 설명하라.
6. 기업 내부에서 기업의 경영성과에 영향을 미치는 환경요인에 대하여 설명하라.
7. 캐롤의 CSR 피라미드란 무엇인가?
8. 기업에 사회적 책임을 묻게 된 배경은 무엇인가?
9. CSR의 글로벌 표준을 정리하라.
10. CSR과 CSV의 관계에 대해서 설명하라.
11. 기업의 정책에 DEI를 통합한다는 것은 어떤 의미이며, DEI와 CSR의 관계에 대해서 설명하라.

볼거리 읽을거리

변호인

감독 : 양우석　　출연 : 송강호, 김영애, 오달수, 곽도원 등
제작 : 위더스필름(주)　　배급 : NEW(2013)

1980년대 초 부산. 빽도 없고, 돈도 없고, 가방끈도 짧은 세무 변호사 송우석(송강호). 부동산 등기부터 세금 자문까지 남들이 뭐라든 탁월한 사업수완으로 승승장구하며 부산에서 제일 잘나가고 돈 잘 버는 변호사로 이름을 날린다. 10대 건설 기업의 스카우트 제의까지 받으며 전국구 변호사 데뷔를 코앞에 둔 송우석 변호사. 하지만 우연히 7년 전 밥값 신세를 지며 정을 쌓은 국밥집 아들 진우(임시완)가 뜻하지 않은 사건에 휘말려 재판을 앞두고 있다는 소식을 듣는다. 국밥집 아줌마 순애(김영애)의 간절한 부탁을 외면할 수 없어 구치소 면회만이라도 도와주겠다고 나선 그. 하지만 그곳에서 마주한 진우의 믿지 못할 모습에 충격을 받은 그는 모두가 회피하기 바빴던 사건의 변호를 맡기로 결심하는데… (자료 : Daum 영화)

PART

III 관리활동의 과정

관리의 순환과정은 제1장에서 배운 바와 같이 먼저 계획을 세우고, 조직을 만들며, 이를 지휘하고 그 결과를 피드백하는 순서로 이루어진다.
제III부에서는 이러한 관리의 순환과정이 어떻게 순환하는지에 대하여 각 단계별로 배운다. 먼저 제5장에서는 계획수립에 대하여 학습하고 제6장에서는 계획수립 중 특히 전략적인 계획수립에 대하여 공부한다. 제7장에서는 조직을 만드는 것에 대하여 공부하고 제8장에서는 지휘와 리딩, 제9장에서는 관리의 순환과정의 마지막 단계인 경영의 통제에 대하여 배운다.

CHAPTER

5 계획수립

1. 계획수립의 기초
2. 계층구조에 따른 계획의 유형
3. 계획수립기법
4. 계획의 한계
5. 목표관리

액화천연가스(LNG) 운반선인 LNG선. 러시아-우크라이나 전쟁은 LNG선의 중요성을 더욱 증대시켰다.
(자료 : 한국무역협회)

LNG 직수입 증가는 정부의 장기 수급예측 실패 때문… 시장유연성 필요

정부가 액화천연가스(LNG) 수요를 너무 적게 예측하는 바람에 한국가스공사의 계약 물량 부족이 발생했고, 결국 민간 기업이 이를 메꾸면서 LNG 직수입이 늘게 됐다는 주장이 제기됐다.

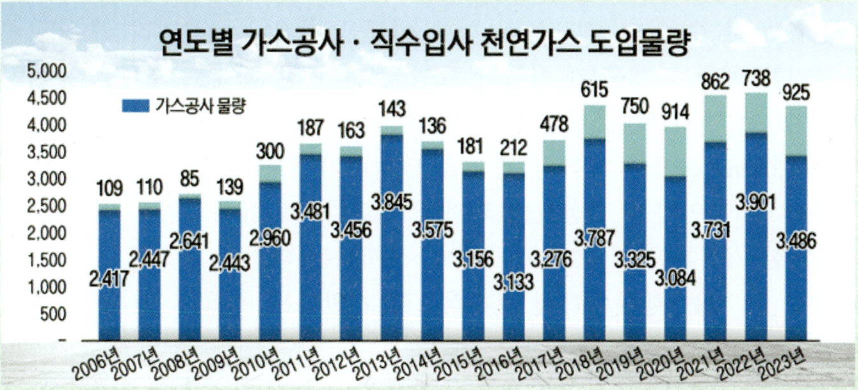

조성봉 전력산업연구회장은 제4회 LNG포럼에서 "한국의 LNG시장에서 민간의 자가용 직수입의 전체적인 비중과 물량이 커지고 있다"며 에너지 공기업 독점방식의 시장 운영은 한계를 드러내고 있기 때문에 시장 개방을 통한 유연한 거래가 필요하다고 강조했다.

그는 "일례로 작년 2 · 3분기 동안 LNG 저장탱크의 여유물량 부족현상인 탱크탑이 발생했을 때 시장거래가 가능했다면 가스공사는 발전용 LNG 물량을 염가 처분할 수 있고, LNG 발전사업자는 전력시장에서 저가입찰도 가능했을 것"이라며 "이는 결국 전력시장에서의 도매가격을 낮춰 한전의 전력구입 비용을 낮추고 소비자의 전기 소매요금을 낮출 수 있는 요인으로 작용했을 것"이라고 설명했다.

또한 "LNG의 재판매가 가능했다면 저장탱크를 보유한 직수입사가 도시가스 및 가스공사에 LNG를 염가 처분해 소비자가 부담하는 도시가스 가격이 하락할 수도 있었다"고 덧붙였다. (에너지경제신문, 2024.8.13)

1 계획수립의 기초

계획수립의 의의

(자료 : geeksforgeeks)

모든 조직은 계획을 세운다. 조직의 크기가 크든 작든, 단순하든 복잡하든, 영리조직이든 비영리조직이든 관계없다. 학교는 학생들을 어떻게 교육할 것인지에 대한 계획을 세우고 회사는 회사 전체의 계획을 세운 후 이에 근거하여 각 부문의 세부계획을 수립하게 된다.

계획을 세우는 행위는 이러한 공식화된 조직뿐만 아니라 우리의 일상생활에서도 쉽게 볼 수 있다. 친구들과 함께 여행을 가거나 가족끼리 외출을 할 때에도 우리는 계획을 세우고, 심지어 쇼핑을 하러 갈 때에도 계획을 수립하는 경우가 있다. 왜 계획을 세울까?

계획수립(planning)
조직의 목표를 달성하기 위하여 언제 어디서 어떤 일을 어떻게 할 것인가를 결정하는 과정

계획(plan)
계획수립활동의 결과물

계획수립(planning)이란 조직의 목표를 달성하기 위하여 언제 어디서 어떤 일을 어떻게 할 것인가를 결정하는 과정을 말한다. 즉 계획수립은 미래에 예견되는 다양한 기회를 분석하고, 평가하며, 선택하는 과정을 통하여 조직의 목표를 달성할 수 있는 행동계획을 체계적으로 개발하는 것이다. 계획수립활동의 결과물은 계획(plan)으로 나타난다.

계획수립은 조직화 활동, 지휘활동, 통제활동에 선행하는 관리활동의 출발점이자 가장 근본적인 활동이다. 계획수립이 된 후에야 비로소 조직을 만들고 거기에 사람을 배치하는 조직화 활동, 과업성취를 위하여 조직구성원을 고무하고 이끄는 지휘활동, 목표달성을 유도하고 그 여부를 확인하는 통제활동이 이어지는 것이다. 이러한 관계는 [그림 5-1]에 잘 나타나 있다. 계획수립과 각 관리활동이 이러한 관계에 있기 때문에 계획수립이 잘되면, 이는 향후의 조직활동에 강력한 토대가 된다.

□ 그림 5-1
계획수립과 후속되는 관리활동의 관계

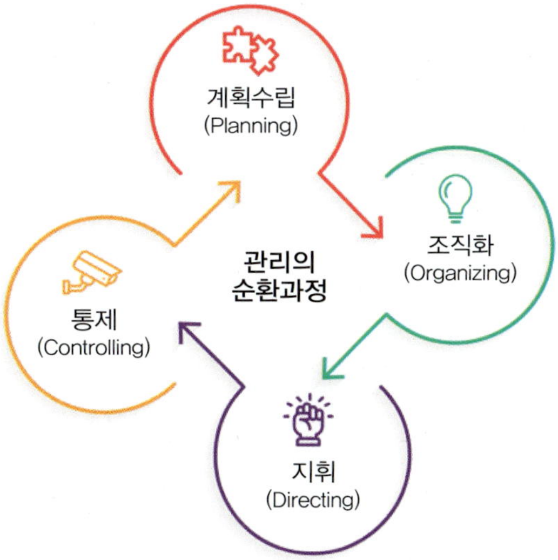

계획수립시 고려해야 할 성공적인 목표의 조건

계획은 환경적 제약조건을 파악하고 이에 근거하여 수립되어야 한다. 수립된 계획은 조직 전체뿐만 아니라 조직을 구성하는 각 단위의 부서, 그리고 최종적으로 개개인에 대해 가이드라인이 되기 때문이다. 계획수립시 계획하는 목표는 다음의 사항을 고려하여 설정하는 것이 바람직하다.

첫째, 구체적이고 측정가능해야 한다. 기업이나 많은 조직에서 계획수립시 놓치는 것이 이 부분이다. 추상적이고 애매모호한 목표는 없는 것과 마찬가지이다. 물론 조직위계상의 위치에 따라 목표의 구체성 정도는 달라진다. 하위부서로, 개인적인 차원으로 갈수록 측정가능하고 구체적이어야 한다.

둘째, 목표는 측정가능하게 설정되어야 한다. 구체적이고 측정가능해야 성과평가의 기준이 되기 때문이다. 예를 들어 자동차 판매회사 영업부의 목표가 '매출액 20% 성장 달성'이라고 한다면 해당부서의 홍길동 대리에게는 '승용차 20대 판매'와 같이 구체적으로 제시되어야 한다.

셋째, 기간이 명시되어야 한다. 예로 든 홍길동 대리의 경우 '1개월 동안 20대 판매'와 같이 명시되어야 하는 것이다.

마지막으로 달성가능성이 고려되어야 한다. 홍길동 대리의 예에서 그가 그동안 매월 평균적으로 17대씩의 실적이 있었는데, 이번에 계획수립시 환경조건의 변화가 없는데도 불구하고 30대의 목표를 기준으로 하였다면 이 계획수립은 합리적으로 이루어진 것이라고 할 수 없다.

계획수립이 제공하는 이점과 중요성

조직의 방향을 제시하고 조직구성원의 행동지침이 된다

계획은 사람들이 행동할 때 조직의 목표를 달성하는 방향으로 행동할 수 있도록 하나의 지침이 된다. 이는 구체적으로 다음과 같은 방식으로 이루어진다.

- 결과지향 : 계획수립시 달성해야 할 성과를 사전에 결정하기 때문에 사람들이 결과지향의 행동을 하게 한다.
- 우선순위에 기초한 행동 : 어떤 일에 우선적으로 관심을 가져야 하는지 지침을 제공한다.
- 이익지향 : 모든 자원이 회사의 이익(advantage)을 극대화하는 방향으로 사용되도록 한다.
- 변화지향 : 계획수립시 미래의 기회와 문제점을 예측하고 이에 효과적으로 대응할 수 있도록 행동하게 해준다.

중복되고 낭비되는 활동을 줄인다

계획은 조직의 목표를 염두에 두고 수립된다. 효과적인 계획은 모든 부서의 활동을 통합한다. 이런 식으로 계획은 중복되고 낭비되는 활동을 줄인다.

집중도를 높이고 유연성을 향상시켜주며, 불확실성을 줄여준다

계획수립은 조직과 조직구성원의 집중도(focus) 및 유연성(flexibility)을 높여준다. 계획수립이 잘되면 미래에 해야 할 일이 분명하게 정해지기 때문에 조직의 역량이 분산되지 않고 집중도가 커진다. 계획수립이 잘된 조직에서는 어떤 것이 최선을 다하는 것인지 알며, 고객이 무엇을 필요로 하는지, 어떻게 하는 것이 그들에게 잘하는 것인지를 알고 있다.

한편 잘된 계획에는 미래의 환경변화에 따라 당초의 계획이 변동될 가능성에 대비한 내용도 담기게 된다. 유연성 있는 계획을 가진 조직은 환경변화

□ 그림 5-2
계획수립이 제공하는 이점

에 대응하고 그 자신을 변화시킬 수 있는 능력을 갖추게 되는 것이다. 모든 조직체는 불확실한 환경에서 운영해야 한다. 계획은 불필요한 행동을 제거하여 회사가 이 불확실한 환경에서 생존하는 데 도움이 된다. 또한 미래를 예상하고 필요한 조치를 취하여 위험에 대비하는 데 도움이 된다.

조정을 돕는다

조직 내에서는 많은 개인, 집단, 하부조직이 각기 다양한 업무를 동시에 수행한다. 이들이 자신의 목적을 추구하더라도 그 결과는 최종적으로 조직 전체의 목표를 달성하는 데 기여해야 한다. 계획수립이 잘 이루어지면 한 조직 내에서 조직 전체의 목표와 하부의 각 세부조직(또는 개인이나 집단)의 목표가 일관성을 갖게 된다. 조직 전체를 최상위로 볼 때 최상위단계에서 목표가 정해지면 다음 하위단계에서는 최상위단계의 목표에 근거하여 목표를 수립한다. 이어지는 그 다음 하위단계에서도 이러한 일은 반복된다.

전체 목표에 부합되도록 하위단계의 목표를 정하는 이러한 계획수립활동은 한편으로는 각 세부조직간의 목표에도 조화가 이루어지도록 한다. 만일 하부조직간에 갈등이 발생할 때에는 전체 목표에 근거하여 조정이 이루어질 수 있다. 계획수립이 잘되면 결국 조직 상하간, 하부조직간의 조정을 사전에 하고 있는 셈이며, 사후적인 갈등이 발생할 때에도 그 해결의 근거가 되는 것이다.

■ 시간을 관리할 수 있게 해준다

계획수립이 제공하는 또 하나의 이점은 시간관리를 돕는다는 점이다.♣ 조직구성원은 누구나 주어진 많은 책임이 있고 한편으로 많은 기회가 주어진다. 책임을 다하는 한편으로 기회를 적절히 활용하기 위해서는 제한된 시간을 적절히 분배해야 하는데, 이는 결코 쉬운 일이 아니다. 예를 들어 시험공부를 할 때 과목별로 시간을 배정하는 데 어려움을 겪은 경험은 누구든지 있을 것이다. 시험공부를 해야 하는데 꼭 해야 할 다른 일이 생긴다면 어려움은 가중될 것이다. 계획수립이 잘 이루어지면 시간을 어떻게 배분하여 활용할 것인지 준비되어 있기 때문에 시간관리를 용이하게 할 수 있다.

♣ 시간관리를 잘하는 몇 가지 노하우

- 꼭 해야 할 일이 있는데, 자꾸 신경을 분산시키는 주위의 요구에 대해서는 과감히 "아니오"라고 말하라.
- 남에게 맡겨도 될 일에 너무 시시콜콜 매달리지 마라.
- 전화 걸 일이나 e-mail을 한꺼번에 훑어볼 수 있는 자신만의 방법을 강구하라.
- 방문객이 지나치게 오래 머무르게 하지 마라.
- 일의 중요도와 긴급성을 고려하여 일의 우선순위를 정하라.
- 그리고 우선순위에 따라 일을 하라.
- 지나치게 달력의 날짜에 얽매임으로써 자신이 스케줄을 능동적으로 조정하지 못하고 달력의 날짜에만 수동적으로 끌려다니지 마라.

(Schermerhorn의 Management에서 인용)

■ 통제의 근거가 된다

통제활동은 애초에 수립된 계획에 근거하여 이루어진다. 따라서 계획수립이 잘되면 성과의 측정 및 평가 활동, 그리고 이에 대한 보상/처벌 활동이 합리적으로 이루어진다. 성과가 계획에 미치지 못하면 통제과정에서는 ① 목표를 달성할 수 있도록 행동을 수정하거나 ② 계획수립시 세웠던 목표를 수정한다. 물론 둘 다일 수도 있다. 이러한 측면에서 계획수립과 통제는 매우 밀접한 관계를 갖는다. 계획수립 없는 통제활동은 업무가 얼마나 잘 수행되었는지를 측정하고 업무수행결과를 개선하기 위해서 무엇을 해야 하는지를 파악할 체계가 없는 셈이다. 또한 통제활동 없는 계획수립은 당초 의도한 대로 업무수행이 잘되었는지를 보장할 후속장치가 없는 것이나 마찬가지이다.

예를 들어, 세계적인 보험업체인 킬른(Kiln)♣의 최고경영자는 3~5년 주기로 '평균 8%의 자기자본순이익률(ROE)♣ 달성'이라는 목표를 세운다. 이 회사는 이를 근거로 중장기 계획수립과 회사

♣ 킬른(Kiln)
영국의 보험회사였으나 2008년 일본의 동경해상(Tokio Marine)에 인수되었다. 동경해상은 1879년에 설립되어 자국 내에서뿐만 아니라 미국의 필라델피아 보험(Philadelphia Insurance Companies), 델파이 금융그룹(Delphi Financial Group) 등도 인수하는 등 전 세계 40여개 국가에서 영업을 하고 있는 세계적인 보험그룹사이다.

♣ 자기자본순이익률(ROE : Return On Equity)
자기자본 대비 순이익의 비율(순이익/자기자본)로 계산된다. 자기자본은 기업의 총자산에서 부채(타인자본)를 뺀 값으로 주주들이 투자한 금액이라고 할 수 있고, 순이익은 기업들이 벌어들인 이익에서 순수하게 주주에게 돌아가는 몫이다. 따라서 이 비율은 주주의 입장에서 가장 중요한 지표이다. ROE가 높다는 것은 주주가 투자한 자본 대비 주주들의 이익의 비율이 크다는 것을 의미하기 때문이다.

운영계획에 이러한 목표가 반영되도록 하고 있다. 그 결과 최근 15년간 목표를 상회하는 평균 ROE 12%를 달성하고 있다.

계획수립의 단계

계획수립은 [그림 5-3]에서 보는 바와 같이 크게 6단계로 이루어진다.

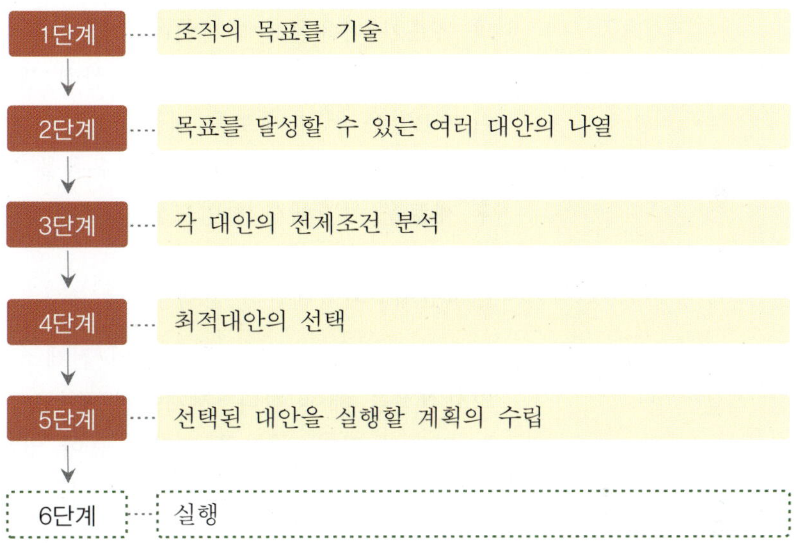

□ 그림 5-3
계획수립의 단계

1단계 : 조직의 목표를 기술

계획수립은 조직의 관리시스템이 어떻게 하면 조직의 목표를 달성할 것인지에 초점이 맞춰져 있기 때문에 계획수립활동이 시작되기 전에 가장 먼저 조직의 목표가 분명하게 정리되어야 한다. 즉, 조직의 목표는 계획수립활동의 단초가 되는 것이다. 조직의 목표는 조직이 만들어질 때 이미 정해진다. 따라서 1단계에서는 새로 계획을 수립함에 있어 조직의 목표를 다시 확인하는 것으로 보면 된다. 물론 조직에 명시적인 목표가 없거나 애매한 경우에는 이 단계에서 조직의 목표를 재정리할 필요가 있다.

2단계 : 목표를 달성할 수 있는 여러 대안의 나열

조직의 목표가 명확하게 기술되면 그 목표를 달성하는 데 기여할 수 있는 가능한 한 많은 대안을 찾아 나열한다.

3단계 : 각 대안의 전제조건 분석

어떤 대안이 조직의 목표를 달성할 성공가능성은 그 대안이 가지고 있는 전제조건이나 가정에 좌우된다. 아무리 좋아 보이는 대안이라 하더라도 전제조건이나 가정이 까다로우면 대안으로서의 효용가치가 떨어진다. 예를 들어 조직의 목표가 이윤을 증대시키려는 것이며 이를 달성할 수 있는 A, B 두 가지의 대안이 있다고 가정하자. A안은 현재 생산중인 제품의 매출액을 늘리는 방안이고 B안은 전혀 새로운 제품을 생산·판매하는 방안이다. 두 안을 비교해보면 A안은 기존 시장에서 시장점유율을 높여야 하는 반면 B안은 신제품 출시 후 새로운 시장에서 지명도를 높여야 하는 전제조건이 수반된다.

4단계 : 최적대안의 선택

여러 대안이 물색되고 각 대안의 전제조건이 분석되면 최적대안 선정을 위한 의사결정을 해야 한다. 전제조건 중에는 실현 불가능하거나 타당성이 떨어지는 것들이 있다. 이러한 조건이 붙어 있는 대안부터 제외시키다 보면 실현가능성이 높은 대안을 선택할 수 있다.

5단계 : 선택된 대안을 실행할 계획의 수립

대안이 선택되면 이를 실행할 장단기 전략적·전술적 계획을 수립하게 된다. 이러한 내용은 뒤에서 구체적으로 설명한다.

6단계 : 실행

계획이 아무리 잘 수립되어 있다 하더라도 중요한 것은 이를 실제로 실행하는 것이다. 실행을 해야만 목표를 달성할 수 있다. 이 단계는 계획의 후속단계로서 엄격히 본다면 계획수립의 한 활동이라고 볼 수는 없다.

2 계층구조에 따른 계획의 유형

계획은 분류하는 방법에 따라 여러 가지로 나눌 수 있다. 계획수립의 시간적 길이(time horizon)에 따라 단기계획, 중기계획, 장기계획 등으로 나누고 범위에 따라 전략적 계획, 전술적 계획, 운영계획으로 나눈다. 운영계획은 다시 처리되는 업무가 반복적인 업무이면 정책 및 절차로 이어지고, 비반복적인 업무이면 예산 또는 프로젝트로 이어진다.

이들 여러 가지 계획을 계층구조로 정리하면 [그림 5-4]와 같다. 이제 각각의 계획유형에 대하여 살펴보자.

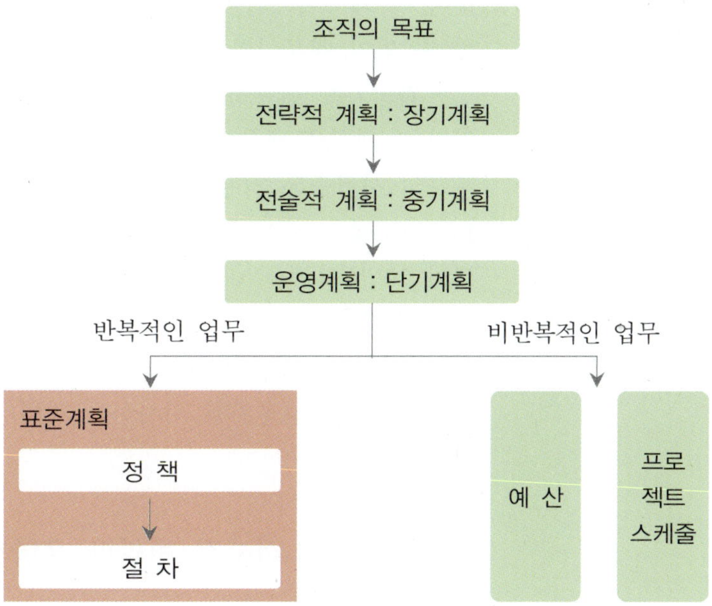

□ 그림 5-4
계획의 계층구조

단기계획, 중기계획과 장기계획

조직은 미래의 시계(time horizon)상에 다양한 계획을 준비해야 한다. 일반적으로 단기계획은 1년 이하의 기간을 대상으로 하는 계획을 말하며 중기계획은

1~3년간의 계획을, 장기계획은 3년 이상의 기간을 대상으로 하는 계획을 말한다. 다만 이 기간이 절대적인 것은 아니어서 기업에 따라서는 중기계획이 3~5년, 장기계획은 5년 이상 식으로 바뀔 수 있다는 점에 유의할 필요가 있다. 특히 업종에 따라 기간의 길이가 달라진다. 예컨대, 소비재 업종은 상대적으로 기간 간격이 짧은 반면 중후장대형 업종은 그 간격이 길어진다.

통상 단기계획은 생산시설의 변경(증설 또는 감축) 없이 가동률만으로 생산량을 조절할 수 있는 기간에 대한 계획수립을 말한다. 중기계획은 생산시설의 확장이나 축소를 포함하는 계획수립이 이루어지고 장기계획은 신규사업 진출이나 사업철수 등 구조적 변화를 포함하는 계획을 대상으로 한다.

최고경영자는 주로 장기계획 수립에 관여하며 하위단계로 내려갈수록 중기·단기계획을 수립한다. 각 시계상에 대한 계획을 수립할 때 주의할 것은 조직의 모든 계층에서 장기계획을 제대로 이해하고 있어야 한다는 점이다. 그래야 각 계층에 맞는 계획을 수립할 때 장기계획과 일관성 있는 계획을 수립할 수 있기 때문이다.

관리자를 연구하는 쟈크(E. Jaques)에 의하면, 사람마다 미래에 대하여 생각하고, 계획을 세우고, 업무를 수행하는 시계상 능력이 다르다고 한다. 즉 대부분의 사람들은 겨우 3개월 정도만의 시계를 갖고 있으며, 소수의 사람들은 1년 정도를 그리고 수백만 명 중 한 명 정도만이 20년 이상을 내다볼 줄 안다고 한다.* 이는 장기계획을 세우는 것이 얼마나 어려운지, 결과적으로 최고경영자의 역할이 얼마나 중요하고도 어려운지를 시사하는 것이다.

* Elliot Jaques, *The Form of Time* (New York : Russak & Co., 1982). For an Executive Commentary on his Research, see Walter Kiechel III, "How Executives Think," *Fortune* (December 21, 1987), pp.139~144.

전략적 계획, 전술적 계획과 운영계획

전략적 계획(strategic plan)
장기적인 관점에서 조직이 나아갈 방향을 정하는 것

계획을 그 범위에 따라 구분하면 전략적 계획과 전술적 계획, 운영계획으로 나눌 수 있다. 전략적 계획(strategic plan)은 장기적인 관점에서 조직이 나아갈 방향을 정하는 것이다. 최고경영자는 전략적 계획 수립단계에서 조직의 목표를 설정하고 이를 달성하기 위한 자원의 조달과 배분, 그리고 그 수행방안을 결정한다. 전략적 계획은 포괄적인 계획이다. 전략적 계획에 관하여는 제6장에서 자세히 설명된다.

전술적 계획(tactical plan)
전략적 계획에 근거하여 작성하는 중기적 계획

전술적 계획(tactical plan)은 전략적 계획에 근거하여 작성하는 중기적 계획이다. 전략적 계획이 다소 추상적·장기적이며 최고경영자가 행하는 의사결정으로 외부환경의 중요성이 강조된다면 전술적 계획은 보다 구체적·중기적이며 중간관리자가 행하는 의사결정으로 내부환경 의존적이라고 할 수 있다.

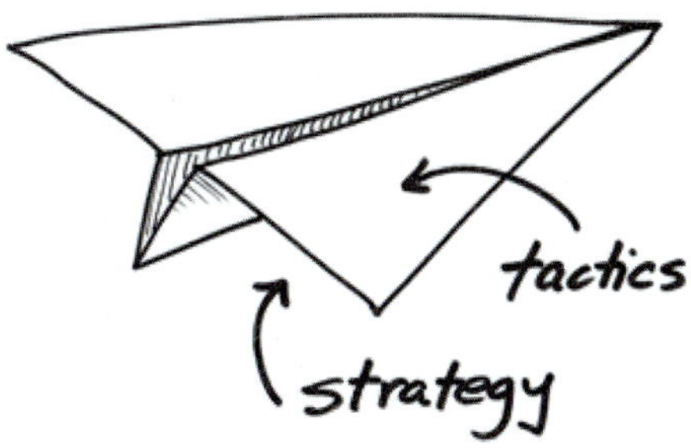

전략과 전술을 표현한 그림. 전략이 종이비행기에서 나아갈 '방향'이라면 전술은 그 방향으로 나아가기 위하여 날개를 어떻게 구체적으로 조작하느냐에 관한 것이다. (자료 : xperlink.com)

운영계획(operational plan)
전략적 계획을 실천하기 위한 구체적인 활동

한편 운영계획(operational plan)은 전략적 계획을 실천하기 위한 구체적인 활동이 담긴 계획을 말한다. 주로 단기간에 이루어지는 계획으로서 그 기간이 1년 단위일 수도 있고 짧게는 1주 단위일 수도 있다. 운영계획에는 조직이 실제로 활동하는 데 필요한 계획이 담기게 된다. 운영계획의 전형적인 예로는 다음과 같은 것들이 있다.

- 생산계획 : 제품의 생산량과 생산시기, 재고수준 등에 관한 계획
- 재무계획 : 영업활동을 지원하기 위한 자금조달계획
- 마케팅계획 : 제품과 서비스의 판매, 물류에 관한 계획
- 인적자원계획 : 사람의 채용, 선발, 배치 등에 관한 계획

계획의 시계와 범위에 따라 구분한 계획의 관계를 보면 〈표 5-1〉과 같다.

표 5-1
계획의 구분

계획의 구분		시간적 범위*	관리자
시계에 따라	범위에 따라		
장기계획	전략적 계획	3년 이상	최고경영자
중기계획	전술적 계획	1~3년	중간관리자
단기계획	운영계획	1년 이하	하위관리자

* 시간적 범위는 업종 및 기업에 따라 달라짐(본문 내용 참조).

정책과 절차

표준계획(standard plan)
표준화된 어떤 계획을 설정해 놓고 반복해서 업무를 수행할 때 기초로 하는 계획

정책(policy)
특정한 상황에서 의사결정과 행동의 광범위한 가이드라인이 되는 표준계획

대부분의 조직에서는 표준화된 어떤 계획을 설정해 놓고, 반복해서 업무를 수행할 때에는 이를 기초로 하는 경우가 많다. 이러한 계획을 표준계획(standard plan)이라고 하며 이에는 정책과 절차가 있다. 정책과 절차와 같은 표준계획은 언제 어떤 상황이 발생하더라도 사람들이 거기에 일관성 있게 따르도록 하는 하나의 방향타와 같은 역할을 한다.

정책(policy)은 특정한 상황에서 의사결정과 행동의 광범위한 가이드라인이 되는 표준계획이다. 정책의 한 예로 인사정책을 보자. 어느 기업에서 신입사원 채용시, 출신대학이나 학교의 성적을 따지지 않고 자체의 시험성적과 면접만으로 채용을 하는 것을 인사정책으로 정했다고 하자. 이러한 정책이 결정되면 채용담당 직원이 계속 바뀌더라도 일관성 있는 신입사원 선발정책이 유지될 수 있을 것이다.

♣ 절차의 보기 : 성희롱 상담 및 구제 절차

▷ 1단계 : 고충의 접수
- 회사 내의 고충처리절차에 따라 고충처리기구의 담당자나 명예고용평등감독관, 인사·노무 담당부서에서 접수한다.
- 접수는 피해자의 접근도와 이용도를 향상시키기 위하여 반드시 문서로 할 필요는 없으며 전화(예 : 무인응답기, 신고전용전화), 사내통신망 등을 이용할 수 있다.

▷ 2단계 : 상담과 조사
- 사건접수와 동시에 신속하게 조사에 착수해야 한다.
- 피해자, 성희롱 용의자로부터 사건 전모에 대하여 설명을 듣고 공정하고 세심하게 조사·기록한다.
- 조사과정에서 지득한 개인정보는 양자의 프라이버시에 관한 문제로 비밀을 지켜야 한다.
- 피해자의 입장을 고려, 성희롱 용의자의 대질 대신 증인의 증언을 들을 수 있다.
- 피해자와 증인을 보복으로부터 보호해야 한다.
- 공식조사결과가 직장 내 성희롱에 해당되면 담당자는 사업주에게 보고한다.

▷ 3단계 : 확인 및 징계조치
- 사업주는 성희롱 사실이 확인되면 성희롱 행위자에 대하여 경고, 견책, 전직, 대기발령, 정직, 해고 등의 적절한 조치를 취해야 한다.
- 경고 등 가벼운 징계는 성희롱 행위를 근절시킬 확고한 경우에만 해당되고, 경고로써 성희롱 행위를 멈추지 않을 경우 더욱 강한 징계조치를 해야 한다.
- 성희롱 피해자가 원하는 경우 본인의 근무부서를 이동시킬 수 있다.

▷ 4단계 : 결과통지
- 조사를 종결할 때에는 피해자와 성희롱 행위자 모두에게 그 결과에 대해서 알린다.
- 사업주는 성희롱 사건에 대한 조치 후에도 피해근로자에 대한 성희롱 문제가 재발하지 않도록 관심을 가진다.

(자료 : 미래성폭력상담소)

절차 또는 **규칙**
(procedures or rules)
특정한 상황에서 어떤 행동을 해야 하는지를 세세하게 규정한 것

절차(procedure) 또는 규칙(rule)은 특정한 상황에서 어떤 행동을 해야 하는지를 세세하게 규정한 것을 말한다. 절차나 규칙은 정책에 근거하여 보다 구체적인 행동방식이나 과정을 나타낸 것이다. 이러한 절차나 규칙은 통상 매뉴얼이나 핸드북 형태로 만들어져 있어서 업무현장에서 손쉽게 활용된다.

예를 들어 요즘 여러 회사에서 종종 문제가 되는 것 중의 하나는 직장 내 성희롱이다. 어느 회사가 성희롱에 대하여 남녀간, 계층간을 막론하고 엄중 처벌하도록 하는 정책을 수립했다고 하자. 이러한 회사의 정책에 근거하여 이 회사에서는 성희롱의 종류에 따라 각 사안을 어떤 과정으로 어떻게 처리하며, 어떤 징계를 할 것인가를 절차 또는 규칙으로 자세히 문서화해 놓게 되는 것이다.♣

예산과 프로젝트 스케줄

정책과 절차가 표준계획으로서 반복성을 갖는다면 예산과 프로젝트 스케줄은 일회성을 갖는 계획이다.

예산(budget)
자원을 각종 활동이나 프로젝트, 프로그램에 배분하는 내용이 담긴 것

예산(budget)은 자원을 각종 활동이나 프로젝트, 프로그램에 배분하는 내용이 담긴 것이다. 예산은 제한적인 자원을 서로 사용하려고 하는 여러 부서간에 적절히 배분해주는 강력한 도구이다. 유능한 관리자는 조직이 필요로 하는 예산을 조달하여 지원해줄 수 있는 관리자이다. 또한 유능한 관리자라면 책정된 범위 내의 예산만을 사용하면서 목표를 달성할 수 있어야 한다.

프로젝트 스케줄
(project schedule)
특별한 과업 성취를 목적으로 수립되는 일회성 계획

프로젝트 스케줄(project schedule)은 특별한 과업 성취를 목적으로 수립되는 일회성 계획이다. 이때 과업은 비교적 큰 규모의 과업을 말한다. 새로운 성능을 가진 자동차 개발, 중국시장 전문인력집단 양성과 같은 것이 프로젝트라고 할 수 있으며, 이의 스케줄을 수립하는 것이 계획수립의 한 유형이다. 이러한 프로젝트들은 반복되는 성격의 과업이 아니다. 프로젝트 스케줄에는 과업의 구체적인 목표, 수행해야 할 활동의 내용과 시기, 자원 소요 내역 등이 포함된다. 좋은 프로젝트 스케줄에는 일의 우선순위가 잘 정해져 있다. 프로젝트에 참여하는 사람들이 각기 무슨 일을 해야 하는지뿐만 아니라 어떤 순서로 해야 하는지도 나타나 있어서 전체 프로젝트를 제때에 마칠 수 있다.

함께 생각해보자

예산은 매년 수립하는 것임에도 비반복성으로 보는 이유는 무엇일까?

3 계획수립기법

계획수립은 관리의 순환과정에서 성공의 핵심적인 요소이다. 당초 수립한 계획대로 활동이 이루어져 목표의 달성가능성을 높이려면 사람들이 계획을 쉽게 이해할 수 있어야 하고 계획수립시 타당한 근거가 있어야 한다. 계획수립에 이용되는 기법(technique, tool)으로는 상황대응 계획법, 시나리오 계획법과 같은 예측법, 벤치마킹, 참여적 계획수립법 등이 있다. 예측법은 미래에 대한 예측에 기반을 두고 있으며, 벤치마킹은 외부조직에서, 참여적 계획수립법은 내부의 구성원으로부터 계획수립의 기초가 제공된다.

□ 그림 5-5
계획수립기법의 분류

계획수립자료의 기반	계획수립기법
예　　측	−예측법 • AI를 이용한 예측과 계획수립 • 상황대응 계획법 • 시나리오 계획법
외 부 조 직	−벤치마킹
내부 구성원	−참여적 계획수립법

예측법

예측(forecasting)
미래에 어떤 일이 발생할 것인지에 관한 가정을 만드는 과정

예측(forecasting)은 미래에 어떤 일이 발생할 것인지에 관한 가정을 만드는 과정이라고 할 수 있다. 모든 좋은 계획은 명시적이든 묵시적이든 예측이 포함되어 있다. 국내외를 막론하고 많은 기관들은 각종 예측을 하여 정기적으로 이를 발표한다. 국내의 경우만 보더라도 기획재정부, 통계청, 한국은행, 한국산업은행, 한국경제연구원 등의 공공기관, 삼성경제연구소, 현대경제연구원 등의 민간기관에서 많은 예측자료를 내놓는다. 그들이 예측하는 내용은 미래의 경제상황, 이자율, 고용, 무역수지 등 경제 내외를 넘나드는 다양한 분야이다.

이들의 예측자료는 숫자로 표현되는 계량적인(quantitative) 것뿐만 아니라

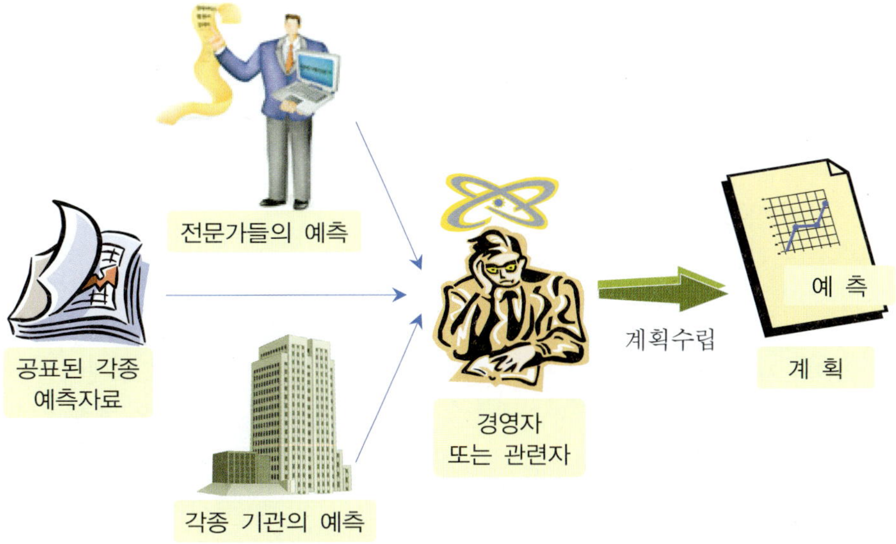

□ 그림 5-6
예측법을 이용한 계획수립

질적인(qualitative) 것도 포함된다. 예측된 내용은 방송이나 신문, 세미나 등을 통해 대부분 세상에 공표된다. 발표내용은 종종 큰 반향을 불러일으켜 특정 산업이나 기업의 주가를 급변시키거나 은행과 같은 채권자들에게 영향을 미치기도 한다.

예측은 전문가의 의견이나 정교한 계량모형에 근거하지만 당연히 오류가 포함될 수밖에 없다. 따라서 경영자는 계획수립시 외부의 예측자료를 있는 그대로 활용할 것이 아니라 하나의 자료로서 참고하여 자신의 계획수립 내용에는 자신의 예측내용을 담아야 한다. 또한 당연히 계획수립시에는 미래가 예측된 대로 전개되었을 경우 조직에서는 어떻게 대응할 것인지도 담겨야 한다.

예를 들어 과거 General Electrics(GE) 가전사업부의 경우를 보면, 이 회사는 외국의 신규시장에 진출할 때에는 기획자 회의를 열어 신규시장에서 전개될 수 있는 어떤 상황도 무시하지 않고 철저히 논의한다. 이후에야 비로소 투자계획이 수립되어 제품이나 마케팅 계획을 현지 사정에 맞게 수립한다. 즉 현지국가에서 전개될 상황을 예측하고 거기에 맞는 조직의 대응행동을 결정하는 것이다.

인공지능(AI)을 이용한 예측과 계획수립

인공지능(AI : Artificial Intelligence)을 이용한 예측과 계획수립은 미래에 대해 과학적 예측을 하고 그에 근거하여 계획을 수립하는 데 있어서 인공지능을 활용하는 분야로, 데이터에 기반하여 수많은 산업, 예컨대 판매, 건강관리, 금융서비스, 제조업 분야 등에서 미래를 예측하고 계획수립을 한다.

AI를 이용한 예측 및 계획수립을 설명하기 전에 먼저 인공지능(artificial intelligence)과 증강지능(augmented intelligence)의 차이를 이해할 필요가 있다. 인공지능은 컴퓨터 과학과 데이터 세트를 결합하여 인간과 상호작용 없이 문제를 해결하는 분야이다. 머신러닝(machine learning)과 딥 러닝(deep learning)은 모두 인공지능의 하위 분야이다. 반면 증강지능은 인간의 정신능력을 증강시키는 컴퓨터와 소프트웨어를 말하며 독립적으로 작동할 수 없기 때문에 매우 제한적인 의미로 사용된다. 정리하면 인공지능은 기계가 인간처럼 생각하고 행동할 수 있게 하는 것이고, 증강지능은 동일한 기계를 이용하여 인간이 특정작업을 수행하도록 돕는 것으로 보면 된다. 후자의 예로, 의료전문가에게 도움을 주는 의료 진단 및 치료 추천 시스템을 들 수 있다.

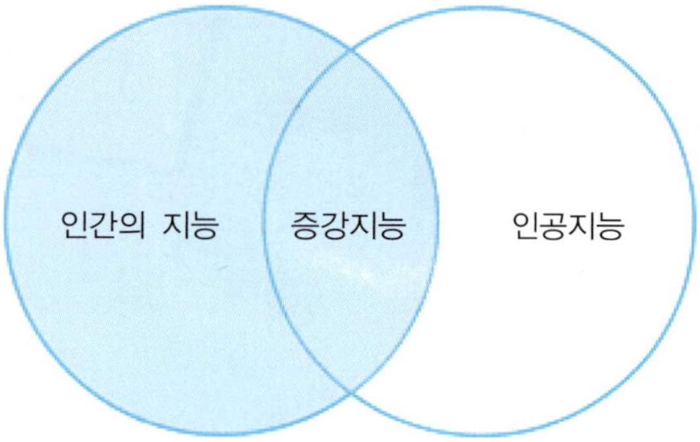

경영 현장에서 AI를 이용한 계획수립이 중요한 이유는 뭘까? AI를 이용한 예측 및 계획은 알고리즘을 사용하여 인간의 판단 없이 예측하므로 오류가 훨씬 적고 전문가(인간)보다 우월한 경우가 많다. AI 예측과 전문가(인간) 예측을 비교한 연구에서는 대부분 인공지능이 우월한 것으로 나타나기도 했다. 물론 알고리즘과 AI가 미래에 인간의 지능을 완전히 대체할지는 미지수이지만, AI의 데이터 분석 능력만큼은 활용도가 더욱 커질 것이다.

에머슨은 1892년에 세계 최초로 전기선풍기를 제작, 판매했다. 사진은 1920년 제품으로 지금도 작동된다. 미국 온라인에서는 약 500달러에 매매되고 있다. (자료 : ebay.com)

기업 현장에서 본다면, 어떤 뛰어난 관리자가 있어서 매일매일 그 기업의 제품별 생산량, 소비자들의 평균구매액 같은 구체적인 데이터들을 잘 알고 있을 수 있지만, 그가 기억하고 관리할 수 있는 데이터양에는 한계가 있을 수밖에 없다. 오늘날 기업 현장에서 매시간 수집되는 데이터가 기하급수적으로 늘어나고 그중 많은 부분이 비정형적 데이터임을 감안한다면 인간이 AI만큼 정확하고 효율적으로 데이터를 분석하는 것은 현실적으로 거의 불가능하다.

AI 적용 사례를 보자. 미국의 다국적기업 에머슨(Emerson Electric)은 연 매출 151억 달러, 직원 수 86,700명에 전 세계 제조시설만 170개를 보유하고 있다. 관리하는 브랜드는 80개가 넘는다. 이런 글로벌 기업에서 이익 극대화를 추구하면서, 모든 제품의 수요를 정확히 예측하고 이에 맞춰 균형적인 공급계획을 수립하려고 할 때 순수 인간의 힘으로 하는 것은 현실적으로 가능하지 않다. 그러나 AI는 가능하다. 대형제조업체가 AI를 이용한 계획 및 예측기법을 활용하지 않으면서 업계를 지배하기는 어려운 세상이 된 것이다.

기상정보는 일반 사회는 물론이고 기업들에게도 매우 중요하다. 기상예보에도 AI의 바람이 불고 있다. 본장의 마지막 '토론'에서 소개하고 있는 구글의 AI 기상예보시스템 그래프캐스트(GraphCast)는 슈퍼컴퓨터로, 몇 시간씩 걸리는 10일간의 일기예보를 1분이면 할 수 있으며 정확성도 훨씬 뛰어나다고 한다.

상황대응 계획법

계획수립은 미래에 대한 예측을 근거로 이루어진다. 따라서 미래 환경의 불확실성이 커질수록 당초 계획수립시의 가정이나 예상, 의도 등이 빗나갈 가능성이 커진다. 예상하지 못했던 문제나 사건들이 발생하는 것인데, 계획을 수정해야 할 경우도 생긴다.

상황대응 계획법
(contingency planning)
환경변화로 인하여 당초 계획이 부적절한 것으로 판단되었을 때 새로운 환경에 적절히 대응할 수 있도록 대안을 찾아 행동을 수정하는 과정

상황대응 계획법(contingency planning)은 환경변화로 인하여 당초 계획이 부적절한 것으로 판단되었을 때 새로운 환경에 적절히 대응할 수 있도록 대안을 찾아 행동을 수정하는 과정이다. 이를 위해 조직을 둘러싼 환경이 당초 계획수립시점과 달라지고 있는지의 여부를 수시로 확인해야 하며, 변화의 식별시점은 빠를수록 좋다.

회사에 따라서는 이러한 일—기존의 계획이 더 이상 바람직하지 않을 만큼 환경이 심각하게 변화했는지 파악하는 일—을 자문단이나 관리자 중 일부에게 맡기기도 하고, 아예 계획수립시점에서 최악의 상황에 대비한 계획을 별도로 준비하기도 한다.

시나리오 계획법

시나리오 계획법 또는 **시나리오 플래닝(scenario planning)**
미래에 전개될 시나리오를 예측하고 각 시나리오에 대응되는 계획을 수립하는 과정

시나리오 계획법 또는 시나리오 플래닝(scenario planning)은 미래에 전개될 여러 시나리오를 예측하고 각 시나리오에 대응되는 계획을 수립하는 것을 말한다. 상황대응 계획법이 상대적으로 단기간의 예측기법이라면 시나리오 계획법은 장기간의 예측기법이다. 다양한 시나리오를 준비하면 미래 환경변화에 유연하게 대응할 수 있다.

이 기법은 1950년대에 미군이 적군의 공격전략에 대응하기 위한 군사전략용으로 개발되었는데, 1970년대부터 본격적으로 기업경영에 적용되기 시작했다. 최초로 기업경영에 적용한 회사는 석유회사인 로열 더치 쉘(Royal Dutch Shell)이다.

시나리오 계획법을 처음 개발한 허먼 칸(Herman Kahn). 그는 탁월한 미래학자였다.

이 회사는 유가가 안정적이던 1965년에 이스라엘과 중동 산유국 간의 미래 분쟁에 대비한 시나리오를 작성했다. 1973년에 실제로 중동전쟁이 터지고 오일쇼크가 일어나면서 시나리오를 준비했던 이 회사는 당시 업계 7위에서 단숨에 1위에 오르게 된다. 이후 이 회사는 "석유공급이 끝난 후에는 우리 회사는 무슨 일을 해야 하는가?"의 물음에 대한 답으로 시나리오 계획법을 활용하고 있다. 우리나라에서도 최근 적지 않은 기업들이 시나리오 경영을 시도하고 있다. 포스코의 경우를 보면 경기선행지표를 수시로 모니터링하면서 외부환경 변화에 선제적으로 대응하고 생산 및 판매를 탄력적으로 조정함과 동시에 전사적인 원가절감을 추구하는 식의 시나리오 경영을 하고 있다.

시나리오 플래닝의 주창자 피터 슈워츠(Peter Schwartz)에 의하면 시나리오 개발의 개략적인 과정은 다음과 같다.

먼저 ① 1단계에서는 회사의 미래에 장기적으로 큰 영향을 미칠 수 있는 주제나 중요 의사결정사항을 정한다. ② 2단계에서는 1단계에서 도출된 주제나 의사결정사항의 성공 여부에 영향을 미칠 핵심요인들을 찾는다. ③ 3단계에서는 2단계에서 밝혀진 핵심요인에 영향을 줄 수 있는 원동력(遠動力)을 거시적 관점에서 규명한다.

가스회사의 경우를 예로 들어보자.* 1단계에서 주제를 '유럽에서의 천연가스 공급 안정성'으로 정했다고 하자. 2단계에서는 공급 안정성에 영향을 미

* 슈워츠의 이 예시는 러시아의 우크라이나 침공으로 그의 선견지명을 다시 한번 확인시켜주었다. 양국 전쟁 전에는 유럽 가스의 30%를 러시아가 공급했다. 전쟁 발발 후 가스 공급이 어려워지면서 유럽의 가스가격이 폭등했다.

쉬어가기 **미래학과 시나리오 플래닝**

미래학이라는 학문분야가 있다. 미래사회를 여러 각도에서 연구, 추론하는 학문분야로 1940년대에 등장했다. 앨빈 토플러(Alvin Toffler), 페이스 팝콘(Faith Popcorn), 허먼 칸(Herman Kahn), 호머 리(Homer Lea) 등이 대표적인 미래학자(futurist)인데, 이 중에는 낯익은 사람도 있고 다소 생소한 사람도 있다. 예컨대 호머 리는 비교적 생소한 학자이지만 그는 지난 1909년 일본군의 진주만 공격과 2차 세계대전 발발을 정확히 예측했고, 1980년 구소련이 아프가니스탄을 침공할 것이라는 사실을 무려 70여 년 전에 예견한 사람이다. 하지만 여기서 말하고자 하는 사람은 허먼 칸과 피터 슈워츠(Peter Schwartz)다.

1941년에 있었던 일본의 진주만 공격. 미래학자 호머 리는 1909년에 이 공격을 사전에 예측했다.

먼저 허먼 칸은 1950, 60년대에 미 공군에 근무하면서 최초로 시나리오 플래닝이라는 미래예측방법을 고안해서 명성을 날렸다. 그는 1968년에 '미래의 체험'이라는 저서에서 100가지를 예측했는데, 이 중 95가지나 적중했다. 현금자동지급기(ATM)기, 위성항법장치(GPS), 초고속열차, 비디오리코더(VCR) 등이 대표적이다. 물론 자동 인간체중 조절기, 치료 목적의 인간 겨울잠 자기, 모든 개인의 비행기 소유 등과 같이 빗나간 예측도 있기는 하다.

□ 그림 5-7
시나리오 개발과정

치는 핵심적인 요인으로 '러시아(러시아는 천연가스를 유럽에 공급한다)와 유럽의 관계'를 들 수 있다. 3단계에서는 이 관계에 영향을 미치는 원동력으로 유럽과 러시아를 둘러싼 정치, 경제, 사회, 기술, 환경 등의 요인이 파악될 것이다.

시나리오 플래닝은 피터 슈워츠가 이어받아 본격적으로 꽃을 피웠다. 국가 및 기업 경영에 이 기법을 본격적으로 적용하기 시작했기 때문이다. 그는 1980년대 초에 이미 소련이 경제붕괴로 공산주의 체제를 포기하게 되리라는 소련 붕괴 시나리오를 내놓았다. 당시에는 허황된 이야기라고 비웃음을 샀지만 그가 시나리오 기획 입안자로 있던 로열 더치 셸 석유회사는 그 시나리오를 채택했다. 그 결과 셸은 소련 붕괴에 대비하는 장기적 경영전략을 수립했고 결과적으로 크게 성공하게 된다. 그는 9·11 테러 7개월 전인 2001년 2월에 이슬람 근본주의자에 의한 미국 주요 건물 테러를 예측한 시나리오 보고서를 미 정부에 제시했다고 하니 대단한 혜안이 아닐 수 없다. 물론 당시 부시 대통령은 이를 거들떠보지 않고 당시 부통령이던 체니에게 넘겼고 그 역시 이 시나리오를 무시했다고 한다. 이 사건으로 시나리오 플래닝 기법은 매우 우수한 미래예측기법으로 인정받는 계기가 되었다. (관련자료 종합)

영화 마이너리티 리포트(minority report), 딥 임팩트(deep impact) 등의 아이디어도 슈워츠에게서 나왔다. 마이너리티 리포트에 나오는 홍채인식시스템, 허공에 떠 있는 화면, 맞춤형 전광판 등이 그의 아이디어이다.

④ 4단계에서는 2단계에서 도출된 핵심요인과 3단계에서 도출된 원동력 변수에 대하여 등급을 매긴다. 등급을 매기는 기준은 중요도와 불확실성 정도이다. ⑤ 5단계에서는 2, 3, 4단계의 결과를 이용하여 몇 개의 서로 다른 시나리오 줄거리를 만든다. 즉 2단계에서 도출된 핵심요인이 '러시아와 유럽의 관계'라면 이에 수반되는 3, 4단계의 분석 결과를 이용하여 하나의 시나리오를 만들고, 만일 2단계에서 도출된 또 다른 핵심요인이 '태양열 에너지의 상업화 가능성'이라면 이에 상응한 시나리오 얼개를 만드는 것이다. 통상 3~4개 정도의 시나리오를 만든다. 이후 ⑥ 6단계에서는 시나리오를 구체화하고 ⑦ 7단계에서는 각 시나리오대로 했을 경우의 결과를 가상으로 테스트해보며, ⑧ 마지막 8단계에서는 준비된 여러 개의 시나리오 중에서 현재의 상황과 가장 가까운 시나리오를 찾게 된다.

물론 시나리오 계획법이 미래의 모든 발생가능한 상황에 대한 대비책을 준비할 수 있도록 해주는 것은 아니다. 그러나 시나리오 계획법은 사람들이 미래에 대하여 한 번 더 생각하게 해주고 미래에 충격적인 변화가 발생하더라도 의연하게 대처할 수 있게 해주는 이점이 있다. 시나리오 계획법에서 관심이 되는 분야는 주로 기후변화, 개발의 한계, 인간의 권리, 생물학적 다양성 등이다.

함께 생각해보자

어떤 일을 도모함에 있어 시나리오를 세웠던 경험을 생각해보자.

벤치마킹

벤치마킹(benchmarking)
현재의 성과를 비교하고 미래에 취할 수 있는 행동을 식별하는 데 외부적인 비교기준을 활용하여 도움을 받는 것

벤치마킹(benchmarking)은 현재의 성과를 비교하고 미래에 취할 수 있는 행동을 식별하는 데 외부적인 비교기준을 활용하여 도움을 받는 것을 말한다. 벤치마킹의 목적은 다른 사람이나 조직이 어떻게 잘하고 있는지를 파악하고 이를 자신에게 어떻게 이롭게 활용할 것인가 하는 것이다.

벤치마킹이 되는 대상은 조직의 성격이나 크기에 관계없다. 같은 업종 내에서 경쟁자나 우량기업을 벤치마킹하기도 하지만 전혀 관계없는 이질적인 조직을 벤치마킹하기도 한다. 벤치마킹하는 내용의 범위도 인사정책이나 정보시스템처럼 단일사안부터 전체적인 조직운영 방식까지 제한이 없다. 단지 우월한 성과를 보이고 있는 모든 사람이나 조직이 대상이 된다.

이 기법은 최근에 크게 각광을 받고 있는 분야이다. 한 연구에 의하면 벤

치마킹 기법을 활용한 결과 성장은 69% 빨라지고 생산성은 45% 개선되었다고 한다.*

* "Newswatch," *CFO*, July 2002, p.26.

참여적 계획수립법

참여적 계획수립법 (participatory planning)
수립된 계획에 영향을 받고 또한 이를 수행해야 하는 사람들이 계획수립과정에 참여하는 것

참여(participation)는 계획수립과정에서 핵심적인 것이다. 참여적 계획수립법(participatory planning)이란 수립된 계획에 영향을 받고 또한 이를 수행해야 하는 사람들이 계획수립과정에 참여하는 것을 말한다. 이러한 방법은 조직에 많은 효익을 가져다준다. 계획수립시 다양한 계층의 사람들이 많이 참여하면 활용 가능한 정보의 양이 많아지고 창조성이 향상된다. 또한 최종적으로 확정된 계획에 대한 이해도, 수용도, 몰입도 등을 높여준다.

따라서 계획수립시에는 다양한 분야의 사람들이 참여하여 공헌하게 함으로써 그들의 능력과 이점을 활용하고 책임감을 부여할 필요가 있다. 이는 최고경영자의 몫이라고 하는 전략적 의사결정의 경우도 예외가 아니다. 전략계획수립에 보다 많은 단계의 사람들이 참여할수록, 그리고 참여의 정도가 강할수록 조직의 목표를 달성하기 위한 조직구성원의 몰입 정도가 커진다.

이 방법의 단점은 계획수립시 시간이 많이 소요된다는 점이다. 그러나 이 방법이 효율적으로 사용되기만 한다면 일반적으로 시간의 지연으로 발생하는 비용의 크기보다 참여적 계획수립법 자체가 제공하는 효익이 더 크다.

4 계획의 한계

계획수립은 반드시 필요한 관리활동이다. 계획수립의 결과물인 계획이 갖는 한계는 다음과 같은 것들이 있다. 이에 대한 충분한 이해는 계획의 성과를 더욱 높여줄 것이다.

계획은 구성원을 경직하게 만들고 창의성을 감소시킨다

계획은 정책과 절차를 미리 결정하는 것을 포함한다. 구성원들은 이를 엄격히 따라야 하며, 계획에서 벗어나는 것은 매우 바람직하지 않은 것으로 간주된다. 직원들은 미리 정해진 정책을 엄격히 따라야 하기 때문에 업무에 경직성을 가져온다. 미리 정해진 정책을 엄격히 따르다 보면 목표를 달성하는 것보다 계획 준수에 관심을 더 갖게 된다. 주객이 전도되는 상황이 되는 것이다. 지나친 계획의 강조는 개인의 자주성과 능력 발휘, 특히 창의성을 감소시킨다.

계획이 성공을 보장하지는 않는다

계획이 아주 잘 수립되었다고 하여 그 계획이 반드시 성공한다는 보장은 없다. 특히 잘 수립된 계획으로 조직구성원이 안정감을 느끼는 경우는 더욱 그렇다. 관리자들은 이미 한번 성공했던 과거의 계획을 다시 활용하려는 경향이 있는데, 그 계획이 새로운 경쟁환경에서도 효과가 있을지는 미지수다.

계획수립에는 시간이 소모되고 비용이 수반된다

계획수립을 위해 관련된 정보를 수집, 분석 및 해석하는 데 많은 시간이 걸린다. 이로 인해 의사결정이 지연되기도 한다. 따라서 즉각적인 결정이 필요한 위기와 비상 상황에서 계획수립에 매달리다 보면 기회를 잃을 수 있다. 계획을 위한 정보 수집 및 분석시에는 적지 않은 비용이 발생한다. 전문가를 많이 활용할수록 더욱 그렇다. 계획수립을 위한 분석에서 얻어지는 이익이 비용보다는 많아야 한다. 계획수립시 소요되는 비용이 이익을 정당화하지 못한다면 차라리 계획수립을 하지 않는 것이 옳다.

매우 역동적인 환경에서는 계획이 실패할 가능성이 커진다

불확실성이 크고 역동적인 환경에서는 당초 계획이 빗나갈 가능성이 커진다. 조직이 통제할 수 없는 외부환경에 급격한 변화가 생길 때에는 계획이 실패할 가능성이 커진다. 급격한 상황 변화에 대응할 수 있는 준비가 되어 있어야 한다.

5 목표관리

목표관리기법은 유용한 계획수립 및 실행방법이면서 통제방법이다. 즉 목표관리기법은 계획수립에서 출발하여 그 수행과정, 통제과정이 모두 포함되는 독특한 특성을 가지고 있다. 피터 드러커(Peter Drucker)가 주장해서 널리 활용되고 있는 관리기법이다.

관리의 순환과정 중 실행은 제7장과 제8장에서, 통제에 관하여는 제9장에서 설명하겠지만 계획수립이 목표관리의 시작이므로 목표관리기법을 여기에서 살펴보고자 한다.

피터 퍼디낸드 드러커(Peter Ferdinand Drucker, 1909~2005). 오스트리아 빈 출신의 미국인으로 대표적인 현대 경영학자이자 작가였던 그는 스스로를 '사회생태학자(social ecologist)'라고 불렀다.

목표관리의 의의

목표관리(MBO)
상급자와 하급자가 함께 목표를 설정하고 실행한 후 이를 평가하는 과정

계획수립과 통제는 마치 동전의 양면과 같은 성격을 가지고 있다. 목표관리기법은 매일매일의 업무수행과정에서 계획수립과 통제활동을 통합하는 매우 유용한 기법이다. 목표관리(MBO : Management By Objectives)란 상급자와 하급자가 함께 목표를 설정하고 실행한 후 이를 평가하는 과정을 말한다. 즉 감독자(상급자, 리더)와 부하직원(하급자, 팀원)이 함께 목표를 설정하고 성취된 결과를 평가하는 일상적인 의사소통과정이다.

MBO에서는 감독자와 부하직원이 다음의 내용을 공식적으로 합의한다.

MBO가 최초로 제시된 드러커의 저서

감독자와 부하가 합의하는 내용

- 특정기간 동안 부하직원이 달성해야 할 목표
- 목표가 성취되어가는 과정에 대한 계획
- 목표가 달성되었는지를 평가할 때 판단할 성과표준
- 성과를 평가하는 절차

목표관리의 과정

MBO의 과정은 [그림 5-8]과 같이 정리할 수 있다. 그림에서 보는 것처럼 첫 단계는 조직 전체 차원의 예비적 목표를 설정하는 것이다. 이 목표는 조직 전체에 대한 것이기 때문에 당연히 최고경영층이 결정한다. 이 목표는 하급자들과도 공유하게 한다.

□ 그림 5-8
MBO의 과정

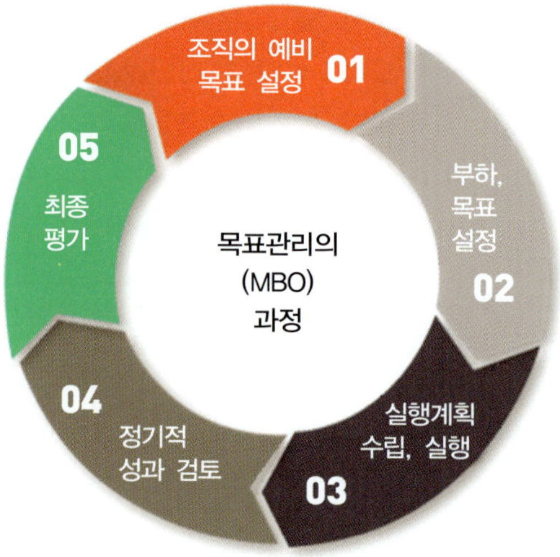

두 번째 단계는 실제로 일을 하게 될 하급자(부하)의 목표를 설정하는 것이다. 앞서 설정된 조직의 목표는 조직 각 개인에게 나누어지며, 모든 개인이 각자에게 주어진 과업을 수행하는 경우에만 달성될 수 있다. 상사는 부하에게 작업수행을 위한 자원을 제공하기 전에 부하와 먼저 상의해야 한다. 이때 제공되는 자원은 목표에 따라 비례해야 한다. 목표설정은 상사가 부하직원에게 일방적으로 부과하는 것이 아닌, 서로 논의하는 양방향 프로세스로 진행된다. 상급자는 부하에게 목표를 제안하고 부하는 목표를 수용하는 식이다. 업무를 수행할 일정, 업무수행 후 결과를 비교 평가할 표준도 설정한다.

목표를 세울 때에는 다음의 네 가지 기준을 충족하는 목표를 세우는 것이 바람직하다.

- 구체적일 것 : 추상적이 아닌 핵심사항 중심으로 이해하기 쉽고 구체적

인 목표를 설정한다.

- 시간이 명시될 것 : 목표달성시기를 구체적으로 명시한다.
- 도전가능할 것 : 실현가능하여 도전의지를 가질 정도의 목표를 설정한다.
- 측정가능할 것 : 가능하면 숫자로 측정가능한 목표가 바람직하다.

세 번째 단계로, 목표가 설정되면 실행계획(action plan)을 수립하고 실행한다. 상사와 부하가 공동으로, 상호작용하면서 주어진 작업을 수행한다. 상급자는 제안을 하고 부하들은 수행하는 식이다.

네 번째 단계는 정기적으로 성과를 검토하는 단계이다. 정해진 시간 간격으로 상사와 부하가 공동으로 참여하여 부하의 업무에 대한 평가를 한다. 문제가 있거나 당초 목표와 편차가 있으면 함께 논의하여 해결방안을 찾는다. 이 단계의 주된 목적은 하급자의 실적을 평가하여 비판하려고 하는 것이 아니라 성과의 질적 개선을 위한 것이다.

마지막 단계는 최종 평가단계이다. 부하 성과의 평가는 완료된 작업을 대상으로 이루어진다. 실제 성과는 당초 설정된 목표(또는 표준)와 비교된다. 평가 결과는 보상이나 최종적인 직원의 평가에 반영된다.

목표관리의 장단점 : 찬반양론

MBO가 드러커(Drucker)에 의해 모습을 드러낸 이후 오랫동안 이 기법에 대해서는 찬반양론이 뜨겁게 전개되어 왔다. 이러한 찬반 논쟁은 역설적으로 MBO 기법을 채택할 때 어떤 점에 관심(장점)을 기울여야 하고 어떤 점은 조심(단점)해야 하는지를 알게 해줌으로써 이 기법의 장점을 극대화할 수 있도록 해준 면도 있다.

MBO기법을 활용할 때 피해야 할 대표적인 문제점으로는 쉬운 목표를 설정하는 것, 서류작업을 과도하게 요구하는 것, 감독자가 부하에게 자신이 생각하고 있는 목표수준을 단순히 말하는 것만으로 자신의 본래 의무를 다했다고 생각하는 것, 단기간의 목표만을 지나치게 강조하는 것 등이 있다.

이러한 점만 극복이 된다면 MBO는 [그림 5-9]와 같이 많은 이점을 준다.

□ 그림 5-9
목표관리(MBO)가 주는 이점

부하에게는

- 가장 중요한 과업을 수행하고 목표를 달성하기 위하여 노력해야 할 업무가 무엇인지 알 수 있게 해준다

상사에게는

- 부하와의 합의하에 설정한 목표달성을 위하여 부하를 어떻게 지원해야 하는지를 분명히 알 수 있게 해준다

조직에는

- 상사와 부하가 직접 얼굴을 맞대고 협의하기 때문에 상하간의 관계형성에 도움을 준다
- 부하는 자신에게 영향을 미치는 업무의사결정에 직접 참여할 수 있는 제도화된 기회를 갖는다
- 이로 인해 부하는 외부적인 통제에 의해서 움직이기보다는 자신이 스스로 하려는 의지를 갖게 된다
- 당연히 설정된 목표를 달성하려는 의지 또한 강해져 조직 전반에 큰 기여를 하게 된다

구글의 AI 일기예보, 얼마나 정확할까?

■ 구글 딥마인드의 AI 기반 기상예보모델, ‘그래프캐스트(GraphCast)’

세계 과학 저널의 양대산맥 중 한 축을 이루는 ‘사이언스(Science)’에 2023년 11월 14일, 한 논문이 게재되었다. 해당글을 투고한 주체는 세계 인터넷 시장을 책임지는 대형 다국적기업인 ‘구글’. 한때 기계학습을 통해 인간과는 차원이 다른 속도로 실력을 길러 이세돌 9단을 상대로 바둑 경기에서 승리한 인공지능 ‘알파고’를 개발한 ‘구글 딥마인드’가 그 주인공이다. 구글 딥마인드가 투고한 글의 핵심은 다음과 같다. AI의 기계학습을 기반으로 한 그래프캐스트는 지구의 위도와 경도를 0.25° 간격으로 세분화하여 기상예측을 진행한다. 그래프캐스트는 기존의 방식에 비해 10일 예측에 있어서 뛰어난 정확도를 보인다. 기존의 방식을 사용하던 대기과학 집단들은 그래프캐스트를 참고하여 더 향상된 수준의 기상예측을 이룩하기 위해 노력하고 있다. 기상예보모델이란 무엇이며, 그래프캐스트는 과연 기존 기상예보모델에 비해서 신뢰할 만하다고 할 수 있을까?

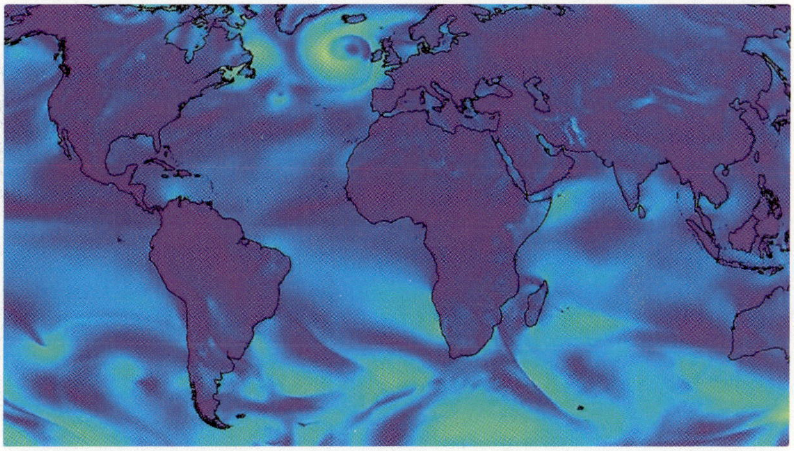
구글 딥마인드의 그래프캐스트가 그린 기상예보 (자료 : Google Deepmind)

■ 기상예보모델

사회와 산업 전반은 날씨의 영향을 많이 받으므로 예측이 중요한데 이를 기상예보를 통해 실현할 수 있다. 그러면 기상예보는 구체적으로 어떻게 이루어지는 것일까?

대기과학에서는 ‘모델링(modeling)’이라는 방법을 활용하여 기상예보를 진행한다. 모델링이란, 지구를 작은 크기의 위도와 경도로 세분화하고 격자화하여, 특정격자의 현재 기상상태와 대기의 운동을 설명할 수 있는 역학방정식을 이용하여 미래의 기상현상을 예측하는 것이다. 즉, 우리가 기상현상을 예측하기 위하여 사용하는 컴퓨터를 활용한 방법이 ‘기상예보모델링’ 또는 ‘기상예보모델’인 것이다.

이러한 기상예보모델은 20세기 중반부터 컴퓨터의 발명에 따라 급속도로 발전했다. 현재 가장 많이 이용되고 높은 정확도를 보이는 모델로 ‘수치예보모델(NWP : Numerical Weather Prediction)’이 있는데, 이에 대항하여 등장한 구글 딥마인드의 AI인 그래프캐스트는 ‘기계학습예보모델(MLWP : Machine-Learning Weather Prediction)’에 속한다. 이 두 모델의 핵심적인 차이는 무엇이며, MLWP는 기존의 NWP에 비해 무엇이 낫다고 할 수 있을까?

■ 그래프캐스트의 일기예보를 신뢰할 수 있을까?

앞에서 설명하였듯, NWP는 전통적인 방식을 따라 과거의 기상상태를 대기의 지배역학방정식에 대입하여 미래의 기상상태를 예측한다. 더 자세히 기술하자면, 매우 짧은 시간단계마다 방정식을 계산하는 것을 반복하여 1일, 3일, 그리고 7일 이상까지의 예측을 하는 것이다. 그러나 이러한 방법은 몇 가지 치명적인 문제점을 지니고 있다. 첫째로, 수초 단위의 계산을 무수히 많이 반복하여 수일 단위의 예측을 진행해야 하기 때문에 계산에 들어가는 시간과 비용이 천문학적이다. 둘째로, 격자의 크기를 특정범위 이하로 줄임으로써 정확도를 높인다고 하면, 계산을 해야 하는 시간간격이 더 작아지기 때문에 필요한 시간과 비용이 기하급수적으로 증가하게 된다. 셋째로, 대기의 지배역학방정식을 따르지 않는 미세물리적인 방식으로 인한 기상이 발생할 가능성이 존재해 해당 기상현상들은 NWP 방식하에서는 예측이 어렵다. 이러한 문제점들로 인해 많은 대수의 슈퍼컴퓨터를 동원하고 많은 비용을 들여 기상예보를 진행해도 특정동네에서의 강수와 같은 미세한 기상현상을 놓칠 수밖에 없는 것이다.

AI 기상예보시스템 그래프캐스트와 같은 MLWP는 앞선 NWP의 단점들을 혁파하는 성능을 가진다. MLWP는 지배방정식을 이용하여 순차적으로 다음 시점의 기상을 계산하는 것이 아니라, 과거의 수십 년간의 데이터를 이용하여 기계학습을 한 후 다음 시간의 기상이 어떻게 전개될 것인지 예측한다. 그래프캐스트가 학습을 하는 데 사용한 자료는 유럽중기예보센터(ECMWF)의 재분석 자료인 ECMWF Reanalysis v5(ERA5) 자료이며, 40년간의 ERA5 자료를 이용하였고 위성이나 지상 관측 자료 또한 사용하였다. 그래프캐스트는 전 지구를 0.25° 간격으로 나누어 100만 개 이상의 격자를 만들고, 연직으로는 고도 80km까지 37개의 층으로 나누어 세밀한 예측을 진행했다.

언뜻 보면 단순한 것 같고 의심이 들 만한 방식이지만, 실제로는 높은 정확도를 나타냈다. 구글 딥마인드측은 "ECMWF에서 사용하는 NWP 모델인 HRES에 대비하여, 구글의 그래프캐스트는 1,380개의 테스트 항목 중 약 90% 이상에서 더 높은 정확도를 보였다"고 전했다. 또한 "그래프캐스트는 1분 이내로 앞으로의 10일 예측을 생성하는 데 성공했다"고도 덧붙였다. 더욱 놀라운 점은, 논문이 발표되기 전인 2023년 9월 이미 그래프캐스트는 허리케인 리의 이동경로를 추적하여 캐나다 노바스코샤에 상륙할 것을 기존 모델에 비해 약 3일 먼저 정확하게 예측했다는 것이다.

4차 산업혁명 시대에 접어들며 AI 기술이 빠르게 발전하면서, 그래프캐스트를 비롯한 MLWP의 성장속도가 매우 가팔라지며 대기과학에 혁신을 이끌어내고 있다. MLWP가 과거 데이터를 활용하여 미래에 대한 예측, 더 나아가 극한 기상 또는 미세물리적인 현상 예측을 해냄에 따라 기상학계의 MLWP에 대한 관심이 집중되고 있다.

토론주제 AI가 기상예측에 더 우월하다면 기상청과 같은 일기예보 기관은 더 이상 필요 없을까?

핵심용어

- 계획수립
- 계획
- 시간관리
- 계획수립의 단계
- 단기계획
- 중기계획
- 장기계획
- 전략적 계획
- 전술적 계획
- 운영계획
- 정책
- 절차
- 예산
- 프로젝트 스케줄
- 예측법
- 상황대응 계획법
- 시나리오 계획법
- 시나리오 플래닝
- 벤치마킹
- 참여적 계획수립법
- 목표관리

요 약

- 계획수립(planning)은 미래에 예견되는 다양한 기회를 분석하고, 평가하며, 선택하는 과정을 통하여 조직의 목표를 달성할 수 있는 행동계획을 체계적으로 개발하는 것이다. 계획수립의 결과물은 계획(plan)으로 나타난다.
- 계획을 세우면 집중도를 높이고 유연성을 향상시켜주며, 조직구성원의 행동지침이 된다. 조직의 조정과 시간관리를 도울 뿐만 아니라 통제의 근거가 된다.
- 계획을 수립할 때에는 먼저 조직의 목표를 확인한 후 목표를 달성할 수 있는 여러 대안을 나열해본다. 각 대안의 전제조건을 분석하여 최적대안이 선택되면 이를 수행하기 위한 계획을 수립하는 것이다.
- 계획은 시계에 따라 단기계획, 중기계획, 장기계획 등으로 나누고 범위에 따라 전략적 계획, 전술적 계획, 운영계획으로 나눈다. 운영계획은 다시 처리되는 업무가 반복적인 업무이면 정책 및 절차로 이어지고, 비반복적인 업무이면 예산 또는 프로젝트로 이어진다. 이처럼 계획은 계층구조를 가지고 있다.
- 계획수립에 이용되는 기법으로는 상황대응 계획법, 시나리오 계획법 등의 예측법, 벤치마킹, 참여적 계획수립법 등이 있다. 예측법은 예측에 기반을 두고 있으며, 벤치마킹은 외부조직에서, 참여적 계획수립법은 내부의 구성원으로부터 계획수립의 기초가 제공된다.
- 계획이 갖는 한계점도 있다. 계획은 구성원을 경직하게 만들고 창의성을 감소시키며, 성공을 보장하지 않고 계획수립에는 시간이 소모되고 비용이 수반된다. 또한 매우 역동적인 환경에서는 계획이 실패할 가능성이 커진다
- 목표관리기법은 상급자와 하급자가 함께 목표를 설정하고 실행한 후 이를 평가하는 과정을 말한다. 목표관리기법은 계획수립에서 출발하여 그 수행과정, 통제과정이 모두 포함되는 독특한 특성이 있다.

연습문제

1. 계획수립을 하는 이유는 무엇인가?
2. 계획수립의 제 단계를 설명하라.
3. 계획의 계층구조를 설명하라.
4. 계획수립 제 기법의 특징을 설명하라.
5. 시나리오 계획법에 의거하여 MT 계획을 세워보라.
6. 계획의 한계점을 설명하라.
7. 참여적 계획수립법의 장단점을 설명하고 단점을 극복할 수 있는 방안을 제시하라.
8. 목표관리의 장단점을 설명하고 일상생활에서 이를 어떻게 응용할 수 있는지 생각해보자.

볼거리 읽을거리

쇼생크 탈출(The Shawshank Redemption)

감독 : 프랭크 다라본트(Frank Darabont)
출연 : 팀 로빈스(Tim Robbins), 모건 프리먼(Morgan Freeman), 밥 건튼(Bob Gunton)
제작 : 캐슬 록(Castle Rock Entertainment)
배급 : 콜럼비아(Columbia Pictures, 1994)

두려움은 너를 죄수로 가두고 희망은 너를 자유롭게 하리라.

촉망받던 은행 부지점장 앤디(팀 로빈스)는 아내와 그 애인을 살해한 혐의로 종신형을 받고 쇼생크 교도소에 수감된다. 강력범들이 수감된 이곳에서 재소자들은 짐승 취급을 당하고, 혹여 간수 눈에 잘못 보였다가는 개죽음 당하기 십상이다. 처음엔 적응 못하던 앤디는 교도소 내 모든 물건을 구해주는 레드(모건 프리먼)와 친해지며 교도소 생활에 적응하려 하지만, 악질 재소자에게 걸려 강간까지 당한다. 그러던 어느 날, 간수장의 세금 면제를 도와주며 간수들의 비공식 회계사로 일하게 되고, 마침내는 소장의 검은 돈까지 관리해주게 된다. 덕분에 교도소 내 도서관을 열 수 있게 되었을 무렵, 신참내기 토미(길 벨로우스)로부터 앤디의 무죄를 입증할 기회를 얻지만, 노튼 소장은 앤디를 독방에 가두고 토미를 무참히 죽여 버리는데… (자료 : Daum 영화)

CHAPTER

6 전략적 경영

1. 전략적 경영과 전략적 계획수립
2. 조직의 방향 설정
3. 전략의 유형
4. 전략의 실제

한때 '인텔 인사이드'라는 슬로건으로 품질의 대명사로 여겨졌던 인텔은 현재 엔비디아와 AMD에 밀려 AI 칩 시장에서 고전하고 있다. (자료 : fortunekorea)

인텔, AI 뒤처진 결정적 실수… 7년 전 오픈AI 투자 거절

미국 반도체기업 인텔이 약 7년 전 인공지능(AI) 기업 오픈AI에 대한 투자기회를 놓친 것으로 드러났다. 로이터통신은 인텔이 2017년과 2018년 사이 오픈AI에 10억 달러를 투자해 15% 지분을 확보하는 방안을 검토했으나 최종적으로 이를 포기했다고 보도했다. 당시 밥 스완 인텔 최고경영자(CEO)는 생성형 AI 모델의 시장성을 낮게 평가해 투자를 거절한 것으로 알려졌다.

인텔의 주가 흐름 (자료 : 구글)

이후 오픈AI는 2022년 챗GPT를 출시하며 AI 혁명을 주도하고 있으나 인텔은 AI 칩 시장에서 경쟁사들에 크게 뒤처져 있다. 지난 2분기 실적 발표 이후 주가가 급락해 시가총액이 1,000억 달러 아래로 떨어졌는데, 이는 30년 만에 처음 있는 일이다.

인텔은 또한 오랫동안 중앙처리장치(CPU) 중심의 전략을 고수하며 그래픽처리장치(GPU)의 중요성을 간과한 것이 패착으로 지적된다. (포춘코리아, 2024.8.9)

1 전략적 경영과 전략적 계획수립

OTT(over-the-top)는 안테나로 수신하는 지상파 방송이나 셋톱박스에 케이블을 연결하여 시청하는 케이블 TV 방식이 아닌 인터넷으로 영화, 방송, 음악 등 각종 디지털 콘텐츠를 수신하는 방식을 말한다. 2024년 8월 기준, 전 세계 OTT 선도기업은 미국의 넷플릭스(Netflix)*이다. 현대 미디어 지형을 근본적으로 바꾼 것으로 평가되는 넷플릭스의 성장사는 기업경영의 전략 방향이 얼마나 중요한지를 잘 보여준다.

* '넷플릭스(Netflix)'라는 명칭은 인터넷의 net과 영화를 뜻하는 flix의 합성어이다.

초창기 DVD 대여사업 당시 넷플릭스의 빨간 봉투. 빨간 봉투와 넷플릭스 로고는 지금도 사람들에게 강렬한 기억으로 남아 있다고 한다. (자료 : businessinsider)

1997년에 비디오 대여사업자로 설립된 넷플릭스는 처음부터 당시의 사업모델과는 근본적으로 달랐다. 당시에는 영화 비디오를 보려면 DVD 대여점에 직접 가야 했으나 넷플릭스는 넷플릭스 홈페이지에서 DVD 대여를 신청하면 영화 DVD를 우편으로 보내주고 회수도 넷플릭스 회수봉투에 담아서 우체통에 넣기만 하는 무료회수방식을 사용했다. 1999년에는 오늘날 크게 유행하는 구독형 서비스도 도입했다. 이러한 접근은 국토가 광활한 미국에 안성맞춤이었다. 2007년에는 콘텐츠를 스트리밍하는 서비스를 도입했는데, 이는 우리가 집에서 미디어에 접근하는 방식을 근본적으로 바꾸었다. 소비자는 원하는 시간에 원하는 콘텐츠에 접근할 수 있게 되어 콘텐츠 시장이 공급자 위주에서 소비자 위주로 바뀐 것이다. 2013년에 넷플릭스는 자체 오리지널 콘텐츠를 처음으로 공개했는데, 소위 몰아보기가 가능하도록 시리즈물 전체를 한 번에 공개하는 파격을 선보였다. 그전까지의 시리즈물은 회차별로 공개(또는 방송)되기를 기다려야 했다.

미디어 산업은 지금까지 크게 세 번의 변화를 겪어왔다고 평가되는데, 첫 번째는 NBC, ABC, CBS 등의 지상파 방송사가 주도한 국면, 두 번째는 CNN, MTV, ESPN 등의 케이블 방송이 주도한 국면, 그리고 넷플릭스가 시작하여 현재도 진행중인 OTT 서비스가 세 번째 국면이다. 넷플릭스의 영향력을 짐작케 한다. 전 세계 미디어 생태계를 바꿔 놓은 넷플릭스 전략들을 눈여겨볼 일이다.

전략(strategy)
장기적인 목표를 달성하기 위하여 개발된 광범위하고 일반적인 계획

전략(strategy)은 장기적인 목표를 달성하기 위하여 개발된 광범위하고 일반적인 계획이라고 정의할 수 있다. 즉 전략은 조직의 전 부문을 포함하는 개념으로 전략적 계획수립의 결과물이다. 전략적 계획수립(strategic planning)은 조직 전체를 대상으로 장기적인 계획을 수립하는 것이다. 전략적 계획수립과정에서는 조직 전체를 하나의 단일체로 보고 조직목표를 달성하기 위하여 장기간에 걸쳐 조직이 어떤 일을 해야 하는지를 고려한다. 장기간이라는 것은 통상 3년 이상을 의미하지만 현실적으로 기업에서 장기적인 전략은 1년 이상부터 대상이 되는 경우도 있고 5년이 넘는 기간을 대상으로 하기도 한다.

전략적 경영
(strategic management)
또는 **전략경영**
(strategy management)
조직이 적절한 전략을 수립하고 실행함으로써 효익을 얻는 과정

전략적 경영(strategic management) 또는 전략경영(strategy management)이란 조직이 적절한 전략을 수립하고 실행함으로써 효익을 얻는 과정을 말한다. 이때 적절한 전략이란 특정시기에 해당조직의 필요에 가장 부합되는 전략, 즉 '전략적 계획수립'과정을 통하여 수립된 '전략'에 근거하여 전개되는 경영을 말한다.

그렇다면 전략은 무엇을 근거로 하는 것일까? 전략의 연원은 어디이며, 수립된 전략은 구체적으로 어떻게 실행되는 것일까? 이에 대해서는 다음에 나오는 '조직의 방향 설정' 부문에서 자세하게 설명할 것이다.

일반적으로 전략적 경영은 [그림 6-1]에서 보는 바와 같이 5단계로 이루어진다. 조직이 어떠한 방향(direction)을 지향할 것인지를 결정하기 위하여 가장 먼저 환경분석이 이루어진다.

환경분석(environmental analysis)은 조직에 영향을 미칠 수 있는 환경요인을 찾는 것이 주목적이다. 경영자는 환경분석을 통하여 조직 내외에 어떤 일이 일어나고 있는지 혹은 일어날 것인지를 분석하고 이를 조직의 방향 설정에 적

□ 그림 6-1
전략적 경영의 단계

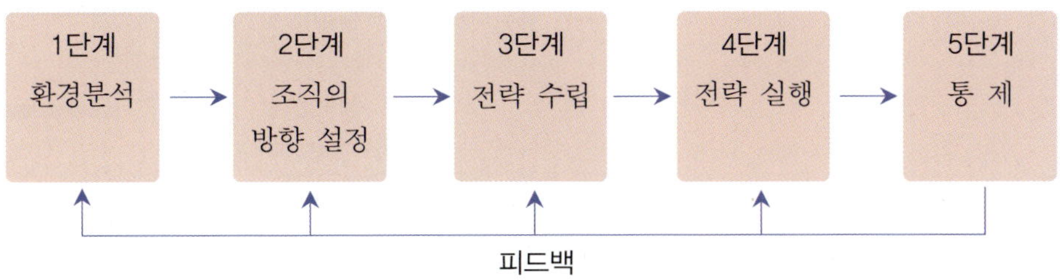

절하게 반영해야 한다.

환경분석이 효율적으로 이루어지기 위해서는 기업을 둘러싼 환경이 어떤 구조로 이루어져 있는지, 어떻게 분류되는지를 파악하는 것이 중요하다. 기업 환경에 대해서는 제4장에서 설명하였으므로 여기에서는 생략하기로 한다.

분석된 환경을 기반으로 하여 조직의 방향, 즉 조직의 미션, 비전 등을 설정하고 이를 달성하기 위한 전략을 수립하게 된다. 수립된 전략은 실행되고, 그 결과는 통제되며 피드백된다.

2 조직의 방향 설정

전략적 경영의 두 번째 단계는 환경분석 결과에 근거하여 조직이 나아가야 할 방향을 설정하는 것이다. 조직이 나아가야 할 방향을 설정하는 체계는 [그림 6-2]와 같다. 그림에서 보듯이 가장 먼저 조직의 미션을 설정하고 이를 달성하기 위한 비전을 수립하며, 이를 수행할 전략을 수립하게 된다.

ㅁ 그림 6-2
조직의 방향 설정 위계 : 미션-비전-전략

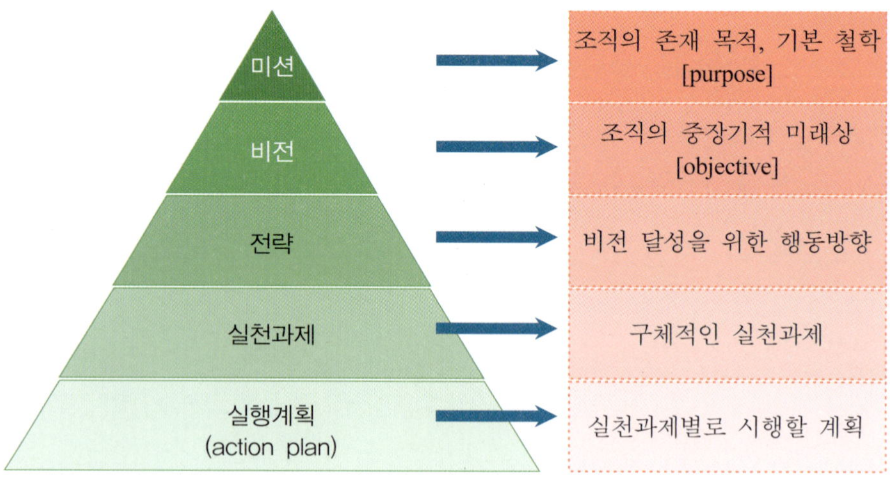

미 션

미션(mission)
조직이 존재하는 목적(purpose)이나 이유, 존재 근거, 사명 또는 임무

사명선언서(mission statement)
조직이 취해야 할 임무와 사명이 기술·설명되어 있는 것

조직이 나아가야 할 방향을 정하는 첫 번째 일은 조직의 사명을 결정하는 것이다. 조직의 미션(mission)이란 조직이 존재하는 목적(purpose)이나 이유, 존재근거, 사명 또는 임무를 말한다. 미션은 50~100년을 바라보고 설정하게 되는데, 쉽게 바뀌지 않는다. 흔히 야간에 항해하는 배에 있어 별빛이나 등대, 나침반 등에 비유된다.

일반적으로 조직의 사명은 생산할 제품이나 창출할 서비스의 유형, 고객에 대한 태도, 그리고 어떻게 하는 것이 가치 있는 것인지 등에 반영되어 나타난다. 조직의 사명은 환경분석 결과에 근거하여 매우 광범위하게 기술된다.

사명은 사명선언서 또는 미션선언문(mission statement)에 나타난다. 사명선언서는 기업 내외의 다양한 사람들의 의견을 참고하여 경영자가 작성하는데, 조직이 실제적으로 취해야 할 임무나 사명이 기술·설명되어 있다. 다음은 몇 개의 세계적인 기업의 사명선언서이다.

애플(Apple)
전 세계의 학생, 교육자, 창조적인 전문가, 소비자들에게 우리의 혁신적인 하드웨어, 소프트웨어, 인터넷의 제공을 통하여 최고의 개인적인 컴퓨팅 경험을 제공하는 데 기여한다.

페이스북(Facebook)
사람들에게 더욱더 개방적이고 연계가 되는 세상을 만들고 공유하는 힘을 제공한다.

구글(Google)
세상의 모든 정보를 조직화하여 이를 누구나 보편적으로 접근할 수 있고 누구에게나 도움이 되게 한다.

삼성
보다 나은 글로벌 사회가 되도록 하는 데에 공헌할 수 있는 우수한 제품과 서비스를 창출하기 위하여 우리의 재능과 기술을 바친다.

조직의 사명이 중요한 이유는 경영자가 성공적인 조직관리를 할 수 있도록 돕기 때문이다. 사명이 조직관리의 성공가능성을 높이는 것은 다음과 같은 이유 때문이다.

첫째, 경영자는 모든 사람들이 조직의 사명에 초점을 맞추고 노력을 할 수 있도록 해준다.

둘째, 조직의 사명은 조직 내 자원배분의 강력한 근거가 된다. 경영자가 어떻게 자원을 배분할 것인가를 결정할 때 사명선언서는 일반적이지만 유용한 가이드라인이 되어준다.

셋째, 사명선언서를 보면 조직 내에서 어떤 업무영역이 중요한지, 그래서 어떤 과업이 중요한지를 알 수 있다.

비 전

비전(vision)
조직의 미션을 달성하기 위한 중・장기적인 전략목표

비전(vision)은 조직의 미션을 달성하기 위한 중장기의 전략목표, 즉 이루고자 하는 미래상을 말한다. 조직이 전략을 통해 장기적으로 구현하고자 하는 바람직한 모습을 담는다. 비전은 용어에서도 알 수 있듯이 미션보다는 가시적(vision→visible)으로 설정한다. 통상 목표달성기간은 5~10년으로 잡는다.

다음 몇 개의 비전 사례를 보면 비전이 미션과 어떻게 다른지 이해할 수 있다. 전체적으로 보면 보다 구체적이고 가시적인 내용들이 들어 있음을 알 수 있다. 애플은 "지구상에서 최고의 제품"을, 페이스북은 "연락", "발견", "공유"를, 구글은 "클릭 한 번"이라는 것이 그것이다. 다만, 삼성의 경우에는 미션과 비전의 차이가 상대적으로 분명하지 않은 편인데, 여기에서 인용하고 있는 것은 영문을 한글로 번역한 것이다. 한글 홈페이지에서 보면 미션과 비전이라는 표현 대신 '삼성의 경영철학과 목표'라는 제목 아래, "인재와 기술을 바탕으로 최고의 제품과 서비스를 창출하여 인류사회에 공헌하는 것, 삼성전자가 추구하는 궁극적인 목표입니다"라고 명시하고 있는데, 미션과 비전이 함께 표현되어 있는 느낌이다.

애플(Apple)
지구상에서 최고의 제품을 만들고, 애플이 없던 세상보다 더 좋은 세상을 만든다(to make the best products on earth, and to leave the world better than we found it).

페이스북(Facebook)
사람들은 Facebook을 사용하여 친구 및 가족과 연락을 유지하고, 세상에서 일어나는 일을 발견하고, 중요한 것을 공유하고 표현한다.

구글(Google)
클릭 한 번으로 세상의 모든 정보를 얻을 수 있게 한다.

삼성
새로운 미래를 창조하여 사람들의 삶을 풍요롭게 하고 사회 번영에 기여하는 혁신적인 기술, 제품 및 디자인으로 세상에 영감을 준다.

조직의 미션-비전의 관계 : 목적-목표

미션이 조직의 목적(purpose)을 말한다면 비전은 조직의 목표(objective)를 말한다. 조직이 존재하는 목적은 사명선언서에 표현되어 나타난다. 따라서 조직의 목표는 사명선언서로부터 자연스럽게 도출된다. 조직의 목표는 개방된 시스템으로서의 조직이 지향해야 하는 지향점(target)이다. 조직의 목표에는 조직이 존재하는 목적이 자연스럽게 반영되어 있어야 하는 것이다.

□ 그림 6-3
조직의 목적-목표와 미션-비전의 관계

전략, 실천과제 및 실행계획의 수립

비전이 설정되면 이를 달성하기 위한 활동방향과 자원배분 결정이 이루어진다. 이것이 바로 전략이다. 전략이 수립되면 이를 구체적으로 실천하기 위한 실천과제를 결정하며, 이에 따라 실행계획(action plan) 또는 실천방향을 짜는 것이다. 이러한 체계는 한국농수산식품유통공사의 '중장기 경영전략 체계도'를 보면 쉽게 알 수 있다.

한국농수산식품유통공사의 미션은 "농수산식품산업 진흥을 통해 국민의 안정적인 먹거리 확보와 삶의 질 향상에 기여"로 추상적이고 철학적 의미가 담겨 있음을 알 수 있다. 비전은 "농수산식품산업 강국 실현…"으로 직접적으

로 가시적인 표현은 아니지만 "강국"이라는 의미가 강조되어 있음을 알 수 있다. 여기에서의 전략목표와 전략과제는 각각 [그림 6-2]의 전략과 실천과제라고 볼 수 있는 것이다.

많은 조직에서 이러한 체계도를 작성하는데, 상세 내용은 약간씩 차이가 있을 수 있으나 큰 틀은 거의 대동소이하다.

함께 생각해보자

각자의 인생에 있어서 미션과 비전, 전략, 그리고 실행계획을 만들어보자.

3 전략의 유형

환경분석 결과에 근거하여 조직의 미션과 비전을 설정한 후에는 이를 달성하기 위한 전략을 수립해야 한다. 구체적으로 어떤 전략을 수립할 것인가를 결정하기에 앞서 전략수립이라는 활동에 어떻게 접근할 수 있는지를 알기 위해 전략의 유형(type)을 먼저 살펴보기로 하자. 본항에서 살펴볼 전략의 유형을 정리하면 [그림 6-4]와 같다.

□ 그림 6-4
전략의 유형

전략 유형의 구분기준	전략 유형
조직 위계단계별 전략	• 전사적 전략, 사업전략, 기능적 전략
성장/축소 전략	• 성장전략 : 집중화전략, 다각화전략 • 축소전략 : 리스트럭처링, 다운사이징, 영업양도전략, 현상유지전략
경쟁력 강화전략	• 전략적 제휴, e-비즈니스 전략

전략의 수준 : 조직 위계단계별 전략

전략의 수준(level)에는 크게 전사적 전략, 사업전략, 기능적 전략 등이 있다. 이러한 전략의 구분은 조직이 수립할 수 있는 전략을 조직의 위계단계에 따라 구분한 것이다. [그림 6-5]는 이를 간략하게 보여준다.

□ 그림 6-5
전략의 수준

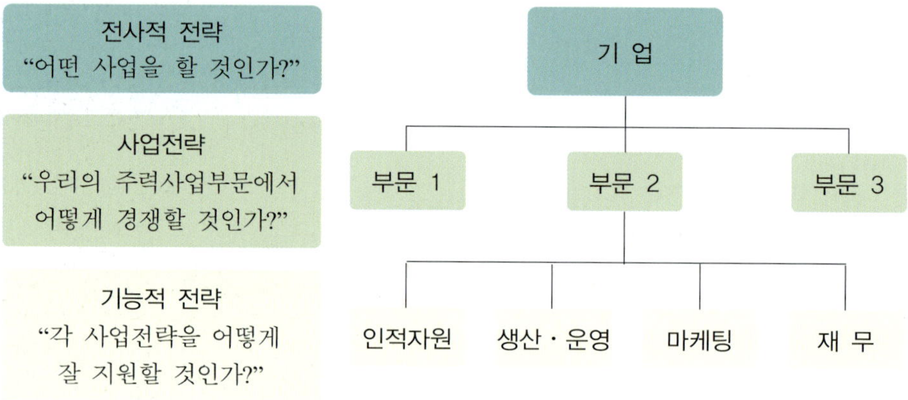

전사적 전략

전사적 전략(corporate strategy) 기업 전체의 장기적인 방향을 설정하는 전략

전사적 전략(corporate strategy) 또는 기업전략은 기업 전체의 장기적인 방향을 설정하는 전략이다. 어떤 종류의 시장 또는 어떤 산업군에 속하여 경쟁할 것인가를 결정한다. 전사적 전략의 목적은 기업 전체의 자원배분의 지침과 방향을 결정하는 것이다. 인수 · 합병, 새로운 사업영역 개발, 사업부의 분할 · 매도, 기타 사업영역을 넘나드는 기업활동에 대한 자원의 배분이 이 전략의 중요한 내용이다. 특히 기업활동이 국제화되면서 외국기업과의 전략적 제휴와 같은 국제적 사업운용전략이 관심사가 되고 있다.

예를 들어 볼보(Volvo)그룹은 미래를 내다보는 전사적 전략을 구사하여 크게 성공한 대표적인 사례로 손꼽힌다. 1927년에 승용자동차 생산을 시작한 볼보는 안전과 내구성으로 명성을 날렸다. 자동차업계에서 ‘볼보=안전’이라고 인정할 만큼 안전의 대명사가 되었고, 내구성 또한 뛰어나 생산차량의 70% 정도가 지금도 거리를 달리고 있다는 통계가 있을 정도로 우수한 자동차 생산업체이다. 그러나 1999년에 볼보는 획기적인 전사적 전략을 수립한다. 즉 그때까지 성공적인 사업부문이었던 볼보 승용차 부문을 미국 포드(Ford)자동차에 매각(이후 다시 중국의 지리(吉利)자동차에 매각됨)하여 자동차업계를 놀라게 했다. 이후 볼보는 트럭, 중장비 등의 부문에 집중하였다. '스웨덴 국민의 정신 또는 자존심'이라고 불렸던 회사를 팔았다고 거센 비난을 받았지만 이러한 기업전략을 실행한 볼보는 트럭 및 중장비 부문의 새로운 강자로 크게 성장함으로써 또 한 번 관련 업계를 놀라게 했다.* 2024년 1사분기 기준으로 볼보는 국내 수입 상용차 시장에서 36%의 점유율로 1위이다.

* 승용차 부문을 지리자동차에 매각했기 때문에 같은 브랜드를 사용하지만 볼보 승용차와 볼보 상용차(트럭, 버스 등)는 전혀 관계없는 회사이다. 그런데 어떻게 같은 브랜드를 사용할까? 그 이유는 볼보(승용차)의 모기업인 지리자동차는 볼보 상용차에도 지분이 있는 주주일 뿐만 아니라, 볼보 브랜드를 관리하는 '볼보 트레이드마크 홀딩(Volvo Trademark Holding AB)'은 볼보 승용차와 볼보 상용차가 공동출자해서 설립한 회사이기 때문이다.

또 다른 예로, 두산도 전사적 전략을 새롭게 설정하여 그룹 성격이 완전히 바뀌었다. 원래 소비재 중심의 사업구조를 갖고 있던 두산그룹은 외환위기 이후 적극적인 기업 M&A로 그룹 사업구조를 중공업 중심으로 바꾸는 데 성공했다. 두산은 2001년 한국중공업(현 두산중공업)을 시작으로 고려산업개발, 대우종합기계, 미국 AES, 연합캐피탈, 영국 미쓰이밥콕(Mitsui Babcock), 루마니아 IMGB, 동명모트롤, 노르웨이 목시(Moxy) 등 10개사를 국내외에서 차례로 인수하면서 7조원이 넘는 거액을 투자했다. 2007년에는 미국 중장비 업체인 밥캣(Bobcat)을 51억 달러에 인수한 뒤 때마침 터진 금융위기로 유동성에 어려움을 겪기도 했지만, 성공적으로 그룹의 성격을 바꾼 것으로 평가된다. 이는 우리 기업도 M&A를 통해 세계적으로 성장할 수 있다는 가능성을 보여준 사례로 높이 평가할 만하다.

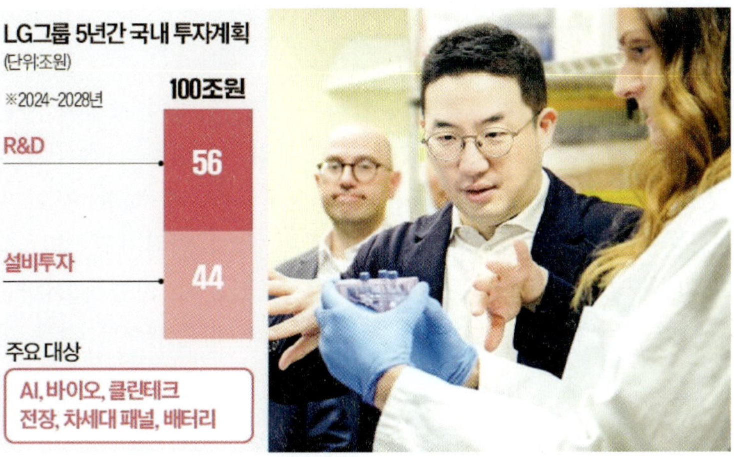

LG그룹은 2024년 주주총회에서 그룹의 미래 성장동력으로 인공지능, 바이오, 클린테크, 즉 'ABC(AI, bio, clean tech.)' 분야를 선정하고 그룹의 투자와 역량을 집중하기로 했다. 최우선 분야는 인공지능(AI)으로 2020년에 출범한 LG AI연구원이 핵심 역할을 맡고 있다. 바이오 분야는 바이오 사업을 이끌고 있는 LG화학을 중심으로 추진되며, 탄소 저감, 신재생에너지, 전기차 충전 등 클린테크 분야도 집중 육성할 예정이다.

사업전략

사업전략(business strategy)
단일의 사업단위 혹은 생산라인을 위한 전략

전략적 사업단위(SBU : Strategic Business Unit)
기업의 중요한 사업단위 또는 영역

사업전략(business strategy)은 단일의 사업단위 혹은 생산라인을 위한 전략이다. 사업전략에서는 특정산업이나 특정시장 내에서 경쟁하기 위한 전략적 의도가 담긴다. 사업전략에서는 주로 제품이나 서비스믹스 결정, 시설의 입지 선정, 신기술 도입 등과 같은 의사결정이 이루어진다.

기업에서 중요한 사업단위 또는 영역을 전략적 사업단위(SBU : Strategic Business Unit)라고 하는데, SBU는 종종 단일 사업단위만을 가지고 있는 기업이나 복합적 사업단위를 갖고 있는 기업의 어느 한 분야를 지칭하는 데 사용되기도 한다. 오리온의 경우를 보면 이 회사는 네 개의 SBU를 갖고 있다. '닥터유' SBU는 영양 설계를 콘셉트로 미네랄·단백질 시장을 선도하는 오리온의 대표 브랜드이고, '마켓오네이처'는 바쁜 현대인들이 시간과 장소의 제약 없이 간편하게 한 끼 식사를 할 수 있도록 선보인 간편식사대용식 제품군이 주류를 이루는 SBU이다. '제과' SBU는 위 두 SBU에서 다루지 않는 오리온 초코파이를 비롯한 대부분의 비스킷, 껌 등을 담당하는 SBU이고 그 외에 바이오 SBU가 있다.

숫자로 본 경영

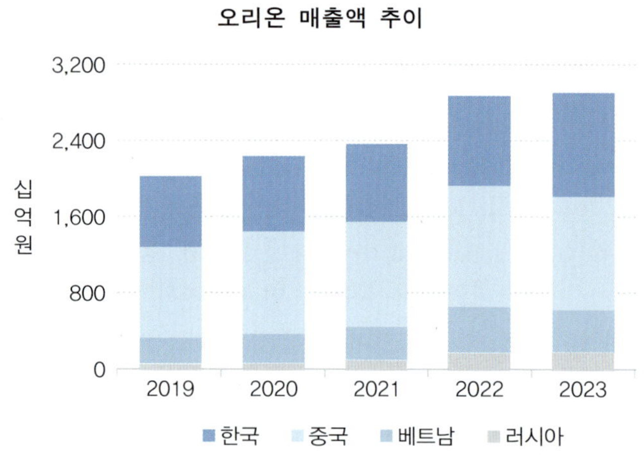

(자료 : 오리온)

기능적 전략

기능적 전략(functional strategy)
사업전략의 원활한 수행을 위하여 조직의 자원을 어떻게 사용할 것인지에 관한 전략

기능적 전략(functional strategy)은 사업전략의 원활한 수행을 위하여 조직의 자원을 어떻게 사용할 것인지에 대한 가이드라인을 제공한다. 이 전략의 핵심은 제한된 자원을 어떻게 하면 효용이 극대화되도록 배분할 것인가 하는 것이다.

기업의 기능분야는 [그림 6-5]에서 본 바와 같이 크게 인적자원관리, 생산·운영관리, 마케팅관리, 재무관리 등으로 정리할 수 있는데, 기능적 전략은 이러한 기능분야에 대하여 전략을 수립하는 것이다. 예컨대 경쟁력을 갖춘 인재를 어떻게 선발·육성할 것인지(인적자원관리), 최신기술을 어떻게 도입할 것인지(생산·운영관리), 새로운 광고를 어떻게 제작할 것인지(마케팅관리), 신주발행 규모를 얼마나 할 것인지(재무관리) 등의 계획을 수립할 수 있다.

성장/축소 전략

성장전략

성장전략(growth strategy)
현재의 영업활동 범위와 크기를 키우는 전략

전사적 전략이나 사업전략 차원에서 가장 일반적으로 활용되는 전략은 성장전략이다. 성장전략(growth strategy)은 현재의 영업활동 범위와 크기를 키우는 전략으로 기업이 장기적인 경쟁에서 살아남기 위한 방편으로 이용되어 왔다. 성장전략으로는 집중화 성장전략, 다각화 성장전략 등이 채택된다.

집중화 성장전략

집중화(concentration) 성장전략
기존의 제품 또는 시장에 집중하거나 동일 사업영역 내에서의 확장을 통한 성장을 도모하는 전략

일본 생활용품 업체 라이온의 손 세정제 '아이! 깨끗해' (자료 : 라이온코리아)

집중화(concentration) 성장전략은 기존의 제품 또는 시장에 집중하거나 동일 사업영역 내에서의 확장을 통한 성장을 도모하는 것을 말한다. 예를 들어 세제 '비트'와 세척제 '참그린', 손 세정제 '아이! 깨끗해'를 판매하고 있는 일본계 기업 라이온은 핵심 브랜드 8개 정도가 있는데, 일부 소수의 브랜드에 집중하여 성장하는 전략을 활용하고 있다. 그 결과 전체 매출의 60% 이상이 여기서 비롯되는 것으로 알려져 있다. 코카콜라나 맥도날드 햄버거는 전 세계적으로 매우 강력한 집중화 성장전략을 추구하는 대표적인 기업이다. 과거 냉전시대에는 공산권 국가에 이들 기업이 진출하면 마치 서구문화를 받아들이는 시금석으로 볼 정도였다.

집중화의 사례로 GS그룹의 GS리테일과 GS홈쇼핑을 들 수 있다. 이 회사는 편의점과 슈퍼마켓에 집중하기 위하여 백화점과 마트 부문을 매각한 바 있다.

다각화 성장전략

다각화(diversification) 성장전략
새로운 제품이나 사업영역에 진출하여 성장을 도모하는 전략

다각화(diversification) 성장전략은 새로운 제품/시장이나 사업영역에 진출하여 성장을 도모하는 전략을 말한다. 다각화전략은 새로운 사업영역이 현재의 사업영역과 관련이 있는 관련다각화(related diversification)전략과, 두 영역이 전혀 관계가 없는 비관련다각화(unrelated diversification)전략으로 나눌 수 있다. 다각화전략이 성공을 거두는 것을 전제할 경우, 전자는 기업의 핵심역량과 기존의 기술능력을 잘 활용할 수 있는 장점이 있는 반면 후자는 사업위험을 분산시키는 효과가 있다.

관련다각화의 사례로는 펩시의 예를 들 수 있다. 오랫동안 코카콜라의 그늘에 가려 있던 펩시는 건강음료와 식품 분야로 사업을 확장하여 마침내 기업가치가 코카콜라와 대등한 수준에 이르게 된다.

비슷한 사례로 IBM을 들 수 있다. 원래 하드웨어를 주력으로 하던 이 회사는 소프트웨어, 나아가 IT에 기반한 컨설팅서비스 부문으로 확장하였고 그 결과 오늘날 IBM을 순수 하드웨어 기업으로 보는 사람은 사실상 없다. 한화그룹도 한 예가 된다. 한화그룹 계열사인 한화디펜스는 우리나라의 대표적인 방위산업체 중의 하나이다. 이 회사는 기존의 탄약, 정밀유도무기 중심에서 자주포, 항공기 및 함정용 엔진, 그리고 레이더가 포함된 방산전자 부문으로 확대하고 있다.

세가에서 가장 성공한 게임 중의 하나인 '소닉 더 헤지혹' (자료 : thisisgame)

관련다각화의 실패 사례도 있다. 1960년에 미국에서 설립된 후 일본 기업이 된 다국적 게임제작회사인 세가(SEGA, Service Games의 두 단어 각각에서 가져온 알파벳 Se와 Ga를 합성하여 만든 회사명). 세가는 비디오 게임 콘솔 시장에서는 성공을 거두었으나 다양한 게임 및 엔터테인먼트 사업으로 다각화를 시도했다가 어려움을 겪었다. 게이머를 대화형 영화에 몰입시키겠다고 도입한 세가 CD의 실패가 대표적인 예이다.

비관련다각화의 사례로는 1853년에 안경관련 사업을 시작한 바슈롬(Bausch Lomb)을 들 수 있다. 이 회사는 전기 칫솔, 피부 연고, 보청기 등과 같은 비관련 부문 다각화를 시도하였으나 오히려 기존 사업의 집중도를 떨어뜨리고 전체적인 경쟁력도 저하시키는 바람에 이들 부문을 모두 처분하고 말았다.

P&G의 경우는 관련다각화와 비관련다각화 모두 성공한 사례이다. 비누 제조에서 시작해 세제, 샴푸, 치약, 기저귀 등으로 영역을 넓히더니 면도기 제조사인 질레트(Gillette)까지 인수해 유니레버(Unilever)를 제치고 세계 최대 소비재 기업이 될 수 있었다. 최근의 핫 이슈가 되고 있는 기업 중의 하나인 아마존(Amazon)의 경우는 현재진행형이다. 미국 최대 전자상거래업체인 이 회사는 필연적으로 배송이 중요할 수밖에 없다. 아마존이 본격적으로 물류에 뛰어들기 전까지는 물류 전문기업인 UPS, 페덱스(Fedex) 등의 도움을 받았다. 그러나

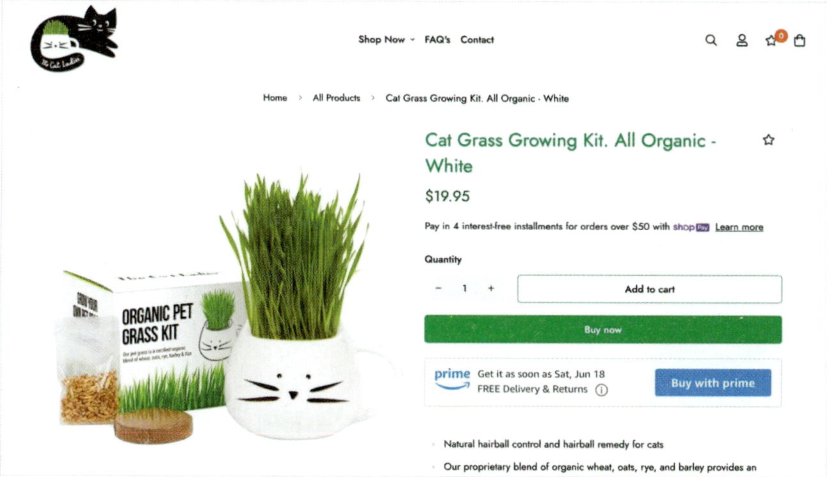

Buy with prime 서비스를 제공하고 있는 아마존이 아닌 일반 쇼핑몰. 파란색 버튼 Buy with prime이 보인다. 이 서비스는 획기적이라는 평가가 많다. (자료 : marketplacepulse)

아마존은 신속하고 대량의 운송을 위해 100여대의 화물기를 보유한 아마존 에어(Amazon Air), 일반 개인이 아마존 물류 업무를 수행하는 아마존 플렉스(Amazon Flex), 아마존의 대표 물류업체인 아마존 물류(Amazon Logistics) 등의 물류업체로 물류를 수행하고 있다. 한발 더 나아가 2022년 4월에는 'Buy with Prime'이라는 서비스를 시작하여 제3자 배달서비스 사업영역까지 진출하여 페덱스, UPS의 경쟁자가 되었다. 이 서비스는 아마존 웹사이트에 입점하지 않은 외부 판매자들이 아마존이 아닌 자신들의 웹사이트에서 아마존 프라임 로고를 보여주고 아마존 프라임 고객에게 판매하는 제품들에 대해 아마존 프라임 고속 배송서비스를 제공하는 식이다.

우리나라 기업의 경우에도 관련다각화나 비관련다각화 등 다양한 형태의 다각화 사례를 볼 수 있다. 우리 실생활에 깊숙이 들어와 있는 다각화 사례도 있다. 예를 들어, 우리나라 출산율은 2019년 0.92명을 기록한 후 2024년에는 0.7명대로 떨어져 세계에서 가장 낮다. 이로 인하여 산부인과나 소아청소년과 병원은 가만히 앉아서 시장을 잠식당하고 있는 것과 마찬가지 상황이어서 병원경영 자체가 심각한 상황에 이르렀다. 이에 따라 소아청소년과의 경우는 다각화전략의 일환으로 일반진료 외에 청소년 비만환자를 대상으로 하는 '비만 클리닉'이나 신체 및 정신 발달 상태를 점검·진단해주는 '성장 클리닉'을 운영하기도 한다. 산부인과의 경우에는 '여성 건강 토털 케어 클리닉'을 새로이 운영하는 병원도 많다. 이들 사례는 관련다각화로 볼 수 있다.

네이버의 사례도 눈여겨볼 만하다. 네이버 하면 독자는 어떤 키워드가 떠오르는가? 초록창이라는 단어가 상징하는 검색이나 웹툰, 쇼핑, 뉴스, 페

숫자로 본 경영

우리나라 검색시장 점유율

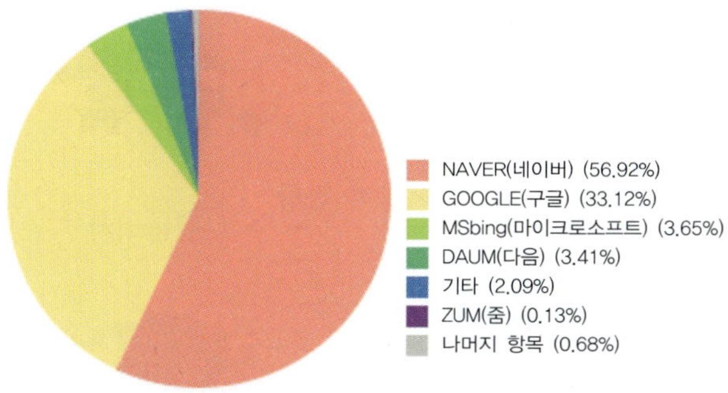

(자료 : 인터넷트렌드, 2024.9.30 기준)

세계 최대 가전 · IT박람회에 전시되어 있는 엠비덱스 (자료 : 연합뉴스)

이 등이 있겠지만 로봇을 쉽게 생각하는 독자는 많지 않을 것이다. 검색 포털로 시작하여 자회사가 103개에 이를 정도로 크게 성장한 네이버는 AI(인공지능), 디지털 트윈(digital twin, 현실 세계를 디지털 환경에 복제하는 시뮬레이션 기술), 자율주행, 로보틱스 등의 IT기술이 접목된 첨단기술을 다루는 글로벌 IT기업으로 성장하고 있다. 예를 들어, 미국의 대표적인 투자은행 중 하나인 모건스탠리(Morgan Stanley)는 2024년 6월에 발표한 테슬라의 휴머노이드 로봇 기술 관련 리포트에서 네이버를 전 세계 로봇산업의 대표적인 기술 기업으로 유일하게 선정했다. 특히 양팔로봇 '엠비덱스'는 전 세계의 주목을 받고 있다. 네이버의 경우도 관련 다각화의 사례로 볼 수 있다.

수직적 통합화전략

수직적 통합화(vertical integration)전략이란 제품의 생산과정상이나 유통경로상에서 공급자나 수요자(분배업자)를 통합하는 전략을 말한다. 공급자를 통합하는 후방수직통합(backward vertical integration)과 수요자(분배업자)를 통합하는 전방수직통합(forward vertical integration)으로 나눈다. 예를 들어 자동차회사는 수많은

그림 6-6
전방적 통합과 후방적 통합

ㅁ 그림 6-7
현대 · 기아차 그룹의 수직적 계열화 현황

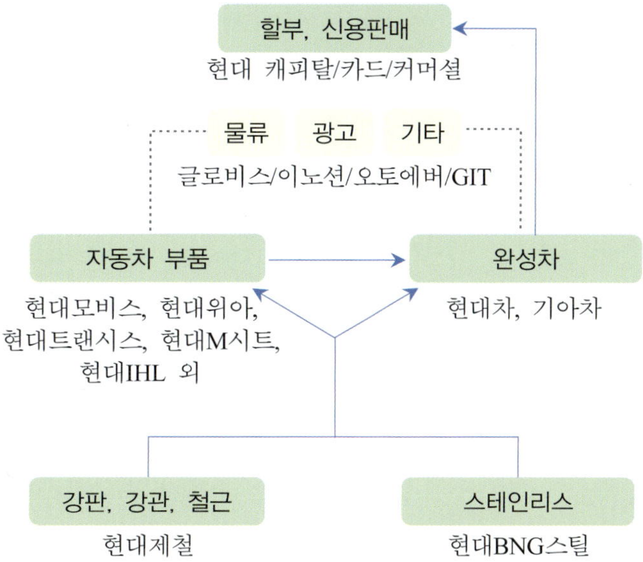

미국의 경제지 월 스트리트 저널에 실린 "현대차는 어떻게 멋있는 차가 되었는가" 기사 화면 (자료 : WSJ)

부품을 부품공급업자에게서 공급받아 완성차로 제작한 다음 이를 운송업체에 위탁하여 운송한다. 만일 현대자동차가 부품공급업체 현대모비스와 통합한다면 후방수직통합이 되며, 자동차 운송업체인 현대글로비스와 통합한다면 전방수직통합이 된다. 수직적 통합화전략은 일종의 다각화전략이라고 할 수 있다.

한편, 통합화보다는 느슨한 형태이지만 통합화가 제공하는 효율을 추구하는 다른 방안으로는 계열화가 있다. 통합화가 복수의 회사를 통합하여 하나의 회사로 합치는 것이라면 계열화는 법적으로는 독립된 회사가 매우 유기적인 관계를 맺는 것을 말한다. 예컨대, 현대자동차그룹은 수직적 계열화를 완성한 사례로 평가받고 있는데, 강판 및 강관, 철근을 공급하는 현대제철과 스테인리스를 생산하는 현대BNG스틸에서 시작하여 현대모비스 등의 부품사와 완성차 회사인 현대자동차 · 기아차, 할부 및 신용판매를 담당하는 현대캐피탈까지 수직적으로 연결되어 있다. 여기에 물류를 담당하는 회사, 광고회사, 차량 소프트웨어, 차량진단 서비스 회사까지 있다([그림 6-7]).

함께 생각해보자

후방수직통합전략과 전방수직통합전략이 각각 어떤 경우에 활용되는지 생각해보자.

성장전략의 평가

성장과 효율성을 마치 동의어처럼 생각하는 경우가 있는데, 이는 사실과 다르다. 성장전략이 사전에 치밀하게 준비되고 목표달성을 위한 관리활동이 제대로 뒷받침될 때만이 이러한 등식이 성립된다. 기업규모를 키우면 조직의 탄력이 떨어져 환경변화에 제때 대응하지 못하는 경우가 많다. 다각화로 조직이 너무 복잡해져 관리의 집중도가 떨어지기도 한다. 연구들에 의하면 지나친 비관련다각화는 경영의 효율성을 오히려 떨어뜨린다.

축소 또는 현상유지 전략

경영에 심각한 문제가 발생하거나 환경이 갑작스럽게 변화하는 등 정상적인 경영이 어려운 경우 기업은 조직의 생존을 위하여 축소전략을 활용할 수 있다. 축소전략에는 다음과 같은 것들이 있다.

리스트럭처링 (자료 : North Data Blog)

조직의 재편 : 리스트럭처링

리스트럭처링(restructuring)은 주로 조직의 효율성을 높이고 성과를 개선하기 위하여 조직의 규모나 사업구조, 운용내용을 바꾸는 것을 말한다. 경영자의 입장에서 볼 때 리스트럭처링이 내키지 않을 수도 있다. 리스트럭처링을 한다는 것 자체가 자신의 경영실패를 인정하는 것일 수도 있기 때문이다. 그러나 근래 들어서 경쟁이 치열해지고 미래의 경영환경이 갈수록 불투명해지면서 경영이 매우 양호한 상태에서도 리스트럭처링을 행하는 기업이 나타나고 있다.

리스트럭처링(restructuring)
조직의 효율성을 높이고 성과를 개선하기 위하여 조직의 규모나 사업구조, 운용내용을 바꾸는 것

다운사이징(downsizing)
리스트럭처링의 한 방법으로서 비용절감과 영업효율성 제고를 기대하고 조직규모를 줄이는 것

규모의 축소 : 다운사이징

다운사이징(downsizing)은 리스트럭처링의 한 방법으로서 비용절감과 영업효율성 제고를 기대하고 조직규모를 줄이는 것을 말한다. 가장 일반적인 다운사이징 방법은 인력을 줄이는 것이다.

그동안 다운사이징을 옹호하는 연구자들은 인력감축방법에 의한 다운사이징이 가장 성공적이었다고 주장해왔다. 핵심목표에 인력역량을 집중시킬 수 있기 때문이다. 그러나 이를 반박하는 주장과 사례도 적지 않다. 예를 들어, 미국의 많은 항공사가 911 테러 이후에 기업 생존을 위하여 대대적으로 인력

감축을 통한 혹독한 구조조정을 실시했음에도 US에어웨이스(Airways) 등 여러 항공사가 파산했거나 어려움을 겪어왔다. 그러나 사우스웨스트(Southwest)항공은 '주주보다 직원이 더 중요하다'면서 단 한 명도 해고하지 않았다. 물론 줄어든 승객으로 인하여 회사는 어려웠지만 직원들은 무급으로 근무하는 식으로 회사에 기여했고 자신의 직장에 대한 충성심은 크게 높아졌다. 이 회사는 채 1년도 지나지 않아 정상화되었다.

다운사이징이 효과적이라는 주장에 반하는 또 다른 연구가 있다. 이 연구에 의하면 10%의 직원을 감원한 기업의 3년 뒤 이직률 평균은 15%에 이른다. 문제는 이 15%의 질이다. 인원 구조조정을 목격한 잔류직원 중에서 상대적으로 능력이 우수한 직원들이 타 기업으로 이직을 하기 때문이다.

영업양도

영업양도(divestiture)
비용을 절감하고 영업효율성을 개선하며, 핵심사업에 집중할 목적으로 사업의 일부를 매각하는 것

영업양도(divestiture)는 비용을 절감하고 영업효율성을 개선하며, 핵심사업에 집중할 목적으로 사업의 일부를 매각하는 것이다. 지나친 다각화로 경영이 복잡해지고 문제가 발생되는 기업에서 많이 활용하는 전략으로 역시 리스트럭처링의 한 방법이다. 내부조직을 떼어내 분리 설립하는 경우도 있고(spin-off), 독립적인 영업부문을 매각하는(sell-off) 방법도 있다.

전자의 예로는 인텔의 파운드리 사업부를 들 수 있다. 인텔은 팻 겔싱어(Pat Gelsinger) CEO가 2021년 인텔에 복귀한 이후 파운드리 사업의 본격 재진출을 선언하며 투자해왔다. 그러나 인텔은 2024년 2분기에만 28억 달러(약 3조 7,300억원)의 영업손실과 16억 1,100만 달러(약 2조 1,450억원)의 순손실을 기록했다. 인텔은 이처럼 시장환경에 제때에 대응하지 못하여 매우 어려운 상황에 놓이게 되었고, 이에 대한 대응으로 파운드리 사업부를 분리 독립하기로 한 것이다.

1979년, 18세에 인텔에 입사한 겔싱어. 30년의 재직기간 내내 언젠가 인텔을 경영하고 싶어 했으나 2009년 인텔에서 밀려나 EMC의 COO로 이직했다. 2019년에는 올해의 CEO로 선정되기도 했다. (자료 : 종합)

스위스에 본사가 있는 세계적인 헬스케어 제약회사 노바티스(Novartis)도 제네릭 사업부 산도스(Sandoz)를 분사했다. 100% 기업분할방식에 의해 독립 상장사로 분사했다. 1996년에 시바-가이기(Ciba-Geigy)와 산도스(Sandoz)의 합병으로 노바티스

SK매직의 홈페이지를 보면 렌털 사업에 집중되어 있음을 알 수 있다. (자료 : SK매직)

가 출범했던 것을 생각하면 이 회사의 역동적인 전략 변경이 이채롭다.

영업부문 일부 매각 사례를 한 가지 들면 2024년에 있었던 SK매직의 가전사업 부문 일부 양도를 들 수 있다. SK매직은 가스레인지와 전기레인지, 전기오븐 등 총 3개 품목의 영업을 400억원에 경동나비엔에 양도했다. 주력사업인 렌털 사업에 집중하기 위한 결정이었다.

영업양도된 사업부를 받아서 어려움을 겪은 사례들도 있다. 대표적인 것이 '모토로라의 저주'라고 불리는 모토로라 휴대폰 사업부이다. 한때 휴대폰의 대명사로 불리던 모토로라(Motorola)는 삼성과 애플에 밀리면서 2010년에 회사를 스마트폰과 솔루션 네트워크 사업으로 분할한 뒤 스마트폰 사업을 2011년에 구글에 약 13조원에 매각했다. 그러나 결과는 구글의 실적 쇼크로 나타났다. 구글은 2014년에 불과 약 3조원에 스마트폰 사업부를 레노버에 매각했다. 그러나 레노버도 다시 이 사업부를 대대적으로 구조조정해야 했다.

현상유지전략

현상유지전략(stability strategy)은 새로운 사업진출에 따른 위험부담을 안거나 축소전략으로 인한 내부반발 등을 야기하지 않기 위하여 현재의 시장점유율을 유지하는 정도의 영업활동을 하려는 안정전략이다. 기업이 지속적으로 동일한 상태를 유지한다는 것은 현실성이 떨어지는 일이기 때문에 이 전략은 성장이나 축소 전략의 수립시행 전에 활용할 수 있는 비교적 단기성 전략이라고 할 수 있다.

함께 생각해보자

현상유지전략이 필요한 상황은 어떤 경우인가?

경쟁력 강화전략

전략적 제휴

전략적 제휴(strategic alliances)
둘 이상의 기업이 서로간의 이익을 도모하기 위하여 동반자 관계를 맺는 것

현대 기업경영에서 두드러진 특징 중의 하나는 기업간의 제휴가 활발하다는 것이다. 전략적 제휴(strategic alliances)는 둘 이상의 기업이 서로간의 이익을 도모하기 위하여 동반자 관계를 맺는 것을 말한다. 전략적 제휴의 형태는 다양하다. 우수한 품질의 부품이나 원재료를 원활하게 공급받기 위한 공급제휴(supplier alliances), 제품이나 서비스의 공동 생산, 판매를 위한 분배제휴(distribution alliances) 등은 그 일부이다.

▌스타얼라이언스 항공동맹체는 1997년 창립된 가장 오래되고 가장 큰 전략적 항공동맹이다. 25개 회원사에서 전 세계 1,200개 공항을 연결한다. (자료 : Staraliance)

▌1936년에 개장한 '선밸리 로지'의 오늘날의 모습 (자료 : Sun Valley Resort)

대표적인 사례로 항공업계를 들 수 있다. 많은 항공사들은 복수의 항공사들과 제휴를 하고 있다. 아시아나항공의 경우를 예로 들면 스타얼라이언스(Star Alliance)라는 이름으로 각국의 항공사와 전략적으로 제휴하고 있다. 이 외의 항공동맹으로 대한항공이 회원사로 있는 스카이팀(Skyteam) 제휴동맹, 우리나라 항공사는 가입하지 않은 원월드(One World)도 있다.

대부분의 경영자들은 전략적 제휴에 많은 관심을 갖고 있으면서 관련 정보 수집에 노력한다. '그들만의 리그'를 만들기도 한다. 대표적인 것이 매년 7월 미국 아이다호(Idaho)의 선밸리에서 열리는 앨런앤드코미디어 콘퍼런스(Allen & Company Sun Valley Conference, 줄여서 선밸리 콘퍼런스 Sun Valley Conference)이다. 미국 투자은행 앨런앤드컴퍼니가 1983년부터 비공개적으로, 극소수에게만 초청장을 발송하는데, 정보기술과 미디어, 금융, 정계 등 각 분야 전 세계 유명인사 200~300명이 휴가를 겸해 참석한다. 이 콘퍼런스에서 거대 인수·합병(M&A)이

나 전략적 제휴가 많이 이루어지고 있다.

전략적 제휴가 항상 좋은 결과를 내는 것은 아니다. 서로의 속내가 다르다면 그 종말을 예측하는 것은 어렵지 않다. 폭스바겐은 2009년에 인도 및 일본 시장 공략, 소형차 기술 확보를 목표로 미국 GM에서 독립한 일본의 스즈키자동차와 업무 및 자본 제휴를 맺는다. 당시 폭스바겐은 스즈키의 주식 19.9%를 인수해 최대 주주가 되었다. 반면 스즈키는 폭스바겐과의 제휴를 통한 친환경 기술 확보가 목표였다. 서로의 목표가 달랐던 것이다. 최대 주주가 된 폭스바겐 입장에서는 스즈키에 대한 경영 관여가 당연할 수 있지만 스즈키는 이를 부담스러워했고, 이에 따라 폭스바겐 엔진 대신 피아트의 엔진을 도입했다. 결국 서로 상대방을 비난하면서 국제적 사법 분쟁으로 확대되었다. 장기간의 소송전 끝에 스즈키가 패소하였고 폭스바겐은 제휴 종료 차원에서 스즈키의 주식을 매각하는 것으로 이들의 제휴는 종결되었다.

원래 일본 자동차회사들은 좀처럼 서로 제휴를 하지 않는다. 하지만 전기차 부상으로 대변되는 자동차시장의 급변은 이들로 하여금 서로 전략적 제휴를 하도록 했다. 최근 전 세계 자동차시장의 가장 큰 특징은 저가를 앞세운 중국산 전기자동차의 약진과 테슬라의 선전이다. 특히 중국산 전기차는 중국 내는 물론이고 유럽과 아시아에서 시장점유율을 급격하게 늘리고 있다. 직수출뿐만 아니라 유럽연합(EU)의 장벽을 우회하기 위해 중국 전기차회사들은 유럽 회사들과 제휴하여 현지 생산을 늘리고 있다. 이들 시장에서 점유율을 뺏기는 자동차회사는 다름 아닌 일본 자

숫자로 본 경영

주요 완성차 브랜드의 EU 전기차 판매실적

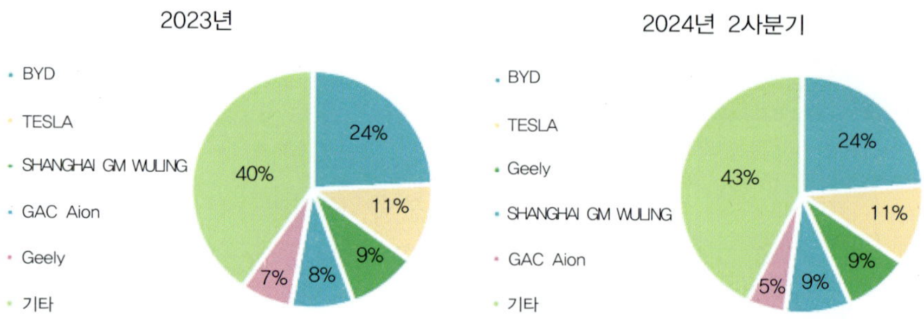

2023년 순위		2024년 2사분기 순위	
브랜드	판매대수(대)	브랜드	판매대수(대)
BYD	1,364,360	BYD	477,773
테슬라(TESLA)	603,664	테슬라(TESLA)	219,056
울링(SHANGHAI GM WULING)	523,328	지리(Geely)	177,751
아이온(GAC Aion)	476,957	울링(SHANGHAI GM WULING)	176,142
지리(Geely)	387,269	아이온(GAC Aion)	105,669

테슬라를 제외한 나머지 회사는 모두 중국 전기차회사이다. 2024년 상반기 기준 중국 전기차의 EU시장 점유율은 50%에 가깝다.

(자료 : SNE리서치, 시사저널e)

동차회사들이다. 미쓰비시처럼 아예 철수하는 회사가 있을 정도이다. 이러한 환경변화에 대응하기 위해 일본 자동차회사들이 선택한 것은 전략적 제휴이다.

일본 자동차회사들의 전기차 경쟁력은 상당히 뒤떨어져 있다. 닛산과 미쓰비시가 가장 먼저 전기차를 출시했으나 2024년 현재 전 세계 전기차 판매순위 20위 안에 일본 자동차회사는 없다. 일본 자동차회사들은 하이브리드 자동차와 수소차에 집중했고 정부는 전기차 발전에 관심이 없었기 때문이다. 뒤떨어진 경쟁력을 극복하기 위해 혼다 · 닛산 · 미쓰비시 3사가 전기차 동맹이라는 전략적 제휴를 했고, 도요타 · 스즈키 · 스바루 · 마쯔다 4사가 제휴를 한 것이다. 이러한 전략적 제휴는 일본에선 매우 이례적이라고 한다.

e-비즈니스전략

e-비즈니스(e-business)전략
경쟁상의 우위를 점하기 위하여 인터넷을 활용하는 전략

정보화시대가 도래하고 인터넷이 일상화되면서 거의 모든 경영자는 "당신의 e-비즈니스전략은 무엇인가?"라는 질문을 받는다고 한다. e-비즈니스(e-business) 전략이란 경쟁상의 우위를 점하기 위하여 인터넷과 같은 정보통신 네트워크를 활용하는 전략을 말한다.

e-비즈니스전략에는 크게 B2B, B2C 모형이 있다. B2B(Business to Business)는 기업간의 전자상거래를 말하는 것으로, 정보기술 및 인터넷 기반 기술을 이용하여 상거래를 하는 것이다. 예를 들어 자재가 필요한 건설회사는 과거에는 오프라인상에서 제한된 자재 공급회사를 대상으로 입찰을 실시하여 공급회사를 결정하곤 했다. 시간과 비용이 많이 소요되고 제한된 기업만이 입찰에 참여할 수 있었으며, 기업 내부의 입찰 관련 부서의 비리도 끊이지 않았다. 그러나 인터넷 온라인상에서 입찰을 실시함으로써 불특정 다수의 수많은 기업이 입찰에 참여할 수 있고, 경제적이며 투명한 업무수행을 할 수 있게 되었다.

B2C(Business to Customer)는 기업과 고객의 전자상거래를 말한다. B2C 비즈니스는 거래의 중간단계를 대폭 줄임으로써 기업과 소비자 모두에게 이익이 될 수 있는 모형이다. B2C에서 거래되는 대부분의 상품은 오프라인에서 거래되는 상품보다 가격이 저렴하다. 정부가 대형 구매처로 새롭게 인식되는 한편으로 앞장서서 전자상거래 보급을 주도하면서 B2G(Business to Government)도 관심의 대상이 되고 있다.

4 전략의 실제

경쟁에서 우위를 차지하기 위하여 활용될 수 있는 전략에는 어떤 것들이 있을까? 특정상황에서는 어떤 전략을 구사해야 할까?

먼저 전략을 수립하는 과정에서 경쟁상의 우위를 점하기 위하여 고려해야 하는 변수로는 다음과 같은 것들이 있다.

- 원가와 품질
- 새로운 아이디어를 제품화하여 시장에 내놓을 수 있는 지식(혁신능력)과 신속성
- 진입장벽
- 자본

이러한 변수들을 복합적으로 고려한 많은 전략들이 개발되어 활용되고 있다. 여기에서는 [그림 6-8]에서 보는 바와 같이 전사적 전략과 사업전략으로 구분하여 각각의 전략에서 적용가능한 대표적인 전략 몇 가지를 보기로 한다.

□ 그림 6-8
조직상의 전략수준과 적용전략

조직상의 전략수준	적용전략
전사적 전략	· 포트폴리오 방법(BCG 매트릭스, GE 사업심사법) · 점진적 조정법
SWOT 분석	
사업전략	· 포터의 본원적 전략법 · 제품수명주기 방법

전사적 전략

포트폴리오 방법

단일제품이나 단일사업만을 영위하는 기업에서는 모든 자원을 한 사업부문으로만 투입할 수 있기 때문에 자원배분문제는 발생하지 않는다. 그러나 사업영역이 두 개 이상 되면 상황은 달라진다. 각 사업영역의 성공적인 수행을 위하여 제한된 자원을 어떻게 배분할 것인가가 중요한 의사결정문제가 된다. 이런 상황에서 활용할 수 있는 전략기법이 포트폴리오 방법이다. 포트폴리오(portfolio) 방법은 여러 대체적인 사업기회를 대상으로 최적의 투자조합을 구성하려는 방법이다. 대표적인 방법인 BCG 매트릭스와 GE 사업심사법을 중심으로 살펴보자.

> ♣ 보스턴컨설팅그룹
> 보스턴컨설팅그룹(BCG)은 1963년 브루스 핸더슨(Bruce Doolin Henderson(1915~1992))이 미국 매사추세츠주 보스턴에 설립한 컨설팅 회사이다. 브루스 핸더슨은 전략이라는 개념을 최초로 제안한 사람이다. 우리나라에는 1994년에 지사가 설립되었고 약 100여명의 직원이 근무한다.

BCG 매트릭스

BCG(Boston Consulting Group)♣ 매트릭스(matrix) 기법은 산업이나 시장의 성장률과 점유율로 사업기회를 분석하는 기법이다. [그림 6-9]는 이를 그림으로 나타낸 것이다. 이때 분석의 대상은 전략적 사업단위(SBU)이다.

□ 그림 6-9
BCG 매트릭스

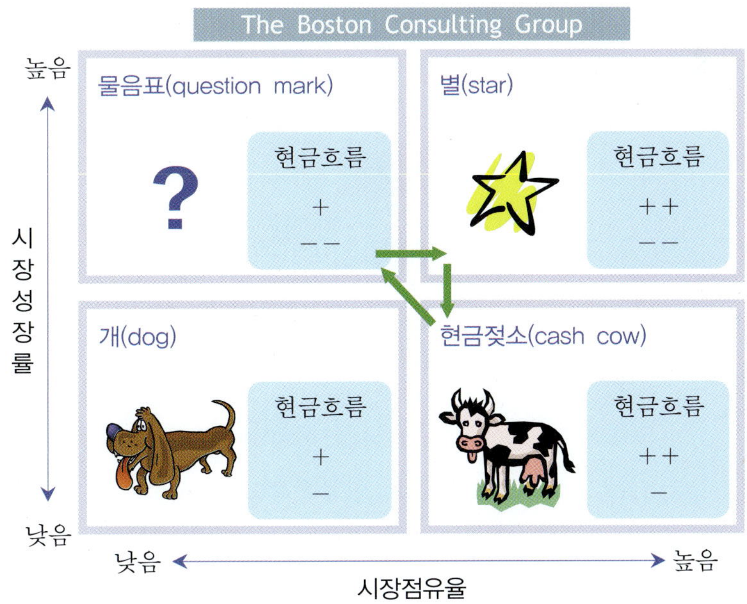

BCG 매트릭스(matrix) 기법
산업이나 시장의 성장률과 점유율로 사업기회를 분석하는 기법

[그림 6-9]에서 보듯이 시장성장률의 높고 낮음과 시장점유율의 높고 낮음을 대응시키면 크게 4개의 상황이 생긴다. 각 상황의 별칭과 특징, 그리고 기업이 취해야 할 전략을 정리하면 [그림 6-10]과 같다.

□ 그림 6-10
BCG 매트릭스 각 상황의 특징과 대응전략

별	상 황	높은 시장성장률, 높은 시장점유율
	특 징	커지고 있는 시장에 효과적으로 침투해 있기 때문에 많은 수익을 내고 있다(큰 현금유입≒큰 현금유출)
	대응전략	시장이 커지고 있으므로 성장전략이 요구되며, 따라서 많은 투자자금이 필요하다
물음표	상 황	높은 시장성장률, 낮은 시장점유율
	특 징	시장은 커지고 있으나 경쟁력이 떨어져 수익을 별로 올리지 못하고 있다(현금유입 < 현금유출)
	대응전략	시장이 성장하고는 있지만 추가적인 투자에는 위험이 상존한다. 경쟁력이 확보될 수 있는 부문에 집중투자하고 나머지는 과감한 철수를 고려해야 한다
현금젖소	상 황	낮은 시장성장률, 높은 시장점유율
	특 징	현금을 많이 벌어들이고 수익도 크게 내고 있다 (현금유입 > 현금유출)
	대응전략	시장이 더 이상 커지지 않으므로 현상유지전략이 필요하다 여기에서 나오는 자금으로 별이나 물음표에 투자한다
개	상 황	낮은 시장성장률, 낮은 시장점유율
	특 징	시장이 커질 가능성도 낮고 수익도 거의 나지 않는다 (작은 현금유입≒작은 현금유출)
	대응전략	사업에서 철수한다

기업의 입장에서 가장 바람직한 것은 물음표(question mark)인 사업단위를 별(star), 현금젖소(cash cow)의 단계로 이어지도록 관리하는 것이다. 즉 물음표인 사업단위를 개발하여 현금젖소에서 창출된 현금을 계속 투입, 시장점유율을 높여 별로 유도해야 이러한 선순환이 이어질 수 있다.

숫자로 본 경영

미국 탄산음료시장의 시장점유율

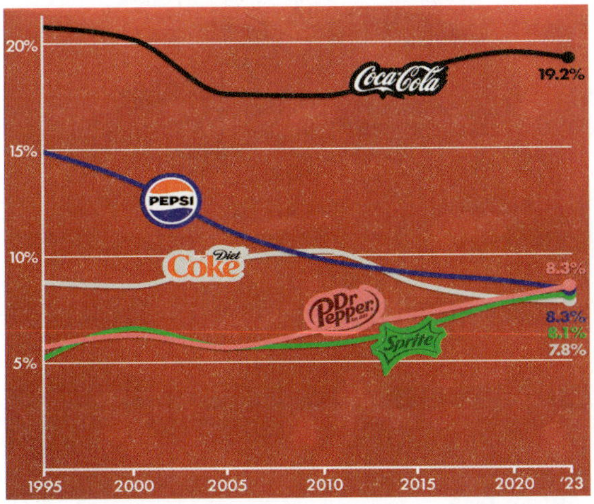

(자료 : WSJ)

현금젖소의 대표적인 예로는 코카콜라의 음료사업부를 예로 들 수 있다. 탄산음료(soft drink) 시장은 현재 연 5% 정도의 낮은 성장률을 보이고 있지만 코카콜라는 여전히 높은 시장점유율을 유지하고 있다. 전형적인 현금젖소의 모습이다. 애플의 아이폰도 현금젖소에 해당된다. 전 세계적인 스마트폰의 성장률은 2024년부터 2029년까지 향후 5년간 겨우 3.57% 정도일 것으로 예측(자료 : Statista Market Insights)되고 있다. 하지만 아이폰은 꾸준히 시장점유율을 늘려 2024년 1사분기에 17%를 기록했다. 아이폰 매출액은 애플 전체 매출액의 절반을 넘을 정도로 애플의 중요한 수입원이다. 구글의 광고서비스나 P&G의 다우니와 같은 소비재 제품군도 현금젖소에 해당된다.

GE 사업심사법

포트폴리오를 이용한 전략수립방법의 강점은 여러 사업(또는 제품)의 강약점을 비교할 수 있다는 점이다. 그러나 BCG 매트릭스 기법은 이해와 적용은 쉽지만 하나의 제품 또는 시장(즉 사업단위) 각각을 대상으로 한다는 결점이 있다. 대부분의 기업은 두 개 이상의 사업단위를 가지고 영업활동을 하고 있다.

예를 들어 GE(General Electric)의 경우만 보더라도 약 150여 개 이상의 사업단위를 가지고 있다. 각 사업단위는 경쟁환경도 다르고 사업모델도 다르며, 경쟁우위요소도 다르다. 이런 GE의 기업적 특성에서 GE 사업심사법이 개발되었다.

GE 사업심사법(GE business screen) 또는 맥킨지(McKinsey) 매트릭스는 [그림 6-11]에서 보는 바와 같이 사업경쟁력 정도(경쟁상의 위치)와 산업의 매력도를 대응시켜 전략을 수립하는 방법이다. Y축의 산업의 매력도에 영향을 미치는 요인은 시장크기, 시장성장률, 소요자본 규모, 경쟁강도 등이다. X축의 사업경쟁력 정도 또는 경쟁상의 위치는 시장점유율, 기술적 우위의 정도, 제품이나 서비스의 품질, 원가, 가격경쟁력 등이 종합적으로 고려된다.

GE 사업심사법 (GE business screen)
사업경쟁력 정도(경쟁상의 위치)와 산업의 매력도를 대응시켜 전략을 수립하는 방법. GE 매트릭스, GE 사업 스크린, 맥킨지 매트릭스, GE/맥킨지 매트릭스 등 여러 명칭으로 불린다.

그림에서 보는 바와 같이 두 지표를 대응시켜 9개의 셀을 만들면, 각 사업단위는 해당산업 내에서 우월한 사업, 물음표, 평균적인 사업, 수익창출사업,

□ 그림 6-11
GE 사업심사법의 기본체계

산업의 매력도 \ 사업경쟁력 정도(경쟁상의 위치)	강함	평균	약함
높음	우월한 사업 [성장 추구]	우월한 사업 [성장 추구]	물음표 [성장 추구?]
중간	우월한 사업 [성장 추구]	평균적인 사업 [계속 유지?]	실패한 사업 [철수(매각)]
낮음	수익창출사업 [계속 유지]	실패한 사업 [철수(매각)]	실패한 사업 [철수(매각)]

▌잭 웰치(Jack Welch)

실패한 사업으로 분류할 수 있게 된다. 우월한 사업과 물음표 사업에 대해서는 투자가 계속되는 전략이, 평균적인 사업과 수익창출사업은 현상유지전략이 수립되며, 실패한 사업은 철수를 고려하게 된다.

GE가 세계 제일의 기업으로 부흥기를 이끌었던 당시 CEO 잭 웰치(Jack Welch)는 전략계획수립시 각 사업단위가 해당산업 내에서 1, 2위를 하지 못하고 있거나 할 잠재력이 없으면 GE의 사업포트폴리오에서 제외시키는 엄격한 룰을 적용하였다고 한다.

점진적 조정법

기업 현장의 경영활동을 보면 모든 전략이 한 번에 일괄적으로 수립되어 차근차근 실행되는 것은 아니다. 오히려 긴 시간 동안 조금씩 기존의 전략을 조정해가는 경우도 종종 있다. 이러한 전략을 점진적 조정법(incrementalism, emergent strategy)이라고 한다. 이 기법에 의하면 경영자는 장기적인 조직의 목표를 항상 염두에 두면서, 단기적으로 발생하는 문제점은 극복하는 과정에서 배우고 기회는 활용해가면서 업무환경 변화에 대응해야 한다. 그러한 경영자의 일련의 의사결정과정이 긴 시간에 걸쳐 점진적으로 이루어지면서 유연성 있는 관리를 해나가는 전략이다.

SWOT 분석법

SWOT 분석법
조직내부의 강점(strength)/약점(weakness)을 조직외부의 기회(opportunity)/위협(threat) 요인과 대응시켜 전략을 개발하는 방법

SWOT 분석법은 조직내부의 강점(strength)/약점(weakness)을 조직외부의 기회(opportunity)/위협(threat) 요인과 대응시켜 전략을 개발하는 방법이다. 네 가지 요인의 머리글자를 따서 SWOT라고 부른다. 이 전략수립방법은 전사적 차원에서 활용할 수도 있고 사업단위차원에서도 적용할 수 있다.

외부환경을 분석하면 기업이 활용할 수 있는 기회와 기업에 위협이 되는 요인을 파악할 수 있는데, 이를 기업 자신이 가지고 있는 강점과 약점에 대응시키는 것이다. 이렇게 하면 네 가지의 상황이 도출되며 각 상황에 적합한 전략을 구사할 수 있다. 이는 [그림 6-12]에 나타나 있다.

□ 그림 6-12
SWOT 분석 체계

		외부환경요인	
		기회(Opportunity)	위협(Threat)
기업 내부적 요인	강점(Strength)	SO 전략 • 내부 강점을 이용하여 외부 기회 포착 [확대전략]	ST 전략 • 내부 강점은 활용하되 외부 위협은 회피 [안정성장전략]
	약점(Weakness)	WO 전략 • 외부 기회는 포착하되 내부 약점은 극복 [우회, 개발전략]	WT 전략 • 외부 위협에 약점밖에 없으므로 사업 축소, 철수 고려 [축소, 철수전략]

그림에서 보듯이 SWOT 분석에서 중요한 것은 외부환경의 기회와 위협 요인, 기업내부의 강점과 약점 요인을 정확하게 파악하는 일이다.♣ 다음에서는 이를 파악하는 데 도움이 될 만한 몇 가지 지표를 제시하였다.

♣ SWOT 분석시의 오류

SWOT 분석과 관련하여 흔히 범하고 있는 오류 중의 하나는 환경분석과 이에 따른 대응전략의 수립 간의 관계를 무시하거나 그 구조를 잘 알지 못한다는 점이다. 필자에게는 각종 제안서나 계획서를 심사 평가할 기회가 종종 주어지는데, 이들 서류에는 거의 대부분 SWOT 분석 결과가 포함되어 있다. 그런데 많은 경우 오른쪽 표와 같이 외부 환경요인으로 기회요인과 위협요인을 나열하고 내부 환경요소로 강점요인과 약점요인을 나열하는 데 그치고 있다. SWOT 분석은 이러한 네 가지의 요인을 나열하는 것이 목적이 아니라 본문의 [그림 6-12]와 같이 이들 네 가지 요인을 조합한 후 각 상황에 알맞은 대응전략을 수립하고자 하는 것이 목적인 것이다. 각 상황에 대처할 대응전략이 제시되지 않은 SWOT 분석은 하나마나 한 것이다.

외부 기회(O) 요인	내부 강점(S) 요인
외부 위협(T) 요인	내부 약점(W) 요인

- 외부에 기회가 있다고 판단할 수 있는 근거의 보기
  - 경제 호황
  - 새로운 기술의 출현
  - 시장의 지속적인 성장
  - 약해진 경쟁자
  - 새로운 시장의 발견이나 대두
- 외부가 우리에게 위협적이라고 판단할 수 있는 근거의 보기
  - 자원의 고갈
  - 정부나 공공기관의 새로운 규제
  - 소비자 기호의 변화
  - 우월한 대체재의 등장
  - 극복하기 어려울 정도의 경쟁자 출현
- 내부적으로 강점을 가지고 있다고 판단할 수 있는 근거의 보기
  - 제조기술, 생산효율성의 우월
  - 숙련된 노동자 보유
  - 높은 시장점유율과 탄탄한 마케팅 조직
  - 자금조달의 원활과 금융기관과의 원만한 관계
  - 회사에 대한 고객의 높은 충성도
- 내부적으로 약점이 있다고 판단할 수 있는 근거의 보기
  - 무능한 관리자
  - 경쟁력 없는 기획팀
  - 뒤떨어진 기술, 낮은 연구개발비 투자, 낙후된 시설
  - 높은 이직률

마이클 포터(Michael Porter)

사업전략

포터의 본원적 전략(generic strategies)

포터(M. Porter)에 의하면 사업단위의 전략적 의사결정은 다음 두 가지의 기본적인 요소에 의하여 결정된다.

□ 그림 6-13
포터의 본원적 전략의 체계

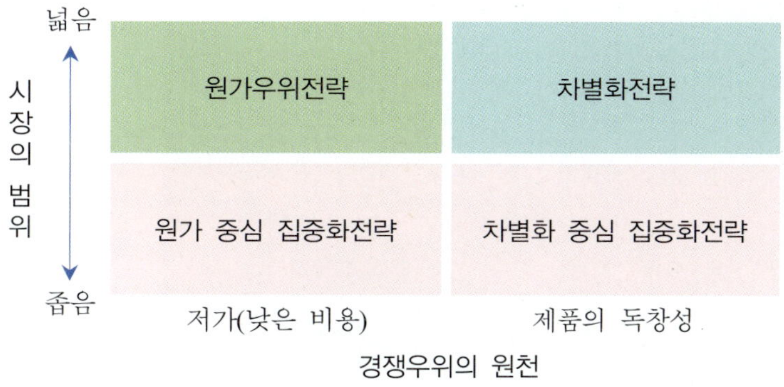

- 시장의 범위 : 목표로 하고 있는 시장의 범위가 넓은가, 좁은가?
- 경쟁우위의 원천 : 경쟁우위의 원천은 어떤 것인가? 저가인가, 제품의 독창성인가?

이들 두 요소를 대응시키면 [그림 6-13]에서 보는 바와 같이 상황에 적합한 전략을 수립할 수 있다. 각각을 구체적으로 살펴보면 다음과 같다.

차별화전략

차별화전략
(differentiation strategy)
경쟁사와는 다른 독창적인 제품을 공급함으로써 경쟁우위를 확보하고자 하는 전략

차별화전략(differentiation strategy)은 경쟁사와는 다른 독창적인 제품을 공급함으로써 경쟁우위를 확보하고자 하는 전략이다. 이 전략은 고객들이 경쟁상품을 기피하고 우리 상품에 대한 충성도를 갖게 하고자 시도한다. 이 전략이 성공하기 위해서는 연구개발, 기술, 마케팅 등 여러 분야에서 조직이 경쟁력을 확보하고 있어야 한다. 이 전략의 성공 여부는 고객들이 제품의 독창성과 품질에 대하여 얼마나 지속적이고 우호적으로 인지하느냐에 달려 있다.

차별화전략은 제품의 독창성을 무기로 넓은 시장범위를 공략한다. 넓은 시장을 다시 작은 시장으로 세분화하여 각 시장에 적합한 제품을 공급해야 하기 때문에—다양한 제품을 소량생산해야 하기 때문에—일반적으로 원가가 높을 수밖에 없는 특성이 있다.

소품종 제품을 대량생산하는 원가우위기업에 비해서는 가격경쟁력이 떨어질 수밖에 없다. 이는 차별화전략 자체가 가지는 특징에서 기인한다. 그러나 최근에는 유연제조시스템(FMS : Flexible Manufacturing System) 등과 같은 새로운 생산기법이 출현함에 따라 이러한 한계점도 차차 극복되어가고 있다.

할리 데이비슨 오토바이는 미국 그 자체를 의미하는 브랜드로 차별화되어 있다. 그래서인지 사진처럼 성조기를 달고 있는 경우를 종종 볼 수 있다. (자료 : Harley-Davidson)

테슬라(Tesla)는 전기차시장에서 독특한 기술과 성능을 제공하여 차별화를 지속적으로 시도하고 있다. 자율주행 기능이 테슬라의 주요 차별화 요소이다. 할리 데이비슨(Harley-Davidson)은 차별화 중심 집중화전략의 대표적인 사례이다. 오토바이라는 제품으로만 본다면 고가의 육중하고 엔진소리가 크며 고성능인 제품으로, 이 브랜드는 "가장 미국적인 가치(America's heritage)"를 추구하는 것으로 차별화했다. 이 회사는 미국기업 중 가장 충성스러운 고객을 확보하고 있는 것으로 평가되고 있는데, 이는 차별화 중심 집중화전략이 성공했다는 것을 의미한다.

앞서 설명한 다각화를 잘못 실행하여 이미 차별화되어 있던 장점을 놓친 경우도 있다. 콜게이트(Colgate) 치약이 그 사례이다. 원래 콜게이트 치약은 두 종류뿐이었다. 그런데 치약시장 경쟁이 치열해지자 이 회사는 치아미백용, 치석제거용 등의 다양한 제품들을 내놓았다. 경쟁기업도 당연히 유사한 기능의 제품을 출시했다. 그 결과 슈퍼마켓의 진열대에는 여러 회사의 수많은 종류의 치약이 진열되었고 콜게이트 치약이 묻혀버리는 현상이 생긴 것이다.

원가우위전략

원가우위전략 (cost leadership strategy) 생산, 마케팅 등 조직 내의 모든 분야에서 원가를 낮추어 경쟁회사보다 제품의 가격을 저렴하게 함으로써 경쟁력을 확보하려는 전략

원가우위전략(cost leadership strategy)은 생산, 마케팅 등 조직 내의 모든 분야에서 원가를 낮추어 경쟁회사보다 제품의 가격을 저렴하게 함으로써 경쟁력을 확보하려는 전략이다. 원가가 경쟁력 확보의 핵심이므로 이 전략을 추구하는 기업은 매우 엄격한 비용관리를 하게 된다. 물론 이 과정에서 품질이 희생되어서는 안 된다.

진입장벽이 낮아 새로운 경쟁자가 자꾸 출현하여 경쟁이 가격경쟁 양상으로 전개될 경우 원가우위전략은 큰 힘을 발휘하게 된다. 원가가 낮을수록 가격을 많이 낮출 수 있기 때문이다.

이러한 경쟁의 대표적인 업종은 대형마트업이다. 미국의 월마트나 우리나라의 이마트, 롯데마트, 홈플러스 등의 대형마트 매장에 가보면 최저가격을 강조한 다양한 문구를 볼 수 있다. 특히 한 지역 내에서 여러 대형마트가 경쟁할

숫자로 본 경영

전 세계 항공사 승객 수송 실적(일부)

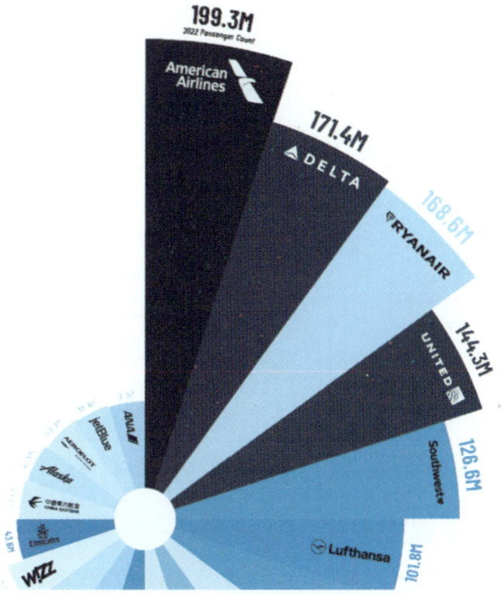

(자료 : visualcapitalist, 2022년 기준)

때에는 그 경쟁의 정도가 훨씬 더하다. 그러면서도 품질이나 고객만족을 유지하기 위하여 심혈을 기울이는 모습을 볼 수 있다.

1984년에 설립된 아일랜드 초저가 항공사인 라이언에어(RyanAir)는 원가우위전략의 모범적인 사례로, 이 회사는 오늘날 저비용항공사(LCC) 시대를 열었다. 500대 이상의 항공기로 유럽, 북아프리카, 중동지역의 40개국 이상을 운행하는 이 회사는 2016년에는 전 세계 모든 항공사 중에서 가장 많은 국제선 승객을 운송하기도 했다. 국내외 모든 승객 기준으로는 2022년 현재 3위 수준의 운송실적을 유지하고 있다. 이 회사는 운항 항공기를 보잉 737-200 기종으로 단일화, 예비부품을 대량구매하여 비용을 낮추고 정비인력을 효율적으로 활용하는 정책을 채택했다. 취항하는 공항도 상대적으로 덜 붐비는 곳을 선택하여 공항이용료도 낮출 수 있었다. 이러한 접근은 오늘날 많은 저비용항공사들이 채택하는 전략이다.

집중화전략

집중화전략(focus strategy)
시장을 세분화하여 특정시장에서 경쟁사보다 낮은 원가를 기반으로 경쟁우위를 점하거나(원가 중심 집중화전략), 제품의 독창성으로 경쟁우위를 확보하고자(차별화 중심 집중화전략) 하는 전략

집중화전략(focus strategy)은 시장을 세분화하여 특정시장에서 경쟁사보다 낮은 원가를 기반으로 경쟁우위를 점하거나(원가 중심 집중화전략), 제품의 독창성으로 경쟁우위를 확보하고자(차별화 중심 집중화전략) 하는 전략이다. 시장은 연령, 소득, 지역, 직업 등 여러 가지 기준에 의해 세분화할 수 있으며 집중화전략은 그중에 특정시장을 대상으로 하는 전략인 셈이다.

규모가 크지만 실체 파악이 어려운 전체 시장을 대상으로 하는 것보다 작지만 대상이 분명한 특정시장만을 대상으로 전략을 수립 시행하겠다는 기본 인식이 깔려 있는 전략이다.

제품수명주기 방법

개 념

제품수명주기 (PLC : Product Life Cycle)
제품이나 서비스가 갖는 상품으로서의 가치(marketability)가 마치 생물의 생명과 같이 도입기, 성장기, 성숙기, 쇠퇴기의 단계를 밟는다는 것

제품수명주기(PLC : Product Life Cycle)란 제품이나 서비스가 갖는 상품으로서의 가치(marketability)가 마치 생물의 생명과 같은 단계를 밟는다는 주장이다. 즉,

제품은 시장에 나타난 후 「도입기-성장기-성숙기-쇠퇴기」를 거쳐 시장에서 사라진다는 것이다. 제품수명주기 방법은 이러한 제품수명주기이론을 전략수립에 적용하여 각 단계에 적합한 전략을 구사해야 한다는 일종의 동적(dynamic)인 사업전략수립방법이다.

국내 최초로 보리를 이용한 탄산음료 맥콜. 지금도 생산하고 있다.

실제 기업현장에서 PLC 이론으로 설명가능한 현상은 아주 많다. 모토로라는 휴대전화에 디지털 신기술이 도입되고 있음에도 과거 영화를 누렸던 아날로그 방식의 전화기에 집착하다가 결국 망했으며, 일화의 보리음료 맥콜은 시장에 알려지면서 순식간에 큰 인기를 끌었으나 얼마 못 가서 매출이 크게 떨어져 매우 급격한 제품수명주기 변화를 보여주었다. 컴퓨터 모니터도 CRT에서 LCD, OLED로 전환되었으며 동영상 콘텐츠 시장도 공중파에서 케이블에 이어 OTT 시장으로 바뀌는 등 유사한 상황이 전개되고 있다. 백열전구는 아예 법적인 조치까지 곁들여지면서 역사의 뒤안길로 사라졌다. 유럽연합(EU)은 130여 년 전 에디슨이 발명하여 인류의 생활양식을 바꾼 백열전구를 에너지 소비의 주범으로 지목하고 2013년부터는 아예 판매를 금지하여 퇴출시켰다. 우리나라도 2014년부터 생산 및 수입을 금지시켰다.

한때 휴대전화를 사용하는 사람 두 명 중 한 명이 사용했을 정도로 시장에서 절대강자였던 노키아가 스마트폰 시장에서 실패한 것은 제품주기변동을 사전에 예측하지 못했기 때문이다. 노키아가 진정한 의미의 스마트폰을 최초로 개발한 점을 고려하면 제품주기변동 예측이 얼마나 중요한지를 알 수 있다.

제품수명주기의 각 단계

한편 제품수명주기이론에 의하면 일반적으로 제품의 수명은 [그림 6-14]에 나타나 있는 것처럼 도입기, 성장기, 성숙기, 쇠퇴기 등 4단계 주기로 변해간다. 각 단계별로 특징을 살펴보자.

- 도입기 : 도입기는 신제품이 처음으로 시장에 소개되어 구매의 대상이 되는 시기이므로 신제품이 제품으로서 본격적 수요를 불러일으키기까지는 상당한 시간이 걸려 매출증가율은 극히 저조하다. 저조한 매출실적과 초기의 과다한 광고비 지출 등 마케팅비용 때문에 손실을 입거나 이익이 나더라도 소액에 불과한 것이 보통이다. 그만큼 사업위험도 크

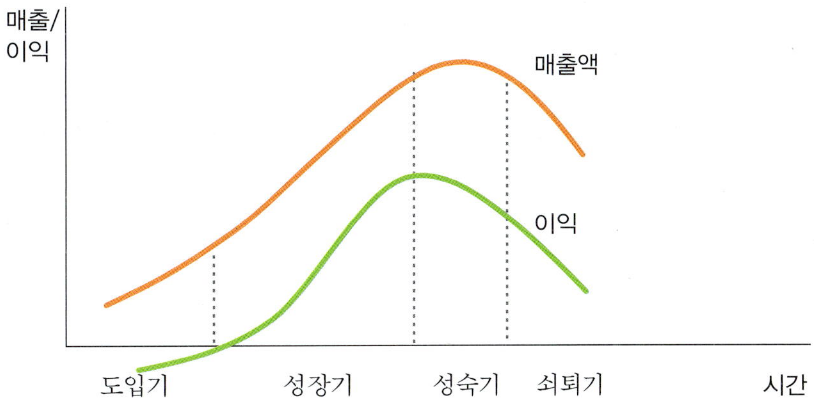

□ 그림 6-14
제품수명주기

다고 할 수 있다.

경쟁자의 수는 적고 시장에 아직 신제품이 덜 알려져 있기 때문에 경영관리기능 중에서 마케팅능력이 탁월해야 성공할 수 있다. 일반적으로 도입기에서는 제품의 가격이 높은 편이지만 그간 투여되었던 연구개발비, 높은 제조원가, 높은 광고비 지출 때문에 이윤폭은 낮은 경향이 있다.

이 시기의 마케팅 목표는 제품인지도를 높여 새로운 구매수요를 발굴하는 데 있다.

- 성장기 : 성장기에는 수요가 급증하기 시작하고 새로운 경쟁자들이 산업에 진출하기 시작함에 따라 유통경로가 확대되고 시장규모도 커지기 시작한다.

가격은 수요가 급격히 증가하는 한 처음 수준을 유지하거나 약간 하락하는 경향이 있다. 이 단계에서는 제품의 신뢰성, 제품차별화가 중요시된다. 매출이 증가함에 따라 조업도가 높아지고 대량생산 · 유통체제, 경험곡선효과에 의해서 제조원가가 급속히 감소함에 따라 이윤은 증가한다. 결과적으로 수익성은 양호한 편이고 사업위험은 적다.

이 시기의 마케팅 목표는 시장점유율 확대에 집중된다.

- 성숙기 : 성숙기에는 시장의 수요가 포화상태에 이르기 시작하므로 기업은 시장점유율 확대를 위해 가격인하정책이나 판촉비 증가 등을 통해 격심한 경쟁을 벌이게 된다. 이에 따라 기업의 이윤은 감소하기 시작하고 유휴설비가 발생하게 된다. 서서히 사업위험이 커지는 단계이기도

하다.

원가절감을 하거나 철저한 생산관리를 통하여 악화된 수익성을 개선하는 것이 필요한 단계이며, 구매자의 수요변화에 부응하는 적절한 새로운 제품을 개발하기 위하여 연구개발비 지출을 증가시키게 된다. 이 시기에 경쟁력이 약한 기업은 탈락하게 되며 경쟁적 우위를 굳게 확립한 기업만이 그 산업에 남아 있게 된다.

이 시기의 마케팅 목표는 기존의 시장점유율 유지에 있다.

- 쇠퇴기 : 쇠퇴기에는 판매량이 감소하기 시작한다. 이는 대체로 새로운 기술개발, 구매자의 기호변화, 새로운 경쟁자의 증가 등에 기인한다. 결과적으로 유휴생산시설이 증가하고 가격하락과 이윤감소의 현상이 초래된다. 따라서 많은 기업이 당해산업에서 철수하게 되며 남아 있는 기업은 제품생산을 감소시키고 가격과 광고비를 낮추게 된다.

이 시기의 마케팅 목표는 지출을 최대한 억제하고 남아 있는 잔존 수요로부터 수확을 극대화하는 것이다.

쉬어가기 마우스의 운명

대표적인 컴퓨터의 입력장치 중의 하나로 마우스가 있다. 컴퓨터를 사용하는 사람이라면 잠시도 떨어져 있을 수 없는 컴퓨터 마우스. 키보드로 입력하면 더 편한 작업조차도 사람들은 마우스에 의존한다. 예컨대 다음(daum)과 같은 검색 포털에서 검색어 입력 후 키보드에서 엔터(enter)키를 치는 것이 빠르고 편하지만 대부분의 사람들은 굳이 마우스를 움직여 '검색' 단추를 클릭한다.

이러한 마우스가 세상에서 사라질 수도 있다는 보도(영국의 The Times)가 있어 흥미를 끌고 있다.

더글러스 엥겔바트와 그가 최초로 개발한 마우스

마우스는 1968년 미국의 스탠퍼드연구센터(Stanford Research Institute)의 더글러스 엥겔바트(Douglas Engelbart) 박사가 개발했다. 당시에 만든 마우스는 나무상자에 두 개의 바퀴를 달고 붉은색 버튼을 부착하고 긴 선을 연결하는 모양이었는데, 동료들이 이 모양을 보고 생쥐 같이 생겼다 하여 마우스라는 명칭이 붙었다고 한다.

마우스가 대중 곁으로 다가선 것은 1986년 마이크로소프트(MS)사가 윈도시스템에 이를 적용하기 시작하면서부터이다. 이 회사는 마우스를 인체공학적으로 설계하여 한 손 안에 쏙 들어오도록 동그랗게 설계하였다. 이후 본격적으로 일반인에게 보급되기 시작한 마우스는 1996년에 버튼과 버튼 사이에 스크롤 휠을 장착한 마우스로 발전하고 1999년에는 고장이 잦았던 볼 대신에 빛으로 위치를 인식하는 광마우스가 개발되었다. 2004년에는 레이저 마우스까지 나와 보다 정밀한 작업이 가능해지게 되었다. 하지만 터치스크린이 본격적으로 보급되면서 마우스 위상이 흔들리고 있다. 영국의 신문 더 타임스(The Times)는 애플의 아이폰이나 휴렛팩커드의 터치 스마트 PC 등과 같은 터치스크린 제품이 인기를 끌게 되면서 마우스가 사라질 수 있다고 보았다. (관련자료 종합)

제품수명주기이론의 평가

제품수명주기이론은 그것이 주관적이라는 점과 산업전개의 대체적인 방향에 대해서 설명해줄 뿐이지 특정산업의 수명주기가 언제 시작해서 언제 다음의 단계로 넘어가는지에 대한 설명은 하지 못한다는 중대한 결점을 갖고 있다. 더구나 제품수명주기 형태는 기업의 마케팅전략이나 당초 예상하지 못했던 요인에 의해 달라질 수 있으므로 제품의 판매실적이 제품의 수명주기에 의해서 이루어지지 않는 측면도 있다. 즉 [그림 6-14]와 같은 S자형 수명주기 외에도 S자형이 한 번 더 반복되는 S자 주기－재주기형 수명주기도 종종 발견되며 지속적으로 성장만 하는 경우도 있다.

예를 들어, 일반 세탁기의 경우 10여 년 전부터 드럼세탁기가 본격적으로 보급되기 시작하면서 그 비중이 계속 줄어 30%까지 떨어졌으며 시장에서는 이내 퇴출될 것으로 예상했다. 그러나 드럼세탁기의 가격이 비싸고 상대적으로 전기를 많이 소모하는 것이 알려지면서 다시 일반 세탁기의 수요가 늘어 지금은 절반이 조금 안 되는 수준의 시장을 형성하고 있다.

숫자로 본 경영

세탁기 종류별 점유율

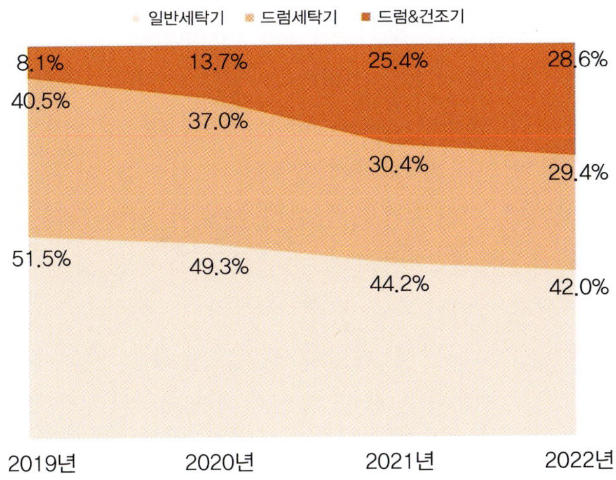

(자료 : 다나와리서치)

제품수명주기이론의 변형

이 이론은 일반적으로 시간의 흐름에 따라 어떤 상품 또는 서비스의 수명이 단계별로 진행된다고 주장한다. 그러나 이 이론은 다소 변형된 모습으로 적용되기도 한다. 예컨대 시간의 흐름에 따라 상품 자체의 주기가 바뀌는 게 아니라 대상 시장이 달라지는 것이다.

이러한 사례의 하나로 소위 명품이라 불리는 상품 브랜드를 들 수 있다. 루이비통(Louis Vuitton)이나 샤넬(Channel), 프라다(Prada)와 같은 브랜드의 경우 미국, 일본 등은 성숙기 시장으로 분류되고 중국, 인도 등은 본격적인 성장기가 시작된 것으로 본다. 우리나라는 오랫동안 성장기가 이어지고 있다. 이에 따라 이들 회사들은 각 국가에 대한 접근전략이 서로 상이하다. 미국 등에서는 심심찮게 가격할인행사를 하거나 아예 상품가격을 할인하기도 하지만 우리나라에서 가격할인을 하는 사례는 거의 없이 오히려 가격을 지속적으로 올리

슈퍼잼의 홈페이지 (자료 : Superjam)

고 있다.

제품을 새로운 시각으로 접근하면 제품 수명주기가 전혀 다른 모습으로 연장되기도 한다. 잼을 예로 들 수 있다. 한때 많은 사랑을 받았던 잼은 건강한 식생활을 추구하는 흐름에 따라 설탕덩어리라는 오명을 쓰고 한물간 식품으로 평가되었다. 그러나 영국의 프레이저 도허티(Fraser Doherty)는 설탕을 전혀 넣지 않은 100% 과일로만 만든 천연 잼인 슈퍼잼(super jam)을 개발하여 성공가도를 달리고 있다. 불과 20대의 나이에 백만장자 대열에 합류하는 성공을 이루었다.

하나의 제품군 내에서의 버전별 수명주기도 고민할 필요가 있다. 예를 들어 자동차산업에서는 내연기관 자동차를 개발하면 대략 7년 주기로 풀체인지를 한다. 그런데 IT업계, 예를 들어 스마트폰의 경우는 대략 1~2년마다 풀체인지를 한다. 사회적 유행이 빠르게 바뀌면서 기업에서는 보유하고 있는 다양한 제품에 대해 버전별 수명주기를 어떻게 운용할 것인지에 대한 전략적 접근이 필요해지고 있다.

기술수용주기와 캐즘 이론

캐즘 이론(Chasm theory)은 새로운 아이디어와 기술이 어떻게, 왜, 어느 정도 속도로 집단이나 인구에 의해 수용되는지를 설명하는 이론으로, 아무리 훌륭한 신제품이라 하더라도 일반 대중들이 사용하기 위해서는 침체기(캐즘)를 넘어야 한다는 주장이다. 이는 에버렛 로저스(Everett Rogers)가 1962년에 개발한 '혁신의 확산(diffusion of Innovations)'이라는 시장개발모델을 응용한 '기술수용주기(Technology Adoption Lifecycle)'를 기반으로 하는데, 제프리 무어(Geoffrey Moore)의 1991년 저서 『캐즘을 넘어서(Crossing the Chasm)』에 의해 본격적으로 소개되었다.

기술수용주기로 캐즘을 설명하면 다음과 같다.

- 혁신수용자와 선각수용자 : 먼저 혁신적인 제품이 출시되면 극소수의 혁신수용자(innovators)가 가장 먼저 제품을 받아들인다. 이들은 제품의 효

□ 그림 6-15
기술수용주기와 캐즘 이론

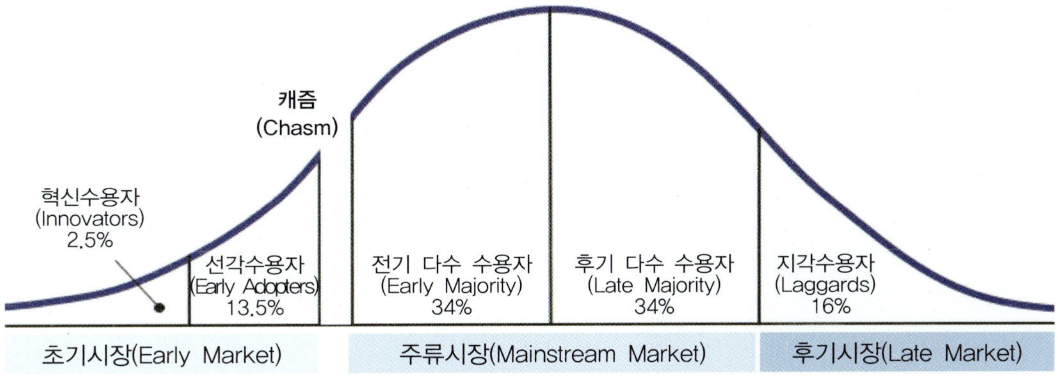

용성보다는 신기술 자체에 관심이 높아 혁신기술 제품을 스스로 찾을 정도로 적극적인 소비자 집단이다. 이론에 의하면 혁신수용자는 전체 소비자의 약 2.5% 정도로 극소수이다. 선각수용자 또는 얼리어답터(early adopters)는 혁신수용자보다는 느리지만 일반 대중보다는 빨리 신기술이 적용된 제품을 수용하는 소비자 집단을 말한다. 전체 소비자의 13.5% 정도로, 신제품이 캐즘을 건너뛰고 일반 대중에게 성공적으로 확산할 수 있을지에 큰 영향을 미친다. 혁신수용자와 선각수용자 시장을 초기 시장이라고 한다.

- **전기 다수 수용자와 후기 다수 수용자** : 전기 다수 수용자(early majority)는 신제품의 기술이 시장의 표준이 되기 전에 구매에 참여하는 소비자를 말하고, 신기술이 시장의 표준이 되고 난 후 천천히 구매에 나서는 소비자, 즉 신기술에 우호적이지 않은 소비자를 후기 다수 수용자(late majority)라고 한다. 두 소비자 집단을 합하면 전체의 3분의 2 정도가 되기 때문에 혁신기술 제품의 성공 여부를 결정하는 소비자 집단이라고 할 수 있다. 이 시장을 주류시장(mainstream market)이라고 한다.
- **지각수용자** : 지각수용자(laggards)는 신기술 수용에 매우 보수적이어서 가장 늦게 신기술 적용 제품을 구매하는 소비자 집단으로, 이들이 속한 시장을 후기시장(late market)이라고 한다.
- **캐즘** : 캐즘은 초기시장과 주류시장 사이에 있다. 경영현장에서의 캐즘 현상은 신기술 또는 혁신기술이나 제품이 시장에 출시되었을 때 초기시장에서는 수요가 반짝했으나 대중의 관심을 받지 못해 주류시장에는 진

캐즘은 원래 그림과 같은 깊은 협곡 또는 깊은 틈을 의미한다. 사진은 영국 웨일즈의 한 협곡 (자료 : mountainproject.com)

입하지 못하고 이내 사라지는 현상을 말한다. 캐즘을 마케팅 갭(marketing gap)이라고도 한다.

캐즘 현상이 생기는 이유 중 하나는 주류시장 소비자가 혁신수용자 및 선각수용자와는 매우 다른 가치와 동기를 가지고 있기 때문이다. 이는 초기시장에서 성공적이었던 많은 마케팅 전략이 주류시장에서는 통하지 않을 것임을 의미하기 때문에 유의해야 한다.

캐즘 이론은 이처럼 제품수명주기이론과 유사하면서 추가적인 시사점을 제공한다. 최근 거의 매일 혁신기술이 발표되고 신제품이 출시되고 있을 뿐만 아니라 전혀 새로운 사업모델(business model)도 출현하고 있다. 그러나 초기에 큰 관심을 끌었다가 바로 사라지는 사례도 많은데 이러한 현상을 일반적으로 캐즘 현상이라고 부르고 있다.

주요 대기업, 글로벌 경기침체 속 구조조정 가속화하나

삼성전자가 최근 일부 사업부의 해외 직원을 최대 30% 감원하는 등 구조조정을 본격화했다. SK그룹도 올 초부터 사업 포트폴리오 재조정과 비용절감에 돌입한 만큼 구조조정에 나설 가능성이 크다.

삼성전자는 일부 사업부의 해외 직원 감축에 돌입했다. 로이터 통신 등 주요 외신은 삼성전자 본사가 전 세계 자회사에 영업 및 마케팅 직원을 약 15%, 행정 직원을 최대 30% 줄이도록 지시했다고 보도했다. 이번 인원감축은 올해 말까지 시행될 예정이며 미주, 유럽, 아시아 및 아프리카 전역의 일자리에 영향을 미칠 것으로 알려졌다. 다만 직원 해고 규모와 어떤 국가와 사업부가 가장 큰 영향을 받을지 등은 밝혀지지 않았다. 삼성전자에 따르면 지난해 말 기준 전체 직원은 26만 7,800명으로 집계됐다. 이 중 절반 이상인 14만 7,000명이 해외에서 근무하고 있다. 직원의 대부분은 제조 및 개발 부문에 종사하고 있다.

삼성전자는 "이번 해외 사업장 인력조정은 일상적인 것으로 효율성 향상을 목표로 한다"며 "구체적인 목표는 없고 생산 직원에게는 영향을 미치지 않을 것"이라고 말했다.

삼성전자는 지난해 반도체 사업에서만 14조 8,800억원의 적자를 기록했다. 올해 2분기에는 반도체 사업이 6조 4,500억원의 영업이익을 올리는 등 2분기 연속 흑자를 나타냈다. 하지만 여전히 고대역폭 메모리(HBM) 시장에서 SK하이닉스에 주도권을 빼앗겼으며 파운드리(반도체 위탁생산) 사업에서도 TSMC와의 점유율 격차는 크게 벌어져 있다. 대만 시장조사업체 트렌드포스에 따르면 올해 2분기 파운드리 부문의 TSMC의 시장점유율은 62.3%이며 삼성전자는 11.5%에 그쳤다. 현재 TSMC와 삼성전자의 점유율 격차는 50%대를 유지하고 있다. 이에 삼성전자는 빼앗긴 반도체 주도권을 탈환하기 위해 사실상 비상경영 체제에 돌입한 상태다.

삼성전자는 최근 임원들의 주 6일 근무를 확대했다. 삼성전자 등 일부 삼성 계열사에서 시행하던 임원 주 6일 근무가 삼성전기, 삼성SDI, 삼성SDS, 삼성디스플레이 등 전 계열사로 확산됐다. 해당 계열사 임원들은 격주로 주말에 출근해 근무를 하고 있는 것으로 알려졌다. 앞으로 주말 출근이 임원에 국한하지 않고 그룹장뿐만 아니라 파트장까지 확대될 것으로 보인다.

SK그룹은 임원급 위주로 구조조정에 나설 것으로 보인다. SK그룹은 올 초 사업 포트폴리오 재조정과 대대적인 비용감축을 시사했다. 특히 그룹 내에서 실적압박을 받고 있는 석유·화학 등 일부 계열사 임원들이 첫 타깃이 될 것으로 예상된다. SK그룹의 핵심 계열사인 SK이노베이션은 전기차 캐즘(Chasm·일시적 수요 정체)과 석유화학 업황 불황으로 부진을 겪고 있다. SK이노베이션의 부채는 SK온 출범 전 23조 396억원에서 지난해 말 50조 7,592억원으로 2배 이상 불어났다. 이 여파로 SK그룹이 대대적 인원감축 단행을 검토중인 것으로 전해졌다.

한편, 경영 쇄신 강화를 위해 주요 경영진이 참석하는 토요일 회의를 24년 만에 부활시켰다. SK그룹이 경영진 회의를 토요일에 연 것은 지난 2000년 7월 주 5일 근무제 도입 이후 처음이다. SK는 그룹 최고 의사결정 기구인 SK수펙스추구협

SK그룹 서린동 본사 전경

의회 임원들과 주요 계열사 최고경영자(CEO)들이 참여하는 '전략글로벌위원회' 회의를 월 1회 평일에서 격주 토요일 개최로 변경하기로 했다. 아울러 수펙스추구협의회 임원들은 현재 유연근무제의 일환으로 월 2회 부여되는 금요일 휴무 사용 여부를 자율적으로 결정하기로 했다.

재계 관계자는 "SK그룹이 중점적으로 추진하는 인공지능(AI)・반도체 사업에 힘을 싣고 있다"며 "AI・반도체 사업에 역량을 집중하기 위해 상대적으로 실적이 부진한 계열사부터 구조조정에 나설 것"이라고 말했다. SK그룹 관계자는 임원 구조조정은 아직 결정된 사안이 아니라고 전했다.

LG그룹은 계열사별로 수익성이 떨어지는 한계 사업은 정리하고 희망퇴직 등을 수시로 받고 있다. LG디스플레이는 희망퇴직 신청 대상을 기존 만 30세 이상에서 만 28세 이상으로 확대하는 등 인건비 절감을 위한 구조조정 폭을 키우고 있다. LG화학은 첨단소재사업본부의 생산기술직 직원 중 5년 이상 근속자를 대상으로 특별 희망퇴직 신청을 받기도 했다.

재계 관계자는 "삼성전자와 SK그룹 등 대기업들이 그룹 전반의 사업 포트폴리오를 점검하며 분위기 쇄신 및 비용절감에 속도를 내고 있다"며 "양사가 비상경영에 돌입한 만큼 대대적인 변화를 피할 것"이라고 말했다.

(스마트에프엔 외, 2024.9.15)

토론주제 대기업들이 구조조정을 하게 되면 어떤 것을 얻고 어떤 것을 잃을 수 있는지 토론해보자.

볼거리 읽을거리

정반합 : 히트상품을 만드는 가장 빠른 키워드

오윤희 지음 | 페이지2북스 | 2024

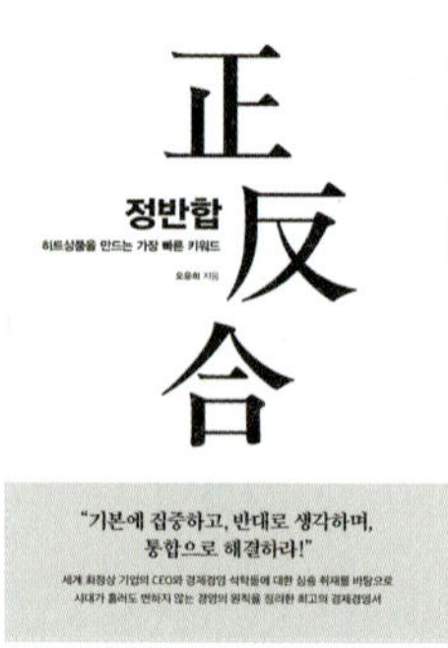

오늘날 수많은 기업이 성공하기 위해 고군분투한다. 하지만 현실은 실패하는 기업이 다수, 성공하는 기업은 소수, 오래 그 자리를 유지하는 기업은 찾아보기 어렵다. 하지만 어떤 상황 속에서도 성공하고 성장하는 기업은 있기 마련이다. 『조선일보』에서 세계 최정상 기업의 CEO와 경제 석학들을 인터뷰 한 오윤희 기자는 이 과정을 통해 성공하는 기업에게 '정반합'의 DNA가 있음을 발견했다. 그리고 각 분야에서 최고의 평가를 얻는 기업들을 '정', '반', '합' 키워드로 상세히 설명한다. 성공의 밑바탕이 된 정반합이 무엇이고, 성공을 이끈 전략, 과정을 구체적으로 서술하여 기업경영의 정수를 담았다. 180년 역사의 중견 기업부터 레드오션에서 블루오션을 찾아낸 최근의 스타트업까지 비즈니스 세계에서 문제를 겪는 모든 이들에게 적절한 해결책을 제공하는 유용한 책이다.

(자료 : 교보문고)

핵심용어

- 전략경영
- 미션
- 비전
- 전사적 전략
- 사업전략
- 기능적 전략
- 성장전략
- 집중화전략
- 다각화전략
- 축소전략
- 리스트럭처링
- 다운사이징
- 영업양도
- 현상유지전략
- 경쟁력 강화전략
- 전략적 제휴
- e-비즈니스전략
- BCG 매트릭스
- GE 사업심사법
- GE/맥킨지 매트릭스
- 점진적 조정법
- SWOT 분석법
- 포터의 본원적 전략
- 제품수명주기 방법
- 캐즘 이론

요 약

- 전략적 경영 또는 전략경영이란 조직이 적절한 전략을 수립하고 실행함으로써 효익을 얻는 과정을 말한다.
- 조직지향점의 결정은 먼저 미션을 설정하는 것으로 시작된다. 이를 기반으로 비전을 만들며, 비전을 달성할 전략을 수립하게 된다.
- 조직이 취할 수 있는 전략의 유형에는 먼저 조직 위계단계상의 전략으로서 전사적 전략, 사업전략, 기능적 전략이 있다.
- 성장전략으로는 집중화전략, 다각화전략이 있고, 축소/유지전략으로는 리스트럭처링, 다운사이징, 영업양도, 현상유지전략이 있다. 경쟁력 강화전략으로는 전략적 제휴와 e-비즈니스 전략이 있다.
- 경쟁에서 우위를 차지하기 위하여 활용될 수 있는 전략에는 전사적 전략으로 BCG 매트릭스, GE 사업심사법(GE/맥킨지 매트릭스), 점진적 조정법이 있고, 사업전략으로 포터의 본원적 전략법, 제품수명주기 방법이 있으며 그 외에 SWOT 분석법이 있다.
- 캐즘 이론은 새로운 아이디어와 기술이 어떻게, 왜, 어느 정도 속도로 집단이나 인구에 의해 수용되는지를 설명하는 이론으로, 아무리 훌륭한 신제품이라 하더라도 일반 대중들이 사용하기 위해서는 침체기(캐즘)를 넘어야 한다는 주장이다.

연습문제

1. 전략경영이 왜 필요한가?
2. 미션과 비전, 전략의 관계에 대하여 설명하라.
3. BCG 매트릭스 기법과 GE 사업심사법을 비교하라.
4. 다각화전략과 수직적 통합화전략에 대하여 설명하라.
5. 관련다각화와 비관련다각화 사례를 수집하라.
6. SWOT 분석에 대하여 설명하고 구체적으로 사례를 만들어 보라.
7. 포터의 본원적 전략에 대하여 설명하라.
8. 기술수명주기와 캐즘 이론에 대해서 설명하라.

CHAPTER

7 조직화

하나은행 을지로 본점 소재 딜링룸 '하나 인피니티 서울(Hana Infinity Seoul)'. 하나은행 외환거래의 핵심조직이다. (자료 : 하나은행)

하나은행, 딜링룸 조직개편… 외환 역량 초격차 확대

하나은행은 외환시장 구조개선 방안 시행에 따라 급속히 디지털화되고 있는 외환(FX)거래 역량의 초격차 확대를 위해 딜링룸 조직개편을 실시한다고 밝혔다.

이번 조직개편은 글로벌 선진시장에서 이미 보편화되어 있고 국내에서는 외환시장 구조개선 방안 시행 이후 거래량이 급증하고 있는 디지털 외환(FX)거래에 최적화된 조직을 구축함으로써 지난 2020년 5월 출시한 이래 국내 외환시장을 선도하고 있는 'Hana FX 트레이딩 시스템' 운영을 한층 고도화하는 것이다.

변경 전		변경 후	
자금시장그룹		자금시장그룹	
자금시장본부		자금시장본부	
FX플랫폼사업부	FX플랫폼 운용 및 기획	FX플랫폼사업부	FX플랫폼 · 외환 운용 및 기획
자금시장영업부	외환 · 파생상품 영업	외환파생상품영업부	외환 · 파생상품 · FX플랫폼 영업
증권운용부	유가증권 운용 등	증권운용부	유가증권 운용 등
외환파생상품운용부	외환 · 파생상품 운용 및 기획	파생상품운용부	파생상품 운용 및 기획
자금부	원화 · 외화자금 관리, 위변조 대응	자금부	원화 · 외화자금 관리, 위변조 대응
자금결제부	자금결제, 자금 및 종금 Back Office	자금결제부	자금결제, 자금 및 종금 Back Office

하나은행 자금시장그룹 조직도

이번 조직개편을 통해 딜링룸이 속한 자금시장그룹 내 부서인 FX플랫폼사업부, 증권운용부, 외환파생상품운용부, 자금시장영업부 소속 외환 · 파생 · 증권 운용 담당 전문 인력들은 기존의 'FX플랫폼사업부', '증권운용부' 및 새로 신설된 '파생상품운용부'와 '외환파생상품영업부'로 재배치된다.

하나은행은 지난 4월 24시간 트레이딩이 가능한 최첨단 인프라를 갖춘 국내 최대 규모의 외환 딜링룸 '하나 인피니티 서울(Hana Infinity Seoul)'을 신축 개관했다. 국내 외환시장 강자로서 1등 DNA와 폭넓은 해외 네트워크를 바탕으로 외국 투자기관의 원화 투자 수요 발굴 및 해외자본 유치 등 외환시장 구조개선의 성공적인 정착과 발전을 위해 앞장서고 있다. (이코노미스트, 2024.10.1)

1 관리활동으로서 조직화의 개요

우리 모두는 어떤 조직에 속해 있다. 한 가족에 속해 있기도 하고 학생이라면 학교의 구성원이 된다. 동아리와 같은 친목단체에 소속되어 있을 수도 있다. 각 조직을 들여다보면 구성원 각자가 해야 할 일이 있고 서로간의 관계도 설정되어 있다.

동호회 조직을 중심으로 이를 좀더 구체적으로 살펴보자. 동호회가 정상적으로 활동을 하기 위해서는 동호회의 목표가 있고 그 목표가 달성되어야 한다. 목표달성을 위해서는 동호회원 중 누군가는 회장으로서 모임을 이끌어야 하고 누군가는 실제적인 운영업무를 하는 총무 역할을 해야 한다. 동호회원 모두가 회장이나 총무가 될 수는 없는 것이며 또한 모두 회원 상태로만 있으면 조직이 제대로 굴러가기 어렵다.

동호회에 회장과 총무를 두기로 했다면 두 직위에서 행해질 권한과 책임을 정하고 두 직위간의 관계도 정립한다. 예컨대 총무가 회장에게 보고해야지 그 반대는 자연스럽지 않다. 그 다음에는 회장과 총무를 어떤 사람이 맡을 것인지를 정한다. 물론 현실에서 조직(모임)을 만들 때 회장과 총무를 바로 선임하는 것처럼 보일 수 있지만 이는 이미 구성원간에 회장과 총무라는 직위의 기능과 관계에 대한 사전적이고 암묵적인 합의가 있기 때문에 가능한 것이다.

조직화(organizing)
조직체의 목표를 달성할 수 있도록 조직구성원 각자의 직무와 상호간의 관계를 규정하는 것

조직화(organizing)란 위의 동호회의 예에서 보는 바와 같이 조직체의 목표를 달성할 수 있도록 조직구성원 각자의 직무와 상호간의 관계를 규정하는 것을 말한다. 즉, 조직화를 할 때에는 누가 무엇을 하는가, 누가 누구에게 보고하는가, 누가 할 일인가 등에 대해서 구체적으로 결정함으로써 조직구성원의 직무범위를 결정하고 그에 따르는 권한과 책임을 부여한다.

조직화의 주요한 목적은 업무를 가장 효과적으로 수행하는 데 필요한 제요소, 즉 인원·방법·자재·자금 등을 합리적으로 배분하고 조정하는 데에 있다. 이러한 조직화는 [그림 7-1]과 같은 단계에 따라 이루어진다. 그림에서

□ 그림 7-1
조직화의 단계

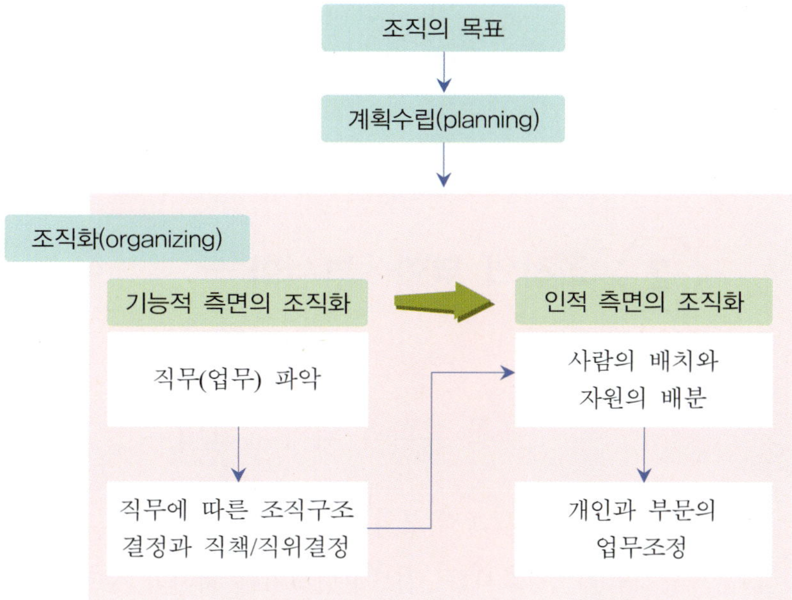

볼 수 있는 것처럼 조직화를 할 때에는 직무를 먼저 결정하고 난 후 거기에 적합한 사람을 결정한다.

앞서 예를 든 동호회와 같은 친목단체를 만든다고 가정하고 이를 자세히 살펴보자. 친목단체를 만들기 위해서는 어떤 과정을 거치게 될까? 가장 먼저 해야 할 일은 친목단체에서 이루어져야 할 일을 정리하는 것이다. 예컨대 ① 단체를 이끌고 대표하는 것, ② 회비를 걷고 각종 연락을 하는 등의 실무적인 업무, ③ 회비를 내고 단체에 적극 참여할 일 등이 있을 것이다.

할 일이 정리되었으면 각 일에 적당한 사람을 배치하게 된다. 위의 세 가지 일 중에서 첫 번째 일은 가장 상위개념의 업무이며 이 일을 하는 사람에게는 회장이라는 명칭을 붙이는 것이 타당하다. 두 번째 일은 회장의 지시를 받아 총무라는 직책을 가진 사람이 수행할 업무이며, 세 번째 일은 일반회원들의 몫이다. 이를 간단히 정리하면 먼저 친목단체에서 행해질 일, 즉 업무내용을 파악하여 조직의 구조와 직책을 결정한 후 각 직책에 적당한 사람을 뽑는 순서를 밟는 것이다.

친목단체 조직화 방식은 사실 조직을 새로 만들고자 하는 모든 상황에 동일하게 적용된다. 즉, 조직화는 [그림 7-1]에서 보는 바와 같이 크게 보아 ① 기업의 여러 부문의 경영기능이 효율적으로 수행되고 효과적으로 조정되도록 하는 '기능' 측면에서의 조직화에 이어, ② 가장 능률적인 조직활동이 전개될 수 있도록 조직구성원의 '인적' 측면에서의 조직화의 두 단계로 이루어진다.

2 조직의 분화 : 부서화

조직 분화의 의의와 효익

조직 분화의 의의

회사를 새로 설립하거나 회사가 성장하면 사내 의사소통을 보장하고, 통제를 유지하며, 계속적인 성장을 가능하게 하기 위해서 새로운 조직구조를 구축하거나 기존의 조직구조를 재편해야 한다. 조직의 신설 또는 개편을 위해서는 먼저 조직에서 수행될 업무를 파악하고 이를 근거로 부서와 직책/직위 등을 만든다. 만들어진 부서는 상하관계가 설정되고 부서 상호간의 관계도 정의된다. 즉 어떤 조직이 수행해야 할 업무 전체를 하나하나 모두 파악하여 이를 유사하거나 상호 관련이 있는 것끼리 묶은 다음 이 묶음간의 관계를 설정하는 것이다. 이를 조직의 분화 또는 부서화(departmentalization)라고 한다. 기업이 부서를 만드는 방식을 이해하면 직장이 어떻게 운영되는지 파악하는 데 도움이 될 수 있다.

조직의 분화 또는 부서화 (departmentalization)
어떤 조직이 수행해야 할 업무 전체를 하나하나 모두 파악하여 이를 유사하거나 상호 관련이 있는 것끼리 묶은 다음 이 묶음간의 관계를 설정하는 것

조직 분화/부서화의 효익

회사의 조직이 제대로 분화되어 성공적인 부서화가 이루어지면 다음의 효과를 얻을 수 있다.

- 성과평가 용이 및 조직목표의 달성 : 부서별로 성과를 측정하고 관리할 수 있어 각 부서의 목표달성은 물론이고 각 부서가 조직 전체의 목표달성에 얼마나 기여하고 있는지 관리가 가능하다.
- 운영효율성 제고, 성과 및 책임 소재의 명확화 : 부서별로 업무를 명확하

게 분담하여 각 부서가 자신의 역할에 집중할 수 있게 해준다. 특정업무가 부서별로 중복되지 않게 하며 자원의 효율적인 사용을 돕는다. 위임이 이루어진 경우에는 각 부서 단위별로 그 성과에 대한 책임을 지게 되며, 부서별로 신속한 의사결정이 가능하다.

- 전문화 : 각 부서의 역할을 정의하고 부여된 과업 업무를 수행함으로써 부서원들이 해당분야에서 전문적인 지식과 기술, 노하우를 축적할 수 있다. 이는 결과적으로 해당부서의 성공, 나아가 조직 전체적인 업무효율성을 높이는 데 기여한다.

조직 분화/부서화 방법

[그림 7-2]는 조직의 분화가 어떻게 이루어지는지를 보여준다. 어느 회사에서 조직을 만들기 위하여 먼저 조직에서 수행될 업무를 분석해보았더니 8개의 업무가 파악되었다(①단계). 이들 업무를 묶을 때에는 어떤 기준이 있어야 하는데, 그림에서는 두 가지의 기준을 보여주고 있다. 먼저 업무를 색이나 무늬를

□ 그림 7-2
조직의 분화

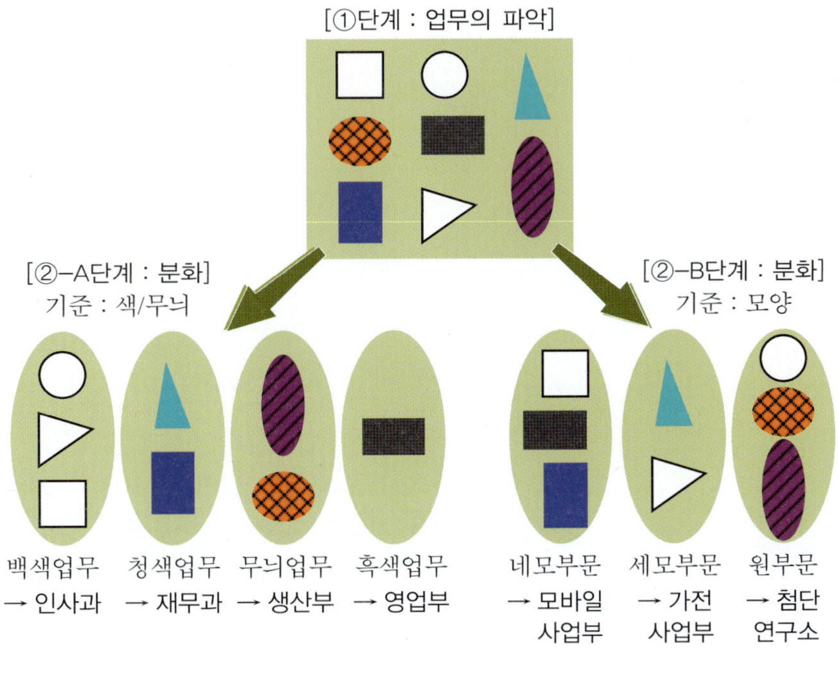

기준으로 분류하였더니(②-A단계) 백색, 청색, 무늬, 흑색으로 나누어졌다. 이들 각각의 집단에 대하여 부서(단위조직)의 명칭을 붙일 수 있다. 그림에서는 각각을 인사과, 재무과, 생산부, 영업부로 명명하였음을 알 수 있다. 한편 모양을 기준으로 전체 업무를 분류하면(②-B단계) 그림에서 보는 바와 같이 새롭게 분류할 수 있다. 각 부서의 명칭은 회사 상황에 따라 부(部) 외에 과(課)나 팀으로도 명명할 수 있음은 물론이다.

조직의 분화에는 수평적 분화와 수직적 분화가 있다.

수평적 분화

수평적 분화란 조직의 업무 중에서 상호 대응되는 수준의 업무단위를 묶어 분화하는 것을 말한다. 수평적 분화의 기준이 되는 것은 기능, 제품, 지역, 고객, 업무과정 등이 있다.

표 7-1
조직 분화방법의 분류

분화의 방향	분화 기준	예 시
수평적 분화	조직의 기능	(주)세크 : 경영관리부문, 마케팅부문, 제조부문 등
	제품	삼성전자 : DX부문, DS부문 등
	지역	노랑풍선 : 일본사업부, 미주사업부, 국내사업부, 중국사업부 등
	고객	우리은행 : 개인그룹, 기관그룹, CIB그룹 등
	업무의 과정	뷰티화장품 : 물류팀, 제조실, 하이드로겔 생산실, 일반포장실 등
수직적 분화	조직의 위계	사장-이사-부장-과장-대리-사원

기능에 의한 수평적 분화

기능(function)에 의한 수평적 분화는 [그림 7-3]처럼 조직에서 수행되는 기본기능을 중심으로 분화하는 것이다. 보통의 기업들은 인사, 생산, 마케팅, 재무 및 회계 등의 기능을 갖는다. 대부분의 일반 기업체는 기능에 의한 수평적 분화로 형성된 조직을 가지고 있다. 물론 각 부서의 명칭은 약간씩 다를 수 있다. 예를 들면 인사업무는 총무부(과) 명칭을 가진 부서에서 하는 경우가 많고 마케팅 업무는 영업부라는 명칭을 가진 부서에서 수행하는 것이 일반적이다. 그러나 그 수행되는 기능은 본질적으로 인사, 생산, 마케팅, 재무 등에 속하는 것들이다.

[그림 7-3]은 산업용 엑스레이(X-ray) 검사장비, 주사전자현미경(SEM) 등 검사, 분석용 장비를 개발하여 판매하는 국내 최고의 검사장비 전문기업인 (주)세크(SEC)의 조직도를 보인 것이다. 그림을 보면 이 회사의 조직은 전형적인 기업의 기능 중심으로 편제되어 있음을 알 수 있다. 경영관리부문(인적자원관리, 재무관리), 마케팅부문, 제조부문(생산) 등이 전형적인 기능 중심의 부서이며, 기업의 특성상 연구소가 별도의 조직으로 편제되어 있음을 알 수 있다.

□ 그림 7-3
조직의 수평적 분화 : 기능에 의하여 ((주)세크)

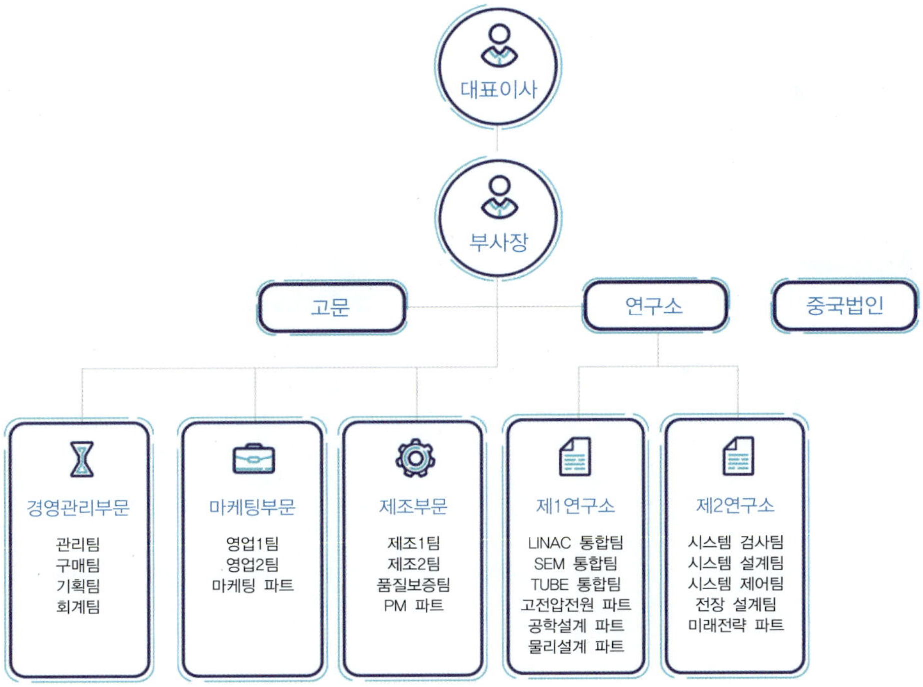

제품에 의한 수평적 분화

제품(product)에 의한 수평적 분화는 제품에 근거하여 분화하는 것으로서 제품 그 자체에 의하여 분화하기도 하고 제품라인에 따라 분화하기도 한다. [그림 7-4]는 제품에 의한 수평적 분화의 예로 삼성전자 조직을 간략하게 줄여서 표시한 것이다. 그림에서 볼 수 있는 것처럼 크게 DX(Device eXperience), DS (Device Solutions) 두 개의 부문으로 구성되어 있다. DX부문은 VD(Visual Display, 영상매체)사업부, DA(Digital Appliance, 디지털화된 가전제품)사업부, MX(Mobile Experience, 모바일 관련)사업부, 네트워크사업부, 의료기기사업부가 사업부 단위로 하부조직으로 편제되어 있다. DS부문은 반도체의 설계, 제조, 판매, 마케팅, 유통을 담당한다. 메모리사업부, 시스템 LSI사업부, 파운드리사업부가 편제되어 있다.

□ 그림 7-4
조직의 수평적 분화 :
제품에 의하여(삼성전자)

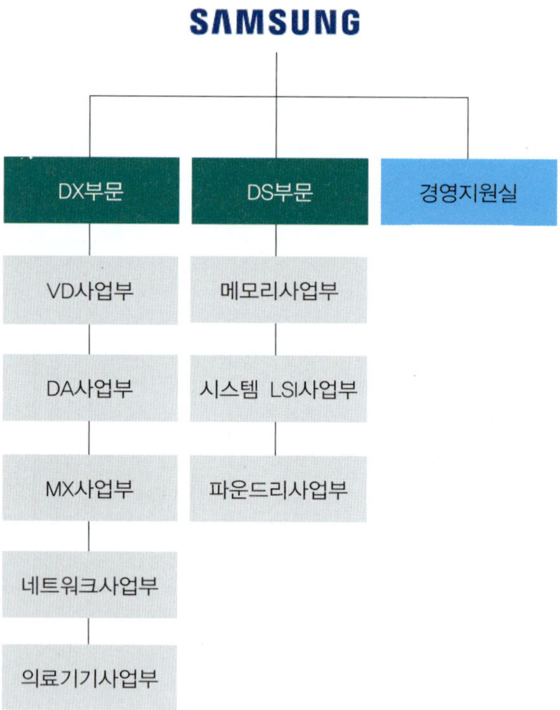

지역에 의한 수평적 분화

지역(region, area)에 의한 수평적 분화는 지리학적인 요소에 근거하여 조직을 분화하는 방법이다. [그림 7-5]는 수평적 분화의 예로서 여행사인 (주)노랑풍선 조직도이다. 전체적으로 지원부서인 경영부문, 기획OTA부문을 제외하면 핵심이라고 할 수 있는 영업부문의 조직이 지역에 근거하여 편제되어 있음을 알 수 있다.

□ 그림 7-5
조직의 수평적 분화 :
지역에 의하여(노랑풍선)

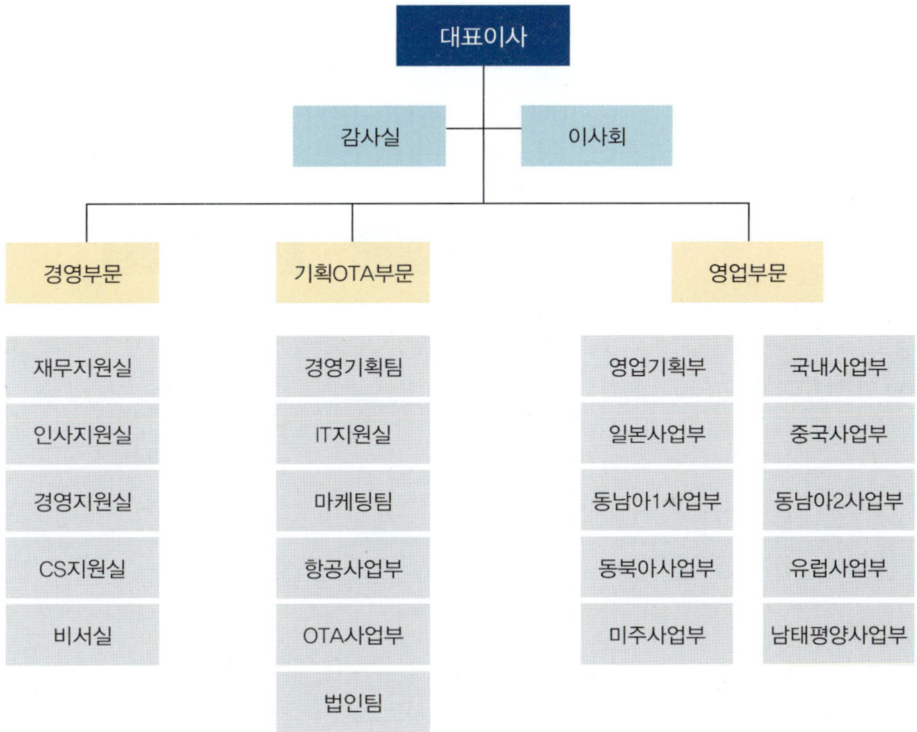

고객에 의한 수평적 분화

고객(customer)에 의한 수평적 분화는 자사 제품이나 서비스에 대한 수요자를 어떤 기준에 의하여 분류하여 그것에 대응되게 조직을 분화하는 것이다. [그림 7-6]은 고객에 의한 수평적 분화의 예로서 우리은행의 조직도 중 일부이다. 조직도를 보면 크게 국내영업부문과 기업투자금융부문으로 구분되어 있는데, 전자는 개인그룹, 자산관리그룹, 기관그룹, 부동산금융그룹으로 편제되어 있고, 후자는 기업금융 중심의 투자부문인 CIB(Commercial Investment Bank)그룹, 중소기업그룹, 그리고 글로벌그룹으로 편제되어 있음을 알 수 있다. 우리은행은 1899년 1월 30일 대한제국의 황실 자본과 조선 상인이 주주로 참여해 설립된 주식회사인 대한천일은행(大韓天一銀行)에서 시작된 은행으로 몇 차례의 합병과 명칭 변경을 거친 후 2002년부터 지금의 우리은행 명칭을 사용하고 있다.

□ 그림 7-6
조직의 수평적 분화 : 고객에 의하여(우리은행)

우리은행

업무과정에 의한 수평적 분화

업무과정(work process)이란 상품이나 서비스를 고객에게 판매하는 과정까지의 일련의 업무순서를 말하며 업무과정에 의한 조직의 분화는 이러한 과정에서 유사한 업무를 묶어서 조직을 편성하는 것이다.

[그림 7-7]은 뷰티화장품의 조직도이다. 물류팀은 자재를 조달하여 제조실 및 각 실에 보낸다. 제조실에서는 원료를 받아 내용물을 제조한다. 하이드로겔 생산실과 아이패치 생산실, 기초화장품 생산실이 각각의 제품을 만들면 자동충진 포장실 및 일반포장실에서 포장을 한다. 생산된 제품은 물류품을 통하여 외부로 반출된다. 이처럼 공정의 각 부문들을 조직의 단위로 할 수 있는 것이다.

□ 그림 7-7
조직의 수평적 분화 : 업무에 의하여(뷰티화장품)

(주)뷰티화장품
Beauty Cosmetic Co.,Ltd.

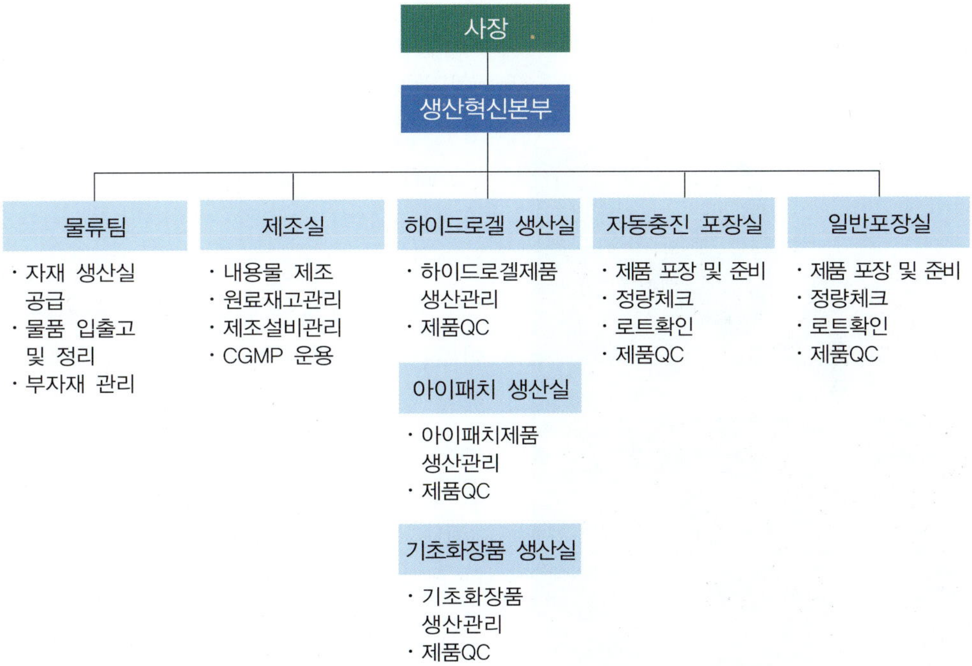

지금까지 조직이 수평적으로 분화될 때의 기준으로 기능, 제품, 지역, 고객, 업무과정 등을 보았는데 이들 기준이 상호 배타적인 것은 아니다. 예컨대 기업규모가 커서 지역별로 조직을 분화시킨 후 각 지역별 조직을 다시 기능(function)별로 분화할 수도 있다.

함께 생각해보자

수평적 분화는 기업 관리적 측면에서 여러 효익을 제공한다. 어떤 것이 있을까 생각해보자.

수직적 분화

수직적 분화
조직의 상하로 이어지는 계층의 수를 구분하는 것

수직적 분화는 조직의 상하로 이어지는 계층의 수를 구분하는 것을 말한다. 통상 일반 사무직 직급은 아래에서 위로 사원(employee)-대리(assistant manager)-과장(manager)-차장(deputy general manager)-부장(general manager) 순으로 올라가며, 임원직은 이사(director)-상무(executive director)-전무(senior executive director)-부사장(vice president)-사장(president)-부회장(vice chairman)-회장(chairman)의 순이다. 일반적으로 기업의 규모가 커질수록 수직적 분화에 의한 계층 수가 많아진다.

수직적으로 분화되는 단계가 길어질수록 의사결정의 속도가 늦어지는 등 환경변화에 적절하게 대응하는 것이 어려워지면서 근래에는 팀제 도입과 같은 조직 상하 계층의 수를 줄이려는 다양한 시도가 이루어지고 있다. 이러한 물리적인 단계 축소뿐만 아니라 조직을 형성하는 근간인 직위의 명칭을 수직적인 명칭에서 업무 중심의 수평적인 명칭으로 바꾸는가 하면 심지어 부르는 호칭 자체도 기존의 틀을 깨는 사례가 늘고 있다.

광고회사인 제일기획(위 사진, 김소예 프로)에서 최초로 '프로'라는 직급을 도입했을 때, 골프 프로(아래 사진, 김가현 · 김경수 프로)라는 용어에 익숙한 사람들은 어색해했다고 한다. 골프 프로는 정회원 자격이 있는 사람을 말하는데, 이 자격을 얻기 위해서는 통상 20 대 1의 경쟁을 뚫어야 한다. (자료 : BrandBrief, 프라임경제)

우리나라에서 가장 먼저 호칭제도를 바꾼 CJ그룹은 지난 2000년부터 최고경영자에서부터 말단사원에 이르기까지 상대방을 부를 때 '○○○ 님'이라고 부르고 있다. 심지어 회장에게도 공식석상에서 '님'만을 붙여서 '이재현 님'식으로 부르고 있다. 최근에는 사장, 총괄부사장, 부사장, 부사장대우, 상무, 상무대우로 나뉘었던 6개 임원 직급을 '경영리더'라는 하나의 직급으로 통합했다. 그동안 대기업에서 임원 직급을 2~3단계로 축소한 적은 있지만, 사장급 이하

숫자로 본 경영

미국에서 많이 사용된 이름(1924~2023년생)

순위	남 성		여 성	
	이름	인원	이름	인원
1	James	4,586,625	Mary	2,985,148
2	Michael	4,350,425	Patricia	1,546,373
3	Robert	4,305,346	Jennifer	1,470,260
4	John	4,304,850	Linda	1,448,217
5	David	3,563,511	Elizabeth	1,395,049
6	William	3,443,460	Barbara	1,379,146
7	Richard	2,406,731	Susan	1,101,447
8	Joseph	2,281,833	Jessica	1,048,185
9	Thomas	2,125,282	Karen	986,083
10	Christopher	2,054,571	Sarah	985,596
11	Charles	2,014,431	Lisa	965,624
12	Daniel	1,909,598	Nancy	957,210
13	Matthew	1,626,375	Sandra	873,476
14	Anthony	1,410,412	Betty	860,122
15	Mark	1,349,763	Ashley	855,088
16	Donald	1,292,951	Emily	844,051
17	Steven	1,285,675	Kimberly	843,885
18	Andrew	1,258,208	Margaret	843,625
19	Paul	1,240,331	Donna	818,300
20	Joshua	1,236,272	Michelle	814,766

(자료 : ssa.gov)

임원을 단일 직급으로 바꾼 사례는 CJ가 처음이다.

삼성전자는 2017년에 사원부터 부장까지의 7단계 직급을 4단계 커리어 레벨(CL1~CL4, Career Level)로 줄이면서 직원끼리는 '이름+님' 또는 '프로님'이라고 부르는 수평 호칭을 사용해왔다. 최근에는 이러한 수평식 호칭제도를 경영진, 임원까지 확대했다. 사장님과 같은 직책이나 직급 대신 영어 이름, 이니셜을 사용하거나 한글 이름에 '님'을 붙이는 식이다. 이재용 삼성전자 회장의 경우 '제이(Jay, 영어 이름)' 'JY(이니셜)' '재용 님'으로 불러야 한다. 경영진이 참석하는 임원회의, 간담회, 메일과 메신저 등에서도 이런 호칭을 쓰도록 강제했다.

SK이노베이션은 더 혁신적이다. 임원 이하 일반 직원은 모두 단일 직급화했다. 기존의 사원-대리-과장-부장 직급을 없애고 PM(Professional Manager)으로 통일했다. 직급이 단일화되면 승진이라는 개념도 없어진다. 직급이 아닌 성과에 따라 대우하겠다는 뜻으로, PM으로서 스스로 업무를 책임지고 수행하며 관리해야 하는 것이다. 최태원 SK그룹 회장의 경우도 회장이 아니라 영어 이름 '토니(Tony)'로 부르도록 했다.

롯데의 경우, 부장, 차장, 과장, 대리, 사원으로 불리던 명칭을 수석, 책임, 실무자로 간소화했으며, 포스코는 그동안 팀장, 과장, 대리, 사원 등의 수직적으로 서열화되어 불리던 명칭을 직무 중심으로 디렉터, 시니어매니저, 매니저 등으로 바꾸었다. 롯데그룹 유통 총괄대표를 맡은 김상현 부회장도 자신의 칭호를 '샘 킴(Sam Kim)'으로 부르도록 했다.

영어식 이름을 가장 먼저 도입한 곳은 카카오이다. 당시 김범수 이사회 의장은 자신의 공식 호칭을 '브라이언(Brian)'으로 하고 다른 임직원 이름도 영어 이름으로 부르도록 했다.

기업들이 직급과 호칭 파괴를 하고, 직급 간소화를 하는 것은 명칭에 담당업무를 표현하여 어떤 일을 하는지 쉽게 알 수 있게 하고 직위의 높고 낮음을 희석하여 의사소통을 유연하게 하고자 하는 목적을 가지고 있다. 보고체계를 간소화해 업무효율성을 높이려는 의도도 있다.

그러나 성공적인 사례가 있는가 하면, 우리나라의 조직문화가 오랫동안 수직적으로 직위단계가 분명한 명칭에 익숙해 있어 이러한 시도들이 반드시 성공하고 있는 것은 아니다. 비교적 일찍 호칭을 파괴하여 직위에 관계없이 성명 뒤에 '님'자를 붙여 부르도록 했던 오리온은 다시 부장, 과장, 대리와 같은 전통적인 명칭으로 회귀했다. 원활한 의사소통을 위한 혁신이었으나 오히려 직원들이 아예 이름 부르는 것 자체를 회피하여 대화가 줄어들고 거래처와의 관계에서도 애매한 상황이 계속 발생했기 때문이다. KT는 2010년 1월 직급제를 전격 폐지하면서 부장이나 차장을 '~씨'로 불렀다가 2012년 2월에는 아예 호칭을 매니저로 완전히 통일했다. 하지만 승진 의욕이 떨어지는 등 문제점이 지적되자 2014년부터는 원상태로 다시 복구했다. 포스코도 2011년에 매니저 호칭을 도입했다가 결국 우리말 호칭으로 복귀했다.

함께 생각해보자

본문에서 언급하는 것처럼 오랜 관습이 있기 때문에 호칭을 파괴하는 것은 쉽지 않다. 이러한 제도를 성공적으로 도입하기 위해서는 어떻게 해야 할까?

3 조직화의 원칙

조직을 만들 때에는 지켜야 할 다음과 같은 몇 가지 원칙이 있다.

목적의 원칙

조직의 각 부문은 목표가 있으며 이는 전체 조직의 목적과 부합 또는 조화되어야 한다. 또한 각 부문의 목표는 공표되어야 한다.

기능화의 원칙

조직의 형성시 먼저 각 직무의 존재이유와 그 기능의 내용을 명확히 한 후 그 직무에 적합한 인력을 배치해야 한다. 즉, 조직을 구축할 때 사람 중심이 아닌 일 중심으로 접근하고자 하는 것이 기능화의 원칙이다. 그러나 지나치게 기능 자체만을 강조함으로써 이로 인한 인적 손실을 야기하고 결과적으로 조직의 안정성을 해쳐서는 안 된다.

책임 · 권한의 원칙

권한과 책임은 상호 적절히 대응해야 한다. 즉 할당된 책임수행에 필요한, 충분하면서도 일정한 권한이 주어져야 한다. 권한은 공정하게 배분되어야 하며 분명하게 표시되어야 한다. 이 원칙은 권한과 책임 사이의 연관성을 명확하게 하여 직원들에게 주인의식과 책임감을 갖게 한다. 각 개인은 자신에게 할당된 업무를 수행할 권한이 주어지고 그 결과에 대한 책임을 지게 되기 때문이다. 직장에서 권한과 책임을 대응하여 구현하는 것은 명확한 권한위임에서 시작된다. 이에 대해서는 이어서 설명한다.

권한위임의 원칙

권한과 책임은 부하에게 위임될 수 있지만 위임한 상사는 그 결과에 대해 책임을 져야 한다. 권한위임이란 조직 내의 하위자가 매번 상위자의 지시나 명령을 받지 않고도 자신의 독자적인 판단만으로 직무를 수행할 수 있도록 상위자가 지니는 직무수행의 권한을 하위자에게 위임함을 의미한다. 상위자는 주로 일상 반복적으로 되풀이되는 상규적인 업무를 하위자에게 위임하여 폭주하는 업무가 자신에게 집중되는 것을 방지하고, 자신은 예외적이거나 돌발적 · 비정형적인 업무나 상황만을 처리하기 때문에 예외의 원칙이라고도 한다. 그러나 위임한 직무수행 결과는 상위자가 여전히 책임져야 하기 때문에 책임 절대성의 원칙이라고도 한다.

칼슨은 SAS에서 12년간 CEO를 지냈다. (자료 : SAS)

이 원칙에 대한 유명한 일화가 있다. 스칸디나비아항공(SAS : Scandinavian Airlines System)에 관한 이야기이다. 이 항공사는 1946년에 스웨덴, 노르웨이, 덴마크 국적의 3개 항공사가 통합하며 출범했다. 얀 칼슨(Jan Carlson) CEO가

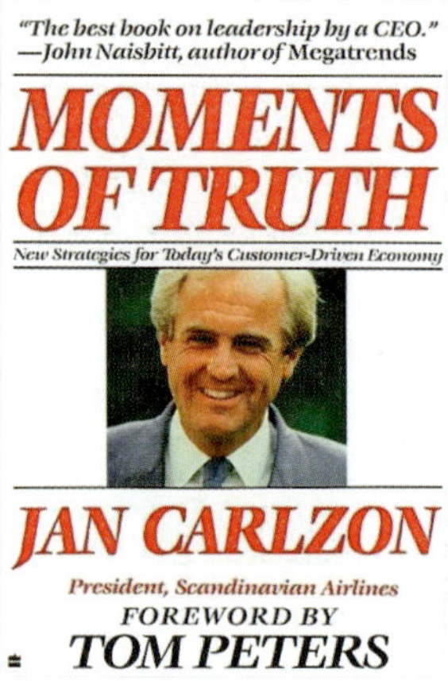

칼슨이 저술한 『진실의 시간』
(자료 : Amazon)

부임한 1981년 당시 회사는 어려움에 빠져 있었다. 매년 적자가 누적되고 있었고 정시 운행비율이 낮은 상황이었다. 그러나 칼슨은 부임 1년 만에 항공사를 흑자로 바꿔놓았다. 유럽의 항공사 중에서 정시 운행비율이 가장 높은 항공사가 되었고 부임 3년 후에는 '올해의 항공사'로 선정되기까지 했다. 칼슨에 의하면 이러한 비결은 의사결정 권한의 현장 위임이었다고 한다. 항공사는 운영의 특성상 현장에서 예기치 못한 돌발상황이 자주 발생한다. 그에 의하면, 문제가 발생할 때마다 현장에서 의사결정을 못하고 조직의 보고체계를 거슬러 올라가야 한다면 15초(그는 이 시간을 "진실의 시간(the moments of truth)"이라고 불렀다. 고객이 회사나 제품 이미지를 결정하는 15초 내외의 짧은 순간을 말한다)라는 황금 같은 순간은 사라지고 만다는 것이다.

관리한계의 원칙

한 사람의 상사가 지휘나 감독 등 관리할 수 있는 부하의 수에는 한계가 있다. 물론 그 지휘가능한 부하의 수는 관리자의 특성이나 업무종류에 따라 다르기 때문에 일률적으로 그 한계치 수준을 말할 수는 없다.

4 조직의 집권화와 분권화

조직의 집권화와 분권화 문제는 기업 전체 조직의 형태를 결정함에 있어서, 권한을 어느 계층에 집중시킬 것이냐에 관한 것이다. 권한집중 형태에 따라 집권적 관리조직과 분권적 관리조직으로 나뉜다.

집권적 관리조직
의사결정권과 관리통제권이 상위 특정계층에 집중되어 있는 조직

분권적 관리조직
권한위임의 원칙에 따라 상대적으로 하위계층이 권한을 행사하는 조직

집권적 관리조직이란 의사결정권과 관리통제권이 상위 특정계층에 집중되어 있는 조직을 말하며, 분권적 관리조직이란 권한위임의 원칙에 따라 상대적으로 하위계층이 권한을 행사하는 조직을 말한다.

조직의 집권화 또는 분권화 결정요소

조직의 집권화 또는 분권화 수준을 결정하는 요소는 다음과 같다.

- 의사결정의 중요성 : 의사결정 내용이 중요하여 하위계층에 위임이 곤란하거나 기밀을 요할 경우에는 집권화가 필수적이며, 일상적이고 반복적이며 일반적이어서 중요도가 낮은 업무는 분권화되는 경향이 있다.
- 업무의 특성 : 업무의 특성이 동적이고 유동성의 정도가 클수록 분권화되는 경향이 있다.
- 일관성의 필요성 : 조직의 정책이나 방침에 일관성(통일성)이 요구될 때에는 집권화가 요구된다.
- 기업의 성장전망 : 성장추세의 기업은 기업규모가 계속 확대되어 관리내용이 복잡해지므로, 전문화의 원칙이 적용되어 분권화가 되는 경향이 많다.
- 경영자의 관리능력과 교육의 필요성 : 경영자의 관리능력이 우수한 경우에는 비록 분권화되더라도 관리에 어려움이 별로 없으므로 분권화된다. 또한 관리자를 양성하고자 하는 기업은 분권화를 통하여 관리자를 교육한다.
- 소유와 경영의 분리 정도 : 그 외 소유와 경영이 분리된 기업일수록 분권화되는 반면, 한 가족이 장악하고 있는 기업은 집권화되는 경향이 있다.

표 7-2
분권화되기 위한 조건

구분 요소	조 건
의사결정의 중요성	• 중요도가 낮아질수록 • 반복적 · 정형적 의사결정일수록
업무의 특성	• 동적이고 유동성 정도가 높을수록
일관성의 필요성	• 일관성의 필요도가 낮을수록
기업의 성장전망	• 성장하는 기업일수록
경영자의 관리능력	• 관리능력이 우수할수록
소유와 경영의 분리 정도	• 분리된 기업일수록

집권적 또는 분권적 관리조직의 장단점

조직의 권한이 상대적으로 상위계층에 집중되는 집권적 관리조직과 권한이 하위계층에 위임되는 분권적 관리조직 각각의 장단점을 정리하면 다음과 같다.♣

♣ 적도집권(適度集權)의 원리(principle of optimum centralization)
권한의 중앙집중 또는 분권에 대한 원리 중에는 적도집권의 원리라는 게 있다. 주로 교육행정에서 사용되는 개념이다. 집권주의는 행정능률의 제고를 위해 필요하며 분권주의는 권한의 이양과 참여기회를 보장하기 위해 필요하다. 교육행정에서는 중앙집권주의와 분권주의 사이에 적도(=최적)의 균형점(optimum balance)을 찾아 행정행위가 이루어지는 것이 중요하다고 보는데, 이 원리가 적도집권의 원리이다. 현대 민주행정의 실현에서도 이는 중요한 원리의 하나가 된다.

집권적 관리조직의 장단점

장 점

- 통일된 정책과 방침을 유지하므로 표준화의 이익을 기대할 수 있다.
- 경영자의 지식과 경험 및 기술을 최대한 이용할 수 있다.

단 점

- 최고경영층의 독재성이 강하다.
- 의존성 증대로 하위계층의 창의력 개발이 어렵다.
- 의사결정의 신속성이 결여된다.

쉬어가기 집권적인 조직, 분권적인 조직

"중앙집권적인 조직에 비해 분권조직이 왜 더 경쟁우위가 있는가를 이해하기 위해서 공의 표면적과 부피의 관계를 생각해보자. 공의 표면적을 고객 및 시장과 직접 접촉하는 직원들이라고 하고, 공의 부피를 전 직원의 수라고 비유해보자. 만약 공의 부피를 2배로 늘린다면, 다시 말해 총직원수가 2배로 늘어나면, 공의 표면적은 70퍼센트 정도만 늘어난다. 늘어난 부피의 30퍼센트, 즉 나머지 신규직원의 30퍼센트는 고객과 직접 접촉하기보다는 조직 내의 다른 직원들과 접촉하는 데 시간을 보내게 될 것이다.

그러나 우선 공을 반으로 나누어 2개의 반쪽짜리 공을 만들고 나서 부피를 2배 증가시키면 표면적 역시 2배가 된다. 즉 새로 뽑은 직원의 30퍼센트 이상이 시장과 직접 접촉, 기여할 수 있게 되는 것이다. 공을 많이 쪼개면 쪼갤수록 부피 대비 표면적의 비는 더욱 높아진다."

제프리 무어(Geoffrey A. Moore)의 주장입니다.

물론 분권화에는 부작용도 있습니다. 내부 기능에 대한 중복투자가 필요한 것이 그것입니다. 조직을 통합하면 중복되는 지원부서들을 정리해 운영비용을 절감할 수 있는데 분권화시키면 비용절감이 어렵다는 지적이지요.

하지만 제프리 무어는 요즘처럼 급변하는 시장에서는 그런 규모의 경제가 효과를 낼 만큼 안정적인 과정이 충분히 지속되지 않는다고 주장합니다. 다시 말해 그런 대규모의 시스템은 계속 신설되거나 해체되고 끊임없이 재조직될 수밖에 없기 때문에, 그런 규모의 경제 효과가 그리 큰 힘을 발휘하지 않는다는 것이지요.

제프리 무어는 대신 공의 표면적과 부피의 관계를 예로 들며 분권조직이 더 경쟁력을 갖는다고 말합니다. 조직을 집권화하는 것과 분권화하는 것에는 각각의 장점이 있습니다. 어떤 선택을 하든, 그 조직이 고객, 파트너 회사 등과 커뮤니케이션을 원활히 할 수 있도록 만드는 것이 중요합니다.

(예병일의 경제노트에서)

분권적 관리조직의 장단점

장 점

- 의사결정이 신속하게 이루어진다.
- 구성원의 사기를 진작시킬 수 있다.
- 유능한 경영자를 양성할 수 있다.
- 경영의 합리화를 기대할 수 있다.

단 점

- 부서간의 이해대립을 유발시킨다.
- 공동비용의 발생으로 비용증가의 가능성이 있다.

5 조직형태

조직형태란 조직이 택하게 되는 구성원의 직능체계이다. 조직형태는 크게 정태적 조직형태와 동태적 조직형태로 구분할 수 있다. 정태적 조직형태로는 기능별 조직과 부문별 조직 등 두 가지 형태가 있다. 이들 기능별 조직과 부문별 조직은 조직형태의 가장 기본이 되는 조직이며, 나머지 조직은 이들 조직을 응용한 것으로 보면 된다. 따라서 다음에서 설명하는 조직의 형태는 절대적이거나 상호배타적인 것은 아니다. 즉 어떤 조직체의 조직도를 보면 그 형태가 다음의 종류 중 한 가지에 꼭 속하는 것은 아니며 심지어 어떤 조직형태에 속하는지 판단하기 어려운 경우도 많다.♣

♣ 조직에 대한 다른 분류
과거에 기술된 일부 경영학 교과서들은 조직을 다음과 같이 분류하기도 하였다. 참고로 소개한다.

〈기본조직〉
- 라인조직(line organization, 수직적 조직, 군대식 조직)
- 기능식 조직(functional organization, 직능식 조직)

그리고 위 두 조직을 근간으로 해서 만들어지는 변형된 기본조직은 다음과 같다.

〈변형된 기본조직〉
- 직계참모조직(line & staff organization)
- 위원회 조직(committee organization)

그 외의 다른 조직은 위의 기본조직이나 변형된 기본조직을 응용하여 만들어지는 것으로 본다.

위에서 보듯이 조직의 형성과 관련하여 사용되는 용어로 라인(line)과 스태프(staff)라는 말이 있다. 라인은 수직적인 명령 및 복종, 관리책임 관계가 형성되는 관계를 말한다. 반면 스태프는 직접적인 명령권한이 없이 단지 조언, 조력, 권고 등의 기능을 한다.

정태적 조직	기능별 조직, 부문별 조직
동태적 조직	프로젝트팀 조직, 매트릭스 조직, 가상조직, 무경계조직 등

한편 동태적인 기업환경에 대응하기 위하여 새로운 유형의 조직이 나타났는데, 본 책에서는 프로젝트팀 조직, 매트릭스 조직, 가상조직, 무경계조직 등을 중심으로 살펴보고자 한다.

정태적 조직형태

정태적 조직형태 중 기능별 조직과 부문별 조직은 [그림 7-8]과 같이 앞서 설명했던 조직 분화시 수평적 분화의 기준과 연결해보면 이해하기 쉽다.

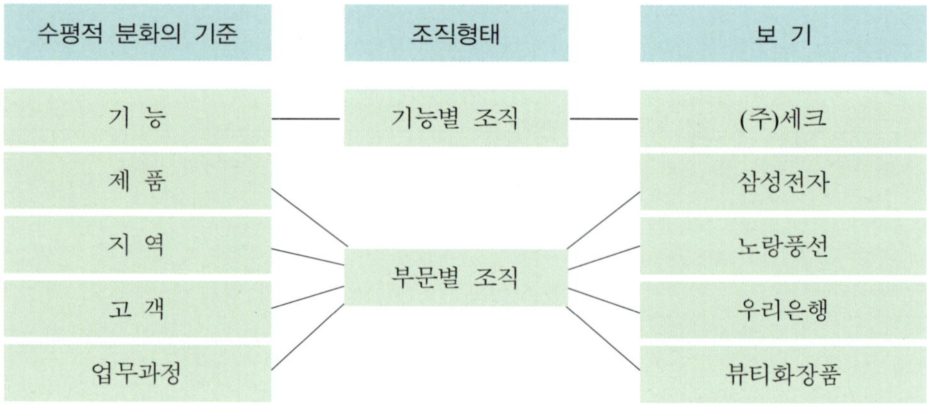

□ 그림 7-8
조직의 수평적 분화 기준과 조직형태의 관계

■ 기능별 조직

기능별 조직
(functional organization)
업무내용이나 기능을 유사한 것끼리 묶는 조직형태

기능별 조직(functional organization)은 업무내용이나 기능을 유사한 것끼리 묶는 조직형태를 말하는 것으로 가장 전통적이고 기본적인 조직이다. 기능별 조직의 예는 앞서 설명한 조직의 분화 중 [그림 7-3]에 있는 (주)세크의 조직도를 들 수 있다. 그 부분을 참고하기 바란다. 앞에서는 기능을 중심으로 조직이 수평적으로 만들어져 가는 과정의 관점에서 설명을 하였지만 이러한 과정을 거치면서 수직적으로도 분화하면 자연스럽게 전체적인 조직이 만들어지는 것이다.

기능별 조직이 갖는 장단점은 다음과 같다.

● 장 점

- 각 부서에 맞는 업무를 일관성 있게 배정할 수 있고, 이에 따라 당해 업무 수행능력이나 문제해결능력도 우수하다.
- 각 기능 범주 내에서 심도 있는 훈련과 기능개발이 가능하다.
- 자원의 효율적인 활용으로 규모의 경제를 기할 수 있다.

● 단 점

- 제품품질 불량, 비용과다, 환경변화에 대한 대응실패 등 조직 전체적인 문제가 발생했을 때 책임소재를 구체적으로 적시하기 어렵다.
- 각 기능부서간에 의사소통과 조정이 어려워 문제해결이 어렵다.
- 각 기능부서가 자기부서 이기주의에 빠지기 쉽다.
- 동일한 위계상의 부서간에 문제해결이 잘 안 되어 보다 상위단계에서 개입을 해야 하며 결과적으로 의사결정이 늦어지고 환경변화에 신속히 대응하지 못하게 된다.

이러한 단점들은 기업의 규모가 커지고 환경이 역동적으로 변할 때에는 더욱 부각된다. 미국의 포드(Ford)자동차가 영국의 재규어(Jaguar)자동차를 인수했을 때 이 회사는 해결해야 할 많은 문제점을 안고 있었다. 그러나 이러한 문제점들을 해결하는 데에는 당초 포드가 예측한 것보다 훨씬 많은 어려움이 있었다. 그 이유는 다름 아닌 지나친 기능부서 중심 사고 때문이었다. 즉 자동차를 만들어내기 위해서는 각 부서간의 협력과 조율이 필수적인데 재규어자동차는 그렇지 않았던 것이다. 결국 재규어는 다시 인도의 타타자동차에 재매각되었다.

1922년에 설립된 세계적인 명차 재규어자동차의 재규어 콘셉트카 'Future Type'. 한때 현대자동차가 인수를 검토했었다. (자료 : carlab)

부문별 조직

부문별 조직
(divisional organization)
동일한 제품이나 지역, 고객, 업무과정을 중심으로 조직을 분화하여 만든 조직

부문별 조직(divisional organization)이란 동일한 제품이나 지역, 고객, 업무과정을 중심으로 조직을 분화하여 만든 조직이다. 부문별 조직의 예는 앞서 설명한 조직의 분화 내용에서 [그림 7-4]의 삼성전자 사례, [그림 7-5]의 노랑풍선 사례, [그림 7-6]의 우리은행 사례, [그림 7-7]의 뷰티화장품 사례를 참고하기 바

매일유업의 특수분유 중 하나인 '소이'분유. 우유단백에 알러지가 있는 유아를 위한 제품이다. 분유는 자동화된 라인에서 만든다. 한 번 가동시 최소 2만개가 넘는 분유를 한꺼번에 생산해야 한다. 이런 특수분유는 극소수 유아에게만 필요하기 때문에 생산량의 90% 이상이 폐기된다. 당연히 적자가 발생하게 되는데, 연 4억원 정도 된다고 한다. 그럼에도 불구하고 기꺼이 이런 특수분유를 생산하고 있는 것이다.

란다.

기능별 조직과 부문별 조직의 중요한 차이점은 부문별로 분화하여 조직을 만들었을 때 각 부문에는 기능별 조직이 다시 포함될 수도 있다는 사실이다. 예를 들어 매일유업은 평택, 광주, 경산 등 전국적으로 일곱 군데에 공장을 가지고 있다. 공장 부문은 지역에 의한 조직분화로 이루어진 셈인데, 전국의 모든 공장에 구매부서와 생산부서, 총무부서가 있다. 물론 총괄적인 업무는 본사에서 처리하지만 해당공장 현장에서 처리해야 할 일들이 있기 때문에 이러한 조직구조는 필연적이다.

부문별 조직의 장단점을 보면 다음과 같다.

- **장 점**
  - 조직의 특성상 특정의 제품, 지역, 고객에 특화된 영업을 할 수 있다.
  - 기능부서간의 조정이 보다 쉽다.
  - 책임소재가 명확하다.
  - 환경변화에 유연하게 대처할 수 있다.
  - 부서를 늘리거나 줄이기가 상대적으로 용이하다.
- **단 점**
  - 각 부문에 동일한 기능부서가 있게 되어 비용이 많이 들고 규모의 경제를 어렵게 한다.
  - 각 부문조직끼리 잘못된 경쟁을 하는 경우 조직 전체적인 목표가 희생될 수 있다.

한편 기업의 규모가 커지면 사업부제를 도입하는 경우가 많다. 예를 들어 삼성전자의 경우 앞서 본 것처럼 'DX사업부' 'DS사업부' 등으로 조직을 분화한 다음 각 사업부별로 독립채산제를 실시할 수 있다. 이러한 경우를 특히 사업부제 조직이라고 한다. 삼성전자는 실제로 이들 사업부 두 개가 독립채산제로 운영되고 있다.

동태적 조직형태

프로젝트팀 조직

프로젝트팀(project team)
특정 과제나 목표를 달성하기 위해 구성하는 임시조직

프로젝트팀(project team)이란 특정 과제나 목표를 달성하기 위해 구성하는 임시 조직으로서 태스크포스팀(task force team)이라고도 한다. 팀은 기존 조직에서 프로젝트 수행에 적합하다고 판단되는 사람을 차출하여 구성한다. 이 조직은 정태적인 기능별 조직 또는 부문별 조직이 환경변화에 능동적으로 대처하지 못하는 문제점을 극복하기 위하여 등장한 보완적 성격의 조직으로서, 특정 경영 상황에서 활동하는 한시적 · 동태적 성격의 조직이다. 구성된 프로젝트팀은 소기의 목적을 달성하면 해체되고 팀원은 원래 소속된 부서로 돌아간다.

프로젝트팀 조직의 장단점을 보면 다음과 같다.

● 장 점

- 새로운 고정적인 조직을 만들지 않고도 프로젝트를 수행할 수 있기 때문에 비교적 조직의 인력운영에 유연성을 확보할 수 있다.
- 프로젝트의 목표가 분명하기 때문에 목표달성 여부를 확실히 알 수 있다.

□ 그림 7-9
프로젝트팀 조직의 예

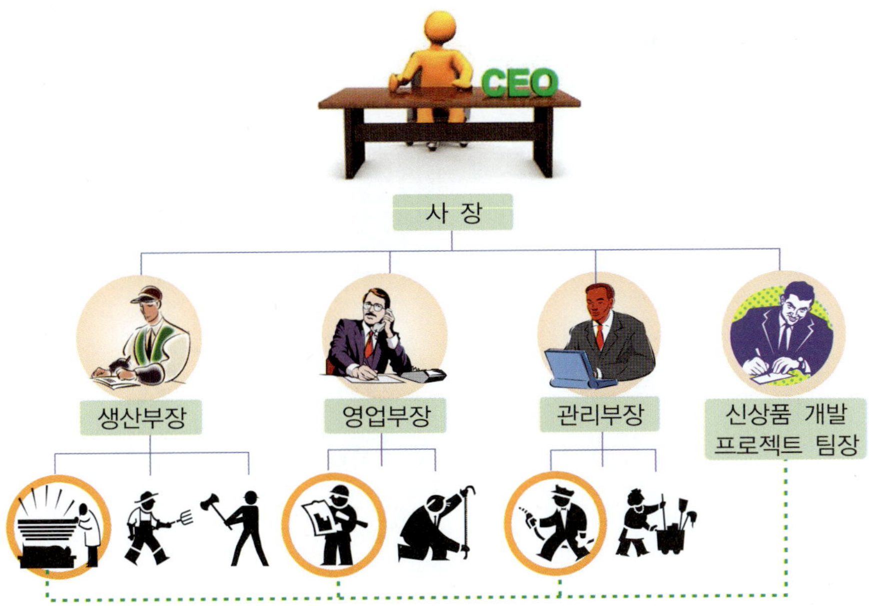

주) 실선은 명령계통, 점선은 프로젝트팀 계통(원은 프로젝트 팀원)

● 단 점

- 프로젝트팀은 일시적인 조직이기 때문에 원래 소속되어 있던 부서와의 관계 설정이 모호할 수 있다.
- 프로젝트팀은 기존 조직 내 여러 부서에서 차출된 사람들로 구성되기 때문에 팀 내의 조화 및 유효성 유지가 어렵다. 따라서 팀장의 능력과 역할에 팀의 성과가 의존적이다.

매트릭스 조직

매트릭스 조직
(matrix organization)
기능별 조직 또는 부문별 조직형태에 프로젝트팀 조직을 결합시킨 형태의 조직

매트릭스 조직(matrix organization)이란 기능별 조직 또는 부문별 조직형태에 프로젝트팀 조직을 결합시킨 독특한 형태의 조직이다. 매트릭스 조직은 [그림 7-10]에서 보는 바와 같이 기본이 되는 조직(그림에서는 기능에 의하여 분화된 조직이다. 제품이나 지역, 고객에 의하여 분화된 조직이 기본조직이 될 수도 있다)에서 특정 프로젝트를 수행하기 위하여 사람들을 차출하여 새롭게 묶는 형태로 만

□ 그림 7-10
매트릭스 조직의 예

들어진다.

따라서 매트릭스 조직에서 종업원은 최소한 두 개의 부서에 속하게 된다. 하나는 기본이 되는 조직의 부서로 그림에서 수직으로 표시된 부분이고, 다른 하나는 특정 프로젝트팀에 속하게 되는데 이는 그림에서 수평으로 표시되어 있다. 결과적으로 종업원은 두 명의 직속상사를 두고 두 사람에게서 명령을 받게 된다.

매트릭스 조직은 항공기제조업, 금융서비스업, 전문 법률자문업 등에서 실제로 적용되고 있다. 우리나라에서는 금융권에서 선도적으로 도입되고 있다. 하나금융그룹은 2008년에 씨티금융그룹, BOA(Bank Of America) 등의 매트릭스 조직을 참고하여 우리나라 금융기관 중에서 가장 먼저 도입한 바 있다. 이어서 KB금융지주와 신한금융지주, 우리금융 등도 매트릭스 조직체계를 도입했다.* 이렇듯 금융회사에 매트릭스 조직 도입이 활발한 이유는 금융서비스 특성 때문인 것으로 보인다. 예를 들어 △△금융그룹에 있어서 △△금융지주사 아래에 △△은행과 △△저축은행, △△증권사 등이 있고 이들 각각의 조직에 투자금융(IB) 담당 부서가 있다면, 해당 부서를 금융그룹 전체 차원에서 지주사 투자금융사업부문으로 묶는 것이다. 각자 속한 회사는 다르지만 IB업무라는 공통된 업무 틀 안에서 의사결정을 하게 될 것이다.

* 신한금융지주는 리스크관리에 문제가 있다는 금융감독원 지적에 따라 최근 매트릭스 조직 중 일부를 폐지했다.

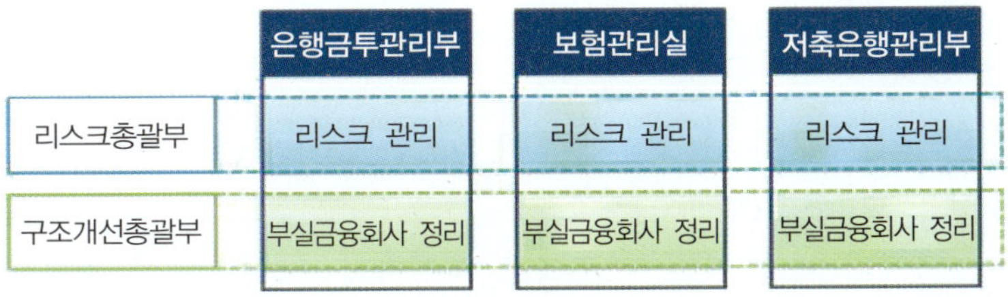

예금보험공사의 매트릭스 조직 개념도. 예금보험공사는 은행, 보험사, 저축은행을 고객으로 두고 있고 각각의 고객에 대해 리스크 관리와 부실금융회사 정리 업무가 있다. 기존에는 두 업무를 대상 금융기관별로 따로 수행해왔으나, 매트릭스 조직을 도입함으로써 공사 전체적인 차원(총괄부)에서 의사결정을 할 수 있게 된 것이다. (자료 : 예금보험공사)

심지어 공기업 성격의 조직도 매트릭스 조직을 도입하고 있다. 2017년에는 금융감독원이 매트릭스 조직체계를 도입했고, 2019년에는 예금보험공사도 도입했다.

한편 다국적기업의 경우에는 여러 제품의 판매뿐만 아니라 동시에 해당국가의 지역적 특성도 고려해야 하기 때문에 매트릭스 조직을 응용하기도 한다. 즉 지역별로 기본조직을 만들어 당해국가의 실정에 맞게 조직을 운영하면서 신제품개발 프로젝트팀, 업무개선 프로젝트팀, 정보화추진 프로젝트팀들을 운영할 수 있는 것이다.

매트릭스 조직은 복잡하고 급변하는 환경상황에서도 성장을 추구하려는 조직체에서 주로 응용하는 조직유형이다. [그림 7-11]은 IBM의 글로벌 매트릭스 조직을 보인 것이다. 대부분의 선진 글로벌 기업들은 [그림 7-11]과 유사한 형태의 매트릭스 조직을 성공적으로 운영하고 있다.

□ 그림 7-11
IBM의 글로벌 매트릭스 조직

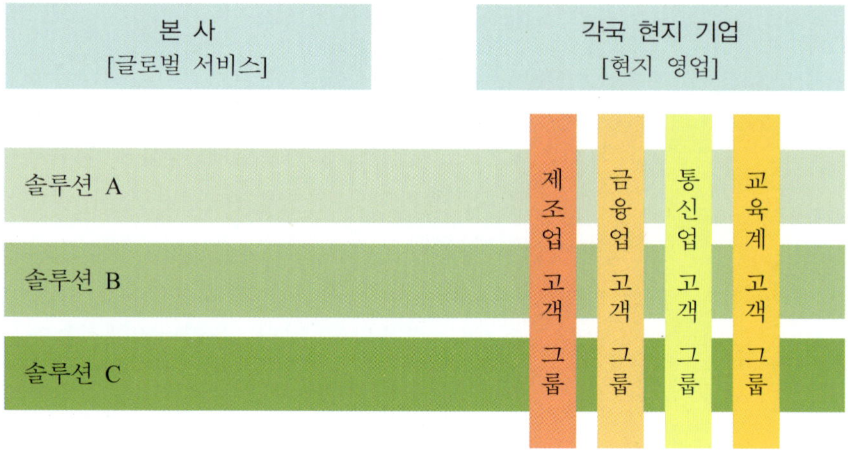

한편 매트릭스 조직의 장단점을 보면 다음과 같다.

● 장 점

- 기능부서간 유기적인 협조가 이루어져 조직의 운영 및 문제해결에 도움이 된다.
- 정보가 공유되기 때문에 팀 수준에서 발생되는 문제해결시 보다 양호한 의사결정을 할 수 있다.
- 어떤 프로그램이나 제품, 또는 프로젝트 관리자의 성과에 대한 책임을 강조할 수 있다.

● 단 점

- 직속상사가 2명 이상인 관계로 명령계통에 혼란이 올 수 있고 일의 우선순위 결정에 곤란을 겪을 수 있다.
- 통상 팀 미팅으로 시간이 많이 낭비되는 경향이 있다.
- 일반적인 조직형태보다 비용이 많이 든다.

■ 가상조직 · 네트워크 조직

가상조직(virtual organization)
정태적 조직의 핵심요소는 간직하고 있으나 일부 정태적 조직의 경계(boundary)와 구조가 없는 조직

가상조직(virtual organization)이란 정태적 조직의 핵심요소는 간직하고 있으나 일부 정태적 조직의 경계(boundary)와 구조가 없는 조직을 말한다. 가상조직의 개념은 1992년 데비도우(William Davidow)와 멀론(Michael Malone)이 『The Virtual

Corporation』이란 책을 발표하면서 본격적으로 확산되었다. 네트워크 조직(network organization) 또는 모듈 조직(modular organization)이라고도 불리는 가상조직은 최근에 급격하게 발달하고 있는 컴퓨터, 정보통신 등 정보기술을 적용하면서 전통적인 의미에서의 조직의 경계와 구조가 허물어져 도입된 개념이다. 이러한 조직의 가상화는 조직의 규모에 관계없이 공통적으로 나타나고 있다.

정태적 조직은 조직을 움직이기 위한 모든 자원(인적, 물적 자원)을 조직 내에 두나 가상조직은 핵심적이라고 할 수 있는 부분만을 자체 조직 내에 남겨두고 나머지는 모두 조직 외에 네트워크를 형성하여 아웃소싱(outsourcing)한다.

예를 들어 [그림 7-12]의 아파트를 전문적으로 짓는 (주)왕자건설이라는 회사를 보자. 이 건설회사는 최소한의 자체 인력만으로 운영되고 있다. 그림에서 보듯이 이 회사는 주요한 정책결정만을 할 뿐 부지매입은 전문 부동산업체에 맡기고 아파트 디자인 및 단지설계는 디자인 전문업체에 의뢰하고 있다. 뿐만 아니라 아파트건설은 건설전문 하도급업체에, 조경은 조경업체에 맡기는

◘ 그림 7-12
가상조직의 예

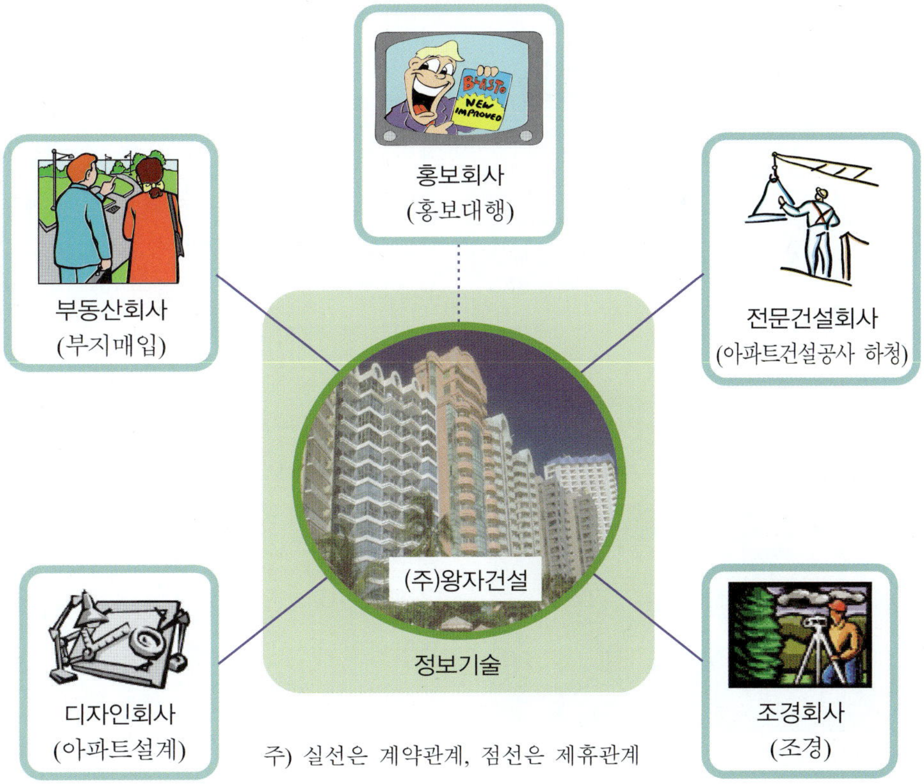

계약을 맺고 있다. 그러나 일반인들은 (주)왕자건설의 아파트라고 기억한다. 이 아파트는 인기가 좋은데 그 이유는 (주)왕자건설 본사가 계약파트너 업체에 일정수준 이상의 품질을 요구하고, 점검하고 있기 때문이다. 이러한 제반 기업활동은 정보기술을 이용하여 이루어진다. e-mail이나 웹을 이용하여 서로 업무연락을 하기도 하고, 통합정보시스템을 개발하여 활용하기도 한다. 협력업체와의 관계는 주로 계약관계이지만 제휴관계일 수도 있다(참고로 건설업은 하도급 관행이 일반화되어 있는 업종이다).

가상조직의 가장 큰 장점은 조직이 슬림하다는 점이다. 비용통제나 조직운영의 유연성 등 많은 이점을 누릴 수 있다. 그러나 문제점은 책임소재의 불명확성이다. 외부의 다른 기업에 조직활동의 많은 부분을 의존하기 때문에 거래관계가 복잡해질수록 전체적인 조정 및 통제가 어려워진다. 특히 네트워크로 묶여 협력관계에 있는 기업 중 단 한 군데라도 실수를 하게 되면 이는 회사 전체에 영향을 미치게 된다. 경우가 많지는 않지만 인터넷망이 다운되는 등의 정보기술적인 문제에 의하여 큰 피해를 입는 경우도 있다.

현대적인 의미의 노트북의 효시가 된 애플의 파워북100 모델. 이후 세계의 노트북 시장은 애플의 파워북 시리즈와 소니의 바이오 시리즈 양대 산맥으로 이어진다.

가상조직의 실제 사례로는 애플(Apple)과 소니(Sony)의 사례가 있다. 애플은 우수한 컴퓨터 제조 기술을 가지고 있었고 소니는 뛰어난 전자제품 소형화 기술 및 생산시설이 있었다. 애플은 자신들이 개발한 파워북 노트북 컴퓨터(laptop computer) 생산을 소니에 아웃소싱했다. 소니는 디자인과 생산을 맡았다. 일종의 제휴 형태로도 볼 수 있는데, 첫 번째 모델인 파워북100의 판매가 종료되자 두 회사의 네트워크 역시 종료되었다.

오릴라는 1992년부터 2006년까지 노키아 CEO를 역임했다.

보다 극적인 사례는 한때 세계 휴대전화기 시장의 독보적인 존재였던 노키아의 경우이다. 노키아(Nokia)는 100년이 넘도록 임업제품을 생산해 오던 회사였다. 변신이 필요했던 이 회사는 1992년 1월에 요르마 오릴라(Jorma Ollila)가 CEO를 맡으면서 휴대전화기 생산을 시도한다. 그러나 노키아는 아무런 기술이나 생산시설이 없었다. 이때 그가 도입한 조직이 정보기술과 네트워크를 기반으로 한 가상조직이었다. 설계를 비롯해 칩과 부품 및 완제품 생산, 판매까지 모두 외부의 전문기업(조직)에 아웃소싱하고 노키아는 본부 역할만 했다. 노키아는 이런 방식으로 불과 2년 만에 세계적인 휴대전화기 공급업체로 두각을 나타내기 시작했었다.

무경계조직

무경계조직
(boundaryless organization)
조직 내외부의 조직끼리 연계(linking)함으로써 경계를 허무는 조직

무경계조직(boundaryless organization)이란 조직 내외부의 조직끼리 연계(linking)함으로써 경계를 허무는 조직을 말한다. 조직 내부적으로는 기존의 부(部)나 과(課)를 연결하는 식으로 경계를 없앤다는 의미인데, 앞서 설명한 프로젝트팀 조직과 네트워크 조직의 결합으로 보면 이해하기 쉽다. 프로젝트팀 조직이 한시적이었던 것처럼 무경계조직 역시 일시적이다. 기존 조직에서 만들어진 공식적인 통로보다는 팀워크와 의사소통이 더욱 강조된다. 경계를 없애면서 연결하는 하부조직이 조직 내에 있으면 내부 무경계조직(internal boundaryless organization), 외부에 있으면 외부 무경계조직(external boundaryless organization)이라고 한다. [그림 7-13]에서 보는 바와 같이 환경변화나 필요에 의해 연계할 외부조직을 계속적으로 바꾼다. 가상조직과 외부 무경계조직은 유사한 조직이지만 전자가 외부조직과의 관계를 주로 계약관계에 중점을 둔다면 후자는 제휴관계에 더 치중한다.

무경계조직의 특징은 기존 조직위계의 배제, 팀원에게 권한의 부여, 기술의 최대한 활용, 조직의 한시성 등이다.

그림 7-13
외부 무경계조직의 예

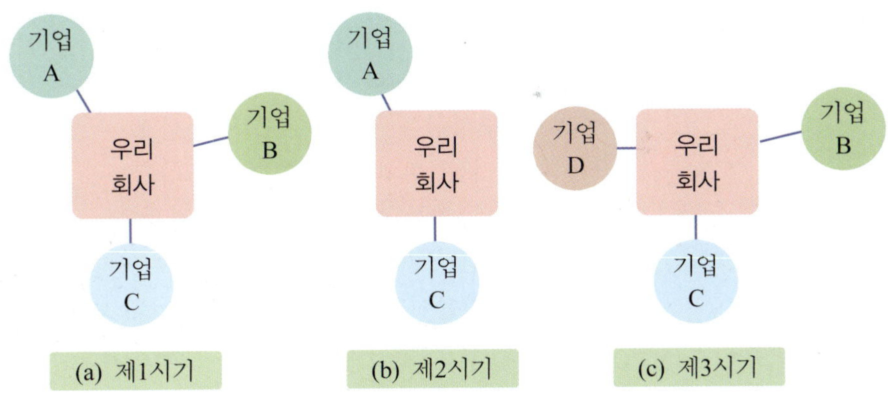

홀라크라시 조직

홀라크라시 조직
(holacracy organizational structure)
전통적인 위계형 조직과는 달리 유연하면서 동태적으로 형성하는 팀의 모든 팀원에게 의사결정 권한을 주는 자체 관리(self management) 조직

홀라크라시 조직(holacracy organizational structure)이란 전통적인 위계형 조직과는 달리 유연하면서 동태적으로 형성하는 팀의 모든 팀원에게 의사결정 권한을 주는 자체 관리(self management) 조직을 말한다. 조직의 기본 구조는 [그림 7-14]와 같다.

□ 그림 7-14
홀라크라시 조직의 구조

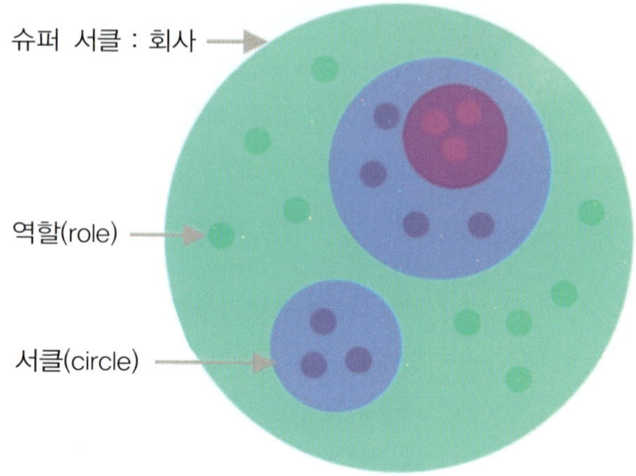

홀라크라시 조직이 갖는 특징은 다음과 같다.*

먼저, 홀라크라시에서는 전통적인 조직체계와는 달리 직무에 대한 설명이 없다. 대신 역할(role)이 있다. 역할에는 해당역할의 목표, 역할을 하기 위한 절차와 필요한 자산, 책임이 적시된다. 홀라크라시를 구성하는 팀원은 모두 역할로 기능하는 존재가 된다. 즉, 홀라크라시의 기본 단위는 개인 '홍길동'이 아닌, 그 사람이 맡은 역할 그 자체가 되는 것이다. 역할은 조직의 필요에 따라 만들어지며, 더 이상 필요 없게 되면 그 역할을 맡았던 사람은 새로운 역할을 맡게 된다. 구성원들은 일반적으로 다양한 서클(팀)에서 여러 개의 역할을 맡는다.

* 홀라크라시(holacracy)라는 용어는 쾨슬러(Arthur Koestler)가 1967년에 발표한 자신의 저서 『기계 속의 유령(The Ghost in the Machine)』에서 처음으로 사용했는데, 그리스어 "holon(전체)"과 "cracy(힘, 권력, 지배)"를 조합한 단어였다. "Holacracy"라는 용어는 "독립적인 전체 구성원이 권한을 갖고 스스로 지배하는 조직"으로 해석할 수 있다. 이후 2000년대 초 터너리(Ternary Software)의 CEO인 로버트슨(Brian Robertson)이 조직구조에 이 개념을 적용하였고, 2007년에 토미슨(Tom Thomison)과 함께 홀라크라시 원(HolacracyOne)을 설립하여 2010년부터 홀라크라시 조직형태를 널리 알리기 시작했다.

둘째, 홀라크라시 조직은 서클(circle)이라 불리는 자율적이고 자체 관리되는 팀으로 구성된다. 서클은 홀라크라시 조직을 이루는 주요 단위로, 전체 조직(회사) 내에서 동일한 책임을 공유하되 다양한 역할을 맡는 사람들의 집합체이다. 각 서클의 목적은 회사 전체의 목적과 일치해야 한다. 서클의 개수에는 제한이 없고, 서클 안에 작은 서클을 둘 수도 있다.

셋째, 서클의 구성원들은 역할을 자유롭게 관리(정의, 수정 및 삭제)할 수 있다. 구성원들간의 회의와 협의를 통하여 특정역할에 가장 적합한 사람에게 역할을 할당한다. 그 사람은 해당역할에 대한 권한을 갖고 책임을 진다. 서클 내의 모든 사람은 업무의 진행상황, 결과 등을 공유한다.

넷째, 서클에는 서클 리더가 있으며, 그는 서클 내에서 역할을 할당하고 필요한 자원을 배분하는 역할을 한다. 전통적인 관리자의 역할과 비슷하지만 그의 권한과 책임은 엄격하게 제한된다. 예컨대, 팀원에 대한 인사고과, 승진, 고용, 해고, 보상 등에 대한 권한은 없다.

홀라크라시 조직을 전통적인 위계적 조직과 비교하면 이해하는 데 도움이 된다. 일반적으로 전통적인 조직은 명확한 위계구조를 가지고 있으며, 상위 관리자에게 권한이 집중되어 의사소통도 하향식으로 일방통행으로 이루어진다. 각 구성원에게는 해야 할 업무가 명시적으로 정해져 있고, 성과평가도 그에 따라서 개인별로 이루어진다. 전체적으로 경직적으로 조직이 운영되기 때문에 갑작스러운 외부 변화가 있을 경우 신속한 대응이 어렵다.

반면, 홀라크라시 조직은 급격한 환경변화가 있을 경우 신속하게 조직의 구조를 변경할 수 있다. 팀 단위 또는 팀원이 의사결정을 할 수 있는 권한을 가지고 있으며 따라서 의사소통방식은 개방적이고 수평적이다.

자포스의 물류센터 중 한 곳. 셰이는 21년간 CEO를 지냈다. 자포스는 2009년에 아마존에 매각되었다. (자료 : 종합)

홀라크라시 조직을 적용한 대표적인 예로, 미국 최대의 신발 온라인 쇼핑몰 자포스(Zappos)를 들 수 있다. 설립자 토니 셰이(Tony Hsieh)는 자포스가 대기업으로 성장하자 홀라크라시 조직형태를 도입했다. 2017년 당시 이 회사에는 직원 1,500명에 서클이 500개, 1인당 역할은 평균 7.4개 정도였다고 한다. 셰이의 시도는 실패한 것으로 평가되지만 그의 이러한 시도는 많은 기업들에게 영향을 끼쳤다.

자동차회사인 메르세데스-벤츠도 유사한 조직을 운영한다. 의사결정 권한이 분산되어 있고, 모든 직원은 자신의 역할 내에서 자유롭게 의사결정을 내릴 수 있다. 조직상의 위계가 있기는 하지만 전통적인 위계구조는 아니어서 조직구조는 사람이 아니라 역할을 중심으로 운용된다.

애자일 조직

애자일 조직
(agile organizational structure)
고객의 요구를 최우선으로 두고 이에 신속하게 대응하기 위하여 협업, 유연성 등을 바탕으로 변화에 빠르게 적응하는 유연한 조직

애자일 조직(agile organizational structure)이란 고객의 요구를 최우선으로 두고 이에 신속하게 대응하기 위하여 협업, 유연성 등을 바탕으로 변화에 빠르게 적응하는 유연한 조직을 말한다. 애자일이라는 개념이 최초로 세상에 나온 것은 2001년 미국의 소프트웨어 개발자 17명이 제시한 애자일 선언(Agile Manifesto)에서 출발한다. 처음에는 애자일 방식의 소프트웨어 개발을 뜻했다. 애자일* 방식이 나오기 전까지는 소위 폭포수(waterfall) 방식으로 소프트웨어를 개발하고 있었다. 두 방식을 비교하면 〈표 7-3〉과 같다. 표를 이해하면 애자일 방식을 지향하는 애자일 조직의 특성 이해에 도움이 될 것이다.

* agile은 '기민한, 빠른, 신속한'의 의미이다. 애자일 조직은 신속하게 움직이는 조직인 것이다.

표 7-3
소프트웨어 개발방식 비교 : 폭포수 방식과 애자일 방식

구 분	전통적인 폭포수 방식	애자일 방식
팀	기능 중심의 대규모 팀	기능이 교차되는 소규모 팀
고객의 사업 관여 정도	시작과 종료 단계에서만 관여	상시 협업
설계	엄청난 양의 문서화 작업 후 이에 근거해서 모든 기능을 예상하고 설계	설계 기능을 모듈화 및 우선순위화
개발	모든 기능을 사양에 정확하게 부합되도록 한 번에 개발	반복적으로 이루어짐. 가치 있다고 검증된 부분만 구축함
테스트 및 통합	개발 완료 후에 통합 및 테스트	계속적인 실시간 테스트와 통합
인도	대규모로 한번에 또는 가끔	자주, 신속하게

전통적인 폭포수 방식으로 소프트웨어를 개발할 때에는 전체 프로그램을 한 번에 개발한다. 본격적인 개발(코딩)에 앞서 먼저 비즈니스 분석가가 소프트웨어로 개발할 업무들을 상세히 분석하고 요구사항명세서를 작성한다. 이 문서에는 전반적인 개발전략에서 포괄적인 기능 사양, 시각적인 사용자 인터페이스 디자인에 이르기까지 모든 것을 자세하게 담는다. 개발자들은 이 문서를 근거로 실제로 개발해야 할 내용이 담긴 설계명세서를 만들게 된다. 문서들은 분량이 매우 많을 수밖에 없다. 이 문서가 완성되면 개발자는 비로소 개발을 시작한다. 작은 단위의 프로그램들이 개발되면 이들을 통합하여 한 개의 대형 프로그램으로 만들고, 마지막으로 전체적인 테스트를 한다. 문제가 없다

고 판단되면 고객에게 한 번에 인도를 하게 된다.

이 방식이 갖는 결정적인 문제점은 계약에서 고객에게 인도하는 시점까지 수년이 걸리기도 하는데, 개발한 소프트웨어가 클수록 그 기간은 더 길어진다는 점이다. 환경은 언제든지 변하기 때문에 개발계약시점의 고객의 니드(need)와 소프트웨어를 인도받는 시기의 니드에 큰 차이가 생길 수 있는데 이를 반영하기 힘들다. 개발된 전체 시스템이 정상 가동되지 않는 경우도 많다. 이러한 문제를 해결하고자 하는 과정에서 애자일 방식이 대두된 것이다.

애자일 조직 또는 애자일 방식으로 일하는 것은 기본적으로 팀을 하나의 살아 움직이는 유기체(organism)로 본다. 구체적으로 다음의 특징을 갖는다.

- 자율성과 협업, 교차 기능 팀 : 특정 프로젝트나 제품을 중심으로 다양한 전문성을 가진 팀원들이 모여 크로스 기능 팀(cross-functional team)을 구성한다. 다양한 관점에서 문제를 해결하고, 더 나은 결과를 도출할 수 있다. 팀원들은 자율적으로 작업을 수행하며, 팀 내에서의 협업이 강조된다. 각 팀은 스스로 목표를 설정하고, 문제를 해결하는 방식으로 운영된다.
- 평평한(flat) 조직구조 : 조직이 신속하게 움직이기 위하여 조직의 리더는 방향성만 제시하고 실제 일을 하는 팀에 권한과 책임을 부여한다. 이는 의사결정을 빠르게 하고 팀간의 협업을 장려하는 데 도움이 된다.
- 투명하고 개방적인 의사소통 : 투명하고 개방적인 의사소통을 통하여 조직 내의 모든 팀원은 물론이고 외부의 고객과도 진행 상황과 문제를 공유하면서 협업한다.
- 고객 최우선 : 애자일 조직은 고객이 최우선이다. 고객의 요구와 기대에 맞추기 위하여 고객과 접촉한다. 제품 또는 서비스를 지속적으로 개선하기 위하여 고객의 피드백을 중요하게 여긴다. 고객의 피드백을 제대로 반영하기 위하여 팀의 작업방식을 수시로 평가하고 개선하여 팀 역시 지속적으로 성장·발전하게 된다.
- 적응성과 유연성 : 변화하는 환경이나 요구에 신속하게 적응할 수 있는 능력을 중요하게 여긴다. 고객의 요구는 언제든지 변화할 수 있다. 당초의 계획에 매달리기보다는 이러한 변경되는 요구에 신속하게 대응할 수 있도록 한다. 특히 환경이 급변하는 경우는 더욱 그러하다.
- 짧은 주기, 개선의 반복 : 애자일 조직은 짧은 개발주기를 통해 고객의

피드백을 자주 받으면서 제품이나 서비스의 개선을 계속 반복한다. 일반적으로 스프린트(sprint)라고 부르는 단기간(보통 1~4주) 동안 작업을 수행하고, 그 결과를 평가하여 다음 단계로 넘어간다.

애자일 조직과 전통적인 조직의 관점을 비교하면 [그림 7-15]와 같다.

□ 그림 7-15
애자일 조직의 구조

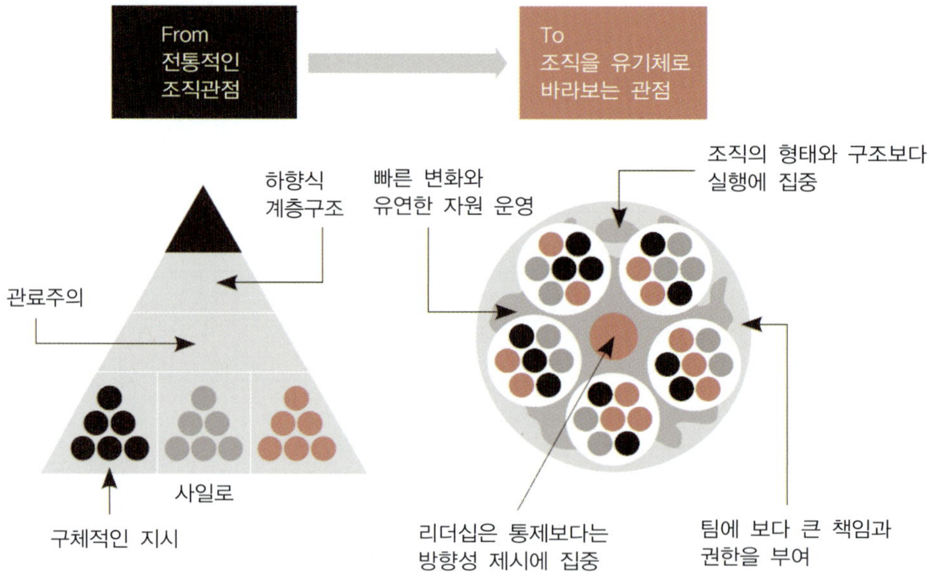

(자료 : Mckinsey, SKTEnterprise)

스포티파이는 스웨덴 회사로, 월간 활성 사용자수가 2024년 6월 기준 2억 5천만명에 이른다. (자료 : Github)

애자일 조직의 성공사례로는 음악 스트리밍 서비스 기업인 스포티파이(Spotify)를 들 수 있다. 이 회사는 "스쿼드(Squad)" 모델이라고 하는 애자일 조직을 운용한다. 스쿼드는 이 회사에서 운용하고 있는 팀으로, 특정 제품영역을 담당하는 자율적이고 교차 기능적인 팀을 말한다. 스쿼드는 자율성이 보장되어 독립적으로 결정을 내리고 변화에 빠르게 적응할 수 있다. 궁극적으로 스포티파이는 고객이 원하는 새로운 기능을 빠르게 제공할 수 있는 것이다.

애자일 조직은 앞서 설명한 홀라크라시 조직과 비슷한 면이 많다.

우리금융 케케묵은 계파갈등… 내부통제 취약 해결할 '숙제'

우리금융지주에서 잇따라 발생한 금융사고와 관련해 금융권 안팎에서는 우리금융의 구조와 조직문화가 내부통제에 취약하다고 지적했다. 특히 한일은행과 상업은행의 합병으로 출범한 우리은행의 구조로 인해 출신 은행간 계파갈등이 봉합되지 못하고 있고 20여년간 지속된 '주인 없는 기업' 상태로 인해 감시기능이 약해졌다는 평가다.

■ 조직관리 대응… 계파갈등 리스크 '미해결' · CEO 역임 출신별 순환직

상업은행과 한일은행의 합병으로 탄생한 우리은행과 우리금융그룹은 공적자금 3조원이 투입됐다. 대주주는 예금보험공사였다. 민영화에 성공한 올해 5월까지 사실상 주인 없는 기업으로 유지됐고 '정부 기업'이라 불리며 그 안에선 성과에 몰두하기보다 계파갈등과 사내정치가 이뤄지고 있었다는 지적이다.

우리금융은 여전히 계파갈등의 리스크에서 헤어나오지 못한 채 해당 리스크는 임 회장의 경영관리리스크로 넓혀지고 있다.

실제로 조직운영은 CEO 역임에도 잘 나타나 있다. 한일은행 출신과 상업은행 출신이 우리금융과 계열사의 CEO 역임을 '퐁당퐁당'식으로 번갈아 가며 맡았다. 이종휘(한일), 이순우(상업), 이광구(상업), 손태승(한일), 권광석(상업), 이원덕(한일), 조병규(상업) 등의 방식이다. 이런 조직문화는 문제가 생길 시 책임소재를 불분명하게 해 내부통제의 틈을 키웠다.

한 금융사 관계자는 "우리금융의 계파갈등과 CEO의 순환직 역임은 이제 끊어내야 할 중대한 경영관리의 문제"라며 "하루빨리 조직운영 최고관리자인 임 회장의 결단이 필요하다"고 조언했다. 우리금융 관계자는 계파갈등에 관련해 "임종룡 회장 취임 후 새로운 기업문화를 만들어가는 것이 우리금융이 새롭게 도약하기 위해 반드시 이뤄야 하는 주제라고 강조했다"며 "이를 위해 우리금융 회장 직속 조직으로 기업문화혁신TF 조직을 만들었으며 지난해 말 기업문화리더십센터로 확대 개편했다"고 설명했다. 이어 "올해부터 새로운 인사평가제도를 도입하고 본격적인 조직문화 혁신에 나섰다"며 "그동안 비공개였던 인사평가 결과를 직원 개개인에 공개하는 것을 골자로 한다"고 덧붙였다.

■ 'CEO 연임' 찾아보기 힘들어… "제도적 견제장치 만들어야"

우리금융은 구조적으로도 CEO의 리더십이 발휘되기 어려운 상황이기도 하다. 실제 우리금융지주 역대 회장 중 연임에 성공한 인물은 제4대 이팔성 회장뿐이다. 이 전 회장은 2008년 6월 우리금융지주 회장으로 취임했으며 2011년 연임했지만 금융당국의 사퇴 압박으로 임기 만료를 11개월 앞두고 2013년 4월 사퇴했다. 당시 연임 의지를 내비쳤던 이 전 회장은 "연속성은 항상 좋은 것이고 기업도 지속가능해야 하며 하던 일(민영화)을 마무리 짓는 것이 좋다"는 말로 사업 지속성의 중요성을 강조하기도 했었다.

이처럼 CEO 교체가 만연하다 보니 사업의 지속성이 떨어지고 CEO에 대한 충성도도 하락할 수 있다. 내부통제 방안이 만들어져도 진득하게 밀어붙이기가 힘들다. CEO 교체와 함께 이뤄지는 중요 보직 물갈이도 직원들의 업무 수행의지와

집중력을 떨어트린다. 업무보다 차기 CEO의 하마평에 관심이 쏠리기 때문이다. 한국금융연구원(KIF) 금융리포트 '금융지주회사의 CEO리스크와 지배구조 개선방안'에서는 "우리금융은 그동안 정부가 형식적으로도 실질적으로도 대주주 자격을 갖고 있었기 때문에 간접적으로 은행장이나 지주회장 선임에 개입한 것이고 관료들이 계속해서 CEO로 내려온 전통이 늘 있어왔다"며 "그러한 구조에서 우리은행에 사건·사고가 타 은행 대비 많을 수밖에 없는 문제가 있다"고 설명했다.

이어 "개인이 윤리의식을 가진다고 해서 금융사고를 막을 수는 없고 이러한 관치 자체를 없애야 한다"며 "금융사에서 신규 임원 선임시에도 금융당국이 승인하게 해 감독당국에도 책임과 권한을 동시에 부여함으로써 제도적으로 견제장치를 만드는 등 특단의 조치를 통해 지금과 같은 악순환을 막아야 한다"고 주장했다.

(NSP, 2024.10.2)

토론주제 우리은행의 문제점을 해결하는 데 있어서 본장 '조직화'에서 배운 것을 활용하여 해결할 수 있는 방법이 있는지 토론해 보자.

볼거리 읽을거리

당신의 조직은 안녕하십니까

임혜련 지음 | 부크크 | 2024

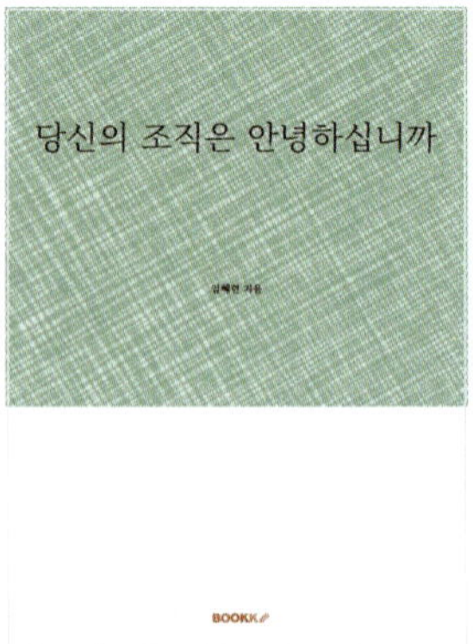

'안녕(安寧)'이란 아무 탈 없이 편안한 상태를 의미합니다. 그래서 서로 편한 사이에 만나거나 헤어질 때 정답게 표현하는 인사말로 흔히 사용합니다. 우리가 안녕하지 못할 때, 크고 작은 다양한 문제가 일어납니다. 문제가 발생하면 결국 안녕을 추구하기 위한 처방이 필요합니다. 특히 최근, 저성장 장기불황에 팬데믹까지 겪으며 우리의 안녕은 더욱 소중한 가치를 지니게 되었습니다.

이 글은 '조직 건강(Organizational Health)'을 주제로 논문을 준비하다가 어렵고 무거운 학문적 내용에 지칠 때, 덜 어렵고 덜 무겁게 '조직의 안녕'이라는 실용적인 이슈로 경영자 혹은 조직의 인사담당자들과 공감하고자 작성하였습니다. 그리고 이 글들을 묶어 한 권의 책으로 펴내게 되었습니다. 『당신의 조직은 안녕하십니까』는 조직 속 나의 안녕과 우리의 안녕의 관점에서 살펴보고, 조직의 성장을 위한 제안을 합니다. 모두의 안녕을 바랍니다.

(자료 : 교보문고)

핵심용어

- 조직화
- 조직의 분화
- 부서화
- 수평적 분화
- 수직적 분화
- 목적의 원칙
- 기능화의 원칙
- 책임 · 권한의 원칙
- 권한위임의 원칙
- 관리한계의 원칙
- 집권적 관리조직
- 분권적 관리조직
- 조직형태
- 기능별 조직
- 부문별 조직
- 프로젝트팀 조직
- 매트릭스 조직
- 가상조직
- 네트워크 조직
- 무경계조직
- 홀라크라시 조직
- 애자일 조직

요 약

- 조직화란 조직체의 목표를 달성할 수 있도록 조직구성원 각자의 직무와 상호간의 관계를 규정하는 것을 말한다.
- 조직을 만들기 위해서는 먼저 조직에서 수행될 업무를 파악하고 이를 근거로 부서와 직책/직위 등을 만든다. 만들어진 부서는 상하관계가 설정되고 부서 상호간의 관계도 정의된다. 이를 조직의 분화 또는 부서화라고 한다. 조직의 분화에는 수평적 분화와 수직적 분화가 있다.
- 조직화의 원칙으로는 목적의 원칙, 기능화의 원칙, 책임 · 권한의 원칙, 권한위임의 원칙, 관리한계의 원칙 등이 있다.
- 조직의 집권화와 분권화 문제는 기업 전체조직의 형태를 결정함에 있어서, 권한을 어느 계층에 집중시킬 것이냐에 관한 것이다. 조직의 집권화 또는 분권화 수준을 결정짓는 요소로는 의사결정의 중요성, 업무의 특성, 일관성의 필요성, 기업의 성장전망, 경영자의 관리능력과 교육의 필요성, 소유와 경영의 분리 정도 등이 있다.
- 조직형태란 조직이 택하게 되는 구성원의 직능체계이다. 조직형태는 크게 정태적 조직형태와 동태적 조직형태로 구분할 수 있다. 정태적 조직형태로는 기능별 조직과 부문별 조직 등 두 가지 형태가 있으며 이들을 응용한 다양한 조직형태가 있다. 한편 동태적인 기업환경에 대응하기 위하여 프로젝트팀 조직, 매트릭스 조직, 가상조직, 무경계조직 등과 같은 새로운 유형의 조직이 나타났다.
- 최근에는 홀라크라시 조직과 애자일 조직이 많은 관심의 대상이 되고 있다.

연습문제

1. 어떤 조직에서 해야 할 일과 그 일을 해야 할 사람을 어떻게 조화시킬 수 있을까?
2. 조직의 분화는 왜 일어나는가?
3. 조직의 수평적 분화의 종류와 그 기준을 설명하고 예를 들라.
4. 조직을 만들 때 지켜야 할 원칙에는 어떤 것들이 있는가?
5. 어떤 경우에 조직의 권한을 분산하는 것이 바람직한가?
6. 각 조직형태가 어떠한 상황에서 효율적인지 설명하라.
7. 홀라크라시 조직과 애자일 조직에 대해서 설명하라.

CHAPTER

8 지 휘

1. 지휘의 의의
2. 리더십
3. 동기부여
4. 팀과 팀워크
5. 의사소통과 인간의 이해

높이 828m인 두바이의 부르즈 할리파 건물에서 새해맞이 불꽃놀이를 하고 있다. 이 건물은 삼성물산이 지었다. (자료 : siasat.com)

삼성물산, 정비사업 곳곳서 잡음… 리더십 시험대에

삼성물산이 정비사업에서 무리한 수주행보를 보이는 등 CEO 리더십이 시험대에 올랐다. 그동안 '래미안' 브랜드를 앞세워 주택시장에서 스마트한 이미지를 구축해왔지만, 최근 조합의 고유권한인 입찰지침 수립과정에 관여하는 등 독단적인 행보를 보이고 있다. 특히 눈독을 들였던 서울 잠실우성1 · 2 · 3차 재건축사업장에서 입찰지침을 변경하려는 시도가 무산돼 입찰조차 참여하지 못하면서 연말 실적은 기대치에 미치지 못할 것이란 분석이다.

현재 삼성물산은 경쟁이 예상되는 한남4구역 재개발 수주에 집중하고 있지만, 현대건설과 삼성물산의 양자 대결이 예상되며, 양사 모두 사활을 걸고 있다. 특히 주택 분야 경험이 부족한 것으로 평가받는 삼성물산 오세철 대표에게 이번 수주는 매우 중요하다. 이미 올해 1월 부산 촉진2-1구역 수주전에서 패배한 전례가 있기 때문인데, 이번에도 시공권 확보에 실패할 경우 리더십에도 큰 타격을 입을 수밖에 없다는 우려다.

삼성물산의 신뢰도를 크게 훼손한 사건도 있다. 압구정5구역 재건축사업장의 조합원 단체 카카오톡 채널에서 삼성물산 관계자가 조합원인 척 활동하다가 회사 내부 보고내용을 실수로 잘못 게시한 사건이다. 이처럼 부적절한 행위는 조합원과 조합 간의 신뢰 저하는 물론, 삼성물산 이미지에 커다란 타격을 줬다. 이 사건으로 인해 삼성물산은 해당 사업장의 수주 경쟁에서 불리한 위치에 놓이는 등 회사 신뢰도에 부정적인 영향을 미쳤다는 평가다. (위클리한국주택경제신문, 2024.10.4)

1 지휘의 의의

▌오렌지 농장의 인부 도산 안창호(위)와 서던 캘리포니아 대학(Southern California Univ.) 캠퍼스에 있는 도산 안창호 패밀리 하우스(아래) (자료 : KOFICE 외)

일제강점기 시절의 독립운동가 겸 교육가, 사상가, 혁명가, 정치가 도산 안창호. 우리나라 사람이라면 누구나 그를 대표적인 독립운동가 중의 한 사람으로 기억할 것이다. 그러나 그의 일대기 중 잘 알려지지 않은 이야기가 있다. 그것은 미국에서 공부할 때의 일이다.

도산은 24세이던 1902년, 미국에서 공부를 하기 위해 캘리포니아로 갔다.* 그런데 거기에서 그가 본 현지 동포들의 처지는 참으로 비참한 것이었다. 주위 고려 없이 시끄럽게 하고 자주 싸웠을 뿐만 아니라 지저분한 생활을 하고 있었다. 이 때문에 미국인들은 한국인에게는 주택 임대를 잘 해주지 않았다. 또한 동포들은 주로 오렌지 농장에서 일거리를 찾았는데, 일거리를 더 많이 받으려고 스스로 노임을 깎는 식으로 서로 경쟁을 했다. 이와 같은 여러 이유로 동포들은 괄시와 천대를 받으면서 살고 있었던 것이다. 이를 본 도산은 동포들이 제대로 대접받기 위해서는 큰 변화가 필요하다고 판단하고 리더십을 발휘하게 된다.

* 도산은 1895년 미국 선교사가 세운 구세학당(救世學堂, 경신학교)에 입학해 처음 신학문을 접했다. 이후 교육자로 교육활동을 하다가 공부를 더 해야겠다고 깨닫고 유학길에 오른 것으로 보인다.

그는 뜻을 같이하는 사람들과 모임을 만들었다. 그리고 새로 미국으로 오는 동포들의 일자리를 주선해주고 숙소를 알아봐줬다. 특히 동포들에 대한 미국인들의 인식을 바꾸기 위한 활동을 선도적으로 수행했다. 우선, 한인들이 거주하는 집안을 항상 깨끗하게 유지하도록 했으며, 창에는 커튼을 달게 하고 창틀에는 화분을 놓게 했다. 집의 외벽과 담장은 페인트를 칠하여 깨끗하게 보이도록 했다. 의복도 항상 깨끗하게 입어야 한다고 강조했다. 한인에 대한 현지 주민들의 인식이 달라졌음은 물론이다. 한편으로는 직접 농장주들과 협상을 벌여 동포들의 노임을 제대로 받을 수 있도록 했다. 본인도 농장에서 일을 했는데, 그 과정에서 도산이 동포들에게 자주 강조한 유명한 말이 있다. "오렌지 한 개를 따더라도 정성껏 따는 것이 나라를 위하는 일이다."

동포들은 도산의 리더십에 잘 부응했다. 스스로 조국을 돕는다는 생각을 갖고 일을 하게 되었고 받은 노임 중 일부는 독립운동 자금으로 쾌척했다.

역사적으로도 보면 많은 국가에서 훌륭한 리더가 이끈 시기는 국운이 크게 융성하였음을 알 수 있다. 나폴레옹, 알렉산더, 칭기즈칸 등이 후세 사람들에게 영웅으로 기억되는 이유일 것이다. 그들은 남과는 어떤 점에서 달랐을까? 그런가 하면 성공적인 경영자나 기업가로 추앙받던 사람들이 하루아침에 몰락하는 일이 잦아지면서 이제는 과연 어떤 사람을 훌륭한 리더로 보아야 하는지에 대하여 많은 논란이 있다. 어떤 사람이 배울 만한 리더인가? 어떻게 해야 실패하지 않는 리더가 될까? 본장에서 이러한 질문에 대한 답을 찾아보자.

조직이 목표를 수립하고 이를 달성하기 위하여 계획을 수립(planning)하고, 조직을 만든(organizing) 후에 조직의 리더는 조직구성원들을 지휘(directing)하는 관리활동을 해야 한다. 경영관리의 순환과정에서 보았던 것처럼 계획수립-조직화 다음에 이어지는 관리활동이 지휘이다.

지휘(directing)
조직의 목표를 달성하기 위하여 조직구성원들에게 적절한 활동방향을 제시하는 과정

지휘(directing)를 정의하면 조직의 목표를 달성하기 위하여 조직구성원들에게 적절한 활동방향을 제시하는 과정이라고 할 수 있다. 리더가 수행하게 될 관리활동으로서 지휘는 [그림 8-1]에서 볼 수 있는 바와 같이 크게 리더십, 동기부여, 팀 또는 집단 관리, 의사소통 등으로 나눌 수 있다.

ㅁ 그림 8-1
지휘의 네 가지 구성요소

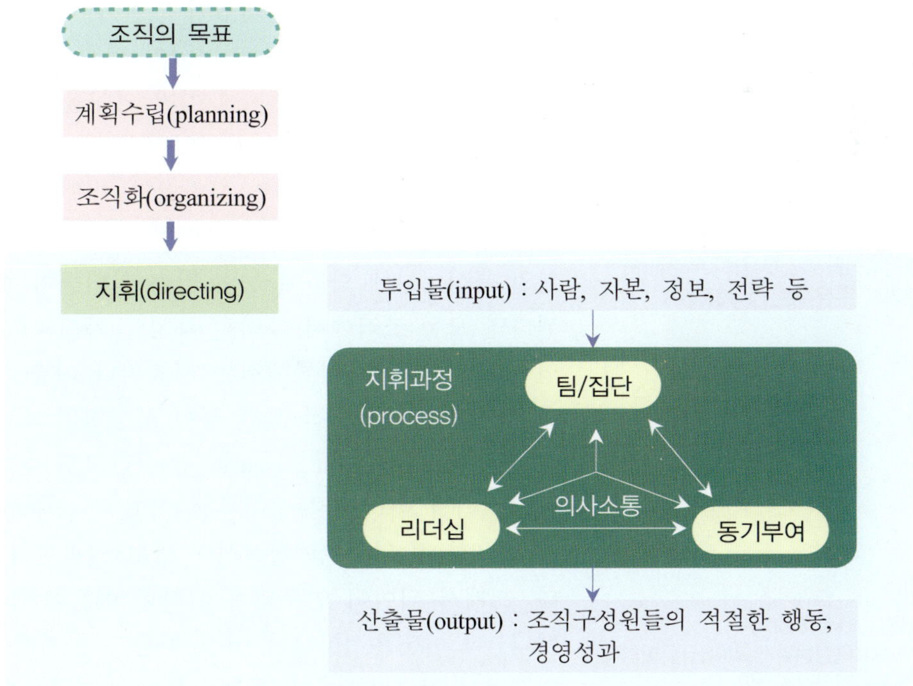

이들 네 요소는 서로 밀접하게 연관되어 있다. 어떤 조직을 지휘하기 위해서는 지휘자는 리더십을 갖추고 팀 또는 집단을 고려하면서 조직구성원들에게 동기를 불어넣어야 하며 조직 전체의 의사소통이 원활하게 이루어질 수 있도록 노력해야 한다.

2 리더십

리더십의 의의와 리더십 이론의 전개과정

리더십(leadership)
목표달성을 위하여 사람들의 행동에 영향을 미치는 과정

리더십(leadership)이란 목표달성을 위하여 사람들의 행동에 영향을 미치는 과정을 말한다. 우리가 어떤 사람이 리더십이 있다고 하는 것은 결국 그 리더가 다른 사람을 움직여서 조직의 목표를 달성하는 능력이 있음을 의미하는 것이다. 그렇다면 어떤 사람이 리더십이 있을까? 리더의 어떤 행동으로 인해 리더십이 발휘될까? 어떤 상황에서 리더십이 발휘될까?

리더십 이론은 이러한 세 가지 의문을 풀고자 하는 방향에서 전개되어 왔다. 초기의 리더십 연구는 "어떤 사람이 리더십이 있는가?"에 초점이 모아졌다. 즉 뛰어난 리더는 어떤 사람인가, 어떤 특성을 가진 사람이 우수한 리더인가를 연구하였다. 이러한 연구방법을 리더십의 특성이론(trait theory)이라고 한다. 만일 특성이론에 의하여 능력 있는 리더들이 갖고 있는 공통적인 특성이 파악된다면 모든 조직에서 그러한 특성을 가진 사람을 찾아 리더의 지위를 부여하면 될 것이다. 이 이론에서는 지능이나 기술, 심지어 키와 같은 신체적 조건, 나이와 같은 사회학적 요인 등이 성공적인 리더의 특성으로 논의되었다. 특성이론을 위인이론(great person theory)이라고도 한다.

리더십의 특성이론(trait theory)
특정특성을 가진 사람이 우수한 리더라고 주장하는 리더십 이론

그러나 이러한 특성이론은 어떤 사람에게는 맞으나 다른 사람에게는 전혀 적용할 수 없는 등 현실성이 없고 일반론적으로 적용하기에는 무리가 많았다. 그래서 뒤이어 연구되기 시작한 이론이 리더십의 행위이론(behavioral theory)이다. 이 이론은 "리더의 어떤 행동으로 인해 리더십이 발휘될까?"에 관하여 연구하는 접근방법이다. 특성이론이 리더가 '가지고 있는' 어떤 특성을 연구하

리더십의 행위이론(behavioral theory)
리더의 특정행위가 리더십을 발휘한다는 리더십 이론

□ 그림 8-2
리더십 이론의 전개과정

의 문	접근방법	리더십 이론
어떤 사람이 리더십이 있을까?	훌륭한 리더들의 공통적인 특성 파악	특성이론 (trait theory)
리더가 어떻게 행동할 때 리더십이 발휘될까?	훌륭한 리더들의 행동양식 파악	행위이론 (behavioral theory)
어떤 상황에서 리더의 어떤 행동이 리더십을 발휘할까?	조직이 처한 상황과 리더의 행동양식을 연계하여 연구	상황이론 (contingency theory)

는 것이라면, 행위이론에서는 리더가 어떠한 행위를 '할 때' 리더십을 발휘하는가를 연구하는 것이다. 즉 리더의 행동양식에 관심을 기울이는 것이다.

리더십의 행위이론으로도 우수한 리더와 성과 간의 관계를 일관성 있게 설명하기가 어려웠다. 그래서 시도된 연구방법이 리더십의 상황이론(contingency theory)이다. 이 이론은 "어떤 상황에서 리더의 어떤 행동이 리더십을 발휘할까?"를 연구한다. 행위이론이 리더의 행동양식 그 자체를 연구하는 것이었다면 상황이론은 조직이 처한 상황과 리더의 행동양식을 연계하여 연구한다는 점이 다르다.

리더십의 상황이론 (contingency theory)
조직의 상황에 따라 유효한 리더십 유형이 존재한다는 리더십 이론

아래에서는 먼저 그동안 정립되어온 세 가지의 리더십 이론을 자세히 살펴보고, 이어서 현대의 리더십 이론을 보기로 하자.

리더십의 특성이론

특성이론(trait theory)에서는 능력 있는 리더가 갖추어야 하는 많은 공통적인 특성이 제시되었는데,* 그중 로케(E. Locke)가 제시하고 있는 성공적인 리더의 개인적 특성을 소개하면 다음과 같다.

* 특성이론의 토대를 제공한 이론으로 "위대한 인물 이론(Great Man Theory)이 있다. 이 이론은 비교적 단순한 내용으로, 리더는 만들어지는 것이 아니라 태어난다고 주장한다. 즉, 어떤 특정개인이 리더십 직책을 맡을 자질을 가지고 태어난다는 것이다. 이러한 자질로 카리스마, 지능, 그리고 자연스러운 리더십 능력 등이 주장되었다.

- 추진력 : 리더는 정열적이고 주도권을 쥐어야 하며, 끈기가 있어야 함
- 자신감 : 자신을 믿고 자신의 능력을 믿을 것
- 창조성 : 창조적이고 독창적일 것
- 인지능력 : 정보를 통합하고 해석할 수 있는 지능을 가질 것
- 경영지식 : 자신의 기업이 속한 산업전반 및 그 산업의 기술적 토대에 대하여 알고 있을 것
- 동기부여 : 공동의 목표를 달성할 수 있도록 조직구성원들에게 영향력을 미칠 수 있을 것
- 유연성 : 부하직원의 요구나 상황의 변화를 수용할 수 있을 것
- 정직과 청렴 : 정직하고 예측가능하며 도덕적일 것

함께 생각해보자

때로는 조직 성격에 따라 특성이론이 타당할 수도 있다. 어떤 조직에 어떤 특성을 가진 리더가 리더십을 발휘할 수 있겠는지 생각해보자.

리더십의 행위이론

리더십의 행위이론의 출발은 레윈의 연구에서 시작된다. 1939년, 사회심리학자 레윈(Kurt Lewin)은 리더가 의사결정과정에 대해 갖는 통제수준과 구성원에 대한 참여 허용 정도에 따라 독재적 리더십, 민주적 리더십, 자유방임적 리더십의 세 가지 유형의 리더십이 있음을 주장했다.

레윈의 연구에 의하면, 독재적 리더가 민주적 리더가 되는 것은 그 반대보다 훨씬 어렵다고 한다. (자료 : blogs.uww)

먼저, 독재적(autocratic, 또는 권위주의적(authoritarian)) 리더십은 리더가 완전한 권력을 갖고 모든 결정을 하는 것을 말한다. 부하들은 무조건 명령에 따라야 한다. 민주적(democratic, 또는 참여적(participative)) 리더십은 구성원들을 의사결정과정에 참여시키는 것이다. 자유방임적(laissez-faire 또는 위임적(delegative)) 리더십은 부하에게 의사결정 권한을 위임하고 그들이 대부분 스스로 일할 수 있도록 허용하는 방임적 접근방식이다.

레윈(Kurt Lewin)의 연구에 따르면, 세 가지 리더십 유형 중 민주적 리더십에서 조직성과가 가장 좋았다. 하지만 나머지 두 유형의 리더십도 상황에 따라 필요한 경우가 있는데, 독재적 리더십은 경험이 부족한 직원을 상대하거나 위기 상황에서 유용할

수 있고, 자유방임적 리더십은 부하직원들이 충분한 역량과 의욕이 있을 때 효과를 발휘할 수 있다는 것이다. 반면, 민주적 리더십은 급박한 상황에서는 의사결정에 시간이 걸리기 때문에 오히려 적합하지 않을 수 있다. 결국, 상황에 따라 적절한 리더십이 달라진다는 것으로, 이후 전개된 리더십의 상황이론으로 이어진다.

보다 일반적인 리더십의 행위이론은 두 개의 변수를 고려했다. 모든 조직에서는 '사람'이 '일'을 한다. 조직을 이끌어가는 리더의 입장에서 이러한 사실을 보면 관리의 초점을 사람중심으로 둘 것인지, 일중심으로 둘 것인지의 문제로 연결된다. 이러한 관점의 접근방법이 보다 일반적인 의미에서의 리더십의 행위이론(behavioral theory)이다.

리더십의 행위이론에서는 리더를 인간중심형 리더와 과업중심형 리더로 구분한다. (자료 : wevalgo)

리더십의 행위이론은 리더의 행동을 '생산에 대한 관심(조직우선, 업무중심, 과업지향이라고도 표현)' 차원과 '사람에 대한 관심(배려, 근로자중심, 관계지향이라고도 표현)' 차원의 두 가지로 구분하고 리더가 어느 차원에 더 관심을 갖는지에 따라 리더십 유형을 구분하고자 하였다.

생산에 대한 관심이 큰 리더는 업무수행, 성과달성 등 과업중심인 반면, 사람에 대한 관심이 큰 리더는 조직구성원을 신뢰하고 그들에게 따뜻하게 대하며 그들과 좋은 관계를 유지하기 위하여 힘쓰는 인간중심의 리더이다.

초기의 리더십 행위이론에서는 인간중심의 리더가 과업중심의 리더보다 성과가 우월하고 바람직한 리더 유형인 것으로 주장했으나 나중에는 과업 및 인간 모두에 관심을 갖는 리더가 우수한 리더인 것으로 바뀌었다.

리더십 격자(the Leadership Grid) 이론
리더가 '인간' 및 '생산'에 대해 갖는 관심 정도를 각각 9등급으로 세분한 후 이를 대응시켜 81개의 리더십 종류를 식별하고 각 리더십의 특징을 설명하는 이론

리더십의 행위이론 중 가장 널리 알려진 것은 블레이크와 모튼(R. Blake & J. Mouton)의 리더십 격자(the Leadership Grid)이론이다. 리더십 격자이론을 관리격자(managerial grid)이론이라고도 한다. 이 이론에서는 생산중심과 인간중심의 두 가지 리더십 차원을 각각 9등급으로 세분하여 전체 81개의 리더십의 종류로 나누고 있다. 이를 구체적으로 나타내면 [그림 8-3]과 같다.

[그림 8-3]에서 기본적인 리더 유형인 다섯 가지를 살펴보면 다음과 같다.

- [1,1] 무관심형 리더 : 조직구성원에 대한 관심과 업무에 대한 관심 모두 다 없어 과업달성에 최소한의 노력만을 하는 리더이다.

□ 그림 8-3
리더십의 행위이론 :
리더십 격자이론

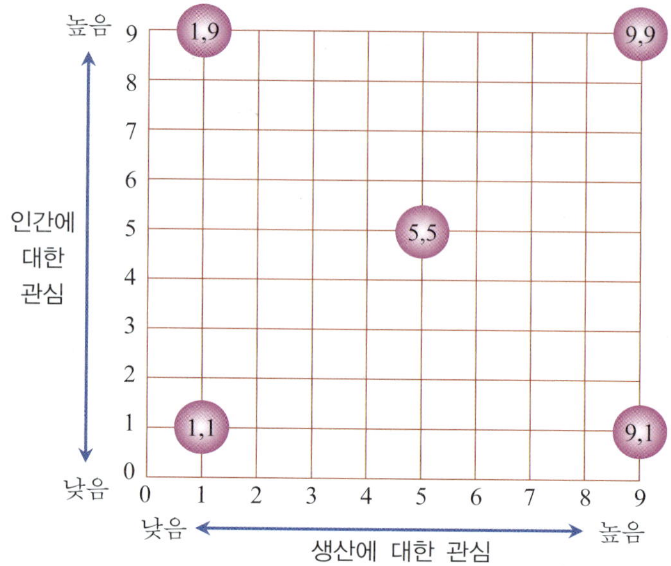

- [9,1] 능력지향형(과업형) 리더 : 부하에 대한 관심이 낮고 업무에만 관심을 두는 유형이다. 사람보다는 업무중심의 의사결정을 하기 때문에 업무능력에 관심을 두는 행태를 보인다.
- [1,9] 컨트리클럽(country club)형 리더 : 컨트리클럽에서 골프를 치면서 인간관계를 도모하는 사람들처럼 부하직원에 대한 관심은 아주 높고 조직내 인간관계에는 많은 관심을 기울이지만 생산에는 관심이 별로 없는 유형이다.
- [5,5] 중간형 리더 : 인간과 생산에 적절한 수준의 관심을 기울이는 유형의 리더이다. 이러한 리더 유형은 높은 생산량과 직원 만족도 사이에서 타협을 추구한다. 결과는 일반적으로 중간 수준의 생산과 중간 수준의 만족도로 나타나며 이는 결국 현상유지를 하는 것이다.
- [9,9] 팀(team)형 리더 : 생산과 사람 모두에 대한 관심이 매우 높은 유형의 리더이다. 부하직원의 적극적 참여를 유도하고 의사결정을 공유하며 높은 수준의 업무성과 달성을 위하여 필요한 팀워크를 적극적으로 지원한다. 이 때문에 팀형 리더라고 부른다.

우리나라 최고의 골프장으로 자주 선정된 제주 나인브릿지 골프장의 18번홀. 블레이크와 모튼은 컨트리클럽(골프장)에서 골프를 하는 사람은 일과는 거리가 멀고 인간관계만 중시하는 사람으로 생각했던 것 같다. (자료 : 종합)

리더십의 상황이론

리더십에 대한 행위이론으로도 바람직한 리더 또는 리더십에 대한 명쾌한 결론을 얻지 못하자, 연구자들은 리더의 행위 하나만을 검토할 것이 아니라 리더의 행위와 조직의 상황을 연계시켜 특정상황에서 보다 유효한 리더십 유형을 찾고자 시도하게 되었다. 이러한 리더십 연구접근방식을 리더십의 상황이론(situation/contingency theory)이라고 한다. 상황이론에서는 "어떤 상황에서 리더의 어떤 행동이 리더십을 발휘할까?"를 연구한다.

먼저 허쉬와 블랜차드(Paul Hersey & Kenneth Blanchard)는 [그림 8-4]와 같이 가장 효과적인 리더십 스타일은 상황과 부하직원(follower)의 발달수준에 따라 달라진다는 상황이론(situation leadership theory)을 제시했다. 부하의 발달단계별로 적절한 리더십 유형을 대응시키기 위해서 그들은 먼저 부하의 발달단계를 부하의 능력/역량과 의지/동기의 높고 낮음에 따라 발달단계가 가장 낮은 D1부터 D4까지 네 유형으로 나누었다. 한편 리더십 유형은 리더가 지시하는 행동(directive behavior)과 지원하는 행동(supportive behavior) 수준의 높고 낮음, 즉

□ 그림 8-4
허쉬와 블랜차드의 리더십의 상황이론

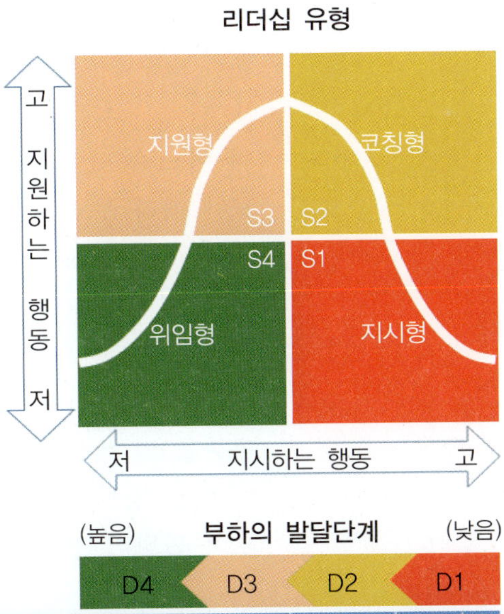

능력/역량	높음	높음	낮음	낮음
의지/동기	높음	낮음	높음	낮음

리더의 행동이 지시 위주인지와 지원 위주인지의 여부에 따라 S1, S2, S3, S4로 나누고 각각을 지시형(directing), 코칭형(coaching), 지원형(supporting), 위임형(delegating) 리더십 유형으로 나누었다.

그들은 부하의 발달단계가 D1인 부하(능력/역량이 낮고 동시에 의지/동기도 낮은 부하)에게는 S1(지시형) 유형의 리더십이 가장 효과적이라고 봤다. D4인 부하(능력/역량이 높고 동시에 의지/동기도 높은 부하)에게는 S4(위임형) 유형의 리더십이 가장 효과적이라고 주장했다. 그들의 연구를 종합하면 리더는 부하직원의 상황에 따라 자신의 리더십 스타일을 조정하는 것이 리더십을 제대로 발휘할 수 있다는 것이다.

유사한 연구로 피들러(F. Fiedler)의 상황이론(contingency leadership theory)이 있다.* 그에 의하면 특정상황에 적합한 리더 유형을 결정하기 위해서는 리더가 특정상황을 얼마나 통제가능한가가 중요한 문제가 된다. 특정상황에 대하여 리더가 어느 정도로 통제할 수 있는가를 파악하기 위해서는 다음의 세 가지 상황변수를 분석해야 한다.

* 허쉬와 블랜차드는 자신들의 이론을 "situation leadership theory"라고 이름 붙였고 피들러는 "contingency leadership theory"라고 주장했다. 리더십 이론의 전개과정상에서 보면 두 이론은 사실상 구조와 내용이 비슷하기 때문에 영어 표기가 달라도 두 이론은 같은 성격인 것으로 묶는다. 한글로 표기할 때도 굳이 구분하지 않고 "상황이론"으로 쓴다.

- 리더와 구성원 간 관계의 질(quality) : 구성원이 속한 집단이 리더에 대하여 어느 정도로 협력적 또는 지원적(supportive)인가로 측정한다. 협력 정도에 따라 두 당사자간의 관계가 좋거나 나쁜 것의 두 가지로 표현된다.
- 과업의 구조화(task structure) 정도 : 과업의 목표, 과정, 가이드라인이 얼마나 명쾌한가(즉 과업이 얼마나 구조화되어 있는가)의 정도로 측정한다. 구조화 정도에 따라 높거나 낮은 것의 두 가지로 표현된다.
- 직위가 갖는 권한(position power)의 크기 : 리더의 지위가 부하직원들에게 권한을 얼마나 갖고 있는가로 측정한다. 권한은 주로 부하직원에 대하여 어느 정도로 보상 또는 처벌할 수 있는가 하는 정도로 파악할 수 있으며 권한이 강하거나 약한 것 두 가지로 표현된다.

이러한 세 개의 변수를 조합하면 8가지의 상황이 도출되며 이를 리더의 입장에서 얼마나 상황이 우호적인가의 정도(통제가능성의 정도)에 따라 높은 것부터 낮은 것으로 나열하면 [그림 8-5]와 같다.

□ 그림 8-5 리더십의 상황이론

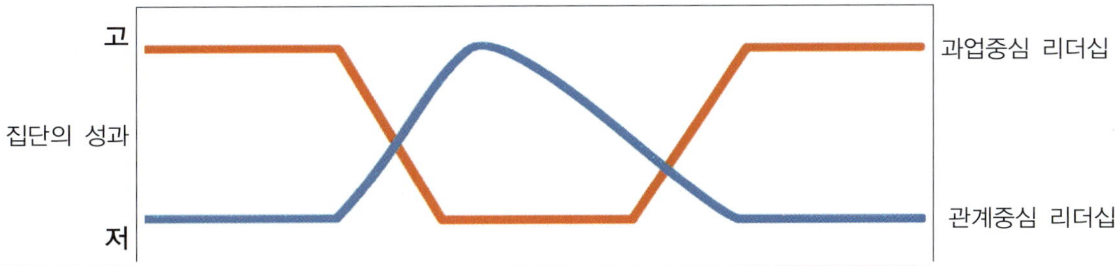

상황(리더 입장에서)	우호적		보통				비우호적	
리더와 구성원 간의 관계	좋음	좋음	좋음	좋음	나쁨	나쁨	나쁨	나쁨
과업의 구조화 정도	높음	높음	낮음	낮음	높음	높음	낮음	낮음
직위가 갖는 권한 정도	강함	약함	강함	약함	강함	약함	강함	약함

▌스탈의 저서 『리더십에 대한 교훈: 모든 레벨의 리더를 위한 7가지 기본 관리 기술』 (자료 : Amazon)

그림에서 보는 바와 같이 ① 리더와 구성원 간 관계가 좋고, ② 과업이 구조화되어 있으며, ③ 직위가 갖는 권한이 클수록 리더에게는 우호적인 상황이 되며, 반대로 ① 리더와 구성원 간 관계가 나쁘고, ② 과업이 구조화되어 있지 않으며, ③ 직위가 갖는 권한이 작을수록 비우호적인 상황이 된다.

이러한 여러 상황에 적합한 리더 유형을 정리하면 리더의 유형을 앞서의 리더십의 행위이론처럼 인간중심형(즉 관계중심형)과 과업중심형으로 나누었을 때, 상황이 우호적이거나 아예 비우호적일 경우에는 과업중심형인 리더가 바람직하고 중간 수준의 상황인 경우에는 관계중심형인 리더가 리더로서의 성과가 좋다는 것이 상황이론의 핵심이다.

상황적 리더십을 잘 발휘한 것으로 널리 인용되고 있는 대표적인 사람은 잭 스탈(Jack Stahl)이다. 1978년부터 2000년까지 20년이 넘도록 코카콜라 사장을 역임한 그는 "최고의 리더는 상황적 리더십을 발휘하는 사람이다. 그런 리더는 어떤 상황이든지 뛰어들어서, 회사의 전략적 수준에서 관여해야 하는지 아니면 세부적인 수준에서 관여해야 하는지 안다"라고 말한 바 있다.

현대의 리더십 이론

서번트 리더십 이론

서번트 리더십 이론(servant leadership theory)
가장 효과적인 리더는 권력을 축적하거나 통제권을 잡는 것보다 '다른 사람'을 섬기는 데 노력해야 한다는 이론

서번트 리더십 이론(servant leadership theory)은 그린리프(Robert Greenleaf)가 처음 제안한 것으로, 가장 효과적인 리더는 권력을 축적하거나 통제권을 잡는 것보다 '다른 사람'을 섬기는 데 노력해야 한다는 이론이다. 여기서 다른 사람이란 서번트로부터 섬김을 받는 사람으로 고객, 파트너, 동료 직원 나아가 지역사회 전체일 수도 있다. 이 이론은 전통적이고 권위적인 권력구조에 대한 불만을 갖고 있는 사람들의 감정, 조직 리더의 권력이 구성원을 비인간화하고 조직의 목표를 달성하는 수단으로 활용되는 것에 대한 반감을 고려하여 개발되었기 때문에 리더십의 접근방법이 기존의 연구들과는 정반대이다.

이 이론에 따르면 리더는 다른 사람을 위해 봉사하게 된다. 다른 사람이 잠재력을 최대한 발휘하고 사회에 공헌하도록 지원한다. 이 이론은 공감, 경청, 개인 개발 지원을 강조하는 새로운 리더십의 흐름과 일치하기 때문에 21세기 초에 큰 인기를 얻었다. 연구들에 따르면 서번트 리더십은 직무만족도 상승, 팀 성과의 향상, 조직에 대한 헌신 증가 등의 긍정적 효과가 있었다.

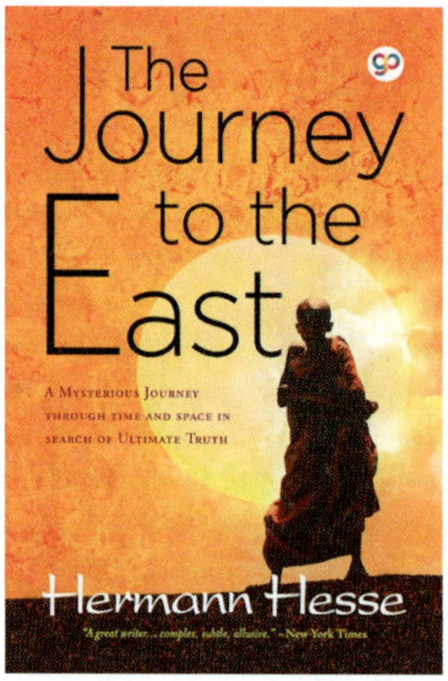

그린리프가 서번트 리더십 이론의 영감을 얻었다는 헤르만 헤세의 소설 『동방으로의 여행(Journey to the East)』(자료 : Amazon)

이 이론은 앞서의 다른 이론에 비해 학자들의 연구가 많지 않았다. 그 이유는 랑호프와 구엘덴버그(Jan Langhof & Stefan Gueldenberg)가 2021년에 지적한 것처럼 서번트 리더십 이론이 널리 합의된 어떤 기준보다는 개별 리더와 부하들의 도덕적 틀에 의존하기 때문에 리더들에게 윤리적으로 행동할 것을 요구하는 것이 의미 없을 수도 있기 때문이다. 하지만 이러한 단점에도 불구하고,

그림 8-6
서번트 리더십 이론 개념도

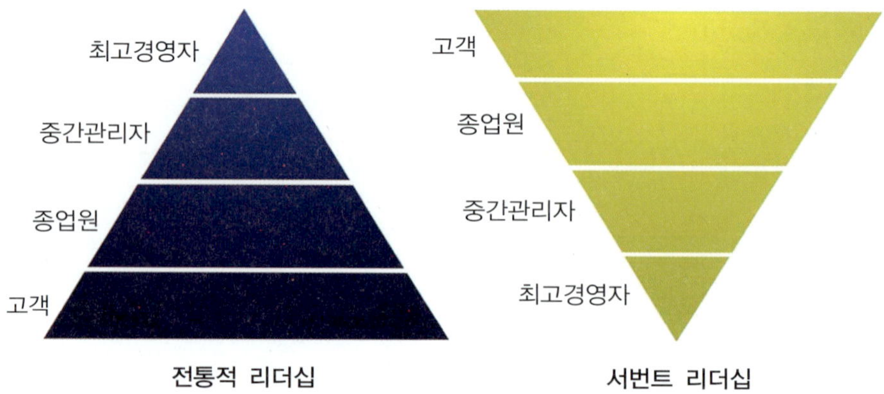

이 이론은 리더들이 조직에서 본받을 만한 바람직한 측면이 많다. 직원 성장의 지원, 개방적인 의사소통, 커뮤니티에 대한 강조가 대표적인 예이다.

사우스웨스트항공(Southwest Airline)의 공동 창립자이자 오랜 CEO였던 켈러허(Herb Kelleher)는 서번트 리더십의 대명사와 같은 사람이다. 그는 항상 직원을 신뢰했고 동기를 부여했을 뿐만 아니라 독립적으로 의사결정할 수 있도록 힘을 실어주었다. "나는 두려움에 얽매인 회사보다 사랑이 가득한 회사를 선호한다"고 한 그의 말은 그가 직원들을 어떻게 대했는지 알 수 있게 해준다. 이러한 그의 리더십은 매우 큰 효과를 나타냈다. 사우스웨스트항공은 업계에서 가장 경쟁력 있는 인력과 최고의 고객서비스를 지속적으로 인정받아 왔고 그 결과 항공산업에서 전례 없는 35년 이상의 연속 수익을 내는 실적을 보이기도 했다. 켈러허는 항공산업에서 최고의 CEO로 거듭 선정되었을 뿐만 아니라, 많은 사람들에게 미국 최고의 CEO라고 인정받고 있다.

거래적 리더십 이론

거래적 리더십 이론
(transactional leadership theory)
리더와 부하 간의 관계를 거래관계로 보는 리더십 이론

거래적 리더십 이론(transactional leadership theory)은 리더와 부하 간의 관계를 거래관계로 보는 리더십 이론으로, 버나드 베이스(Bernard M. Bass) 등의 연구에 의해서 널리 일반화되었다. 이 이론은 리더와 부하직원 간의 상호작용의 중요성을 강조하는 것으로 기존의 이론과는 차별화된다.

리더는 명확한 목표를 설정하고 부하직원의 성과에 따라 보상(또는 처벌)을 한다. 그런데 이러한 과정은 리더와 부하 간의 거래관계에 의해서 진행된다. 리더가 일정한 수준의 성과 요구와 함께 성과달성시의 보상안을 제시하면 부하는 그 보상을 받기 위하여 요구된 성과 및 리더의 관리행위에 복종하기로 동의를 한다. 리더는 부하들에게 그들이 무엇을 해야 하는지, 그리고 그 대가로 무엇을 받을지를 명

거래적 리더십 이론을 상징적으로 보여주는 그림
(자료 : vantagecircle)

▌걸프전 당시 75만명 이상의 병력이 100시간 동안 치른 "사막의 폭풍 작전(Operation Desert Storm)"을 지휘하고 있는 미 육군의 노먼 슈워츠코프(Norman Schwarzkopf) 장군. 그는 전형적인 거래적 리더십을 가진 리더였다. (자료 : jacksonville.com)

확하게 정의해줘야 한다. 또한 필요한 경우 리더로서 감독과 지시를 하며 그들이 성과를 달성할 수 있도록 자원과 교육훈련 등을 제공한다.

이 이론의 가장 큰 단점 중 하나는 리더와 부하 간의 거래적 관계가 창의성을 억누른다는 것이다. 그래서 거래적 리더십은 창의성과 혁신적인 아이디어가 중시되는 곳에는 적합하지 않다. 반면에 거래적 관계는 질서와 구조, 명시적 성과를 중시하기 때문에 그런 특성의 직업(직장)에서는 효과적일 수 있다. 예컨대, 군대, 경찰 조직, 응급상황 대응부서와 같은 곳은 조직의 모든 영역이 일관되어야 하기 때문에 이러한 리더십 스타일을 사용한다. 실제로 군대의 고위간부, 대형 국제기업 CEO, 스포츠팀 코치 중 상당수가 거래적 리더로 알려져 있다.

변혁적 리더십 이론

변혁적 리더십 이론
(transformational leadership theory)
리더가 부하들과 협력하여 필요한 변화를 파악하고, 영감(inspiration)을 통해 비전을 만들며, 매우 헌신적인 구성원들과 함께 변화를 실행하는 리더십 이론

변혁적 리더십 이론(transformational leadership theory)은 리더가 부하들과 협력하여 필요한 변화를 파악하고, 영감(inspiration)을 통해 비전을 만들며, 매우 헌신적인 구성원들과 함께 변화를 실행하는 리더십 이론이다. 이 이론은 원래 제임스 다운턴(James Downton)이 개발했으나 널리 대중화된 것은 버나드 베이스(Bernard M. Bass)에 의해서였다.

변형적 리더십 이론에 따르면, 효과적인 리더는 부하직원이 조직의 이익을 위해 개인적 이익을 초월하도록 한다. 이를 위해서 베이스는 [그림 8-7]과 같이 변혁적 리더가 해야 할 네 가지의 행동을 제안했다.

첫째, 사람들에게 영감을 줌으로써 동기부여(inspirational motivation)하는 것이다. 변혁적 리더는 사람들이 올바른 방향으로 움직이도록 영감을 주어야 한다. 사람들이 직장에서는 물론이고 개인적 삶에서도 리더를 따르고 올바른 일을 하도록 리더로부터 동기를 부여받게 하고 영감을 받도록 해야 한다.

둘째, 지적 자극(intellectual stimulation)을 줘야 한다. 이런 리더들은 부하가 혁신적이고 창의적이 되도록 격려한다. 새로운 아이디어를 장려하고, 그들이

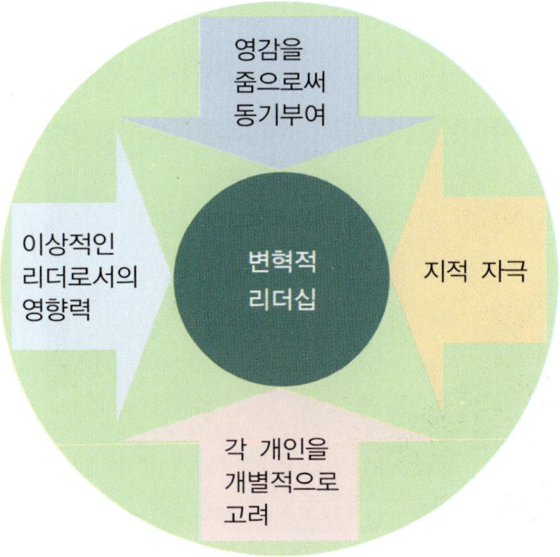

□ 그림 8-7
변혁적 리더십이론

저지른 실수에 대해 공개적으로 비난하지 않는다. 리더는 문제의 "무엇"에 집중하고 비난하는 부분에는 집중하지 않는다. 사람들에게 지적으로 동기를 부여하고 도전하게 하는 것이다.

셋째, 이상적인 리더로서의 영향력(idealized influence)을 발휘한다. 리더는 부하가 본받고자 하는 롤모델 역할을 한다. 이러한 리더는 항상 행동을 통해 부하들의 신뢰와 존경을 얻는다. 일반적으로 부하들의 요구를 자신의 요구보다 우선시하고, 자신의 개인적인 이익을 희생하며, 높은 수준의 윤리적 행동을 보여주어야 한다. 이러한 리더가 권력을 사용하는 때는 그들이 조직의 공통 목표를 위해 노력하도록 영향을 미치는 경우이다.

넷째, 부하를 개별적으로 고려(individualized consideration)한다. 리더는 부하들에게 멘토 역할을 하며 창의성과 혁신에 대한 보상을 제공한다. 부하들은 재능과 지식에 따라 각기 다르게 대우한다. 그들에게 결정을 내릴 수 있는 권한을 부여하고 결정을 이행하는 데 필요한 지원을 한다.

변혁적 리더십이 갖는 한계점은 이 이론이 여러 리더십 이론을 결합한 것이기 때문에 현장에서 가르치거나 훈련하기가 쉽지 않다는 것이다. 부하들은 리더에 의해 조종당할 수 있고 얻는 것보다 잃는 것이 더 많을 가능성이 있는 것도 문제점으로 지적된다. 그럼에도 불구하고 변혁적 리더십은 환경의 불확실성, 조직의 불안정성이 특징인 요즈음 조직의 모든 수준에서 관심의 대상이 되고 있다. 실제로 연구들에 의하면 변혁적 리더의 부하들은 높은 직무만족도와 조직적 헌신을 보여주는 것으로 나타나고 있다.

▌만델라는 전형적인 변혁적 리더십을 보인 것으로 평가된다. (자료 : BBC)

변혁적 리더의 대표적인 예로는 남아프리카공화국 최초의 흑인 대통령인 넬슨 만델라(Nelson Mandela)를 들 수 있다. 그는 대중과 소통하고 대중의 발전을 위해 노력했으며 전 세계 흑인을 위한 더 나은 미래를 구상했다. 그의 인류에 대한 연민은 그를 위대하고 애정 어린 리더, 변혁적 리더로 만들었던 것이다.

한편, 앞서 설명한 거래적 리더십과 변혁적 리더십은 가장 자주 비교된다. 전자는 구조화되고 지시 위주의 환경에서 일 잘하는 부하들이 있는 조직에서 긍정적이고 부정적인 강화를 특징으로 하는 반면, 후자는 다른 사람에게 지시하기보다는 동기를 부여하고 영감을 주는 방식으로 영향을 미치는 것을 추구한다. 거래적 리더는 성과에 대한 반응을 중요하게 여기며 개인의 이기심에 호소하는 반면, 변혁적 리더는 적극적이고 집단의 발전을 우선시한다.

오늘날 리더십은 리더의 성격, 기술, 가치관, 그리고 그들이 활동하는 상황을 포함한 수많은 요소들의 복잡한 상호작용으로 설명된다. 윤리적인 문제, 다양성, 포용성도 중요하게 여긴다. 뿐만 아니라 기술 발전 속도와 인구구조가 하루가 다르게 급변하면서 글로벌 조직 경영의 불확실성이 더욱 커짐에 따라 현대의 리더십은 적응력, 감성지능, 사람과 시스템의 상호 연결성에 대한 깊은 이해를 요구하고 있다. 효과적인 리더십은 고정된 개념이 아니라 시대의 요구에 맞춰 끊임없이 진화하고 있다. 원격 근무나 글로벌 팀 관리 등과 같이 디지털 시대에 맞춰 기술과 소통 방식의 변화에 적응해야 한다는 디지털 리더십 이론(digital leadership theory), 감성지능(EQ)의 중요성을 강조하면서 리더가 구성원의 감정을 이해하고 관리하는 능력이 중요하다고 여기는 감성 리더십 이론(emotional leadership theory), 타인을 이끌기 전에 스스로에게 먼저 진실된 리더가 조직에 긍정적인 성과를 가져온다고 주장하는 진성 리더십 이론(authentic leadership theory) 등이 그 예이다.

3 동기부여

우리는 배가 고프면 우선적으로 먹을 것을 찾고 졸리면 잠을 잘 방법을 강구한다. 아무리 재미있는 영화를 볼 기회가 있더라도 하루를 굶은 사람은 영화보다는 밥을 먹으려 하고 사나흘 밤을 꼬박 새운 사람은 아무데서나 잠을 청하려 한다. 이처럼 인간이 어떤 행동을 할 때에는 그 이유 또는 동기가 있다. 그러한 동기는 보통 자신의 욕구에서 비롯된다.

따라서 조직에서 리더가 조직구성원들의 욕구, 즉 동기를 정확하게 파악할 수만 있다면 조직원들의 행동을 어떤 특정방향으로 용이하게 유도할 수 있을 것이다. 동기부여(motivation)란 이처럼 어떤 목적을 달성하기 위하여 특정방향으로 개인이 행동하도록 유도하는 것을 말한다. "어떻게 하면 내가 원하는 대로 사람(상대방)을 움직일 수 있을까?"를 연구하는 것이 동기부여이론이다.

동기부여(motivation)
어떤 목적을 달성하기 위하여 특정 방향으로 개인이 행동하도록 유도하는 것

기업에서 월급을 다른 회사보다 많이 준다든지, 승진 등 인사를 공정하게 하는 것, 업무성과에 따른 상벌을 철저하게 하는 것 등은 종업원의 동기를 부여하기 위한 방법들 중의 하나이다.

동기부여이론은 크게 내용이론(content theory)과 과정이론(process theory), 그리고 동기부여의 강화이론(reinforcement theory)으로 나눌 수 있다. 각 이론을 비교하면 먼저 내용이론은 인간의 욕구를 이해하고, 다양한 욕구를 가진 사람들 각각이 여러 상이한 업무상황에서 어떻게 반응할 것인지를 알 수 있게 해준다. 내용이론에서는 인간이 "어떤 것(what) 때문에" 동기부여되는지를 연구한다. 과정이론은 사람들이 보상에 대하여 어떤 의미를 부여하며, 그런 다음 다양한 업무 관련 행위에 어떻게 반응하는지에 대한 추가적인 통찰력을 제공해준다. 과정이론에서는 인간이 "어떤 과정(how)을 통해서" 동기부여되는지를 연구한다. 강화이론은 주요한 보상원천으로서의 환경과, 그 환경이 인간의 행동에 어떤 영향을 미치는지를 연구한다.

□ 그림 8-8
동기부여이론

동기부여이론	내용이론 (content theory)	과정이론 (process theory)	강화이론 (reinforcement theory)
의 문	어떤 것(what) 때문에 동기부여되는가?	어떤 과정(how)을 통해서 동기부여되는가?	외부환경에 의해 어떤 영향을 받았는가?
접근방법	초점을 사람에게 두고, 사람들이 왜 특정행동을 하는지를 분석		사람의 행동은 환경적인 결과에 의해 결정

동기부여의 내용이론

동기부여의 내용이론 (content theory)
사람들이 "어떤 것" 때문에 동기부여되는지를 연구하는 동기부여이론

대부분의 동기부여에 관한 연구는 개인의 욕구(needs)라는 개념에서 출발한다. 욕구란 채워지지 않은 심신상의 바람(desire)을 의미한다. 사람은 자신의 욕구를 채우지 못하면 긴장을 느끼고 이 긴장은 자신의 행위나 태도에 영향을 미치게 된다. 따라서 리더는 부하직원들의 욕구가 무엇인지, 욕구의 내용이 무엇인지 파악해야 한다는 주장이 동기부여의 내용이론(content theory)이다. 사람들이 "어떤 것" 때문에 동기부여되는지를 연구하는 동기부여의 내용이론은 매슬로의 연구에서 출발하였다.

이하에서는 가장 대표적인 내용이론인 매슬로의 욕구단계론과 알더퍼의 ERG이론을 중심으로 살펴보기로 하자.

매슬로의 욕구단계론

욕구단계론 (hierarchy of human needs)
사람들이 가지고 있는 욕구는 일련의 단계가 있어서 하위단계의 욕구가 충족되어야 상위단계의 욕구를 충족시키는 방향으로 동기부여가 된다는 주장

1954년에 발표된 매슬로(A. Maslow)의 욕구단계론(hierarchy of human needs)의 출발점은 사람들이 가지고 있는 욕구는 일련의 단계가 있어서 하위단계의 욕구가 충족되어야 상위단계의 욕구를 충족시키는 방향으로 동기부여가 된다는 것이다. 따라서 하위단계의 욕구가 충족되지 않은 상황에서 상위단계의 욕구를 충족해주어도 동기부여가 되지 않는다는 것이다. 이 이론에서는 인간이 가지고 있는 욕구를 다음과 같이 다섯 단계로 설명하고 있다.

▌매슬로(1908~1970). 그가 주장한 욕구단계론은 다양한 학문분야에서 원용되고 있다.

- 생리적 욕구 : 음식, 물, 공기 등 인간의 생명유지에 최소한으로 꼭 필요한 욕구
- 안전 욕구 : 안정, 안전, 고통의 부재, 병이나 위협·해고 등으로부터 회피에 대한 욕구
- 소속 욕구 : 우정, 사랑, 소속감 등에 대한 욕구
- 존경 욕구 : 다른 사람으로부터 인정을 받고 존경을 받고자 하는 욕구
- 자아실현 욕구 : 자기만족 및 자아성취에 대한 욕구

욕구단계론에서 눈여겨볼 만한 것은 하위단계에서의 욕구가 충족되어야 상위단계의 욕구를 충족하기 위한 동기부여가 된다는 것이다. 그러므로 경영자는 기업 내에서 일하는 근로자들의 욕구가 어느 단계에 와 있는지를 면밀하게 검토하여 상위단계로의 동기부여가 될 수 있도록 해야 한다. 이는 [그림 8-9]의 계단에도 잘 나타나 있다. 계단은 아래 계단을 밟아야만 위 계단으로 올라갈 수 있다. 그림의 계단은 하위단계의 욕구가 충족되어야 상위단계의 욕구충족을 위한 방향으로 동기부여가 된다는 사실을 표현하고 있다.

□ 그림 8-9
동기부여의 내용이론 : 매슬로의 욕구단계론

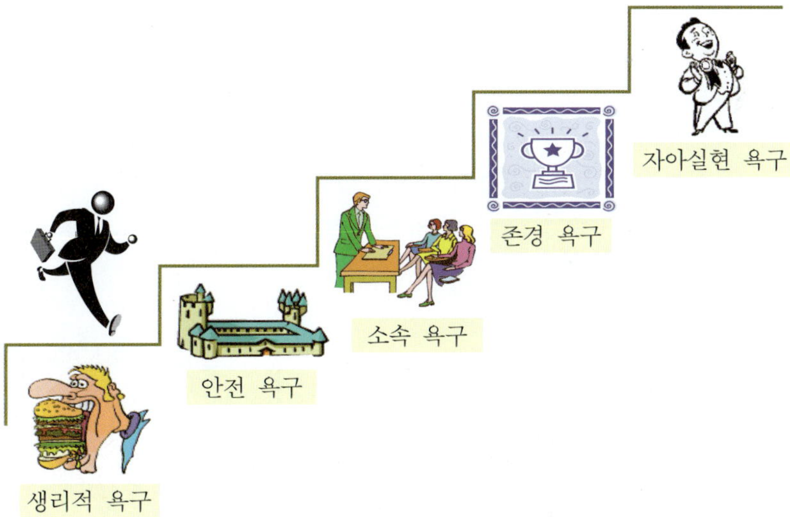

함께 생각해보자

욕구단계론에 근거하여 자신의 욕구가 현재 어느 단계에 있는지 각자 생각해보자.

알더퍼의 ERG이론

ERG이론
인간의 욕구를 존재 욕구, 관계 욕구, 성장 욕구의 3단계로 나누어 설명하는 동기부여의 내용이론

알더퍼(1940~2015)

1969년에 발표된 알더퍼(C.P. Alderfer)의 ERG이론은 인간 욕구의 단계를 3단계로 단순화하고 그 개념을 추상화한 것이다. 알더퍼가 제시한 세 가지 수준의 인간의 욕구는 다음과 같다.

- 존재 욕구(E : existence needs) : 인간이 존재하기 위하여 필요한 물질적·생리적 욕구이다. 매슬로 욕구단계론의 첫 번째와 두 번째 단계인 '생리적 욕구'와 '안전 욕구' 중에서 물리적인 욕구에 해당하는 욕구이다.
- 관계 욕구(R : relatedness) : 인간의 사회생활과 관련된 욕구이다. 욕구단계론의 두 번째 단계인 '안전 욕구' 중에서 타인과 관련된 욕구와 세 번째 단계인 '소속 욕구', 네 번째 단계인 '존경 욕구'의 일부에 해당하는 욕구이다.
- 성장 욕구(G : growth) : 개인의 잠재력 개발, 자아실현, 성장과 관련된 욕구이다. 매슬로 욕구단계론의 네 번째 단계인 '존경 욕구'의 일부와 마지막 단계인 '자아실현 욕구'에 해당하는 욕구이다.

ERG이론이 매슬로의 욕구 5단계론과 다른 점을 [그림 8-10]을 참고로 하여 설명하면 다음과 같다.

먼저 매슬로의 욕구단계론은 만족-진행(satisfaction - progression)의 과정만을 갖지만 ERG이론은 좌절-퇴행(frustration - regression)의 과정도 보인다. 즉 전자는 하위욕구가 만족되면서 상위욕구로 진행되어 가는 것에 초점을 두고 있는 반면, 후자는 상위욕구가 만족되지 않을 때에는 하위단계에 대한 욕구가 커진다

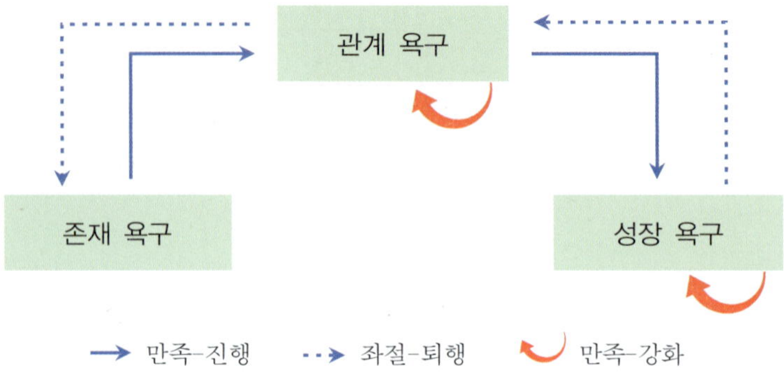

□ 그림 8-10
ERG이론

고 본다. 또한 이러한 차이점과 연관되어, 전자는 한 사람의 욕구는 단계적으로 한 단계에 대한 욕구만 강조되나, 후자는 동시에 둘 이상의 욕구도 추구한다고 본다.

그 밖의 동기부여의 내용이론

위의 두 이론 외에도 대표적인 내용이론으로는 허츠버그의 2요인이론과 매클리랜드의 학습된 욕구이론이 있다.

- 허츠버그(F. Herzberg)의 2요인이론(two-factor theory) : 개인의 동기를 자극하는 데 관련된 요인은 ① 만족 여부에 영향을 미치는 요인을 동기요인(motivator)으로, ② 불만족 여부에 영향을 미치는 요인을 위생요인(hygiene factor)으로 구분할 수 있는데, 불만족을 느끼는 어떤 작업자에게 위생요인을 충족시켜주면 만족을 느끼는 게 아니라 단지 불만족의 상태가 해소되기만 할 뿐이며 이 작업자가 만족을 느끼게 하려면 동기요인을 별도로 충족시켜야 한다고 주장한 이론이다(자세한 내용은 제2장 참조).
- 매클리랜드(D. McClelland)의 학습된 욕구이론(learned need theory) : 이 이론에 의하면 개인은 그들이 속한 환경이나 조직문화에서 욕구를 학습한다(그래서 '학습된 욕구이론'이라고 한다). 이 이론이 주장하는 개인의 근본적인 욕구 세 가지는 ① 친교 욕구(need for affiliation. 매클리랜드는 이를 기호로 n-Aff로 표시했다), ② 권력 욕구(need for power : n-Pow), ③ 성취 욕구(need for achievement : n-Ach)이다. 이 이론 역시 다른 동기부여의 내용이론과 유사하다. 다만 욕구에서 권력이 강조된 점만은 다른 이론과 다소 다르다고 할 수 있다.

매클리랜드(1917~1998). 1956년에 하버드 대학 교수가 된 후 약 30여년간 동 대학에 재직했으며, '학습된 욕구이론'은 1961년에 발표했다.

동기부여의 과정이론

동료와 똑같이 열심히 일을 했는데 동료만 칭찬을 받게 되면 그런 조직에서는 일을 하기 싫을 것이다. 또한 열심히 일을 해봐야 크게 기대되는 게 없다면 굳이 열심히 일을 하려 하지 않을 것이다. 우리는 자신이 일을 한 만큼 공정한 평가를 받고 자신이 하는 일에 대하여 뭔가 기대할 만한 것이 있으면 열심히

동기부여의 과정이론(process theory)
사람이 "어떤 과정을 거치면서" 동기부여되는가를 연구하는 이론체계

일을 하려는 동기가 생길 것이다. 이러한 접근방법이 동기부여의 과정이론(process theory)이다. 이 이론은 사람이 "어떤 과정을 거치면서" 동기부여되는가를 연구하기 때문에 과정이론이라고 한다.

여러 과정이론 중 현실성과 타당성이 높은 것으로 인정되고 있는 공정성이론과 기대이론을 살펴보기로 한다.

공정성이론

공정성이론(equity theory)
사람은 자신의 투입에 대한 대가의 비율과 비교대상의 비율을 상대적으로 비교하여 그 결과에 따라 반응한다는 이론

애덤스(J.S. Adams)의 공정성이론(equity theory)은 비교적 이해하기 쉬운 이론이다. 이 이론에 의하면 사람은 [자신이 일한 것에 대한 대가의 비율]과 [타인의 그것]을 상대적으로 비교하여 그 결과에 따라 반응한다는 것이다.

[자 신] [타인 : 비교기준이 되는 인물]

$$\frac{\text{자신에 대한 대가}}{\text{자신의 투입}} \quad \text{상대비교} \quad \frac{\text{타인이 받는 대가}}{\text{타인의 투입}}$$

이때 '투입'=노력, 시간, 기술 등 직무수행을 하는 데 들어간 모든 자원과 에너지
'대가'=급여, 승진, 칭찬 등을 포함한 모든 물질적·정신적 대가

공정성이론에 의하면 사람은 [자신의 비율]을 [타인의 비율]과 상대적으로 비교한 후 그 결과에 대하여 다음과 같이 반응한다.

- [자신의 비율] > [타인의 비율]의 경우
  - 자신의 투입을 늘린다.
  - 타인의 대가를 늘리도록 한다.
  - 기준인물을 바꾼다. 또는 내가 상대적으로 더 받는 것은 당연하다는 식으로 자신의 생각을 바꾼다.

● [자신의 비율] < [타인의 비율]인 경우

- 자신의 투입을 줄인다.
- 타인의 대가를 줄이게 하거나 투입을 늘리도록 한다.
- 기준인물을 바꾸거나 내가 상대적으로 적게 받는 것이 당연하다는 식으로 자신의 생각을 바꾼다.

기대이론

동기부여의 기대이론(expectancy theory)
사람의 동기부여 정도는 그 사람이 특정행동을 하려 하는 욕구의 정도인 '동기의 강도'에 의해 좌우된다는 이론

브룸(V. Vroom)이 주장한 동기부여의 기대이론(expectancy theory)은 인간이 느낀 욕구가 행동을 유발한다는 전제하에서, 그러한 행동을 하려 하는 욕구의 정도인 '동기의 강도(motivation strength)'에 의해 동기부여 정도가 좌우된다는 것이다.

기대이론은 다음과 같은 등식으로 간단하게 설명할 수 있다.

동기의 강도=자신이 행할 행동이 가져올 결과에 대하여 인식하고 있는 가치
×그러한 결과가 실현가능할 것으로 인식하고 있는 가능성 정도

브룸(1932~2023). 예일대 교수였던 그는 주로 동기부여와 리더십에 관한 100여 편이 넘는 논문과 10여 편의 저서를 남겼다.

위의 등식에서도 볼 수 있는 것처럼, 이 이론에 따르면 동기의 강도는 '자신이 행할 행동이 가져올 결과에 대하여 인식하고 있는 가치'와 '그러한 결과가 실현가능할 것으로 인식하고 있는 가능성 정도'에 의하여 결정된다. 이들 두 요인이 증가할수록 동기의 강도가 커지고 어떤 행동을 할 욕구가 커진다. 인간은 장기적으로 볼 때 자신의 개인적 보상을 극대화하는 방향으로 행동하려는 경향이 있는 것이다.

예를 하나 들어보자. 돈이 필요하여 아르바이트를 하려는 대학생이 한 명 있다. 그는 악어 이빨을 청소하는 아르바이트를 제안받았는데, 악어 한 마리당 20만원씩에 10마리(총 200만원)를 관리해야 한다고 한다. 물론 악어 입을 벌린 후 솔로 이빨 사이를 닦아내는 일은 매우 위험한 일이다. 이 학생이 이빨 칫솔질을 할 것인지 하는 동기의 강도는 다음 두 가지의 요인에 의하여 결정될 것이다. 하나는 '200만

원의 가치를 어떻게 생각(인식)하고 있는가'이고 다른 하나는 '그 학생이 스스로 느끼고 있는 악어 이빨 칫솔질을 성공적으로 할 가능성'이다. 200만원의 가치를 높이 평가하고 악어 이빨 칫솔질 성공가능성이 높다고 판단할수록 이 아르바이트에 대한 욕구가 강해질 것이다.

동기의 강도 = 행동의 결과에 대한 인식가치 × 결과의 실현 인식가능성 정도

악어 이빨 칫솔질 아르바이트 동기의 강도	=	200만원의 가치에 대한 생각	×	칫솔질 성공가능성

동기부여의 강화이론

'경영의 귀재'로 불렸던 GE 전회장 잭 웰치(Jack Welch)는 어릴 때 심한 말더듬이로 사람들의 눈총을 받았다. 하지만 그의 어머니는 늘 "네가 말을 더듬는 것은 생각의 속도가 너무 빨라 입이 그것을 따라가지 못하기 때문이야. 조금도 걱정하지 마라. 너는 자라서 큰 인물이 될 거야"라고 하면서 지속적으로 격려했다. 결국 웰치는 큰 인물이 되었다. 그의 어머니는 지금부터 설명하고자 하는 동기부여의 강화이론을 몸소 실천한 사람이었다.

앞서 살펴본 내용이론이나 과정이론은 사람들이 "왜" 특정행동을 하는지를 설명하려 한 것이었다. 반면 동기부여의 강화이론(reinforcement theory)에서는 사람의 행동이 환경적인 결과에 의하여 결정된다고 본다. 즉 전자가 동기부여나 인간의 행위를 설명하기 위하여 개인을 중심으로 연구하는 것이라면 후자는 외부적인 환경과 인간행위의 결과에 초점을 둔다. 강화이론의 기본 전제는 효과의 법칙(law of effect)이라는 것이다. 이 법칙에 의하면 어떤 행동을 했을 때 그 결과가 즐거운 것이면 그 행동은 반복될 가능성이 높다.

스키너(1904~1990)

스키너(B.F. Skinner)는 효과의 법칙을 응용하여 조작적 조건화(operant conditioning) 개념을 도입하였는데, 이를 경영학에서도 원용하여 조직의 행동수정(OB Mod : Organizational Behavior Modification)이라는 용어로 쓰고 있다. 이 이론이 강화이론이다.

OB Mod의 목표는 체계적으로 조직구성원의 바람직한 행위는 강화하고 그렇지 않은 행위는 제거하기 위하여 강화의 원칙을 활용하는 것이다. 강화

강화(reinforcement)
같은 행동이 반복해서 일어나게 하는 것

(reinforcement)란 같은 행동이 반복해서 일어나게 하는 것 또는 학습자가 이미 갖고 있는 느낌이나 태도, 지식을 더 견고히 해주는 것을 말한다. 조작적 조건화에서 사용되고 있는 네 가지의 강화전략은 다음과 같다.

- 긍정적 강화 또는 적극적 강화(positive reinforcement) : 조직에 바람직한 행동결과에 대하여 칭찬, 금전 등으로 보상을 하여, 자신의 행동이 즐거운 결과를 가져왔다고 느끼게 함으로써 그러한 행동을 강화(증대)시키는 방법이다. 일을 열심히 했더니 칭찬을 받았다고 느끼는 사람은 다음에도 열심히 일을 할 것이다.
- 부정적 강화 또는 소극적 강화(negative reinforcement) : 종업원 자신이 하는 행동으로 인해 바람직하지 않은 결과가 야기될 것을 회피하게 함으로써 리더가 원하는 행동을 강화(증대)하려는 방법이다. 리더가 원하는 행동을 증가시키는 목적은 긍정적 강화와 마찬가지이다. 그러나 긍정적 강화에서는 종업원이 즐거운 결과를 기대하고 자신의 행동을 증가시키도록 유도하는 반면, 부정적 강화에서는 종업원 자신이 원하지 않은 결과를 회피하기 위하여 특정행동(리더가 원하는 행동)을 증대하도록 유도한다.

  한 예를 들어 긍정적 강화와 부정적 강화를 비교해보자. 리더가 원하는 것이 근무시간에 업무에 충실하는 것이라고 가정하자. 긍정적 강화에 의하면 업무에 매진하는 사람에게는 칭찬을 해준다. 부정적 강화에 의하면 업무를 열심히 하는 사람에게는 잔소리를 하지 않는다. 잔소리를 듣기 싫으면 계속해서 열심히 일을 할 것이다.
- 처벌(punishment) : 처벌은 종업원이 조직에 바람직하지 않은 행동을 했을 때 그로 인해 자기 자신에게 불쾌한 결과가 야기됨을 보여줌으로써 바람직하지 않은 행동을 줄이거나 없애고자 하는 방법이다.

  처벌이 부정적 강화와 다른 점은 전자는 특정행동(바람직하지 않은 행동)을 줄이고자 하나 후자는 특정행동(바람직한 행동)을 증대시키고자 한다. 또한 전자는 행동결과에 대한 조치로 이루어지나 후자는 통상 특정행동을 유도하기 위하여 활용된다. 처벌의 예를 들면 업무를 게을리하여 실적이 나쁘면 감봉을 하는 것을 들 수 있다.
- 소멸(extinction) : 바람직한 행동결과시 예상(기대)되는 즐거운 결과(칭찬이나 보상 등)를, 바람직하지 않은 결과가 나타났을 때 주지 않음으로써 좋지 않은 행동을 줄이거나 제거하려는 방법이다.

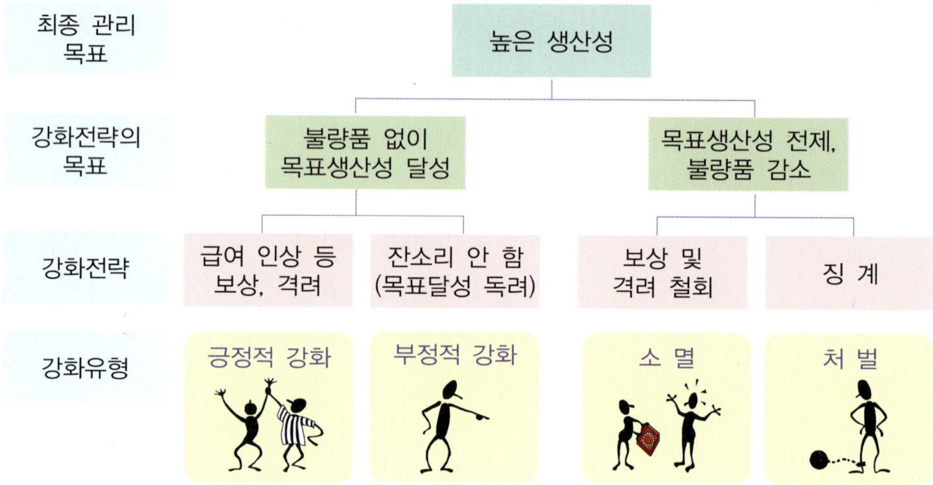

□ 그림 8-11
강화이론의 예

이상의 네 가지 강화전략을 비교 설명하면 긍정적 강화와 부정적 강화는 특정행동(바람직한 행동)을 증가시키는 것이 주목적이며, 처벌과 소멸은 특정행동(바람직하지 않은 행동)을 감소시키는 것이 주목적이다. [그림 8-11]은 이상의 네 가지 강화전략의 실제를 쉽게 이해할 수 있도록 예를 든 것이다.

그림에서 긍정적 강화와 부정적 강화의 목표는 '불량품 없이 목표생산성을 달성하는 것(바람직한 행동)'이다. 이를 위하여 긍정적 강화에 의하면 이 목표가 달성되면 급여를 더 준다. 부정적 강화에 의하면 이 목표를 달성하기 위하여 일을 잘하고 있을 때에는 잔소리를 하지 않는다. 반면 소멸과 처벌의 목표는 '목표생산성 달성이 전제된 상태에서 불량품 생산(바람직하지 않은 행동)을 줄이는 것'이다. 이를 위하여 불량률이 높으면 감봉을 하거나(처벌), 당초 예정되었던 성과급 지급을 취소(소멸)할 수 있다.

이상의 네 가지 강화 유형의 목적은 조직의 목표를 달성하기 위하여 개인의 행동을 수정하는 데 있다. 결론적으로 강화는 조직에 대한 개인의 바람직스러운 행동을 증가시키거나 바람직하지 못한 행동을 감소시킨다.

이러한 강화요인을 제공함으로써 개인의 행동을 유발시키거나 혹은 다른 행동을 중단시키려 할 때에는 강화 스케줄(schedule of reinforcement)을 작성해야 한다. 이 강화 스케줄에는 행동이 일어날 때마다 강화를 하는 지속적 강화(continuous reinforcement)와 간헐적으로 강화를 하는 간헐적 강화(intermittent reinforcement)가 있다. 가끔 강화를 행하는 간헐적인 강화에는 고정비율 강화, 변동비율 강화, 고정간격 강화, 변동간격 강화 등이 있다.

4 팀과 팀워크

"대출관리팀, 경영지원팀, 수출지원팀, 정보화지원팀, 감사팀, 연수운영팀, 상품개발팀, 기획팀……" 어느 공공기관의 부서 명칭이다. 여기에서 보듯이 근래에 많은 조직에서 팀이라는 명칭이 널리 사용되고 있다. 팀제가 이와 같이 각광을 받고 있는 이유는 무엇일까?

조직에서 수행해야 하는 대부분의 과업은 개인 단독의 능력범위를 넘어선다. 여러 사람이 함께 일을 함으로써 목표달성이 가능하거나 쉬워진다. 이에 따라 오늘날에는 조직성공의 많은 부분은 관리자가 얼마나 팀을 잘 만들고 효율적으로 지휘하며, 팀의 활동을 잘 지원하느냐에 좌우되고 있다. 한 조사에 의하면 미국의 경우 평균적으로 60% 이상의 근로자가 팀에 소속되어 일을 하고 있다고 한다.

따라서 "어떻게 하면 개개인 모두에게 최선이 되도록 팀과 팀워크를 활용할 것인가?"가 리더의 지휘활동에서 중요한 부분이 되고 있다.

팀(team)
공동의 목표를 추구하면서 일상적으로 상호작용을 하는 사람들의 집단

팀(team)이란 공동의 목표를 추구하면서 일상적으로 상호작용을 하는 사람들의 집단으로 정의할 수 있다. 또한 팀워크(teamwork)란 공동의 목표를 달성하기 위하여 사람들이 실제적으로 함께 일하는 과정을 말한다.

팀의 유용성

팀제를 도입하는 이유는 시너지 효과로 인하여 조직을 구성하는 개개인의 단순한 합보다 더 큰 가치를 창출할 수 있기 때문이다. 즉 1+1+1=3이 아닌 5와 같은 효과를 거둘 수 있다. 팀이 일반 개인에 비하여 제공하는 효익에는 다음과 같은 것들이 있다.

① 문제해결에 보다 많은 자원을 활용할 수 있다.
② 창조성과 혁신성을 제고시켜준다.
③ 의사결정의 질을 높인다.
④ 과업에 대한 참여도를 높인다.
⑤ 집합적인 활동을 하기 때문에 동기부여가 잘된다.
⑥ 각종 업무수단의 활용과 통제가 보다 용이하다.
⑦ 개인의 만족도를 증가시킨다.

팀제와 관리자의 역할

팀제를 조직에 도입했을 때 관리자는 어떤 역할을 해야 하는가? [그림 8-12]는 이를 잘 설명해주고 있다. 그림에서 보는 바와 같이 관리자는 팀에 대하여 다음과 같은 역할을 수행한다.

- 감독자 : 공식적인 조직단위의 수장(head)
- 팀워크 촉진자 : 특정 업무수행을 위한 팀의 중심(hub), 팀원과 동등한 자격으로서의 리더
- 참여자 : 팀에 공헌을 하고 도움을 주는 팀원의 한 사람
- 코치(coach) : 팀에 의해 일종의 자문역으로 위촉되어 팀의 문제해결을 외부에서 돕는 외부지원자

팀의 운영과 관련하여 관리자가 알아야 할 중요한 것은 ①“어떤 상황에서” 팀을 활용하는 것이 최선인가를 파악할 수 있는 기술을 가지고 있을 것, ②“어떻게” 팀과 함께 일을 하고 관리할 것인가를 알고 있을 것 등이다.

□ 그림 8-12
팀제와 관리자의 역할

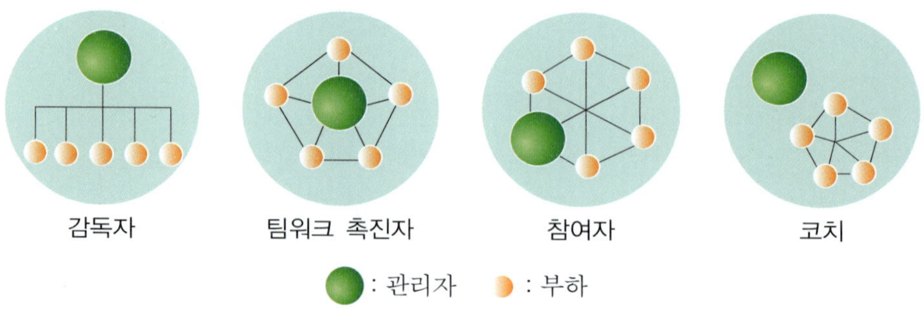

♣팀제를 도입했을 때의 관리자와 리더
현재 우리가 다루고 있는 주제는 리더십에 관한 것이다. 리더십의 주체는 리더인데, 리더는 조직을 이끈다는(leading) 관점에 기초하고 있다. 사실 대부분의 경우 리더가 관리자이기는 하지만, 팀제 조직에서는 조직을 이끈다는 개념이 적합하지 않은 경우도 많다.

팀이 모든 조직에서 항상 일반 개인보다 효율적이라고 말하기는 어렵다. 특히 팀위크가 문제가 있을 가능성이 있는 조직에서는 더욱 그렇다. 그러나 결론적으로 말하면 팀의 운영에 많은 어려움이 있다 하더라도 팀 운영은 그럴 만한 가치를 제공해준다.♣

함께 생각해보자

팀제를 도입할 때 어떤 문제점이 있을까 생각해보자.

5 의사소통과 인간의 이해

의사소통의 의의

우리는 끊임없이 주위 사람들과 대화를 하면서 살아간다. 자주 만나는 사람들간의 일상적인 대화에서는 대부분 서로가 상대방의 뜻을 제대로 알아듣는다. 그러나 때로는 상대의 뜻을 잘못 이해하여 오해를 하는 경우도 있고 심한 경우에는 헤어지기까지 하는 남녀도 종종 보게 된다.

이러한 일들은 공식적인 조직에서도 일어난다. 상사의 뜻을 잘못 이해하여 일을 그르치는 부하직원, 부하의 말을 잘못 알아들어 의사결정을 잘못 내린 상사, 거래 상대방의 정확한 의사를 모르고 계약을 체결했다가 낭패를 보는 경우 등의 사례를 종종 볼 수 있다.

의사소통(communication)
사람들간에 의미가 담겨 있는 기호(symbols)를 보내고 받는 과정

왜 이런 일이 일어날까? 결론부터 말하면 대화 당사자간의 의사소통이 효과적으로, 원활하게 그리고 정확하게 이루어지지 않았기 때문이다. 의사소통(communication)이란 사람들간에 의미가 담겨 있는 기호(symbols)를 보내고 받는 과정으로 정의할 수 있다. 조직을 지휘하는 관리자는 조직 내에서 효율적인 의사소통이 이루어질 수 있도록 많은 노력을 기울여야 한다. 의사소통 문제는

앞의 [그림 8-1]에서 본 바와 같이 관리자의 지휘활동에서 주요한 요소가 되고 있기 때문이다.

의사소통의 과정

의사소통이 이루어지는 주요 요소 및 과정을 그림으로 나타내면 [그림 8-13]과 같다. 이를 단계적으로 살펴보자.

□ 그림 8-13
의사소통이 이루어지는 과정

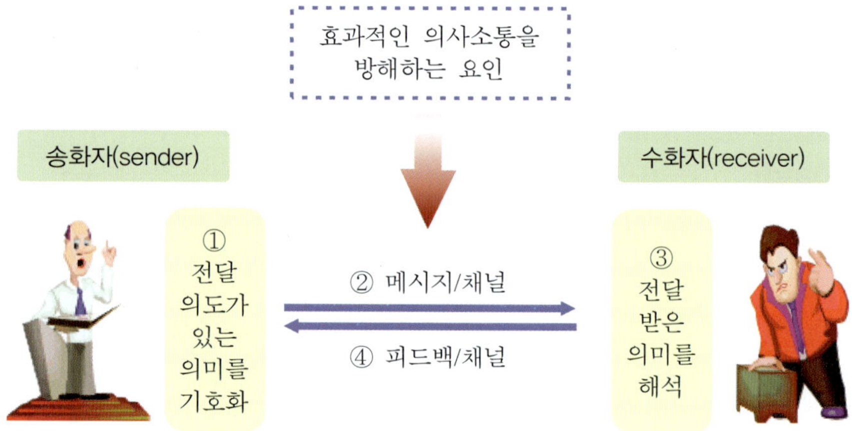

① 제1단계 : '송화자(sender)'가 '수화자(receiver)'에게 전달하고자 하는 '메시지(message)'를 언어적 또는 비언어적 의미가 담긴 기호로 상징화 또는 기호화(encoding)하여 표현한다.

② 제2단계 : 송화자가 표현한 의사가 '의사소통 경로(communication channel)'를 통해 수화자에게 전달된다.

③ 제3단계 : 수화자는 송화자가 상징화 또는 기호화하여 표현한 의사의 의미(meaning)를 해석(decoding)한다. 이 과정에서 수화자가 해석한 송화자의 의사는 원래 송화자가 의도했던 의미와는 달라질 수도 있다.

④ 제4단계 : 수화자는 자신이 해석한 송화자 의사의 의미가 원래 송화자가 의미한 것과 일치하는지를 확인한다(피드백). 이 단계는 수화자가 필요한 경우에만 이루어진다.

효과적인 의사소통과 효율적인 의사소통

효과적인 의사소통
(effective communication)
송화자가 의도하는 메시지와 수화자가 해석하는 의미가 일치하는 것

효율적인 의사소통
(efficient communication)
최소의 비용으로 효과적인 의사소통을 추구하는 것

효과적인 의사소통(effective communication)이란 송화자가 의도하는 메시지와 수화자가 해석하는 의미가 일치하는 것을 말한다. 효율적인 의사소통(efficient communication)이란 최소의 비용으로 효과적인 의사소통을 추구하는 것을 말한다.

의사소통을 하는 사람들은 모두 효과적이면서 효율적인 의사소통을 바라지만 항상 원하는 대로 의사소통이 되는 것은 아니다. 예를 들어 팀의 리더가 자신이 속한 팀에게 어떤 지시를 한다고 하자. 리더가 팀원 한 사람 한 사람의 얼굴을 마주보고 직접 지시하면 효과적인 의사소통은 이루어지지만 전체 팀원을 다 만나려면 많은 시간이 소요되어 비효율적인 의사소통이 된다. 반대로 팀원들에게 e-mail을 통하여 한 번에 지시를 하면 시간이 크게 절약되어 효율적이기는 하지만 팀원은 즉각적인 질문 기회도 갖지 못하는 등 의사가 제대로 전달되기 어렵다. 이처럼 효과적인 의사소통과 효율적인 의사소통은 상충관계(trade-off)에 있다.

효과적인 의사소통의 실패요인

효과적인 의사소통을 위해서는 송화자 및 수화자 양방 모두의 의사소통 기술과 노력이 요구된다. 효과적인 의사소통을 하기 위하여 극복해야 할 사항을 정리하면 다음과 같다.

의사소통 경로의 한계

의사소통 경로 중 문서를 이용하는 경로(written channel)는 일반적으로 전달할 의미의 내용을 쉽고 빠르게 확산시켜야 할 때, 그리고 전달내용이 공식적이고 권위를 담아야 할 때 채택되는 의사소통 경로이다. 반면 구두 경로(oral channel)는 설명하기 복잡하고 즉각적인 피드백이 요구되는 상황에서 유효하며, 보다 개인적이고 감정적인 의사소통이 필요할 때 활용되는 경로이다. 그러나 실제로 조직에서 의사소통을 할 때에는 두 경로 모두를 충분히 활용하기가 쉽지 않다. 관리자는 상황에 알맞은 의사소통 경로를 적절히 활용하는 능력을 가져야 할 것이다.

문서나 구두 전달방식이 갖는 한계

자신의 생각을 문자 형태로 정확하게 표현하는 일은 결코 쉬운 일이 아니다. 말로 의사를 표현하는 경우도 마찬가지이다. 우리는 주위에서 종종 의사전달이 잘못되는 사례를 보곤 한다.

비언어적 신호에 대한 잘못된 해석

비언어적 의사소통
(nonverbal communication)
손짓, 발짓, 얼굴 표정, 눈짓 등 신체를 이용하는 제스처나 보디랭귀지 등 언어가 아닌 신호에 의한 의사소통방법

비언어적 의사소통(nonverbal communication)은 손짓, 발짓, 얼굴 표정, 눈짓 등 신체를 이용하는 제스처에 의한 의사소통방법이다. 비언어적 의사소통은 때로는 큰 효과를 발휘하기도 한다. 사랑하는 연인들에게 무슨 말과 문서가 필요 있으랴!

문제가 되는 것은 비언어적 신호가 언어적인 의사표현 수단과 동시에 활용되는 경우이다. 예를 들면 회의의 분위기 때문에 어떤 안건에 대하여 말로는 동의를 하지만 얼굴 표정이 전혀 아닌 경우를 흔히 볼 수 있다. 이런 식으로 통과된 안건에 대하여 사람들이 적극적으로 지지하고 수행할 것을 기대하는 것은 어렵다.

물리적인 방해

효과적인 의사소통을 방해하는 물리적 요인으로는 전화, 예상치 못한 방문객 등과 같은 요인이 있다. 중요한 대화를 하고 있는데 누가 옆에서 갑자기 끼어들면 대화의 맥이 끊긴다. 대화중에 갑자기 걸려오는 전화도 의사소통을 방해하는 대표적인 물리적인 요인이 되고 있다. 휴대전화 관리에 주의를 기울여야 하는 이유이다.

물리적인 의사소통 방해요인은 사전에 준비만 하면 충분히 극복할 수 있다. 예컨대 대화중에는 일체의 방문객을 응대하지 않음을 사전에 표시하거나 공지하면 된다. 전화 역시 사전에 꺼놓으면 된다.

정보의 여과

송화자가 의도적으로 정확한 의사전달을 하지 않는 경우도 있다. 결함이 있는 신제품을 개발한 회사에서 사장에게 그 신제품의 결함을 있는 그대로 직언할 수 있는 부하직원이 몇 명이나 될까? 자신이 알고 있는 정보를 걸러서(filtering) 전달하는 것이다. 정보를 거르는 과정에서 정보를 누락시킬 수도 있고 왜곡할

수도 있다. 우리나라가 국제통화기금(IMF)의 구제금융을 받게 된 수많은 원인 중에는 당시의 경제 관료들이 대통령에게 제대로 상황을 설명하지 않았기 때문이라는 주장도 있다. 대통령이 경제에 관한 보고는 따분해했기 때문에 이를 알게 된 관료들이 의도적으로 제대로 된 보고를 걸렀다는 것이다.

의사소통의 개선방안

조직 내에서 구조적으로 피드백이 이루어지도록 피드백 체계를 구축

피드백은 정확한 의사소통을 위한 중요한 과정이다. 피드백을 하면 수화자가 송화자의 의사를 정확하게 이해했는지를 확인할 수 있고 의사전달을 보다 정확하게 할 수 있다. 어떤 사람은 일상 대화중에서 상대방에게 끊임없이 확인한다. "내가 어떻게 하라고 했다고?", "내 말을 다시 설명해봐" 식이다.

공식적인 조직에서는 이러한 피드백 활동이 각자 개인적으로 이루어지게 할 것이 아니라 전체 조직 차원에서 반드시 피드백이 이루어지도록 강제적인 피드백 체계를 구축해야 한다.

능동적인 수화자가 된다

다음의 대화를 보자.

남 : 내가 19살 때였어.
여 A : (멀뚱멀뚱)
여 B : 19살, 한창 때네.

남 : 그때는 시골에 살았거든.
여 A : 음.
여 B : 너, 촌놈이었구나.

남 : 겨울이었는데, 길을 가는데 웬 어린이가 물에 빠져서 허우적거리는 거야.
여 A : …….
여 B : 저런, 그래 가지고?

남 : 앞뒤 안 보고 물에 뛰어들었지 뭐.
여 A : (멀거니)
여 B : 야, 보기하고 다르게 너 아주 용감하다.

남자의 이야기에 능동적으로 반응하는 여자 B와 그렇지 않은 여자 A를 비교해보자. 당연히 여자 B와 같이 대답하면 대화가 한결 원활해지지만 여자 A처럼 듣기만 한다면 말하는 사람도 재미가 없을 것이다. 이처럼 능동적인 수화자가 되면 효과적인 의사소통을 할 수 있다.

의사소통 채널의 다양화

[그림 8-14]는 몇 가지 의사소통 채널과 그 특징을 정리한 것이다. 상황에 따라 유효한 채널을 활용할 필요가 있다.

□ 그림 8-14
의사소통 채널의 종류와 특성

새로운 기술의 적극적 활용

의사를 전달하는 수단이 정보통신기술의 발달로 급격하게 변화하고 있다. 대부분의 기업들이 사내용인 인트라넷을 구축하여 정보를 공유하고 의사소통의 통로로 활용하고 있다. 일방향 의사전달방식인 메일 전송이나 전자게시판은 물론 최근에는 화상회의시스템을 적극 활용하고 있다. 결재 역시 전자결재시스템을 이용하여 결재 지연으로 인한 시간 손실을 크게 줄이고 있다. 상급자가 자리를 비워 결재가 늦어지거나 고의로 결재를 지연하는 경우에 최고경영

지하철에 탄 승객들은 스마트폰과 "대화"를 한다. 가족식사 모임에서도, 친구들 모임에서도 정작 대화는 하지 않고 스마트폰과 "대화"를 하는 경우가 많다. 대화를 위한 도구인 스마트폰이 "현실의 대화"를 "온라인 대화"로 대치하는 역설이 성립되고 있다.

자가 이러한 정보를 즉시 알고 통제할 수 있어 과거에 비해 신속한 업무처리가 가능해졌다.

최근에는 스마트 모바일 기기가 발달하면서 이러한 일들이 모바일상에서 이루어지고 있다. 특히 SNS가 새로운 의사소통 수단으로 활발하게 사용되고 있다. 카카오톡이 대표적인 예로, 한 조직 내의 일부 구성원간은 물론이고 팀과 같은 공식적인 단위 부서간의 의사소통 수단으로 폭넓게 사용되고 있다.

이렇게 하루가 다르게 발전하는 신기술을 적극적으로 활용함으로써 의사소통을 보다 원활하게 할 수 있을 것이다. 다만 카카오톡의 사례와 같이 업무시간・장소와 개인 영역 간의 경계가 애매해짐에 따라 이에 따른 불편을 호소하는 경우도 나타나고 있다.

효과적인 의사소통을 위한 새로운 주장과 트렌드

3의 법칙

아트 마크만. 그는 『Smart Thinking』이라는 저서에서 3의 법칙을 주장했다.

인지과학자 아트 마크만(Art Markman) 텍사스주립대 교수에 의하면 사람이 어떤 정보들을 한 번에 듣고 다시 기억해낼 수 있는 적정 수준이 딱 3개라고 주장한다. 즉, 많은 내용을 한꺼번에 들어도 기억에 남는 것은 3개밖에 없다는 것이다. 이러한 이론을 실제의 의사소통에 적용하는 법칙이 이른바 '3의 법칙'이다. 이 법칙을 가장 잘 활용했던 사람으로는 오바마 미국 전 대통령, 스티브 잡스 등이 있다.

3의 법칙을 사용하는 방식은 다음과 같다.

먼저 이야기의 전체 구조를 만들 때 3의 법칙을 사용한다. 스티브 잡스(Steve Jobs)는 늘 발표(또는 연설)를 할 때 미리 자신이 할 얘기는 세 가지임을 강조하고 시작한다. 청중들은 세 가지만 들으면 되기 때문에 편안하게 몰입하여 듣게 된다고 한다. 예를 들면, 명연설로 꼽히는 2005년 미국 스탠퍼드(Stanford)대학 졸업축하연설에서 다음과 같이 연설을 시작한 바 있다.

"오늘 저는 여러분에게 내 인생에서 일어난 세 가지 이야기를 하려고 합니다."

잡스의 뒤를 이은 애플의 CEO 팀 쿡(Tim Cook). 우려와 달리 애플을 안정적으로 이끌고 있다. 특이한 점은 포천 500대 기업 CEO 중에서 유일하게 동성애자임을 스스로 밝힌 경영자이다. (자료 : apple.com)

오바마(Barack Obama) 전 대통령도 다음과 같은 명연설을 남긴 바 있다. 중간 부분은 생략하였다.

"저는 우리가 중산층을 돕고… (중간 생략) …믿습니다. 저는 우리가 실업자에게… (중간 생략) …믿습니다. 저는 우리가 올바른 길을 가고 있으며… (중간 생략) …믿습니다."

둘째, 핵심 단어 또는 핵심 요점에서도 3의 법칙을 사용한다. 다시 오바마의 예를 들면, 그의 대선 슬로건은 단 세 단어였다. 'Yes, We can.'

스티브 잡스는 아이폰을 최초로 소개하면서(그리고 그의 뒤를 잇는 다른 애플의 경영자가 제품을 소개할 때도) 다음과 같이 세 개의 핵심 요점으로 소개하였다.

"터치로 움직이는 아이팟", "혁명적인 휴대전화", "혁신적인 인터넷 사용 기기"

위 세 가지 개념을 말한 뒤에 이 모든 것을 충족하는 것이 아이폰이라는 얘기였다.

마지막으로 반복할 때에도 3의 법칙을 활용한다. 반복은 다음의 토니 블레어(Tony Blair) 전 영국 총리처럼 단어를 반복할 수 있다.

"우리의 우선순위는 교육, 교육, 교육입니다."

카민 갈로는 CNN 앵커 등 언론계에서 오랫동안 근무했고 지금은 자신의 회사를 경영하면서 미국 유수의 대학에서 강의도 하고 있다. (자료 : carminegallo.com)

강조하고 싶은 특정 단어 또는 구절을 다른 내용을 말하는 중간에 세 번 반복한다. 앞서 인용한 스티브 잡스의 스탠퍼드대학 연설에서 그는 연설 중간중간에 "Stay hungry, Stay foolish"를 세 번에 걸쳐 반복하였다.

65% 대 35%

갈로커뮤니케이션(Gallo Communications Group) 대표인 카민 갈로(Carmine Gallo)에 의하면 의사소통, 특히 발표(presentation)로 상대방을 설득하기 위해서는 말하고자 하는 내용을 감정적인 요소 65% 대 논리적인 요소 35%로 구성해야 한다고 한다. 비즈니스 의사소통 및 리더십 기법 분야에서 세계적인 전문가로 인정받고 있는 그는 스토리텔링의 중요성도 강조한다. 그에 의하면 CEO는 스토리를 통해 직원들을 변화시킬 수 있으며, 발표를 할 때에는 내용의 65%를 이야기와 그림 같은 감정적인 것으로 구성하고 35%는 숫자나 통계로 구성하는 것이 가장 주효하다고 한다. 스토리텔링을 잘하기 위해서는 인문학적 소양이 뒷받침되어야 하고, 발표는 반복해서 연습하고 시연해볼수록 간결해지고 매력적으로 바뀐다고 한다.

스몰토크

스몰토크(small talk)는 특별한 주제 없이 가벼운 대화를 나누는 기법으로, 관계 형성과 소통의 기초를 다지는 데 중요한 역할을 한다. 치열한 비즈니스 환경에서 동료간의 유대감을 강화하고, 고객과의 관계를 더욱 친밀하게 만들어준다. 대화 당사자간에 신뢰를 구축하고, 협업을 촉진하는 데 기여하기 때문에 최근에는 적극적으로 권장되고 있다. 개인적인 설득이나 설명을 해야 하는 상황은 물론이고 단체를 대상으로 하는 발표에서도 스몰토크를 적극적으로 활용할 필요가 있다.

AI 기반 의사소통

AI는 우리 사회의 의사소통방식도 변화시키고 있다. AI 챗봇은 자연어 처리(NLP : Natural Language Processing) 기술을 활용하여 인간과의 의사소통을 인간을 대신해서 하고 있다. 금융, 소매, 여행 등의 다양한 분야에서 고객의 질문에 신속하게 응답하고, 그 과정에서 지속적으로 학습하여 더 나은 서비스를 제공한다. 한편으로는 AI기술을 활용해 뉴스, 법적 서류, 금융보고서 등을 생성하고 있을 뿐만 아니라, 딥러닝을 통해 특정 분야나 제품에 관심 있는 고객을 파악하여 맞춤형 광고를 하는 식으로 소비자와 의사소통을 하고 있기도 하다.

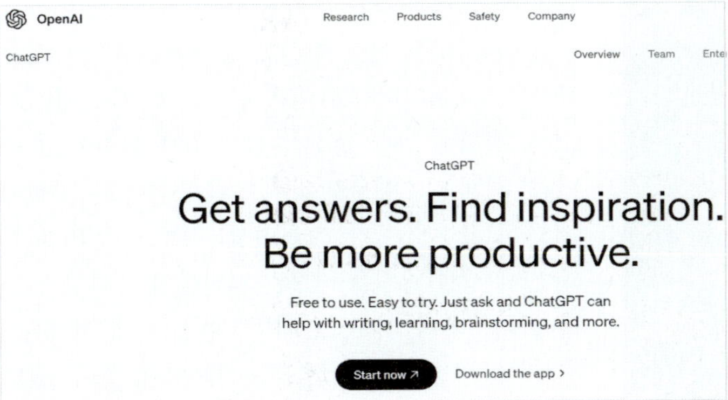

챗GPT 웹사이트 (자료 : openai)

기후위기·AI·소통부재·정치 불신… 글로벌 리더들이 꼽은 도전과제

글로벌 세계 리더들이 30일 제주에 모여 오늘날 우리 인류가 직면한 도전으로 전쟁, 기후위기, 리더십 등을 꼽고 행동에 나서야 한다고 촉구했다.

이날 오전 제주 서귀포 제주국제컨벤션센터(ICC)에서 열린 '제19회 평화와 번영을 위한 제주포럼 2024' 세계 지도자 세션에는 ▷반기문 전 유엔 사무총장 ▷후쿠다 야쓰오 전 일본 총리 ▷레베카 파티마 스타 마리아 에이펙(APEC·아시아태평양경제협력체) 사무국장 ▷까오 끔 후은 아세안(ASEAN·동남아시아국가연합) 사무총장이 참여해 '더 나은 세상을 위한 협력' 방안을 논의했다.

반 전 총장은 가장 중요하고 중대한 도전으로 기후위기를 꼽았다. 반 전 총장은 "과거에는 '글로벌 워밍'이라는 표현을 사용했지만 이제 '글로벌 히팅', 전 세계가 끓어오르고 있다고 표현하고 있다"고 지적했다. 이어 "세계기상기구(WMO)는 2100년이 되면 제6대 지구대멸망이 올 것이라고 경고했다. 70% 이상 인간과 동물이 모두 다 멸망한다는 것"이라며 "2050년 탄소배출 제로, IPCC(기후 변화에 관한 정부간 협의체)가 설정한 2030년 전 세계 탄소배출량 43% 감축을 반드시 달성해야 한다"고 강조했다. 그러면서 "정부, 기업의 노력과 함께 생활 방식을 바꾸는 시민들의 노력이 필요하다"며 "우리 지구, 현재의 세대, 미래 세대 등 전 인류가 생존할 수 있도록, 지속가능할 수 있도록 도와달라"고 호소했다.

후쿠다 전 총리는 AI 발전을 시급한 도전과제로 꼽았다. 후쿠다 전 총리는 "AI기술이 인류 발전과 환경 문제, 미래 문제를 해결하는 데 활약할 수 있지만, 만일 악용돼 무기제조에 사용된다면 인류를 멸망으로 이끌 수 있다"고 경고했다. 이어 "핵무기는 평화에 이용하는 것이 가장 큰 목표였으나 전쟁에 이용되는 상황에 빠지게 된 것처럼 AI의 세계에서도 일어날 수 있다"며 "AI에 인류의 운명이 걸려 있다는 것을 알아야 한다"고 말했다. 그러면서 "글로벌 프레임을 만들어 핵무기와 마찬가지로 AI의 악용을 제한하고 활용하는 방안을 만드는 것이 시급한 과제"라고 강조했다.

스타 마리아 APEC 사무국장은 '소통 부족'을 도전과제로 꼽았다. 그는 "세계 평화와 번영에 위협을 가하는 요소는 서로의 말을 경청하지 않고, 사람을 최우선시하지 않는다는 것"이라며 "중견국이 앞장서서 글로벌 리더들이 플랫폼을 통해 진솔한 대화를 나눠야 한다"고 밝혔다. 그는 "전 세계 리더들이 많은 사람들의 목소리를 듣고, 직면한 위기와 해법을 찾기 위해 소통해야 한다"며 "그 어떤 국가도 혼자서 해법을 찾을 수 없다"고 조언했다.

까으 아세안 사무총장은 다극화된 정치에 따른 전략적 불신을 도전과제로 꼽았다. 그는 "대화와 외교를 통한 전략적 불신을 제거해야 한다"며 "정치적 위기를 위해 리더십을 강화해야 한다"고 밝혔다. 이어 "정책입안자, 리더들이 올바른 의사결정을 내릴 수 있도록 미디어가 제대로 된 역할을 해야 한다"며 "리더들은 '인류'를 최우선으로 생각하고, 전략적인 목표를 세워야 한다"고 말했다.

좌장을 맡은 유명환 전 외교부 장관은 스타 마리아 APEC 사무국장에게 복잡한 글로벌 경제 상황 속에서 APEC의 전략적 중요성을 유지하는 방안에 대해 물었고 마리아 사무국장은 "APEC은 투자와 무역, 시장 접근에 대해 주력하지만 또다른 차원에서 사람, 기후, 디지털에 주력하고 있다"며 "재계든, 기업이든 취약계층, 여성, 원주민을 반드시 포용하고 최우선 순위로 두어 소외된 사람에게 혜택을 주어야 한다"고 말했다. 까으 아세안 사무총장은 미얀마 사태에 대해 2021년 아세안이 채택한 미얀마 사태 해결과 대화를 위한 5개항을 언급하며 "아세안은 지속적으로 미얀마의 상황을 주시하고 미얀마 국민을 도와주겠다는 신념이 있다"며 "이해당사자들이 모두 모여서 미얀마를 도우려 노력하고 있다"고 설명했다.

(헤럴드경제, 2024.5.30)

토론주제 현재 시점에서 우리나라 기업에 주어진 도전과제는 무엇이고 그 이유와 해결방안은 무엇인지 토론해보자.

볼거리 읽을거리

죽은 시인의 사회(Dead Poets Society)

감독 : 피터 위어(Peter Weir)
출연 : 로빈 윌리엄스(Robin Williams)
로버트 숀 레오나드(Robert Sean Leonard)
에단 호크(Ethan Hawke)
제작 : 터치스톤(Touchstone Pictures)
배급 : 부에나 비스타(Buena Vista Pictures, 1989)

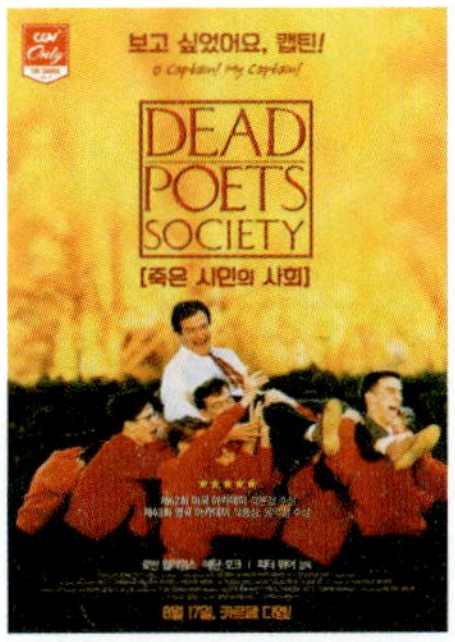

카르페 디엠을 유행시킨 영화. 비극적인 교육 제도에서 긍정적인 마인드로 현실을 극복해나가는 선생님의 모습을 다룬 영화이다. 특히 현재에 집중하고 매사에 긍정적인 마음을 갖는 자세가 중요한 경영자에게, 영화 속 주인공이 힘든 상황 속을 어떻게 극복해나가는지는 큰 교훈이 될 것이다.

(자료 : tpiinsight.co.kr)

핵심용어

- 지휘
- 리더십
- 특성이론
- 위인이론
- 행위이론
- 상황이론
- 리더십 격자이론
- 관리격자이론
- 서번트 리더십 이론
- 거래적 리더십 이론
- 변혁적 리더십 이론
- 동기부여
- 내용이론
- 욕구단계론
- ERG이론
- 2요인이론
- 학습된 욕구이론
- 과정이론
- 공정성이론
- 기대이론
- 강화이론
- 조직의 행동수정(OB Mod)
- 긍정적 강화
- 부정적 강화
- 처벌
- 소멸
- 강화 스케줄
- 팀
- 팀워크
- 의사소통
- 효과적인 의사소통
- 효율적인 의사소통
- 3의 법칙
- 스몰토크
- AI 기반 의사소통

요 약

- 지휘는 조직의 목표를 달성하기 위하여 조직구성원들에게 적절한 활동방향을 제시하는 과정이다. 리더가 수행하게 될 관리활동으로서의 지휘는 리더십, 동기부여, 팀 또는 집단 관리, 의사소통 등의 활동으로 나눌 수 있다.
- 리더십이란 목표달성을 위하여 사람들의 행동에 영향을 미치는 과정을 말한다. 리더십 이론은 특성이론, 행위이론, 상황이론으로 전개되어 왔다.
- 동기부여란 어떤 목적을 달성하기 위하여 특정방향으로 개인이 행동하도록 유도하는 것이다. 동기부여이론은 크게 내용이론과 과정이론, 그리고 강화이론으로 나눌 수 있다.
- 팀이란 공동의 목표를 추구하면서 일상적으로 상호작용을 하는 사람들의 집단이다. 팀워크란 공동의 목표를 달성하기 위하여 사람들이 실제적으로 함께 일하는 과정을 말한다. 팀의 운영과 관련하여 관리자가 알아야 할 중요한 것은 ① "어떤 상황에서" 팀을 활용하는 것이 최선인가를 파악할 수 있는 기술을 가지고 있을 것, ② "어떻게" 팀과 함께 일을 하고 관리할 것인가를 알고 있을 것 등이다.
- 의사소통이란 사람들간에 의미가 담겨 있는 기호를 보내고 받는 과정이다. 효과적인 의사소통이란 송화자가 의도하는 메시지와 수화자가 해석하는 의미가 일치하는 것을, 효율적인 의사소통이란 최소의 비용으로 효과적인 의사소통을 추구하는 것을 말한다. 효과적인 의사소통의 실패요인으로는 의사소통 경로의 한계, 문서나 구두 전달방식이 갖는 한계, 비언어적 신호에 대한 잘못된 해석, 물리적인 방해, 정보의 여과 등이 있다.

- 효과적인 의사소통을 위한 새로운 방법과 트렌드로는 3의 법칙, 65% 대 35%, 스몰토크, AI 기반 의사소통 등이 있다.

연습문제

1. 지휘라는 관리활동을 구성하는 각 세부활동에는 무엇이 있으며 이들의 관계는 어떤지 설명하라.
2. 리더십 이론의 발전과정을 설명하고 왜 그러한 발전과정을 밟게 되었는지 설명하라.
3. 현대 리더십 이론에 대하여 설명하라.
4. 동기부여이론의 종류와 구분기준, 각각의 이론이 인간을 보는 관점을 비교하라.
5. 동기부여이론 중 매슬로의 이론과 ERG이론의 유사점과 차이점을 설명하라.
6. 팀으로 활동할 경우의 장단점을 정리하라.
7. 효과적인 의사소통과 효율적인 의사소통의 관계를 정리하고 각 의사소통수단별로 효과적인 의사소통 또는 효율적인 의사소통 정도를 비교하라.
8. 3의 법칙과 스몰토크에 대하여 설명하라.

CHAPTER

9 통제와 정보기술

1. 통제활동의 의의와 유형
2. 통제의 절차와 표준
3. 경영통제의 주요 기법
4. 정보와 정보시스템
5. 경영정보시스템과 통제활동

금융사고가 계속되고 있다. 사진은 국회의 관련 상임위원회 회의 장면 (자료 : 연합뉴스)

7년간 은행권 금융사고 4,097억원 발생··· 우리은행 '최고규모'

지난 2018년부터 2024년까지 7년간 은행에서 발생한 금융사고는 4,097억 500만원으로 집계됐다. 은행 중 우리은행이 1,421억 1,300만원(30건)으로 금융사고 규모가 압도적으로 컸다. 지난 2018년부터 2024년 8월까지 발생한 금융권 금융사고는 총 463건이다.

2018년~2024년 8월까지 연도별 국내 금융업권 금융사고 발생 현황

(단위 : 건, 백만원)

업권명		2018년	2019년	2020년	2021년	2022년	2023년	2024.8월	합 계
은행	건수	49	39	39	33	33	33	38	264
	금액	62,643	10,373	8,827	31,680	112,910	69,606	113,705	409,705
저축은행	건수	10	2	8	6	6	10	5	47
	금액	8,764	238	3,383	16,908	8,710	23,309	3,451	64,763
생명보험	건수	9	7	10	7	4	2	1	40
	금액	2,559	836	2,354	851	259	209	24	7,092
손해보험	건수	8	7	9	10	5	6	4	49
	금액	983	25,632	12,235	1,800	1,078	903	3,183	45,815
증권	건수	13	3	5	2	11	9	4	47
	금액	18,655	2,752	329	21,261	25,848	37,769	4,719	111,333
카드	건수	0	2	3	2	1	2	6	16
	금액	0	2,608	1,025	332	10	10,420	8,570	22,965
합계	건수	89	60	74	60	60	62	58	463
	금액	93,604	42,439	28,153	72,832	148,815	142,216	133,652	661,673

금융사고 종류별로 살펴보면 ▲업무상 배임이 2,171억 8,900만원(56건)으로 가장 많았으며 다음으로 ▲사기 2,022억 7,000만원(152건) ▲횡령 · 유용이 1,962억 600만원(216건) ▲도난 · 피탈 8억 4,400만원(14건) 등의 순이다.

은행 중에는 ▲우리은행이 1,421억 1,300만원(34.7%/30건)으로 금융사고 규모가 압도적으로 가장 컸고 다음으로 ▲국민은행(683억 2,000만원/36건) ▲경남은행(601억 5,800만원/6건) 등의 순이다. (NSP, 2024.10.10)

1 통제활동의 의의와 유형

통제, 경영통제란 무엇인가?

여행을 갈 때 준비물을 꼼꼼히 챙기기 위하여 빠진 준비물이 없는지 자꾸만 확인하고 또 확인해본 적이 있는가? 약속시간에 늦지 않기 위하여 약속장소로 향하면서 계속해서 시계를 들여다본 적이 있는가? 시험성적이 나쁘다고 부모님이나 선생님으로부터 야단을 맞아본 적이 있는가?

준비물을 사전에 확인하고, 시계를 들여다보면서 뛰고, 시험성적 때문에 야단을 치는 이러한 일들은 왜 일어나는가? 이러한 행위들은 각각의 계획—성공적인 여행, 약속시간 지키기, 성적 올리기—이 예정대로 잘되도록 하기 위하여 취하는 행동들이다. 이러한 행동들을 통제라고 한다.

경영통제
경영계획에 의해 실행된 업무의 성취수준이 계획에 근거한 기준 또는 표준에 도달하도록 하기 위하여 계획과 실행결과의 편차를 측정하고 그 원인을 밝히며 이를 시정하는 관리활동

[그림 9-1]에서 보는 바와 같이 통제(control)란 조직의 목표를 달성하기 위하여 계획대로 되도록 하는 제반 행위를 일컫는다. 경영통제란 경영계획에 의해 실행된 업무의 성취수준이 계획에 근거한 기준 또는 표준에 도달하도록 하기 위하여 계획과 실행결과의 편차를 측정하고 그 원인을 밝히며 이를 시정하는 관리활동으로서 관리의 순환과정을 이루는 중요한 활동 중 하나이다. 따라서 통제활동은 계획수립(planning)과 불가분의 관계에 있다. 계획수립 없는 통제활동은 없다. 마치 동전의 양면과 같다.

□ 그림 9-1
통제의 개념

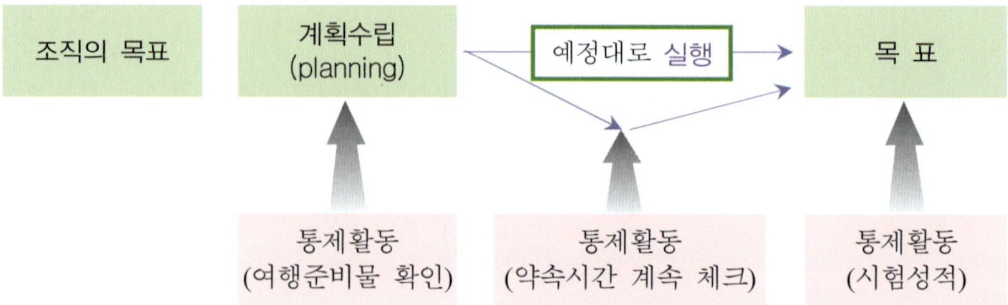

통제의 중요성

자신을 적절히 통제하지 못하여 자신의 경제적 능력 이상의 과소비로 신용불량자가 되거나 파산한 사례를 우리는 주위에서 종종 보게 된다. 한 집안의 가장이 스스로를 합리적으로 통제하지 못하면 그 가정은 어려움에 처하게 된다. 기업도 마찬가지이다. 그러나 기업에서의 통제활동 실패는 이해관계자가 더 많은 만큼 파급효과가 훨씬 크다.

통제는 다음과 같은 측면에서 경영활동에서 중요한 의미를 갖는다.

첫째, 조직의 목표달성 여부를 최종적으로 확인하는 활동임과 동시에 「계획수립-조직화-지휘」에 이은 경영의 순환과정(business cycle)의 마지막 단계로서 일련의 순환과정을 마무리하고 다음 계획수립단계에 피드백하는 관리활동이다.

둘째, 생산성에 큰 영향을 미친다. 종업원들의 업무수행상의 실수나 오류를 정정함으로써 생산성을 높인다.

셋째, 현대 경영의 한 특징인 조직에서의 권한위임을 촉진시킨다. 효율적인 조직에서는 반복적이고 일상적인 업무에 대한 의사결정권한은 부하에게 위임하고 상급자는 비반복적이고 창조적인 업무에 집중한다. 그러나 권한은 부하에게 위임하더라도 책임은 상급자가 져야 한다. 따라서 위임되는 권한이 많을수록 통제활동은 중요해진다.

넷째, 환경변화에 대하여 대응할 수 있도록 해준다. 예상하지 못한 환경변화가 일어났을 경우 관리자가 조직에 적절한 대응방안을 제시함으로써 환경변화에 조직적으로 대응한다.

다섯째, 기업의 규모가 점차 커지고 있고 또한 기업업무환경이 복잡해지고 있다. 따라서 체계적인 통제활동의 중요성이 보다 강조되고 있다.

숫자로 본 경영

개인파산 및 개인회생 사건 추이

(단위 : 건)

(자료 : 법원, 뉴스핌)

통제의 유형

관리자가 취할 수 있는 경영통제의 유형은 사전통제(pre-control), 진행통제(concurrent control), 사후통제(feedback control)의 세 가지로 나눌 수 있다. 각각을 비교하면 〈표 9-1〉과 같다.

표 9-1
통제유형의 비교

통제의 구분	의의 및 특징	보 기
사전통제	• 업무의 실행이 시작되기 전에 계획단계에서 이루어지는 통제활동 • 목표달성을 위하여 사전준비를 확인하는 통제로서 가장 바람직한 통제방법이다	각종 통제시스템의 구축, 물적·인적 자원의 확인, 교육훈련 등
진행통제	• 업무가 수행되는 도중에 이루어지는 통제활동 • 사전에 구축된 시스템에 의해 이루어지는 경우에는 더욱 효과적이다. 실시간의 정보획득이 가능하기 때문이다	현장입회감독, 각종 정보시스템 등을 이용한 실시간 정보에 의한 확인
사후통제	• 업무가 종료된 후에 이루어지는 통제활동 • 결과의 변경이 불가능하다. 피드백만이 가능할 뿐이다	일반적으로 많이 활용되는 통제방법

본장의 서두에서 통제를 설명하면서 '여행할 때 준비물을 확인하는 것', '약속장소에 가면서 시계를 보는 것', '시험성적에 따른 부모님 꾸지람'의 예를 들었다. 첫 번째 예는 사전통제에 해당하는 것이고, 두 번째 예는 진행통제, 세 번째 예는 사후통제에 관한 것이다.

현대차 조립라인. 일종의 연속적 진행통제방식이라고 할 수 있다. (자료 : 뉴스핌)

한편 진행통제를 실행하는 방법 중에는 연속적으로 통제하는 방법과 불연속적으로 통제하는 방법이 있다. 예를 들어 어느 가구공장이 10일 안에 의자 300개를 만들어달라는 주문을 받았다고 가정해보자. 하루에 30개를 만들면 일정에 맞출 수 있다. 하루 30개 생산 필요량은 평소보다

□ 그림 9-2
통제의 유형

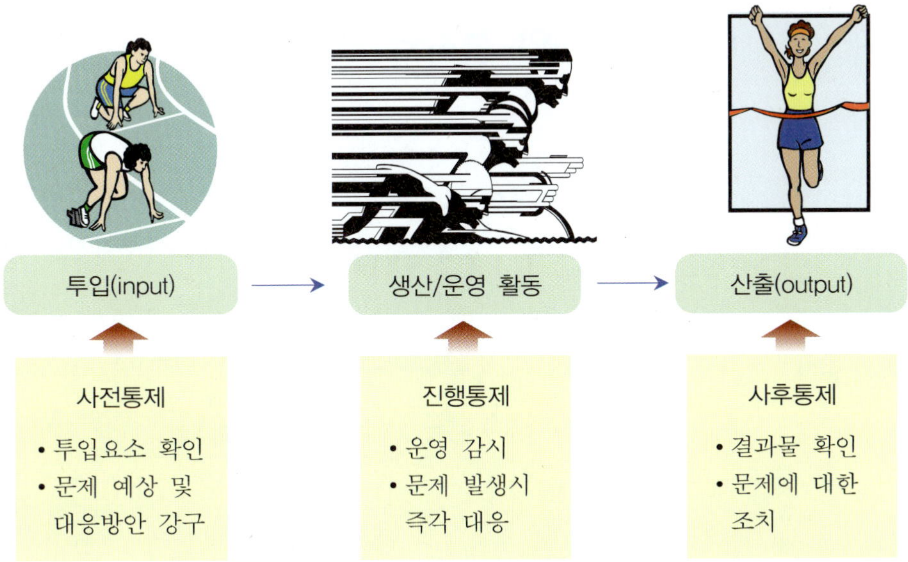

약간 많은 수준이다. 따라서 관리자는 종업원들이 평소보다 더 열심히, 신속하게 일을 하는지 계속(특정시간이 아닌 계속해서) 점검해야 하는데, 이는 연속적인 진행통제활동이 될 것이다. 한편 하루에 30개씩 생산되고 있는지를 매일 확인하여 만일 이 수량을 채우지 못했다면 잔업을 해서라도 채워야 전체 일정에 맞출 수 있다. 이러한 불연속적인 통제활동을 특별히 스크리닝통제(screening control) 또는 가부통제(yes/no control)라고 한다.

스크리닝통제(screening control) 불연속적으로 이루어지는 통제관리 활동

스크리닝통제는 다음 단계의 업무진행 여부에 영향을 미친다. 일반적으로 연속적인 진행통제활동은 많은 시간과 비용이 소요되면서도 통제효과가 즉각적이기 때문에(종업원들이 의자를 열심히 생산하고 있는지 관리자가 계속 지켜보고 있는 모습을 상상해보라) 스크리닝통제는 유용한 진행통제수단이 된다.

2 통제의 절차와 표준

통제의 절차는 [그림 9-3]에서 보는 바와 같이 크게 성과의 측정, 표준과의 비교, 수정행동의 착수 세 단계로 이루어진다.

□ 그림 9-3
통제의 절차

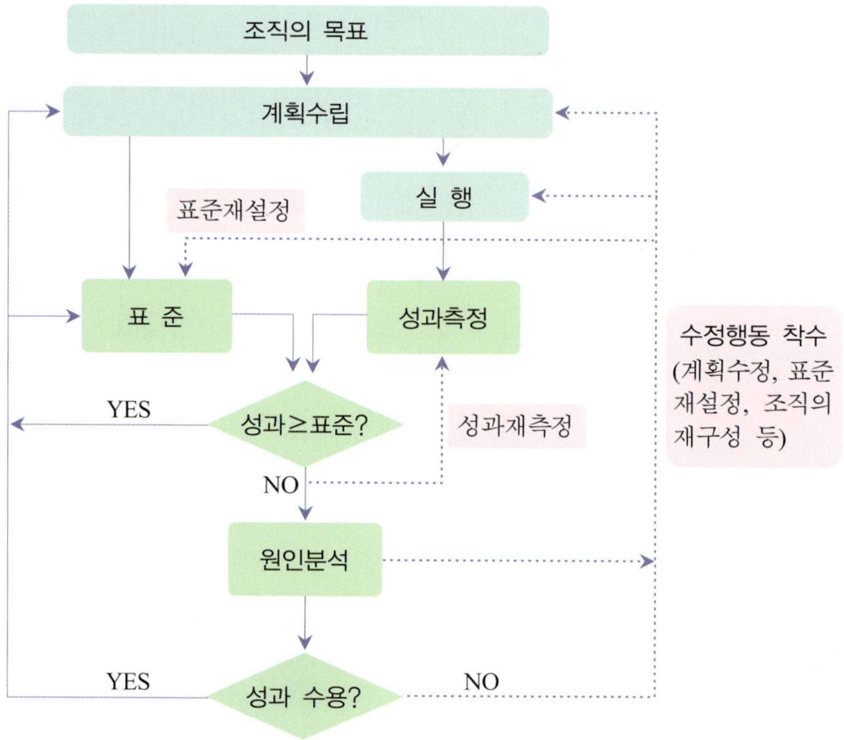

제1단계 – 성과의 측정

실제적인 통제활동의 첫 단계는 성과를 측정하는 것이다. 계획단계에서 측정방법(어떻게 측정), 측정내용(무엇을 측정) 등이 정해지긴 하지만 그 내용이 개괄적일 수밖에 없기 때문에 통제활동의 제1단계에서는 계획에서 설정해놓은 이들 내용을 보다 구체화한 후 통제활동에 들어간다.

성과를 측정하기 전에는 먼저 측정단위를 명확히 해야 한다. 측정단위 결정의 용이도는 업종에 따라 다르고 동일한 업종 내에서도 업무에 따라 다르다. 운동 코치와 자동차 수리업의 성과측정을 비교해보면 전자는 선수의 입상 등수로 성과를 쉽게 파악할 수 있기 때문에 후자보다 성과측정단위 설정과 측정이 쉽다. 후자인 자동차 수리업 내에서도 관리직(사무직)인지 생산직(수리공)인지에 따라 성과측정방법이 달라질 것이며 같은 생산직 내에서도 또 달라진다.

예를 들어 자동차 수리공의 경우 수리차량 대수를 측정단위로 결정했다고 가정하자. 그러나 타이어 펑크 수리와 같은 단순한 수리를 1회 한 사람과 한 대의 엔진 전체를 분해 및 재조립 수리한 사람의 성과를 단순히 수리차량 대수만으로 비교하는 것에는 무리가 있는 것이다.

제2단계 – 표준과의 비교

측정된 성과는 표준과 비교한다. 표준은 계획단계에서 설정된, 달성해야 할 기준이다. 측정된 성과를 표준과 비교한 결과는 관리차원에서 다양하게 활용되기 때문에 성과측정의 방법과 내용, 표준 등은 설정단계에서 관리자 및 평가대상자의 충분한 이해와 공감을 얻어야 한다.

그렇다면 통제의 기준이 되는 표준이란 무엇일까? 본장의 서두에서 언급했던 여행을, 어떤 경우에 성공적으로 끝마쳤다고 할 수 있을까? 또 어떤 상황이 친구와의 약속시간을 잘 지켰다고 할 수 있을까? 성적이 나왔을 때 몇 점이면 야단맞지 않을까? 이러한 대답에 필요한 것이 곧 통제의 기준(criteria), 즉 표준(standard)이다.

업무수행결과를 평가하기 위해서는 사전에 계획된 기준 또는 표준이 있어야 한다. 즉 계획단계에서 표준을 설정해야 할 뿐만 아니라 업무수행결과를 어떻게 측정할 것인지도 치밀하게 준비해야 한다. 이 때문에 계획과 통제활동은 동전의 앞뒤와 같은 것이다.

표준의 형태는 숫자로 표현할 수 있는지의 여부에 따라 다음과 같은 두 가지로 구분할 수 있다.

양적인 표준(quantitative standard)

생산수량, 작업시간, 불량률, 매출액, 순이익, 점수 등과 같이 수치로 표시할 수 있는 표준이다. 설정하기 쉽고 측정하기 쉬운 일반적인 표준으로 조직의 위계에서 보면 상대적으로 하위계층에 많이 적용되는 표준이다.

질적인 표준(qualitative standard)

질적인 표준이란 조직의 화목, 한 개인의 신뢰도, 충성심, 관리능력 등과 같이 계량적으로 수치화할 수 없는 표준이다. 단일의 수치로 측정할 수는 없지만 성공적인 경영을 위해서는 매우 중요한 요소이기 때문에 다양한 측정방법을 연구 개발하여 활용하고 있다.

통제활동이 추구하는 것은 궁극적으로 조직의 목표를 달성하는 것이다. 통제활동이 시작되기 전에 통제관리활동의 이해관계자가 앞으로 전개될 통제활동의 내용을 알고 있다면 보다 용이한 통제활동이 이루어질 수 있고 결과적으로 조직의 목표달성가능성이 높아질 것이다.

함께 생각해보자

표준은 변한다. 지나치게 자주 바꾸는 것도 바람직하지는 않지만 기술의 진보나 조직의 재편 등 조직 내외적인 환경변화에 따라 적절히 수정되어야 한다. 주위에서 이러한 사례를 생각해보자.

제3단계 – 수정행동의 착수

측정된 성과와 표준을 비교하여 성과가 표준에 미달할 때에는 관리자는 수정행동(corrective action)을 취하게 된다. 수정행동은 성과가 표준에 미치지 못할 경우에 취해지기 때문에 언제나 일어나는 통제활동은 아니다.

관리자가 수정행동에 착수하기 전에 한 가지 주의할 점이 있다. 그것은 사전에 설정된 표준이 합리적이었는지, 성과측정이 타당성과 신뢰성을 확보하고 있는지를 다시 한 번 확인해보는 것이다. 표준설정이나 성과측정에 문제가 있는 상태에서 이루어지는 수정행동은 잘못된 것이기 때문이다.

수정행동을 할 때에는 표준에 미달된 상황에 대한 '문제'와 '증상'을 구별하여 대처해야 한다. 문제(problem)는 조직의 목표달성을 저해하는 요인인 반면, 증상(symptom)은 문제가 있다는 신호이다. 증상을 문제로 잘못 파악하면 수정행동에 실패하게 된다. 수정행동은 증상이 아닌 문제를 제거하는 것에 초점을 맞추어야 한다.

예를 들어 다음 〈표 9-2〉를 보자. 어느 회사는 모든 팀의 화목을 추구하고 있다. 그런데 유독 경리팀만은 팀원끼리 식사를 같이 한 적이 한 번도 없을 정도로 서로 사이가 좋지 않은 것으로 평가되었다.

이때 팀장이나 관리자가 경리팀의 화목을 도모한답시고 자꾸 식사나 회식 자리를 마련해봐야 소용이 없다. 근본적으로 경리팀의 불화의 원인(cause)을 찾아 제거해야 하는 것이다. 문제의 분석결과 경리팀 내에서는 몇몇 사람이 자신의 업무는 제대로 하지 않으면서 상사에게 아부를 하여 좋은 평가를 받고 승진도 잘하는 것으로 밝혀졌다. 이 때문에 서로 얼굴을 붉히는 팀이 되었던 것이다.

따라서 관리자는 이러한 잘못된 인사를 바로잡아 문제를 해결해야 한다. 이 예에서 경리팀이 서로 식사자리를 회피하는 것은 '문제'가 아니라 팀 내에 어떤 '문제'가 있다는 '증상'인 것이다. 그 '문제'는 바로 인사정책의 실패였던 것이다.

표 9-2
증상과 문제의 해결방식 비교

성과와 표준의 비교	증 상	증상에 근거한 잘못된 수정행동	문 제	문제에 근거한 바른 수정행동
불량률이 5% 초과	종업원들의 의욕이 없다	"왜 의욕이 없느냐(회사 관두겠느냐)" 야단친다	경쟁기업에 비해 임금이 낮다	임금이 낮은 이유를 납득시키거나 임금을 올린다
경리팀의 불화	식사를 같이 한 적이 없다	경리팀 전원의 회식자리를 자꾸 마련한다	능력 없이 아부하는 사람이 승진한다	잘못된 인사를 바로잡는다

함께 생각해보자

일상생활에서도 문제를 제거하는 대신 증상에 대처하는 경우가 종종 있다. 이러한 예를 생각해보자.

3 경영통제의 주요 기법

경영통제의 기법에는 다양한 것들이 있다. 여기에서는 대표적인 몇 가지를 보기로 한다.

예산통제

예산통제(budget control)
경영활동에 필요한 모든 계획을 화폐가치로 나타낸 예산으로 수립하고 이에 기초하여 경영활동을 수행하며, 예산과 실제 실행결과의 차이를 분석하는 관리기법

▌예산통제의 속성을 상징적으로 보여주는 그림
(자료 : expertmanagementtraining.com)

예산(budget)이란 특정조직의 단위기간 동안의 수입과 지출[정부기관이라면 세입과 세출]에 관한 예정계획 또는 계획서이다. 예산을 이용한 통제방법은 기업의 경영활동에 필요한 모든 계획을 화폐가치로 나타낸 예산으로 수립하고 이에 기초하여 경영활동을 수행하며, 예산과 실제 실행결과의 차이를 분석하는 관리기법이다. 따라서 예산은 관리적 성과의 양부(良否)를 판단하기 위한 표준이 된다.

예산통제가 갖는 주요 기능으로는 ① 예산을 편성하는 계획기능, ② 예산의 실행을 통하여 조직 각 부문간의 조정을 하는 조정기능, ③ 예산의 계획과 실적을 비교 평가하여 피드백을 하는 통제기능 등이 있다. 이 기능들은 일반적인 관리 프로세스(제1장에서 설명한 관리의 순환과정 중 Plan-Do-See 사이클)상에서의 각 단계별 활동인데, 다만 이를 예산에 적용한 것이다. 계획의 기능이나 실행상의 조정기능도 통제활동으로 보는 이유는 계획수립 내용 자체에 대한 통제가 가능할 뿐만 아니라 각 부문간의 조정도 일종의 통제활동이기 때문이다. 즉 각각 앞서 설명한 투입통제와 진행통제의 일종인 것이다.

예산에는 수익예산, 비용예산, 이익예산, 현금예산, 자본예산 등이 있다.

표 9-3
예산통제카드

예 산 통 제 카 드							
작성연월일			년 월 일				
부 서							
월	일	계정과목	적요	연간예산액	집행액	잔액	

- 수익예산 : 일정기간 동안 기업이 창출할 수익에 관한 계획
- 비용예산 : 수익창출을 위하여 지출할 비용에 관한 계획
- 이익예산 : 수익예산, 비용예산과 연관되어 수립
- 현금예산 : 현금 유입과 유출에 관한 계획
- 자본예산 : 1년 이상 효과가 지속되는 자본적 지출에 대한 총괄적인 계획

〈표 9-3〉은 예산통제 목적으로 사용되는 문서 중의 하나인 예산통제카드를 보인 것이다.

내부통제

내부통제(internal control)
경영활동을 효과적으로 통제하기 위한 조직 내부의 조직적 · 계통적 통제방법

내부통제(internal control)란 경영활동을 효과적으로 통제하기 위한 조직 내부의 조직적 · 계통적 통제방법을 말한다. 주로 기업 내부의 영업 · 보관 · 회계에 관련된 통제제도로서, 내부견제와 내부감사제도로 나누어지며 내부견제는 다시 회계통제와 관리통제로 나누어진다.

내부견제

회계통제
회계상의 과실이나 비위를 발견하고 방지하기 위하여 기업이 정하는 회계규칙 · 절차의 준수여부를 검사하는 모든 절차

- 회계통제 : 회계통제를 통한 내부통제는 회계상의 과실이나 비위를 발견하고 방지하기 위하여 기업이 정하는 회계규칙 · 절차의 준수 여부를 검사하는 모든 절차를 말한다. 회계통제가 정상적으로 이루어지면 회계장

□ 그림 9-4
내부통제와 감사

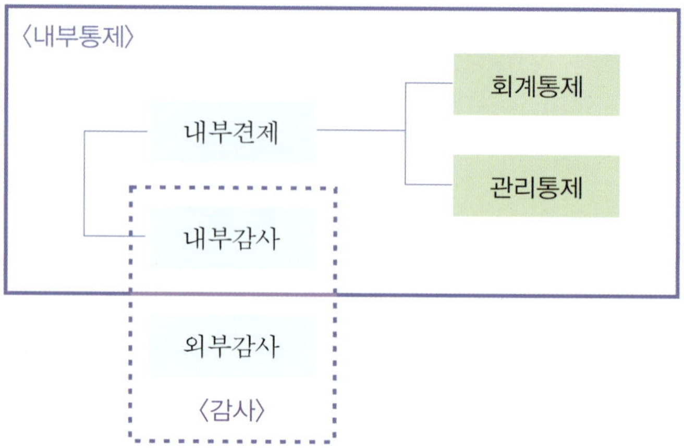

부의 정확성과 신뢰성이 확보되고 기업 재산의 보전기능을 다할 수 있기 때문에 회계통제는 가장 기본적이면서도 중요한 통제제도이다.

관리통제
조직이 사전에 정한 경영방침이나 규정, 지침 등을 지키게 함으로써 조직의 안정성을 기하고 능력을 유지하고자 하는 통제활동

- 관리통제 : 조직이 사전에 정한 경영방침이나 규정, 지침 등을 지키게 함으로써 조직의 안정성을 기하고 능력을 유지하고자 하는 통제활동이다. 예를 들어 종업원들이 사용해야 하는 각종 서식, 상사의 결재, 각종 보고서 작성, 지켜야 하는 근무방식 등은 종업원들이 이미 관리통제를 받고 있음을 의미한다. 이러한 사항을 지키지 않으면 상사(관리자)는 어떤 조치를 취할 것이다.

회계통제와 관리통제 등과 같은 내부견제를 통한 통제활동의 특징은 사전통제 및 진행통제라는 점이다. 또 한 가지 특징은 어느 정도는 자동적으로 통제가 이루어지도록 되어 있다는 점인데, 예컨대 회계에서 대변과 차변의 수치가 일치하도록 하는 대차평균의 원리나, 종업원이 지켜야 하는 근무수칙 등은 그 자체를 지키게 하는 것만으로도 어느 정도는 자동적으로 통제가 이루어지게 하는 셈이다.

내부감사

내부감사는 내부견제처럼 자동적으로 이루어지는 통제방식에 의존하지 않고 기업 내부의 감사인의 활동에 의해서 그 기능을 다하게 하는 경영활동을 말한다. 감사제도에 관해서는 바로 뒤에서 별도로 살펴보기로 한다.

감 사

감사(auditing)
잘못된 사항의 적발뿐만 아니라 개선점이나 경영에 도움이 되는 정보를 발굴할 목적으로 시행되는 통제방법

감사(auditing)란 잘못된 사항의 적발뿐만 아니라 개선점이나 경영에 도움이 되는 정보를 발굴할 목적으로 시행되는 통제방법이다. 주로 사후통제에 중점을 둔다. 감사는 내부감사와 외부감사로 구분할 수 있는데, 각각의 특징을 비교하면 〈표 9-4〉와 같다.

표 9-4
내부감사와 외부감사의 비교

구 분	내부감사	외부감사
주체	내부 스태프, 재무담당자 등 내부 관계자	외부 전문가
내용 또는 목적	내부 경영관리, 통제목적의 업무감사	여신분석, 투자분석 등 다양
자율성 수준	기업 자체의 자유의지	강제적
범위	모든 분야	주로 회계감사

금융감독원의 전자공시시스템 화면 중 일부. 자산이 100억원 미만이고 비상장기업만 아니라면 여기에서 그 회사의 재무정보를 파악할 수 있다. 단 주식회사인 경우에 한한다. (화면 캡처 기준일 : 2024.11.6)

외부감사의 대표적인 예로는 일반 기업의 외부회계감사가 있다. 2019년도부터 주식회사는 ① 자산 120억원 이상, ② 부채 70억원 이상, ③ 매출액 100억원 이상, ④ 종업원수 100인 이상의 네 가지 요건 중 두 가지 이상이 충족되면 외부회계감사 대상이 된다. 유한회사의 경우는 위의 네 가지와 사원수 50인 이상인 경우 총 다섯 가지 중 3개 이상 충족시 외부감사 대상에 해당된다. 유한회사는 대상이 아니었으나 2019년도부터 새롭게 포함되었다. 해당회사는 외부감사인과 감사계약을 맺고 외부감사가 끝나면 감사보고서를 금융감독원에 제출해야 한다. 동시에 전자공시시스템에도 공시해야 한다. 유한책임회사, 합자회사, 합명회사는 해당되지 않는다.

4 정보와 정보시스템

정보의 개념

자료와 정보

결혼을 위해 맞선을 보는 사람들이 있다. 맞선업체가 호황을 누린다고도 한다. 경제적 능력, 인간성, 학력, 직장, 상대집안 내력 등 결혼기준은 사람마다 다를 수 있다. 그래서 중매업체는 가능한 한 많은 정보를 수집하여 제공한다. 배우자 선정을 고민중인 사람들 모두에게 이러한 것들은 자료(data)이다.

그러나 결혼을 결정할 때 어떤 기준은 판단에 영향을 미치기도 하고 어떤 요소는 전혀 고려대상이 되지 못하기도 한다. 어떤 사람은 마음 씀씀이 하나 보고 결혼을 결정하는가 하면 어떤 사람은 배우자에 대한 수많은 자료 중 경제력을 가장 중요한 의사결정요소로 활용하기도 한다.

이처럼 의사결정에 이용되는 자료를 정보라고 한다. 배우자를 결정할 때 어떤 자료는 그 자체로는 의미가 없다. 이용자(의사결정자)의 필요에 맞게 유용한 형태로 변환되고 가치를 가져야 비로소 의미를 갖는다. 자료가 주어진 문제해결이나 상황판단에 활용될 수 있도록 적합하게 변환되고 가공(processing)

□ 그림 9-5
자료, 정보, 의사결정의 관계

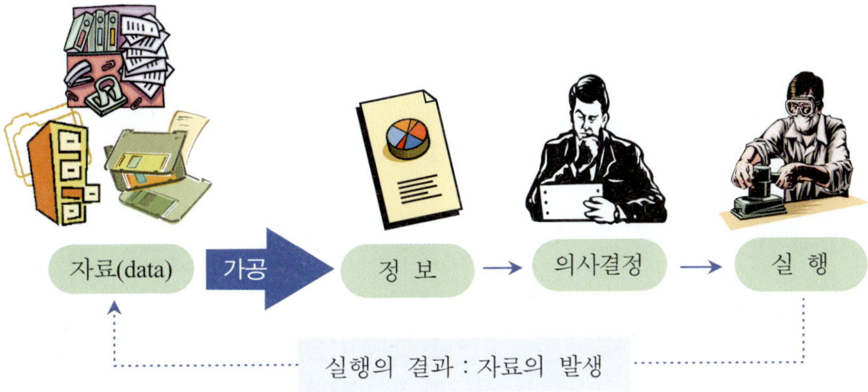

되었을 때 이를 정보라고 한다. 어떤 사람에게는 자료인 것이 다른 사람에게는 정보가 될 수 있고, 반대로 어떤 사람에게 정보가 되는 것이 다른 사람에게는 단순한 자료일 수도 있다.

정보(information)
의사결정을 하는 데 유용하게 활용되는 일련의 처리 또는 가공된 자료, 가치가 증대된 자료

정보(information)란 의사결정을 하는 데 유용하게 활용되는 일련의 처리 또는 가공된 자료(processed data), 가치가 증대된(value-added) 자료라고 정의할 수 있다. [그림 9-5]는 이러한 과정을 보여주고 있다. 자료는 주어진 문제해결을 위하여 가공처리되어 가치가 증대된 새로운 유형의 정보가 되며, 이는 업무수행시의 의사결정에 유용하게 활용된다. 업무수행의 결과는 새로운 자료를 생성하며 이는 다시 정보로 가공되는 등 계속적으로 순환하게 된다.

정보의 가치에 영향을 미치는 요인

정보는 의사결정자에게 어떠한 형태로든 도움을 주어야 정보로서의 가치가 있다. 사용자에게 실제로 가치가 있거나 가치가 있다는 확신을 주어야 한다. 여러 정보 중 어떤 정보는 다른 정보보다 더 쓸모 있고 가치 있기도 하다. 정보의 가치는 다음과 같은 요인에 의하여 결정된다.

적합성

정보의 적합성(relevance)이란 관리자가 의사결정을 해야 하는 상황에서 제공되는 정보가 얼마나 적절한가, 의사결정 내용과 얼마나 연관되어 있는가에 관한 것이다. 정보의 적합성이 높아질수록 정보의 가치가 커진다. 정보의 적합성은

상황에 따라 달라지는데, 한 예로 사장의 의사결정에 적합한 정보와 영업사원의 의사결정에 적합한 정보는 분명히 차이가 있다.

정확성과 증거성

정보의 정확성(accuracy)이란 정보에 오류가 어느 정도 포함되어 있는지에 관한 것이다. 오류가 많이 포함된 정보는 정확성이 떨어져 정확한 의사결정을 내릴 수 없게 된다.

한편 정보의 증거성(verifiability)이란 이러한 정보의 정확성을 확인할 수 있는 정도를 의미한다. 정보의 증거성은 해당정보의 본래 출처를 확인하거나 이미 알려진 다른 정보와 비교함으로써 파악될 수 있다.

적시성

정보의 적시성(timeliness)이란 정보가 필요한 시기에 얼마나 제때에 공급되는지의 정도를 말한다. 아무리 현실성 있고 의사결정에 적합한 정보라 하더라도 제공되는 시기가 어긋나면 아무런 소용이 없다. 적시성 있는 정보는 일종의 시간적 가치를 갖는 셈이다.

형태성

정보의 형태성(presentability)이란 정보의 사용자, 즉 의사결정자의 요구에 정보가 얼마나 부합되는 형태로 제공되는지에 관한 정도를 말한다. 예를 들면 경리팀이 사용하는 재무보고서 양식에 담긴 정보는 재무정보 파악능력이 없는 관리자에게는 정보의 형태성이 결여되어 정보로서의 가치가 반감될 것이다.

함께 생각해보자

정보량이 많으면 무조건 좋을까? 의사결정에 필요한 정보의 양(information quantity)이 부족하면 의사결정자는 추가적인 정보수집에 나서야 한다. 정보의 양이 부족하면 올바른 의사결정을 내리기 어렵기 때문에 정보의 양은 많아야 한다. 그러나 정보의 양이 지나치게 많으면 오히려 신속한 의사결정을 저해하여 정보로서의 가치가 반감되기도 한다. 식자우환(識字憂患)인 셈이다. 그런 사례를 생각해보자.

정보관리와 정보시스템

정보시스템의 필요성

정보는 생성하는 것도 중요하지만 이를 효과적으로 관리하는 것도 중요하다. 모든 조직은 나름대로 필요한 정보를 확보하려고 한다. 정보관리의 중요성이 강조되면서 생성 및 관리해야 하는 정보의 양이 급격하게 늘고 있다. 이와 같이 거대해진 정보량을 적재적소에 활용하기 위하여 관리하는 것은 쉬운 일이 아니다.

각종 정보시스템은 체계적인 정보관리를 위하여 개발된 시스템이다. 수많은 정보기술 전문기업이 정보시스템을 개발하고 그 성능을 개선하기 위하여 꾸준히 업그레이드하고 있다. 하지만 많은 기업이나 공공기관에서 정보시스템의 중요성을 인식하여 일찍이 각종 정보시스템을 도입하였으나 제대로 완성하지 못하는 사례도 많고, 정상적으로 도입은 이루어졌으나 원래의 취지대로 운영되지 못하는 경우도 많다. 이러한 사례들은 정보의 관리가 얼마나 어려운지를 간접적으로 보여주는 증거들이다.

그럼에도 불구하고 정보화 수준은 기업의 경쟁력을 결정짓는 한 요소가 되고 있기 때문에 많은 공공기관이나 기업들은 정보시스템 구축에 막대한 투자를 하고 있다. 정보시스템에는 해당조직 내에서 만들어지는 정보, 조직에 필요한 내외적인 정보가 모두 집적되기 때문에 최고경영자는 정보의 통제에도 각별한 관심을 가져야 한다. 이 때문에 정보시스템 관리자의 중요성을 강조하며 "회사의 1인자가 사장이라면 2인자는 정보책임자이다"라는 말도 있다.

정보시스템의 정의와 구성요소

정보시스템(information system) 정보를 수집, 처리, 가공, 저장, 공급함으로써 한 조직의 활동과 의사결정, 통제활동을 지원하는 구성요소들의 집합

정보시스템(information system)이란 정보를 수집, 처리, 가공, 저장, 공급함으로써 한 조직의 활동과 의사결정, 통제활동을 지원하는 구성요소들의 집합이라 정의할 수 있다. 이러한 정보시스템의 정의에 기초하여 보면 정보시스템의 구성요소를 쉽게 알 수 있다.

각 구성요소를 간단하게 살펴보면 다음과 같다.

하드웨어(H/W : hardware)

정보시스템을 구성하는 기계적인 장비들을 말하는 것으로 ① CPU, 주기억장치 등이 포함된 중앙처리장치, ② 입출력장치, 보조기억장치 등의 주변장치, ③ 통신을 위한 네트워크 장비 등이 있다.

소프트웨어(S/W : software)

하드웨어를 움직이도록 해주는 장비로서 ① 윈도, 유닉스, 리눅스, 안드로이드, iOS 등의 운영체제 또는 시스템 소프트웨어(system software), ② 훈글, 엑셀, 비주얼베이직, 각종 앱(애플리케이션) 등의 응용 소프트웨어(application software) 등이 있다.

데이터, 데이터베이스(DB : database)

정보시스템에 필요한 자료(데이터)들을 정해진 규칙에 의해 모아놓은 것을 말한다. 예를 들면 학생들의 주소록도 데이터베이스의 일종이라고 할 수 있다. 데이터베이스와 데이터베이스관리시스템(DBMS : DataBase Management System)은 다르다. 학생들의 주소록이 데이터베이스라고 한다면 이 주소록을 컴퓨터상에 입력하고 필요한 자료를 뽑고 정리할 수 있도록 해주는 소프트웨어가 DBMS이다.

사 람

궁극적으로 정보시스템을 개발하고 운영하고 사용하는 주체는 사람이다. 사람은 다시 시스템 자체를 개발하고 운영하는 정보시스템 전문가(시스템 분석가, 개발자, 운영자) 등과 정보시스템을 사용하는 사용자(end user라고 한다)로 구분할 수 있다.

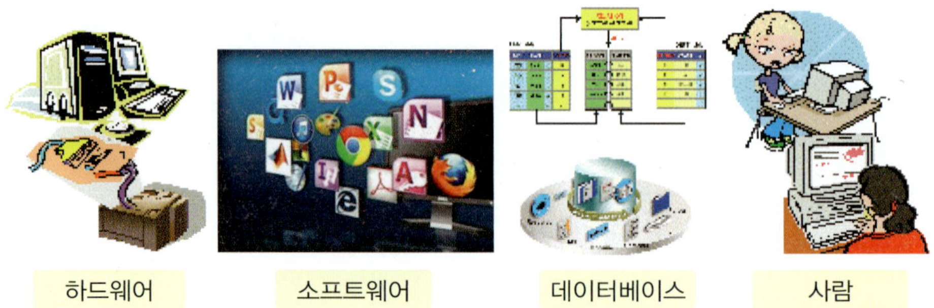

□ 그림 9-6
정보시스템의 구성요소

쉬어가기 상용보다 더 강력한 무료 오픈소스 소프트웨어 14선

1. 빅 캘린더의 대안, 보르그 캘린더

   연간, 월간, 주간 또는 일일 보기를 허용하며, 각 보기는 자체 탭에 편리하게 표시된다. 구글 캘린더와도 동기화된다.

2. 전자책을 관리하고 변환하는 캘리브리(Calibre)

   캘리브리는 전자책 컬렉션에 질서를 부여한다. 전자책을 추가하고, 색인을 생성하고, 다른 형식으로 변환할 수 있을 뿐만 아니라 항목을 저자별로 검색하고, 시리즈별로 그룹화하고, 등급을 지정할 수 있다.

3. 나만의 키보드 단축키 정의하기, 클라비어+(Clavier+)

   프로그램을 더 빠르게 열고, 텍스트를 자동으로 삽입하고, 기타 기능을 수행할 수 있는 키보드 단축키를 만들 수 있다.

4. 다양한 기능을 갖춘 파일 관리자, 더블 커맨더(Double Commander)

   필터를 사용해 파일을 찾고, 한 번에 여러 파일의 이름을 바꿀 수 있으며, 폴더를 비교하는 동기화 기능도 있다.

5. 사용하기 쉬운 FTP 클라이언트, 파일질라(Filezilla)

   파일질라는 FTP 서버와 파일을 주고받는 데 사용할 수 있는 사용하기 쉬운 PC 클라이언트이다. 자주 사용하는 액세스 포인트를 즐겨찾기로 만들 수 있다.

6. 스크린샷 찍기 및 편집하기, 그린샷

   그린샷을 사용하면 키보드 단축키로 스크린샷을 쉽게 찍을 수 있다. 이 도구에는 촬영한 스크린샷을 편집할 수 있는 간단한 통합 편집기도 있다.

7. 벡터 그래픽 만들기, 잉크스케이프

   벡터 그래픽을 만들고 편집할 수 있다. 이 프로그램에는 페인팅 및 그리기, 채색 및 모델링을 위한 다양한 도구가 있으며 기본 창 왼쪽에 아이콘으로 배열되어 있다. 필터를 사용하면 텍스처, 재질 및 기타 효과를 3D에서도 사용할 수 있다.

8. 비밀번호를 안전하게 보관하는 키패스

   키패스(Keepass)는 액세스 데이터, 비밀번호, PIN 및 기타 중요한 로그인 정보를 저장하는 비밀번호 금고다.

9. 멀티미디어 콘텐츠를 위한 플랫폼, 코디(Kodi)

   코디는 로컬 및 네트워크를 통해 영화, 음악, 동영상, 사진을 재생하는 엔터테인먼트 플랫폼이다. 라디오를 듣고, 게임을 플레이하는 등 다양한 용도로 사용할 수 있다.

10. PC 정보 보기를 돕는 리브레 하드웨어 모니터

    PC의 상태를 한눈에 파악하고 싶다면 리브레 하드웨어 모니터가 적합한 도구다. 이 간단한 도구는 PC에 설치된 모든 센서에 액세스할 수 있으며 CPU 사용률, 메모리 클럭, 전류, 팬 속도 등에 대한 정보를 제공한다.

11. HDR 이미지를 생성 및 편집하는 루미넌스 HDR

    루미넌스 HDR로 HDR 사진, 즉 다이내믹 레인지가 특히 높은 사진을 만들고 편집할 수 있다. 이미 HDR 형식으로 저장된 사진을 프로그램에 불러오거나 노출이 다른 이미지에서 직접 HDR 이미지를 만들 수 있다.

12. 파일 아카이브 생성 및 압축 풀기, 피집(PeaZip)

    피집은 파일을 아카이브로 결합하고 완성된 아카이브의 압축을 해제한다. 일반적인 아카이브 유형인 ZIP, 7Z, TAR 외에도 브로틀리(Brotli), GZip, UPX 같은 이색적인 형식도 패킹에 사용할 수 있다.

13. PDF 만능 도구, 수마트라 PDF

    텍스트 구절을 표시하고, 컬러로 밑줄을 긋고, 줄을 긋고, 동그라미를 치고, 주석, 스탬프 등을 남길 수 있다. 아직 코멘트를 저장하지 않은 경우 메모를 통해 편리하게 알려준다.

14. 동영상과 음악을 위한 다목적 재생 프로그램, SM 플레이어

    오디오 및 비디오 파일을 재생하는 데 필요한 코덱과 기타 여러 기능이 포함되어 있다.

(자료 : ITWorld KOREA)

이 외에도 프로세스와 네트워크를 포함시키기도 한다. 프로세스란 정보시스템이 지원하는 비즈니스 절차로 데이터 수집, 처리, 분석 및 보고의 흐름을 말하며, 시스템의 운영 및 유지 관리를 위한 절차와 규칙을 포함한다. 네트워크는 정보시스템의 구성요소간에 데이터를 전송하는 데 사용되는 수단으로 인터넷, 인트라넷, 엑스트라넷 등이 포함된다.

정보기술의 핵심 어젠다

오늘날 정보 관련 산업에서 어떤 분야가 핵심 키워드일까? HP의 CEO인 맥 휘트먼(Meg Whitman)은 이에 대해 클라우드(cloud), 모빌리티(mobility), 빅데이터(big data), 보안(security)의 네 가지를 들었는데, 비교적 정확하게 진단했다는 평가를 받는다. 이하에서는 이들 네 가지를 포함하여 최근의 핵심이슈에 대해 간단히 살펴보기로 한다.

클라우드

클라우드(cloud)는 일반적으로 인터넷을 통하여 필요한 사용자가 필요한 자원을 제공받는 형태의 정보기술을 말한다. 여기서 필요한 자원이란 저장공간, 소프트웨어, 서버 등 여러 가지 형태들을 말한다. 예를 들어, 얼마 전까지만 하더라도 한 장소에서 컴퓨터 작업을 하다가 다른 장소로 이동을 할 때에는 반드시 이동성 저장장치(외장 하드디스크, USB 등)에 데이터를 담아서 옮겨야 했다. 그러나 지금은 클라우드 공간에 데이터를 올려놓으면 시간과 장소에 구애받지 않고 언제든지 작업을 할 수 있다. 클라우드는 원래 구름을 뜻한다. 구름 위에 데이터를 올려놓으면 구름이 없어지지 않는 한 지상에서 어느 곳으로 이동하든지 바로 데이터 활용이 가능한 것이다.

마이크로소프트는 애저 클라우드 서비스에 AI를 접목시키고 있다. (자료 : MS)

늘어나는 클라우드 서비스에 대한 수요는 기존 기업의 생존전략도 바꾸게 했다. 세계 클라우드 서비스 강자는 마이크로소프트(MS), 아마존(Amazon), 알파벳(구글)이다. 클라우드는 기울어져 가는 것으로 보이던 마이크로소프트의 구세주가 되었다. PC 수요의 정체, 모바일 사업의 추락이 기업 전체 매출의 발목을 잡을 것으로 예상됐지만 클라우드 컴퓨팅 서비스 부문인 애저(Azure) 매출이 폭발적으로 증가하면서 2016년 4분기부터 마이크로소프트는 만족할 만한 성과를 내고 있다. 2024년 2월에 발표된 2023년 4분기 실적을 보면 회사 전체 매출 620억 달러 중 클라우드 서비스 부문의 매출액이 337억 달러로 전체 매출의 54.3%를 차지할 뿐만 아니라 마진율은 무려 72%에 이른다. 성장률은 24% 수준으로 매우 높다. 세계 최대 전자상거래업체인 아마존의 경우도 비슷한 상황을 보이고 있다. 아마존 클라우드 컴퓨팅 사업 부문인 아마존웹서비스(AWS) 매출은 242억 달러로 아마존 총매출의 14.2%, 영업이익의 54.3%를 차지하여 이 회사가 글로벌 전자상거래사업에서 발생한 영업손실을 감당하는 데 큰 도움이 되고 있다. 알파벳의 클라우드 서비스 GCP(Google Cloud Platform)의 2023년 4분기 매출은 91억 9천만 달러로 전년 동기 대비 25.76% 성장했으며, 수익은 8억 6,400만 달러로 알파벳 총수익의 약 10.7%를 차지했다.

지금까지는 아마존이 앞서왔지만 아마존과 알파벳보다 AI에서 앞서 있는 마이크로소프트가 향후에는 더욱 크게 성장할 것으로 예측되고 있다.

모빌리티

모빌리티(mobility)는 말 그대로 이동성이다. 이 용어를 정보 분야에서 사용할 때에는 네트워크의 이동성으로 이해된다. 데스크톱 컴퓨터로 네트워크에 접속하는 경우에는 이동성이 전혀 없다. 무선 네트워크 접속이 가능한 노트북컴퓨터는 이동성이 높다. 그러나 네트워크의 이동성을 극적으로 활용할 수 있는 것은 스마트 기기이다. 그래서 아예 모바일 기기라고 부른다.

모바일 기기의 광범위한 보급과 관련 기술의 발전은 우리 생활 및 기업 환경을 급속도로 바꾸며 기업들의 매출에도 큰 영향을 미치고 있다. 관

숫자로 본 경영

온라인쇼핑 중 모바일 비중

(자료 : 통계청, 2024년 8월 기준)

련 자료들을 보면 모바일은 전자상거래의 핵심 플랫폼으로 확고히 자리매김했다. 한국의 경우 2016년에 전자상거래에서 모바일 비중이 50%를 밑돌았으나 이후 꾸준히 증가하여 2024년 8월에는 76.6%까지 늘었다. 이는 세계 최고 수준으로, 금액으로도 14조 9,817억원에 이른다.

삼성전자는 갤럭시 AI 기반 웨어러블 기기로 맞춤형 건강관리를 지원한다. (자료 : 삼성전자)

최근 급속한 정보기술의 발전은 모바일 기기의 확장성과 실용성을 크게 높이고 있다. 예컨대, 생성형 인공지능(AI)의 부상은 모바일 마케팅 영역에서 사용자 맞춤형 경험을 제공하고, 데이터 분석을 통해 마케팅 전략을 최적화하는 데 기여하고 있다. 대중화되고 있는 증강현실(AR)과 가상현실(VR) 기술은 게임산업뿐만 아니라 온라인쇼핑 영역에서도 적극 활용되고 있다. 웨어러블 기술의 발전에 따라 웨어러블 기기와 IoT(사물인터넷) 기술을 결합, 사용자에게 실시간 데이터를 제공함으로써 과학적인 건강관리 등과 같이 우리의 삶의 질을 높이는 데 기여하고 있는 현상도 크게 달라진 점이다.

빅데이터

빅데이터(big data)란 정보기술이 적용되는 곳, 특히 인터넷과 모바일 같은 네트워크상에서 생성되는 매우 많은 양의 데이터를 말한다. 빅데이터 기술은 이러한 데이터를 분석해 의미 있는 정보를 뽑아낸다. 빅데이터 기술을 활용한 사례는 데이터가 있는 거의 모든 곳이 해당된다고 할 정도로 급속하게 일반화되고 있다. 제조업은 물론이고 소매유통업, 금융업, 의료 건강 부문, 교통 등 활용되지 않는 곳이 없을 정도이다.

이커머스 기업인 쿠팡에서 쇼핑을 해본 사람이라면 "이 회사가 나를 너무 잘 아는데?"라는 의구심이 들 정도로 맞춤형 서비스를 한다. 그 비결은 빅데이터에 있다. 고객이 주문을 하면 앱 또는 웹페이지 접속부터 시작해서 배송완료 및 피드백까지의 전 과정에서 각종 기록이 남는다. 그 모든 기록이 데이터가 되는 것이고 그 데이터가 모이면 빅데이터가 된다. 쿠팡은 고객들의 검색기록, 앱이나 웹페이지 방문기록, 구매기록, 반품이력, 주소지 등의 집합 데이터인 빅데이터를 분석하여 개인화된 상품을 추천하는 것이다. 배송도 마찬가지이다. 수많은 사람들의 주문데이터가 축적된 빅데이터에서 주소정보만을 분

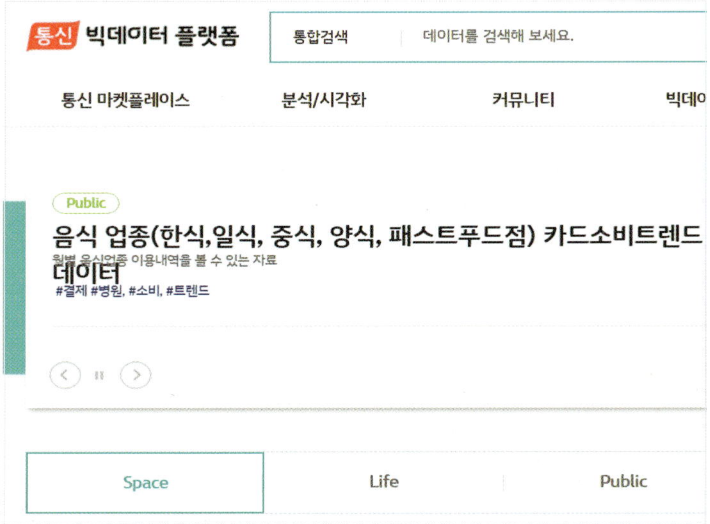

데이터가 중요해지면서 빅데이터를 보유한 기업들은 그 데이터 자체를 상품화하고 있다. (자료 : KT)

석하여 배송경로를 최적화한다. 이는 '로켓배송'이라는 쿠팡 경쟁력의 핵심 브랜드를 가능하게 했다. 배송경로의 최적화가 의미하는 것은 고객들에게 최대한 빠르게, 짧은 경로로 최소한의 배송자원 투입으로 배송을 한다는 의미이다. 배송이 완료되면 고객은 상품 리뷰나 반품 등의 피드백을 하여 새로운 데이터를 만들어낸다. 쿠팡은 이러한 데이터를 분석하여 고객서비스를 개선한다. 정리하면, 빅데이터 기술로 인해 고객은 자신의 선호에 맞는 상품을 쉽게 찾아 구매해서 빨리 받을 수 있으며, 쿠팡은 고객만족도를 높이고 결과적으로 매출을 증가시킬 수 있는 것이다.

빅데이터를 활용하기 위해서는 필연적으로 대규모의 데이터가 필요하다. 제조 및 생산 부문에서의 빅데이터와 달리 일반 소비자를 대상으로 하는 업종에서 빅데이터를 활용하려면 필연적으로 고객의 개인정보가 필요하다. 이 때문에 개인정보 이용의 허용범위, 개인정보의 보안 문제가 늘 논란의 대상이 되고 있다.

IoT와 IIoT

라이트 하우스(Light House)의 AI 기술이 적용된 IP카메라. 애플은 2018년에 이 기술의 특허를 사들였다. (자료 : google.com)

사물인터넷(IoT : Internet of Things)과 산업용 사물인터넷(IIoT : Industrial Internet of Things)에 대한 관심도 뜨겁다. IoT란 정보통신기술을 기반으로 모든 사물을 연결해 사람과 사물, 사물과 사물 간에 정보를 교류하고 상호 소통하는 지능형 인프라 및 서비스 기술을 말한다. IIoT는 IoT의 하위 영역으로 산업환경에서 사용되는 기술이다. 그런데 사물인터넷계에 인공지능기술이 적용되면서 그 기술이 하루가 다르게 발전하고 있다. 예를 들어, 해외 스타트업 기업에서 출시된 라이트 하우스(Light House)라는 제품은 IP카메라에 인공지능을 적용한 사례이다. 3D를 인식할 수 있는 센서와 인공지능의 결합으로 사람이나 물건을 인식할 수 있으며, 이를 상황으로 기록하는 능력을 지녔다. 가족 구성원과 다른 얼굴이 인식되면 알림을 전송하거나, 도둑이 드는 등의 위협을 감지하면 자동으로 사이렌을 울리고 경찰에 신고하는 식이다. IP카메라로 24시간 모니터링 및 녹화하면서 스스로 학습을 하기 때문이다. 나아가 집 안에 어떤 물건이 망가져 있으면 누가 망가뜨렸는지 바로 알려줄 수도 있고, 가족 중 아직 귀가하지 않은 사람이 누구인지도 스스로 인지하여 알려줄 수 있다.

IT와 OT의 융합

정보기술(IT : Information Technology)은 데이터와 정보, 그리고 이들을 다양한 시스템으로 관리하고 처리하는 것을 목적으로 한다. 하드웨어, 소프트웨어 애플리케이션, 데이터베이스, 통신, 데이터 및 정보의 저장 및 분석에 활용되는 각종 자원이 IT 시스템을 구성한다. IT 시스템은 비즈니스를 하는 데 있어서 필요한 데이터와 정보를 관리하는 역할을 하고 있는 것이다. 반면 운영기술(OT : Operational Technology)은 하드웨어 및 소프트웨어를 이용해서 산업용 장비를 제어하는 기술을 말한다. 구체적으로 설명하면 전력이나 수도와 같은 핵심 인프라 산업, 제조업 등에서 사용되는 산업제어시스템, 센서, 로봇 등 주로 상품과 서비스의 생산 및 공급에 관여하는 물리적 장치를 관리하고 제어하는 기술을 말한다. OT 시스템의 역할은 비즈니스 운영에 필수적인 물리적 프로세스와 장치를 제어하고 자동화시스템을 관리하는 것이다. 요약하면 IT가 데이터와 통신에 초점을 둔다면 OT는 기계장치의 물리적인 움직임과 그 결과에 중점을 둔다.

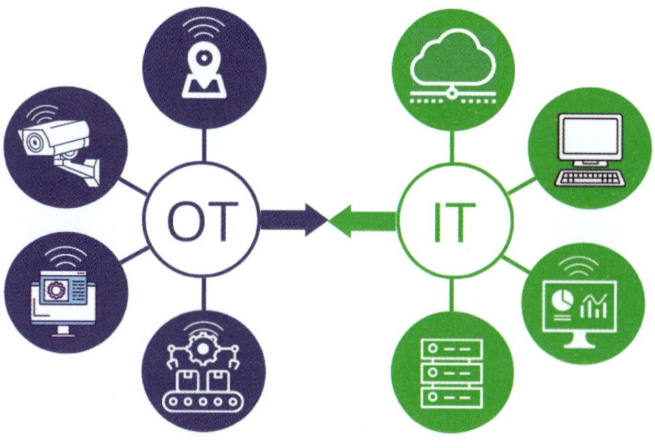

IT와 OT의 융합/연결을 잘 보여주는 그림 (자료 : YokogawaFrance)

그런데 오랫동안 분리되어 별도의 기술이었던 IT와 OT를 연결, 융합하면서 업무효율성과 의사결정능력이 크게 향상되고 있다. 대표적인 예가 산업용 사물인터넷(IIoT)으로 물리적 장치, 센서, 기계를 IT 네트워크에 연결하는 것이다. 산업에서의 IT/OT 융합은 정보기술과 운영기술을 통합시켜 데이터 수집, 원격 모니터링, 성능 분석, 장비 제어 및 관리를 한 번에 가능하게 한 것이다.

그런데 문제는 IT와 OT 융합의 장점에서 비롯된다. 그동안 OT 부문은 외부망과 분리되어 있어서 외부의 공격으로부터 자유로웠다. 그러나 IT와 연결 통합되면서 많은 IT 기기 및 시스템이 OT 환경과 상호 연결됨에 따라 해킹 등 외부 공격이 있을 경우 OT 부문까지 영향을 끼쳐 회사 존립이 위태로울 수 있는 상황이 된 것이다(제12장 '3. 생산 · 운영시스템의 혁신' 부분 참조).

메타버스와 디지털 트윈

한때 크게 유행했던 메타버스. 한물간 것으로 생각할 수 있는 메타버스는 여전히 경영현장에서 활용되고 있다. 최근에는 이와 유사한 개념인 디지털 트윈이 새롭게 떠오르고 있다.

디지털 트윈(digital twin)
현실세계의 물리적 대상을 디지털 세계에 복제해 구현하고, 현실세계의 문제해결이나 수정 및 개선 등을 위해 다양한 시뮬레이션을 실행하는 기술 및 최적해를 찾는 디지털 기술융합 플랫폼 기술

메타버스(metaberse)는 가상현실을 구현한 콘텐츠 또는 형태를 말한다. "초월하다"는 의미를 가진 meta와 "세계"를 의미하는 universe의 합성어이다. 디지털 트윈(digital twin)은 현실세계의 물리적 대상(사람, 사물, 공간, 시스템, 프로세스 등)을 디지털 세계에 "쌍둥이처럼(twin)" 복제해 구현하고, 현실세계의 문제해결이나 수정 및 개선 등을 위해 다양한 시뮬레이션을 실행하는 기술 및 최적해를 찾는 디지털 기술융합 플랫폼 기술을 말한다.

메타버스와 디지털 트윈 둘 다 가상세계를 구현한다는 점에서 비슷하지만, 현실과 얼마나 밀접하게 연결되어 있느냐에 따라 구분된다. 즉 디지털 트윈은 현실을 있는 그대로 물리적 연결성까지 고려하여 디지털로 똑같이 구현한 것임에 비교하여, 메타버스는 현실의 존재 여부와 무관하게 만든 가상의 현실인 것이다. 메타버스는 물리적으로 존재하는 현실을 반드시 반영할 필요가 없으므로 처음부터 새롭게 가상의 세계를 만들 수 있다.

디지털 트윈의 개념을 잘 보여주는 그림. 그림 오른쪽은 현실의 실물이고 왼쪽은 실물을 디지털화한 모습이다. (자료 : McKinsey)

메타버스와 디지털 트윈을 구분하는 또 다른 요소는 데이터(data)이다. 디지털 트윈은 실제 현실의 객체에 부착된 센서 등에서 측정한 실시간 데이터를 디지털상에 구현한 대응물과 연결한다. 이러한 데이터 수집, 통합 과정이 없다면 디지털 트윈이 아니다. 그러나 메타버스는 센서 데이터가 없어도 자체적으로 가상으로 만들어서 존재할 수 있고, 구현된 가상현실에 현실의

걸그룹 에스파(aespa). 현실의 휴먼 에스파(aespa) 4명과 이들의 디지털 트윈인 가상의 아이-에스파(ae-aespa) 4인, 총8인조 걸그룹이라는 콘셉트의 세계관을 시도했었다. (자료 : HYPEBEAST)

실시간 데이터를 연결할 수도 있다.

이처럼 메타버스와 디지털 트윈을 구분할 수 있으나 최근에는 창조된 가상공간(메타버스)에 현실을 디지털로 복제한 대응물(디지털 트윈)을 집어넣는 식으로 메타버스와 디지털 트윈을 결합하기도 한다.

메타버스가 활용되는 대표적인 분야는 게임이나 엔터테인먼트 분야이다. 산업 분야에서 활용되는 메타버스는 산업용 메타버스(industrial metaverse)라고 별도로 부르기도 한다.

세계적인 개인용품 회사로 유니레버(Unilever)가 있다. 이 회사는 새로운 제품을 개발할 때마다 제품의 용기(bottle)에 대한 전 세계 소비자들의 취향이 다름을 반영하여 다양한 종류의 용기 디자인을 테스트한다. 이때의 시험용 용기 생산은 소량에 종류가 많기 때문에 생산라인을 계속해서 변경해야 한다. 당연히 시간과 비용이 많이 든다. 유니레버는 디지털 트윈을 활용하여 개선해야 할 문제점을 신속히 파악하여 수정하고 3D 프린터로 즉시 제작을 하는 시스템을 개발했다. 그 결과, 제품 출시 소요기간이 9개월에서 5개월로 단축되고 비용을 70%나 절감하는 효과를 거두었다.

'보안'과 '안전'을 혼동하는 경우가 있다. 보안은 '인간의 행위'에 대한 대응책이다. 예를 들어 쓰나미에 대해서 안전이라는 용어는 적합하지만 보안이라는 용어는 적합하지 않다.

보 안

보안(security)은 위험, 손실 및 범죄가 발생하지 않도록 방지하는 상태를 가리킨다. 보안이라는 장치(또는 수단)가 필요하도록 원인을 제공한 것은 '사람의 행위'이다. 따라서 보안을 유지하는 가장 전형적인 방법은 접근제어이다. 보호하고자 하는 대상으로, 인가받지 않은 사람이 접근하는 것을 막는 것이다.

정보분야에서의 보안은 이러한 접근제어 외에 한 가지가 더 요구된다. 인가 권한을 가진 사람의 '인가받지 않은 행위'를 제어하는 것이다. 예를 들어, 회사의 정보책임자는 당연히 정보시스템에 접근 권한이 있다. 그러나 그 정보를 회사의 허락 없이 외부로 반출해서는 안 된다. 이러한 반출행위는 인가받지 않은 행위인 것이다. 사회적 논란이 뜨거운 개인정보 유출사건들은 이러한 보안이 지켜지지 않아서이다. 외부로부터의 인가받지 않은 접근, 즉 해킹에 의해서 정보가 노출되거나 내부자의 인가받지 않은 행위에 의해 빼돌려지는 것이다.

이러한 행위들은 한 조직에 치명상을 입힐 수 있기 때문에 보안을 위한 충분한 투자와 관리활동이 이루어져야 한다. 실제로 기업들이 정보기술이 적용된 분야에 사용하고 있는 보안도구가 평균 31.6개에 이른다고 미국 보안전문회사인 팔로알토(Palo Alto)가 주장하고 있기도 하다. 이 회사의 2024년도 보고서에서 언급된 정보기술 보안 관련 이슈들을 보면 다음과 같다.

- **사이버 보안에서 양면성을 가진 AI의 진화** : AI 기술의 발전이 긍정적인 면이 아닌 부정적인 쪽으로 활용될 가능성이 커지고 있다. AI 회사들이 만들어놓은 안전장치 내지 가이드라인이 있음에도 불구하고 진화하는 AI 기술을 범죄에 활용할 수 있기 때문이다. 영국의 컨설팅 기업 컨설트 하이페리온(Consult Hyperion)에 따르면 AI 기술의 발전이 금융사기 수법의 고도화를 이끌어서 금융기관을 대상으로 한 사기 시도의 3분의 1 이상이 AI를 활용하고 있다. 특히 딥페이크 기술을 이용한 사기 시도는 지난 3년(2024년 8월 기준)간 무려 2,137%라는 폭발적인 증가세를 보이며 전체 사기 시도의 6.5%를 차지하고 있다. 이러한 흐름은 금융권뿐만 아니라 다양한 산업분야로 확산되어 심각한 위협이 되고 있다. 세계경제포럼에 따르면 2023년에 전 세계 중소기업의 26%, 대기업의 38%가 딥페이크 사기에 당해 손실을 입은 것으로 나타났다.

영국의 세계적인 엔지니어링 회사인 에이럽(Arup). 딥페이크 사기에 당해 2천만 파운드(약 338억원)의 피해를 입었다. (자료 : 종합)

- **새로운 공격 대상 OT** : IT/OT 융합으로 인해 운영기술(OT)은 갈수록 IT와 더 많이 연결되고 있으며, 심지어 클라우드와도 연결되어 있는 경우가 많다. 보안 위협세력들의 OT 공격은 IT가 공격받을 때와는 성격이

근본적으로 다르다. 단순한 매출 손실뿐만 아니라 산업장비의 오작동으로 인명사고로 이어질 위험도 있다. 기업으로서는 IT/OT 융합으로 인한 이점과 보안사고시 발생할 수 있는 사태를 면밀히 비교해야 한다. 보안에 충분한 대비 없이 IT/OT를 섣불리 융합시키는 것은 피해야 한다.

- 공격시간은 짧고 복구는 오래 걸린다 : 정보시스템 공격자가 공격에 걸리는 시간은 몇 시간도 되지 않을 수 있으나 공격의 빌미가 된 보안 문제를 해결하는 데에는 평균 6일이 걸린다는 보고가 있다. 60% 이상의 조직은 최소한 4일 이상이 걸리는 것으로 보고되기도 한다. 대응 매뉴얼이 완비되지 않은 조직은 시간이 훨씬 더 걸릴 것이다.
- 핵티비즘의 발현 : 핵티비즘(Hacktivism)이란 해킹(hacking)과 정치행동주의를 뜻하는 '액티비즘(activism)'의 합성어로, 정치·사회적 목적을 달성하기 위해 해킹하거나 목표물인 서버 컴퓨터를 무력화하는 운동을 말한다.

단순히 컴퓨터 보안장치를 풀고 침입하는 해커와 차이가 있다. 기존의 해킹이나 크래킹과 달리 정치·사회적 저항 성격이 강하기 때문이다. 일종의 '사회적 해킹'이라 할 수 있다. 핵티비스트들은 정치·사회적 목적 달성을 위해 특정 웹사이트를 침범하거나 서버를 무력화하고 해당 사이트에 정치 슬로건을 내건다. 최근에는 단순한 접속 방해를 넘어 내부망의 기밀문서를 훔치기까지 한다. 해킹한 자신의 정체를 알리며 이를 인터넷에 공개하겠다고 협박하는 것이 특징이다.

이슬람 무장단체에 사이버 공격을 선전포고하면서 유명해진 '어나니머스(Anonymous)'도 일종의 핵티비즘 단체이다. 어나니머스는 원래 검열 반대, 인터넷 정보 공유, 지식의 자유 등을 목적으로 하는 단체였다.
(자료 : Anonymoushackers.net)

2023년도에 인도에서 열린 G20 정상회의 기간 동안 주변 국가의 30개 이상의 핵티비스트 그룹이 600개 이상의 정부·민간기관의 웹사이트를 디도스 공격·훼손·데이터 유출 등으로 공격한 바 있다.

AI

인공지능(AI : Artificial Intelligence)은 인간이 지닌 지적 능력을 인공적으로 구현한 것을 말한다. AI를 구현하기 위해서는 입력받은 '정보'를 활용하여 스스로 '학습'하는(이를 '머신러닝'이라고 한다) 것이 필요하다. 이러한 것이 가능하기 위해서는 고도의 컴퓨팅 기술뿐만 아니라 데이터가 많으면 많을수록 그 효과가 배가될 것이기 때문에 이를 다루는 빅데이터 기술발전이 도움이 된다.

AI는 사회 전 분야에 있어서 핵폭탄급 화두를 던지고 있다. 기술 발전 속도가 너무 빨라 그 끝이 어디까지일지, 무슨 일이 일어날지 예측하기도 힘들 정도이다. 챗지피티(ChatGPT)와 같은 생성형 AI 모델이 대중화되면서, 거의 모든 분야에서 영향을 미치고 있다. 최근 미국 기술 관련 기업인 벤처비트(VentureBeat)의 조사에 따르면, 26% 정도의 기업이 의사결정과정에 생성형 AI를 적극적으로 사용하고 있고, 제조업체의 경우 일상적인 업무에 AI를 통합하는 기업의 비율이 66% 이상이며 이 비율은 계속 증가하고 있다고 한다.

벤처비트의 홈페이지 (자료 : VentureBeat)

제조기업에서 AI를 활용하는 사례를 몇 가지 보면 다음과 같다.

- 조립라인의 최적화 : AI를 사용하여 작업의 적응성, 정밀성, 유효성을 높인다. AI를 사용하여 조립라인을 최적화한 대표적인 회사 중의 하나는 독일의 자동차회사 폭스바겐이다. 이 회사는 AI 기반 솔루션을 사용하여 제조공정의 표준화와 효율성을 높였다. 조립라인의 성능 측정 및 실시간 센서 데이터를 분석하여 가장 효율적인 조립라인의 배치, 이종(異種) 자동차의 혼류생산을 위한 조립라인 조정시 유휴시간 최소화 등 운영을 최적화하고 있다.
- 제조시설 성능 최적화 : AI를 이용하여 기계장비 고장을 예상하고 사전에 모니터링하여, 혹시 발생할 수 있는 장비 고장을 미리 예방, 가동중단시간을 줄일 수 있게 해준다. 유지관리가 필요한지를 예측하는 방법 중 하나는 AI가 응용된 디지털 트윈을 사용하는 것이다. 제조시설의 유지관리 필요성을 예측할 수 있게 된 것은 제조산업의 역사에서 볼 때 매우 획기적인 것이다. 많은 기업들이 시설 장비의 유지관리 일정을 수립하는 데 도움을 받고 있다.

나아가 제조 프로세스에 통합된 AI는 지능형 네트트워크 시스템 구축을 가능하게 한다. 즉 기계들을 통신으로 연결하여 한 공장 내의 기계들이 마치 하나의 시스템처럼 움직이게 하는 것이다. AI를 기반으로 장비가 "연결된 공장(connected factory)"은 변화하는 상황에 제조라인 전체가 신속하게 대응하는 것이 가능하다.

실제 사례 중 하나는 제너럴 일렉트릭(GE : General Electric)이다. GE는 그동안 축적해놓은 방대한 데이터와 센서에서 실시간으로 수집되는 데이터를 분석하는 AI 알고리즘을 개발하여 생산 프로세스에 반영했다. 또한 GE는 AI와 사물 인터넷(IoT)을 통합한 "연결된 공장"을 구현하기 위하여 프레딕스(Predix)라는 플랫폼을 개발했는데, 장비가 멈추는 일을 사전적으로 예방하는 등 전반적인 장비효율성과 제조 프로세스의 효율성이 개선되었다.

- 공급망 관리와 재고관리에 활용 : AI는 공급망 관리와 재고관리의 패러다임도 바꾸고 있다. 공급망에서 활용되는 AI로 정확한 수요 예측이 가능하여 물류를 정밀화, 간소화시키고 있다. 머신러닝 기법으로 과거 데이터를 검토하고 추세를 파악하며 정밀하게 수요 변화를 예측할 수 있다. 월마트(Walmart)는 공급망 운영에 AI를 통합하여 예측오류를 50%까지 줄이는 등 경쟁이 치열한 소매업 분야에서 어느 회사보다 일찍부터 신속한 의사결정, 환경변화 대응 및 글로벌 공급망 관리에 큰 도움을 받고 있다.

공급망 관리와 함께 재고관리에도 AI가 적용되고 있다. 재고수준을 최적화하여 운반비용을 절감하는 동시에 제품의 적시 공급을 가능하게 해준다. 예컨대, 자동차회사인 BMW는 AI 기반 자동 유도 차량(AGV : Automated Guided Vehicles) 제작시스템을 활용하는 등 재고관리에서 주문이행에 이르기까지 AI 기반 제조 및 머신러닝 기술로 운영효율적이고 비용효율적인 재고관리를 하고 있다.

BMW의 AGV는 사전 설정된 경로를 따라 자재 및 완제품의 배송을 자동공급한다. (자료 : BMW)

● 협동 로봇의 활약 : 협동 로봇(collaborative robot), 즉 코봇(cobot)은 사람과 한 공간에서 협동하여 작업하면서 사람과 물리적으로 상호작용할 수 있는 로봇을 말한다. 초기에는 제조공정에 주로 투입되었으나 최근에는 1, 2차 산업영역에서 벗어나 3차산업인 서비스업까지 그 용도가 확대되고 있다.

예를 들어, 아마존(Amazon)의 코봇은 머신러닝을 사용하여 주문을 신속하게 처리하고 복잡하게 진행되던 물류를 간소화한다. 이러한 AI 기반 로봇은 대량의 데이터를 순식간에 처리하기 때문에 복잡하고 어려운 작업을 정확하고 빠르게 완료할 수 있다.

● 정밀한 품질관리 : AI가 적용된 품질관리 알고리즘은 인간의 기술을 훨씬 뛰어넘는 전례 없는 정밀도로 결함 및 품질 이상 여부를 판단해낸다.

RPA란 기업이 소프트웨어 로봇 또는 "봇"을 사용하여 반복적이고 규칙 기반 작업을 자동화할 수 있도록 하는 기술을 말한다. 이러한 봇은 인간의 행동을 모방하여 다양한 시스템 및 애플리케이션과 상호작용하여 정확하고 효율적으로 작업을 수행한다. (자료 : Strivemindz)

임직원수가 80만명 이상인 대만의 제조업체 폭스콘(Foxconn)은 제조라인에 AI와 컴퓨터 비전 기술을 추가하여 품질관리방법을 크게 개선했다. AI 시스템은 컴퓨터 비전 기술에서 전송하는 이미지와 비디오를 분석하여 제품의 구성요소에 결함이 있는지를 매우 정밀하게 진단한다. 1911년에 설립된 미국 가전의 자존심 월풀(Whirlpool)은 RPA(Robotic Process Automation) 봇을 사용하여 제조공정을 자동화했을 뿐만 아니라 품질검사에도 사용하여 완제품 품질검사의 일관성과 정확성을 크게 높였다.

AI는 이상에서 살펴본 제조부문은 물론이고 인류의 거의 모든 분야에서 전혀 새로운 세상을 열고 있으며 그 영향력은 계속해서 확대되고 있다. 그러나 AI의 발전과 함께 윤리적 문제와 규제의 필요성도 대두되고 있다. 앞으로 AI가 어떻게 발전하고 사회에 어떤 영향을 미치게 될지에 큰 관심이 모아지고 있다.

5 경영정보시스템과 통제활동

경영정보시스템의 의의

경영정보시스템(MIS : Management Information System)
경영활동이 이루어지는 현장에 구축된, 정보기술을 기반으로 하는 시스템 혹은 컴퓨터기반의 정보시스템

경영정보시스템(MIS : Management Information System)의 개념은 그 범위가 시대의 흐름에 따라 조금씩 달라져 왔다. 초기에는 MIS를 경영관리층에서 필요로 하는 정보를 제공하는 일종의 정보보고시스템(information reporting system)으로 보았다. 오늘날에도 MIS를 협의의 개념으로는 이렇게 보고 있다.

한편 MIS를 광의의 개념으로 보면 경영활동이 이루어지는 현장에 구축된, 정보기술(information technology)을 기반으로 하는 시스템 혹은 컴퓨터기반의 정보시스템(computer-based information system)을 의미하는 것으로 보고 있으며 이러한 관점이 근래의 추세이다. 즉 최근에는 정보시스템(IS : Information System)이 곧 MIS라고 보는 경향마저 있다.

이러한 개념의 변화는 컴퓨터 관련기술, 정보기술의 발전과 맥을 같이한다. 기업활동에 컴퓨터를 활용하기 시작한 초창기에는 주로 단순업무, 예컨대 회계업무처리나 종업원들의 급료업무, 판매, 구매, 재고처리 등과 같은 거래처리(transaction processing) 업무 중심으로 전산화(얼마 전까지는 '정보화'라는 용어보다는 '전산화'라는 용어를 주로 사용하였다)가 이루어졌다.

따라서 자연스럽게 MIS의 개념도 이러한 범주로 이해되었다. 그러나 정보기술이 급격하게 발전하면서 기업의 거의 모든 업무, 심지어 기업의 장기적인 전략수립이나 전문분야에 대한 지원 등 경영자의 의사결정까지도 지원하게 됨으로써 MIS 개념도 이러한 부분까지를 포괄하는 시스템으로 이해되기도 한

□ 그림 9-7
경영정보시스템(MIS)의 개념

초기의 MIS 개념	→	근래의 MIS 개념
경영관리층에서 필요로 하는 정보를 제공하는 일종의 정보보고시스템(information reporting system)		경영활동이 이루어지는 현장에 구축된, 정보기술을 기반으로 하는 모든 시스템(IT-based information system)
협의의 개념	↔	광의의 개념

다. 이러한 모든 업무가 결국 '경영'이라는 행위에 포함되기 때문이다.

이에 따라 오늘날 대부분의 기업에서는 정보화를 위한 투자, MIS에 대한 투자가 당연한 것으로 인식되고 있다.

정보시스템의 구분

앞서 MIS의 개념에서 설명한 것처럼 광의의 MIS는 지금부터 설명하게 될 내용의 정보기술을 활용한 모든 시스템을 포괄하는 개념이지만 MIS를 일단 협의의 개념에서 보고 각종 정보시스템을 구분하면 다음과 같다.

참고로 아래에서 설명하는 정보시스템들은 정보기술이 급격하게 발달하면서 과거와 달리 그 경계가 모호해졌다. 이에 따라 관련 용어 또는 그 개념들을 과거처럼 엄격하게 구분하지 않는 것이 최근의 경향이다.

조직의 계층에 따른 구분

통상 조직의 수직계층은 최고경영층, 중간경영층, 현장경영층, 일선 종업원층으로 구분한다. 각 계층별로 의사결정의 종류, 주요 업무 및 통제활동, 정보시스템, 실제 운용하고 있는 정보시스템의 예를 정리하면 [그림 9-8]과 같다.

최고경영층은 기업의 예를 들면 회장, 사장, 이사 정도의 직위를 가진 사람들이다. 이들이 주로 하는 의사결정은 전략적 의사결정이며 따라서 이들의 활동에 대한 통제는 주로 전략적 의사결정으로 수립된 전략계획에 의한다. 전략계획(strategic planning)이란 중장기계획에 대한 수립과 통제를 말하며 사업단위 조정이나 M&A(인수 · 합병) 등이 있다. 이들의 의사결정을 돕고 점검해주는 정보시스템을 전략계획시스템이라고 한다.

한편 조직의 각 위계에서 이루어지는 통제활동의 구체적인 예와 정보의 특성을 정리하면 〈표 9-5〉와 같다. 조직위계별 정보의 특성을 보면 최고경영층으로 갈수록 활용하는 정보의 범위가 넓고 그 원천이 외부지향적이며 통합적인 반면 정보의 정확성은 떨어진다. 이는 최고경영층이 주로 전략적인 의사결정을 해야 하는 특성 때문이다.

□ 그림 9-8
조직 각 위계의 의사결정, 통제활동과 정보시스템

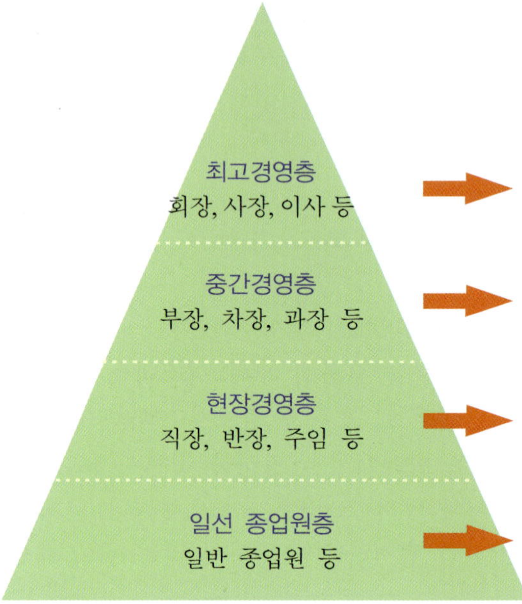

의사결정 종류	업무/통제 활동	정보시스템
전략적 의사결정	전략계획	전략계획 시스템
전술적 의사결정	전술통제	관리통제 시스템
운영적 의사결정	운영통제	운영통제 시스템
현장업무	실행	거래처리 시스템

○ 표 9-5
조직의 각 위계에 대응되는 통제활동 및 이에 활용되는 정보의 특성

조직의 위계	주요 업무 및 통제활동		정보의 특성			
	활 동	예	원 천	범 위	정확성	집중도
최고 경영층	전략계획 (strategic planning)	중장기계획 수립·통제 : 사업단위 조정, M&A 등	외부 ↑	광범위 ↑	낮다 ↑	통합적 ↑
중간 경영층	전술통제 (tactical control)	전략계획에 따른 실행계획수립·통제 : 연간예산, 사업단위별 평가 등				
현장 경영층	운영통제 (operational control)	부서단위의 기본활동·통제 : 부서단위별 평가 등				
일선 종업원	실행 (operation)	일상적 업무처리 등	↓ 내부	↓ 협소	↓ 높다	↓ 세분

각 조직의 각 위계를 지원하는 정보시스템을 설명하면 다음과 같다.

전략계획시스템(strategic planning system)

기업의 중장기적인 전략계획수립과 같은 업무를 수행하는 최고경영층 또는 임

전략계획시스템
(strategic planning system)
기업의 중장기적인 전략계획수립과 같은 업무를 수행하는 최고경영층 또는 임원들의 경영활동을 돕는 정보시스템

원들의 경영활동을 돕는 정보시스템이다. 이들의 업무는 비반복적·비구조적이기 때문에 이 시스템은 계량적인 자료보다는 직관이나 경험에 의한 의사결정을 지원하게 된다. 내부적으로는 현재의 조직 전반적인 능력을 평가하고 과거자료를 이용한 미래예측 기능이 제공되며 외부적으로는 기업 내부의 정보와 은행 등과 같은 외부의 정보를 연결하는 기능을 제공한다. 예컨대 사업방향, 시장전략, 제품믹스 등의 경영활동을 돕는다. 전략정보시스템(SIS : Strategic Information System)이라고도 한다.

관리통제시스템(managerial control system)

관리통제시스템
(managerial control system)
중간경영층의 경영관리활동을 돕는 정보시스템으로, 중간관리자들의 주요 업무인 전략계획에 의한 실행계획 수립 및 시행 그리고 통제활동에 필요한 정보를 제공하는 시스템

중간경영층의 경영관리활동을 돕는 정보시스템이다. 중간관리자들의 주요 업무인 전략계획에 의한 실행계획 수립 및 시행 그리고 통제활동에 필요한 정보를 제공해준다.

예를 들어 비교적 광범위한 업무범위라고 할 수 있는 주요 사업단위(strategic business unit)별 성과평가활동이나 연간예산수립 및 그에 따른 통제활동부터 일상적인 관리통제활동이라고 할 수 있는 기간(연간, 분기, 월간, 주간)별 생산 및 재고, 판매 현황에 관한 정보까지 포괄한다. 구체적으로 계획 및 예산모형, 차이보고 및 문제분석모형, 의사결정모형 등을 갖추게 된다. 특히 이 시스템에서는 일상적인 관리과정에서 문제가 발생했을 때 관리자에게 사전 경고해주는 기능이 포함된다.

운영통제시스템(operational control system)

운영통제시스템
(operational control system)
현장관리자나 하위관리자 계층의 경영관리활동과 통제를 돕는 정보시스템

현장관리자나 하위관리자 계층의 경영관리활동과 통제를 돕는 정보시스템이다. 주로 업무가 사전에 정해진 규칙과 절차에 따라 정상적으로 진행되도록 관리자를 지원하는 한편, 그러한 업무의 통제를 할 수 있게 해준다. 다음에 설명하는 거래처리시스템이 주로 업무처리만을 위한 시스템이라면 이 시스템은 거래처리시스템의 작업결과를 요약하거나 조회(query)함으로써 통제할 수 있게 해준다.

구체적으로 거래처리, 보고서처리, 조회처리 등의 기능을 제공한다. 예를 들어 거래처리시스템에서 종업원의 근무상황을 입력하면 이 시스템에서는 근무상황을 조회할 수도 있고 정리하여 보고서를 만들 수도 있다. 나아가 그 결과에 근거하여 종업원들을 관리감독하고 고과업무를 할 수 있다.

거래처리시스템(TPS : Transactional Processing System)
조직의 말단부에서 이루어지는 일상적인 업무처리를 돕는 정보시스템

거래처리시스템(TPS : Transactional Processing System)

조직의 말단부에서 이루어지는 일상적인 업무처리를 돕는 정보시스템이다. 예를 들면 전표입력이나 발행, 주문접수 및 상품발송, 대금지급 등과 같은 통상의 최일선 업무를 자동화하여 처리해주는 시스템이다.

경영의 직능 또는 기능별 정보시스템

제1장에서 배웠던 것처럼 기업경영의 경우 경영의 기능(function)에는 크게 인적자원관리, 생산·운영관리, 마케팅관리, 재무관리 등이 있으며 이와 별도로 회계부문을 추가하기도 한다. 경영의 직능 또는 기능별 정보시스템은 이러한 각 기능 분야에서 활용할 목적으로 구축된 정보시스템이다. 각각의 정보시스템 명칭을 살펴보면 다음과 같다.

인적자원정보시스템

인사정보시스템이라고도 불리는 이 시스템은 인적자원, 즉 종업원의 모집, 배치, 개발, 평가, 보상 등 인사관리기능을 지원하는 정보시스템이다. 인적자원정보시스템 개발은 통상 급여관리프로그램 개발에서 시작된다.

생산정보시스템

생산활동, 즉 ① 제품의 설계, 공정설계, 생산능력 결정, 입지선정, 설비배치, 작업설계와 작업측정 등과 같은 생산시스템의 설계와 ② 총괄계획, 재고관리, 일정계획, 품질관리 등과 같은 생산시스템의 운영 및 통제활동을 지원하는 정보시스템이다.

마케팅정보시스템

마케팅관리활동인 마케팅정보의 수집과 시장기회 분석, 시장세분화 및 목표시장 선정, 제품 포지셔닝, 마케팅믹스 개발, 마케팅활동의 조정 및 통제 등의 활동을 지원하는 정보시스템이다. 시장분석, 거래처리, 판매관리, 데이터베이스 마케팅, 텔레마케팅 등의 기능을 갖는다.

□ 그림 9-9
마케팅정보시스템의 예

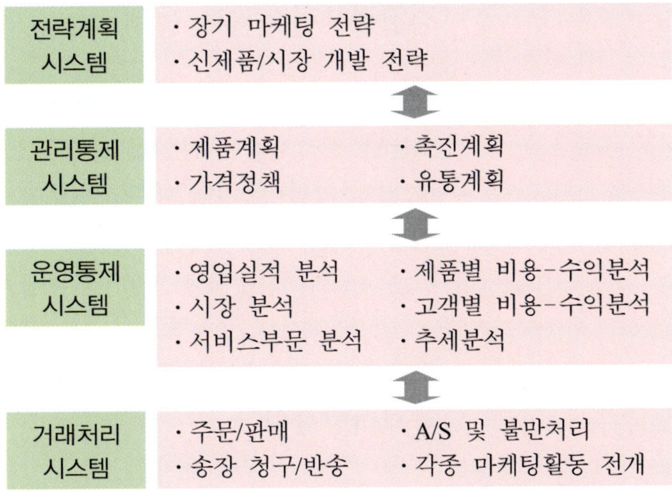

재무정보시스템

투자활동과 자금조달 등 재무활동을 지원하는 정보시스템이다. 현금관리, 운전자본관리, 경영분석, 자본예산, 재무계획 기능을 갖는다.

회계정보시스템

정보기술을 이용하여 분개에서 전기, 결산에 이르는 회계의 제반 업무 및 이와 관련된 업무를 처리하는 시스템을 말한다.

실제의 기업현장에 가보면 자금력이 열세인 중소기업이라 하더라도 회계와 관련된 프로그램과 인사관리프로그램(주로 급여처리)은 대부분 운영하고 있다. 이들 영역은 업종이나 기업규모에 관계없이 업무가 유사하기 때문에 일찍부터 많은 정보시스템 구축업체(프로그램 개발업체)에서 다양한 프로그램을 개발하여 저렴한 가격에 공급해왔고 기업입장에서도 시스템 구축비용에 비해 성과가 뛰어났기 때문이다.

그러나 기업의 각 활동—인사(인적자원), 생산 · 운영, 마케팅, 재무, 회계—이 서로 밀접하게 연관되어 있기 때문에 이들 각 활동을 지원하는 정보시스템 역시 모두 연결되어야만 진정한 정보시스템 구축에 따른 효익을 거둘 수 있다.

경영정보시스템과 통제활동

관리활동으로서 통제활동은 정보기술의 발달로 인하여 일대 전환점을 맞았다. 오늘날 관리자들은 다양한 정보시스템을 이용하여 실시간으로 통제활동을 할 수 있게 되었다. 기업 내부적으로는 예산통제나 회계통제, 관리통제, 내부감사 수단이 될 뿐만 아니라 외부자에 의한 통제활동시에도 각종 경영정보시스템 또는 시스템 산출물에 의하여 통제가 이루어지고 있다.

통제저항관리

"지렁이도 밟으면 꿈틀한다"라는 말이 있다. 통제는 조직의 목표달성을 위하여 모든 계층의 경영자들에게 주어진 꼭 필요한 관리기능이긴 하지만 그 성격상 구성원들의 저항을 유발할 잠재적 가능성이 항상 존재한다. 관리자가 아무리 명분이 있고 목표달성에 대한 의욕이 넘치더라도 지나친 통제는 구성원들의 근로의욕과 창의성을 저하시키는 등 종업원과 조직에 부작용을 초래하여 결과적으로 통제활동이 추구하는 목표달성에 실패하게 된다. 따라서 관리자는 통제에 대한 저항을 사전에 예방할 수 있는 방안을 강구해야 하며, 저항이 발생하면 그 원인을 파악하여 신속하게 문제를 해결해야 할 것이다.

〈표 9-6〉은 통제에 대한 저항이 발생할 수 있는 원인과 그에 대한 해결책을 정리한 것이다.

표 9-6
통제에 대한 저항의 원인과 해결방안

통제에 대한 저항의 원인	해결방안
달성 불가능한 표준	표준의 조정
상호 모순되는 표준	표준의 재정립
사람에 의한 과잉통제	효과적인 통제시스템 개발과 운용
부적절한 통제	타당한 통제정책
지나친 책임의 강조	책임의 적절한 분산 및 균형 유지

토론

미국 콜로라도, 일부 학교에 AI 얼굴 인식 카메라 도입... 안전 대 사생활 침해 논란

6일(현지시간) 덴버 포스트(Denver Post) 보도에 따르면 미국 서부 콜로라도의 일부 학교에서 인공지능(AI) 얼굴 인식 감시 카메라를 사용하기 시작했으며, 내년부터는 더 많은 학교와 대학교가 이 기술을 채택할 가능성이 높은 것으로 나타났다.

콜로라도 스프링스(Colorado Springs)의 체옌 마운틴 학군(Cheyenne Mountain School District)에 첨단 AI 기능을 갖춘 약 400대의 카메라가 설치되어 있으며, 이 카메라들은 학교폭력 가해자, 외부 침입자, 미등록 학생 등 특정인물을 식별하고 추적하는 데 사용된다. 학교 관리자나 보안 담당자는 AI 시스템에 사진을 업로드할 수 있다. 해당인물이 카메라에 잡힐 때마다 알림을 받고 관련 비디오를 즉시 확인할 수 있다.

보도에 따르면 학교 관계자들은 "AI 카메라를 통해 응급상황에서 사람을 신속하게 찾을 수 있어 학교 보안이 크게 향상될 수 있다"고 주장한다. 얼굴 인식 기능 외에도 학교 내 문을 원격으로 잠글 수 있는 시스템, 공기 질 센서, 총기 감지 센서, 이상행동 감지 시스템 등 다양한 보안기술을 도입하고 있다.

하지만 이러한 기술 사용에 대한 윤리적 우려와 사생활 침해 문제도 제기되고 있다. 콜로라도주 의회는 2022년 AI 얼굴 인식 기술의 사용을 제한하는 법안을 통과시켰다. 학생들의 사생활 침해, 인종차별 등 AI 기술 오용가능성에 대한 우려 때문이다. 기존에 이 기술을 사용중인 학교는 계속해서 이를 사용할 수 있지만, 2025년에 모라토리엄이 해제되면 더 많은 학교가 이 기술을 도입할 것으로 예상된다.

AI 보안 시스템이 실제로 학교 안전을 얼마나 향상시키는지에 대해서는 여전히 논쟁이 있다. 일부 연구에서는 AI 보안 시스템이 학교폭력 예방효과가 미미하며, 오히려 학생들의 불안감을 높일 수 있다는 결과를 보여준다. 학교는 안전 강화라는 목적을 달성하는 동시에 학생들의 사생활과 인권을 보호할 수 있는 방안을 모색해야 한다.

(인공지능신문, 2024.10.7)

토론주제 학교에 위 기사와 같은 AI 보안 시스템 설치에 대해 찬반을 토론해보자.

핵심용어

- 경영통제
- 사전/진행/사후통제
- 스크리닝통제
- 가부통제
- 표준
- 예산통제
- 내부통제
- 내부견제
- 회계통제
- 관리통제
- 감사
- 내부감사/외부감사
- 자료/정보
- 정보의 적합성
- 정보의 정확성
- 정보의 증거성
- 정보의 적시성
- 정보의 형태성
- 정보시스템
- 클라우드
- 모빌리티
- 빅데이터
- IoT와 IIoT
- IT/OT의 융합
- 디지털 트윈
- 보안
- 핵티비즘
- AI
- 경영정보시스템
- 전략계획시스템
- 관리통제시스템
- 운영통제시스템
- 거래처리시스템
- 인적자원정보시스템
- 생산정보시스템
- 마케팅정보시스템
- 재무정보시스템
- 회계정보시스템
- 통제저항관리

요 약

- 통제란 조직의 목표를 달성하기 위하여 계획대로 되도록 하는 행위를 일컫는다. 통제활동은 계획수립과 불가분의 관계에 있다. 관리자가 취할 수 있는 경영통제의 유형에는 사전통제, 진행통제, 사후통제의 세 가지가 있다.
- 통제의 절차는 크게 성과의 측정, 표준과의 비교, 수정행동의 세 단계로 이루어진다. 한편 통제를 하기 위한 업무수행결과를 평가하기 위해서는 사전에 계획된 기준 또는 표준이 있어야 한다. 주요 경영통제기법으로는 예산통제, 회계통제, 관리통제, 감사 등이 있다.
- 자료가 주어진 문제해결이나 상황판단에 활용될 수 있도록 적합하게 변환되고 가공되었을 때 이를 정보라고 한다. 정보의 가치에 영향을 미치는 요인으로는 정보의 적합성, 정확성, 증거성, 적시성, 형태성 등이 있다.
- 정보시스템이란 정보를 수집, 처리, 가공, 저장, 공급함으로써 한 조직의 활동과 의사결정, 통제활동을 지원하는 구성요소들의 집합이다. 정보시스템의 구성요소로는 하드웨어, 소프트웨어, 데이터베이스, 사람 등이 있다.
- 정보기술의 중요 이슈로는 클라우드, 모빌리티, 빅데이터, 보안, IoT/IIoT, IT/OT의 융합, 메타버스와 디지털 트윈, AI 등이 있다. 특히 AI는 인류와 관련된 전 분야에서 혁명적인 변화를 가져오고 있다.

- 경영정보시스템이란 좁은 의미에서는 경영관리층에서 필요로 하는 정보를 제공하는 일종의 정보보고시스템으로 보기도 하고, 넓은 의미에서는 경영활동이 이루어지는 현장에 구축된, 정보기술을 기반으로 하는 시스템 혹은 컴퓨터기반의 정보시스템을 의미하는 것으로 보기도 한다.
- 정보시스템을 조직의 계층에 따라 구분하면 전략계획시스템, 관리통제시스템, 운영통제시스템, 거래처리시스템 등으로 나눌 수 있다.
- 정보시스템을 조직의 기능별로 구분하면 인적자원정보시스템, 생산정보시스템, 마케팅정보시스템, 재무정보시스템, 회계정보시스템 등이 있다.
- 정보기술의 발달은 통제활동에 일대 전환점을 가져왔다. 통제가 효력을 발휘하기 위해서는 통제에 대한 저항을 적절히 예방하고 대응해야 한다.

볼거리 읽을거리

세계미래보고서 2024-2034
: 모든 산업을 지배할 인공일반지능이 온다

박영숙, 제롬 글렌 지음 | **교보문고** | 2023

우리는 암과 치매와 고혈압 등 각종 불치병을 치료하고 환경문제를 해결하며, 새로운 에너지를 확보하고 우주로 진출할 수 있게 만들어줄 가능성이 큰 인공일반지능, 즉 AGI(artificial general intelligence)의 등장을 목전에 두고 있다. 하지만 AGI는 인간보다 똑똑한 만큼, 자의식을 가질 경우 인류를 위기에 빠지게 할 수도 있다. 많은 전문가가 이 문제를 대비하기 위해 토론하지만 통일된 의견은 나오지 않는다. AGI의 등장 이후를 예측하는 것이 불가능하기 때문이다.

컴퓨터공학자이자 미래학자인 레이 커즈와일은 인간의 지능을 뛰어넘는 인공지능이 등장하는 순간을 특이점(singularity)이라고 부르며 그 시기를 약 2045년으로 보았다. 하지만 AI의 발달은 예상보다 빨랐고, 생성형 AI가 2022년에 등장하면서 전문가들은 10년, 빠르면 5년 안에 AGI가 등장할 것이라고 예상했다. 『세계미래보고서 2024-2034』는 AGI로 가기까지 AI의 여정과 산업 전반, 인간의 삶에 미치는 영향을 다각도로 살펴본다. (자료 : 교보문고)

연습문제

1. 모든 조직에서 통제활동은 필수불가결한 활동이다. 그 이유를 설명하라.
2. 어떤 상황에서 사전통제, 진행통제(스크리닝통제 포함), 사후통제가 적당한지 예를 찾아보라.
3. 주요 경영통제기법의 특징을 설명하라.
4. 정보의 관리가 왜 필요한가?
5. 정보에 가치가 있기 위해서는 어떤 조건을 갖추어야 하는가?
6. 조직의 각 단계별로 어떤 정보시스템이 활용되는지 설명하라.
7. 경영정보시스템이 조직경영에서 어떤 기여를 하는지 설명하라.
8. 통제에 대하여 저항하는 원인과 그에 대한 해결방안을 제시하라.

PART

Ⅳ 경영의 각 기능들

지금까지는 관리활동의 과정에 대하여 배웠다.

경영의 기능에 대한 대체적인 틀은 제1장에서 배운 바 있다. 경영의 기능에는 마케팅관리, 인적자원관리, 생산 · 운영관리, 재무관리의 네 가지가 있다. 제10장에서는 마케팅, 즉 판매활동에 대하여 배우고 제11장에서는 인적자원, 즉 사람과 경영에 대하여 배운다. 이어서 제12장에서는 제품 생산 · 서비스 운영에 대하여 배운다. 마지막으로 제13장에서는 재무관리, 즉 투자활동과 기업의 미래에 대하여 배운다.

Chapter **10** 판매활동

Chapter **11** 사람과 경영

Chapter **12** 제품 생산 · 서비스 운영

Chapter **13** 재무활동과 기업의 미래

CHAPTER

10 판매활동

1. 마케팅관리란?
2. 마케팅관리의 과정
3. 마케팅믹스전략

우리나라 커피체인점 중의 하나인 컴포즈커피. 2024년 7월에 필리핀 외식기업인 졸리비(Jollibee)가 3,300억원에 인수했다. 졸리비는 미국 커피체인점인 커피빈(Coffee bean and tea leaf)도 소유하고 있다. (자료 : 컴포즈커피)

우리나라, 커피브랜드 TOP10…
매출 스타벅스·영업이익률 컴포즈커피·매장수 메가커피 '1위'

이마트가 보유한 스타벅스 지분은 67.5%이다. 싱가포르 투자청이 32.5%를 보유하게 되면서 스타벅스코리아 회사 이름을 에스씨케이컴퍼니로 바꿨다.

국내 커피브랜드들의 순위를 매출로 매겨보고, 그 외 영업이익, 가맹점 숫자까지 알아봤다. 매출 순위는 스타벅스>투썸>메가커피>이디야>폴바셋>커피빈>할리스>엔제리너스>더벤티>컴포즈커피>매머드커피>탐앤탐스 순으로 나타났다. 영업이익 순위는 스타벅스>메가커피>컴포즈커피>투썸>더벤티 순으로 조사됐다. 영업이익 TOP5에 저가커피 브랜드가 3곳이나 포함됐다.

특히 영업이익률로 알아본 알짜 기업은 저가커피들이 독식했다. 1위는 영업이익률이 무려 41.3%인 컴포즈커피, 2위는 18.8%의 메가커피, 3위는 14.6% 더벤티가 차지했다. 그 뒤를 이어 4위~6위는 할리스(6.26%), 투썸(5.4%), 스타벅스(4.8%)로 나타났다. 7위~9위는 폴바셋(4.6%), 이디야(2.98%), 커피빈(0.95%)으로 파악됐다. 가맹점, 매장수 TOP5는 메가커피 3,038개, 이디야 3,019개, 컴포즈커피 2,500개, 스타벅스 1,893개, 투썸 1,640개로 조사됐다. 6위~10위는 빽다방 1,514개, 더벤티 1,360개, 매머드커피 632개, 할리스 530개, 엔제리너스 350개로 나타났다.

(뉴스스페이스, 2024.6.21)

1 마케팅관리란?

마케팅관리의 의의

라면을 좋아하는 사람이 많다. 슈퍼마켓의 라면 진열대에 가보면 라면 종류도 무수히 많다. 새로운 라면이 계속 출시되는 한편으로 슬그머니 모습을 보이지 않는 라면도 적지 않다. 사람들은 어떤 기준으로 라면을 살까? 어떤 요인이 특정 라면을 사게 할까?

우리는 다양한 매체에서 수많은 광고를 본다. 거리에서도 독창적이면서도 다양한 간판을 볼 수 있고 자동차에 부착된 광고판을 보기도 한다. 회원으로 가입한 기업으로부터 광고성 e-메일이나 SNS 메시지를 받는 것이 일상이 되었다. 기업들은 상품을 '판매'하기 위하여 온갖 노력을 기울인다. 새로이 상품을 구입한 후나 서비스를 받은 후 상품이나 서비스가 만족스러운지를 확인하는 전화를 받기도 한다.

전 세계 130개국 이상에 수출되어 세계인의 라면이 된 삼양식품의 불닭면. 사진은 캐나다 캠브리지 지역 월마트에서 "고객님, 불닭면이 입고되어 구매할 수 있습니다. 얼른 오세요"라고 홍보하는 페이스북 화면 (자료 : 종합)

이러한 현상들은 기업이 마케팅관리활동을 수행함으로써 볼 수 있는 것들이다. 마케팅(marketing)이란 상품이나 서비스가 여러 경로를 통해 생산자에서 소비자로 이전되는 데 있어서 상품의 소유권 이전과 관련된 일련의 활동이다. 미국마케팅학회의 정의는 보다 구체적인데, 그들에 의하면 마케팅은 개인과 조직의 목적을 만족시키기 위한 교환활동을 위해 수행하는 '제품과 서비스의 생산', '가격결정', '경로' 및 '촉진' 과정이다. 마케팅관리(marketing management)는 조직의 목표를 수립하고 이를 달성하기 위한 마케팅활동의 계획을 수립하고 수행하며 통제하는 관리활동이라고 할 수 있다.

여기에서 마케팅의 핵심이 되는 요소는 크게 네 가지, 즉 제품(product) 또는 서비스(service), 가격(price), 유통경로(place), 촉진(promotion) 등으로 이들을 4P라고 부른다. 마케팅전략의 수립과 활동은 이들 4P를 중심으로 전개된다.

마케팅 개념의 진화 및 지향점의 변화

마케팅의 개념은 [그림 10-1]에서 보는 바와 같이 생산 중심의 시대, 제품 중심의 시대, 판매 중심의 시대, 마케팅의 시대, 사회적 마케팅의 시대 순으로 진화되어 왔다.

□ 그림 10-1
마케팅 개념의 진화와 마케팅활동 지향점의 변화

▮스웨덴 다국적 패션 소매업체인 H&M도 생산 중심의 마케팅을 전개한다고 볼 수 있다. 이 회사는 전 세계에서 두 번째로 큰 의류 소매업체로 전 세계에 수천 개의 매장을 운영하고 있다. (자료 : H&M)

‘생산 중심의 시대(production era)’에서는 제품에 대한 수요가 공급을 초과했다. 기업이 생산하는 제품은 쉽게 판매되었다. 마케팅의 중심은 최소한의 비용으로 최대한 많이 생산하여 시장에 공급하는 것에 초점이 맞춰졌다. 즉, 이 시기에 마케팅에 노력한다는 것은 고효율 생산공정을 구축하고, 생산비용을 낮추며, 생산규모를 확대하는 것을 의미했다. 마케팅의 지향점은 기업이 최대한 많이 생산하여 판매함으로써 이익극대화를 추구하는 것이었다. 제품 판매마진은 작더라도 대량으로 판매하여 이익을 극대화하는 식이었던 것이다. 최저가를 추구하면서 대량으로 제품을 파는 월마트(Walmart)의 마케팅 방식으로 볼 수 있다.

제품 공급자가 많아지면서 시장에서의 경쟁이 본격화되었다. 점차 제품의 품질 등이 중요해졌고 마케팅을 하기 위해서는 이를 강조해야 했다. '제품 중심의 시대(product era)'가 시작된 것이다. 제품 중심 마케팅 개념에서는 구매자는 제품의 가격뿐만 아니라 품질, 기능의 혁신성과 차별성을 추구한다고 보았다. 제품이 차별화된다면 가격은 어느 정도 용인된다고도 본다. 이 시기 또는 이러한 마케팅 개념에 부합되는 회사의 사례로 사용자 경험을 강조하는 전자회사 애플, 오디오장비 회사 보스(Bose) 등을 들 수 있다.

이 시기의 마케팅이 지향하는 바는 생산 중심의 시대와 같이 여전히 기업 중심으로 이익극대화를 추구한다.

상품과 서비스의 공급이 넘쳐나면서 마케팅 개념 및 접근방식은 '판매 중심의 시대(selling era)'로 진화했다. 이 개념은 고객이 적극적으로 설득되지 않는 한 제품이나 서비스를 구매하지 않을 것이라는 믿음을 기초로 한다. 고객이 구매를 하도록 설득해야 하는데, 이를 위한 마케팅전략에는 광범위하고 지속적인 광고, 할인이나 쿠폰제공과 같은 다양한 촉진 등의 활동이 포함된다. 미처 판매하지 못한 재고가 많은 기업일수록 고객들을 적극적으로 설득해야만 하는 상황에 놓이게 된다. 이 접근의 가장 큰 특징 중의 하나는 콜드 콜링(cold calling)과 같은 방법을 적극적으로 사용한다는 것이다.

쉬어가기 콜드 콜링(cold calling)과 웜 콜링(warm calling)

마케팅을 전개하는 많은 기업들은 콜드 콜링 기법을 사용한다. 콜드 콜링(cold calling)이란 기업의 영업 관련 조직이 그 기업과 지금까지 공식적인 접촉기록이 없는 불특정 고객에게 제품 또는 서비스를 판매하기 위한 영업행위의 한 기법이다. 용어 뜻대로 전화(calling)만을 의미하는 것은 아니어서 e-메일이나 직접 방문도 포함한다. 대비되는 개념인 웜 콜링(warm calling)은 개인정보 사용에 동의하는 등의 방법으로 고객정보가 확보된 고객에게 영업행위를 하는 것을 말한다. 우리나라에서는 개인정보보호법이 강화되면서, 본인 동의 없는 사람에 대한 영업행위는 현실적으로 많이 어려워졌으며, 이는 전 세계적인 현상이어서 최근에는 정보사용 동의가 없는 고객에 대한 영업행위도 콜드 콜링에 포함시키기도 한다.

콜드 콜링의 고충을 풍자한 그림 (자료 : oneofakindsales)

미국과 같은 일부 국가에서는 지금도 콜드 콜링 기법을 발전시키기 위한 노력이 계속되고 있다. 특히 고객명단 확보가 어려운 신생기업일수록 더욱 그러하다. 이 방법의 미국에서의 성공률은 2% 수준인데, 이 비율을 높이기 위하여 여러 연구도 진행된다. 예컨대, 최근 연구에 따르면 콜드 콜링 성공비율이 높은 요일은 수요일과 목요일이고, 시간대는 오전 10시~11시와 오후 4시~5시 사이가 성공할 가능성이 크다고 한다.

□ 그림 10-2
'판매 중심'의 마케팅과 '진정한 마케팅'의 비교

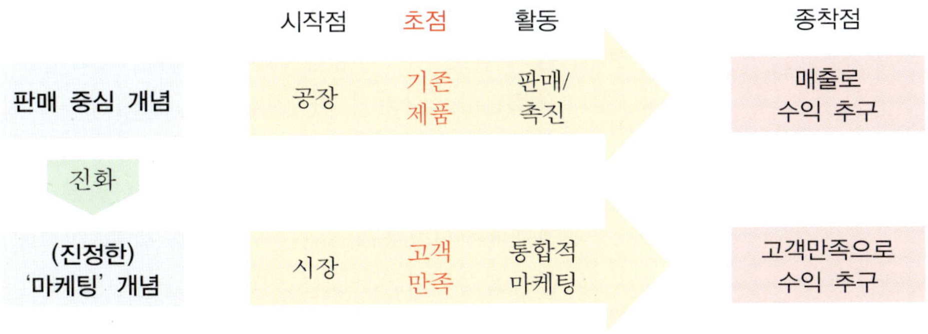

'판매 중심의 시대'는 '마케팅의 시대(marketing era)'로 진화했다. 현재 우리가 다루고 있는 주제가 마케팅 그 자체이고, '판매 중심의 시대'까지의 각종 영업활동도 마케팅에 관한 것이지만 진정한 의미의 마케팅은 마케팅의 시대에서 시작되었다고 할 수 있다. '판매 중심의 시대'까지는 기업 중심으로 기업의 입장에서 기존 제품을 팔기 위한 마케팅이 이루어졌다면 '마케팅의 시대'부터는 고객 중심으로 고객의 만족을 최우선 가치로 하는 마케팅으로 바뀐 점이 가장 근본적인 차이이다.

경쟁이 치열해지면서 기업이 주체가 되어 제품을 생산하고 판매 및 촉진 활동을 하는 것만으로는 제대로 매출을 올리기 어려워졌기 때문에 기업은 소비자의 욕구를 파악하고 그 욕구를 만족시킬 수 있는 제품을 생산하여 판매해야 한다. 이제 기업은 '고객만족'이라는 대명제가 충족되는 전제조건하에서 이익을 도모해야 한다는 것이다.

마케팅의 시대에는 고객이 만족하고 있는지, 제품이나 서비스에 대해서 어떻게 인식하고 있는지를 알아야 하기 때문에 소비자와의 상호작용이 중요해졌다. 각 기업들은 자사 제품과 관련된 SNS 데이터, 구매 후 별점이나 후기에 관심을 집중하게 되었다.

2009년에 설립된 리포메이션은 사회적 마케팅의 사례로, 친환경적이고 윤리적인 이미지를 구축하여 급성장했다. 이후 인종차별 논란이 발생하여 논란의 중심에 서기도 했다. 사진은 리포메이션 홈페이지의 일부 (자료 : 종합)

고객이 만족하는 제품이면 언제나 바람직한가? 언제나 그렇지는 않다. 예컨대 세척력을 강화시킨 강력한 합성세제가 계속 개발되어 소비자들은 세탁을 보다 효율적으로 하게 되었지만 이는 장기적으로 환경오염문제를 야기했다. 이처럼 사회 전체적인 측면을 고려한 마케팅활동을 전개할 필요성이 대두되었다. 특히 소비자활동이 활발해지면서 한 기업의 지속가능성(sustainability)을 위해서는 사회 중심의 마케팅활동이 더욱 강조된다. '사회적 마케팅(social marketing)의 시대'가 열린 것이다.

허비보어(Herbivore) 등 일부 뷰티 브랜드는 유기농 성분을 사용하고 그들의 제품이 윤리적으로 생산되었으며 환경에 해를 끼치지 않는다고 주장한다. 리포메이션(Reformation)은 자연에 해를 끼치지 않고 생산된 윤리적인 의류에 중점을 둔 의류 브랜드이다. 이들은 사회적 마케팅의 사례라고 할 수 있다.

2 마케팅관리의 과정

기업이 수행하는 마케팅관리활동은 [그림 10-3]에서 보는 것처럼 [마케팅목표의 설정－시장기회 분석－STP전략 수립－마케팅믹스의 개발－마케팅활동의 실행－조정 및 통제 순으로 이루어진다.

마케팅활동을 전개하기 위해서는 가장 먼저 마케팅목표를 설정한 후 현재의 시장상황에 대한 분석을 함으로써 시장에 어떠한 기회가 있는지 파악한다. 다음으로 STP전략을 수립한다. 이 단계에서는 구체적으로 시장을 다양한 기준으로 세분화(Segmentation)하고 그중 특정 목표시장(Target market)을 선정한 후, 투입할 제품이나 서비스에 대하여 포지셔닝(Positioning)을 한다(머리글자를 따서 STP전략이라고 한다). 이어서 이러한 전략을 수행할 마케팅믹스(marketing mix), 즉 제품, 가격, 유통경로, 촉진 전략을 수립한 후 이를 실행한다. 마지막 단계로서 마케팅관리활동의 결과를 계획과 비교하여 조정 및 통제를 가하며 그 결과를 향후 마케팅관리활동에 반영하게 된다.

마케팅목표의 설정

마케팅목표로 어떤 지향점을 두고 설정하느냐는 실제 전개되는 마케팅활동에 영향을 준다. 기업목표는 물론이고 마케팅목표를 설정하기 위해서는 다음과

□ 그림 10-3
마케팅관리의 과정

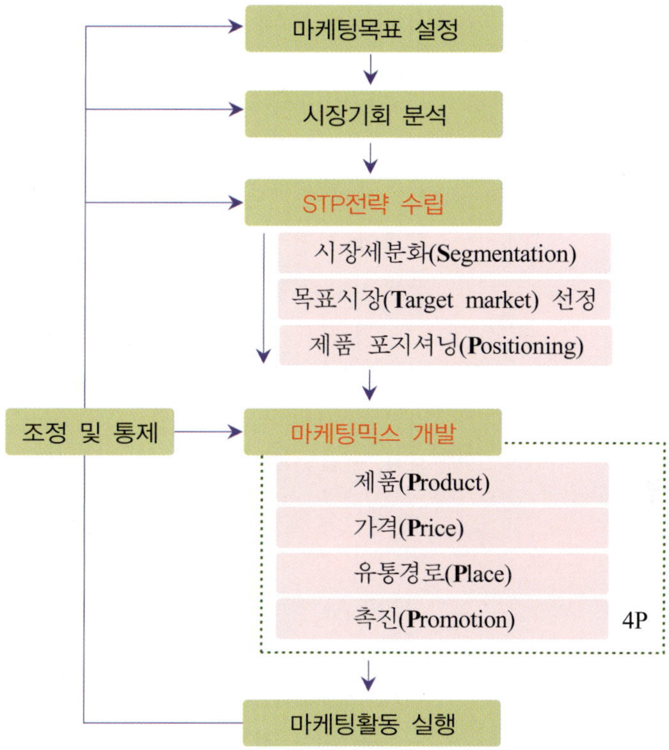

같은 질문을 기업 스스로에게 해볼 필요가 있다.

- 우리의 주고객은 누구이며 그들의 욕구는 무엇인가?
- 우리가 그 욕구를 만족시키는 것은 가능한가? 가능하다면 어떻게 할 것인가?
- 우리를 둘러싼 환경은 어떠한가?

마케팅부문은 기업조직 전체의 한 부문이므로 마케팅부문의 목표는 우선 조직 전체의 목표와 일관성을 갖는 것이어야 한다. 또한 마케팅부문의 각 세부적인 활동에 목표를 수립할 때에는 가능하면 구체적인 수치로 기간이 명시되는 것이 바람직하다. 예를 들면 '최고의 소비자만족 추구'라는 추상적인 목표보다는 '제품판매 후 1년 동안 불만족고객 비율을 전체고객 대비 0.5% 미만'이라는 구체적인 목표를 설정하는 것이다. 전자의 목표는 마케팅활동 일선부서의 목표라기보다는 기업 전체의 경영목표로 하는 것이 옳다.

마케팅정보의 수집과 시장기회 분석

마케팅정보의 역할

본격적인 마케팅관리활동에서 가장 먼저 해야 할 일은 마케팅정보를 수집하여 현재의 시장상황을 분석하는 일이다. 시장상황을 분석하는 목적은 현재의 시장에 마케팅활동을 전개할 기회가 있는지 파악하는 것이다.

마케팅정보는 마케팅정보시스템을 활용하거나, 시장조사, 환경분석, 소비자행동을 조사·분석함으로써 얻을 수 있다. 이들 활동이나 기능은 서로 중첩되기도 한다. 마케팅정보시스템(marketing information system)은 경영정보시스템의 하부 정보시스템으로서 마케팅부문의 자료를 수집, 가공, 분석하여 마케팅 관련 의사결정에 유용한 정보를 제공하는 정보시스템이다.

시장조사

시장조사(market research)
마케팅 의사결정에 도움을 주는 정보를 의사결정자에게 제공하기 위하여 관련 자료를 수집, 분석하는 것

시장조사(market research) 또는 마케팅조사(marketing research)는 마케팅 의사결정에 도움을 주는 정보를 의사결정자에게 제공하기 위하여 관련 자료를 수집, 분석하는 것을 말한다. 시장조사의 절차는 [그림 10-4]와 같다.

□ 그림 10-4
시장조사의 절차

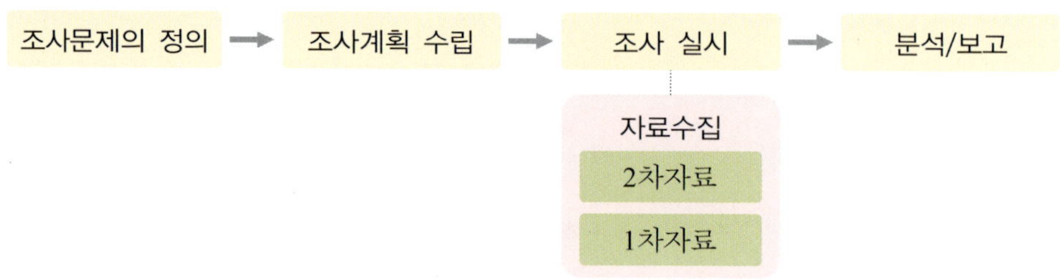

조사문제의 정의단계에서는 해결해야 할 마케팅 의사결정문제가 무엇인지를 분명하게 정의한다. 조사계획 수립단계에서는 수집해야 할 자료의 종류와 수집방법, 수집된 자료의 분석방법 등에 대한 계획을 수립한다.

수집할 자료는 크게 2차자료와 1차자료로 구분된다. 일반적으로 수집해야 할 자료가 정해지면 2차자료를 먼저 수집하고 나서 1차자료를 수집한다.

2차자료

원래 다른 목적으로 수집되어 기업 내외에 산재해 있는 자료로서 새로운 시장조사에 활용될 수 있는 자료를 2차자료라고 한다. 이미 자료화되어 있어 수집이 용이하고 시간과 비용 면에서 경제적이다. 예컨대 기업 내부자료로 각종 재무제표, 시장 관련 자료(시장점유율, 고객 등)가 있으며, 외부자료로는 정부나 공공기관이 발표하는 각종 통계자료, 보고서, 간행물 등이 있다. 전문 조사기관이 발행한 시장분석 보고서도 유용하며, 때로는 학술논문이나 미디어의 뉴스 등도 도움이 된다. 2차자료가 유용하기 위해서는 자료로서의 적정성이 확보되어야 한다. 적정성을 판단할 수 있는 평가기준으로는 조사문제와 관련성 여부, 자료의 정확성 및 타당성 정도, 자료의 시의성(timeliness) 여부 등이 있다.

1차자료

1차자료는 이번 조사문제와 직접 관련이 되는 자료로서 조사자가 의도적으로 조사하는 자료이다. 1차자료는 정성자료와 정량자료로 구분되는데, 정성자료

□ 그림 10-5
1차자료 중 정량자료 수집방법

관찰법	의 의	소비자행동 등 자료가 될 만한 대상을 선정하고 조사자 또는 보조장비를 이용하여 직접 관찰함으로써 자료수집. 주로 탐험조사 목적
	보 기	편의점에서 우리 회사 제품과 경쟁사 제품이 어떻게 진열되어 있고, 사람들은 어떻게 구매하는가?
	특 징	조사대상자가 조사를 회피하는 경우에 적합
설문법	의 의	조사자가 조사대상자에게 직접 물어서 조사하는 방법으로 가장 많이 사용됨
	보 기	설문방법 : 직접면접, 우편, 전화, 인터넷
	특 징	실태조사에 적합
실험법	의 의	마케팅활동과 성과 간의 인과관계를 조사하는 방법
	보 기	라면가격을 올릴수록 수요는 어떻게 변화하는가?
	특 징	인과관계 도출에 적합

는 정량자료 확보가 어렵거나 정확한 정량자료 확보를 위한 전단계라고 볼 수 있다. 정성자료를 수집하는 방법에는 심층면접법과 표적집단면접이 있다.

심층면접법은 조사자와 대상자가 편안한 상태에서 1 : 1로 깊은 수준의 질문을 통해 조사하는 방식으로 조사자의 능력수준에 따라 얻는 결과가 달라질 수 있다. 표적집단면접(FGI : Focus Group Interview)은 통상 6~12명 정도의 응답자를 대상으로 하는 비구조화된 인터뷰이다. 집단면접이기 때문에 여러 사람들간의 상호교류와 의견교환의 과정 속에서 독창적 아이디어나 정보를 획득할 수 있다. 표적집단의 선정이 객관적이고 체계적이어야 한다.

1차자료 중 정량자료를 수집하는 방법에는 관찰법, 설문법, 실험법 등이 있다. 각각의 특징을 정리하면 [그림 10-5]와 같다.

환경분석

기업의 마케팅활동에 영향을 미치는 각종 마케팅 환경요인을 분석한다. 정치, 경제, 사회, 문화, 기술, 인구통계학적 요인 등과 같은 거시적인 마케팅 환경요인에 대한 분석과 소비자, 경쟁기업, 유통기관 등과 같은 미시적 환경요인에 대한 분석 그리고 당해회사 자신의 경쟁력이나 강·약점 등에 대한 분석이 이루어지게 된다. 환경을 분석할 때에는 환경요인을 통제불가능요인과 가능요인으로 구분해보는 것도 필요하다. 통제불가능한 요인을 가능한 것으로 보아 시장기회를 잘못 파악할 수도 있기 때문이다. 예를 들어 부모의 동의 없는 미성년자의 신용카드 가입은 원칙적으로 무효이다. 신용카드 회원을 늘리기 위하여 고등학교 학생을 목표로 하는 마케팅은 잘못된 것이다.

소비자행동

제품이나 서비스의 최종 구매자는 소비자이다. 따라서 현실적으로 마케팅의 최종 대상은 소비자이다. 소비자가 하는 행동의 동기는 무엇이며, 그들이 어떠한 의사결정과정을 갖는지를 이해하는 것은 마케팅에 있어 핵심이 된다.

소비자의 의사결정과정

소비자가 제품이나 서비스를 구매하는 것은 단순한 구매행동 그 자체만은 아니다. 〈표 10-1〉에서 보는 바와 같은 의사결정과정을 거친다. 〈표 10-1〉은 배가 고픈 사람의 의사결정과정을 보인 예이다.

표 10-1
소비자행동, 의사결정과정의 보기

단 계	의 미	예
문제의 인식	자신에게 주어진 문제가 무엇인지 인식한다.	"배가 고프다. 뭘 먹어야겠다."
정보의 탐색	그 문제를 해결할 수 있는 정보를 탐색한다.	"가까운 식당이 있나? 배달가능한 음식은 무엇이 있나?"
대안의 평가	몇 가지 대안을 평가한다.	"자장면, 냉면 중에 하나를 먹어야지. 개운한 냉면이 좋겠다."
구매행동	실제로 행동한다.	냉면을 구매하여 먹는다.
구매 후 평가	자신의 행동을 평가한다.	"어이 개운해. 잘 먹었다."

소비자행동에 영향을 미치는 요인

소비자의 행동을 결정하는 요인은 무엇일까? [그림 10-6]에서 보는 바와 같이 이들 요인은 크게 외적 요인과 내적 요인으로 나눌 수 있다.

- 외적 요인 : 소비자행동에 영향을 미치는 외적 요인은 다시 사회·문화적 요인과 마케팅믹스 요인으로 구분된다. 후자는 별도로 자세히 설명되므로 여기에서는 전자인 사회·문화적 요인만을 간단히 보기로 한다. 사회·문화적 요인으로는 다음과 같은 것들이 있다.

  ① **문화** 소비자가 속한 사회가 지니고 있는 가치관, 관습, 태도 등

  ② **사회계층** 한 사회 내에서 비슷한 수준의 사회적 지위와 경제력을 가진 사람들 집단. 주로 소득이나 재산, 직업, 교육수준 등에 의하여 결정되며, 동일 사회계층 내에서는 관심사나 가치관, 사고방식 등이 유사하다.

  ③ **준거집단** 개인의 태도나 행동에 영향을 미치는 집단. 가족이나 친척, 친구, 동료회사원, 친목회 등이 있다. 사람들은 스스로 준거집단(reference group)에 속한 다른 사람과 유사하게 행동하거나 그 집단에 의하여 유사하게 행동하라는 압력을 받기도 한다.

  ④ **가족**

준거집단(reference group) 개인의 태도나 행동에 영향을 미치는 집단. 가족이나 친척, 친구, 동료회사원, 친목회 등의 집단

□ 그림 10-6
소비자행동 · 의사결정의 과정과 이에 영향을 미치는 요인

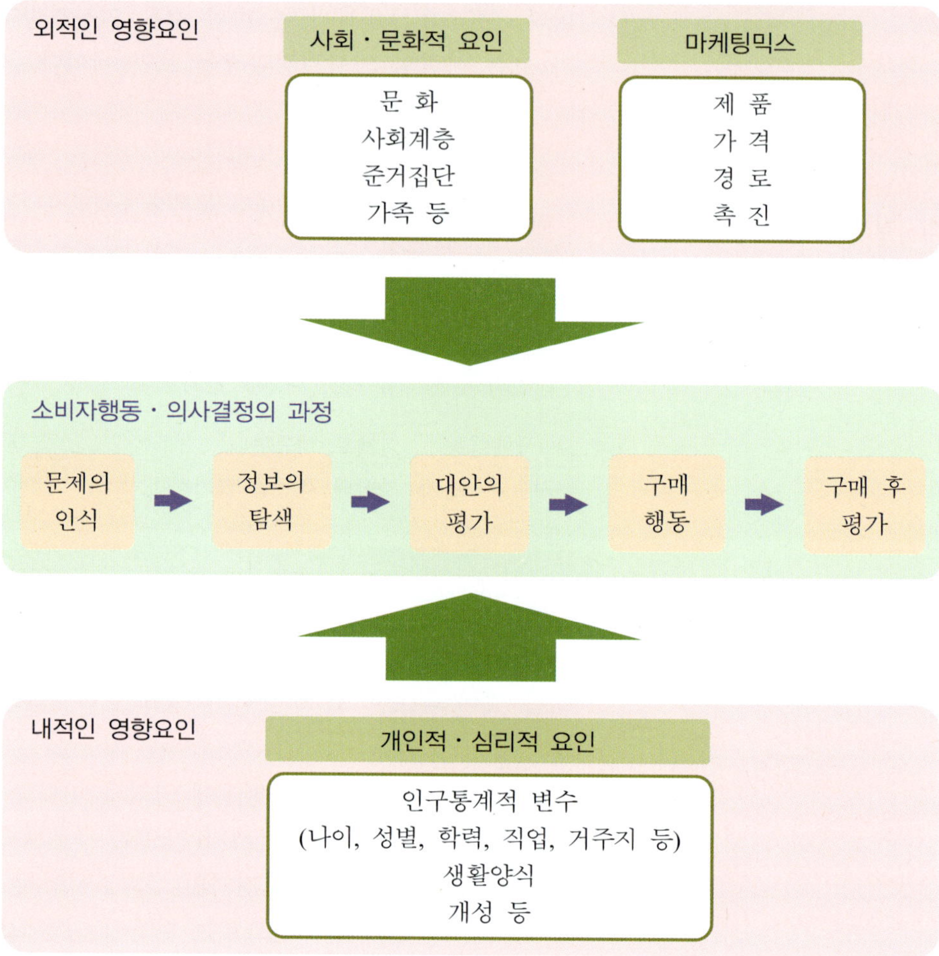

● 내적 요인 : 내적 요인은 개인적 · 심리적 요인을 말하는 것으로 주로 나이, 성별, 학력, 직업, 거주지 등과 같은 인구통계적 변수, 생활양식(life style), 개성 등이 있다.

함께 생각해보자

각자의 구매행동에 영향을 미치는 준거집단에 대하여 생각해보자.

STP전략의 수립

시장세분화와 목표시장 선정

마케팅관리활동의 다음단계는 시장분석을 통하여 식별된 기회를 활용하기 위하여 STP전략을 수립하는 단계이다. 마케팅 관련 전략은 사실상 STP전략과 다음에서 설명하는 마케팅믹스전략 두 가지가 전부라 해도 과언이 아닐 정도로 이 두 가지는 중요하다.

STP전략이란 시장분석 이후 이루어지는 [시장세분화(market Segmentation) → 목표시장(Target market) 선정 → 제품 포지셔닝(Positioning)]의 세 단계에서 이루어지는 전략을 말한다.

먼저 시장세분화에 대해서 알아보자. 시장 조사 및 분석에서 좋은 시장기회가 발견되었다 하더라도 그 시장에 무작정 진입을 시도할 수는 없다. 예를 들어 어떤 회사가 새로이 자동차 산업에 뛰어들 것을 고려하고 있다고 가정하자. 이 회사는 새로운 모델 개발을 고려중이다. 시장에 자동차 수요가 있다고 하여 모든 세그먼트(segment), 즉 세분시장의 자동차를 동시에 개발하는 것은 쉬운 일도 아니고 바람직하지도 않다.

시장세분화(market segmentation)
하나의 시장을 특성에 따라 나누는 것

목표시장(target market)
세분화된 시장 중에서 마케팅활동을 전개할 가장 매력적인 시장으로 선정된 시장

[그림 10-7]은 일반 승용자동차 시장을 잠재적 고객의 소득과 연령에 따라 나눈 것이다. 이처럼 하나의 시장을 특성에 따라 나누는 것을 시장세분화(market segmentation)라고 하며, 세분화된 시장 중에서 마케팅활동을 전개할 가장 매력적인 시장을 선정한다. 이렇게 선정된 시장을 목표시장(target market)이라고 한다.

□ 그림 10-7
승용자동차 시장을 세분화하여 목표시장 선정하기

		연간소득		
		3,000만원 이하	3,000~5,000만원	5,000만원 이상
연령	20~30대	[목표시장]		
	40대			
	50~60대			

시장을 세분화하는 데 사용하는 기준은 여러 가지가 있다. 대표적인 것만을 나열하면 다음과 같다.

- 지리적 변수 : 지역(서울, 부산, 제주 등), 지역의 규모(인구 또는 넓이), 인구밀도, 기후 등
- 인구통계적 변수 : 연령, 성별, 가족규모 및 형태, 소득, 직업, 교육수준, 종교, 인종 등
- 심리적 변수 : 사회계층(하층, 중산층, 상층) 등
- 행동적 변수 : 구매빈도(규칙적, 예외적), 사용자 위치(사용자, 비사용자, 잠재적 사용자, 과거 사용자 등), 상품에 대한 충성도, 사용 정도(적게 사용, 보통 사용, 많이 사용) 등

제품 포지셔닝

제품 포지셔닝
소비자로 하여금 "이 제품은 어떤 제품이다" 라고 인식시키는 활동

목표시장이 선정되었으면 제품을 포지셔닝(positioning)한다. 제품 포지셔닝이란 소비자로 하여금 "이 제품은 어떤 제품이다"라고 인식시키는 활동이다. 성공적인 포지셔닝으로 생기는 제품 포지션(position)은 경쟁제품과 비교하여 소비자가 느끼는 제품의 상대적 위치이다.

기업이 의도한 대로 포지셔닝이 성공하면 그 상품은 성공할 가능성이 높다. 이 때문에 기업들은 많은 고민을 한다. 포지셔닝에 대해서는 많은 사례를 볼 수 있다. 독일의 폭스바겐(Volkswagen)그룹은 아우디(Audi), 벤틀리(Bentley), 부가티(Bugatti), 포르쉐(Porche), 람보르기니(Lamborghini) 등의 자동차회사(브랜드)를 소유하고 있는데, 이 중 폭스바겐은 가장 대중적인 차량을 생산하는 것으로 소비자들에게 포지셔닝되어 있다. 즉 폭스바겐은 가격 대비 성능이 우수하고 경제적인 차량으로 알려져 있다. 이 회사는 벤츠 S-클래스를 목표로 페이톤(Phaeton)이라는 프리미엄 자동차를 개발한 적이 있다. 플랫폼을 벤틀리와 공유하도록 했고, 제작은 수공으로 할 만큼 정성을 쏟았다. 그러나 결과는 실패였다. 그 이유는 국민차 이미지의 폭스바겐에서 생산한 고급차였기 때문이다.

풀무원이 포장두부 시장에서 차지하는 점유율은 50% 수준이다.

반면 풀무원은 성공한 사례로 인용된다. 아직까지도 음식료품에 대한 불신이 존재하는 시장에서 풀무원은 처음부터 '깨끗함, 자연, 프리미엄'으로 포지셔닝하였고 실제로 여러 조사에서 소비자들은 풀무원 식품에 대해서 믿을 수 있는 회사로 인식하고 있다.

'설화수(雪花秀)'라는 화장품은 아모레퍼시픽에서 생산되는 화장품 중 최고급품으로 포지셔닝하였고, 에이스침대는 '가구가 아닌 과학'이라는 개념으로 포지셔닝하여 성공하였다.

LG는 인도 가전시장에서 철저하게 현지화하는 한편 고급화 포지셔닝 전략을 쓰고 있다. LG는 1997년 인도법인 설립 후, 인도 사람들의 취향에 맞는 제품을 개발하기 위해 연구개발(R&D)부터 생산, 판매 및 애프터서비스(AS) 시스템에 이르는 일관 시스템을 구축했다. 인도 가전시장에서 LG 제품은 프리미엄 제품으로, LG는 믿을 만한 브랜드로 포지셔닝되었다. 그 결과, 에어컨과 OLED TV 부문에서 1위를 차지하는 등 2024년 상반기 매출이 2조원을 돌파하여 LG의 글로벌 허브로 기대를 모으고 있다.

한편, 우리나라 커피시장의 일부를 예로 들어 간단한 STP전략에 대해 살펴보자. 순수 국산 브랜드인 이디야는 2001년에 출범했다. 스타벅스를 포함한 수많은 커피브랜드들을 가격을 기준으로 세분화했을 때* 이디야는 저가시장을 목표시장(target market)으로 하고 가성비 커피로 포지셔닝(positioning)했다고 볼 수 있다. 당시 스타벅스와 같은 스페셜티(specialty) 커피브랜드의 아메리카노 가격이 4,000원 수준이었을 때 이디야는 2,500원에 출시했다. 젊은 직장인과 학생들 층에서 커다란 반향을 일으켰음은 물론이다. 이후 폭발적으로 성장한 이디야는 오랫동안 국내 커피 프랜차이즈 시장에서 점포 수 기준으로 1위를 유지했다. 2023년 4월에는 3,500호점을 열 정도였다. 그러나 2023년 처음으로 매출과 영업이익이 전년보다 감소하는 일이 벌어진 이후에는 상당한 어려움을 겪고 있다.

* 가격을 기준으로 세분화했다는 것은 가격에 커피의 양과 질, 매장의 수준까지를 포함하는 의미라고 보면 된다.

왜 이런 일이 벌어졌을까? 이는 STP전략과 관련하여 설명할 수 있다. 당초 이디야는 커피시장에서 저가시장을 목표로 하고 저가커피로 포지셔닝을 했고 이 전략은 사실상 성공했었다. 그런데 컴포즈커피나 메가커피와 같은 브랜드가 새로운 저가커피시장의 강자로 성장했다. 커피가격 비교의 대표격인 아메리카노 가격은 두 브랜드 모두 1,500원인 것에 비해 고급화를 지향하기 시작한 이디야의 아메리카노 가격은 3,200원(세 브랜드 가격 모두 2024년 5월 기준)이다. 이러한 정책은 결과적으로 이디야의 포지션을 스페셜티도 저가브랜드도 아닌 애매한 위치에 놓게 했다. 그 결과는 현재 상황인 것이다.

▮한 대학가의 메가커피. 수요가 많아 자주 고객들이 줄을 서야 한다. (자료 : 카카오맵)

이디야의 출시 초창기에는 매장을 스타벅스 주위에 출범시키는 전략을 쓴다는 일부 주장이 있었다. 이러한 전략은 고가커피인 스타벅스 이용자와 저가커피인 이디야 이용자로 시장을 양분하여 후자에 집중하고자 했던 영리한 전략으로 평가되었다. 마케팅의 STP 기본 원리에 충실했었던 것이다. 최근에 어려워지기 시작한 이디야는 돌파구로 리브랜딩을 시작했다고 하니 지켜볼 일이다.

함께 생각해보자

여러분 각자는 주위 친구들에게 어떻게 포지셔닝되어 있는지 생각해보자.

마케팅믹스 개발

마케팅믹스(marketing mix)전략
마케팅목표를 달성하기 위한 구체적 4P 마케팅관리전략

목표시장이 선정되었으면 마케팅목표를 달성하기 위한 구체적 마케팅관리전략이 필요하다. 이 전략을 마케팅믹스(marketing mix)전략이라고 한다. 기업이 실제로 수행하는 마케팅활동 내용은 어떤 제품(product)을, 어떤 가격(price)에, 어떤 유통경로(place)로, 그리고 어떻게 촉진(promotion)할 것인가로 요약할 수 있다.

□ 그림 10-8
마케팅믹스

이들 네 변수를 4P라 부르는데, 결국 마케팅믹스전략이란 마케팅목표를 달성하기 위하여 4P를 어떻게 적절히 배합(mix)할 것인가에 관한 전략인 것이다.

마케팅믹스는 마케팅활동에서 핵심적인 것이므로 뒤에서 별도로 자세히 다루기로 한다.

마케팅활동의 조정 및 통제

마케팅활동을 수행하였으면 활동결과에 대한 조정 및 통제가 이루어져야 한다. 조정 및 통제는 마케팅활동이 모두 종료된 후는 물론이고 당초에 설정된 목표가 달성가능하도록 마케팅활동이 수행되는 시점에서도 이루어져야 한다. 적절한 조정 및 통제는 목표달성가능성을 높여준다. 또한 이 단계에서 이루어지는 마케팅활동에 대한 성과평가는 향후의 마케팅관리활동에 피드백되어 합리적인 마케팅전략 수립에 도움을 준다.

3 마케팅믹스전략

제품전략

제품의 의의

제품(product)
눈에 보이는 유형재뿐만 아니라 서비스, 사람은 물론이고 심지어 아이디어 등 기업이 소비자에게 대가를 받고 그들의 욕구충족을 위하여 제공하는 모든 것

마케팅믹스전략에서 첫 번째로 수립해야 할 전략은 제품전략이다. 제품전략에서 제품(product)이란 눈에 보이는 유형재뿐만 아니라 서비스, 사람은 물론이고 심지어 아이디어 등 기업이 소비자에게 대가를 받고 그들의 욕구충족을 위하여 제공하는 모든 것을 말한다.

제품전략의 수립 및 실행

제품전략의 수립과정은 [그림 10-9]에서 보는 바와 같이 먼저 제품믹스를 결정하고, 상표를 결정하며, 이어서 포장 및 서비스를 결정한다.

□ 그림 10-9
제품전략의 수립과정

제품믹스(제품계열, 제품품목) 결정

제품믹스(product mix)
판매자가 소비자에게 판매하는 모든 제품계열과 제품품목의 집합

제품계열(product line)
비슷한 기능을 수행하는 제품들의 집합

제품믹스(product mix)란 어떤 판매자가 소비자에게 판매하는 모든 제품계열과 제품품목의 집합을 말하는데, 흔히 우리가 말하는 제품구색을 의미한다. 제품믹스는 제품의 넓이, 제품의 깊이, 제품의 일관성으로 나타낼 수 있다.

제품의 넓이란 서로 상이한 제품계열의 수를 말하는데, 〈표 10-2〉를 보면 이 기업의 제품의 넓이는 3으로 세 가지의 제품계열이 있음을 알 수 있다.

제품의 깊이란 제품품목 또는 상표의 수를 말하는데, 〈표 10-2〉에서는 제

○ 표 10-2
제품믹스 :
제품의 깊이와 넓이

	제품의 넓이 : 제품계열		
	제품계열 A (비누계열)	제품계열 B (샴푸계열)	제품계열 C (치약계열)
제품의 깊이 : 제품품목	A-1 제품 : 알로에비누	B-1 제품 : 센스샴푸	C-1 제품 : 하얀이치약
	A-2 제품 : 우유비누	B-2 제품 : 윈터치샴푸	C-2 제품 : 소금치약
	A-3 제품 : 소프트비누	B-3 제품 : 보드러샴푸	C-3 제품 : 자연치약
	A-4 제품 : 촉촉비누	B-4 제품 : 비타샴푸	
	A-5 제품 : 생생비누		

* 각 제품명은 임의로 붙인 것임
** 빨간 글자의 제품은 주로 대형마트에서만 판매하는 제품

제품품목(product item)
크기, 가격, 형태 또는 기타의 속성에 따라 명확하게 구분할 수 있는 제품계열 내의 하나의 단위

품의 깊이가 12이며 평균 깊이는 4(=품목 12 / 계열 3)이고, 제품계열 A의 제품 깊이는 5이다. 이 기업의 제품품목 수는 12가지이고 비누계열의 제품품목 수는 5가지이다. 일반적으로 제품이라고 하면 제품품목을 말한다. 이처럼 제품믹스는 제품계열과 제품품목으로 구성된다.

제품의 일관성
용도, 유통경로 등에서 서로 밀접한 연관을 갖는 제품

한편 〈표 10-2〉를 보면 소프트비누, 센스샴푸, 하얀이치약은 주로 대형마트에서 판매하고 있는데, 이들 제품들은 일관성이 높은 제품들이다. 이처럼 제품의 일관성이란 용도, 유통경로 등에서 서로 밀접한 연관을 갖는 제품을 말한다.

함께 생각해보자

어떤 경우에 제품계열을 확대하는 전략이 바람직한가? 반대로 어떤 경우에 제품계열을 축소해야 할까? 그 이유는 무엇인가?

상표 결정

상표(brand)
하나의 제품이나 서비스를 식별하고 다른 것과 구분하기 위한 명칭, 용어, 기호, 상징, 디자인 또는 이들의 결합

제품을 결정했으면 그 제품에 상표를 붙여야 한다. 상표(brand)란 하나의 제품이나 서비스를 식별하고 다른 것과 구분하기 위한 명칭, 용어, 기호, 상징, 디자인 또는 이들의 결합을 말한다. 법적 보호를 받는 상표를 특히 등록상표라 한다.

상표를 사용하면 다음과 같은 이점이 있다.

첫째, 소비자의 입장에서 상표는 제품에 대한 정보를 제공해주고, 상표명을 보고 구매할 수 있어 구매를 쉽게 할 수 있도록 해준다.

둘째, 판매자의 입장에서는 제품관리를 체계적으로 할 수 있게 하고 법적

그림 10-10
상표를 붙이는 전략

개별상표명 전략	의 의	제품마다 별도의 상표명을 붙이는 방법
	보 기	'소프트샴푸', '센스비누', '하얀이치약' 등
포괄상표명 전략	의 의	모든 제품에 하나의 상표명을 붙이는 방법
	보 기	'소프트샴푸', '소프트비누', '소프트치약' 등
계열별 포괄 상표명 전략	의 의	동일 계열별로 상표명을 붙이는 방법
	보 기	전자제품 회사에서 로봇청소기에는 '파워봇', 냉장고에는 '디오스' 등과 같이 붙이는 방법
복합상표명 전략	의 의	회사명과 개별 제품명을 결합한 상표명을 붙이는 방법
	보 기	(주)○○유업에서 생산하는 분유를 '○○ 울트라 분유' 식으로 붙이는 방법

으로 보호를 받을 수 있게 해준다. 또한 우수한 제품에 대한 소비자의 상표충성도를 높이고 나아가 상표 자산의 가치를 높일 수 있다.

상표충성도(brand loyalty)란 소비자가 특정의 상표를 애용하고 선호하는 심리를 말한다. 특정상표에 대한 충성도가 높은 소비자는 그 상표를 선호하고 반복하여 구매하기 때문에 기업들은 소비자의 상표충성도를 높이기 위하여 다양한 노력을 기울인다. 상표충성도 경향은 특히 기호품에서 자주 볼 수 있다.

상표를 붙이는 전략에는 [그림 10-10]과 같은 것이 있다.

포장 결정

포장 결정 전략은 제품의 포장 재료, 디자인, 라벨링 등을 포함하여 소비자에게 제품을 어떻게 전달할지를 결정하는 중요한 마케팅전략이다. 포장(packaging)은 단순히 제품을 보호하는 기능을 넘어 소비자의 구매 결정에 큰 영향을 미치며, 기업 및 제품 이미지 제고는 물론이고 제품의 가치까지도 증대시켜준다. 이런 측면에서 포장은 좋은 마케팅 수단의 하나가 되고 있다. 이 때문에 오늘날에는 포장의 중요성이 매우 강조되고 있다.

포장 결정을 할 때에는 다음의 요소들을 고려할 필요가 있다.

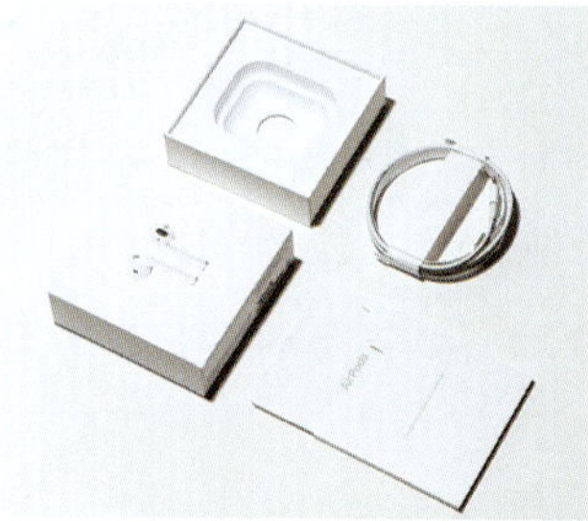

애플의 에어팟. 애플의 포장전략은 매우 인상적인 것으로 인정되고 있다. (자료 : Apple)

- 관심을 끄는 디자인 : 미적 감각이 녹아든 매력적인 디자인은 소비자의 관심을 끌고, 제품의 가치를 높이는 데 기여한다. 형태는 물론이고 색상에도 신경을 써야 한다. 경쟁제품과의 디자인 차별화는 제품 자체의 차별화로 이어지는 경우도 많다. 예컨대, 브랜드 철학을 반영하는 애플의 포장에서 볼 수 있는 깔끔한 라인과 미적 감각은 애플 제품이 프리미엄 제품으로 자리매김하는 데에 많은 도움이 되었다.
- 유효한 정보의 제공 : 브랜드 로고와 슬로건을 포함하는 브랜딩, 제품의 성분이나 유통기한 등을 포함하는 라벨링이 균형을 이루도록 하여 소비자에게 정보제공과 함께 신뢰감을 주도록 한다. 예컨대, 타이레놀의 포장은 명확한 라벨링과 색상 코딩으로 제품의 목적과 효능을 보여줌으로써 소비자의 선택에 도움을 준다.

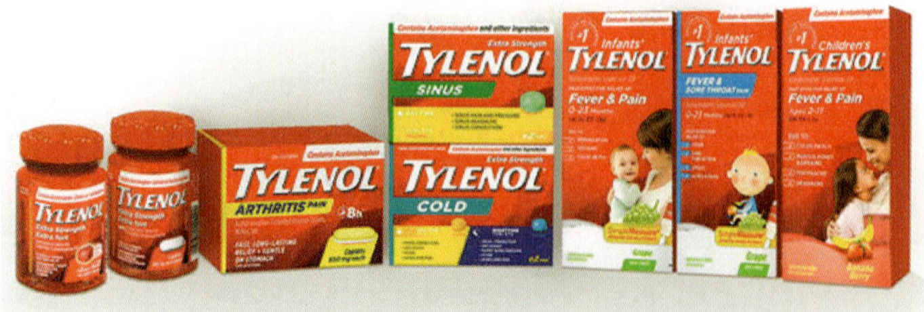

타이레놀은 포장전략에서 정보제공의 정석을 보여준다. 한눈에 어떤 용도인지 파악이 가능하다. (자료 : Tylenol)

- 환경을 고려한 지속가능성 : 오늘날의 소비자는 환경에 대한 인식이 점점 더 높아지고 있다. 포장재에 재활용 재료나 생분해성 재료를 사용하여 친환경 정신에 부합하고 사회적인 지속가능성을 높일 수 있다. 오늘날 많은 기업이 실천하고 있기도 하다.
- 기능적 고려는 필수적이다 : 모든 면에서 뛰어난 포장 결정을 했다 하더라도 포장 고유의 기능이 훼손되면 좋은 포장이라 할 수 없다. 제품을 외부 환경으로부터 충분히 보호할 수 있어야 보관 및 유통 과정에서 손상을 막을 수 있다. 소비자가 조립을 해야 하는 제품인 경우에는 제품 개봉부터 조립 및 사용의 편리성이 확보되어야 한다.

서비스 결정

제품전략 수립시 결정해야 할 서비스는 제품에 대응되는 개념의 서비스가 아니다. 제품에 대응되는 서비스는 서비스 그 자체로 하나의 상품이 되는 것을 말한다. 여기서 말하는 서비스 결정이란 제품판매와 함께 구매자에게 부가적인 형식으로 제공되는 서비스 수준을 어느 정도로 할 것인지를 결정하는 것이다. 서비스 결정시 결정되어야 하는 항목에는 서비스 요소, 서비스 수준, 서비스 형태 등이 있다.

서비스 결정
제품판매와 함께 구매자에게 부가적인 형식으로 제공되는 서비스 수준을 어느 정도로 할 것인지를 결정하는 것

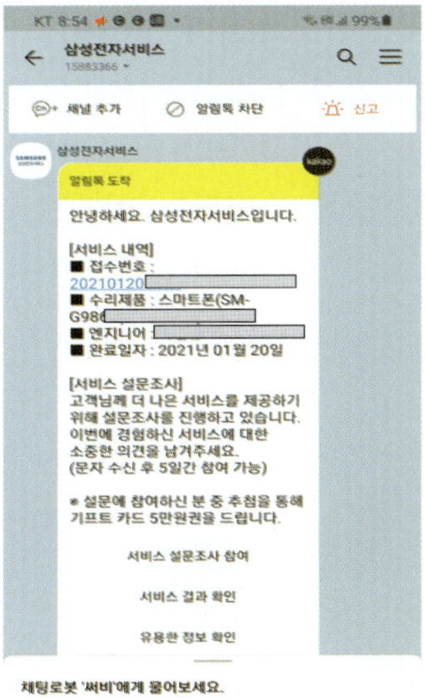

필자가 삼성전자서비스를 받고 난 뒤 서비스 만족도를 설문하는 카톡. 서비스 관리는 갈수록 중요해지고 있다.

서비스 요소란 어떤 서비스를 제공할 것인가에 관한 것으로 확실한 배달, 신속한 가격제시, 기술, 할인 등을 예로 들 수 있다. 서비스 수준이란 구매자에게 각 서비스 요소에 대해 어느 정도로 만족할 수준으로 서비스를 제공할 것인가에 관한 것이다. 예를 들어 '확실한 배달'에 대한 구매자의 만족도를 '아주 불만－불만－보통－만족－매우 만족'의 5단계로 나누었을 때 '만족' 이상의 수준으로 정할 수 있다. 서비스 형태란 서비스를 어떤 형태로 제공할 것인가에 관한 것이다. 예를 들어 '기술'을 제공할 때 '무료', '실비', '정상가격' 등 여러 가지 형태가 있을 수 있다.

가격전략

가격의 의의

가격(price)
제품구매자나 서비스 이용자가 그 대가로 지불하는 화폐액

가격(price)이란 제품구매자나 서비스 이용자가 그 대가로 지불하는 화폐액이다. 가격은 다른 마케팅믹스 요소인 제품, 유통경로, 판매촉진과는 성격이 다르다. 가격은 다른 세 가지 요소에 종속되어 있다. 즉 다른 마케팅믹스 요소의 변경은 곧 가격변동을 불러오며, 세 가지의 마케팅믹스 수단이 경쟁수단으로서 효율성이 없다고 판단될 때 비로소 가격을 경쟁수단으로 활용하는 경우가 많다.

가격전략의 수립 및 실행

가격은 기업의 이익을 창출해주는 원천이다. 그렇다고 소비자가 수용할 수 없을 정도로 높게 책정하는 것도 의미가 없는 일이다. 따라서 가격의 하한선은 제품의 원가가 될 것이며 상한선은 소비자가 지각하는 가치(perceived value) 수준이 될 것이다.

가격수준을 결정할 때에는 고려해야 할 요소(가격결정기준)가 많이 있다. 제품의 유형, 제조방법, 기술변화의 정도, 진부화 정도, 시장점유율, 제품의 수명, 판촉비용 등의 요소가 그것이다. 한 예를 들면 제조방법에 있어서 주문에 의해 제조되는 제품의 가격은 대량생산에 의해 제조되는 제품의 가격보다 높게 책정된다.

이러한 여러 요소들을 고려하여 실제로 가격을 결정하는 전략은 [그림 10-11]과 같이 크게 세 가지로 구분할 수 있다.

□ 그림 10-11
가격결정과정

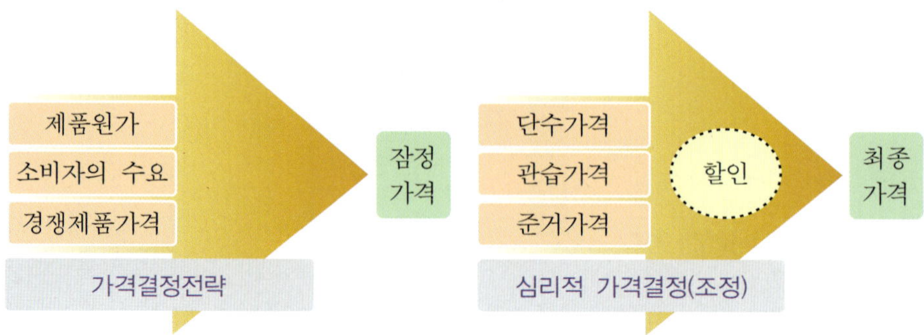

비용에 근거한 가격결정전략(원가기준형)

제품의 비용 또는 원가(cost)를 기초로 하여 가격을 결정하는 방법이다. 예컨대 라면의 원가가 1,000원이라면 이 원가에 기초하여 이익 100원을 더하여 1,100원에 파는 방식이다.

수요를 고려한 가격결정전략(수요기준형)

이 전략은 제품에 대해 소비자가 인식하는 가치에 의해 가격을 결정하거나 수요의 강도에 의해 가격을 결정하는 방법이다. 소비자는 어떤 제품이 있으면 그 제품에 대하여 나름대로 마음속에 가치를 부여하게 된다. 기업은 제품, 유통경로, 판매촉진방법 등 가격 외의 마케팅믹스 요소를 적절히 활용하여 소비자가 인식하는 제품가치를 높이고자 애를 쓴다.

해외 명품 브랜드 가격정책은 이러한 전략의 좋은 예이다. 이들은 유독 중국과 한국에서 상대적으로 고가정책을 펴고 있다. 그만큼 수요가 있기 때문이다. 우리나라는 판매가격이 세계에서 가장 높은 나라 중 하나인데 이는 갈수록 더 심해질 것으로 보인다. 우리나라에서는 가격을 올려도 잘 팔리기 때문이다.

숫자로 본 경영

팬데믹 이후 글로벌 명품의 나라별 가격 비교

(단위 : 1파운드=1,557.96원)

구 분	최저가격 국가	최고가격 국가
루이비통 스피디25 백	덴마크 765파운드	뉴질랜드 999파운드
프라다 클래식 사피아로 백	러시아 1,876파운드	한국 2,255파운드
펜디 바게트 백	유럽 1,895파운드	중국 2,421파운드
버버리 첼시 트렌치 코트	러시아 1,360파운드	중국 1,860파운드
생 로랑 삭 드 주르 백	유럽 2,059파운드	한국 2,730파운드

(자료 : 어패럴뉴스)

경쟁을 고려한 가격결정전략(경쟁기준형)

제품을 생산하여 시장에서 마케팅활동을 하고자 할 때 경쟁제품의 가격은 현실적으로 아주 중요한 가격결정요인이 된다. 특히 경쟁이 치열할수록 이러한 경향은 더욱 두드러진다. 경쟁업자의 가격을 고려하여 제품가격을 결정할 때에는 앞서 살펴본 제품의 원가나 수요 등은 상대적으로 무시될 수밖에 없다. 비슷한 제품이 여러 개 있을 때 소비자는 그중에서 다른 제품과 차별성을 느끼지 못하는 제품에 더 비싼 가격을 지불하지는 않을 것이다. 따라서 기업 입장에서는 사실상 가격조정은 쉬운 일이 아니므로 원가를 절감하는 것이 장기적으로 살아남는 길이 될 것이다.

가격의 조정

가격정책에 의하여 정해진 가격을 확정가격으로 하여 바로 시장에 적용하기도 하지만 종종 소비자의 관심을 끌거나 매출증대를 목적으로 가격의 일부를 조정하기도 한다. 다양한 방법으로 가격을 조정하는데, 여기에서는 소비자 심리에 근거한 가격조정방법을 살펴보자. 심리적 가격결정 또는 심리적 가격조정(psychological pricing)은 특정가격이 소비자들의 심리적 영향을 미친다는 이론에 기초한 가격 책정이다.

단수가격, 홀짝가격

가격을 십진수 단위체계보다 통상 한두 단위 낮춘 단위체계로 책정하는 것이다. 예를 들어 원가, 경쟁제품가격, 시장수요를 고려해 75인치 디지털 텔레비전 가격이 200만원 정도가 적당한 것으로 분석되었을 때 이보다 조금 낮은 금액이면서 수 단위체계를 한 단계 아래로 하여 195만원이나 199만원 식으로 정하는 방법이다. 단수가격(odd price)은 소비자로 하여금 제품가격을 정확하게 계산하여 최대한 낮추었다는 인상을 줄 목적으로 사용된다. 아울러 광고를 할 때에도 199만원의 텔레비전을 100만원대 텔레비전이라고 주장하기도 한다.

단수가격
가격을 십진수 단위체계보다 통상 한두 단위 낮춘 단위체계로 책정하는 것

단수가격의 예. 100달러 또는 500달러가 아니라고 주장할 수 있다. (자료 : cbc.ca)

유사한 조정방법으로 홀짝가격(odd-even price)이라는 것도 있다. 먼저 가격 끝의 숫자를 1, 3, 5, 7 또는 9로 설정하는 방식으로, 예를 들어 145만원, 199만원과 같은 식으로 한다. 반면에 가격의 끝자리 숫자를 짝수로 끝나도록 할 수도 있다. 500만원, 800만원과 같은 식이다. 이러한 전략은 홀수로 끝나는 가격이 할인을 의미하는 반면 짝수는 종종 우수한 품질이나 가치를 암시한다는 심리학적 인식에 근거를 두고 있다. 이 때문에 사치품이나 프리미엄 제품은 끝자리 가격 숫자를 짝수로 설정하는 경우가 많다.

관습가격

겨울철에 즐겨 사먹는 붕어빵은 천원에 몇 개일까? 많은 사람들은 3개라고 생각한다. 그런데 최근의 원자재 가격 상승으로 인하여 일부 판매점에서는 2개로 줄었다. 사람들은 비싸다고 생각하고 일부는 구매를 포기하기조차 한다.

컴퓨터 가격도 마찬가지이다. 성능은 지속적으로 개선되지만 사람들은 가정에서 사용하는 개인용 컴퓨터 가격은 100만원 내외 수준으로 생각하고 있

다. 이상과 같은 현상들은 붕어빵과 컴퓨터 각각의 가격수준이 오랫동안 고정되어 있었기 때문에 관습적으로 그렇게 생각하는 것이다. 이를 관습가격(customary price)이라고 한다. 원가상승요인이 발생하여 가격을 올리려 해도 이런 관습가격으로 인한 소비자의 저항 때문에 가격을 올리는 데 상당한 어려움을 겪는다.

관습가격
상품이나 서비스의 가격이 오랫동안 특정가격으로 고정되어 있어 사람들이 관습적으로 당해제품의 가격을 그 가격으로 인식하는 가격수준

이때에는 식품의 경우 내용량을 줄이는 식으로 가격을 편법으로 올리는 방법이 동원된다. 이러한 현상은 물가상승기에 자주 볼 수 있다.

준거가격

준거가격(reference price)
소비자들이 어떤 제품의 가격수준을 평가할 때 사전에 가지고 있는 자기 나름대로의 가격기준

준거가격(reference price)이란 소비자들이 어떤 제품의 가격수준을 평가할 때 사전에 가지고 있는 자기 나름대로의 가격기준으로, 가격이 싼지 비싼지를 판단하는 가격을 말한다. 준거가격은 자신이 가장 최근에 구입했던 제품의 가격일 수도 있고, 즐겨 구매하는 회사의 제품가격일 수도 있으며 유사제품들의 평균가격일 수도 있다. 준거가격은 사람들마다 다르다. 새로운 제품의 가격이 자신의 준거가격보다 높으면 비싸다고 느끼게 된다.

쿠팡에서 가격할인하여 판매중인 상품들. 할인판매가 소비자의 준거가격 형성에 영향을 미칠 수 있음을 이해해야 한다. (자료 : 쿠팡)

이처럼 준거가격은 구매자가 가격이 비싼지 싼지를 판단하는 데 기준으로 삼는 가격이기 때문에 기업이 제품가격을 조정할 때에는 소비자들의 준거가격을 참고할 필요가 있다. 준거가격이 사람마다 달라질 수 있다는 것은 시장조사의 한 방법으로 설문을 통하여 준거가격을 조사하는 것은 마케팅 정책에 도움이 되지 않는다는 것을 의미한다. 오히려 기업 입장에서 이해하고 있어야 하는 점은 기업이 마케팅활동의 과정에서 준거가격을 높이거나 낮출 수 있다는 점이다. 예를 들어, 홈쇼핑 등에서 TV를 팔면서 원래 가격이 130만원이었는데 지금 구매하면 100만원에 판다고 강조하는 경우 소비자들은 100만원에 사면서 만족해한다. 이 TV

를 단 한 번도 130만원에 판 적이 없다는 사실을 알면서도 그러하다. 이때의 준거가격은 100만원이 되는 것이다. 또 다른 예로, 백화점이 세일(할인)기간에는 내장객이 많다가 세일기간이 끝나면 한산해지는 것도 준거가격을 이용하여 설명할 수 있다. 즉, 백화점들이 너무 자주 세일을 했기 때문에 구매자들의 준거가격이 내려가게 된 것이다. 따라서 할 수 없이 가격인하를 해야 하는 경우에는 구매자들의 준거가격에 미치는 부정적인 영향을 최소화할 수 있는 방법을 강구해야 할 것이다.

함께 생각해보자 주위에서 관습가격으로 볼 수 있는 것들을 생각해보자.

가격전략의 함정

가격전략을 수립·시행하는 데 있어서 가장 주의해야 할 점은 가격 그 자체가 상품의 경쟁력을 결정짓는 것은 아니라는 점이다. 경쟁이 격화되면 기업들은 가격에 지나치게 민감해져 가격만으로 맞대응을 하는 경우가 많다. 가격할인이나 대대적인 판촉이 여기에 해당한다. 하지만 이러한 대응은 브랜드 가치를 떨어뜨릴 뿐이다.

1988년의 현대차 미국 광고. 가격이 저렴함을 중점적으로 설명하고 있다.

아울러 제품의 질보다는 가격에 관심을 두어 실수를 하는 기업들도 종종 있다. 품질이 떨어진다는 인식을 소비자가 한번 하게 되면 이를 만회하기는 매우 어렵다. 이는 오늘날 미국 자동차가 일본차에 밀리게 된 현상으로 증명되고 있다. 미국인들은 미국차는 덩치가 크고 고장이 많으며 기름이 많이 드는 자동차로, 일본차는 그 반대의 차로 인식하고 있다고 한다. 현대차의 경우를 보면 더욱 극적이다. 1986년 현대차는 포니엑셀을 경쟁차에 비해 월등히 싼 가격으로 미국에 수출하여 선풍적인 인기를 끌었다. 당시 도요타나 혼다 같은 일본의 유수한 경쟁사를 물리치고 수입소형차 시장점유율 1위를 차지하였을 뿐만 아니라, 포춘지는 엑셀을 미국 10대 상품에 선정할 정도였다. 그러나 곧 품질에 문제가 있음이 드러나면서 소비자들은 현대차를 '싸구려 저가차'로 인식하게 된다. 그리고 그 인식을 바꾸는 데에는 너무나 많은 노력과 어려움이 따랐고 시간적으로도 무려 수십년 이상이 소요되었다.

유통경로전략

유통경로의 의의와 중간상의 필요성

유통경로(marketing channel) 제품이나 서비스가 소비자에게 전달 · 유통되는 길

유통경로(marketing channel)란 제품이나 서비스가 소비자에게 전달 · 유통되는 길, 즉 경로를 말하며, 마케팅경로 혹은 판매경로라고도 한다.

유통경로는 생산자와 소비자가 직접 연결되는 직접유통경로와 중간상인이 개입되는 간접유통경로로 크게 구분할 수 있다. 중간상인이 없는 직접유통경로가 무조건 바람직한 것으로 알고 있는 사람이 많으나 반드시 그런 것만은 아니다. 우선 중간상인이 개입되는 간접유통경로는 생산자와 소비자 간의 총거래수가 직접유통경로보다 작기 때문에 마케팅비용이나 관리비용 등에서 효율적이다.

예를 들어 생산자가 3명, 소비자가 3명 있다고 가정하자. 중간상이 없다면 생산자와 소비자가 직접 대면해서 거래가 이루어지므로 총거래수는 9회(=3×3)가 된다. 그러나 중간상이 있는 경우의 거래수는 생산자와 중간상 간의 거래 3회, 중간상과 소비자 간의 거래 3회, 합계 6회로 줄어든다. 개인 한 사람 입장에서 보면 3번의 거래를 1회로 줄일 수 있다. 이는 최종소비자에게도 해당되지만 제품을 공급하는 생산자에게도 똑같다.

□ 그림 10-12
중간상의 존재와 거래수

또한 중간상은 생산자가 생산한 제품을 소비자가 원하는 장소에, 원하는 시간에 소비자가 원하는 형태로 가공하여 제공하는 순기능도 갖고 있다.

그러나 중간상인이 적어질수록 중간이익이 배제되기 때문에 소비자에게 보다 저렴한 가격에 제품을 공급할 수 있다. 따라서 근래에는 많은 기업들이 직접유통경로를 이용한 마케팅을 전개하거나 중간상인을 최소화한 유통경로를 이용한다. 특히 컴퓨터나 인터넷 등 정보기술의 발달로 많은 기업들이 기업 홈페이지를 이용한 직접유통경로를 활용하고 있다. 또한 대형마트의 경우와 같이 간접유통경로를 이용하더라도 중간상인을 최소로 줄인 유통경로를 구축하고 있다.

유통경로전략의 수립 및 실행

유통경로 또는 직접유통경로의 길이 결정

생산자는 간접유통경로나 직접유통경로 중 어떤 경로를 택해야 할까? 간접유통경로를 선택했다면 그 길이는 어느 정도로 하는 것이 마케팅전략상 유리할까? 〈표 10-3〉은 이러한 의사결정시 고려할 수 있는 요인을 정리한 것이다.

표 10-3
유통경로 선택시 고려요인

부 문	고려요인	직접유통경로를 선택하거나 짧은 간접유통경로를 선택하는 경우
제품	기술적 복잡성	클수록
	표준화 여부	표준화되지 않을수록
	부패가능성	높을수록
	부피	클수록
시장	소비자의 지리적 분산 정도	작을수록
기업	기업규모	클수록
	자금력	클수록
중간상	원하는 유형의 중간상의 이용가능성	낮을수록
경쟁업자	경쟁의 차별화	차별화를 시도할수록

한편 어떤 유통경로를 이용하여 제품을 공급할 것인지를 결정할 때에는 고려하고 있는 경로가 이용가능한지도 파악해야 한다. 기존의 유통경로뿐만 아니라 새로운 유통경로의 발굴을 고려해야 하는 경우도 있다. 예를 들어 국

내의 한 우유회사는 기존의 우유회사들의 반발에 부딪혀 소규모의 소매상에 제품을 공급할 수가 없었다.

일반적으로 소규모 소매상들은 한 가지 유제품만을 취급한다. 차별화된 고급제품 이미지에 고가정책을 추구했던 이 회사는 결국 방문판매원에 의해 제품을 판매할 수밖에 없었다. 파스퇴르 우유가 시장에 첫 진입했을 당시의 이야기이다.

유통기관의 수 결정

다음으로 각 단계별로 이용할 유통기관의 수를 정해야 한다. 유통기관의 수를 결정하는 정책에는 [그림 10-13]에서 보는 바와 같이 집중적 유통정책, 배타적 유통정책, 선별적 유통정책이 있다. 이 중 집중적 유통정책(intensive distribution)은 어떤 종류의 유통기관이나 특정지역에 집중한다는 의미가 아니라 가능한 모든 유통기관에 제품을 유통하려는 '강도 높은' 유통경로정책을 뜻한다.

그림 10-13
유통경로정책의 특징

정책	구분	내용
집중적 유통정책	유통기관 수	최대한 많은 수
	특 징	• 가능한 모든 유통기관을 이용 • 편의품을 생산하는 기업의 경우 적용 • 상품의 노출을 극대화함 • 통제력이 약함
배타적 유통정책	유통기관 수	제한적인 수
	특 징	• 제한적인 유통기관을 활용 • 주로 특정지역에 대한 독점적인 판매권한을 주는 대신 경쟁제품의 취급은 금지함 • 통제력이 강함
선별적 유통정책	유통기관 수	중간 수준
	특 징	• 일정수준 이상의 자격 또는 능력을 갖춘 유통기관을 활용하는 방법 • 보통수준의 통제력을 갖고 상품의 노출도 어느 정도 확보할 수 있는 방법

유통경로기관의 결정

유통경로와 유통기관의 수에 관한 정책결정을 한 후에는 실제로 유통을 수행할 유통경로기관, 즉 중간상을 결정해야 한다.

함께 생각해보자

제품을 판매할 소매점포를 모집하려고 한다. 점포 선정시 어떤 점에 주의해야 할까?

디지털 유통 플랫폼

아무리 우수한 제품이나 서비스를 만들었더라도 이를 세상에 널리 알리고 배포하지 못한다면 어떻게 팔 수 있을까? 다행스럽게도 디지털 시대의 도래는 소비자의 시선과 관심을 끌 수 있는 기회의 장을 온라인에 만들어줬으니 디지털 유통 플랫폼이 그것이다.

디지털 유통 플랫폼은 온라인에서 생산·소비·유통이 이루어지는 장소를 말한다. 소비자는 플랫폼을 통해 다양한 제품에 쉽게, 비용을 거의 들이지 않고 접근할 수 있으며, 판매자는 더 넓은 시장과 판로 경로를 확보할 수 있고 소비자 데이터 수집과 분석의 용이성으로 마케팅전략을 치밀하게 세울 수 있다.

하버드 비즈니스 리뷰(HBR)에 의하면 플랫폼 전략의 성공은 다음 세 가지 요소에 의해 결정된다.

- 연결(connection) : 사람들이 플랫폼에 얼마나 쉽게 접속하여 공유하고 거래할 수 있는지의 정도
- 흡인력(gravity) : 플랫폼이 참여자, 즉 판매자와 소비자 모두를 얼마나 잘 끌어들이는지의 정도
- 흐름(flow) : 플랫폼이 얼마나 거래(교환)를 촉진하며, 판매자와 소비자 모두에게 가치를 창조해주는지의 정도

우리나라의 상황을 보면, 쿠팡·네이버쇼핑·11번가 등과 같은 일반적인 상품을 취급하는 유통 플랫폼, 배달의민족·쿠팡이츠 등의 음식배달 플랫폼, 유튜브·넷플릭스와 같은 동영상 콘텐츠 유통 플랫폼, 숨고·카카오택시와 같은 서비스 플랫폼, 직방·다방과 같은 부동산 플랫폼, 당근마켓과 같은 지역

플랫폼 등 다양한 영역에서 수많은 플랫폼 기업들이 서비스를 제공하면서 경쟁하고 있다.

그러나 일부 플랫폼에서는 수수료 과다나 판매대금 미정산 등의 논란이 계속되고 있다. 한편, 플랫폼의 성장에 위기감을 느낀 일부 대기업이나 글로벌기업들은 이들 플랫폼에 종속되지 않기 위해 고객과 직접 D2C(direct to consumer) 채널 확대에 많은 노력을 기울이고 있다. D2C 채널은 당해기업의 브랜드 관리가 용이하고 고객의 경험을 향상시키며 고객 데이터를 직접 확보할 수 있다는 이점이 있다. 그러나 투입비용 대비 성과가 미미한 경우가 많은 것이 현실이다.

숫자로 본 경영

배달앱 월간 사용자 수 점유율 변화

(단위 : %)

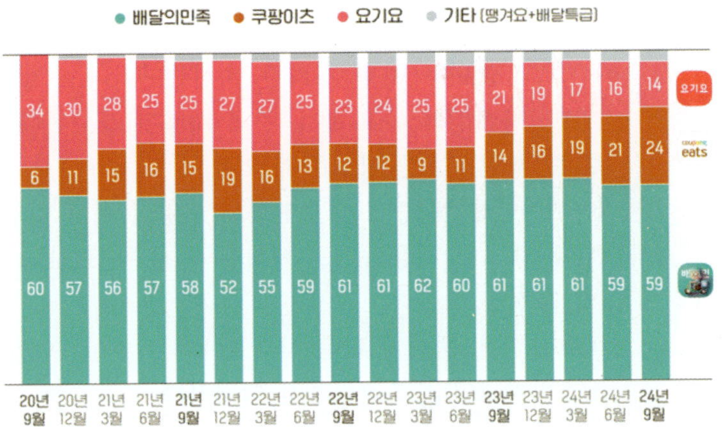

(자료 : newsspace)

촉진전략

촉진의 의의

텔레비전을 켜도, 신문을 펼쳐도, 인터넷 사이트에 들어가도 온통 광고 홍수이다. 그런가 하면 여기저기서 셀 수도 없을 만큼의 경품행사가 벌어지기도 한다. 이러한 것들은 모두 기업들이 상품 및 기업에 대해 소비자가 가지는 이미지를 관리하기 위하여 상품, 나아가 기업에 관한 정보를 소비자에게 의도적으로 전달하고자 하는 시도에 의하여 벌어지고 있는 현상이다. 이러한 시도를 촉진(promotion)이라고 한다. 촉진의 궁극적인 목적은 판매를 촉진하는 것이다. 촉진은 판매자와 소비자 간의 원활한 의사소통으로 가능하기 때문에 마케팅 커뮤니케이션(marketing communication)이라고도 한다.

촉진(promotion)
기업들이 상품 및 기업에 대해 소비자가 가지는 이미지를 관리하기 위하여 상품, 나아가 기업에 관한 정보를 소비자에게 의도적으로 전달하고자 하는 시도

판매촉진전략의 수립과 실행

촉진수단

촉진수단에는 광고, 홍보, 인적판매, 판매촉진 등 네 가지 종류가 있다.

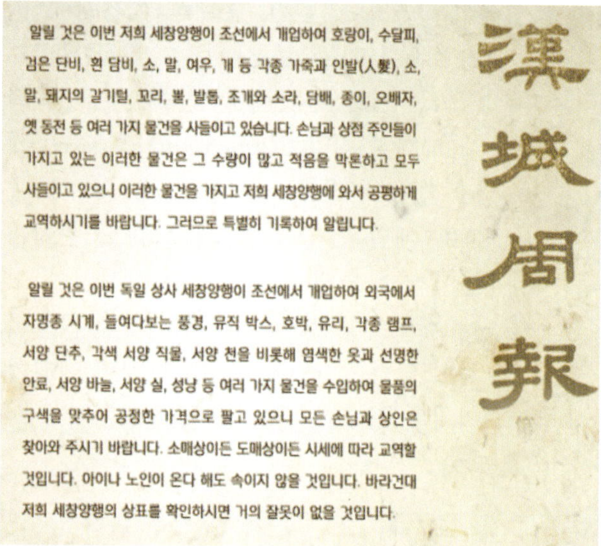

한국 최초의 광고는 1886년 2월 22일에 한성주보에 실린 신문광고로, 광고주는 당시 독일에 본사를 둔 세창양행이었다고 한다. (자료 : 현대카드)

- **광고** : 광고는 매우 강력한 촉진수단이라고 할 수 있다. 마케팅의 중요 화두 중의 하나는 광고이다. 광고는 확인가능한 광고주에 의해 상표(제품), 서비스, 아이디어를 제시 또는 촉진하되 사람이 아닌 방법에 의해 대가를 지불하고 수행하는 촉진수단으로, 다음의 특징을 갖는다.
  - 단시간에, 동시에 많은 사람들에게 촉진할 수 있다.
  - 소비자 1인당 촉진비용이 저렴하다.
  - 촉진대상을 구별할 수 없다.
- **홍보** : 광고주가 대가를 지불하지 않은 상태에서 제품이나 서비스, 기업에 관한 내용을 매체(신문, TV 등)에 기사 형식으로 게재함으로써 촉진효과를 보는 방법이며, 다음의 특징을 갖는다.
  - 사람을 통하지 않는 촉진방법이다.
  - 매체에 광고비로 비용을 지불하는 광고와는 달리 기사형식이므로 촉진효과가 매우 크다.
- **인적판매** : 사람(판매원)이 사람(소비자)과 접촉하여 직접 상품을 제시하는 활동으로, 다음의 특징이 있다.
  - 고객의 반응을 보면서 촉진활동이 가능하다.
  - 많은 정보제공이 가능하다.
  - 가장 직접적인 촉진수단으로 비용이 많이 든다.
- **판매촉진** : 목표시장이 빠르고 강력하게 반응하도록 하기 위하여 단기적으로 시도되는 촉진수단으로, 앞서 설명한 광고, 홍보, 인적판매를 제외한 모든 촉진활동을 말한다. 판매촉진은 다음과 같은 특징이 있다.
  - 소비자가 직접적으로 구매를 하도록 유도하는 일회성 촉진수단이다.
  - 판매촉진수단으로는 샘플, 쿠폰, 경품, 현상모집, 가격인하포장, 포인트(마일리지), 중간상인에 대한 판매보조금, 전시회 등이 있다.

촉진수단 결정에 영향을 미치는 요인

촉진수단을 결정할 때에는 다음의 요인을 고려하여 결정한다.

- **촉진대상제품의 유형**: 제품의 유형 또는 성격에 따라 촉진수단을 달리 하면 더욱 효과적이다. 예를 들어 소비용품과 산업용품의 촉진믹스에는 상당한 차이가 있다. 즉 소비용품에 가까울수록 인적판매의 중요성은 감소하는 반면 광고의 중요성은 커진다. 그러나 제품의 유형이 산업용품에 가까울수록 광고의 중요성은 감소하고 인적판매의 중요성이 커진다.
- **촉진을 위한 접근방법의 유형**: 「생산자−중간상−소비자」로 이어지는 유통경로상에서 어느 부문에 촉진을 집중할 것인지에 따라 촉진수단이 달라진다. 중간상이나 판매원을 중심으로 촉진을 하는 경우에는 주로 판매촉진방법이 타당할 것이며, 최종소비자를 주대상으로 하여 제품의 인지도를 높이고 구매를 유도하는 경우에는 광고가 주요 촉진수단이 된다.
- **목표로 하는 고객의 구매준비 상태**: 촉진의 최종적인 목표는 소비자가 구매라는 반응을 보이게 하는 것이다. 그러나 구매라는 행동은 소비자가 여러 과정에 걸친 의사결정 후의 최종적인 결과이다. 소비자는 구매 전까지 일반적으로 [그림 10-14]와 같은 6단계의 구매준비 상태에 놓이

그림 10-14
구매의 단계

인 지 ↓	제품이나 기업을 인식하는 것
지 식 ↓	제품이나 기업에 대해 중요한 정보를 많이 알고 있는 것
좋아함 ↓	호의적인 느낌을 가진 상태
선 호 ↓	다른 제품이나 기업보다 더 좋아하는 상태
확 신 ↓	구매하려는 확신이 선 상태
구 매	실제로 구매하는/하려는 상태

게 된다. 이 6단계는 [그림 10-6]의 소비자의 의사결정과정 중 두 번째 '정보의 탐색'과 네 번째 '구매행동'의 단계 사이에 이루어지는 과정을 세부적으로 구분한 것이다.

촉진전략을 수립할 때에는 여섯 가지 구매준비단계 중 고객을 어느 단계로 유도할 것인가에 따라 촉진수단이 활용된다. 예컨대 인지단계가 주목표라면 광고나 판매촉진이, 선호단계는 인적판매수단이 바람직하다.

- 제품수명주기상의 단계 : 제품수명주기상의 각 단계마다 효율적인 촉진수단이 다르다. 도입기와 성장기에는 광고와 홍보를 많이 활용하고 성장기에는 제품이 이미 널리 알려져 있으므로 판매촉진이 바람직하다. 쇠퇴기 역시 판매촉진을 계속하되 광고는 소비자들의 기억을 되살릴 정도로만 한다.

토론

한국서 돈 긁어가는 '배민' DH, 윤 정부의 '자율규제'는 답 아니다

2019년. 배민의 운영사인 (주)우아한형제들의 모회사인 딜리버리히어로(이하 DH)의 GMV(Gross Merchandise Volume : 소비자가 주문한 금액의 총합. 중개 역할을 하는 플랫폼 기업이 2만원의 음식 주문을 받아서 2,000원의 수수료를 수취한 경우, 회계상 매출로 인식되는 금액은 2,000원이다. 그래서 플랫폼에서 발생하는 총거래액을 나타내는 GMV를 중요한 성과지표로 사용한다)는 74억 3,500만 유로, 총매출은 14억 5,600만 유로. 지금과 비교하면 5분의 1도 안 되는 작은 규모였다. 2019년 DH의 매출을 지역별로 보면 중동・북아프리카(MENA)의 비중이 가장 컸다. 2019년은 DH가 배민을 인수하기 전으로, 한국 자회사 DHK를 통해 요기요를 운영하고 있었다. 이때도 성장세가 가장 두드러진 지역은 아시아였다.

2021년. DH의 총 GMV는 325억 1,890만 유로. 아시아 지역의 GMV가 210억 6,450만 유로로 3분의 2를 차지했다. 2년 사이에 아시아 지역의 매출이 MENA 지역의 매출을 넘어섰다. 유럽과 아메리카의 비중은 여전히 작다. 그 이유 중 하나로 DH는 "2021년 3월부터 (주)우아한형제들이 아시아 부문의 회계에 편입된 것"을 들고 있다. 요기요는 매각했기 때문에 제외되었지만, 소비자의 주문 건수와 건당 주문액이 증가한 결과 아시아 지역의 연간 GMV는 52억 유로에서 210억 유로로 수직 성장했다. 이때 DH 경영진은 무슨 생각을 했을까? 배민의 돈벌이 가능성을 확인하고 새삼 놀랐을지도 모른다.

REVENUE SPLIT BY GEOGRAPHICAL AREAS

EUR million	2023	2022
Korea	2,410.3	2,161.3
Saudi Arabia	907.8	729.5
United Arab Emirates	792.2	636.1
Other countries	5,831.5	5,050.4
Total	**9,941.9**	**8,577.3**

2023년. DH의 아시아 매출은 56%로 절반 이상을 차지한다. 여기서 한국의 매출은 독보적이다. 총매출이 99억 4,190만 유로, 한국에서 발생한 매출은 24억 1,030만 유로. 2023년 DH 총매출의 4분의 1 정도가 한국에서 나왔다. 한국은 단일 국가 중에 DH의 가장 큰 시장이다. 60%가 넘는 시장점유율, 음식점주들에게 받는 높은 수수료, 소비자와 음식점주 양측에서 배달비를 받지만 라이더에게 다 주지 않고 챙기는 돈. 모두가 그대로 DH의 실적이 된다.

또 하나. DH의 EBITDA(이자, 세금, 감가상각비, 무형자산상각비 등을 차감하기 전 영업이익)는 2021년을 기점으로 개선되기 시작해서 2023년에 플러스로 전환했다. 그동안 투자를 늘리며 적자를 감수하던 DH가 이제 영업활동으로 수익을 창출하기 시작했다는 뜻이다. 그 수익이 나오는 곳은? 한국이다. DH가 한국 시장에서 현금회수를 시작했다는 증거가 바로 지난해 (주)우아한형제들에서 배당으로 받아간 4,127억원이다.

■ 음식배달 산업의 특징

세계적으로 음식배달 산업의 특징은 인수합병이 활발하다는 것이다. 예컨대 동남아 어느 나라의 배달앱이 돈이 될 것 같으면 유럽의 거대한 자본이 들어가서 인수한다. 사업을 해보고 돈이 안 되겠다 싶으면 다시 빠르게 매각하고 빠져나온다. 70여 개국에 진출해 있는 DH는 세계 각지에서 배달 스타트업을 샀다 팔았다 하는 대표적인 '큰손'이다.

플랫폼 기업들은 초기에 소비자를 묶어놓고(lock in) 시장점유율을 높이기 위해 투자자들의 자금을 쏟아부어 대폭 할인을 제공한다. 기업들이 출혈경쟁을 벌이는 이 시기에 소비자들은 저렴한 가격에 플랫폼을 이용할 수 있다. 이때 기업들의 목표는 해당시장에서 1위 또는 2위에 올라서는 것이다. 그러나 특정시장에서 지출하는 비용이 잠재적인 이익에 비해 너무 높다고 판단될 경우 자본은 그 시장을 빠져나온다. 우아한형제들이 베트남 시장에서 철수한 것도 결국 현금 연소시키기 경쟁에서 현지 배달앱들을 이길 수 없었기 때문이다.

음식배달 산업의 이러한 특징을 고려할 때, 배민의 수수료 인상은 시간문제였고 정해진 수순이었다. 시장을 독점한 뒤 그동안 연소시킨 현금을 능가하는 영업이익을 빨아들이려고 하는 것은 플랫폼 기업의 본질적 특성이다.

■ 근본적인 의문

그러나 플랫폼 기업이 어느 시장에서나 쉽게 이익을 회수할 수 있는 것은 아니다. 2021년 플랫폼 노동자 보호를 위해 선진적인 법률을 제정한 나라인 스페인에서 벌어진 일은 달랐다. 딜리버루(Deliveroo)는 스페인에서 아예 철수했고, 글로보(Glovo)는 스페인 당국으로부터 두 차례 벌금을 부과받았다. 문제가 된 것은 노동자의 법적 지위였다. 실질은 노동자(worker)인 라이더를 개인사업자 지위로 고용해서 일을 시킬 경우 스페인의 라이더법에 위배된다.

스페인 DH 자회사인 딜리버루의 라이더. 스페인 법원이 이들을 개인사업자가 아닌 회사 소속 노동자로 인정하자 DH는 아예 철수해 버렸다.

여기서 질문 하나. 배달 플랫폼은 진짜로 혁신적인 모델인가? 노동법을 회피하지 않고도 수익 창출이 가능한가? 만약 민트색 옷을 입은 수많은 라이더들이 개인사업자가 아니라 (주)우아한형제들의 자회사인 (주)우아한청년들의 직원이라서 4대 보험과 퇴직금 등을 보장받았다면 소비자들이 내는 배달비는 얼마였을까? 지금까지 한국 소비자들은 낮은 배달비에 환호했고, 배달비가 일정금액을 넘어가면 저항을 느꼈다. 그러나 배달비는 누군가가 노동을 한 대가라고 생각하면 후려쳐서는 안 되는 돈이다. 그동안 소비자가 누린 편익은 플랫폼 기업의 공격적인 투자와 노동자의 희생, 자영업자의 초인적인 부지런함 덕택에 가능했던 것인지도 모른다. 그리고 그런 편익은 계속될 수 없다.

점점 회의적인 생각이 든다. 다시 질문을 던져보자. 배달앱은 노동법을 회피하지 않고, 시장을 독점해서 자영업자와 소비자를 착취하지 않고도 수익화가 가능한가? 답은 배민을 비롯한 배달앱들이 내놓아야 한다. 독점과 착취를 통해서만 유지되는 기업이라면 그런 기업은 사회적으로 존재 가치가 없다.

또 하나. 배달앱이 통신망과 유사하게 공공재의 성격을 띤다고 볼 여지는 없을까? 미국 연방거래위원회(FTC) 위원장인 리나 칸의 유명한 논문인 〈아마존의 반독점 역설〉은 플랫폼 기업에 반독점 규제를 적용할 근거를 제시하고 있다. 또한 수수료 상한 설정 등 "정부가 공공의 목표를 위해 사기업의 활동을 조정"할 필요가 있다고 알려준다. 이제 우리도 배달앱을 비롯한 플랫폼 기업들의 활동을 제대로 규제해야 한다. 당장 수수료 문제 외에도 앱의 일방적인 약관 변경으로 불이익을 당하는 노동자들이 있다.

배달앱의 공공재적 성격은 음식점주들도 본능적으로 파악하고 있는 것 같다. 〈매일경제〉는 기사에서 "플랫폼 기업은 크든 작든 공적인 기능을 갖는다"면서 "수많은 영세 사업장으로부터 수수료를 받는 사업방식 자체가 사실은 그들과의 공생과 동반성장을 전제한 것이기 때문"이라고 보도했다. 경제신문이 기업의 공적인 기능을 말하다니. 조금 놀랍지만 동의한다.

▪ '자율규제'로는 안 된다

윤석열 정부는 출범 초기부터 플랫폼 기업들에 대한 '자율규제'를 내세웠다. 사실 '자율'과 '규제'는 어울리지 않는 말이다. 기업의 성장을 위해 규제를 포기하겠다는 말과 같다. 2022년 8월 공정위 주도로 '배달 플랫폼 민간 자율기구'가 만들어지긴 했지만, 자율기구가 제시한 상생 방안에는 자영업자들이 요구했던 수수료 협상권이 빠져 있었다. 〈아시아경제〉 보도에 따르면 자율기구에서는 지난 1년간 플랫폼 기업들에게 비공식 경고조차 한 건도 하지 않았다. 자가점검방식으로 자율규제 이행 평가를 2회 진행했을 뿐이라고 한다. 자가점검이란 플랫폼 기업들에게 체크리스트를 주고 스스로 점검하게 하는 것이다. 강제성이란 없다. 그러니까 지금과 같은 문제가 생길 수 있는 환경은 최소한 윤석열 정부 출범 때부터 조성되었다고 볼 수 있다.

여기저기서 항의가 터져 나오는 지금도 정부의 대책은 소극적이다. 정부는 배달 수수료 인하를 위해 상생협의체를 만들겠다고 했으나, 배민은 협의체가 가동되기 전에 기습적으로 수수료를 인상했다. 그뿐이 아니다. 정부는 음식점주가 배달앱에 내는 배달비를 직접 지원하는 방안을 발표했다. 수수료 인상을 제어하지 못하는 상황에서 공공의 돈으로 배달비를 내준다니! 그거야말로 DH 같은 플랫폼 기업이 원하는 일이다. 〈국민일보〉는 사설을 통해 "배달앱의 수수료 갑질을 막지도 못하면서 혈세로 배달비를 지원하는 건 고양이에 생선을 맡기는 꼴"이라고 지적했다. 이렇게 여론이 들끓는데도 강력한 규제를 못한다면 정부가 무능함을 스스로 증명하는 것이다.

(프레시안, 2024.7.30)

토론주제 사기업의 배달앱은 공공재인가? 공공재라면 혹은 공공재가 아니라면 기업(배달앱)-라이더-소비자가 어떻게 상생할 수 있을까?

볼거리 읽을거리

커뮤니티 마케팅

마크 셰퍼(Mark Schaefer) 지음 | 구세희 번역 | 디자인하우스 | 2024

세계적으로 인정받는 비즈니스 컨설턴트이자 마케팅 전문가인 저자 마크 셰퍼는 '브랜드 커뮤니티'에 주목한다. 셰퍼는 "이전 세대에 비해 외로움과 고립감을 더 많이 느끼는 디지털 네이티브들은 끊임없이 어딘가에 속하고 싶어 하고, 누군가와 함께하고 싶어 한다. 브랜드를 알리고 사랑받게 만들려면, 고객으로 하여금 그들이 당신의 브랜드에 소속되어 있음을 느끼게 해야 한다"고 말한다. 『커뮤니티 마케팅』은 지금 그리고 앞으로의 마케팅에 왜 커뮤니티가 필요한지부터 어떻게 커뮤니티를 구축하고 운영하는지, 마케팅 성과는 어떻게 측정하는지, 더 나아가 차세대 커뮤니티에는 어떤 것들이 있는지까지 상세히 설명한다.

(자료 : 교보문고)

핵심용어

- 마케팅관리
- 마케팅 개념의 진화
- 시장기회 분석
- 시장세분화
- 목표시장
- 제품 포지셔닝
- 마케팅믹스
- 제품
- 제품믹스
- 상표 결정
- 포장 결정
- 가격
- 가격전략
- 심리적 가격결정
- 유통경로
- 디지털 유통 플랫폼
- 촉진

요 약

- 마케팅관리의 개념은 생산 중심의 시대, 제품 중심의 시대, 판매 중심의 시대, 마케팅의 시대, 사회적 마케팅의 시대 순으로 진화되어 왔다. 이에 따라 마케팅 지향점은 기업의 이익 극대화, 고객 중심의 고객만족, 사회 중심의 사회적 복지로 변화되어 왔다.
- 마케팅관리는 상품이나 서비스가 여러 경로를 통하여 생산자에서 소비자로 이전되는 데 있어서 상품의 소유권 이전과 관련된 일련의 경영활동을 말한다. 마케팅관리활동은 마케팅정보의 수집과 시장기회 분석, 시장세분화 및 목표시장 선정, 제품 포지셔닝, 마케팅믹스의 개발, 마케팅활동의 조정 및 통제 순으로 이루어진다.
- 마케팅목표를 달성하기 위한 구체적 마케팅관리전략을 마케팅믹스전략이라고 하는데, 어떤 제품(product)을, 어떤 가격(price)에, 어떤 유통경로(place)로, 그리고 어떻게 촉진(promotion)할 것인가로 요약할 수 있다. 이들 네 변수를 4P라 부른다.
- 제품전략에서는 제품믹스 결정, 상표 결정, 포장 결정, 서비스 결정 등의 의사결정이 이루어진다.
- 가격전략에서는 제품원가, 소비자의 수요, 경쟁제품의 가격을 고려하여 가격을 결정하며, 단수가격, 홀짝가격, 관습가격, 준거가격 등을 활용하여 가격을 조정한다.
- 유통경로전략에서는 유통경로 및 유통경로의 길이 결정, 유통기관의 수 결정, 유통경로기관의 결정 등의 전략적 의사결정이 이루어진다.
- 디지털 유통 플랫폼의 치열한 경쟁이 관심의 대상이 되고 있다.
- 촉진의 방법으로는 광고, 홍보, 인적판매, 판매촉진 등이 있다.

연습문제

1. 소비자행동에 영향을 미치는 요인을 설명하라.
2. 목표시장과 시장세분화란 무엇인가? 둘 사이의 관계에 대하여 설명하라.
3. 마케팅믹스란 무엇인가?
4. 새로운 제품을 시장에 도입하기까지의 과정을 설명하라.
5. 가격을 결정하는 방법 또는 전략을 설명하라.
6. 유통경로가 마케팅에서 왜 중요한가?
7. 디지털 유통 플랫폼에 대하여 설명하라.
8. 어떤 상황에서 특정 촉진방법이 유리한지 설명하라.

CHAPTER

11 사람과 경영

1. 사람 : 경영의 인적자원
2. 인적자원관리의 주요 활동
3. 인적자원관리의 새로운 경향

고령화는 기업의 인적자원관리에도 큰 영향을 미치고 있다. 사진은 일반직원보다 간부인원이 많아지고 있는 현상을 풍자한 챗GPT 그림 (자료 : 헤럴드경제)

"파트장·실장·팀장 넘쳐나는 간부들" 결재 올릴 생각하면 벌써 숨이 턱

2010~2023년 삼성전자 일반사원 VS 간부급 이상 인원 비율

(단위 : %)

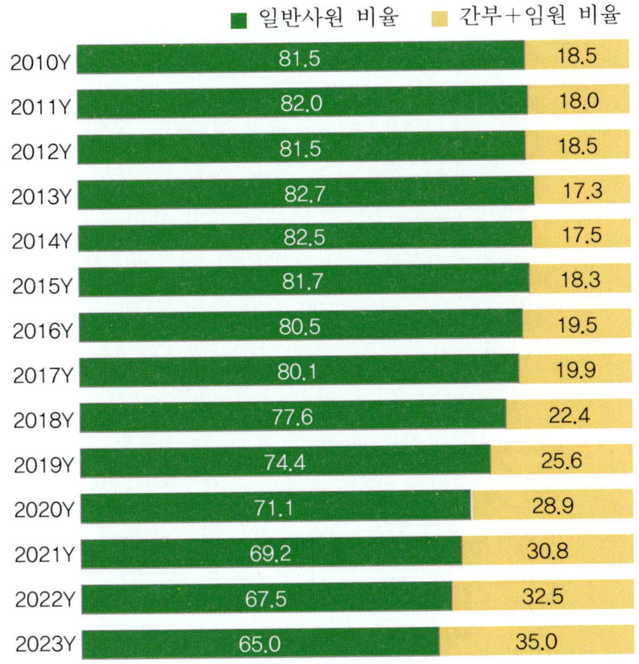

(자료 : 한국CXO연구소, 간부급에는 임원도 포함, 삼성전자 지속가능경영보고서 참조)

고령화가 국내 대기업의 공통적인 고민으로 부상한 가운데, 12만명이 넘는 임직원을 보유한 '덩치 큰' 삼성전자 역시 예외는 아니다. 임원으로 승진하거나 간부 자리를 달 때가 된 사람들은 매년 적체되는데, 그렇다고 간부 수를 무한정 늘릴 수도 없는 상황이다. 조직의 혁신성이나 유연성에 제약이 될 수 있고, 인건비 지출이 커진다는 단점이 있다.

최근 CXO연구소에 따르면, 지난해 삼성전자의 간부급 이상 비중은 35%로 집계됐다. 직원 3명 중 1명은 조직 내에서 팀장, 파트장, 실장 등 보직을 가지고 있다는 의미다. 삼성전자 지속가능경영보고서에 따르면, 지난해 간부 수는 9만 2,315명, 임원 수는 1,485명이다. 간부급 이상의 비중은 2014년 17.5%에서 10년 사이에 2배가량 늘었다. 올해 6월 반기보고서 기준 상무는 780명, 부사장은 361명이다. 전반적인 고령화 문제와 무관하지 않다. 삼성전자 내 20대 이하 젊은 인력 규모는 2014년 18만 7,052명에서 지난해 7만 2,525명으로 급감했다. 조직 내 비중은 58.6%에서 27.1%로 절반 이상 줄었다. (헤럴드경제, 2024.9.28)

1 사람 : 경영의 인적자원

"인재 찾아 삼만 리." 요즘 국내외 기업을 막론하고 벌어지는 현상을 한마디로 표현한 어느 미디어의 기사 제목이다. 기업들이 우수인재 확보에 사활을 걸고 있다. 특히 과거 어느 때보다 기술 경쟁이 치열해지면서 인재 확보의 중요성이 더욱 강조되고 있다.

국내 대기업의 경우 초일류 인재 확보를 위해 이력서에서 국적을 없앤 지 오래이다. 뿐만 아니라 오히려 해외인재를 모시기 위해 최고위급 경영자들이 국제선 비행기에 몸을 싣는 것이 다반사이다.

삼성SDI는 전 세계를 돌면서 'T&C 포럼(Tech & Career Forum)'을 개최한다. T&C 포럼은 삼성SDI의 주요 경영진들이 직접 나서 삼성SDI의 비전을 공유하고 글로벌 우수인재를 채용하기 위한 행사이다. 2024년, 미국 보스턴에 이어서 런던에서 개최했을 때에는 영국 케임브리지대와 옥스퍼드대, 독일 뮌헨공과대, 스위스 로잔 연방 공과대 등 유럽을 대표하는 주요 대학 석박사 인재와 업계 전문가 60여명이 참석했다. 이 자리에서 삼성SDI 대표는 참석자들에게 "인재들이 마음껏 꿈꾸고 역량을 펼칠 수 있는 삼성SDI를 만들기 위해 최선을 다할 것"이라며 "여러분이 주인공이 돼 삼성SDI의 미래를 함께 만들어 가자"고 말했다. LG이노텍은 '이노 커넥트(Inno Connect)'를 개최한다. 2024년에는 샌프란시스코에서 최고경영진이 총출동하여 개최했으며 미국의 매사추세츠공대(MIT), 스탠퍼드대, 조지아공대, 일리노이주립대, 퍼듀대 등 주요 20여 개 대학 박사 및 박사 경력 보유자 32명을 초청했다. LG이노텍은 회사의 미래 성장동력으로 인공지능(AI), 자율주행, 증강현실, 로보틱스 등을 소개하며, "LG이노텍은 우수인

LG이노텍의 '이노 커넥트'의 한 장면. LG이노텍은 매출의 95% 이상이 해외에서 나온다. (자료 : EBN)

재를 전문가로 성장시킬 수 있는 체계적인 로드맵과 폭넓은 연구분야를 보유하고 있다"고 강조했다. LG이노텍은 '글로벌 인턴십'도 선도적으로 진행하고 있다. 국내 대학 및 대학원에 재학중인 외국인 유학생과 해외 대학 및 대학원에 재학중인 한국인 유학생 30여명이 참여 대상이다. 인턴십 우수 수료자는 면접을 거쳐 정규직으로 전환된다.

현대자동차가 개최하는 '현대 비전 컨퍼런스(Hyundai Vision Conference)'는 해외 우수대학 박사과정 인재를 국내로 초청해 현대자동차의 비전을 알리는 동시에 우수인재를 조기에 발굴하기 위한 글로벌 채용행사이다. 현대차도 글로벌 인턴십을 다양한 형태로 진행하고 있다. 국내 유학중인 외국인 유학생을 대상으로 하는 프로그램도 있고 반대로 외국에서 유학중인 한국인 유학생을 대상으로 하는 프로그램도 있다.

이차전지 업계의 대표격인 회사인 LG에너지솔루션은 미국 뉴욕에서 '글로벌 우수인재 채용행사(BTC)'를 열고 미국 주요 대학 석·박사급 인력을 대상으로 행사를 진행하기도 했다.

LG전자는 해외기술인재 채용행사인 '테크노 컨퍼런스'를 매년 실시해오고 있으며 그룹 회장이 직접 참석하여 챙기고 있다. 삼성전자의 경우 사장단이 해외출장 때마다 최고급 인재를 확보하는 노력을 기울이고 있다. SK그룹도 해외에서 포럼을 개최하면서 인재 유치에 나서고 있다. 다른 기업이나 그룹사들도 우수인재 확보를 위해 비슷한 노력을 하고 있다. 해외에서 우수인재 유치를 위해 한국이주비용, 주거용 아파트 지급, 자녀학비지원은 물론이고 심지어 전용기를 띄우기조차 한다. 물론 외부에서의 우수인재 확보와 함께 내부인재 양성을 위한 각종 노력도 게을리하지 않고 있다.

LG 테크노 컨퍼런스의 모습 (자료 : 에너지데일리)

인적자원의 경쟁력이 곧 기업의 경쟁력을 결정짓고 기업의 생존 여부를 좌우하고 있다. 이 때문에 기업들이 인적자원관리에 큰 노력을 기울이고 있는 것이다.

인적자원관리의 의의와 특성

인적자원관리의 의의

인적자원관리(human resources management)
인적자원의 확보, 개발, 활용, 보상, 유지와 관련된 관리활동

인적자원관리(human resources management)란 인적자원의 확보, 개발, 활용, 보상, 유지와 관련된 관리활동을 말한다. 인적자원관리의 중요성이 커지면서 일부 그룹에서는 우수한 인재의 확보, 개발, 유지나 인사시스템의 운영 결과를 관리자 평가의 중요한 요소로 반영하고 있다. 즉 인적자원관리를 얼마나 잘하느냐의 여부가 그 조직에서 관리자 스스로의 생존 여부를 결정짓고 있는 것이다.

인적자원관리의 체계

인적자원관리는 어떠한 순서와 체계로 이루어져 있을까? 인적자원의 관리에서 이루어지는 관리활동에는 주로 다음과 같은 것들이 있다.

- 우수한 인력을 어떻게 확보할 것인가? [확보관리]
- 종업원의 잠재적 능력을 어떻게 개발하여 그들의 능력을 최대한 발휘할 수 있도록 할 것인가? [개발관리]
- 종업원들이 창출한 가치에 대하여 금전적·비금전적인 보상을 어떻게 할 것인가? [보상관리]
- 어떻게 하면 종업원의 사기를 높게 유지시키고, 그들 개개인의 목표와 조직의 목표를 조화시키면서 조직의 목표달성에 자발적으로 최선을 다할 수 있도록 할 것인가? 노조와의 관계는 어떻게 유지할 것인가? [유지관리]

그런데 이러한 각 관리활동이 성공적으로 이루어지기 위해서는 먼저 기업 등 각 조직에서 수행해야 하는 업무에는 무엇이 있는지[직무에 대한 분석], 이 직무에 대하여 사람이 얼마나 필요하며 사람을 어떻게 대응시키고 평가해야 하는지[인간에 대한 분석]가 선행되어야 하고, 인적자원관리 내 각 세부활동은 직무와 인간을 최적으로 통합하여 조직의 목표를 달성할 수 있도록 전개되어야 한다.

이러한 인적자원관리활동의 흐름과 체계는 [그림 11-1]에 나타나 있다.

□ 그림 11-1
인적자원관리활동의 체계

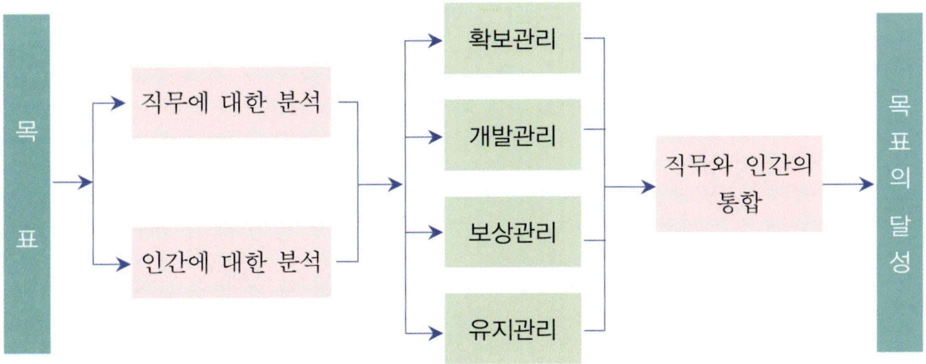

주) 인적자원관리 세부활동에서 확보관리, 개발관리, 보상관리, 유지관리 외에 활용관리를 별도로 구분하여 설명하는 경우도 있다. 본 책에서는 인적자원관리의 활용부분은 인적자원의 확보, 개발, 보상, 유지 각각의 해당부분에서 설명하였다.

인적자원관리의 특성

본 책 제1장에서 경영의 네 요소로 목적, 인적자원, 물적자원, 전략과 정보를 설명하였다. 그런데 이들 네 가지 요소 모두는 '사람－인적자원'에 의하여 결정된다는 특징이 있다. 목표를 세우는 것도 사람이며, 물적자원을 조달하고 운용하는 것도 사람, 전략을 세우고 정보를 관리하는 것도 사람이다. 네 가지 요소 중 사람이 특별히 우위에 있는 요소라고 할 수는 없지만 조직에서의 인적자원이 얼마나 중요한지를 알 수 있는 것이다.

인적자원관리의 또 하나의 특징은 관리의 주체도 사람이며 관리의 대상도 사람이라는 점이다. 기업조직의 계층에서 볼 때 일선관리자 및 작업자 자원을 관리하는 사람이 중간관리자라면 중간관리자는 최고경영진에 의하여 관리된다. 최고경영진 역시 소유주(주식회사의 경우 주주)에 의하여 관리된다.

사람이 인적자원관리의 주체임과 동시에 객체가 된다는 사실은 인적자원관리에 있어서 인간의 존엄성과 자율성을 항상 염두에 두어야 함을 모든 사람들에게 자연스럽게 일깨워준다. 그러나 조직의 목표달성이라는 조직의 기본적인 전제가 있기 때문에 존엄성과 자율성만을 무한정 추구할 수는 없다.

이러한 것은 인적자원관리의 주된 관심이 과업중심에서 인간중심으로 옮겨진 다음 다시 두 가지를 동시에 추구하려는 시대적 흐름과도 무관하지 않다.

직무분석과 직무평가

직무분석의 의의

기업에서 신입사원을 뽑을 때에는 사전에 어느 자리(즉, 어떤 업무를 하는 자리)에 사람이 필요한지를 파악해야 한다. 기존의 종업원을 이동시킬 때에도 자기 기업 내에서 해야 할 업무에는 무엇이 있고, 각각의 직무를 하기 위해서는 어떤 요건을 갖춘 사람이 필요한지가 분석되어 있어야 한다. 이러한 일을 하는 것이 직무분석이다.

인적자원관리는 직무에 대한 이해로부터 시작된다. 인적자원관리의 세부적인 관리활동은 확보관리에서 출발하는데, 인적자원을 확보하기 위해서는 먼저 기업 내에서 해야 할 일[직무]이 무엇이 있는지를 알아야 하기 때문이다.

이는 마치 우리가 '제7장 조직화'에서 배운 것처럼, 조직을 만들 때에도 조직의 기능적 측면에서 먼저 직무를 파악하여 조직을 만들고 이어서 각각의 직위 및 업무에 사람을 배치하는 것과 같은 이치이다. 이는 [그림 11-2]에 비교되어 나타나 있다.

직무분석(job analysis)
특정직무의 특성과 내용, 즉 직무를 수행하는 데 필요한 지식과 능력, 숙련도, 책임 등과 같은 직무상의 모든 요건을 체계적으로 결정하는 과정

직무분석(job analysis)이란 특정직무의 특성과 내용, 즉 직무를 수행하는 데 필요한 지식과 능력, 숙련도, 책임 등과 같은 직무상의 모든 요건을 체계적으로 결정하는 과정을 말한다. **직무**(job)란 곧 일을 말하며, 직무요건을 파악하기

□ 그림 11-2
인적자원관리에서의 직무와 사람
('조직화' 경우와의 비교)

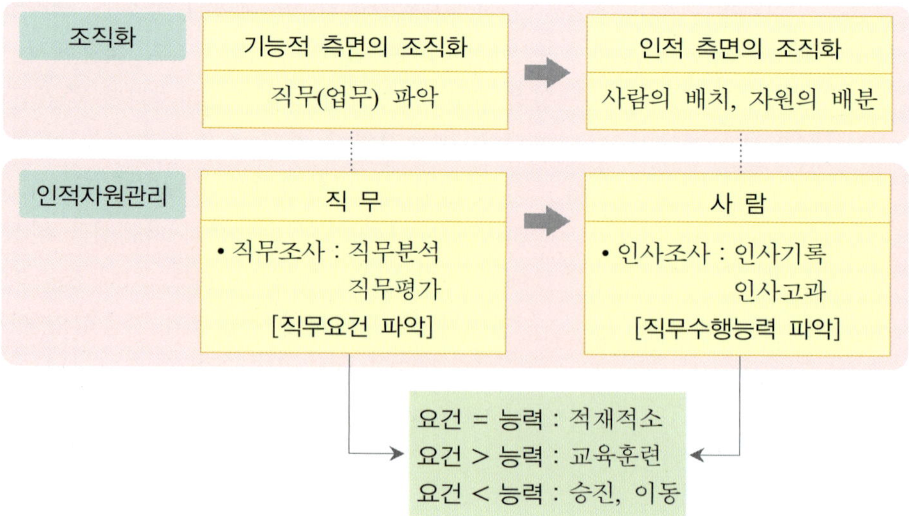

위해서는 직무조사를 하게 되는데, 직무조사의 핵심은 곧 직무분석이다. 일단 직무분석이 이루어지고 난 후에는 어떤 직무가 상대적으로 더 가치가 있는지를 알기 위하여 직무평가를 한다.

직무분석을 하면 직무에 대한 요건이 파악되기 때문에 기업의 목표를 달성하기 위해 각 종업원들에게 일이 적절히 할당되었는지, 그 일이 적정하게 이루어지고 있는지를 알 수 있다.

직무분석이 이루어지면 직무기술서와 직무명세서가 만들어진다. 직무분석의 결과는 인적자원에 관한 세부관리활동인 종업원의 모집과 선발, 배치, 교육훈련 및 개발, 이동 및 승진, 보상, 유지 등의 근거자료로 쓰인다. 뿐만 아니라 각 직무 하나하나의 권한과 책임의 범위를 명확히 함으로써 조직 합리화의 기초가 된다. 또한 업무개선과 직무급 도입에 활용할 수 있다.

직무분석의 절차와 방법

직무분석 절차

직무를 분석하는 절차는 [그림 11-3]과 같다.

□ 그림 11-3
직무분석의 절차

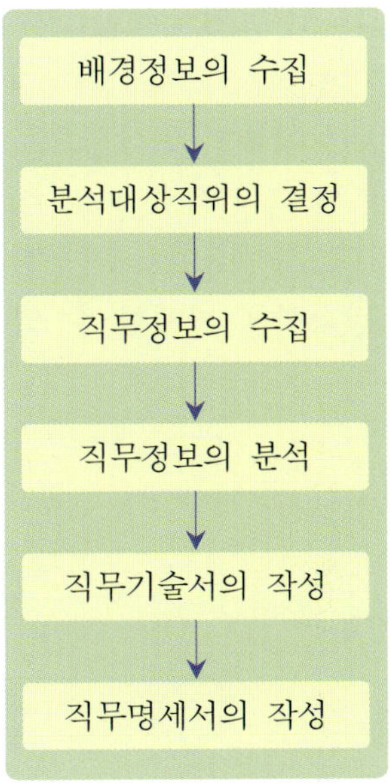

- **배경정보의 수집** : 이 단계는 직무분석의 예비단계로서 조직도나 업무분담 내역 등의 정보를 수집하며 기존의 직무기술서나 직무명세서가 있다면 이 역시 확보한다.
- **분석대상직위의 결정** : 조직의 모든 직무를 대상으로 분석하면 비효율적이기 때문에 분석하고자 하는 직무의 대표적인 분석대상직위를 선정하여 이를 주로 분석하게 된다.
- **직무정보의 수집** : 결정된 분석대상직위에서 분석에 필요한 정보를 수집한다. 정보수집방법은 이어서 설명한다.
- **직무정보의 분석** : 실제로 직무분석이 이루어지는 단계이다. 직무를 수행하는 데 필요한 지식과 능력, 숙련도, 책임 등 직무상의 모든 요건을 분석한다.
- **직무기술서의 작성** : 직무분석의 결과를 근거로 직무기술서를 작성한다.
- **직무명세서의 작성** : 직무기술서를 기초로 직무명세서를 작성한다.

직무정보 수집방법

직무정보 수집방법에는 면접법, 질문지법, 관찰법, 진술서작성법 등이 있다.

- 면접법(interview) : 직무담당자와 직접 만나 대화하면서 그의 직무에 관한 정보를 파악하는 방법이다. 분석자는 사전에 해당직무에 대해 어느 정도 알고 있어야 질문이 가능하며 질문 역시 면접대상자마다 유사한 형식으로 질문을 할 수 있도록 구조화되어 있어야 한다. 충분한 정보를 확보할 수 있는 반면, 면접대상자가 자신에게 유리하거나 주관적인 의견을 제시할 가능성이 있다는 문제점이 있다. 일반적으로 가장 널리 사용되는 방법이다.
- 질문지법(questionnaires) : 표준화되어 있는 일정한 양식에 조사대상자가 직접 직무와 관련된 내용을 기재토록 하는 방법이다. 질문내용을 응답자가 충분히 인식할 수 있고, 명확하게 기술해야 하며, 사전에 충분한 의사소통에 의해 응답자의 협력을 얻어야 한다. 시간과 비용 면에서 경제적이지만 질문지 개발이 쉽지 않다.
- 관찰법(observation) : 직무분석자가 분석대상자를 집중적으로 관찰하는 방법이다. 오랫동안 관찰하는 것이 어렵고 비현실적이기 때문에 주로 생산직이나 기능직과 같이 업무가 표준화되어 있고 단순 반복적인 경우에 유용하다.
- 진술서작성법(written narratives) : 일지(日誌)에 분석대상자들이 일상적으로 수행하는 업무의 내용을 구체적으로 기재하게 한 후 그 기록을 보고 직무분석에 필요한 정보와 자료를 수집하는 방법이다. 사무직이나 연구직 같이 조사대상자가 자신의 업무에 대한 내용을 정확하게 기재할 수 있는 능력을 갖춘 직무에 적용할 수 있다.

함께 생각해보자

직무분석은 외부전문가에게 맡기는 경우가 일반적이다. 그러나 외부전문가는 내부 사정에 어두울 수밖에 없는데 이런 경우 정확한 직무분석이 어려워진다. 외부전문가가 하는 직무분석의 정확성을 높일 수 있는 방안에 대하여 생각해보자.

직무기술서와 직무명세서

직무에 대한 정보를 수집, 분석한 후 인적자원관리의 자료로 활용하기 위해서는 이를 문서화하여 일목요연하게 정리해야 한다. 이러한 목적으로 작성되는 것이 직무기술서와 직무명세서이다.

직무기술서(job description)
직무분석 결과에 근거하여 직무수행과 관련된 과업 및 직무행동을 일정한 양식에 기술한 문서

직무기술서(job description)는 직무분석 결과에 근거하여 직무수행과 관련된 과업 및 직무행동을 일정한 양식에 기술한 문서를 말한다. 포함되는 내용으로는 직무의 명칭, 소속 등과 같은 직무의 확인사항과 직무의 내용, 직무의 요건 등 직무 전반에 걸친 사항을 포함한다. [그림 11-4]는 직무기술서의 한 예이다.

직무명세서(job specification)
직무기술서의 내용 중에서 직무요건만을 분리하여 직무수행에 필요한 종업원의 지식, 능력, 기능, 행동 등을 일정한 양식에 기록한 문서

직무명세서(job specification)는 직무기술서의 내용 중에서 직무요건만을 분리하여 직무수행에 필요한 종업원의 지식, 능력, 기능, 행동 등을 일정한 양식에 기록한 문서를 말한다.

직무기술서의 초점이 업무중심의 직무요건이라면 직무명세서의 초점은 해당직무를 수행하기 위해서 어떤 사람이 필요한지를 보여주는 사람중심의 인적요건에 있다.

직무평가

직무평가(job evaluation)
각 직무의 가치를 결정하는 것

직무평가(job evaluation)는 각 직무의 가치를 결정하는 것이다. 직무분석에 의하여 작성된 직무기술서와 직무명세서를 기초로 각 직무의 중요성, 난이도, 위험도 등을 평가하여 다른 직무와 비교함으로써 직무의 상대적 가치를 결정하게 된다.

직무평가는 직무급 임금제도의 기초로 활용된다. 동일한 가치를 가진 직무에 대하여는 동일한 임금을 적용하고, 가치가 높게 평가되는 직무에 대하여 더욱 많은 임금을 제공하는 것이다. 직무평가시 주의해야 할 점은 각 직무수행의 난이도 및 복잡도, 권한과 책임의 범위, 업무수행환경 등을 고려하여 직무 그 자체를 평가해야지, 직무를 수행하는 인간을 평가대상으로 해서는 안 된다는 것이다. 흔히 직무분석 및 평가시 이미 현직에 사람이 근무를 하고 있기 때문에 오류에 빠지기 쉽다.

〈표 11-1〉은 직무평가방법 중 점수법의 한 예시를 보인 것이다. 이 회사의 직무평가 요소는 여섯 가지이며, 각각의 가중치를 보면 책임이 30으로 가장 크고 노력, 도전의 정도, 업무환경 등은 10 정도이다. 가중치 합계는 100이 된다.

□ 그림 11-4
직무기술서의 예

직무기술서

(주)한국산업

직무번호	GA-043	직무명	일반 회계관리	소 속	관리부 재경팀
직 군	경영관리	직 종	재 경	등 급	5등급
직무개요	재무제표 등 각종 결산자료를 작성하고 회계상의 손익 현황을 관리하는 업무 수행				

■ 수행요건

<table>
<tr><td rowspan="5">일반요건</td><td>남녀별 적성</td><td>공 통</td><td>최적연령범위</td><td>25～35세</td></tr>
<tr><td>기초학력</td><td>대 졸</td><td>특수자격</td><td>없 음</td></tr>
<tr><td>전공계열</td><td>상경계열</td><td>전공학과</td><td>경영학, 회계학</td></tr>
<tr><td>필요 숙련기간</td><td>6개월</td><td>전환 가능부서/직무</td><td>세무 회계관리</td></tr>
<tr><td>기 타</td><td colspan="3"></td></tr>
<tr><td rowspan="3">소요능력</td><td>지 식</td><td>종 류</td><td colspan="2">세부내용 및 소요정도</td></tr>
<tr><td>학술적 지식</td><td>회계학</td><td colspan="2">• 원가회계 : 개별원가계산 및 종합원가계산 방법 및 원가 개념과 경영관리에 필요한 회계정보에 대한 이해
• 관리회계 : 의사결정에 유용한 정보를 제공하는 회계이론
• 회계감사 : 감사의견을 표명할 수 있을 정도의 기초적 이론</td></tr>
<tr><td>실무적 지식</td><td>재 무
상업부기
PC 운영</td><td colspan="2">• 회사 재무구조의 정확한 지식
• 1급 수준의 복식부기 운영지식
• 예산집행에 따른 분개, 기표, 기장방법에 대한 지식
• 기업 회계프로그램 관련 총괄적 운영지식</td></tr>
</table>

■ 수행업무

직무내용	직무절차 및 방법
회계손익 관리	• 각 사업부, 사업국 매출 마감 후 회계프로그램에 입력한다. • 각 부서의 전도금 및 기타 비용을 회계프로그램에 입력한다. • 시산표를 출력하여 전월 또는 전년 대비 증감을 확인하고 임차보증금, 임차료 등의 내용을 확인한다.
재무제표 및 부속명세서 관리	• 매출비용을 회계프로그램에 입력하여 시산표를 출력한다. • 출력된 시산표에 의하여 일정기간(전・반기)별의 손익(매출 및 비용)을 정확하게 측정한다. • 재무제표 및 부속명세서를 작성하여 외부감사를 실시한다.
원가회계 관리	• 각 생산제품에 소요되는 원부자재의 정확한 파악을 거쳐 1단위당 소요량을 파악하고 외주업체의 리스트를 작성한다. • 생산 각 부서의 월별 결산에 의거, 생산량을 파악한다. • 상품 및 제품의 매출수량을 정확히 파악한다.

표 11-1
직무평가 예시

직무평가 요소	가중치	5점 척도 점수	요소별 평가 점수	직무평가 점수
지식	20	4	80	320/500
전문적 노하우	20	3	60	
노력	10	2	20	
도전의 정도	10	3	30	
책임	30	3	90	
업무환경	10	4	40	

(자료 : 감사원)

5점 척도 점수는 '매우 우수'는 5점, '보통'은 3점, '매우 불량'은 1점 식으로 5, 4, 3, 2, 1 점수체계로 평가하는 것이다. 요소별 평가 점수는 각각의 요소별로 가중치에 5점 척도 점수를 곱한 것이다. 직무평가 점수는 요소별 평가 점수를 합산한 것으로 예시의 경우 해당 직무평가 점수는 500점 만점에 320점이다. 이런 방법으로 조직 내 모든 직무별로 평가할 수 있다.

인사고과

인사고과의 의의와 직무분석과의 관계

직무에 대한 분석과 아울러 효율적인 인적자원관리활동을 수행하기 위해서는 인간의 특성을 파악할 필요가 있다. [그림 11-2]를 다시 보면 직무조사(직무분석과 직무평가)를 통하여 직무요건을 파악하였으면 각 직무에 사람을 대응시켜야 한다.

이를 위해서는 사람에 대한 분석을 해야 한다. 이는 [그림 11-2]에서 인사조사라고 표시되어 있다. 사람에 대한 조사는 주로 인사고과를 통하여 이루어지며 여기에 기존에 확보해놓은 인사기록을 합하여 분석하면 종업원의 직무수행능력의 파악이 가능하다.

직무분석을 통하여 직무요건이 파악되고 인사고과를 통하여 직무수행능력이 파악된 후에 이 둘을 비교하면 인적자원관리의 방향이 정해진다. [그림 11-2]에서 보는 것처럼 직무요건과 직무수행능력이 일치하면 이는 인적자원이 적재적소에 배치되어 있음을 의미한다. 직무수행능력이 직무요건에 미달되면 교육훈련 등을 통하여 능력을 높여야 하고 그 반대의 경우라면 승진을 시키거나 능력을 발휘할 수 있는 다른 직무로 이동시켜야 할 것이다. 이처럼 인사고과는 직무분석과 동전의 양면과 같은 관계에 있다.

인사고과(merit rating)
조직구성원의 업무수행능력, 근무성적, 자격, 태도 등을 평가하는 절차

인사고과(merit rating)란 조직구성원의 업무수행능력, 근무성적, 자격, 태도 등을 평가하는 절차이다. 앞서 설명한 직무평가가 직무의 상대적인 가치를 평가하는 것이라면, 인사고과는 종업원에 대한 평가라는 점이 다르다. 인사고과는 주로 인적자원의 적정배치, 능력개발, 공정한 처우 등의 목적으로 실시된다.

인사고과의 방법

인사고과의 방법에는 전통적 방법과 현대적 방법이 있다.

전통적 고과방법으로는 종업원의 능력과 업적에 대해 순위를 매기는 서열법(ranking method), 피평가자를 한 쌍씩 비교하고 그 결과를 종합하여 점수와 순위를 매기는 쌍대비교법(paired comparison method), 사전에 정해진 평가요소와 계량화한 각 평가요소의 척도(예를 들면, 책임감이라는 평가요소가 있다면 5점 척도로 '책임감이 아주 강함'은 5점, '책임감이 전혀 없음'은 1점 식으로 평가)로 평가하는 평정척도법(rating scale method) 등이 있다.

쉬어가기 부당 인사고과를 통한 강제퇴사, 부당해고에 대처하는 방법을 알아야 승소한다!

회사의 강제퇴사, 퇴사종용 수법은 교묘하게 진화하고 있다. 대표적인 것이 부당 인사고과를 이용하는 것이다. 특히 최근 성과연봉제 도입이 이슈가 되고 있는데, 회사는 성과연봉제와 부당인사고과를 결합하여 근로자들을 강제퇴사시키는 수단으로 사용하고 있다.

구체적으로 회사의 수법은 다음과 같다. 먼저, 성과연봉제 등을 도입하여 고성과자와 저성과자 간 연봉, 승진 등에 차별을 둔다. 다음으로 회사가 내보내겠다고 정한 근로자들에게 부당하게 저성과자라는 딱지를 붙인다. 그리고 연봉을 감액하고 승진누락 등 불이익을 준다. 이러한 불이익과 압박을 받으면 근로자들이 버티기가 어렵다. 그 외에도 수차례의 거듭된 부당 인사고과로 해고처분하는 경우도 많다. 이런 수법은 특히 회사가 내보내려 하는 희망퇴직, 명예퇴직 불응자 및 전출전보 거부자들에게 흔히 사용된다. 물론 희망퇴직, 명예퇴직에 불응하는 것이 잘못된 것은 전혀 아니다. 부당전출, 부당전보 역시 거부해도 아무런 문제가 없다.

(자료 : 법률신문)

부당 인사고과를 통한 강제퇴사, 부당해고에 대처하기 위해서 근로자분들이 챙기셔야 할 것들이 많다. 먼저 회사의 인사고과 자료를 얻어내야 한다. 퇴사 전에 확보해두면 좋다. 퇴사 이후에는 동료들에게 부탁하는 방법으로 얻어야 할 것이다. 특히 중요한 것은 자신의 인사고과 자료만 필요한 것이 아니라 전 직원의 인사고과 자료가 필요하다는 점이다. 적어도 같은

현대적 고과방법으로는 기업의 목표달성의 성패에 영향을 미치는 중요사건을 중심으로 고과대상자를 평가하는 중요사건서술법, 고과대상자가 자신의 업적을 신고하는 자기신고법, 고과대상자와의 직접 면접을 통해 평가하는 평가법 등이 있다.

인사고과시에 주의할 점

사람이 사람을 평가하는 인사고과에서 주의해야 할 점은 사람이 하는 일이기 때문에 주관적인 판단이 개입될 수 있다는 점이다. 평가자 개인의 주관적인 기준, 예컨대 혈연, 지연, 학연과 같은 요인에 의하여 평가결과가 영향을 받을 수 있고, 사전에 알려진 연공서열이나 학력과 같은 정보에 의하여 평가가 잘못될 수도 있다. 잘못된 인사고과는 종업원 개개인에게 커다란 부정적 영향을 끼쳐 조직의 경쟁력 저하의 중요한 요인으로 작용하게 된다. 따라서 모든 조직은 합리적인 인사고과체제 구축과 운용에 많은 노력을 기울여야 한다.

함께 생각해보자

인사고과시 상사가 부하에게 하는 일방적인 고과가 아닌, 동료간에도 고과를 하고 부하가 상사를 고과하는 제도도 있다. 소위 '다면평가제도'이다. 이러한 수평간 및 상향식 인사고과시 어떠한 문제점이 발생할 수 있는지 생각해보자.

부서 정도의 인사고과 자료는 필요하다.

다음으로 필요한 것은 회사 내부 문건, 자료 중 정리해고를 계획한 문건이나 일부 특정사원들을 내보내야겠다는 의도가 기재된 것들이다. 아니면, 관련 내용이 담긴 사장이나 관리자의 발언을 녹취해두는 것도 좋다.

이런 자료들은 부당 인사고과가 개시되기 전에 있었던 것이어야 한다. 예컨대 부당 인사고과가 6월부터 시작되었다면 이런 자료들은 4월이나 3월쯤에 생겨난 것이어야 하는 것이다. 다만, 반드시 그 이전의 자료여야 하는 것은 아니니 일단 최대한 수집해두는 것이 좋다.

그리고 다른 부당해고를 당한 근로자분들과 함께 행동하시길 권해드린다. 회사가 저성과자로 몰아 부당 인사고과를 하면서 실질적으로 정리해고를 하는 경우 부당해고를 당한 피해 근로자가 많을 수밖에 없다. 언제나 그렇듯 뭉치면 강해진다. 다른 근로자분들과 연대하고 협력하셔야 한다. 직장 내 남아 있는 동료들과 협력, 연대할 수 있다면 정말 큰 도움이 된다.

위 자료들도 근로자들이 서로 뭉치고 협력해야만 얻기가 용이하다. 회사에 장기근속하며 충성한 근로자를 저성과자로 몰아 모욕하고 부당해고하는 수법은 부당해고 중에서도 악랄한 것이다. 근로자로서 버티기 힘들다는 점을 잘 알고 있다. 그러나 맞서 싸우지 않는다면 결국 후회가 남게 될 가능성이 크다. 부당 인사고과와 이를 통한 부당해고에 굴하지 않으시길 바란다.

(자료 : 노무사 김승현 블로그에서 인용)

□ 그림 11-5
인사고과표의 예(일부)

인사고과표 (전부서 공통)

2024년 12월 31일

구분	평정요소	관찰항목	관찰내용	최우수	우수	양호	보통	보완요	불량	인사사용란	
업무실적	업무의 양	능 률	신속정확하게 낭비 없이 처리했는가.								
		지속성	어떤 일에나 차이 없이 끈기 있게 했는가.								
		속 도	업무처리가 신속하여 지체되는 일은 없는가.								
	업무의 질	정확성	일의 결과를 믿을 수 있는가.								
		꼼꼼함	일의 마무리가 철저한가.								
		성 과	일의 성과가 내용에 있어서 뛰어났는가.								
	총 평		위의 관찰을 종합했을 때 업무실적은 어떤가.								
근무태도	협조성	상하협조	상사에 대해 협력하며 성과가 있는가.								
		횡적협조	협조적이고 조직체 능률향상에 공헌하는가.								
	근무 의욕	적극성	일에 능동적으로 대처하려는 의욕은 어떤가.								
		책임감	책임을 회피하지 않는가.								
		연구심	넓고 깊게 일을 연구하려는 의욕은 어떤가.								
	복무 상황	규 율	규칙을 준수하며 직장 질서유지에 애쓰는가.								
		근태상황	지각 · 조퇴 · 결근 등 상황은 어떤가.								
		태도복장	직장에서의 언동 · 차림새가 품위 있는가.								
	총 평		위의 관찰을 종합했을 때 근무태도는 어떤가.								

소 속		피평정자 성명		평정자 성명	㊞		
사원 No.							

2 인적자원관리의 주요 활동

[그림 11-1]에서 본 바와 같이 인적자원관리의 주요 관리활동은 확보관리, 개발관리, 보상관리, 유지관리로 이루어져 있다. 이하에서는 이에 대하여 간단히 살펴보기로 한다.

확보관리

확보관리
인력계획을 수립한 후 이에 근거하여 모집, 선발, 배치 활동을 전개하는 것

인적자원관리는 필요한 인적자원을 확보하는 데서 시작된다. 확보관리란 인력계획을 수립한 후 이에 근거하여 모집, 선발, 배치 활동을 전개하는 것이다.

인력계획 수립

인력계획(human resources planning)은 현재 및 미래의 각 시점에서 조직이 필요로 하는 인적자원을 사전에 예측하고[인력수요], 이에 대한 조직 내외의 공급상황

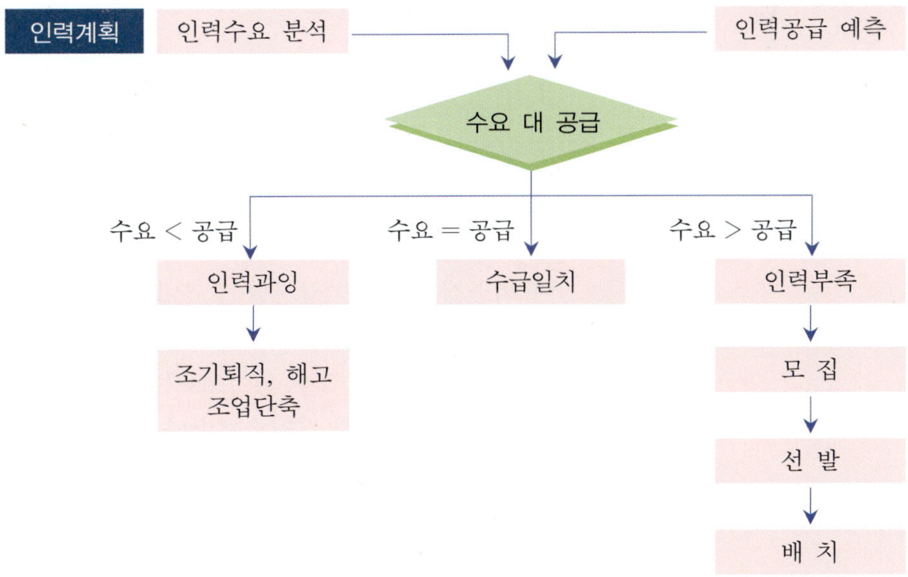

□ 그림 11-6
확보관리의 전개과정

을 예측[인력공급]하여 이를 적절히 조화시킬 수 있는 방안을 강구하는 것이다. 이러한 과정은 [그림 11-6]과 같이 나타낼 수 있다. 확보관리를 전개하기 위해서는 먼저 그림에서 보는 바와 같이 인적자원에 대한 수요와 공급을 분석한다. 수요가 공급보다 많으면(즉 지금 어느 한 기업에서 필요로 하는 사람이 현재 인원보다 많으면) 인력이 부족하므로 인적자원의 모집, 선발, 배치의 수순을 밟게 된다. 공급이 수요보다 많다면 기존 인원을 줄이는 방안을 강구해야 할 것이다.

한편, 인적자원에 대한 수요는 기업 내에서 필요로 하는 인력이기 때문에 기업 내부적인 정보에 의존하여 분석할 수 있지만, 인적자원에 대한 공급의 예측은 기업 내외부 모두와 관련이 있다. 기업 내부에서의 인력공급은 특정직무에 적당한 인력이 뒤늦게 파악되었거나 교육훈련 등을 통하여 능력을 갖추게 함으로써 가능하다. 그러나 이러한 기업 내부에서의 교육훈련은 확보관리에서 다루지 않고 개발관리 부분에서 별도로 다룬다. 여기에서 다루는 공급은 주로 외부적인 인력공급을 뜻한다.

인력계획이 중요한 이유는 인적자원은 다른 자원과 달리 기업이 특정인력을 갑자기 필요로 할 때 적당한 사람을 찾기가 쉽지 않다는 데 있다.

숫자로 본 경영

면접관이 뽑은 탈락 1순위 지원자 현황
(면접 경험자 383명 조사)

* 복수응답

1위 면접에 늦는 게으름형 지원자 40.7%

2위 기업에 대한 정보가 없는 성의부족형 24.0%

3위 자신감 없는 태도로 일관하는 무기력형 20.1%

4위 질문과 상관없는 대답을 하는 동문서답형 18.5%

5위 면접에 집중하지 못하는 주의산만형 15.7%

(자료 : 잡코리아, 뉴스2데이, 2023.12.29)

모 집

모집(recruitment)
직무명세서상의 요건에 적합한 능력과 기술을 가진 인적자원을 확보하기 위하여 인적자원을 조직으로 유인하는 활동

모집(recruitment)이란 직무명세서상의 요건에 적합한 능력과 기술을 가진 인적자원을 확보하기 위하여 인적자원을 조직으로 유인하는 활동이다. 인적자원이 공급되는 원천으로는 조직 내부와 조직 외부가 있다.

내부에서 모집하는 방법으로는 인사담당부서에서 인력배치표 등을 참고하여 비공개적으로 적임자를 찾아내는 방법과 사보나 내부게시판을 이용하여 원하는 사람을 찾는 방법 등이 있다.

외부에서 모집하는 방법으로는 광고를 통한 방법, 현재의 임직원으로부터 추천을 받는 방법, 직업소개소나 컨설팅업체 또는 학교 등과 같은 전문적인 인력공급기관으로부터 공급받는 방법 등이 있다.

과거에는 많은 기업들이 소위 취업시즌이라 하여 4월이나 10월 등과 같이 특정기간에 집중적으로 모집을 하였으나 근래에는 연중무휴로 인력을 모집

하고 있으며, 이러한 경우 별도의 광고 등에 의하지 않고 자사의 홈페이지에 채용 부분을 상설 운영하면서 필요한 인력을 모집하고 있다.

선 발

선발(selection)
모집을 통해서 응모된 지원자 중에서 조직이 필요로 하는 가장 적합한 사람을 찾는 과정

모집을 통해서 응모된 지원자 중에서 조직이 필요로 하는 가장 적합한 사람을 찾는 과정이 선발(selection)이다. 지원서와 개인자료 등과 같이 사전에 제출되거나 확보된 자료, 시험, 면접 등 다양한 방법이 동원되어 적격자를 찾아낸다.

면접장면(왼쪽)과 면접시 손을 바르게 두는 자세

우리나라의 경우 과거에는 일률적인 필기시험을 중시하고 면접은 요식적으로 실시했으나, 근래에는 응시자가 크게 많아진 까닭에 사전에 제출된 자료가 중요한 일차적 판단기준이 되고 면접의 비중이 높아져 다양한 면접방법이 활용되고 있다.

배 치

배치(placement)
신규로 모집 선발된 종업원을 각 직무에 배속시키는 것

이동(transfer)
이미 배치되어 있는 종업원을 현재의 직무에서 다른 직무로 재배치하는 것

배치(placement)란 신규로 모집 선발된 종업원을 각 직무에 배속시키는 것을 말한다. 이미 배치되어 있는 종업원을 현재의 직무에서 다른 직무로 재배치하는 것을 배치와 구분하여 이동(transfer)이라고 한다.

선발이 우수한 능력을 가진 사람을 골라내는 단계라면, 배치는 선발된 합격자 중에서 특정직무의 요건에 맞는 사람을 찾는 단계이다. 따라서 배치는 이미 한 조직구성원이 되어 있는 사람과 조직의 직무 전체를 고려하여, 조직의 성과와 개인의 만족도 제고라는 두 가지 모두를 충족시킬 수 있도록 이루어져야 한다.

함께 생각해보자

기업환경이 어려워지면서 많은 기업들은 상시 구조조정 태세에 있으며 주로 인력부문이 그 대상이 되고 있다. 꼭 필요한 최소한의 인력만으로 기업을 운영하고자 하기 때문이다. 이러한 상황에서 갑작스럽게 인력에 공백이 생기면 기업에서 꼭 필요로 하는 적절한 인력을 찾기가 쉽지 않다. 그런가 하면 경쟁력을 갖춘 극소수의 구직자들은 여러 회사에 복수로 합격을 하는 바람에 다른 구직자의 취업기회를 빼

았는 등 기업의 인적자원관리를 어렵게 하고 있다. 자신이 기업의 채용담당자라고 생각하고 이러한 문제점을 극복할 수 있는 방안을 생각해보자.

기업들은 취업시장에서 갈수록 경력자를 선호하는 경향을 보이고 있다. 그러나 경력을 쌓는 것은 쉬운 일이 아니다. (자료 : www.recruit.co.kr)

경력관리 또는 경력개발(career development)관리
종업원 개개인이 각자 자신의 경력의 성공을 기하면서 동시에 기업의 목표를 달성할 수 있도록 개인의 경력을 개발하는 관리활동

개발관리

인적자원의 개발관리는 확보된 인적자원에 대해 개개인의 잠재능력뿐만 아니라 현재의 직무를 원활히 수행하는 데 필요한 기능 및 기술 수준을 높이기 위한 조직차원의 지원활동을 말한다. 개발관리의 주요 활동으로는 경력관리, 인사이동, 교육훈련 등이 있다.

경력관리

경력관리 또는 경력개발(career development)관리는 종업원 개개인이 각자 자신의 경력의 성공을 기하면서 동시에 기업의 목표를 달성할 수 있도록 개인의 경력을 개발하는 관리활동을 말한다.

사람은 누구나 어느 조직에 들어가면 나름대로의 목표나 포부를 갖게 된다. 기업에 입사하면서 사장이 되겠다는 야심을 가질 수도 있고, 막연하게나마 해당분야의 최고전문가가 되겠다는 생각을 갖기도 한다. 이러한 목표를 달성하기 위해서는 해당조직 내에서 그에 걸맞은 경력을 쌓아야 할 것이다. 기업의 입장에서는 이러한 개인의 경력욕구(need)가 충족되고 개인이 세운 경력목표가 달성될 수 있도록 지원을 하며 동시에 개인의 성공이 조직 전체의 성공이 되도록 제반 경력관리활동을 전개한다.

사장이 되겠다는 목표를 세웠다면 이는 경력목표가 될 것이며, 사장이 되려는 목표를 달성하기 위해서 어떤 경력을 쌓아야 하는지 구체적인 경력경로를 결정하였다면 이를 경력계획이라고 한다. 이러한 경력계획의 실행을 위하여 개인 및 조직이 실제로 수행하는 활동이 경력개발인 것이다.

따라서 어떤 조직에서 이루어지는 경력관리의 범위는, 일단 종업원이 선발되어 조직에 합류한 이후에 전개되는, 인적자원을 관리하기 위한 거의 모든 활동이 포함된다고 해도 과언이 아니다. 따라서 앞서 설명한 배치나 뒤이어 설명할 이동 및 승진, 교육훈련 등은 모두 크게 보아 경력관리에 속한다고 볼 수 있다.

인사이동

한 조직 내에서 기존의 종업원들을 대상으로 이루어지는 인사이동은 크게 수직적 이동과 수평적 이동으로 나눌 수 있다. 수직적 이동은 직위가 상승하는 승진과 직위가 낮아지는 강등이 있다. 수평적 이동은 능력개발이 목적인 직무순환이 대표적이다.

승 진

승진(promotion)
지위와 보수가 상승하면서 권한과 책임이 커지는 것

승진(promotion)은 지위와 보수가 상승하면서 권한과 책임이 커지는 것이다. 누구나 어느 조직에 들어가면 가장 관심을 갖는 것이 승진이다. 승진하는 사람은 기뻐하고 고무되지만 승진에서 탈락한 사람은 좌절한다. 승진은 승진하는 사람뿐만 아니라 조직원 모두, 즉 조직 전체의 분위기 및 성과에 커다란 영향을 미친다. 무능력자가 승진하고 승진 적격자가 탈락하는 조직은 경쟁력을 유지할 수 없고 내부에서부터 무너진다. 승진은 모든 종업원 개개인의 자아발전과 동기부여의 원천이 될 뿐만 아니라 경력개발의 중요한 한 축이다. 따라서 종업원 개개인의 관점뿐만 아니라 조직 전체적인 관점에서도 객관적이고 합리적이며 타당한 승진제도가 만들어져서 사전에 공개되어야 하고 정확하게 운영되어야 한다. 우리나라의 경우처럼 지연이나 학연, 혈연이 끈끈한 사회에서는 조직 전체의 경쟁력을 생각한다면 특히 심사숙고해야 할 부분이다.

한편, 기업의 성장률이 정체되고 인구고령화로의 진행은 기업의 인사관리에도 영향을 미치고 있다. 기업분석연구소 리더스인덱스가 매출 상위 500대 기업 중 최근 3년간(2024년 기준) 지속가능경영보고서를 제출한 123개사의 임직원 현황을 조사한 것에 따르면, 전체 임직원 중 20대 비중은 2021년 23.4%에서 지난해 21.6%로 1.8%포인트 감소했다. 반면 50대 이상 비중은 같은 기간 20.6%에서 22%로 늘었다. 특히 삼성전자의 40대 이상 직원 비중은 10년 사이 12.3%에서 30.4%로 늘었다. 지난해 40대 이상 직원 수는 8만 1,461명으로, 처음으로 20대 이하 직원 수를 추월했다. 이러다 보니 하급직보다 간부급 직원이 더 많아지는 사례도 나오고 있고 승진 적체 현상이 가속화되고 있다.

이러한 기업 내 인구통계적 변화(신입 비중이 낮고 40대, 50대 비중이 높아지는 변화)는 인건비 확대로 이어졌다. 2023년의 삼성전자의 매출 대비 인건비 지출 비율은 14.7%로 2010년 이후로 역대 최대 규모를 기록했다.

직무순환

직무순환(job rotation)이 경력관리상에서 갖는 의미는 다음과 같다.

먼저, 다양한 직무를 경험하게 함으로써 관리자가 되기 위한 교육훈련기법으로 활용된다. 그리고 여러 직무를 경험함으로써 종업원 자신이 어떤 분야에 적성과 능력이 있는지 파악하고 경력을 개발할 수 있게 한다.

이 외에도 한 직무를 오래 맡게 됨으로써 야기될 수 있는 지루함을 피할 수 있고, 한 직무에 오래 있음으로써 발생할 수도 있는 부정이나 업무처리 미비의 가능성을 줄일 수 있다.

교육훈련

신규로 직원을 선발하였으면 기업은 채용한 종업원들이 기업환경 그리고 자신들이 수행해야 할 직무에 적응하고, 조직에서 필요한 기술과 많은 지식을 단시일에 습득하며, 그들의 능력을 최대한으로 개발하기 위해 체계적이고 종합적인 교육훈련(education and training)을 실시해야 한다. 또한 현직 종업원의 자질을 높이고 경쟁력을 제고하기 위한 교육훈련을 실시할 필요도 있다. 교육훈련은 앞의 [그림 11-2]에서 본 바와 같이 직무요건과 직무수행능력을 비교하여 직무수행능력이 직무요건에 미치지 못하는 경우에 주로 이루어진다. 그러나 근래에는 직무와 직접 관련이 없는 교육, 예컨대 정신교육, 애사심 고취를 위한 교육, 윤리경영을 위한 교육 등도 많이 실시되고 있다.

교육과 훈련을 비교하여 교육(education)은 보편적 지식을 학습하는 반면, 훈련(training)은 특정 기능이나 기술을 학습하는 것으로 구분하기도 한다. 그러나 근래에는 두 개념을 통합하여 교육훈련으로 부르는 것이 일반적이다.

교육훈련의 목적은 다음과 같다.

첫째, 종업원들에게 자신이 속한 환경과 조직에 적응을 보다 빨리 할 수 있도록 한다.

둘째, 종업원 각자가 수행해야 할 직무에 대한 능력을 향상시킨다.

셋째, 종업원 각자의 자기능력개발을 지원한다.

[그림 11-7]은 교육훈련의 종류를 정리한 것이다.

□ 그림 11-7
교육훈련의 종류

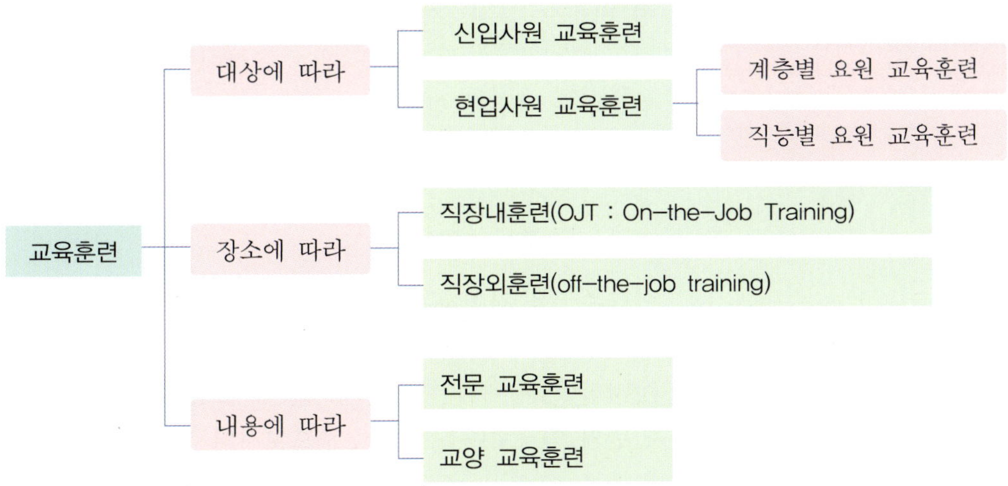

한편 최근에는 온라인상에서의 원격학습방법이 증가하고 있다. e-러닝(learning)으로 통칭되는 이러한 학습은 시간과 공간을 초월하는 장점이 있어 국가적인 차원에서도 적극 지원하고 있다.

보상관리

보상(compensation)
인적자원 제공자에게 자원의 이용 대가로 지불하는 경제적 보상

보상(compensation)은 인적자원 제공자에게 자원의 이용대가로 지불하는 경제적 보상을 말한다. 크게 임금과 복리후생으로 나눌 수 있다. 인적자원의 보상관리의 목표는 조직이 지급하고자 하는 보상범위 내에서 종업원의 만족을 극대화하는 데 있다. 보상은 종업원에게는 소득의 원천이지만, 기업의 입장에서는 비용이다. 이러한 입장 차이로 보상관리의 중요성이 증대되며, 따라서 보상은 개인과 기업의 경제적인 측면에서 파악될 수 있다. 또, 보상은 개인의 노력뿐 아니라 잠재능력에 대한 대가이기 때문에 장기적으로 인적자원에 대한 투자의 성격을 가지고 있다. 특히, 종업원의 욕구를 만족시키는 동기부여요인으로 작용한다는 점에서 심리적인 측면을 가지고 있다.

임금관리

임금(wage)이란 사용자가 노동의 대가로 종업원에게 지급하는 봉급, 기타 여하

임금(wage)
사용자가 노동의 대가로 종업원에게 지급하는 봉급, 기타 여하한 명칭으로든지 지급하는 일체의 금품

한 명칭으로든지 지급하는 일체의 금품을 말한다. 종업원에게 있어서 임금은 승진과 함께 가장 관심을 갖는 분야이다. 때문에 종업원, 곧 노동자와 기업은 임금수준 결정에 있어 서로 상반된 의견을 갖기 쉬워서 임금문제는 항상 노사관계의 주요 논쟁거리가 된다.

임금수준의 결정

임금수준을 결정하는 데 고려해야 하는 요인들은 많이 있으나 일반적으로 생계비수준, 기업의 지급능력, 사회일반의 임금수준 등과 같은 세 가지 요소를 고려한다. 생계비는 임금의 하한선으로, 기업의 지급능력은 상한선으로, 사회일반의 임금수준은 평균수준으로서의 의미를 갖는다.

□ 그림 11-8
임금수준의 결정기준

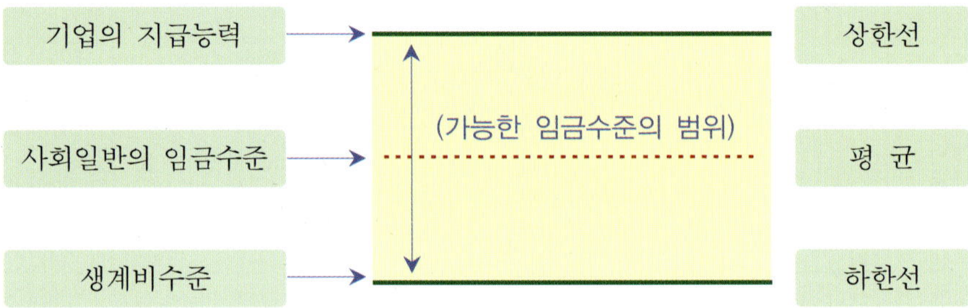

- **생계비수준**: 임금수준은 최소한 종업원의 생계비를 감당할 수 있어야 한다. 이때의 생계비수준이란 노동자 가족의 생계비까지도 포함하는 것으로 보아야 할 것이다. 생계비수준은 임금의 하한선 기준이 된다.
- **기업의 지급능력**: 종업원 입장에서 볼 때 기업의 지급능력이 우수하면 보다 많은 임금을 기대할 것이다. 따라서 기업의 지급능력은 임금 상한선의 기대치가 된다. 그러나 이때의 상한선은 기업이 계속적으로 경영활동을 하는 계속기업(going concern)으로서 안정적이고 지속적인 성장을 할 수 있음이 전제되어야 한다.
- **사회일반의 임금수준**: 임금은 인적자원 확보와 유지의 핵심적인 기능을 한다. 따라서 한 기업의 임금수준은 동일업종이나 동일지역의 평균적인 임금수준을 고려할 수밖에 없다. 임금이 평균보다 높다면 우수한 인재가 많이 몰릴 것이다. 따라서 사회일반의 임금수준은 임금결정시 평균적인 임금수준의 의미를 갖는다.

> **숫자로 본 경영**
>
> **최저임금 (2025년 기준)**
> - 시간급 : 10,030원
> - 일급 : 69,760원(8시간 근무 기준, 주휴수당 미포함)
> - 월급 : 2,096,270원(주5일, 하루 8시간 근무 기준, 주휴수당 포함)
> - 연봉 : 25,155,240원

임금체계

임금체계는 임금의 구성내용을 말하는 것으로 크게 기준임금과 기준외임금으로 구성된다. 기준임금은 소정 근로시간 내의 근로에 대하여 지급되는 임금으로 기본급 및 정상적인 근무와 관련된 수당으로 구성되며, 수당으로는 직무수당, 가족수당, 학비보조수당 등이 있다. 기준외임금은 소정의 근로시간 외의 근로에 대하여 지급되는 임금으로, 이때의 '소정의 근로시간 외의 근로'로는 연장근로(시간외 근무, 즉 잔업), 휴일근로, 야간근로 등이 있다. 위험작업에 대하여 지급하는 임금도 기준외임금으로 본다.

한편 통상임금이라는 것이 있다. 이는 근로자에게 정기적이고 일률적으로 소정 근로 또는 총 근로에 대하여 지급하기로 정한 시간급 금액, 일급 금액,

통상임금
근로자에게 정기적이고 일률적으로 소정 근로 또는 총 근로에 대하여 지급하기로 정한 시간급 금액, 일급 금액, 주급 금액, 월급 금액 또는 도급 금액

□ 그림 11-9
임금체계

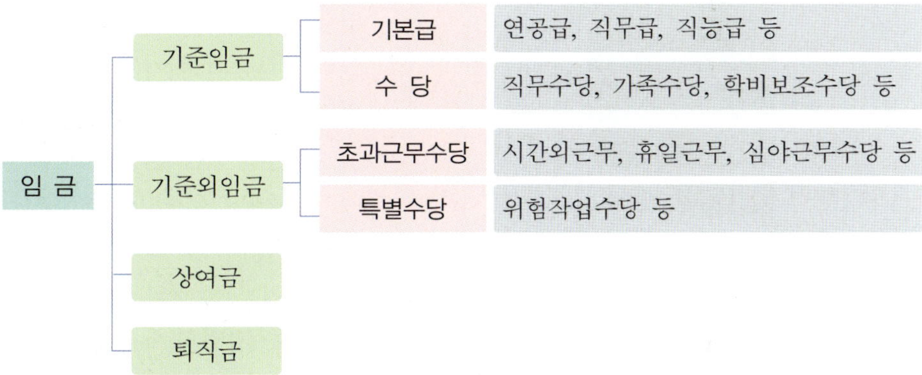

쉬어가기 **아르바이트생도 퇴직금을 받을 수 있다!**

많은 학생들이 아르바이트를 한다. 아르바이트생도 퇴직금을 받을 수 있다. 단, 다음의 조건을 충족해야 한다.

1. 1년 이상 계속 근로를 할 것
2. 1주일에 평균 15시간 이상 일을 할 것

근로계약서를 작성하면 바람직하지만 없더라도 퇴직금을 받을 수 있다. 퇴직금액은 다음과 같이 계산한다.

퇴직금 = 평균임금 × 30일 × (근무연수 + 근무일 / 365)

단, 평균임금 = 3개월간 세전 임금총액 / 퇴직 전 3개월간의 일수

식이 복잡해 보일지 모르지만 간단히 생각하면 1년당 1개월분의 임금을 받을 수 있다고 생각하면 이해하기 쉽다. 4대보험가입일이 아닌 실제 일한 날짜 기준으로 계산한다. 퇴직금을 급여에 포함시키면 안 된다.

(자료 : 통계청 블로그)

숫자로 본 경영

2023년 OECD 구매력 평가(PPP) 기준 국가별 근로자 평균연봉 순위

(단위 : 달러)

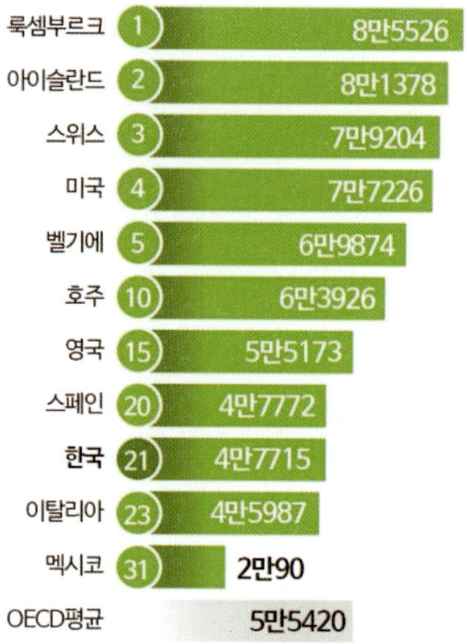

(자료 : OECD, 아시아경제)

주급 금액, 월급 금액 또는 도급 금액을 말한다. 통상임금은 임금 산정에서 매우 중요하다. 왜냐하면 근로기준법에서는 연장근로 · 휴일근로 · 야간근로에 대해서는 통상임금의 50%를 가산하여 임금을 지급하도록 정하고 있기 때문이다. '정기적 · 일률적 · 고정적으로 지급되는 금품'은 모두 통상임금에 포함된다. 따라서 기본급 외에 정기상여금, 가족 수에 상관없이 주는 가족수당, 성과에 상관없이 주는 성과급, 학생 자녀 여부에 상관없이 주는 학비보조수당은 모두 통상임금에 포함된다.

임금형태

임금의 형태에는 시간급, 성과급, 그리고 특수임금제도 등이 있다. 이 중에서 가장 널리 사용되는 방법은 성과와 상관없이 일정한 시간에 임금을 지급하는 시간급이다.

시간급이란 안정된 임금을 지급하며 임금 계산이 간단하여 선호되고 있으나, 종업원에게 적정한 동기부여를 주지 못한다. 이러한 단점 때문에 최근에는 성과와 연동된 성과급을 도입하여 종업원의 업무의욕을 높이는 기업이 많다. 특수임금제도에는 기업의 이윤이 추가적으로 발생한 경우 이윤을 분배하는 이윤분배제도, 특정한 기준을 세워놓고 임률이 자동적으로 변하는 제도 등이 있다.

회사에 기여한 직원들에게 저렴한 가격에 자기회사의 주식을 매입할 수 있는 권리를 주는 스톡옵션을 보상차원에서 지불하는 경우도 있다.

복리후생

복리후생(welfare)
종업원의 복지향상을 위하여 시행되는 임금 이외의 간접적인 모든 급부

복리후생(welfare)이란 종업원의 복지향상을 위하여 시행되는 임금 이외의 간접적인 모든 급부를 말한다. 임금 이외의 수단에 의하여 종업원의 노동력을 유지, 발전시켜 종업원의 능력을 최대로 발휘하게 함으로써 생산성 향상을 도모하는 한편, 종업원의 경제적 · 문화적 생활향상을 목적으로 하는 제도의 총칭이라 할 수 있다. 따라서 복리후생은 기업의 인사관리의 중요한 내용이 된다.

▌IBM사는 다양한 복리후생제도를 채택하고 있는데, 특히 휴가를 판매 · 구입할 수 있는 독특한 제도를 운영하고 있다.

원래 종업원에 대한 복리후생제도는 온정적 · 시혜적 차원에서 펼쳐진 사용자의 자유의사에 의한 임의적 제도로 출발하였다. 그러나 산업사회의 발전과 노사관계의 변화로 말미암아 일부 복지제도는 국가의 입법에 의하여 제도화되어 강제적으로 운영되고 있다. 또한 기업주의 입장에서 출발하였으나 근래에는 노사가 공동으로 복리후생제도를 운영하는 경우도 있고 종업원들이 자율적으로 운영하는 경우까지 있다.

복리후생의 구체적인 보기는 조직체마다 달라 그 종류나 내용이 복잡하고 다양하다. 몇 가지 예를 들면 [그림 11-10]과 같다.

□ 그림 11-10
복리후생의 보기

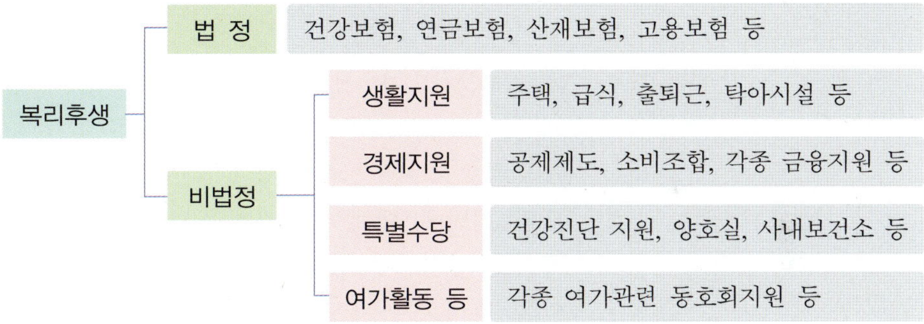

유지관리

유지(maintenance)관리
우리 회사에 도움이 되는 인적자원이 다른 곳으로 옮기지 않고 우리 기업에 남아 지속적으로 충성을 다할 수 있도록 관리하는 활동

아무리 뛰어나고 우수한 인재를 확보하여 현재 우리 기업에 큰 공헌을 하고 있다 하더라도 그 인재가 다른 회사로 옮겨가버리면 아무런 소용이 없다. 우리 회사에 도움이 되는 인적자원이 다른 곳으로 옮기지 않고 우리 기업에 남아 지속적으로 충성을 다할 수 있도록 관리하는 활동이 유지(maintenance)관리이다.

유지관리의 주요 활동으로는 인간관계관리, 노사관계관리, 이직관리 등이 있다.

인간관계관리

한 조직의 경쟁력에 영향을 미치는 요소로서 인적자원의 중요성이 강조될수록 인적자원간의 관계, 즉 인간관계관리의 중요성이 강조되고 있다. 특히 근래의 조직운영 패턴이 팀제 위주로 바뀜에 따라 이러한 경향은 더욱 두드러지고 있다. 인간관계(human relations)관리에서는 사람과 사람 사이의 단순한 상호작용으로서의 관계보다는 모든 인간을 하나의 인격체로 이해하고 관리하려는 접근이 필요하다. 대표적인 인간관계관리제도에는 다음과 같은 것들이 있다.

제안제도

제안제도(suggestion system)
조직의 운영이나 직무수행에 관련된 여러 개선안을 조직구성원이 제안하도록 하고, 우수한 제안에 대해서는 적절하게 보상하는 제도

제안제도(suggestion system)는 조직의 운영이나 직무수행에 관련된 여러 개선안을 조직구성원이 제안하도록 하고, 우수한 제안에 대해서는 적절하게 보상하는 제도이다.

제안제도가 성공하기 위해서는 ① 제안시에는 새로운 아이디어를 자유롭게, 적극적으로 제안할 수 있게 하고, ② 선택된 제안에 대해서는 보상을 하며, ③ 제안을 접수, 처리, 심사하는 제도 및 제안을 장려하는 제도를 체계적으로 운영해야 한다.

한 기업의 제안제도 안내
(자료 : shinhanheavy.co.kr)

인사상담제도

인사상담제도 (personnel counseling)
종업원의 불평불만이나 신상에 관한 상담에 응하여 이를 해결해주는 제도

인사상담제도(personnel counseling)는 종업원의 불평불만이나 신상에 관한 상담에 응하여 이를 해결해주는 제도이다. 개인적인 차원에서 인격형성을 촉진하여 종업원 개개인의 근로의욕을 고양시키는 것을 목적으로 한다. 상담을 받아주는 사람을 상담원(counselor), 상담을 원하는 사람을 상담요청자(counselee, client)라고 한다. 상담은 두 사람만이 하며, 주로 대화를 통하여 상담하게 된다.

인사상담제도가 성공하기 위해서는 무엇보다도 상담요청자가 솔직히 이야기할 수 있는 분위기가 조성되어야 한다.

사기조사

사기(morale)
특정조직 내에서 조직에 대하여 개인이 갖는 긍정적인 태도나 만족도 정도

사기(morale)란 특정조직 내에서 조직에 대하여 개인이 갖는 긍정적인 태도나 만족도 정도를 말한다. 사기가 충천한 기업의 종업원들은 회사에 대한 충성심이 강하고 몰입도가 뛰어나 우수한 성과를 낼 것이다. 사기조사의 결과는 조직의 현재 건강상태를 종합적으로 보여주는 척도가 되는 경우가 많다. 직원들의 전체적인 사기가 떨어져 있다면 조직 전체에 뭔가 문제가 있다는 뜻이 될 것이며, 한 부서의 사기가 특히 낮다면 그 부서에 뭔가 해결해야 할 문제점이 있다는 것을 의미한다. 따라서 경영자는 수시로 종업원들의 사기조사를 실시하고 사기가 낮다면 그 원인을 찾아 해결해야 할 것이다.

종업원의 사기를 조사하는 가장 대표적인 방법으로 태도조사가 있다. 주로 면접법과 질문지법을 활용하여 태도조사를 한다.

고충처리제도

고충(grievances)처리제도
기업에서 종업원의 불평이나 불만을 모아서, 단체교섭과 같은 대항적인 교섭으로 해결하기에 앞서 그 원인을 제거하고자 하는 제도

고충(grievances)처리제도는 기업에서 종업원의 불평이나 불만을 모아서, 단체교섭과 같은 대항적인 교섭으로 해결하기에 앞서 그 원인을 제거하고자 하는 제도를 말한다. 주로 근로조건이나 대우와 관련된 종업원 개개인의 문제를 대상으로 한다. 또한 이 제도는 단체협약·취업규칙 등의 해석에 노사의 대립이 있을 경우 이를 평화적으로 해결하기 위하여 적용한다.

우리나라에서는 1980년 12월 31일 노사협의회법이 제정·공포되어 국가에서 이 제도의 운영을 강제적으로 요구하고 있다. 이 법에 따르면 고충처리를 담당할 고충처리기관의 고충처리위원회를 만들되, 노사를 대표하는 3인 이내의 위원으로 구성해야 한다. 노동조합이 설치되어 있는 사업장인 경우에는 노동조합이 그 조합원 중에서 선임하고 노동조합이 설치되어 있지 않은 사업장인 경우에는 사용자가 위촉한다.

고충처리기관이 종업원으로부터 고충사항을 청취한 때에는 10일 이내에 조치결과를 당해 종업원에게 통보해야 한다. 이 제도는 현대 산업사회의 사회사업적인 일을 노동문제 해결에 도입하여 활용하고 있는 제도라고 할 수 있다.

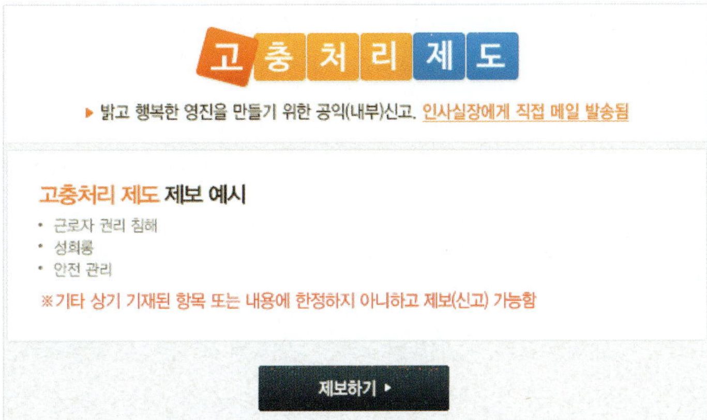

한 기업의 고충처리 안내 (자료 : yungjin.co.kr)

의사소통

의사소통(communication)이란 생각, 느낌, 정보 및 의견 또는 감정의 교환, 전달을 뜻한다. 조직의 목적을 효과적으로 달성하기 위해서는 구성원의 노력이 공통의 목적을 향하여 통합조정될 수 있어야 하는데, 이러한 통합조정을 촉진시키는 것이 의사소통이다. 따라서 의사소통은 원활한 경영성과에 큰 영향을 미친다.

기업과 같은 일반적인 조직에서 활용가능한 의사소통방법으로는 먼저 공식적인 방법으로 품의제도, 면접, 공식위원회제도와 간담회 등 공식모임, 사내보 등 각종 간행물발간 및 사내방송, 게시판 활용 등이 있다. 비공식적인 방법으로는 취미활동모임이나 동호회, 간담회, 회식 등의 방법이 있다.

함께 생각해보자

자신이 속한 조직에 인간관계관리를 위한 제도로 어떤 것이 있는지 생각해보고, 자신이 관리자라면 어떤 제도를 추가로 도입할 수 있을지 생각해보자.

노사관계관리

인적자원 유지관리활동에서 노사관계(labor-management relations)관리는 인적자원의 생산성 향상과 동기부여에 큰 영향을 끼친다. 노사관계는 종업원과 고용주 사이의 관계 또는 노동조합과 경영자의 관계로 볼 수 있다. 노동조합은 적정한 근로조건을 유지·개선하기 위하여 종업원들로 조직된 합법적 단체로서, 그 기능은 공제적 기능, 경제적 기능 그리고 정치적 기능으로 분류할 수 있다.

현대차 노사 임금협상 조인식 (자료 : 뉴스1)

공제적 기능이란 종업원들의 생활안정을 위한 기능으로 종업원들이 재정적으로 어려운 시기를 맞이할 때를 대비하여 조합이 기금을 마련하는 것이다. 경제적 기능은 노동력을 제공하는 주체인 종업원들이 근로조건의 유지 또는 개선을 위해 단체교섭이나 노동쟁의를 하는 기능을 뜻한다. 정치적 기능은 노동조합이 국가나 사회단체를 대상으로 하여 노동관계법의 제정 및 개정 등 종업원들의 법적 권익을 확보하기 위한 역할을 하는 것을 뜻한다.

노사관계에서 볼 때 사용자는 생산성의 향상 혹은 합리성의 추구에 가치를 두는 반면, 노동자는 배분의 공정화나 인간성의 존중 등 민주성을 보다 강하게 요구한다. 따라서 노사관계가 지속적인 안정을 유지하고 생산적인 관계가 되기 위해서는 합리성과 민주성이 동시에 존재한다는 것을 노사 모두가 인식해야 한다.

이직관리

기업에서 이루어지는 종업원들의 이직에는 사직과 같은 자발적 이직과 면직, 해고, 일시해고와 같은 비자발적 이직이 있다. 기업에서는 이직이 발생할 경우를 대비하여 여러 가지 대안을 강구해야 한다. 갑작스러운 종업원의 이직은 조직 운영에 많은 어려움을 준다. 따라서 자발적 이직에 대해서는 인력공급계획단계에서부터 충분한 대비책을 세워야 한다.

반면 비자발적 이직의 경우에는 분쟁이 발생할 가능성도 있으므로 종업원의 이직과 관련된 명확한 규정을 사규에 정하여 운영하고 아울러 다른 직장을 찾을 때까지 회사는 적정한 지원을 해야 할 것이다.

3 인적자원관리의 새로운 경향

인적자원관리활동도 계속 진화하고 있다. 몇 가지 새로운 경향을 살펴보자.

탈직무화

탈직무화(dejobbing)는 조직 직무의 책임을 넓히고, 직원들이 자신의 직무기술서에 명시된 업무범위 내로 자신의 업무를 제한하지 않도록 하는 것이다. 이는 조직을 인식함에 있어 기존의 시각을 바꾸는 접근으로, 조직을 직무가 모여서 형성된 것이 아닌 "해야 할 일들이 모인 장소"로 인식한다. 전통적인 방식에 의하면 직무를 먼저 파악하고 여기에 인적자원을 배치하여 직무-사람과 같은 대응이 이루어지는 것인데, 조직에서는 새로운 "해야 할 일들"이 꾸준히 생기게 마련이다. 특히 성장하는 기업일수록 그 정도는 더욱 심하다.

예를 들어, 어느 회사에 '회계처리'라는 직무가 있고, 직무기술서에 "회계규칙에 맞추어 거래 발생부터 회계결산까지 처리하는 업무"라고 정의되어 있다고 가정하자. 이 직무는 재무상태표와 손익계산서, 현금흐름표 등 재무제표가 정상적으로 작성되면 종결될 것이다. 그런데 기존에 사용하던 회계시스템이 업그레이드되어 "손익계산서상 손익변동 추적 분석"이라는 새로운 기능이 추가되었다면 이 업무는 누가 할 것인가? 전통적인 시각대로라면 '회계처리' 직무기술서를 바꾸거나 이 직무를 담당할 새로운 직원을 뽑아야 하는 번거로움이 따를 것이다. 탈직무화는 이런 문제점을 자연스럽게 해결해준다.

Self-managing work teams

(자료 : Maryam Almutlaq)

자율관리 작업팀(self-managing work team)

팀(team)은 공동의 목표를 추구하면서 일상적으로 상호작용을 하는 사람들의 집단이다. 여기에 자율관리(self-managing)와 일(work)이라는 개념을 접목했다. 이 팀의 특징은 일을 수행해가는 과정에서 문제해결 방안의 도출뿐만 아니라 그 방안을 실행하고 그 결과까지도 책임을 진다. 기존의 체계로 본다면 감독자가 맡는 책임을 팀 전체가 지는 것이다. 따라서 그만큼의 자율성도 보장된다.

인적자원관리 업무책임자의 변경 : 스태프에서 해당부서로

아직도 대부분의 조직에서는 인적자원관리 업무를 담당 전문부서(staff)에서 한다. 인력관리팀, 총무과, 인사부 등 다양한 명칭의 해당부서에서 하고 있다. 그러나 최근에는 각 부서 내의 인사는 해당부서(line) 내에서 하고, 인사전문부서(staff)는 인사 관련 지원 업무나 조언을 하는 역할을 수행하는 것으로 바뀌고 있다. 해당부서 직원들은 해당부서가 가장 잘 알기 때문이다.

사람을 보는 시각의 변화 : 비용 유발자가 아닌 수익 창출자로

원론적으로만 본다면 사람을 채용하여 일을 시키는 것은 비용이 발생한다는 것을 의미한다. 그러나 사람은 생산을 위한 투입요소 중 하나로 인적자원의 경쟁력에 따라 조직 경쟁력이 영향을 받고 결과적으로 조직의 수익성에 영향을 미친다. 사람을 비용 발생의 원인으로 인식하느냐, 수익 창출의 원천으로 보느냐는 인적자원관리 활동에 큰 차이를 가져온다. 전자의 접근에 의하면 가능하면 인사 관련 비용을 줄이고자 할 것이나, 후자의 접근에 의하면 수익 창출을 위한 관리활동으로 바뀔 것이기 때문이다.

인공지능(AI)을 활용한 인적자원관리

인적자원관리에서 AI의 활용이 본격화되고 있다. 채용절차의 자동화, 성과관리, 인력관리 등 다양한 분야가 대상이 되고 있다. 지원서류 스크리닝, 인터뷰 일정 수립은 물론이고 "AI 면접"이라고 부르는 면접까지도 수행한다. 지원자가 많아도 효과적으로 절차를 진행하고 보다 객관적으로 평가한다는 장점이 있다. AI는 직원 개인별 데이터를 기반으로 성과를 분석하고, 피드백을 제공하기도 한다. 인적자원관리 관련 데이터를 분석하여 이직률, 직원만족도, 채용효율성 등을 평가함으로써 인적자원관리에 대한 전략적 결정을 돕는다.

재택근무 또는 원격근무의 일상화

COVID-19 팬데믹이 남긴 수많은 변화 중 인적자원관리 부문에서 가장 큰 변화는 근무형태의 변화이다. 재택근무 혹은 원격근무가 일반화되면서 미국의 경우 2025년에는 미국 근로자의 22%가 원격근무를 할 것이라는 보고가 있다. 우리나라의 경우를 보면 재택근무를 시행한 적 없는 기업을 제외하고 2023년 현재 시행중인 기업이 58.1%, 시행한 적 있으나 중단한 기업이 38.7% 정도이다. 재택근무를 선택한 기업들도 대부분은 완전 재택근무보다는 필요한 인원을 선별하거나 개별적으로 선택하는 비율이 62%, 직원들이 교대로 재택근무를 하는 비율이 19%, 부서별로 자율운영하는 비율도 19% 정도가 되어 사실상 완전 재택근무보다는 하이브리드 형태로 운영하고 있음을 알 수 있다. 특히 재택근무 근로자 수를 보면 전체 근로자 수의 3.1%에 불과해서 미국 등 외국의 흐름과는 상당히 차이가 있음을 알 수 있다.

한편, 원격근무가 가장 활발한 분야는 금융, 비즈니스 및 전문 서비스, 기술 부문 등인데, 2023년 미국 스탠퍼드(Stanford) 대학 조사에 따르면 소규모 도시보다 대도시에서 더 활발하게 도입되고 있다.

실제 원격근무의 효과는 어떠하며 부작용은 없을까? 포브스(Forbes)에 따르면, 생산성 35% 증가, 품질 결함 40% 감소, 결근 41% 감소, 이직률 12% 감소, 수익성 21% 증가 등 기업에 도움이 되는 것으로 나타났다. 또한, 원격근무는 직원 거주지의 지리적 선택 범위를 넓혀주고, 일과 삶의 균형을 가능하게 해 줌으로써 결과적으로 우수한 인재 유치 및 유지에 도움을 주고 있다.

그러나 일부에서는(우리나라에서는 보다 많은 회사에서) 의사소통과 사람 관리의 어려움, 팀 단위 업무의 집중도 등 여러 이유로 원격근무 또는 재택근무에 대해 여전히 부정적이지만 원격근무를 지원하는 도구 및 기술의 발전과 함께 원격근무가 자리잡아가고 있는 것은 분명한 흐름으로 보인다.

숫자로 본 경영

국내 매출 50대 기업 재택근무 현황

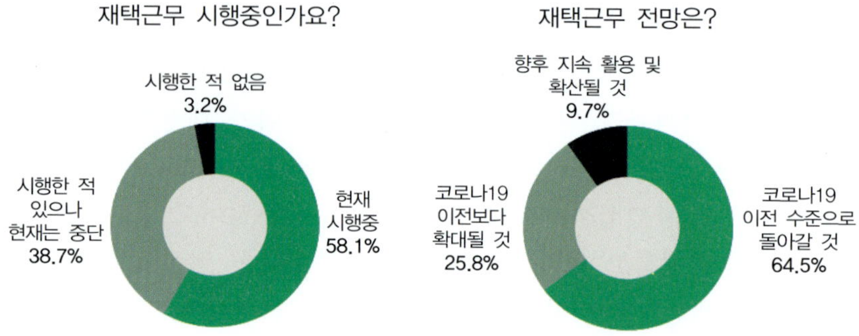

(자료 : 한국경영자총협회, Flexwork)

토론

네이버, '재택근무' 유지… '엉터리' 근무엔 첫 징계

국내 주요 IT기업 중 유일하게 재택근무제를 유지하고 있는 네이버가 올해도 재택근무를 이어가는 한편 근무 태만자에게 징계조치를 내렸다. 2020년 코로나19 여파로 재택근무제를 시행한 이후 4년 만에 첫 징계 사례다.

7일 네이버 관계자에 따르면 네이버는 재택근무제를 유지하는 한편 올해부터 본격적으로 관리시스템을 강화한 결과 '무단결근' 등의 사례를 발견하고 징계조치에 나섰다.

네이버는 2020년 코로나19 팬데믹 당시 재택근무제를 시행했으며, 코로나19 엔데믹에도 직원들이 근무시간과 장소를 직접 선택할 수 있도록 하는 '커넥티드 워크'를 2022년 7월부터 시행하고 있다. 주 5일 내내 사무실에 출근하지 않아도 되는 원격근무와 주 3일 이상 사무실에 출근하는 오피스 근무 중 한 가지를 6개월마다 선택하는 방식이다. 신뢰를 기반으로 사무실이나 자택, 외부공간 등 업무장소와 근무시간을 직원 자율에 전적으로 맡겼으나 이를 악용하는 직원들이 늘어나자 4년 만에 칼을 빼 든 것이다.

한편 카카오는 코로나19 엔데믹 이후 지난해 3월부터 '카카오 온(오피스 퍼스트)' 근무체제로 전환하고, 부서별 근무여건에 따라 주 1~2회씩 재택근무를 할 수 있도록 자율성을 부여해왔다.

다만 최근 정신아 카카오 대표 내정자가 임직원들과의 간담회에서 현재 시행중인 카카오 온 근무체제를 지속해서 이어나간다고 밝히자, 카카오 직원들은 주 1~2회 남아 있던 재택근무를 정 내정자가 전부 없앨 것으로 보고 강하게 불만을 표출하고 있다.

(한경, 2024.3.7)

토론주제 재택근무를 찬성하는 입장과 반대하는 입장으로 나누어서 토론해보자.

핵심용어

- 인적자원관리
- 직무분석
- 직무기술서
- 직무명세서
- 직무평가
- 인사고과
- 확보관리
- 인력계획
- 모집
- 선발
- 배치
- 개발관리
- 경력관리
- 이동
- 승진
- 직무순환
- 교육훈련
- 보상관리
- 임금
- 통상임금
- 복리후생
- 유지관리
- 인간관계관리
- 제안제도
- 인사상담제도
- 사기조사
- 고충처리제도
- 의사소통
- 노사관계관리
- 이직관리

요 약

- 인적자원관리란 인적자원의 확보, 개발, 활용, 보상, 유지와 관련된 관리활동을 말한다. 인적자원관리가 성공적으로 이루어지기 위해서는 먼저 직무에 대한 분석 및 인간에 대한 분석이 선행되어야 하고, 각각의 세부관리활동은 직무와 인간을 최적으로 통합하여 조직의 목표를 달성할 수 있도록 전개되어야 한다.
- 직무분석이란 특정직무의 특성과 내용, 즉 직무를 수행하는 데 필요한 지식과 능력, 숙련도, 책임 등과 같은 직무상의 모든 요건을 체계적으로 결정하는 과정을 말한다. 직무분석 후에는 직무기술서와 직무명세서가 작성된다. 이어서 각 직무의 가치를 결정하는 직무평가가 실시된다.
- 인사고과란 직무에 사람을 대응시킬 목적으로 실시되는 것으로 조직구성원의 업무수행능력, 근무성적, 자격, 태도 등을 평가하는 절차이다.
- 인적자원관리는 필요한 인적자원을 확보하는 데서 시작된다. 확보관리란 인력계획을 수립한 후 이에 근거하여 모집, 선발, 배치 활동을 전개하는 것이다.
- 인적자원의 개발관리는 확보된 인적자원에 대해 개개인의 잠재능력뿐만 아니라 현재의 직무를 원활히 수행하는 데 필요한 기능 및 기술 수준을 높이기 위한 조직차원의 지원활동을 말한다. 개발관리의 주요 활동으로는 경력관리, 이동 및 승진, 교육훈련 등이 있다.
- 보상은 인적자원 제공자에게 자원의 이용대가로 지불하는 경제적 보상을 말한다. 크게 임금과 복리후생으로 나눌 수 있다. 인적자원의 보상관리의 목표는 조직이 지급하고자 하는 보상범위 내에서 종업원의 만족을 극대화하고자 하는 데 있다.
- 한 조직에 남아 지속적으로 충성을 다할 수 있도록 관리하는 활동이 유지관리이다. 유지관리의 주요 활동으로는 인간관계관리, 노사관계관리, 이직관리 등이 있다.

연습문제

1. 직무분석과 인사고과의 관계를 설명하라.
2. 직무분석은 인적자원관리의 기초가 된다. 그 이유를 설명하라.
3. 인사고과시 발생가능한 문제점과 그 해결방안을 설명하라.
4. 인적자원을 확보하는 과정을 설명하라.
5. 인적자원을 개발하는 방법들에 관하여 설명하라.
6. 임금을 결정하는 체계에 대하여 설명하라.
7. 인적자원을 한 조직 내에서 지속적으로 유지할 수 있는 방안을 설명하라.
8. 최근의 인적자원관리 경향을 정리하여 설명하라.

볼거리 읽을거리

인턴(The Intern)

감독 : 낸시 마이어스(Nancy Meyers)
출연 : 앤 해서웨이(Anne Hathaway), 로버트 드니로(Robert De Niro) 등
제작 : 랫팩듄 엔터테인먼트(RatPac-Dune Entertainment Waverly Films)
배급 : 워너브러더스코리아(2015)

창업 1년 반 만에 직원 220명의 성공신화를 이룬 줄스(앤 해서웨이). TPO에 맞는 패션센스, 업무를 위해 사무실에서도 끊임없는 체력관리, 야근하는 직원을 챙겨주고, 고객을 위해 박스 포장까지 직접 하는 열정적인 30세 여성 CEO! 한편, 수십 년 직장생활에서 비롯된 노하우와 나이만큼 풍부한 인생경험이 무기인 만능 70세의 벤(로버트 드니로)을 인턴으로 채용하게 되는데….

(자료 : 네이버영화)

CHAPTER

12 제품 생산 · 서비스 운영

1. 생산 · 운영관리의 개요
2. 생산 · 운영관리활동
3. 생산 · 운영시스템의 혁신

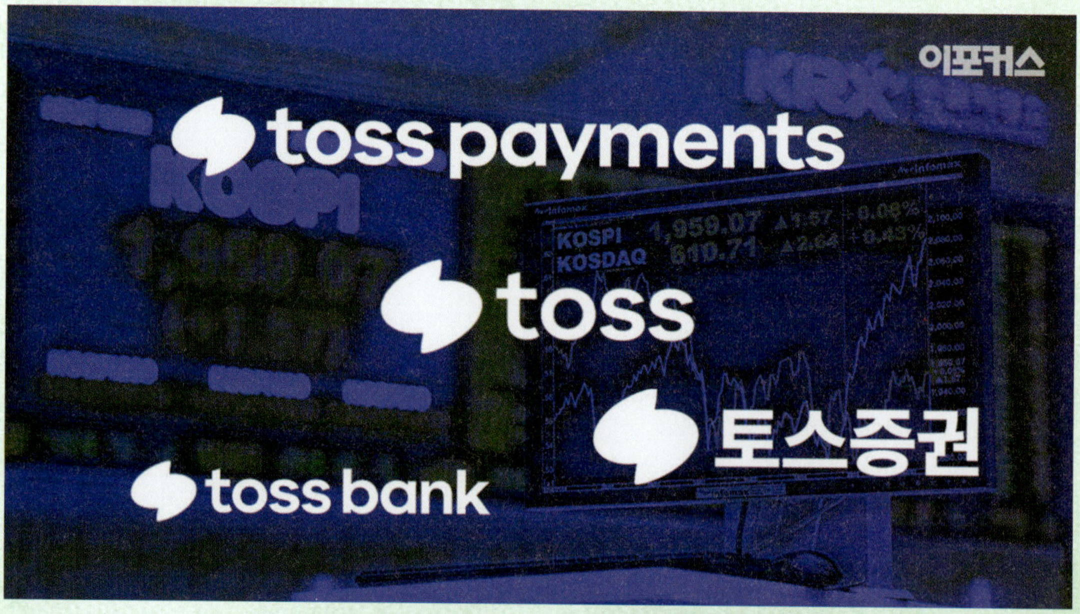

우리나라의 핀테크 기업 비바리퍼블리카가 운영하고 있는 금융 서비스기업들 (자료 : 이포커스)

은행권 영업 경쟁력 1위 '토스뱅크'

올해 1분기 은행권에서 영업 경쟁력이 가장 높은 곳은 토스뱅크(이하 토뱅)였다. 토뱅뿐만 아니라 카카오 · 케이뱅크(이하 각각 카뱅, 케뱅) 등 인터넷전문은행 3사가 해당지표 1~3위를 차지했다. 11일 은행연합회 정기공시에 따르면 토스뱅크의 1분기 생산성은 2억 4,900만원이다. 생산성은 직원 1인당 충당금 적립전이익(충전이익)을 계산한 것이다.

토뱅에 이어 케뱅과 카뱅도 1억원이 넘는 생산성을 기록했다. 케뱅은 1억 8,000만원, 카뱅은 1억 3,700만원의 생산성을 1분기에 보였다.

주요 은행 1분기 생산성 현황 (단위 : 만원, %)

순 위	은 행	생산성	급여(2023년 기준)	급여 대비 생산성 비율
1	토스뱅크	24,900	12,983	191.79
2	케이뱅크	18,000	8,437	213.35
3	카카오뱅크	13,700	10,041	136.44
4	IBK기업은행	9,300	4,945	188.07
5	하나은행	8,800	8,137	108.15
6	산업은행	8,700	–	–
7	광주은행	8,600	8,408	102.28
8	우리은행	8,400	7,208	116.54
9	대구은행	8,200	8,838	92.78
10	신한은행	7,900	9,191	85.95

5,000만원 이하 생산성을 기록한 곳은 4곳이었다. NH농협은행이 4,400만원의 생산성을 보인 가운데 KB국민은행 3,700만원, 제주은행 3,300만원, SC은행 2,000만원의 1분기 생산성을 나타냈다.

은행권 한 관계자는 "인뱅 3사의 1분기 생산성이 높은 이유는 효율적인 비용 관리와 높은 금리 경쟁력에 따른 수익 확대가 주요 원인"이라며 "최근 들어 고객들이 급증하고 있는 점 등도 높은 생산성을 기록하게 된 이유 중 하나"라고 풀이했다.

(매일일보, 2024.7.11)

1 생산 · 운영관리의 개요

생산 · 운영관리의 의의

생산 · 운영관리는 유형의 재화(제품)와 무형의 재화(서비스)를 생산하는 시스템을 관리하는 활동을 말한다. 과거에는 '생산'이라고 하면 주로 공장, 기계설비 등에 의한 생산, 즉 제조 중심의 생산을 생각하였고 당연히 이러한 시스템을 관리하는 기능을 '생산관리'라고 하였다. 그러나 산업구조가 2차산업인 제조업 중심에서 3차산업인 서비스업 중심으로 옮겨감에 따라 서비스를 창출하는 조직에 대한 관리가 중요한 관심사가 되었다.

위 그림은 '제품의 생산'을, 아래 그림은 '서비스의 생산'을 보여주고 있다.

물류, 운송, 보험, 은행 심지어 정부 등과 같은 조직은 어떤 유형의 물건을 생산하는(제조하는) 것이 아니라 그들의 조직을 '운영'함으로써 서비스를 창출하며 그러한 서비스의 관리가 조직의 성공 여부를 결정짓기 때문에 조직의 '운영관리'가 중요해지게 되었다. 그래서 제조 중심의 '생산관리' 개념은 서비스 조직의 '운영관리'까지를 포함하여 '생산 · 운영관리'로 확대되었다.

생산 · 운영관리가 무엇인지를 알기 위해서 먼저 생산의 정의를 내려보자. 생산(production)이란 여러 투입요소들 — 원자재, 설비, 인력, 자금, 시간 등 — 을, 변환과정을 거쳐 제품 또는 서비스라는 경제적 가치를 산출하는 과정이라고 할 수 있다. 따라서 생산 · 운영관리(production & operation management)란 일반적으로 제품이나 서비스를 생산하는 데 필요한 자원을 최적의 상태로 관리하는 일, 그리고 그러한 기능을 수행하기 위하여 의사결정을 하는 것이라고 정의할 수 있다.

생산 · 운영관리(production & operation management)
일반적으로 제품이나 서비스를 생산하는 데 필요한 자원을 최적의 상태로 관리하는 일, 그리고 그러한 기능을 수행하기 위하여 의사결정을 하는 것

◘ 그림 12-1
생산 · 운영관리 개념의 변화

산업구조의 변화와 중심	2차산업 : 제조업	→	3차산업 : 서비스업
산출물의 형성방식	제조, 생산	→	조직운영, 서비스창출
산출물	제 품	→	서비스
관리개념의 변화	생산관리	→	운영관리

제품이나 서비스를 생산하는 데 필요한 자원, 즉 생산 · 운영관리의 대상이 되는 자원은 크게 원자재(material), 설비(machine), 인력(man), 작업방법(method) 등으로 분류할 수 있다. 이들의 머리글자를 따서 4M이라고 부른다.

생산 · 운영관리의 목표

생산 · 운영관리의 목표는 다음과 같이 네 가지로 요약할 수 있다.

- 소비자가 원하는 좋은 품질의 제품을
- 저렴한 가격에
- 신속하게 또는 적시에 생산하되
- 생산시스템의 유연성을 확보한다.

생산 · 운영관리가 추구하는 목표 중의 첫 번째는 품질이 우수한 제품을 생산하는 것이다. 이러한 목표달성을 위하여 생산 · 운영관리에서는 품질관리라는 구체적인 방법을 사용한다. 우수한 품질의 제품은 제품 자체의 가치를 향상시키는 것뿐만 아니라 제품생산시 불량률을 감소시켜 품질의 균등화를 이루는 것까지 포함한다.

두 번째로는 같은 제품이라도 싸게 만들어야 하는데, 이는 원가관리라는 수단을 통하여 이루어진다. 제조원가를 인하해 경쟁력을 갖추면 이익의 증대는 물론이고 가격의 인하가 가능해져 판매를 더욱 증대시킬 수 있다. 원가절감을 위해서는 원자재의 절감, 작업시간의 단축, 가동률 향상 등의 노력이 지속적으로 이루어져야 한다.

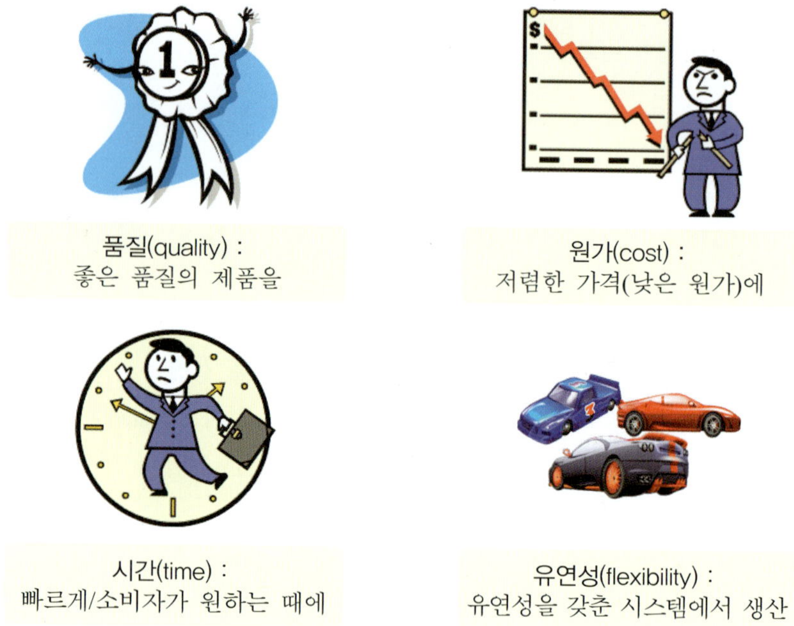

□ 그림 12-2
생산 · 운영관리의 목표

세 번째로는 저렴하지만 우수한 품질의 물건을 제때 또는 빨리 만들어야 한다. 이를 위해서는 일정관리를 잘해야 한다. 일정관리를 잘하면 생산소요기간을 단축시킬 수 있다. 또한 정시에 고객에게 제품을 납품함으로써 신용의 확보라는 부수적인 효과도 얻을 수 있다.

마지막으로 유연성 있는 생산시스템을 확보 · 유지해야 한다. 생산시스템의 유연성이란 생산량을 시장수요에 따라 조절하는 것뿐만 아니라 동일 생산라인에서 다양한 제품을 생산하는 것도 포함한다. 예를 들어 TV를 생산하는 두 기업이 있는데, A기업은 45인치, 65인치, 75인치 TV를 모두 한 조립라인에서 생산할 수 있는 반면, B기업은 세 개의 조립라인에서 각각 생산한다면 A기업의 생산시스템의 유연성이 더 크며 당연히 시설의 효율성도 높아진다.

물론 이러한 생산 · 운영관리의 목표를 달성하기 위해서는 공장의 제조부문뿐만 아니라 기술, 판매, 구매, 재무 등 기업의 모든 부문이 적극 협력하지 않으면 안 된다.

생산 · 운영방식의 유형

생산 · 운영방식에 따라 생산 · 운영시스템을 관리하는 방식에는 많은 차이가 난다. 생산 · 운영방식은 구분기준에 따라 몇 가지로 나눌 수 있다.

수요자와의 관계에 따라

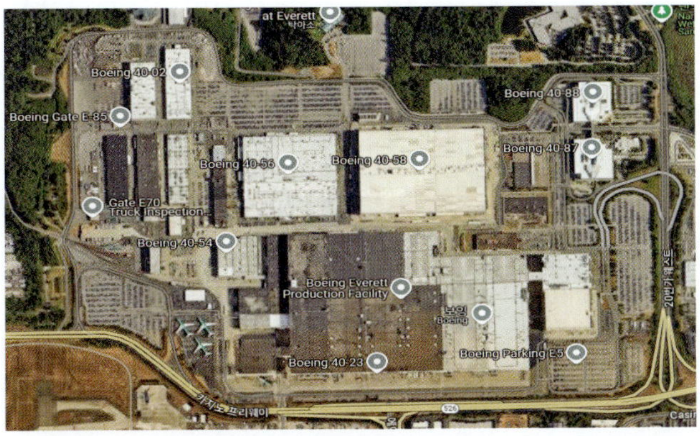

미국 워싱턴 주 에버렛(Everett)에 있는 보잉(Boeing)의 비행기 조립 공장. 10억 달러(약 1조 4천억원) 규모의 건설비가 든 공장으로 한 지붕 아래 25개의 축구장에 해당하는 넓이로 자리하고 있다. 비행기는 전형적으로 주문생산으로 제작되는 제품이다. (자료 : 구글)

계획생산

불특정 다수의 소비자를 대상으로 하여, 제품을 판매하기 이전에 미리 제품을 만들어놓는 생산방식을 계획생산이라 하며 시장생산이라고도 한다.

주문생산

고객의 주문을 받아서 제품을 생산하는 것을 주문생산이라고 한다. 일반적으로 제품이 고가일수록, 대형일수록, 제조에 시간이 소요될수록, 생산제품이 소량일수록 그리고 제품에 다양한 옵션이 부가될수록 주문생산방식을 취하는 경향이 있다.

생산공정상의 자재흐름 특성에 따라

개별생산

주로 고객의 주문에 따라 소량을 생산하는 방식이다. 통상 특정제품의 생산은 주문에 의해서만 이루어지기 때문에 동일한 제품을 계속 생산하는 경우는 많지 않다. 주문이 있기 전까지는 자재소요량 예측이 불가능하다. 조선업, 공작기계 제조업 등의 산업에서 볼 수 있는 생산방식이다.

로트생산

단일제품의 생산량이 개별생산방식보다는 많지만 대량생산은 아닌 생산형태로서 로트(lot), 즉 덩어리 또는 묶음으로 생산하는 방식이다. 제품이 비교적 규격화되어 있으며 주기적으로 일정량을 생산한다는 특징이 있다. 가구제조업,

구두제조업 등에서 볼 수 있다. 수요예측에 근거하여 생산을 하므로 자재흐름에 대하여 어느 정도 예측 및 통제가 가능하다.

대량생산

표준화된 제품을 대량으로 생산하여 불특정 다수에게 공급하려고 하는 생산방식이다. 로트생산의 경우보다 수요예측의 실패에 따른 비용부담이 훨씬 크기 때문에 보다 정교한 수요예측이 요구된다. 자재흐름에 대한 정밀한 통제기법이 동원된다.

함께 생각해보자

의류업의 경우에는 로트생산방식과 대량생산방식이 병존한다. 왜 그럴까 생각해보자.

위탁생산방식에 따라

위탁생산이란 한 기업(원사업자)이 자신의 생산활동의 일부 또는 전부를 다른 기업에 맡기는 생산방식을 말한다. 다음과 같은 것들이 있다.

OEM

OEM(Original Equipment Manufacturer)은 한 기업(주문자)의 완제품 또는 완제품에 사용되는 부품을 제조하는 회사를 말한다. 원어의 정확한 의미는 '주문자 상표 부착 생산자(기업)'이나 현장에서는 '주문자 상표 부착 생산' 방식을 의미하는 것으로 많이 사용된다. 주문자는 제품을 직접 설계하고 기술과 특허를 보유하고 있으며, 생산만 OEM에 의뢰한다. 완제품은 주문자의 상표로 판매된다. 대표적으로 폭스콘(Foxconn)은 애플의 아이폰을 생산하는 OEM이다.

숫자로 본 경영

주요 뷰티기업 2분기 영업이익 비교

(단위 : 억원)

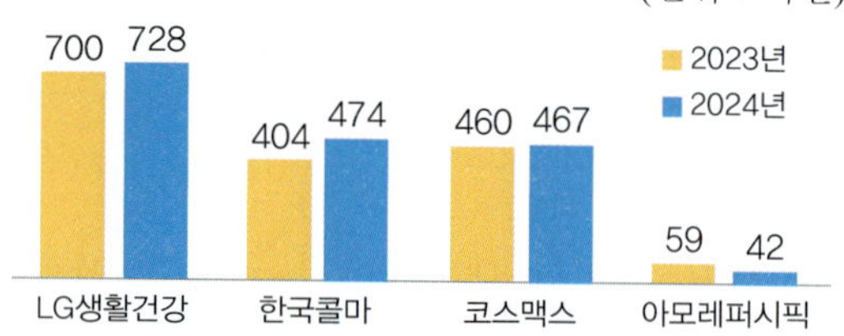

* LG생활건강 · 한국콜마는 뷰티 부문 (자료 : 각 사)

ODM

ODM(Original Development Manufacturer, 제조업자 개발 생산자)은 OEM에서 한발 더 나아가 주문자의 제품 설계까지 위탁을 받아 제조하는 회사를 말한다. 국내 화장품 제조업자 중 코스맥스와 한국콜마가 대표적인 ODM으로 전 세계적인 명성을 가지고 있다. 두 회사는 고객사(주문자)인 중소 · 신진 K뷰티 브랜드들이 글로벌 시장에서 두각을 나타내는 덕을 크게 보고 있다. 삼성전자나 LG전자의 일부 일반 가전품목은 중국 등의 ODM으로부터 공급받고 있는 것으로 알려지고 있다.

CMO, CDMO

CMO(Contract Manufacturing Organization, 계약 위탁생산 조직)는 계약에 기반하여 한 기업(주문자)의 제품을 생산하는 조직(생산자)을 의미한다. 사실상 OEM과 같다고 할 수 있으나 CMO는 주로 제약, 바이오, 화장품 산업에 적용되는 개념이기 때문에 우리말로는 '의약품 위탁생산'이라고 하는 경우도 있다.

한편 CDMO(Contract Development & Manufacturing Organization, 계약 위탁개발생산 조직)는 CMO에 '개발'까지를 더한 것으로 위 ODM과 유사한 개념이다.

삼성바이오로직스는 우리나라의 대표적인 CMO 겸 CDMO이다. 세계 최대 규모의 생산시설을 갖추고 전 세계 제약사에 고품질 바이오 의약품을 제공하고 있다. CDMO 실적을 보면 2023년에는 12건, 2024년 상반기에 8건의 계약이 있었다. 중국 최대 CDMO인 우시바이오로직스와 우시앱텍이 미국의 바이오보안법 규제 대상에 포함되면서 삼성바이오로직스의 큰 성장이 기대되고 있다. 셀트리온도 바이오시밀러 개발부터 대규모 생산까지 담당하는 대표적인 CDMO 기업이다. 연구개발 역량을 바탕으로 바이오시밀러를 개발하고 이를 글로벌 시장에 대량으로 공급할 수 있는 생산능력을 갖추고 있는데, 유럽, 미국 등 주요 시장에서 바이오시밀러 제품을 상업화하는 데 성공한 바 있다.

삼성바이오로직스 전경 (자료 : 삼성바이오로직스)

생산 · 운영관리의 합리화 원칙

합리적인 생산 · 운영관리가 이루어지기 위해서는 표준화, 단순화, 전문화가 이루어져야 한다. 이들 세 가지의 원칙의 영문 머리글자를 따서 3S라고 한다.

표준화

표준화(standardization)
제품의 규격, 치수, 원재료 등을 일정한 규격으로 통일하고 필요한 표준을 정함으로써 대량생산을 가능하게 하고 생산 및 유통에 소요되는 비용을 절감하는 것

표준화(standardization)는 제품의 규격, 치수, 원재료 등을 일정한 규격으로 통일하고 필요한 표준을 정함으로써 대량생산을 가능하게 하고 생산 및 유통에 소요되는 비용을 절감하는 것이다. 표준화의 대상은 규격이나 형(type), 종류, 품질과 같은 물리적인 요소, 작업방법이나 작업조건 등과 같은 방법적인 요소, 경리나 회계 또는 판매 등과 같은 관리적인 요소 등도 포함된다.

단순화

단순화(simplification)
제품과 부분품의 낭비를 막기 위하여 불필요한 제품 종류, 품목, 크기 등의 품종을 줄이는 것

단순화(simplification)란 제품과 부분품의 낭비를 막기 위하여 불필요한 제품 종류, 품목, 크기 등의 품종을 줄이는 것이다. 단순화의 결과는 제품의 구성품목이 줄어드는 것으로 나타난다. 이 경우 단순화는 일종의 품목의 표준화라고도 할 수 있다. 생산수단뿐만 아니라 방법도 단순화할 수 있는데, 단순화가 이루어지면 생산과 관련된 각종 비용이 절감되고 작업자의 숙련도가 향상되며 생산기간이 단축되는 효과가 있다.

전문화

전문화(specialization)
특정제품을 전문적으로 생산하는 의미로 사용되기도 하고 다시 특정제품 생산에 있어서 작업내용의 분화, 즉 분업에 의해서 생산성 향상을 추구하는 것을 의미하기도 함.

전문화(specialization)란 특정제품을 전문적으로 생산하는 의미로 사용되기도 하고 다시 특정제품 생산에 있어서 작업내용의 분화, 즉 분업에 의해서 생산성 향상을 추구하는 것을 의미하기도 한다. 전문화가 이루어지면 숙련도가 높아지고 생산성이 향상된다. 그러나 전문화가 가능하기 위해서는 표준화가 먼저 이루어져야 하며, 특히 원가절감 목적으로 분업이라는 전문화 방식에 의해 대량생산을 추구하는 경우에는 단순화가 먼저 이루어지면 그 효과가 배가된다.

함께 생각해보자

표준화가 언제나 바람직한 것은 아닐 수도 있다. 어떤 경우에 그럴까 생각해보자.

생산성

기업간뿐만 아니라 국가간의 경쟁력 비교시 생산성이라는 지표가 종종 사용된다. 생산성(productivity)은 재화나 서비스를 생산하기 위하여 투입된 요소가 얼마나 효율적으로 사용되었는가를 나타내는 지표이다. 기본적으로 생산성은

숫자로 본 경영

OECD 주요국 시간당 노동생산성 현황 및 순위

	아일랜드	미국	독일	영국	일본	한국	OECD 평균
노동생산성(달러(PPP적용))	113.6	75.5	68.5	60.5	48.1	43.1	53.8
전년 대비 증가율(%)	0.8	−1.6	0.5	1.0	0.9	0.1	−0.7
순위(38개국 중)	1	5	11	15	22	29	–

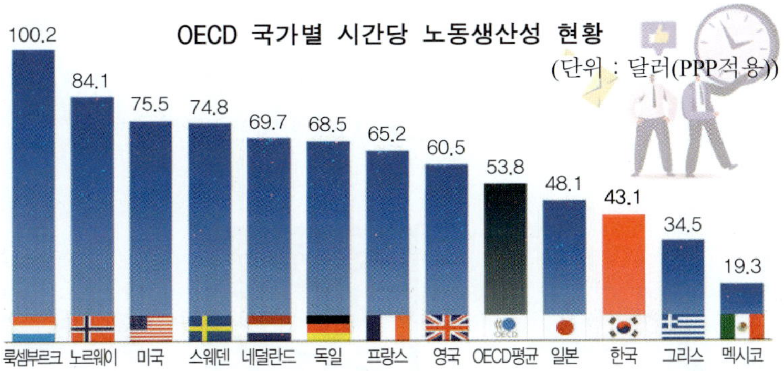

(자료 : 뉴스핌, 2022년 기준)

다음 식과 같이 투입물 대비 산출물의 비율로 계산한다. 동일한 투입물에서 산출물이 많을수록, 또는 동일한 산출물에 대하여 투입되는 투입물이 적을수록 생산성은 높아진다.

$$\text{생산성} = \frac{\text{산출물(output)}}{\text{투입물(input)}}$$

위 식에서 투입물이나 산출물에 구체적으로 어떤 값을 사용하느냐에 따라 생산성은 다양한 모습이 된다. 산출물을 생산량으로 하는 경우와 금액으로 하는 두 경우를 중심으로 구분하여 몇 가지 예를 들면 다음과 같다.

- 산출물이 생산량인 경우

$$\text{생산성} = \frac{\text{산출물(output)}}{\text{투입물(input)}} = \frac{\text{생산량}}{\text{종업원수, 작업시간, 원료투입량, 기계대수 등}}$$

- 산출물이 금액인 경우

$$\text{생산성} = \frac{\text{산출물(output)}}{\text{투입물(input)}} = \frac{\text{부가가치 또는 매출액 등}}{\text{종업원수, 작업시간, 투자자본, 기계대수 등}}$$

위에서 예시한 투입물 변수와 산출물 변수를 조합하면 생산성 지표가 한두 가지가 아님을 알 수 있다. 1인당 생산량, 1인당 부가가치, 1인당 매출액, 1시간당 생산량, 1시간당 매출액 등과 같은 식이다. 한 예로 은행의 생산성은 1인당 총자산, 예수금, 대출금, 순이익 등의 지표로 측정한다.

이러한 사례에서 보듯이 '생산성' 하면 일반적으로 노동생산성을 지칭하는 경우가 많다. 노동생산성은 투입물 중 인적자원 요소인 종업원수나 작업시간 등을 이용하여 측정하는 '노동자의 생산성'이라고 할 수 있다.

2 생산 · 운영관리활동

생산 · 운영관리활동은 크게 생산시스템의 설계 · 구축과 생산시스템의 운영 · 통제로 나눌 수 있다. 생산시스템의 설계 · 구축은 제품생산을 위한 준비과정이며 시스템 구축이 끝난 후에는 그 시스템을 가동(운영)하여 제품을 생산하게 된다. 따라서 생산시스템 설계 · 구축 관리활동은 불연속적이지만 생산시스템의 운영 · 통제 활동은 연속적이고 계속적으로 이루어지는 활동이다.

□ 그림 12-3
생산시스템의 설계 · 구축과 운영 · 통제

생산시스템의 설계 · 구축에서는 제품설계, 공정설계, 생산능력 결정, 입지선정, 설비배치, 작업설계와 작업측정 등이 이루어진다. 생산시스템의 운영 · 통제에서는 총괄계획, 재고관리, 일정계획, 품질관리 등의 활동이 이루어진다.

물론 이러한 생산관리활동은 수요예측에서 출발한다. 제품을 생산하기 위해서는 그 제품에 대한 수요를 파악해야 하기 때문이다. 수요예측은 주문생산방식으로 생산할 때보다 계획생산방식으로 대량생산할 때가 더 중요하다.

수요예측기법은 다음과 같이 크게 정성적 기법과 정량적 기법으로 나뉜다.

- 정성적 기법(qualitative method) : 의사결정자들이 개인의 경험에 의하여 주관적으로 예측하는 방법
  (예) 여러 전문가에 의한 예측, 설문지나 전화조사 등을 이용하는 시장조사법 등
- 정량적 기법(quantitative method) : 과거의 수치자료를 근거로 예측하는 방법
  (예) 과거자료를 평균하여 추정하는 이동평균법, 회귀분석법 등

함께 생각해보자

정성적 기법은 주관적인 판단에 의해서 예측하는 기법임에도 종종 사용되며, 때로는 아주 정확할 때도 있다. 정성적 예측기법이 더 유용한 경우는 어떤 경우이겠는가?

생산시스템의 설계 · 구축

생산시스템의 설계 · 구축에서는 제품설계, 공정설계, 생산능력 결정, 입지선정, 설비배치, 작업설계와 작업측정 등이 이루어진다.

□ 그림 12-4
생산시스템 설계 · 구축의 단계

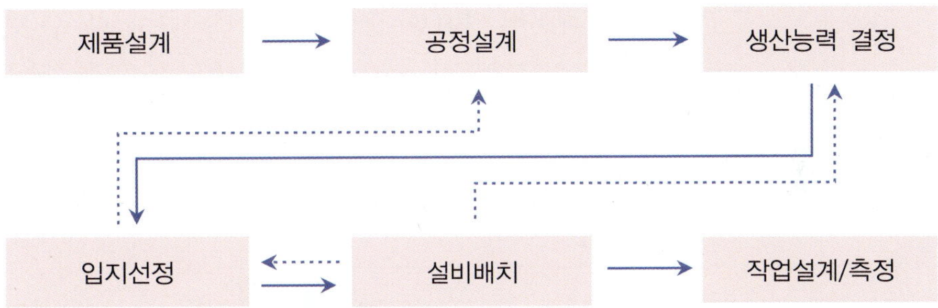

주) 실선은 단계를 나타낸다. 그러나 점선과 같이 뒤 단계의 결정이 앞의 단계에 영향을 미치기도 한다.

제품설계

본격적인 생산관리활동의 첫 단계라고 할 수 있는 제품의 설계단계에서는 시장조사와 수요예측 결과에 근거하여 먼저 어떤 제품을 만들 것인지를 결정하며, 이어서 이를 제조하기 위한 제품설계(product design)를 하게 된다. 제품설계란 한마디로 생산할 제품을 결정하는 것이다.

공정설계

생산하고자 하는 제품의 결정과 설계가 끝나면 공정을 설계한다. 제품의 설계가 '무엇을 생산할 것인가'를 결정하는 것이라면, 공정설계는 그 제품을 '어떻게 생산할 것인가'를 결정하는 것이다. 공정(process)이란 투입물(자원)을 산출물(제품 및 서비스)로 변환시키는 일련의 작업들로 구성되며, 인력과 장비(기계, 설비 등)가 통합되어 수행하는 활동을 말한다. 이러한 활동을 설계하는 것이 공정설계로, 공정설계(process design)란 제품을 생산하기 위하여 변환공정에 필요한 인력과 설비를 선정(이를 '공정선택'이라고 한다)하고, 인력 및 설비, 기타 자원을 통합하여 작업을 수행하도록 계획(이를 '공정계획'이라고 한다)하는 것을 말한다. 효율적인 공정을 설계하기 위한 방법으로 제품의 구조와 특징 등 제품에 대한 종합적인 자료에 근거하여 공정분석(process-flow analysis)을 하게 된다. 이러한 공정분석은 신제품을 생산할 때뿐만 아니라 기존 제품의 생산량을 크게 늘리거나 성능을 개선하기 위하여 기존 공정을 재배치할 때에도 이루어진다.

제품 및 공정의 설계는 제품의 품질과 원가에 직접적으로 영향을 미치기 때문에 중요한 생산과정의 하나라고 할 수 있다. 과거에는 제품을 설계한 후 공정을 설계하는 것이 일반적이었으나 오늘날에는 이러한 과정이 동시에 이루어지는 '동시공학' 기법이 활용되기도 한다.

숫자로 본 경영

중국의 자동차 생산능력과 가동률

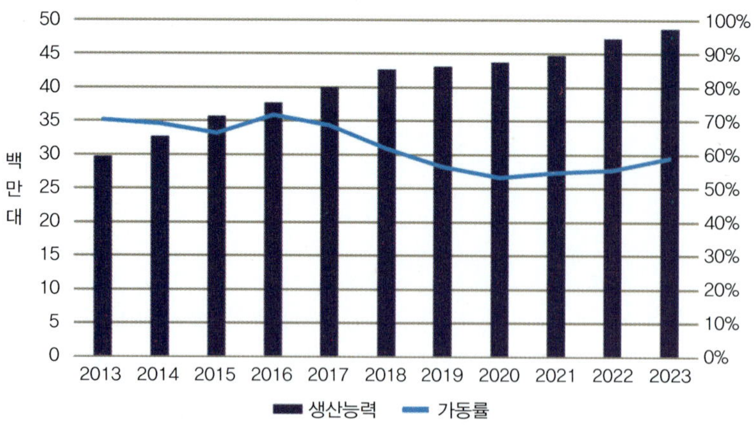

(자료 : justauto)

생산능력 결정

생산능력이란 일정기간 동안 어떤 조직체가 만들어낼 수 있는 최대 생산량을 말한다. 생산능력을 측정하는 예로서 어느 일정기간 동안(일간, 월간, 분기 또는 연간)에 대하여 자동차회사는 생산가능한 대수, 전기회사는 발전용량, 식당은 수용가능한 손님수, 학교는 학생수 등을 들 수 있다.

기업의 장기적인 생산능력 수준의 결정은 시설투자에 막대한 자금이 소요되고 장기간 투자가 이루어지기 때문에 최고경영자가 수행해야 하는 전략적 의사결정 중의 하나이다. 소비자가 원하는 양의 제품을 적기에 생산하기 위해서는 적절한 생산능력을 갖추고 있어야 한다. 따라서 설비계획을 세울 때에는 미래의 생산량까지 고려할 필요가 있다.

한편 생산능력의 수준은 그 효익과 비용 면에서 상충관계(trade-off)를 보인다. [그림 12-5]는 이를 잘 보여주고 있다.

□ 그림 12-5
생산능력을 키우는 경우의 장단점

입지선정

파리바게뜨는 점포를 낼 때 정류장이나 횡단보도 부근, 아파트 입구를 선호한다. 유동인구가 많기 때문인데, 특히 정류장이나 횡단보도는 또 다른 의도도 숨어 있다. 이들 장소는 사람들이 이동하다가 잠시 서 있게 되는데 이때 이들의 시선을 받을 가능성이 크다. 이러한 전략은 상당히 큰 효과를 본 것으로 알려져 있다.

수원 정자동 어느 상가의 파리바게뜨와 아딸. 지금은 파리바게뜨만 있다. (자료 : 카카오맵)

스타벅스는 '허브 앤드 스포크(hub and spoke)'라는 독특한 입지선정전략을 가지고 있다. 이 전략은 자전거 바퀴를 상상하면 이해하기 쉽다. 자전거 바퀴 중앙이 허브가 되고 바퀴살(spoke)이 방사형으로 펼쳐져 있는 것처럼 허브 지역에 여러 개의 매장(20개 이상의 매장을 여는 것이 목표)을 집중적으로 내고 그 주변 지역에 하나씩 매장을 내는 전략이다. 허브의 선정기준은 지리적으로 경쟁력

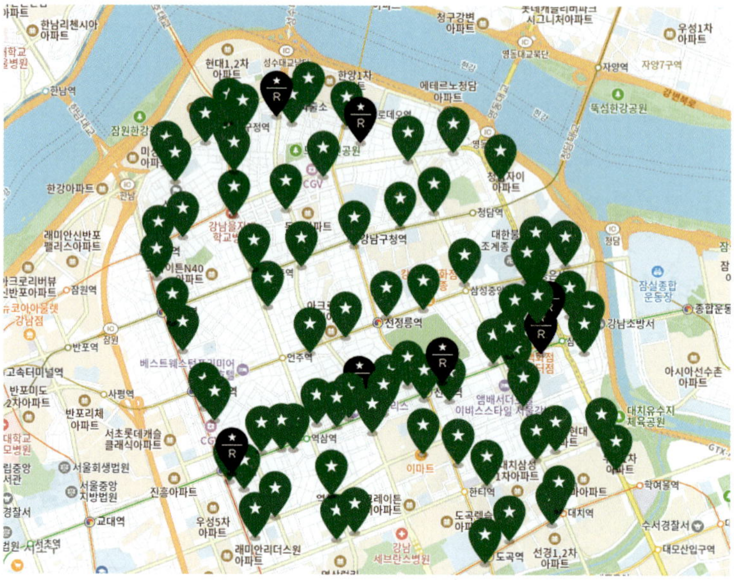

서울 강남구의 스타벅스 매장. 허브 앤드 스포크 전략에서 허브임을 알 수 있다.

서울 공릉동 어느 상가의 스타벅스와 올리브영 (자료 : 카카오맵)

있는 대도시의 젊은 화이트칼라 근무자가 많은 지역이다. 한 개의 허브 앤드 스포크에는 지역 전체를 총괄하는 부사장이 임명되었다. 매장간에 매출 잠식까지도 불사하고 진행된 "모든 곳에 스타벅스가 있다(Starbucks everywhere)"를 추구한 이러한 정책의 장점으로는 경쟁사의 입점을 포기하게 하고 자재 배송비를 줄였을 뿐만 아니라 지역 내의 매장간에 자재 및 인적자원의 공유를 통하여 비용을 절감할 수 있었다. 1992년과 1993년에 집중적으로 진행된 이 전략은 상당한 성공을 거둔 것으로 평가된다.

1995년부터는 새로운 입지선정전략을 시도한다. 그것은 백화점이나 기차역, 대학 캠퍼스 등에 매장을 두는 라이선스 계약이다. 이 두 가지 전략은 오늘날에도 전 세계 어디에서든 볼 수 있다.

아딸이라는 분식 체인이 있다. 초창기 아딸은 프랜차이즈 매장의 출점 기준 중 하나를 "파리바게뜨 옆"으로 한 적이 있다. 앞서 설명한 파리바게뜨 매장의 위치가 갖는 특장점을 활용하기 위한 의도였다. 올리브영은 스타벅스 부근에 위치하는 경우가 많다. 다만, 아딸은 일부러 파리바게뜨 부근에 매장을 낸다고 밝혔지만 올리브영의 경우엔 유동인구가 많은 위치를 찾다 보니 스타벅스 매장 위치와 가깝게 위치하였다는 입장이다.

설빙과 맘스터치의 경우엔 가능하면 1층보다는 2층에 매장을 낸다. 2층 매장이 통상 1층 매장보다 임대료가 30~40% 저렴하여 창업을 용이하게 할 수 있기 때문이다.

이상의 사례처럼 입지(location)는 중요한 의미를 갖는다. 최근 한국과 일본의 물류비용을 비교한 한 조사에 의하면 기업의 매출액 대비 물류비 비중이 일본은 4.90%인 반면, 한국은 6.47%로 상당한 수준으로 높았다. 물류비용의 비중이 크다는 것은 그만큼 비용상승요인이 되어 경쟁력 저하를 가져온다. 물류가 현대 기업경영의 중요한 비용구조요소가 되면서 공장의 입지선정 역시 중요한 주제로 다루어지고 있다.

[그림 12-4]에서 보았던 것처럼 입지선정은 생산능력 결정 다음에 이루어지기도 하지만 공정설계나 생산능력 결정, 설비배치 심지어 수요예측 결과를 동시에 고려하면서 결정하는 경우도 많다.

입지선정에 영향을 미치는 요인은 다음과 같이 정리할 수 있다.

직접요인

- 생산투입요소의 공급비용 : 원재료, 인력 등 생산투입요소의 공급의 용이성 및 비용 등이 고려된다. 예를 들면 노동집약적인 업종은 인력확보가 쉬운 도시지역에 위치하는 경향이 있고, 1차산업 산물(농림수산물, 광물 등)을 가공하는 산업은 원료 공급지와 가까운 곳에 위치하는 경향이 강하다.
- 공정비용에 영향을 미치는 공정기술 : 사용하는 공정기술의 종류에 따라 입지가 달라진다. 전기를 많이 사용하는 도금업과 같은 업종은 양질의 전기가 확보되기 쉬운 곳에(우리나라의 경우, 전기는 지역에 관계없이 공급비용이 같다) 위치하는 것이 유리하다.
- 공급비용 : 우리나라에서 가장 큰 공업단지는 경인공업단지이다. 왜일까? 위에서 설명한 생산투입요소의 영향도 있지만 우리나라 인구의 절반 가까이가 이곳에 거주하고 있기 때문이다. 다수의 소비자가 있는 곳에 생산시설이 위치하는 것이 공급(물류)비용을 줄일 수 있다.

거시적 환경요인

직접적인 입지선정 영향요인을 충분히 고려하여 입지를 결정했다 하더라도 법률적 · 정치적 요인에 의해 생산시설의 설치가 불가능할 수 있다. 예컨대 수도권은 수도권 과밀억제대책으로 많은 제약이 따른다. 국내 굴지의 한 재벌회사가 자동차 업종에 진출하기 위하여 공장부지로 당초 추진했던 대구지역을 포기하고 부산으로 옮긴 것은 정치적 요인에 의하여 입지가 결정된 사례로 인용되고 있다.

설비배치

설비배치
제품생산을 위한 자재의 흐름, 고객에게 서비스를 제공하기 위한 업무흐름에 따라 시설을 배치하는 것

설비배치는 제품생산을 위한 자재의 흐름, 고객에게 서비스를 제공하기 위한 업무흐름에 따라 시설을 배치하는 것을 말한다. 전체 라인에서 먼저 기능 중심으로 부서(department)의 위치를 정하고 이에 따라 시설을 배치하며, 다시 그 부서 내에서 설비를 배치한다.

효율적인 생산을 위해서는 인적자원과 물적자원의 이동을 최소화하고 간편화해야만 한다. 따라서 불필요한 자재의 이동 및 작업을 제거하기 위하여 공정유형, 제조기술, 기계설비의 구조, 작업흐름, 부품저장, 작업자수, 활동공간 등의 요소들을 종합적으로 고려한 설비배치를 해야 한다.

한편 설비배치의 유형은 작업의 흐름에 따라 크게 공정별 배치, 제품별 배치, 생산물 위치고정형 배치로 나눌 수 있다.

공정별 배치

동일한 기능을 하는 생산설비를 공정별(기능별)로 한 장소에 배치하여 동일한 공정의 작업은 한 곳에서 이루어지게 하는 배치방법으로 기능별 배치라고도 한다. 다품종 소량생산시스템에 적합한 설비배치 유형이다. 예를 들어 공작기계를 생산하는 공장을 보자. 공작기계공장의 공정별 설비로는 선반, 절삭, 드릴, 연마, 조립 설비 등이 있는데, 선반장비는 선반장비끼리, 절삭장비는 절삭장비끼리 모아두고 각각 선반공정, 절삭공정을 집중적으로 하는 것이다.

공정별 배치
동일한 기능을 하는 생산설비를 공정별(기능별)로 한 장소에 배치하여 동일한 공정의 작업은 한 곳에서 이루어지게 하는 배치방법

공정별 배치는 설비배치의 기준이 작업순서가 아닌 공정(기능) 중심이라는 사실에 유의할 필요가 있다. [그림 12-6]에서 눈여겨봐야 할 것은 각 공정부서가 한꺼번에 모여 있다는 사실이다. 주문생산을 가정한다면 주문을 수행하기 위해서는 작업순서가 있게 마련이므로 그림에서 화살표는 작업순서를 의미한다고 보면 된다.

공정별 배치에서는 공정간의 연속성, 즉 상호의존성이 낮기 때문에 한 공정에 문제가 생겨도 전체 시스템이 멈출 가능성은 낮다. 각 공정이 종료된 제품은 지게차와 같은 내부운반수단에 의하여 덩어리(lot) 단위로 이송된다.

□ 그림 12-6
공정별 배치의 보기

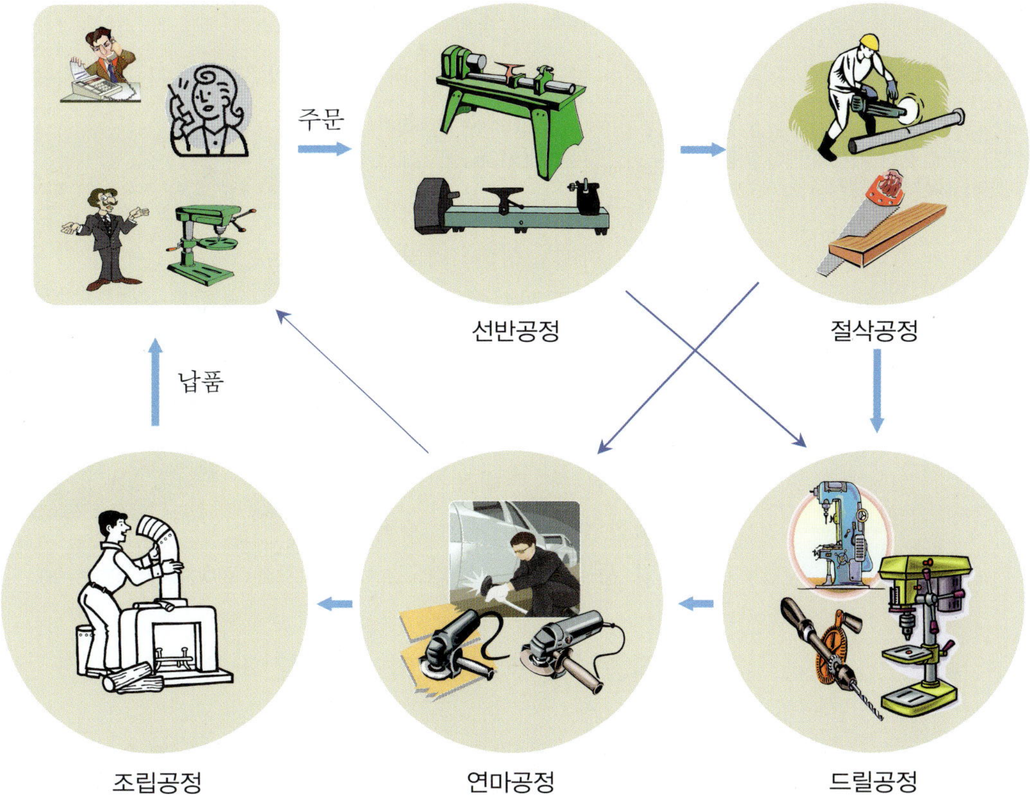

주) 가는 실선처럼 중간단계가 생략되는 경우도 있음.

제품별 배치

제품별 배치는 특정품목을 생산하는 데 필요한 설비를 작업순서대로 배치하는 방법이다. 자동차 및 전자제품과 같은 조립공정이나 석유화학과 같은 계속공정에 주로 이용되는 배치형태이다. 소품종 대량생산시스템에 적합하다. 일반적으로 생산설비가 대규모이고 표준화되어 있으며 동일한 제품을 연속적으로 대량생산하기 때문에 특정부문에서 문제가 생기면 전체 공정이 멈추어야 한다. 각 공정간에서는 컨베이어 벨트와 같은 자동이송장치를 이용하여 부품이나 제품을 옮기기도 한다.

생산물 위치고정형 배치

생산물 위치고정형 배치 (fixed position layout)
생산중인 제품은 제자리에 있고 작업자, 자재, 생산 기자재 등이 이동하면서 생산하는 방식

앞서 설명한 두 가지의 배치방식은 제품이 옮겨지는 방식이었다. 생산물 위치고정형 배치(fixed position layout)는 생산중인 제품은 제자리에 있고 작업자, 자재, 생산 기자재 등이 이동하면서 생산하는 방식이다. 이러한 생산방식은 초대형 제품을 생산하는 업종에서 볼 수 있는데, 대표적으로 조선업이나 비행기 제작업 등을 들 수 있다.

조선업은 전형적인 생산물 위치고정형 배치로 생산을 한다.
(자료 : 현대중공업, 연합뉴스)

작업설계, 직무설계와 작업시간의 측정

작업설계(operation design)
각 공정 내에서 개별작업 하나에 대하여 작업내용과 작업방법을 결정하는 것

직무설계(job design)
작업자가 수행해야 할 직무의 내용과 방법을 구체적으로 규정하는 것

생산시스템이 구축된 후에 이를 실제로 운용하는 주체는 사람이다. 생산시스템의 정상적인 가동 여부는 이를 운용하는 사람이 얼마나 잘하느냐에 달려 있다. 공정설계가 생산시스템에서 각 공정별 작업내용을 정하고 각 작업내용간의 관계를 정하는 것이라면 작업설계(operation design)는 각 공정 내에서 개별작업 하나에 대하여 작업내용과 작업방법을 결정하는 것이다. 각 작업은 '고개를 든다', '물건을 집는다' 식으로 미세동작으로 구분하게 되는데, 이는 나중에 작업표준시간을 추정하는 데 이용된다.

작업설계가 끝나면 작업표(operation sheet)가 만들어진다. 이 표에는 특정작업을 수행하는 정확한 방법과 절차가 자세하게 기술되어 있다.

직무설계(job design)는 작업자가 수행해야 할 직무의 내용과 방법을 구체적으로 규정하는 것이다. 작업설계가 작업내용과 작업방법에 대한 인적(人的) 및 비인적(非人的) 내용 모두를 포함한다면 직무설계는 이 중에서 인적 부분만을 다시 구체적으로 규정해놓은 것이다. 공정설계와 작업설계가 제품 중심의 개념이라면 직무설계는 사람 중심의 개념이다.

공정설계와 작업설계, 직무설계의 관계를 본다면 작업설계는 공정설계에

□ 그림 12-7
작업설계와 직무설계의 전후관계

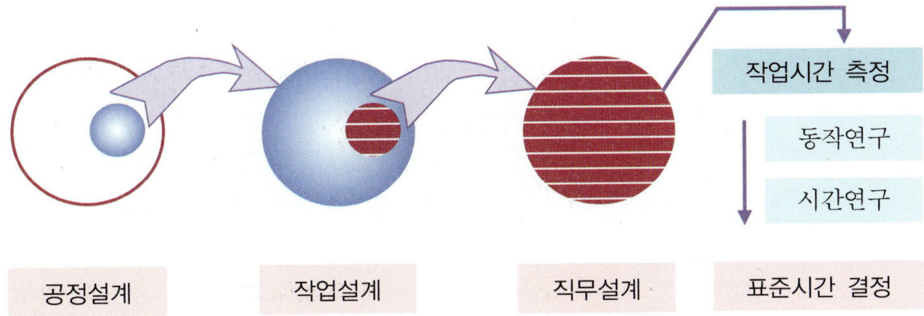

의하여 영향을 받고, 직무설계는 작업설계에 의하여 영향을 받는다.

직무설계를 통하여 작업이 설계되어 이를 실제 작업에 적용하려 할 때에는 당해작업에 요구되는 작업시간을 측정해야 한다. 작업시간 측정은 동작연구(motion study)와 시간연구(time study)로 나눌 수 있다. 동작연구에 의해 특정작업에 필요한 동작을 미세한 동작 하나하나로 분해한 다음 각 미세동작에 소요되는 시간을 측정한 후 이를 다시 합산하면 특정작업에 필요한 전체 시간이 도출된다.

작업시간을 측정하여 도출된 표준작업시간은 기업의 생산목표 달성에 필요한 작업자의 수를 추정하고 생산능력을 결정하는 데 활용되며, 각 작업자의 성과측정 및 임금결정시에도 이용된다.

생산시스템의 운영 · 통제

생산시스템의 설계(구축)가 끝나면 이제는 본격적으로 이 시스템을 가동하여 운영에 들어간다. 생산시스템의 설계는 일회성이지만 시스템의 운영 · 통제 활동은 쉬지 않고 계속적으로 이루어진다.

생산시스템의 운영 · 통제에서는 총괄생산계획, 주생산계획, 자재소요계획, 일정계획, 재고관리, 품질관리 등의 활동이 이루어진다. 이들의 관계는 [그림 12-8]에 나타나 있다.

□ 그림 12-8
생산시스템의 운영 · 통제

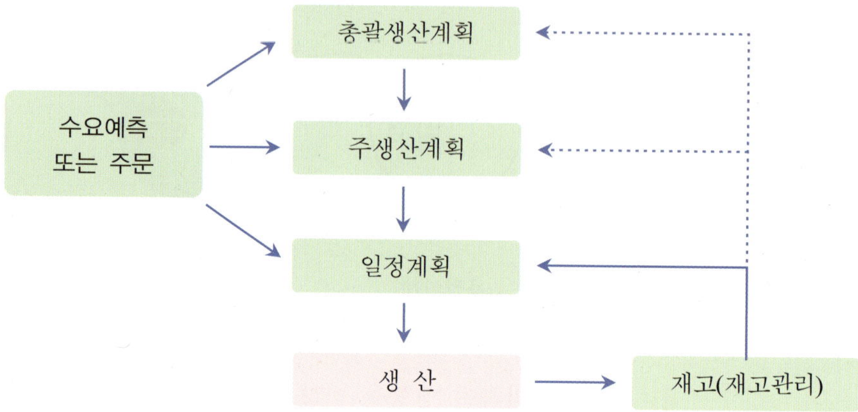

주) 점선은 상대적으로 간접적으로 영향을 미친다는 의미임.

총괄생산계획

총괄생산계획
일반적으로 2개월에서 1년까지의 기간에 대하여 기업 전체의 총괄적이고 개략적인 생산계획을 세우는 것

생산시스템의 운영에서 첫 번째로 하는 일은 총괄생산계획을 세우는 일이다. 총괄생산계획은 일반적으로 2개월에서 1년까지의 기간에 대하여 기업 전체의 총괄적이고 개략적인 생산계획을 세우는 것이다.

대부분의 기업은 다양한 품목의 제품을 생산한다. 또한 기업의 가용자원은 한정되어 있으며 생산의 기초가 되는 수요예측도 그 기간이 중장기적일수록 정확도가 떨어진다. 이러한 상황에 총괄생산계획이 필요하다. 총괄생산계획은 각 제품에 대한 상세한 생산계획이 아닌 제품과 생산공정의 특성에 따라 소수의 제품그룹을 중심으로 수립되는 생산계획이다. 즉 총괄생산계획은 총괄적인 생산에 필요한 자원의 획득에 관한 계획이라고 할 수 있다. 총괄생산계획이 수립되면 월별 및 제품그룹별로 월별 생산량, 재고수준, 작업인력 등이 결정된다.

어느 주스회사의 예를 들어보자. (주)쭉쭉주스는 다음과 같은 종류의 주스를 생산하고 있다.

오렌지 주스 : 355cc 병, 500cc 캔, 500cc PET, 1,000cc PET, 1,500cc PET
사 과 주스 : 355cc 병, 500cc PET, 1,000cc PET, 1,500cc PET
포 도 주스 : 355cc 병, 1,000cc PET, 1,500cc PET

(주)쭉쭉주스가 주스 생산을 위한 총괄생산계획을 세우는 것은 주스 제품 12종 각각에 대하여 생산계획을 세우는 것이 아니라 제품그룹별, 즉 오렌지 주스, 사과 주스, 포도 주스로 구분하여 생산계획을 세우는 것이다. 규격이 다른데 어떻게 생산계획을 수립할 수 있을까? 그래서 총괄생산계획에서는 생산물에 대한 공통 측정단위가 있어야 한다. 공통 측정단위로는 노동시간, 기계사용시간, 톤, 갤런 등 여러 가지가 있다.

주생산계획

주생산계획의 의의

주생산계획(MPS : Master Production Schedule) 단기수요예측 결과에 근거하여 각 개별제품의 단기생산계획을 수립하는 것

총괄생산계획에 의하여 전반적인 생산계획과 자원획득계획이 확정되면, 이 자료와 단기수요예측 결과에 근거하여 각 개별제품의 단기생산계획을 수립한다. 이러한 생산계획을 주생산계획(MPS : Master Production Schedule)이라고 한다. 총괄생산계획이 개략적인 중기생산계획이라면 주생산계획은 단기의 구체적인 생산계획이다. 주생산계획 수립시에는 생산의 우선순위(priority)와 생산능력(capacity)을 고려하여 어떤 제품을 언제, 얼마나 생산할 것인지에 관한 구체적인 계획을 담기 때문에 기업에서 생산계획이라고 말할 때에는 일반적으로 주생산계획을 지칭하는 경우가 많다.

(주)쭉쭉주스의 경우 총괄생산계획에서는 매월 오렌지 주스 그룹에 대해 전체적으로 몇 갤런 생산할 것인가를 정한 후 이에 근거하여 주생산계획에서는 오렌지 주스 각각의 제품, 즉 355cc 병, 500cc 캔, 500cc PET, 1,000cc PET, 1,500cc PET를 매월 얼마나 생산할 것인가를 정한다.

주생산계획의 확정

주생산계획은 각 개별제품별로 월 단위의 구체적인 생산계획이기 때문에 수립된 계획의 실현가능성을 확인해야 한다. 그래서 주생산계획의 수립시에는 잠정적인 계획안을 먼저 세우고 이에 대한 실현가능성을 점검한 후 주생산계획을 확정짓는다. 이러한 체계는 [그림 12-9]와 같이 나타낼 수 있다.

□ 그림 12-9
주생산계획의 확정

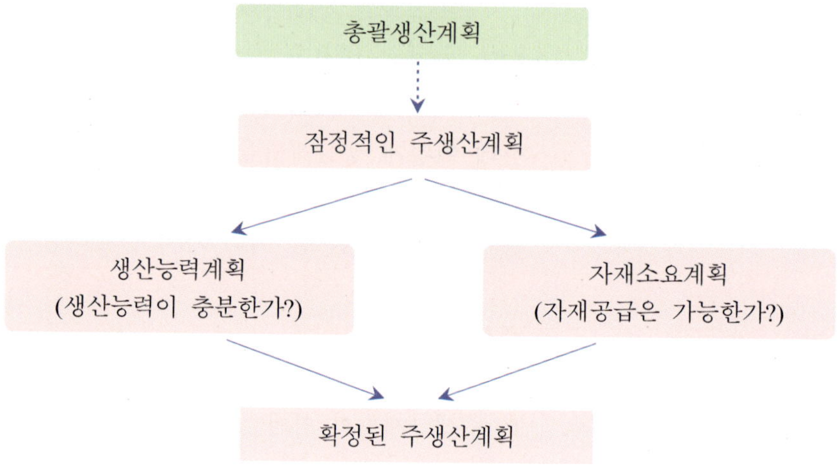

자재소요계획

자재소요계획(MRP : Material Requirements Planning)
적절한 시간과 적절한 장소에 자재가 공급되도록 수립하는 계획

지금까지 설명한 수요예측, 설비계획, 총괄생산계획, 주생산계획이 아무리 잘 되어 있다고 해도 자재가 원활하게 공급되지 못하면 소용이 없다. 따라서 적절한 시간과 적절한 장소에 자재가 공급되는 것이 중요한데, 이러한 목적으로 개발된 방법이 자재소요계획(MRP : Material Requirements Planning)이다.

MRP는 주생산계획대로 생산활동이 차질 없이 이루어지도록 자재의 소요량과 시기를 주생산계획에 근거하여 계산해주는 체계이다. 자재의 소요량과 시기를 정확하게 결정해주기 때문에 이들 자재는 재고를 가지고 있을 필요가 없다. 외부에서 조달받는 자재는 공급자가 시기에 맞게 공급하게 하고, 자체에서 준비하는 자재 역시 제때에 준비가 되도록 해주기 때문이다. 이런 면에서 MRP는 일종의 재고관리시스템이라고도 할 수 있다.

일정계획

일정계획
한정되어 있는 기업의 가용능력 또는 자원을 작업활동에 배분하는 것

일정계획은 한정되어 있는 기업의 가용능력 또는 자원을 작업활동에 배분하는 것을 말한다. 일정계획에서는 하루에서 1주일 정도로 비교적 짧은 기간 동안에 대하여 언제, 어디에서, 누구에 의해서, 어떤 설비를 이용하여 어떤 제품을 얼마나 생산할 것인지를 수립한다. 즉 가장 효율적인 작업순서를 결정하려는 것이다.

일정계획이 정교하게 수립되지 못하면 노동자나 생산시설이 쉬는 현상이 발생하기도 하는데, 이는 곧 비용으로 전가되어 가격상승의 압박요인이 된다. 또한 부품 또는 완제품의 재고가 지나치게 많이 쌓이거나 재고부족 사태가 발생하기도 한다. 따라서 가용자원이 무한하거나 생산품목이 하나인 기업에는 일정계획의 중요성이 상대적으로 떨어진다.

일정계획은 재료를 투입하여 제품을 생산할 때 이루어지는 수많은 의사결정단계 중 마지막 단계이다.

재고관리

재고관리의 의의와 필요성

재고(inventory)
원재료, 반제품 또는 완제품으로서 사용 또는 판매를 위하여 보관중인 것과 제조중에 있는 것

재고(inventory)란 원재료, 반제품 또는 완제품으로서 사용 또는 판매를 위하여 보관중인 것과 제조중에 있는 것을 가리킨다.

재고를 보유하고 있으면 이를 보관하기 위한 저장비와 관리비 등이 추가로 지출된다. 즉 재고가 많을수록 기업은 필요 이상의 비용을 지불하는 것이다. 특히 경기가 좋지 않아 재고가 많이 쌓이게 되면 그만큼 자금이 묶여 기업의 입장에서는 자금회전이 불리하게 된다. 다른 한편으로 고객이 원하는 제품이 없는 경우에는 그만큼 매출이 줄고 장기적으로 신용도 하락한다. 결국 적정수준의 재고관리가 요구되는데, 이러한 재고를 효율적으로 관리하는 것이 재고관리이다.

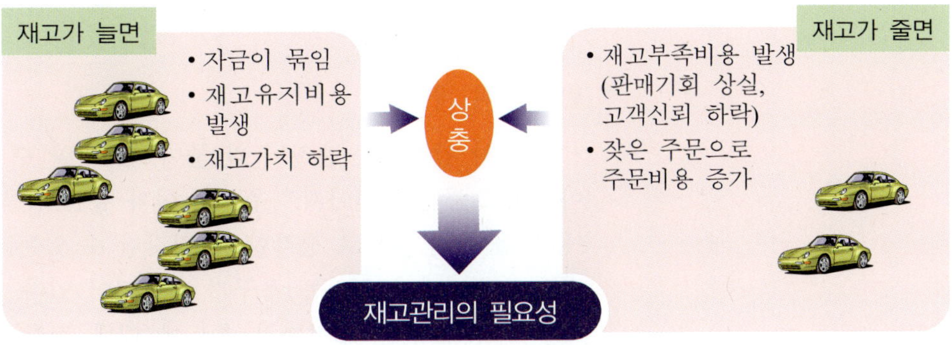

그림 12-10
재고관리의 필요성

재고와 관련된 비용

재고와 관련된 비용은 다음과 같이 크게 세 가지로 나눌 수 있다.

> **숫자로 본 경영**
>
> **적정재고의 사례**
>
> - 자동차 : 2.5개월(60~90일)분
> - TV : 6~8주 생산분
> - 반도체 : 6~7주 생산분
> - 휴대전화기 : 32일 생산분
> - 쌀 : 쌀소비량의 17~18%
> - 석유 비축량(전략 비축유)
>   한국 : 110일분, 미국 : 118일분
> - 혈액 : 5일 사용분

- 주문비용 또는 생산준비비용 : 외부에서 원재료나 부품을 구입하기 위해서는 주문을 해야 한다. 이때 발생하는 비용이 주문비용인데, 이는 문서처리비, 통신비, 수송비, 검사비, 인건비 등으로 구성된다. 한편 필요한 부품을 자체에서 생산하는 경우에는 생산시설 가동을 준비하는 비용, 예컨대 기계장비의 교체, 인원의 교대, 재료 교체나 준비 등에 비용이 발생하는데, 이를 생산준비비용(set-up cost)이라 하며 주문비용과 동일하게 취급한다.
- 재고유지비용 : 재고를 보유, 관리하는 데 드는 비용이다. 저장비용(창고사용료), 보험료, 감가상각비, 제품 진부화에 의한 가치하락비용, 파손에 의한 비용 등이 있다. 재고에 자금이 묶여 발생하는 기회비용도 재고유지비용이다.
- 재고부족비용 : 수요가 발생하였으나 재고가 없어 판매하지 못하여 발생하는 비용이다. 판매기회손실로 인하여 발생하는 직접적인 비용 외에도 소비자의 이탈, 신뢰도 저하와 같은 간접적인 비용 모두를 포함한다.

함께 생각해보자

생산관리적인 면에서 볼 때, 재고부족 사태만 생기지 않는다면 재고가 적을수록 바람직하다. 그러나 현실적으로 재고가 많을수록 유리한 경우도 있다. 어떤 경우일까?

품질관리

품질의 개념

"○○회사 전화기는 품질이 참 좋아. 믿고 살 수 있어", "××전자회사 제품은 아무래도 품질이 떨어져." 우리는 이와 같은 말을 종종 한다. 여기서 사람들은 '품질'을 어떤 것으로 생각할까? 짐작할 수 있는 것처럼 품질의 개념에는 우선적으로 소비자가 원하는 욕구가 반영되어 있다.

품질(quality)
소비자의 용도에 대한 적합성

품질(quality)은 소비자의 용도에 대한 적합성(fitness for use)이라고 정의할 수 있다. 동일한 제품이라도 자신의 용도에 적합하다고 느끼는 소비자는 품질에 만족할 것이고 자신의 용도에 적합하지 않다고 느끼는 소비자는 품질에 불만을 가질 것이다. 이처럼 품질은 소비자에 따라 달라지는 상대적인 개념이지만 기업이 실제로 품질관리활동을 하기 위해서는 어떤 기준이 필요하다. 이러한 기준을 표준(standard)이라고 한다.

품질의 종류

품질관리의 대상이 되는 품질은 다음과 같이 구분된다. 즉 소비자가 원하는 제품을 생산하기 위해서는 먼저 소비자의 욕구를 파악한 후 이를 제품에 반영하는 제품설계를 하고[설계품질], 제품이 설계된 대로 제대로 만들어지고 있는지 관리하며[제조품질], 소비자가 실제로 만족스럽게 사용하는지[사용품질]를 관리하는 것이다.

- 설계품질(quality of design) : 설계품질 결정은 시장조사 등을 통한 소비자의 욕구를 파악하는 것에서 시작된다. 소비자의 욕구가 파악되면 그 욕구에 부합되는 제품을 생산할 수 있는지 제조능력을 분석하여 제품에 대한 설계개념을 설정한다. 예를 들어 냉장고 중에서 김치냉장고, 그것도 서민을 위한 저가 김치냉장고 식으로 정한다. 설계개념이 정해지면 이를 제품화할 설계규격을 정한다. 크기, 성능, 모양 등을 결정하는 것이다. 설계품질을 높이면 일반적으로 비용(가격)이 상승하기 때문에 소

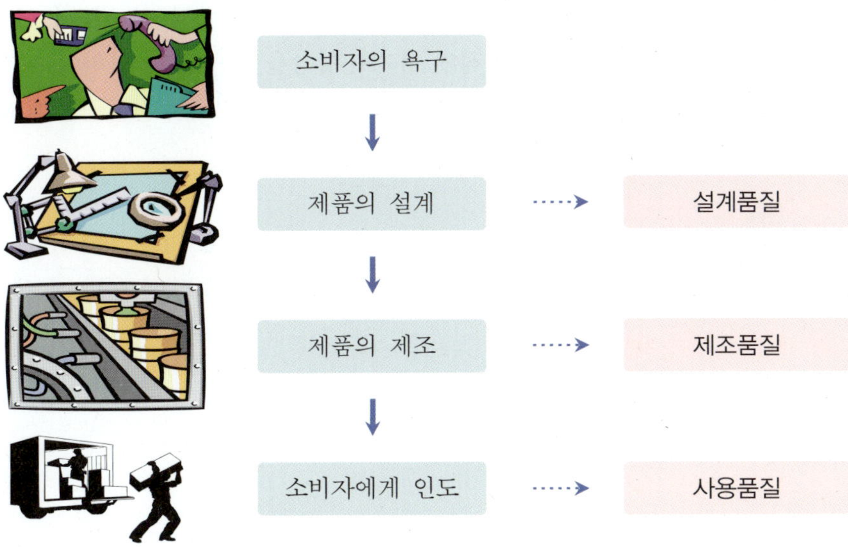

□ 그림 12-11
제품의 제조과정과 품질의 종류

비자가 인정해줄 수 있는 적정한 품질수준과 비용(가격)이 고려된 적정 설계품질을 수립하는 것이 중요하다.

- 제조품질(quality of conformance) : 제조된 제품이 설계품질 결정의 결과물이었던 설계규격에 일치하는지의 여부로 결정된다. 규격은 최대허용오차를 포함하여 표현되어 있다. 예컨대 선풍기 날개 지름의 규격이 200±0.5mm로 되어 있다면 실제 제조된 선풍기 날개의 지름이 이 규격에 적합한지를 따지는 것이다. 제조품질은 전통적으로 품질관리의 핵심영역이었다.
- 사용품질(quality of use) : 소비자가 실제로 제품을 사용했을 때에 느끼는 만족감의 정도로 결정된다. 제품판매를 위한 서비스활동의 질도 사용품질에 포함된다.

전사적 품질경영

과거의 품질관리는 주로 생산부서를 중심으로 품질검사 위주의 관리활동으로 이루어졌다. 주관심대상이 제조품질이었던 것이다. 그러나 경쟁이 치열해지고 제품에 대한 소비자의 욕구가 다양화되면서 소비자의 욕구가 반영되지 않은 제품은 아무리 제조품질이 우수하더라도 의미가 없게 되었다.

이에 따라 생산부서만이 아닌 기업의 전 부서가 체계적으로 품질관리에 관여하게 되었는데, 이를 전사적 품질관리(TQC : Total Quality Control)라고 한다. 최근에는 전사적 품질관리에서 한 발 더 나아가 고객만족의 극대화와 기업의 장기적인 유지 · 성장을 추구하기 위하여 마케팅, 구매, 설계 및 생산을 총괄하는 전략적 경영체제로서 전사적 품질경영(TQM : Total Quality Management)이 관심의 대상이 되고 있다.

전사적 품질경영(TQM : Total Quality Management)
고객만족의 극대화와 기업의 장기적인 유지 · 성장을 추구하기 위하여 마케팅, 구매, 설계 및 생산을 총괄하는 전략적 경영체제

함께 생각해보자

유사한 설계품질과 제조품질을 갖춘 제품이라 하더라도 사용품질은 달라질 수 있다. 어떻게 하면 사용품질을 높일 수 있는지 생각해보자.

3 생산 · 운영시스템의 혁신

적시생산(JIT)시스템

적시생산(JIT : Just In Time)시스템 생산에 필요한 요소를 제때에 투입함으로써 재고가 없는 생산시스템

적시생산(JIT : Just In Time)시스템은 생산에 필요한 요소를 제때에 투입함으로써 재고가 없는 생산시스템을 말한다. 이 시스템이 추구하는 근본적인 목적은 재고 최소화와 공간절약을 통한 비용절감, 품질향상을 통한 이익과 투자수익의 극대화이다.

JIT시스템은 일본 도요타자동차에서 처음으로 시작되었다. 일본은 국토가 좁고 천연자원이 부족하기 때문에 공간을 절약하고 재료의 낭비를 줄이는 것을 중요하게 생각한다. 따라서 이들은 재고가 낭비를 일으키는 가장 큰 요인이라고 생각하고 이를 줄이기 위해 적시적소에 필요한 만큼의 원자재를 공급하는 JIT시스템을 개발한 것이다. 이런 관점에서 JIT시스템은 일종의 재고관리 시스템이라고도 할 수 있다. 이 시스템은 환경에 적응하기 위한 방안의 하나였던 셈이다.

이 시스템은 대량의 반복생산체제에 적합하다. 일제 자동차나 오토바이, 카메라, 전자제품 등이 세계적인 경쟁력을 확보한 것도 이 시스템의 장점을 향유한 바 크다.

JIT시스템을 잘 보여주는 그림. 상품을 만드는 재료 또는 부품 공급자에서 시작된 흐름이 소비자에게 판매될 때까지 중단 없이 바로 진행되고 있다. 재고는 보이지 않는다. (자료 : mexdiaries.blogspot.com)

이 시스템에서는 한 공정에서 다음 공정으로 작업이 진행될 때 부품의 품질 및 전달시간을 해당 작업자가 책임져야 한다. 만약 작업자가 부품을 적시에 공급할 수 없을 때에는 즉시 전체 생산시스템의 생산공정이 중단된다. 또한 제품의 품질면에서는 품질팀(quality team)과 제안제도(suggestion system) 등을 도입하여 지속적인 개선을 도모하고 있다. 오늘날에는 이러한 시스템 또는 유사한 시스템을 활용하는 기업들이 많이 있다.

그러나 이 시스템은 장점이 큰 반면 잠재적으로 심각한 문제점도 안고 있다. 대표적으로 JIT 시스템은 유통망의 장애를 전혀 고려하지 않고

동일본 대지진 당시 쓰나미가 닥친 순간의 모습 (자료 : 오마이뉴스)

있다. 유통상의 장애로 부품이나 재료가 제때에 공급되지 않으면 생산시스템 전체가 멈추어야 한다.

이러한 심각한 문제점이 극명하게 드러난 사례가 COVID-19 팬데믹 상황이었다. 부품을 생산하는 많은 공장이 일시 폐쇄되면서 물류체계가 마비되었고 특히 차량용 반도체 공급에 문제가 생기면서 JIT시스템을 운용하던 대부분의 완성차회사들이 자동차 생산을 멈춰야 했다. 그런데 정작 JIT시스템을 개발한 도요타자동차는 2011년 동일본 대지진과 쓰나미로 부품업체로부터 부품을 공급받지 못해 생산 중단을 경험한 이후 재고관리 체계를 바꾸었다(후술하는 SCM 부분 참조). 반도체 칩의 경우 협력업체와 함께 6개월분의 재고를 유지하도록 해왔다. 이러한 재고정책은 COVID-19 상황에서 큰 빛을 발했다. 1998년 이래 오랫동안 세계 자동차시장 1위였던 미국의 GM을 제쳤으며 이후 계속 1위를 유지중이다.

함께 생각해보자

적시생산시스템의 효율성을 저해할 잠재적 가능성은 물류체계의 문제이다. JIT시스템의 장점도 충분히 누리고 물류문제에서도 벗어날 수 있는 방안은 무엇일까?

공급체인관리(SCM)

공급체인관리 또는 **공급망관리**(SCM : Supply Chain Management)
부품을 공급하는 업체와 이를 구입하는 업체를 유기적으로 연결하여 하나의 기업처럼 움직이는 생산시스템

부품을 공급하는 업체와 이를 구입하는 업체를 유기적으로 연결하여 하나의 기업처럼 움직이는 생산시스템을 공급체인관리 또는 공급망관리(SCM : Supply Chain Management)라고 한다.

SCM이 추구하는 목표는 유통업체 및 판매업체 또는 생산업체가 정예의 공급업체를 선별한 후 이들에 대해서 지속적인 투자와 친밀한 관계를 맺음으로써 고품질의 부품 또는 제품을 공급받고, 그 결과 좋은 품질의 제품을 제조・판매한다는 것이다. SCM이 활성화되면 기업은 시장에서의 수요변화에 최대한 신속하고 경제적으로 대응할 수 있어서 경쟁력 강화에 도움이 된다. 반면에 수요자는 좋은 품질의 제품을 적시에 공급받을 수 있어 만족도가 향상된다.

SCM의 중요성이 강조됨과 동시에 정보기술이 발달하면서 SCM은 새로운

모습으로 발전하고 있다. 과거의 SCM이 재고관리와 이에 따른 비용 절감에 주로 관심이 있었다면 최근의 SCM은 전반적인 기업활동과 연관지어 수행된다. SCM의 범위가 기업 전체 활동으로 넓혀짐에 따라 지금까지는 SCM을 공급자 중심에서 보았다면 이제는 수요자 중심으로 그 개념이 바뀌어 가고 있다.

즉 지금까지의 SCM은 공급망을 최적화하여 소비자가 원하는 제품을 원하는 시간에, 원하는 장소에 제공하는 것이 중요했다면 이제는 기업 전체적으로 소비자를 생각하면서 SCM에 관한 하나의 정책 또는 철학을 만들고 이를 수행하는 쪽으로 바뀌어 가고 있다.

미국 시장조사기관인 가트너(Gartner)는 매년 '올해의 최고 SCM기업 25개사(The Gartner Supply Chain Top 25)'를 선정하여 발표하면서 각 회사들의 특성을 분석한 자료를 내놓는다. SCM에 관심이 있는 기업은 참고할 만하다. 삼성전자는 늘 25위 내에서 순위권을 유지했으나 2020년 들어 처음으로 순위권 밖으로 물러났다. 오랫동안 1위 자리를 유지했던 애플 역시 중국에서의 제품 조달 등에서 문제가 생기면서 일찌감치 25위권 밖으로 밀려났다.

자동차산업만큼 복잡한 공급망을 가진 영역은 많지 않다. 내연기관 자동차는 20,000~25,000개의 부품을 필요로 하고 전기차도 5,000개 정도의 부품을 필요로 하기 때문이다. 부품을 1개 1사 단위로 공급받는다고 극단적으로 가정하면 완성자동차회사(예컨대, 현대자동차)는 20,000개 이상의 부품회사를 관리해야 하는 셈이다. 이 때문에 SCM이 매우 중요하다. 완성차회사들은 동일본 대지진 · 대만의 가뭄*이나 미국 선벨트 지역의 한파와 같은 자연재해, COVID-19 등의 팬데믹, 화재와 같은 인재(人災) 등 다양한 이유로 인하여 부품공급에 문제가 생기고 자동차 생산에 어려움을 겪으면서 공급망관

숫자로 본 경영

가트너 선정 2024년도 우수 SCM기업 25개사 중 상위 10개사

순위	회사명
1	슈나이더 전자(Schneider Electric)
2	시스코(Cisco Systems)
3	콜게이트(Colgate-Palmolive)
4	마이크로소프트(Microsoft)
5	존슨앤존슨(Johnson & Johnson)
6	디아지오(Diageo)
7	엔비디아(NVIDIA)
8	코카콜라(The Coca Cola Co.)
9	월마트(Wallmart)
10	레노보(Lenovo)

(자료 : Gartner)

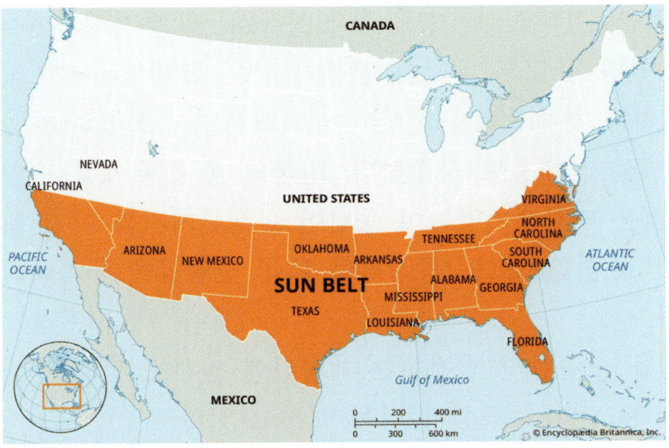

겨울 최저기온이 5~10°C 정도인 미국의 선벨트 지역. 2021년, 영하 20°C 이하의 한파로 전력 부족 사태가 발생하여 삼성전자 반도체 텍사스 공장 등 많은 공장의 가동이 중단됐다. (자료 : 종합)

* 2021년, 대만은 100년 만의 최악의 가뭄을 겪었다. 반도체회사는 물을 많이 사용한다. 가뭄으로 세계 최대의 반도체 파운드리 업체인 TSMC는 생산중단의 위기에 몰렸다. 반도체 강국인 대만이 생산 차질을 빚으면서 전 세계가 반도체 수급에 어려움을 겪었다. 당시 대만 정부는 농부들에게 쌀농사를 중단시키고 보조금을 주는 대신 논농사에 사용하는 물을 반도체회사에 공급할 정도로 사태가 심각했다.

숫자로 본 경영

2021년 부품난 시기의 북미지역 자동차공장 가동률

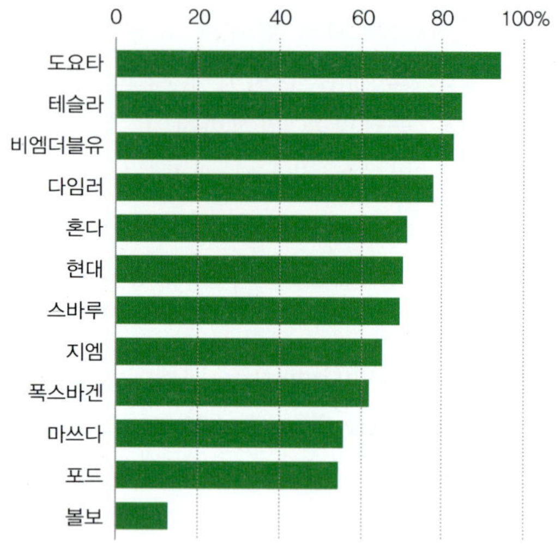

(자료 : LMC AUTOMOTIVE)

리에 많은 노력을 기울이고 있다.

도요타자동차는 동일본 대지진 당시 부품 수급에 어려움을 겪은 후 레스큐(Rescue, 긴급 상황하의 공급망 강화)라고 부르는 포괄적인 공급망관리(SCM) 시스템을 개발하여 운용하고 있다. 이는 수천 개의 부품업체들을 중앙집중식 데이터베이스로 연결한 것으로 이들 회사의 상황을 한눈에 볼 수 있다. 아울러, '병렬 소싱' 정책을 도입해서 동일 부품을 여러 공급업체로부터 조달함으로써 비상시의 대체 공급원을 확보해두었다.

유럽에서는 비엠더블유(BMW)와 소프트웨어 대기업 샙(SAP)이 주도하는 카테나-X라는 컨소시엄이 구축되어 유럽 전역의 공급망 데이터베이스를 구축해서 운용하고 있다. 자동차 회원사 모두에게 개방되어 있는 이 시스템에는 폭스바겐과 비엠더블유, 메르세데스-벤츠가 초기부터 참여하고 있다.

최근에는 글로벌 공급망이 블록화 및 분절화되면서 기업들의 고민이 많아지고 있다. 미국과 중국의 갈등과 같은 국가 및 세계 각 지역간의 갈등이 정치적 고려와 경제상황이 혼합되어 격화하면서 발생하고 있는 현상으로 이에 대한 기업들의 대응도 분주하다. 미국의 중국산 제품 수입 규제 강화를 피하기 위해 많은 다국적기업들이 동남아로 생산기지를 이전 확대하는 식으로 대응하고 있다. 한편으로는 중국처럼 역내 산업망을 구축하려는 시도가 본격화하고 있다.

앞서 설명한 JIT시스템을 구축한 기업에게는 제시간에 원하는 양의 부품이 공급되어야 하기 때문에 SCM의 중요성이 더욱 커지고 있다.

유연제조시스템(FMS), 혼류생산시스템

소비자들은 개성 있고 다양한 제품들을 원한다. 즉 다품종 소량생산을 요구한다. 그러나 이는 비용(가격)을 상승시킨다. 반대로 기업 입장에서는 단일제품의 대량생산으로 비용을 절감하고자 한다. 이러한 상충되는 요구사항을 동시에 충족하려는 시도가 유연제조시스템이다. 이를 혼류생산시스템이라고도 한다.

유연제조시스템(FMS : Flexible Manufacturing System)
다품종 소량생산방식에 있어서의 융통성과 대량생산에서의 높은 생산성을 동시에 달성하고자 하는 제조시스템

유연제조시스템(FMS : Flexible Manufacturing System) 또는 유연생산시스템은 기존의 개별적인 자동화기술 및 시스템을 하나의 생산시스템으로 통합하여 다품종 소량생산방식에 있어서의 융통성과 대량생산에서의 높은 생산성을 동시에 달성하고자 하는 제조시스템이다. 시스템통합이라는 관점에서 볼 때, FMS는 공장자동화(FA), 컴퓨터통합생산(CIM)과 기본적인 개념을 같이하고 있다고 볼 수 있다.

유연제조시스템 기술을 가장 효과적으로 적용할 수 있는 분야는 자동차 분야이다. 완성차회사는 한 개의 생산라인에서 얼마나 다양한 차종을 생산해 낼 수 있는가 하는 것이 하나의 경쟁력 척도로 인정되고 있다. [그림 12-12]에서 보는 바와 같이 한 개의 생산라인에서 한 종류의 자동차만을 생산하는 회사와 세 종류의 자동차를 생산하는 회사의 경쟁력은 같을 수가 없다. 많은 종류의 자동차 생산이 가능할수록 생산라인의 가동률을 높일 수 있을 뿐만 아니라 시장 수요에 적절하게 대응할 수 있기 때문이다.

□ 그림 12-12
유연제조시스템의 개념

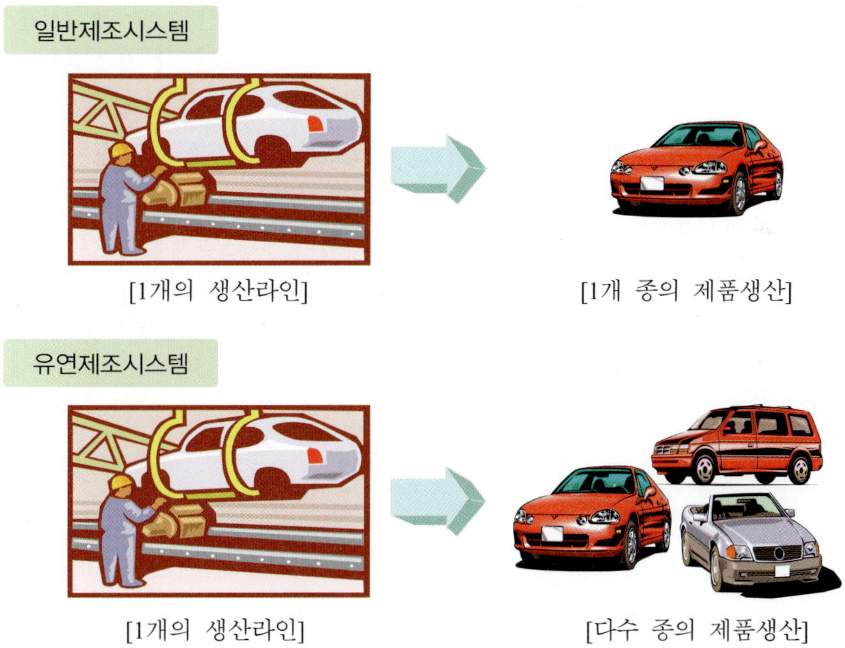

현대자동차의 대표 공장인 울산공장에서는 혼류생산이 고도화되고 있다. 울산 3공장에서는 기존에도 1개 라인에서 2~3개의 차종을 생산해왔지만 혼

류생산 고도화로 2023년 10월부터는 1개 라인에서 최대 10개 차종을 동시에 생산할 수 있게 된 것이다. 3공장의 31라인에서는 4개의 컨베이어벨트가 1,434m 길이로 185개 공정이, 32라인에서는 738m로 109개 공정이 이뤄지고 있다. 기아 오토랜드 광주 1공장의 경우에는 내연기관 자동차와 전기자동차를 혼류생산할 정도로 유연한 시스템을 갖추었는데, 그 결과 생산능력이 40% 이상 늘었다. KG모빌리티 평택공장에서도 내연기관차와 전기차를 혼류생산할 수 있는 시스템을 가동하고 있는데, 해당라인의 생산능력은 1시간당 22대에서 30대로 늘었다.

컨커런트 엔지니어링(CE)

최근 정보화시대와 함께 고객의 요구도 다양해지고 있다. 뿐만 아니라 기업의 글로벌화로 치열한 경쟁시대에 돌입하게 되었다.

이에 따라 제품을 생산할 때 계획, 개발, 생산, 판매 등의 관련업체들이 서로 긴밀한 관계를 유지하면서 예측되는 문제점들을 서로 의논하며, 전 부문의 업무를 동시에 병렬적으로 수행하는 새로운 생산방식이 도입되었다. 다시 말해서, 설계 및 제작 부문과 부품메이커, 고객이 함께 동시에 제품개발에 참여하는 전략이다. 이것을 컨커런트 엔지니어링(CE : Concurrent Engineering) 또는 동시공학이라고 한다. 관련업체들이 긴밀한 관계를 맺고 있다는 점에서는 앞에서 소개한 SCM과 비슷한 성격을 가진다. 그러나 SCM에서 한 단계 발전하여 전 업무가 병렬적으로 실행된다는 것이 이 시스템의 가장 큰 특징이다.

컨커런트 엔지니어링 또는 **동시공학** (CE : Concurrent Engineering)
설계 및 제작 부문과 부품메이커, 고객이 함께 동시에 제품개발에 참여하는 전략

대량 맞춤생산

대량생산을 하게 되면 원가 면에서 유리하기 때문에 불특정 다수를 대상으로 하는 제품의 경우에는 계획생산, 대량생산의 생산 · 운영 방식을 취하는 것이 일반적이다. 그러나 소비자의 요구가 다양해지고 각자의 개성이 뚜렷한 현대사회에서는 대량생산의 이점을 추구하다가 오히려 시장 전체를 놓치는 경우도 있다. 그래서 주문생산과 대량생산의 이점만을 활용하고자 하는 시도가 대량 맞춤생산방식이다. 대량 맞춤생산(mass customization)은 대량생산(mass production)

대량 맞춤생산 (mass customization)
한 가지 제품을 대량으로 생산하는 대량생산방식에 개별고객의 주문에 따라 생산하는 소량 주문생산방식을 결합하여 수많은 개별고객의 주문을 받아 제품 단위로는 소량이지만 전체적으로는 대량인 생산방식

과 맞춤생산(customization), 즉 주문생산이 결합된 개념으로, 한 가지 제품을 대량으로 생산하는 대량생산방식에 개별고객의 주문에 따라 생산하는 소량 주문생산방식을 결합하여 수많은 개별고객의 주문을 받아 제품 단위로는 소량이지만 전체적으로는 대량인 생산방식을 말한다.

이러한 생산방식이 가능해진 것은 정보기술의 발전에 힘입은 바 크다. 컴퓨터통합생산과 같은 생산기법이 이면에 있다. 또한 앞서 설명된 유연제조시스템(FMS)의 뒷받침이 가능해야 한다. 이 생산방식이 성공적으로 정착되면 산업혁명 이후 지속되어 온 대량생산체제방식이 갖는 한계점을 극복할 수 있음을 의미하기 때문에 기업의 경영활동에 큰 변화를 가져오게 된다. 기업의 입장에서는 고객의 취향이나 욕구를 사전에 예측해서 제품을 미리 만들어야 하는 위험부담, 과다생산으로 인한 재고가능성의 위험, 재고부족으로 인한 기회수익의 상실 등의 위험 등을 회피할 수 있으며, 소비자 입장에서는 대량생산제품과 비교하여 비싸지 않은 가격으로 자신이 필요로 하는 제품의 구입이 가능해져 구매만족도가 높아질 것이기 때문이다.

가장 성공적으로 이 생산방식을 도입한 기업이 델(Dell)컴퓨터이다. 인터넷을 통한 주문방식을 채택하여 제품을 구성, 제작함으로써 주문생산의 효과와 대량생산의 이점을 동시에 향유하면서 가격도 경쟁 대량생산업체보다도 훨씬 저렴하게 책정할 수 있었다. 일부 전문가들은 델컴퓨터의 성공은 컴퓨터라는 제품의 고유특성 때문에 가능했다고 주장하기도 한다.

일종의 대량 맞춤생산방식의 서비스를 제공하고 있는 나이키의 웹페이지 Nike By You (자료 : Nike)

또 다른 예로 신발업체인 나이키는 자사의 홈페이지에서 '나이키 바이 유(Nike by You)'라는 서비스를 하고 있다. 소비자가 인터넷을 통하여 색상, 크기, 로고 위치, 신발끈 등 여러 가지 사양을 선택하도록 하는 것이다. 우리나라 경우에는 신용카드사를 예로 들 수 있는데, 수많은 카드 제휴 서비스 중 카드가입자가 원하는 내용을 인터넷으로 지정하여 발급받을 수 있다. 최근에는 이러한 대량 맞춤생산에 빅데이터가 유용하게 활용되고 있다. 지금은 아예 주문제작 플랫폼이 등장하는 수준까지 이르렀다. '마플'이 대표적으로 소량 주문제작 상품을 생산하는 온라인 플랫폼이다. 티셔츠 등의 패션 잡화, 폰 액세서리, 키즈, 문구류, 액자, 굿즈 등을 다룬다. 의류의 경우 한 장 주문도 곧바로 처리가능하다. 정보기술(IT)과 제조업의 융합으로 가능해진 사례이다.

함께 생각해보자

대량 맞춤생산방식이 성공적으로 정착되는 데 있어서 극복해야 할 점은 무엇일까?

R&D에 대한 전략적 접근

연구개발(R&D : Research and Development)에 대한 투자가 기업의 경쟁력 확보에 매우 중요한 요소라는 것은 사실 새로울 것이 없다. 그러나 최근에는 매출액에 대비한 R&D의 투자규모 외에도 연구개발 역량을 높이려는 다양한 시도가 이루어지고 있다.

R&D에 대한 새로운 시도는 어떻게 전략적으로 R&D를 수행하느냐이다. 여기에는 크게 세 가지 정도의 흐름이 있다.

첫째는 시장지향적-소비자지향적 R&D 흐름이다. 과거의 R&D는 연구소나 실험실 내에서 먼저 기술 중심으로 이루어졌다면 최근의 R&D는 시장지향적 또는 소비자지향적으로 이루어지고 있다. 소비자가 원하는 기술이나 제품이 아니면 아무리 우수하고 뛰어나더라도 의미가 없기 때문이다. 또한 제한된 개발비용을 시장성이 있는(그래서 돈이 될 수 있는) 개발과제에 집중투자할 수 있는 이점도 있다.

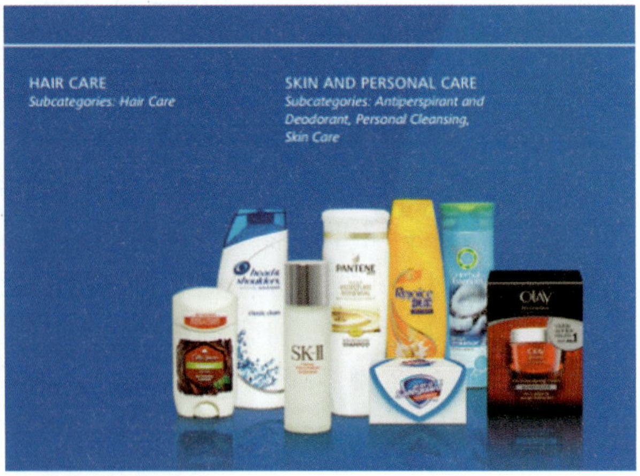

P&G의 '뷰티' 부문 일부 상품들. P&G는 온갖 종류의 소비재를 생산한다. (자료 : P&G)

이러한 예로, 듀폰(DuPont)은 3단계에 걸쳐 R&D 연구과제를 선정하는데, 1단계에서 30개 내외를 선정한 후 2단계에서는 15개로 줄이고 최종 3단계에서는 5개만 남긴다. 이때 판단하는 기준은 시장 또는 소비자가 원하는 기술, 즉 제품이냐의 여부이다.

둘째는 개방형 R&D 시스템의 도입이다. 즉 조직 내부역량에만 의존하지 않고 외부 R&D 네트워크를 과감하게 활용하는 것이다. 대표적인 회사로는 세계 제1의 소비재회사인 P&G를 들 수 있다. 이 회사는 R&D의 성공률을 높이기 위하여 25% 이하이던 외부 아이디어 소싱 비율을 50%까지 높이는 등 R&D 부문을 개방하

> **숫자로 본 경영**
>
> **미국의 CTO 통계**
>
> - 인원 : 26,345명
> - 성별 : 남자 91.6%, 여자 8.4%
> - 인종 : 백인 76.0%, 라틴계 7.9%, 아시아계 7.7%
> - 평균연령 : 51.9세
> - 평균연봉 : 172,989달러
>
> (자료 : zippia, 2024년 기준)

면서 R&D 성공률을 크게 높였다.

마지막으로 R&D 담당자의 최고경영자화이다. 즉 R&D 담당자로 단순히 기술연구소장이나 임원 수준이 아닌 명실상부한 최고기술책임자(CTO : Chief Technology Officer)를 두는 것이다. 현재 우리나라의 CTO 보유 비율은 10% 수준인 데 비하여 북미와 유럽기업들은 60~70% 수준이고 일본은 90% 수준에 이른다.

CTO 자신의 책임하에 개방형 R&D 시스템을 활용하여 소비자 및 시장지향적인 R&D를 수행한다면 성공가능성은 훨씬 커질 것이다.

컴퓨터통합생산(CIM), 스마트 팩토리

JIT시스템을 비롯하여 많은 생산시스템은 자동화 및 대량생산을 목표로 하고 있다. 이러한 자동화 · 대량화의 추세에 맞추어 대부분의 기업들이 컴퓨터 기술을 활용하여 공장자동화(FA : Factory Automation)를 추진해왔다. 공장자동화는 제조부문의 자동화를 추구하는 것으로 여기에서 한발 더 나아가 자재소요계획, 제품설계, 제조, 유통, 판매 등 모든 분야를 컴퓨터를 이용하여 통합한 전체적인 생산시스템이 등장했는데, 이를 컴퓨터통합생산(CIM : Computer Integrated Manufacturing)이라 한다. 기업의 모든 분야를 통합할 수 있었던 것은 최근에 급속하게 발달하고 있는 정보기술과 정보통신기술에 힘입은 바 크다.

컴퓨터통합생산(CIM : Computer Integrated Manufacturing)
자재소요계획, 제품설계, 제조, 유통, 판매 등 모든 분야를 컴퓨터를 이용하여 통합한 전체적인 생산시스템

최근에는 스마트 팩토리(smart factory)가 급부상하고 있다. 스마트 팩토리란 공장 내 설비와 기계에 센서를 설치하여 이를 사물 인터넷망으로 연결함으로써 공정 데이터를 실시간으로 수집 · 분석, 공장 내 모든 상황들이 일목요연하게 관찰되고(observable), 이를 분석해 목적된 바에 따라 스스로 제어되는 공장(controllable)을 말한다. 용어 그대로 지능형 공장인 셈이다. LG 창원공장(LG 스마트 파크)의 경우, 1976년부터 가동하던 기존의 공장을 스마트 팩토리로 바꾼 후 13초마다 냉장고 한 개씩을 생산하는데, 생산성은 17%가 향상되고 불량 등에 따른 품질비용은 70%나 감소했다. 디지털 가상

LG 스마트 파크(팩토리) (자료 : mbc)

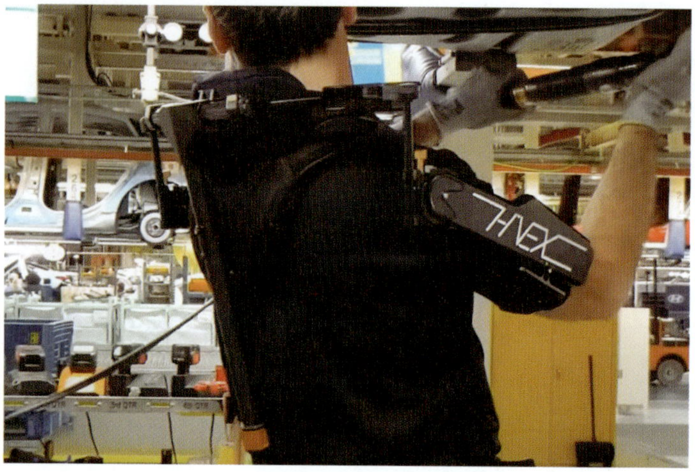

현대차 미국 조지아 공장에서 웨어러블 로봇을 착용한 노동자 (자료 : mbc)

공간에 현실과 동일한 대상을 만들고 인공지능(AI)과 빅데이터 등을 활용해 시뮬레이션함으로써 현실을 분석하고 미래를 예측하는 기술을 적용하여 10분 후의 공정상황을 미리 예측할 수 있다고 한다. 이에 따라 이상상태에 대한 선제적 대응이 가능하여 설비고장으로 작업이 중단되는 시간을 96%나 감소시켰다고 한다.

스마트 팩토리는 인간 친화적인 면도 있다. 스마트 팩토리를 지향하는 현대차 미국 조지아 공장에서는 웨어러블 로봇이 무거운 부품을 조립하는 작업자를 도와주도록 설계되어 있고, 포스코에서는 400℃가 넘는 고온 환경에서 도금 찌꺼기를 식별하고 제거 여부를 판단한 후 이를 실행하는 일을 인공지능 기술이 적용된 로봇팔이 함으로써 인간이 하기 힘든 일을 대신하고 있다.

IT/OT 융합 및 4차 산업혁명

지금까지의 제조업체에서는 정보기술(IT : Information Technology) 및 제조운영기술(OT : Operation Technology)이 서로 독립적으로 운영되었다. IT가 본질적으로 정보범위의 일부로 통신을 다루는 반면, OT는 전통적으로 제조운영 그 자체였지 네트워크로 연결된 기술은 아니었다. 예를 들어, 경영진 및 관리부서에서는 IT를 활용한 관리를 하고 있는데, 제조현장에서는 OT에 의해 생산 외부 부문의 정보 없이 생산현장의 기기와 장비를 제어했다. 그러나 오늘날 사물 인터넷(IoT : Internet of Things)과 같은 4차 산업혁명(Industry 4.0)의 신기술은 IT와 OT를 융합하게 하여 지능적인 제조와 통합 비즈니스 관리가 가능하게 했다. 스마트 기기들로부터 확보된 다양한 출처의 데이터를 활용하여 제조 프로세스를 변화하는 환경에 맞게 자동 수정, 유지보수하는 등 앞서 설명한 스마트 팩

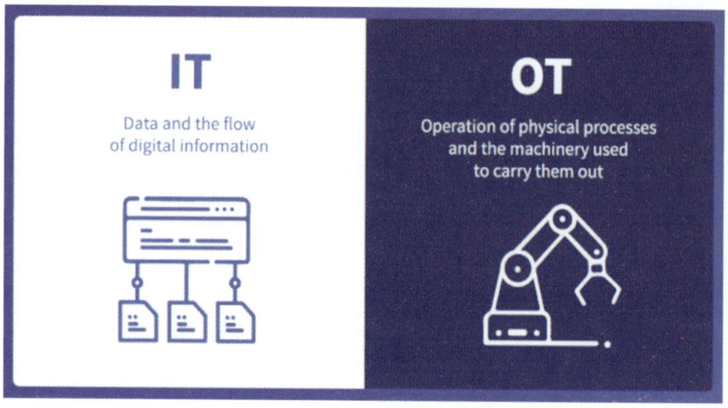

IT와 OT를 쉽게 이해할 수 있는 그림 (자료 : Coolfire)

토리를 구현할 수 있게 된 것이다.

IT/OT 융합으로 직접적인 제조시스템에 대한 제어와 보다 완벽한 모니터링이 가능하게 되었고, 이러한 복잡한 시스템의 데이터를 언제 어디에서나 쉽게 분석할 수 있게 되었다. 업무를 보다 효율적으로 수행하고 의사결정을 개선할 수 있는 것이다.

개별 IT와 OT에 비해 IT와 OT를 통합(융합)했을 경우의 이점은 다음과 같다.

- 각 부서가 각자의 전문 분야를 시스템에 의해 공유하게 되므로 IT 및 OT 각각의 부서가 고립되지 않음
- IoT 기기에 의한 예측 유지보수로 개발 및 지원 비용 절감
- OT에 IT를 추가함으로써 가시성이 향상되어 규제 표준 준수 개선
- OT에서의 실시간 유지보수 데이터를 전송할 수 있는 능력을 확보하여 분산 OT에 대한 자동화 및 가시성 향상
- 효율적인 에너지 및 자원 관리가능

토론

"로봇 도입 안돼"… 노조 반대에 글로벌 공급망 또 멈춘다

미국 동부 항만이 자동화에 대한 노조의 반발로 오는 10월 멈춰 설 위기에 놓였다. 2일(현지시간) 뉴욕타임스에 따르면 오는 30일 만료되는 노사 계약을 갱신하기 위한 협상의 최대 쟁점은 '항만 자동화'다. 노측 국제항만노동자협회(ILA)는 앨라배마주 모빌항 입구에서 무인 검색 장비가 트럭을 검사한 것을 발견했다며 "계약 위반"이라고 주장하고 있다. 기존 계약이 사람이 관리하는 장비는 허용되지만 무인 장비는 안 된다고 규정하고 있기 때문이다. 항만 운영업체는 디지털 검색과 항만 노동자의 검사가 동시에 이뤄지고 있다고 반박했다.

ILA는 무인 자동화 장비를 결사반대하고 있다. 해롤드 대겟 ILA 대표는 "내가 살아 있는 한 자동화 장비가 노조에 들어와 우리를 해고하려는 시도는 절대 허용하지 않을 것"이라고 말했다. 이들은 1960년대 컨테이너 도입 이후 일자리가 대폭 줄어든 전례를 들어 반대 목소리를 높이고 있다.

2021년 11월 코로나19 팬데믹 이후 '물류 대란' 발생 당시 미국 캘리포니아주 롱비치항에서 컨테이너 선박과 트럭, 크레인 등이 멈춰서 있다. (자료 : 한경)

항만 운영업체들은 자동화를 통해 화물 처리량을 늘리면 노동자를 더 많이 고용할 수 있다고 주장하고 있다. 이들은 자동화 기계 유지보수 및 수리 등 새로운 일자리가 창출된다는 점도 내세우고 있다. 무인 컨테이너 운송차량 등 완전 자동화 기계를 도입한 미 서부 항만이 그 사례다. 미 해사동맹에 따르면 2020년 이후 서해안 항만노조 등록자 수는 12% 증가한 1만 6,400명으로 집계됐다. 스티븐 에드워즈 버지니아항 최고경영자(CEO)는 자동화 기술이 없었다면 코로나19 팬데믹 이후 물동량 급증, 볼티모어항 교량 붕괴 등에 적절히 대처하지 못했을 것이라고 주장했다. 그는 "반자동 운영은 팬데믹 기간 내내 진가를 발휘했다"라고 강조했다.

노조가 자동화에 저항하면서 미국의 항만 경쟁력은 중국 등 경쟁국에 비해 뒤처지고 있다는 평가가 나온다. 월드뱅크(WB)와 S&P글로벌이 지난 6월 발표한 '2023 글로벌 컨테이너항 성과지수' 보고서에 따르면 전 세계 405개 항만 중 가장 경쟁력이 뛰어난 항만은 △중국 상하이 양산항 △오만 살라항 △콜롬비아 카르타헤나항 △모로코 탕헤르항 △말레이시아 탄중 펠레파스항 순이었다. 2017년 개항한 양산항은 '완전 무인 자동화' 시스템을 도입하고 있다. 가장 순위가 높은 미국 항만은 필라델피아항으로 55위였다.

(한경, 2024.9.3)

토론주제 위와 같은 상황을 포함하여, 기업에서의 로봇 도입에 대해 찬반 의견으로 토론해보자.

핵심용어

- 생산 · 운영관리
- 3S
- 공정설계
- 공정별 배치
- 작업설계
- 자재소요계획
- 품질관리
- 유연제조(혼류생산)시스템
- 컴퓨터통합생산
- 로트생산
- 생산성
- 생산능력 결정
- 제품별 배치
- 총괄생산계획
- 일정계획
- 적시생산(JIT)시스템
- 동시공학
- 스마트 팩토리
- OEM, ODM, CMO, CDMO
- 제품설계
- 설비배치
- 생산물 위치고정형 배치
- 주생산계획
- 재고관리
- 공급체인관리(SCM)
- 대량 맞춤생산
- IT/OT 융합

요 약

- 생산 · 운영관리는 유형의 재화(제품)와 무형의 재화(서비스)의 생산을 관리하는 활동을 말한다. 생산관리의 목표는 소비자가 원하는 좋은 품질의 제품을, 저렴한 가격에, 신속하게 또는 적시에 생산하되, 생산시스템의 유연성을 확보하는 것이다.
- 생산의 방식에는 다양한 방식이 있다.
- 합리적인 생산 · 운영관리가 이루어지기 위한 생산 · 운영관리의 합리화 원칙에는 표준화, 단순화, 전문화가 있다.
- 생산 · 운영관리활동은 크게 생산시스템의 설계 · 구축과 생산시스템의 운영 · 통제로 나눌 수 있다. 생산시스템의 설계 · 구축은 제품생산을 위한 준비과정이며 시스템 설계가 끝난 후에는 그 시스템을 가동하여 제품을 생산하게 된다.
- 생산시스템의 설계 · 구축에서는 제품의 설계, 공정설계, 생산능력 결정, 입지선정, 설비배치, 작업설계와 작업측정 등이 이루어진다. 생산시스템의 운영 · 통제에서는 총괄계획, 재고관리, 일정계획, 품질관리 등의 활동이 이루어진다.
- 생산 · 운영관리시스템을 혁신시킨 기법으로는 적시생산시스템, 공급체인관리, 유연제조시스템 또는 혼류생산시스템, 동시공학, 대량 맞춤생산, 컴퓨터통합생산과 스마트 팩토리, IT/OT 융합 등이 있다.

연습문제

1. 생산·운영관리의 목표를 구체적인 제품의 실례를 들어 설명하라.
2. OEM, ODM, CMO, CDMO를 비교하여 정리하라.
3. 생산·운영관리의 합리화 원칙이란 무엇이며 왜 그런 원칙이 생겼을까 생각해보자.
4. 새로운 제품을 생산한다고 가정하고 이 제품을 어떻게 최종적으로 제품화할 것인지 생산·운영관리활동 중심으로 체계적으로 정리해보자.
5. 재고관리가 왜 중요한가? 재고관리에 활용되는 각종 기법들을 정리해보자.
6. 최신 생산·운영관리기법 중에는 적시생산시스템, 공급체인관리, 스마트 팩토리, 혼류생산시스템, IT/OT 융합 등 많은 것이 있다. 이들이 적용된 사례를 찾아보자.

볼거리 읽을거리

스타트업 CEO, 에디슨 : 청년 기업가 에디슨을 읽다

정성창, 이가희 지음 | 도서출판 이새 | 2020

창업을 꿈꾸는 청년들을 향한 에디슨의 훈수, "스타트업, 이렇게 해라"

지금은 '창조적 파괴', '벤처기업'과 '스타트업' 등으로 대표되는 혁신의 시대다. 이러한 시대정신과 기업가정신을 지닌 최고의 역할모델이 바로 에디슨이다!『스타트업 CEO, 에디슨』은 '시대를 앞선 융합형 인재'이자 '혁신적 기업가'인 에디슨을 스타트업 관점에서 조명한 책이다. 저자는 19세기말, 당대의 주류이던 '가스산업'을 무너뜨리며 '전기'라는 새로운 산업을 창조한 '이노베이터' 에디슨을 '지식재산 스토리텔링'이라는 색다른 프리즘으로 바라본다. 정규교육을 받지도 못하고 자기 자본도 없었던 에디슨이 어떻게 월가의 투자를 이끌어내 블루오션을 개척할 수 있었을까. 에디슨이 특허전략과 조직운영 노하우를 발휘해 떠오르는 '전기산업'을 장악해나가는 과정을 따라가다 보면 오늘날 비즈니스 창업과 혁신의 비밀을 풀 단서를 찾아낼 수 있을 것이다.

(자료 : 교보문고)

CHAPTER

13 재무활동과 기업의 미래

1. 재무활동 : 재무관리의 개요
2. 화폐가치의 환산
3. 투자의사결정
4. 자본조달결정

미 워싱턴 에버렛의 보잉 787 공장 (자료 : Boeing)

신용등급 하락 위기 보잉, 최대 47조원 자금조달 추진

일련의 사고와 노조 파업으로 경영위기를 맞고 있는 미국 항공기 제조업체 보잉이 약 350억 달러(약 47조 6,910억원) 규모의 자금조달을 추진중이다. 파이낸셜타임스(FT)는 보잉이 주식 또는 채권 발행을 통해 최대 250억 달러(약 34조 700억원)의 신규 자본을 조달하는 한편 금융사들로부터 100억 달러(약 13조 6,280억원)의 신용대출을 받기로 했다고 16일(현지시간) 보도했다.

보잉 공장 노동자 3만여명이 공장 입구에서 파업 첫날 피켓 라인에 모여 있다.
(자료 : theglobeandmail)

국제신용평가사 스탠더드앤드푸어스(S&P)는 지난주 보잉 회사채 신용등급이 투기등급으로 강등될 수 있다고 경고했으며 시장에서는 보잉이 신용등급을 유지하기 위해 최소 100억 달러의 자본조달이 필요할 것이라고 예상해왔다. 신용평가사 피치는 "보잉의 이번 조치가 파업이 장기화하고 운영상 어려움이 지속되는 가운데 재무유연성을 높이고 단기유동성 우려를 완화할 것"이라고 평가했다.

보잉 노조원 3만 3천명은 지난 9월 13일부터 파업에 들어갔다. 이에 따라 인기 기종인 737 맥스를 비롯해 대부분의 항공기 생산라인이 작업을 중단했다. 보잉의 2분기 말 연결부채는 약 580억 달러에 달한다.

(연합뉴스, 2024.10.16)

1 재무활동 : 재무관리의 개요

재무관리의 의의

기업은 근본적으로 언제나 다음과 같은 의사결정을 해야 하는 상황에 놓여 있다.

- 신제품을 생산할 것인가? 즉 신규 투자안을 시행할 것인가?
- 기존 제품을 계속 생산할 것인가? 즉 기존 투자안을 계속 유지할 것인가?

투자결정
투자 여부를 결정하는 것

신제품 생산 여부는 어떻게 결정할까? 가장 단순하게 생각하면 신제품 생산에 소요되는 비용과 신제품이 벌어줄 미래의 수익(이해를 쉽게 하기 위하여 우선 수익이라고 하자)을 비교하여 수익이 더 크면 신제품을 생산하면 될 것이다. 이처럼 투자 여부를 결정하는 것을 투자결정이라고 한다.

투자를 하기로 결정하였으면 이후의 상황은 어떻게 전개될까? 아이스크림 회사의 예를 들어서 살펴보자([그림 13-1]).

□ 그림 13-1
기업의 제품생산과정과 재무의사결정

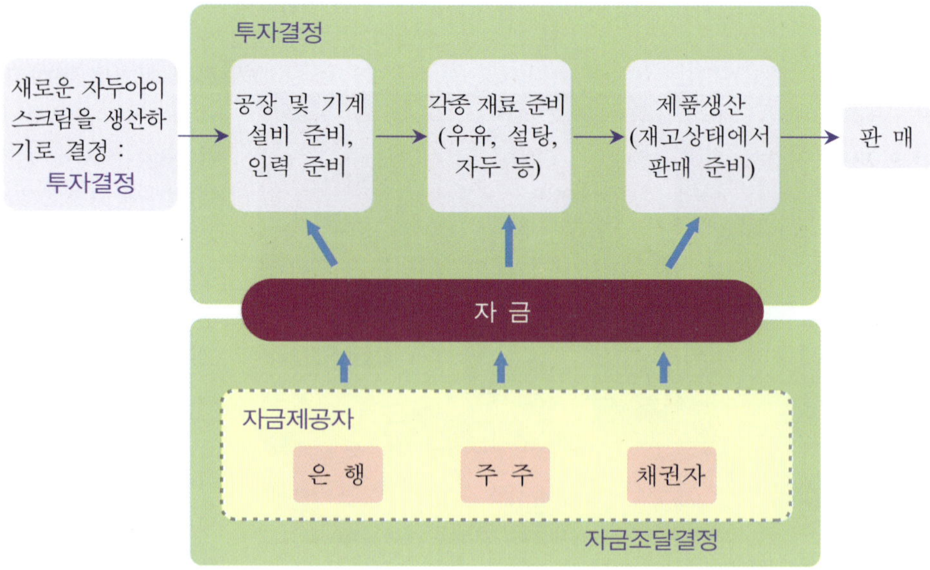

먼저 새 아이스크림인 '자두아이스크림'을 생산하기로 했으면 아이스크림을 만들 공장부지와 공장설비 등을 준비해야 한다. 아이스크림 생산에 필요한 우유나 설탕 등 원재료도 있어야 하고 판매에 대비해 창고에 재고도 준비해야 한다. 이러한 자산을 준비하는 것은 결국 기업이 영업을 하기 위한 것이므로 투자활동이라고 할 수 있다.

그런데 이러한 자산을 구입하는 데에는 자금이 필요하게 된다. 이러한 자금을 어떻게, 어디에서 얼마를, 어느 수준의 대가를 지불하고 조달할 것인가의 문제가 대두되는데, 이를 재무관리에서는 자본조달결정이라고 한다.

자본조달결정
자금을 어떻게, 어디에서, 얼마를, 어느 수준의 대가를 지불하고 조달할 것인가를 결정하는 것

기업활동에 있어서 이상과 같이 자금을 어떻게 조달[자본조달결정]하고 운용[투자결정]할 것인가를 다루는 분야가 재무관리(financial management)이다. 즉 재무관리는 기업의 자금흐름과 관련하여 기업활동에 소요되는 자금의 조달과 운용에 관한 활동을 계획 · 조정 · 통제함으로써 기업목표를 달성하려는 일련의 활동을 말한다.

재무관리(financial management)
기업의 자금흐름과 관련하여 기업활동에 소요되는 자금의 조달과 운용에 관한 활동을 계획 · 조정 · 통제함으로써 기업목표를 달성하려는 일련의 활동

재무관리에서 이루어지는 주요 의사결정

재무관리에서 이루어지는 주요 의사결정에는 크게 투자결정, 자본조달결정, 그리고 이들 두 가지가 동시에 이루어지는 혼합의사결정이 있다.

□ 그림 13-2
주요 재무의사결정과 자금의 흐름

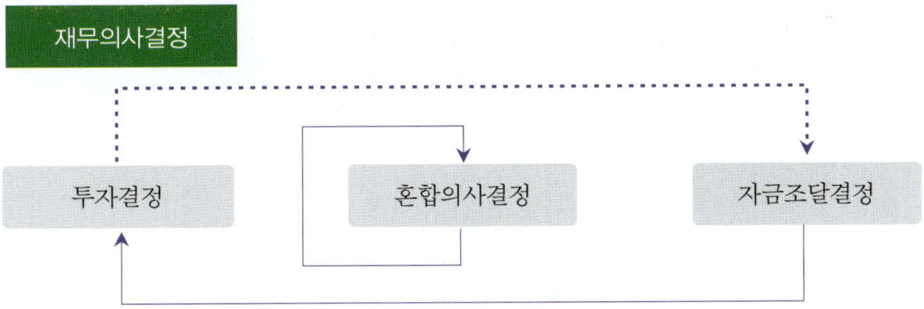

주) 선 : 자금의 흐름을 나타냄

투자결정

투자결정은 기업경영을 위하여 어떤 투자사업을 수행할 것인가, 얼마만큼의 자금을 어느 자산에 투자할 것인가에 관한 의사결정이다. 기업경영을 위한 자산취득, 즉 자산에 대한 투자는 단기성 자산에 대한 투자와 장기성 자산에 대한 투자로 나눌 수 있다.

단기성 자산

단기성 자산은 투자자금이 단기간(통상 1년 이내)에 회수되거나 현금화할 수 있는 자산을 말하며 유동자산이라고 한다. 대표적인 유동자산에는 현금, 매출채권(외상매출금), 재고자산 등이 있다. 단기성 자산의 취득과 관리는 기업의 유동성에 영향을 주기 때문에 기업 전체의 유동성이 확보되는 관점에서 접근해야 한다.

공장은 전형적인 장기성 자산이다. 사진은 금호석유화학 플랜트 (자료 : 디스커버리)

장기성 자산

장기성 자산은 투자자금이 장기간 묶이고 그 영향이 장기간 지속되는 자산으로 비유동자산이라고 한다. 대표적인 비유동자산에는 토지, 건물, 기계장치 등이 있다. 장기성 자산에 대한 총괄투자계획을 수립하는 것을 자본예산이라고 하는데, 기업의 미래 수익성과 위험에 큰 영향을 주는 주된 투자결정이다. 자본예산은 뒤에서 다룬다.

자본조달결정

이것은 투자에 필요한 자금을 어떻게 조달할 것인가에 관한 의사결정이다. 투자에 소요되는 자금은 자기자본과 타인자본(부채)으로 조달하게 된다. 따라서 기업은 투자에 필요한 자금을 자기자본과 타인자본 중 어느 자금원에서 얼마를 조달할 것인가를 결정해야 한다.

혼합의사결정

이것은 자금의 투자와 조달이 동시에 이루어지는 의사결정을 말한다. 예컨대 어떤 기업을 인수하려 할 때에는 인수에 필요한 자금을 조달하여 자금을 지불해야 하는 한편 인수로 인하여 자금이 들어오게 된다.

기업의 목표와 재무관리의 목표

재무관리의 목표는 궁극적으로 기업의 목표를 달성하는 것이다. 기업의 목표, 즉 재무관리의 목표는 '기업가치의 극대화' 또는 '주주 부의 극대화'이다. 과거에는 '이익의 극대화'가 재무관리의 목표라고 주장하기도 하였으나 이는 다음과 같은 이유 때문에 옳지 않다.

'이익극대화' 목표의 문제점

- 이익 개념의 불명확성 : 이익에는 영업이익, 순이익, 주당이익 등 이익이라는 용어 자체에 다양한 개념이 있다. 또한 같은 순이익이라 하더라도 회계처리방법에 따라 이익규모가 달라질 수 있다. 예를 들면 재고처리방법에서 후입선출법을 사용하면 선입선출법을 사용할 때보다 이익이 줄어든다.*
- 시간가치의 무시 : 1월의 이익 100원과 12월의 이익 100원은 그 가치가 다르다. 그럼에도 회계적 이익에서는 동일한 것으로 보아 1년의 이익을 계산할 때 200원으로 본다.

* 후입선출법(LIFO : Last In First Out)을 적용하면 가장 최근에 구입한 재고가 먼저 판매되므로, 물가상승시 최근의 높은 비용이 매출원가에 반영된다. 이로 인해 매출원가가 증가하고, 결과적으로 순이익이 줄어든다. 선입선출법(FIFO : First In First Out)을 적용하면 가장 먼저 구입한 재고가 먼저 판매되므로, 물가상승시 낮은 비용이 매출원가에 반영된다. 이 경우 매출원가는 낮아지고, 순이익이 증가한다. 예를 들어, 어떤 상품을 5월 1일에 1,000원에 들여온 재고가 1개 있고, 6월 1일에 1,100원에 들여온 재고가 1개 있다고 가정하자. 6월 15일에 1,500원에 판매를 하게 되었는데 선입선출법을 사용하면 이익이 500원(=1,500−1,000)이 되지만 후입선출법을 사용하면 이익은 400원(=1,500−1,100)이 된다.

그렇다면 기업의 가치는 어떻게 계산하는가? 기업의 가치는 기업이 미래의 각 기간에 벌어들일 미래의 현금흐름을 적절한 할인율로 할인하여 현재가치로 환산한 후 이를 합산한 것이다(뒤의 보기 4 참조). 기업의 주인은 주주이다(주식회사의 경우). 기업가치, 즉 기업의 부(wealth)가 커지면 주주의 부도 증대된다. 결국

기업가치가 극대화되면 주주 부도 극대화된다. 따라서 기업가치의 극대화 목표는 곧 주주 부의 극대화 목표와 같다.

함께 생각해보자

기업의 목표가 이익극대화가 아님에도 불구하고 각 기업들은 이익과 관련된 자료를 발표하고, 투자자들은 이에 즉각적으로 반응한다. 왜 그럴까?

2 화폐가치의 환산

화폐가치의 환산이 필요한 이유

다음과 같은 세 가지의 상황을 생각해보자.

상황 1

홍길동은 현재 1,000만원을 가지고 있다. 저축을 하려고 대한은행과 코리아은행 두 군데를 들러보았다. 그랬더니 두 은행은 각각 다음과 같은 제안을 하였다. 어느 은행에 저축을 해야 할까?

홍길동
지금 1,000만원 저축

어디에 저축?

대한은행
2년 후 1,100만원 돌려줌

코리아은행
3년 후 1,200만원 돌려줌

상황 2

새해가 되었다. 성춘향은 이제 나이가 26세가 되었다. 그녀는 30세가 되는 연말에 결혼을 하려고 하며 결혼비용으로 3,000만원이 필요할 것으로 보고 있다.

그동안 그녀는 아무런 저축도 하지 않았음을 뼈저리게 반성하며 이번 달부터 매월 일정금액을 5년 동안 적금하려고 한다. 가까운 은행에 가서 물었더니 5년 만기의 적금은 세금이 없고 이자율이 6%라고 한다. 그녀는 매월 얼마씩 저축을 해야 할까?

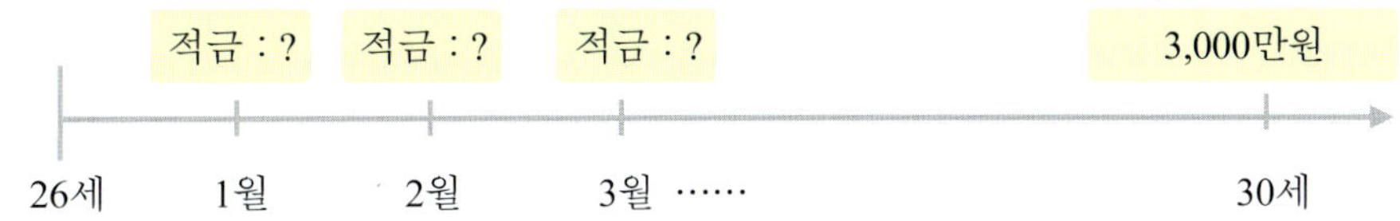

상황 3

방그레 아이스크림 회사는 새로 두 가지의 아이스크림 생산 여부를 고려중이다. 아이스크림 제품특성을 고려하여 추정된 투자자금과 투자로 인한 현금유입은 다음과 같이 예측되었다. 어느 아이스크림을 생산해야 할까?

(단위 : 억원)

아이스크림	투자금액 (지금)	현금의 유입				
		1년 후	2년 후	3년 후	4년 후	5년 후
자두아이스크림	100	10	20	30	40	50
탱자아이스크림	120	30	30	40	40	20

위의 세 가지 상황에서 정확한 의사결정을 하기 위해서는 '투자금액(또는 저축금액)'과 투자로 인한 '현금의 유입(저축의 원리합계)'의 크기를 비교해야 한다. 그런데 투자하는 시점과 현금이 들어오는 시점이 다르므로 이를 통일시켜야 정확한 결정을 할 수 있다. 각기 다른 시점의 값을 어느 한 시점으로 모으기 위해서 화폐가치의 환산이 필요하다.

화폐가치 환산에는 이자율을 이용한다

은행에 저축을 하면 이자율(interest rate) 수준에 따라 원리합계가 달라진다. 당연한 얘기지만 이자율이 높으면 같은 기간 동안의 저축이라도 이자가 많아진다. 다른 한편으로 보면 이자율이 높을수록 현재의 100원과 1년 뒤의 100원은 그

가치가 더욱 벌어지게 된다.

화폐가치의 환산

미래가치의 계산

현재의 금액을 미래의 화폐액으로 환산하는 것을 미래가치 계산이라고 한다. 미래가치는 다음과 같이 계산한다.

$$미래가치 = 현재가치 \times (1 + 이자율)^{기간}$$

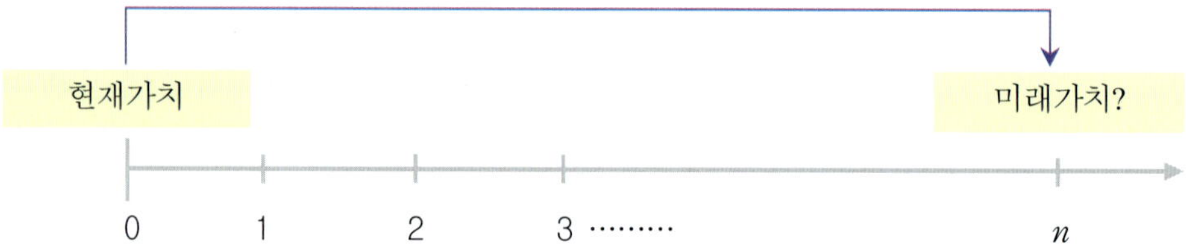

보기 1

지금의 100만원을 연이자율 5%에 저축하면 4년 후에는 얼마가 되겠는가?

〈풀이〉

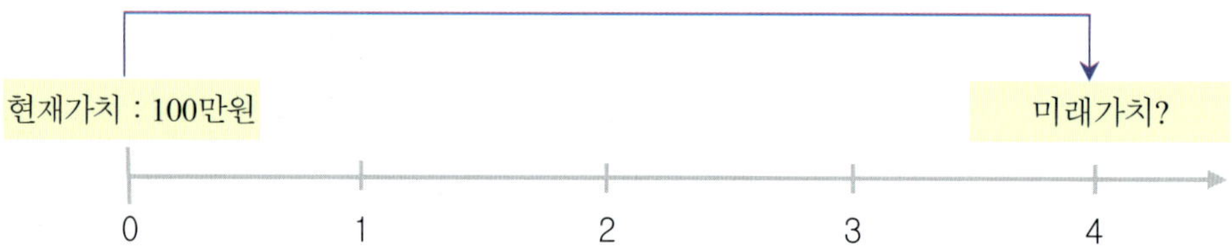

$$\begin{aligned} 미래가치 &= 현재가치 \times (1 + 이자율)^{기간} \\ &= 100(1 + 0.05)^4 \\ &= 100 \times 1.215506 \\ &= 121.5506(만원) \end{aligned}$$

보기 2

지금 1,000만원, 2년 후에 500만원을 연이자율 6%에 저축하면 5년 후에는 모두 얼마가 되겠는가?

〈풀이〉

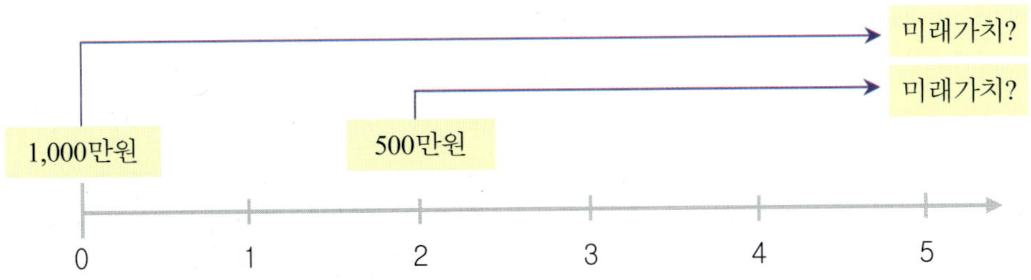

① 지금 저축하는 1,000만원의 미래가치

$$미래가치 = 현재가치 \times (1+이자율)^{기간}$$
$$= 1{,}000(1+0.06)^5 = 1{,}000 \times 1.338 = 1{,}338(만원)$$

② 2년 후 저축하는 500만원의 미래가치

$$미래가치 = 현재가치 \times (1+이자율)^{기간}$$
$$= 500(1+0.06)^3 = 500 \times 1.191 = 596(만원)$$

③ 전체 저축액의 합계 계산

$$전체금액 = ① + ② = 1{,}338 + 596 = 1{,}934(만원)$$

현재가치의 계산

미래의 금액을 현재의 화폐액으로 환산하는 것을 현재가치 계산이라고 한다. 현재가치는 다음과 같이 계산한다.

$$현재가치 = 미래가치 \ / \ (1+이자율)^{기간}$$

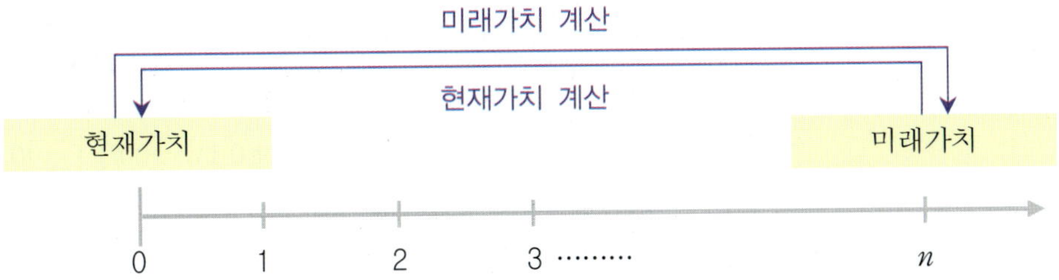

보기 3

이자율이 5%일 때 2년 후의 100만원은 현재가치로 얼마인가?

〈풀이〉

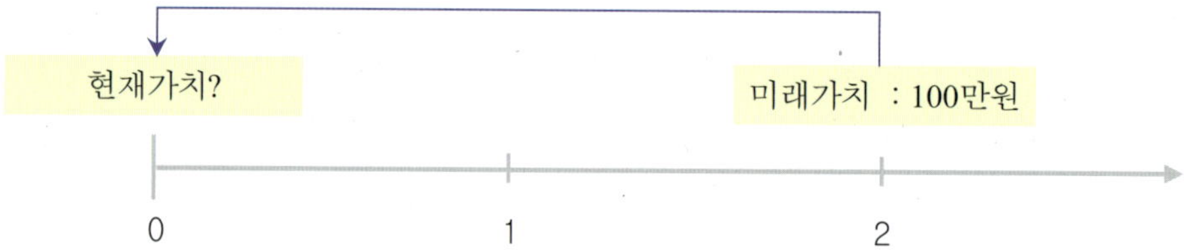

$$\text{현재가치} = \text{미래가치} \ / \ (1+\text{이자율})^{\text{기간}}$$
$$= 100/(1+0.05)^2 = 100/1.1025 = 90.70295(\text{만원})$$

보기 4

(주)미이끄러소프트는 소프트웨어 제조회사이다. 이 회사는 최근 새로운 소프트웨어개발을 했는데, 이 소프트웨어를 판매하면 앞으로 3년 동안 1년 후 100억원, 2년 후 70억원, 3년 후 120억원의 현금을 벌 것으로 예상되고 있다. 이 소프트웨어의 현재가치는 얼마일까? 이 프로그램 개발에 필요한 자금은 은행에서 100% 조달했는데 이자율은 10%라고 한다.

〈풀이〉

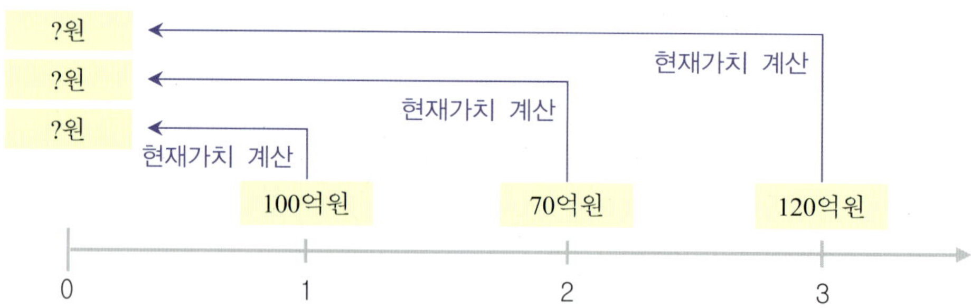

① 1년 후 100억원의 현재가치

$$\text{현재가치} = \text{미래가치} \ / \ (1+\text{이자율})^{\text{기간}}$$
$$= 100/(1+0.1) = 100/1.1 = 90.9(\text{억원})$$

② 2년 후 70억원의 현재가치

현재가치 = 미래가치 / $(1+\text{이자율})^{\text{기간}}$

$= 70/(1+0.1)^2 = 70/1.21 = 57.9$(억원)

③ 3년 후 120억원의 현재가치

현재가치 = 미래가치 / $(1+\text{이자율})^{\text{기간}}$

$= 120/(1+0.1)^3 = 120/1.331 = 90.2$(억원)

④ 현재의 기업가치 계산

현재의 기업가치 계산 = ① + ② + ③

$= 90.9 + 57.9 + 90.2 = 239$(억원)

쉬어가기 72의 법칙과 복리, 투자리스크 관리에 관한 팁

'72의 법칙'이라는 것이 있다. 복리와 관련된 법칙으로서 저축으로 미래 설계를 하는 데 매우 유용한 도구이다. 이 법칙을 활용하면 투자원금을 두 배로 늘리는 데 소요되는 기간을 쉽게 계산할 수 있다. 예를 들어 1,000만원을 연 12%의 고수익을 얻을 수 있는 상품에 투자한다면 원금을 두 배로 늘리는 데 걸리는 기간은 72를 12로 나눈 값, 즉 6년이다. 5% 이자율 상품에 투자한다면 72÷5=14.4년이 걸린다.

한편 '−50과 +100의 법칙'이라는 것도 있다. 이 법칙은 −50%의 손실이 났을 때 최초의 원금을 회복하기 위해선 이후 +100%의 수익률을 올려야 한다는 법칙이다. 예를 들어 1,000만원을 주식에 투자했을 때 주식이 폭락하여 −50%의 손실을 입어 원금이 500만원으로 줄어들었다면 이 500만원이 앞으로 100% 수익, 즉 두 배로 올라야 원금 1,000만원이 되는 것이다.

많은 사람들이 −50%의 손실을 만회하기 위해선 같은 수준의 +50% 수익만 올리면 된다고 착각하고 있다. 이 때문에 수익률은 높은 것 같은데 투자총액이 늘 제자리 수준이어서 이해를 못하는 투자자들이 많은 것이다. 이 법칙은 주식투자는 상승가능성이 큰 종목보다 하락가능성이 낮은 안전한 종목에 투자하는 것이 중요함을 일깨워 준다.

마지막으로, '곱하기 0의 법칙'이 있다. 이 법칙은 리스크 관리의 중요성을 극적으로 보여준다. 이 법칙에 의하면 어떤 투자자가 대박에 가까운 수익률을 여러 번 연속해서 올려 큰돈을 벌었다 하더라도 단 한번 잘못 투자하면 그동안 벌어놓은 원금을 일거에 날릴 수 있다는 법칙이다. 투자자 중에는 지속적으로 뛰어난 투자성적을 거둔 나머지 자신의 능력을 믿고 보다 높은 수익을 기대하고 한 주식에 집중투자하여 원금을 모두 잃은 경우가 종종 있다.

3 투자의사결정

투자의사결정의 분류

기업경영을 위한 자금지출은 경상적 지출과 자본적 지출로 구분할 수 있다. 경상적 지출은 원자재 구입비, 인건비 등의 지급처럼 반복적 지출로서 그 지출의 효과가 단기간에 걸쳐 나타나는 지출을 말한다. 반면에 자본적 지출은 신규사업투자, 시설투자, 연구개발투자와 같이 지출규모가 대단위이고 지출의 효과가 장기간에 걸쳐 나타나는 지출이다.

기업의 자금지출 (투자의사결정)
- 경상적 지출 : 반복적이고 일상적인 지출. 단기적 효과 (예 : 원자재 구입비, 인건비 등)
- 자본적 지출 : 대단위의 일회성 지출. 장기적 효과 [=자본예산] (예 : 신규사업투자 등)

장기성 자본투자 : 자본예산

자본예산의 의의

자본예산(capital budgeting) 1년 이상 효과가 지속되는 자본적 지출에 대한 총괄적인 계획을 수립하는 활동

자본예산(capital budgeting)이란 1년 이상 효과가 지속되는 자본적 지출에 대한 총괄적인 계획을 수립하는 활동을 말한다. 자본적 지출은 대규모의 현금유출을 필요로 하기 때문에 기업의 자금 사정, 유동성에 큰 영향을 미친다. 또한 기업의 장기적인 수익성과 위험도에 큰 영향을 미쳐 기업의 미래가치를 좌우하게 된다. 즉, 자본적 지출에는 일반적으로 중장기적으로 대규모의 자금투자가 수반되기 때문에 자본예산이 잘못되어 기업의 투자가 실패했을 경우에는 기업의 존립을 위태롭게 할 수도 있는 것이다.

자본예산의 과정

자본예산을 수립하고 수행하는 과정은 [그림 13-3]과 같다.

□ 그림 13-3
자본예산의 과정

투자목적의 설정

자본예산을 수행하기 위해서는 먼저 투자목적을 설정한다. 기업 내외의 환경을 분석·평가하여 투자목적을 자기자본이익률 10% 달성과 같이 구체적으로 세운다.

투자대안들의 물색

다음으로 투자목적을 달성할 수 있는 투자대안들을 물색한다. 투자안에 대한 아이디어를 얻는 원천으로는 기존 고객, 시장조사, 연구개발부서, 경쟁업체, 생산부서, 제안제도 등이 있다. 각 아이디어 차원의 투자안에 대하여 시장성을 검토하고 기술적 타당성을 검토하여 경제성 분석을 할 만한 가치가 있는 투자대안들을 추려낸다.

투자안의 분류

투자안은 분류기준에 따라 다양하게 분류할 수 있다. 투자안의 상호관계에 따라 분류하면 〈표 13-1〉과 같이 분류할 수 있다.

표 13-1
투자안의 분류

투자안	의 의	특 징	보 기
독립적인 투자안	투자안 채택시 서로 영향을 주지 않는 투자안	A, B 두 투자안이 있을 때 투자안 A의 선택 여부는 투자안 B의 선택 여부와 관계없음	음료회사가 광고업과 건설업에 진출하려고 하는 경우
상호 배타적인 투자안	한 투자안이 선택되면 다른 투자안은 당연히 기각되는 투자안	투자안 A가 선택되면 B는 무조건 폐기됨	서울–평양 간 고속도로 건설안. 한 노선이 선정되면 다른 노선은 폐기됨
보완적 투자안	한 투자안에 대하여 다른 투자안이 보완적으로 선택되는 경우	투자안 A를 선택한 후 투자안 A에 보완적인 투자안 C를 추가로 선택하는 경우(C안은 투자 안 해도 됨)	노래방에서 반주기에 녹음기, 녹화기를 도입하고자 하는 경우
종속적 투자안	한 투자안이 선택되면 이와 관련된 다른 투자안이 반드시 채택되어야 하는 경우	투자안 A가 선택되면 이에 종속된 투자안 D도 반드시 선택되어야 하는 경우	신규로 휴대전화서비스에 가입하는 경우. 이동통신회사에도 가입해야 하지만 전화기도 사야 함

현금흐름의 추정

각 투자안들의 현금흐름(cash flow)을 추정한다. 주의해야 할 것은 이익을 추정하는 것이 아니라 '현금흐름'을 추정한다는 사실이다. 회계적 개념인 '이익'은 투자로 인한 가치변동이 없는 상태에서도(즉, 투자를 했을 때 객관적으로 존재하는 현상은 한 가지임에도 불구하고) 회계처리방법을 바꾸면 그 크기가 달라지기 때문이다. 또한 이익보다는 현금흐름을 중시해야 하는 다른 예로, 매출의 100%를 외상으로 하는 기업이 있다고 가정해보자. 장부상으로는 이익이 날 수 있지만 현금회수가 안 되어 정상적인 기업활동이 불가능할 것이다.

투자안의 경제성 평가

현금흐름이 추정되면 각 투자안의 경제성을 평가한다. 투자안의 경제성을 평가하는 구체적인 방법(예 : 순현가법)은 뒤에서 설명하기로 한다.

숫자로 본 경영

기업들이 투자를 하는 이유

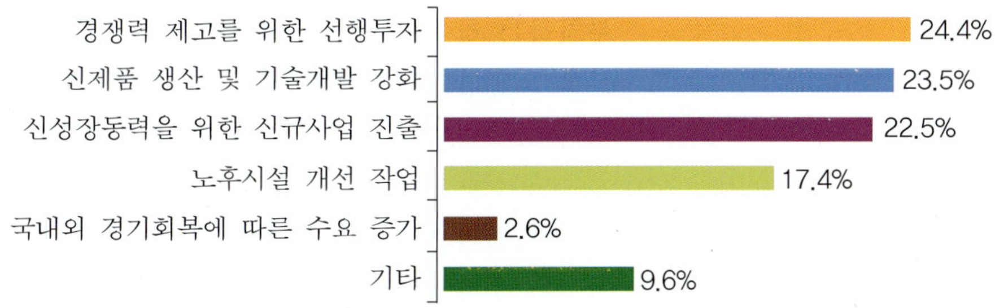

(자료 : 전경련)

최적투자안의 결정, 시행, 재평가 및 통제

투자안의 경제성 평가결과에 근거하여 최적투자안을 결정하고, 투자를 시행한다. 투자안을 시행하는 과정 및 결과에 있어서 당초의 계획에 부합되는지를 수시로 평가하고, 여건 변화 등이 있을 경우에도 기업가치 극대화를 기할 수 있는 방향으로 투자안을 통제한다.

투자안의 선택

투자안을 평가하는 방법에는 여러 가지가 있으나 여기에서는 가장 합리적이고 정확한 의사결정을 도와주는 순현가법에 대해서 살펴보기로 한다.

우리는 앞에서 현재가치에 대해서 배웠다. 현재가치는 줄여서 현가라고도 부른다. 또한 투자에 대한 의사결정은 현재 시점에서 한다고도 배웠다. 순현가법(NPV법)은 우리가 이미 배운 이러한 내용을 이용하는 방법이다.

순현가법
투자로 인하여 기대되는 미래 현금유입의 현재가치에서 현금유출의 현재가치를 차감한 순현재가치(NPV : Net Present Value, 줄여서 순현가)에 근거하여 투자결정을 하는 방법

순현가법은 투자로 인하여 기대되는 미래 현금유입의 현재가치에서 현금유출의 현재가치를 차감한 순현재가치(NPV : Net Present Value, 줄여서 순현가)에 근거하여 투자결정을 하는 방법이다. 순현가가 양수(+)이면 투자안을 시행할 수 있으며, 투자안이 여럿인 경우에는 순현가가 양수인 투자안 중 순현가가 가장 큰 투자안을 선택한다.

순현가(NPV) = 현금유입의 현재가치 − 현금유출의 현재가치

단기성 자본투자 : 운전자본관리

기업이 자금을 투자하는 두 번째 항목은 일상적이고 반복적인 단기성 자산에 투자하는 것이다. 단기성 자산에 투자한다는 의미는 영업활동을 위하여 그 자산을 보유한다는 것이다. 마치 자본예산(장기성 투자)에서 공장설비를 구축하는 것이 공장설비 자체 보유를 의미하는 것과 같은 이치이다.

운전자본(working capital)
기업의 자산 중 유동자산

단기성 자본투자는 주로 운전자본이 대상이 된다. 운전자본(working capital)이란 기업의 자산 중 유동자산을 말한다. 운전자본관리의 목표는 유동성과 수익성의 조화이다. 유동성을 높이기 위하여 유동자산을 지나치게 많이 보유하면 수익성이 저하되며, 지나치게 수익성을 추구하면 유동성이 악화되어 단기부채 지급능력이 떨어진다.

□ 그림 13-4
유동자산의 특성 :
수익성과 유동성은
상충관계(trade-off)에 있다

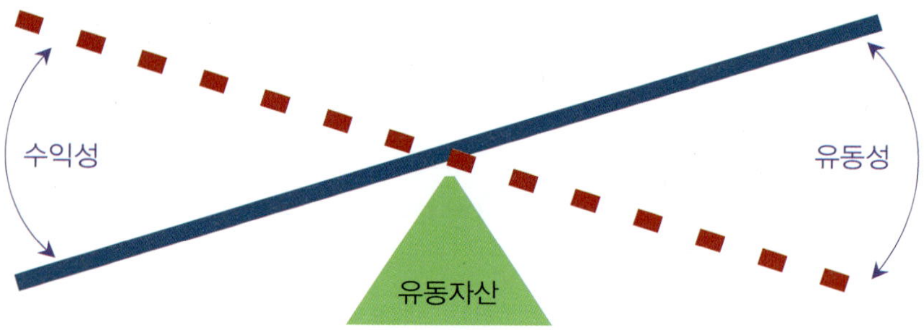

매출채권관리

매출채권(accounts receivables)
현금매출이 아닌 신용판매로 발생하는 채권

매출채권(accounts receivables)은 현금매출이 아닌 신용판매로 발생하는 채권이다. 외상으로 물건을 판매하여 발생하는 매출채권을 투자로 보는 이유는 다음과 같다. 기업이 외상으로 물건을 파는 까닭은 외상거래가 지극히 정상적인 영업활동의 하나이기 때문이다. 물론 외상거래를 하지 않을 수도 있지만 이때에는 매출감소를 각오해야 한다. 즉 매출채권은 매출을 올리기 위한 수단인데, 이는 공장을 지어 매출을 올리려는 것과 같은 이치로서 외상에 자금이 묶이면 마치 매출채권 자체에 자금이 투자되는 것과 효과가 같기 때문이다.

일반적으로 매출을 늘리기 위해서는 신용판매를 늘려야 하나 신용판매가 늘어나면 현금회수가 늦어져 자금이 묶이고 대손이 발생할 가능성이 커진다.

재고자산관리

재고자산(inventory)
판매목적으로 보유하고 있는 자산

재고자산(inventory)은 판매목적으로 보유하고 있는 자산이다. 재고자산이 많으면 예상하지 못한 수요증가에 충분히 대응할 수 있는 반면 자금이 묶여 수익성이 저하되고 재고유지비용이 발생한다. 제품이 진부화되기도 한다. 반면 재고가 부족하면 제때에 물건을 팔 수 없게 된다. 이러한 재고의 양면성이 고려된 재고자산관리정책이 필요하다.

자동차 재고 야적장. 재고가 많아지면 재고유지비용이, 부족하면 재고부족손실이 발생한다. (자료 : 현대글로비스 홈페이지)

현금관리

현금관리에서 현금(cash)은 화폐뿐만 아니라 자기앞수표와 같은 통화대용증권, 요구불예금 등을 의미한다. 현금을 보유하는 것 역시 자금이 묶이는 것이므로 현금에 대한 투자라고 볼 수 있다. 현금을 보유하는 것도 정상적인 영업활동을 위한 것이므로 투자활동이라고 할 수 있는 것이다. 그러나 현금이 매출증대에 기여하는 것은 전혀 없다. 다만 유동성만이 좋아진다. 즉, 현금을 많이 보유할수록 유동성은 높아지지만 수익성이 떨어진다. 반대로 현금을 너무 적게 보유하면 유동성이 떨어지고 정상적인 기업활동을 하기가 어려워진다. 따라서 적정한 수준의 현금을 보유해야 한다.

함께 생각해보자

업종에 따라 재고자산관리의 중요성이 달라진다. 재고자산관리가 중요한 업종에는 어떤 것이 있을까?

4 자본조달결정

기업은 금융시장에서 주로 자본을 조달한다. 누구나 자본을 사용하면 그 대가를 지불해야 한다. 금융시장에는 어떤 것이 있고, 자본 사용의 대가는 어떻게 지불하는가? 어떻게 자본을 조달하는 것이 기업에 유리한가? 이하에서는 이러한 내용에 대하여 구체적으로 알아보고자 한다.

금융시장의 역할

금융시장의 의의

금융시장(financial market) 자금수요자와 자금공급자 사이에 자금의 유통이 이루어지는 시장

금융시장(financial market)이란 자금수요자와 자금공급자 사이에 자금의 유통이 이루어지는 시장을 말한다. 일반적으로 국가경제시스템에서는 기업은 자금을 필요로 하는 자금수요자이고, 가계는 자금을 공급하는 자금공급자이다. 금융시장이 존재함으로써 여유자금이 있는 경제주체는 자금을 투자할 수 있는 기회가 생기고, 자금이 필요한 경제주체는 자금을 융통할 수 있는 것이다.

금융시장의 종류

금융시장은 여러 가지로 구분할 수 있으나 자금의 유통이 이루어지는 경로에 따라 직접금융시장과 간접금융시장으로 크게 구분할 수 있다.

□ 그림 13-5
금융시장의 기능과 분류

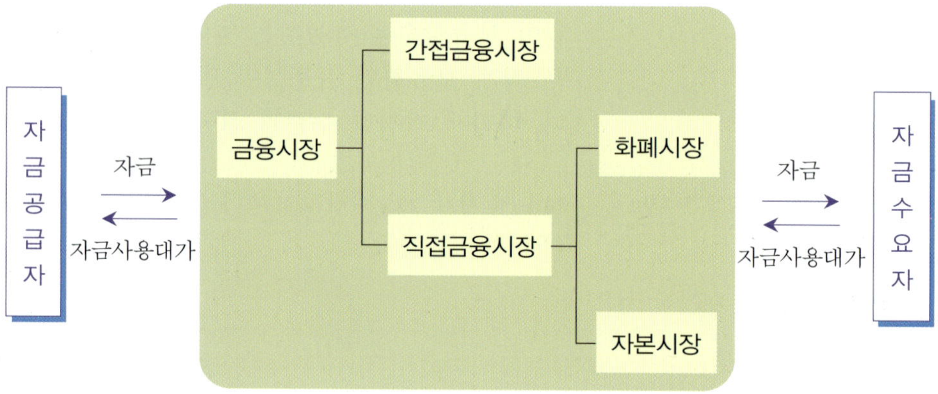

직접금융시장

직접금융시장은 자금중개기관을 거치지 않고 자금수요자와 자금공급자가 증권을 직접적으로 매매함으로써 자금의 유통이 이루어지는 시장이다. 직접금융시장은 거래되는 증권의 만기에 따라 다시 화폐시장과 자본시장으로 나누어진다.

화폐시장	만기일이 1년 이하인 금융상품이 거래되는 시장 화폐시장 금융상품의 예 : 단기국공채, 신종기업어음 등
자본시장	장기성 증권이 거래되는 시장 자본시장 금융상품의 예 : 주식, 국공채, 채권 등

간접금융시장

자금의 수요자와 공급자 사이에 금융중개기관이 개입하여 자금의 유통이 이루어지는 시장을 말한다. 상품으로는 요구불예금, 정기예금, 수익증권 등이 있다.

금융기관은 모두 중개기관인가?

직접금융시장과 간접금융시장의 구분은 중개기관의 개입 여부이다. 한 가지 유의할 점은 이들 중개기관의 '중개'라는 개념이다. 간접금융 역할을 하는 대표적인 금융기관인 일반 시중은행과 직접금융 역할을 하는 증권회사를 비교하여 이 개념을 살펴보자.

은행은 자금공급자에게서 저축을 모아 자금 수요자에게 대부해주고, 대부의 대가로 이자를 받으며 은행에 저축한 자에게 저축에 대한 이자를 준다. 이 과정에서 은행은 자신이 주체가 되어 수신(저축) 이자율과 여신(대출) 이자율을 정하여 그 차이로 이익을 발생시킨다. 그래서 언제나 여신 이자율이 수신 이자율보다 높을 수밖에 없다.

그러나 증권회사는 증권의 거래형성에만 관여한다. 즉 주식을 팔고자 하는 사람과 사려는 사람을 연결해주고 수수료만 받는다. 자신이 주체가 되어 주식을 사거나 팔지 않는다. 만일 증권회사가 없다면 사람들은 주식을 사고팔기 위하여 직접 거래상대방을 찾아다녀야 할 것이다. 물론 증권회사가 자신의 이름으로 직접 증권을

숫자로 본 경영

국내 은행 자산 순위 (단위 : 조원)

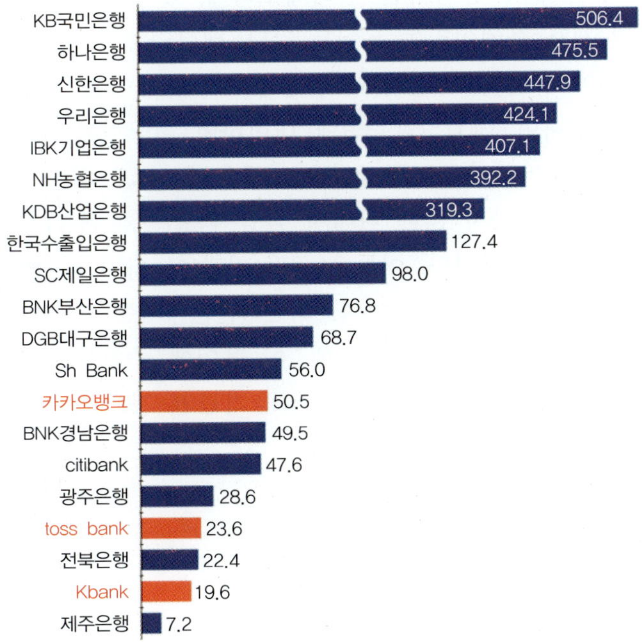

(자료 : 금융감독원, 포춘코리아, 2023년 6월 기준)

매매하기도 하지만 이는 투자활동의 개념이지 금융중개에 의한 영업행위는 아니다.

결론적으로 은행은 금융중개기관이지만 증권회사는 아닌 것이다.

우리나라의 금융시장과 금융기관

앞서 설명한 화폐시장, 자본시장, 간접금융시장 등은 모두 추상적인 개념이다. 이를 우리나라에 실재하는 기관명과 연결시켜보자.

우선 자본시장이 구체화된 시장으로는 주식, 옵션, 선물을 총괄하는 한국거래소가 있다.

한편 추상적인 개념의 금융시장 기능이 이루어지도록 해주는 것이 바로 금융기관으로서, 현재 우리나라의 금융기관은 〈표 13-2〉와 같이 크게 은행, 비은행예금취급기관, 금융투자업자, 보험회사, 기타 금융기관으로 구분할 수 있다. 우리가 언론을 통해 흔히 듣게 되는 제1금융권은 은행만을 말하며, 나머지 금융기관은 제2금융권으로 본다. 제1, 2금융권을 제도권금융이라고 한다. 정부의 공식적인 관리제도하에 있다는 의미이다. 한편 제3금융권이라는 용어도 있다. 대부업체나 사채업체가 이에 속한다. 그런데 제3금융권이라는 용어는 정식 용어는 아니며, 제1, 2금융권에 대비하여 비공식적으로 사용되는 용어이다. 제3금융권은 사금융이라고도 하며 제도권금융에 속하지 않는 나머지 금융 역할(주로 대출)을 하는 업체를 통칭한다. 이들은 금융'기관'이 아닌 대부업을 영위하는 일반 회사들이다. 최근 언론에서는 '소비자금융'이라고 표현하기도 하는데, 이 용어에 주의할 필요가 있다. 마치 소비자들을 위한 금융기관인 것으로 오해할 수 있기 때문이다.

부산에 있는 한국거래소 본사 건물 (자료 : 위키디피아)

표 13-2
금융기관의 종류와 기관 수

구 분			기관 수
은행	일반은행	시중은행	8
		지방은행	6
		외국은행지점	38
	특수은행	한국산업은행	1
		한국수출입은행	1
		중소기업은행	1
		농협은행	1
		수협은행	1
비은행 예금취급기관	상호저축은행		79
	신용협동기구	신용협동조합	898
		새마을금고	1,315
		상호금융	1,358
	우체국예금		1
	종합금융회사		1
금융투자업자	투자매매중개업자	증권회사	55
		선물회사	5
	집합투자업자		215
	투자일임자문업자		179
	신탁회사	은행/증권/보험/부동산신탁	56
보험회사	생명보험회사		25
	손해보험회사	손해보험회사	19
		재보험회사	10
		보증보험회사	3
	우체국보험		1
	공제기관		3
기타 금융기관	금융지주회사	은행지주	7
		비은행지주	2
	여신전문금융회사	시설/카드/할부금융 등	97
	벤처캐피털회사	중소기업창업투자회사	120
		신기술사업금융	42

주) 2023년 기준. 인수합병 등에 의해서 변동할 수 있음.

기업의 자본조달수단

기업이 자본을 조달하는 방법은 여러 가지가 있다. 자본제공자가 누구냐에 따라서는 크게 자기자본에 의한 조달과 타인자본에 의한 조달로 나눌 수 있다.

자기자본과 타인자본의 가장 큰 차이점은 전자는 기업이 갚을 필요가 없는 자본인 반면 타인자본은 반드시 갚아야 한다는 점이다. 이는 원금뿐만 아니라 자본 사용에 대한 대가도 마찬가지이다. 즉 주식을 발행하여 자본을 조달했을 경우(자기자본) 기업은 그 주식을 소유한 투자자에게 주식을 되사주지 않는다. 주식을 소유한 주주가 주식을 현금화하고자 한다면 다른

주식 구입시 받는 주권(위), 채권 구입시 받는 채권 견본(아래)
(자료 : 종합)

그림 13-6
기업의 자본조달방법과 재무상태표의 관계

재무상태표

차 변	대 변
자 산	타인자본
	자기자본
자산총계	자본총계

기업의 자본조달

자본조달 구분	방 법		자본의 성격	상환 여부	자본제공자가 얻는 것
타인자본 (부채)	단기 부채	단기 차입금	단기성 자본	원금과 이자를 상환해야 함	이 자
		매입 채무		매입 대금을 갚아야 함	매 출
	장기 부채	회사채 발행	장기성 자본	원금과 이자를 상환해야 함	이 자
		장기 차입금			
자기자본	주식발행			상환의무 없음	주가상승 차익, 배당
	유보이익				

사람에게 주식을 팔아야 한다. 기업은 주주들에게 배당을 주지만 이 또한 강제조항이 아니다.

그러나 타인자본, 예를 들어 기업이 회사채를 발행하여 자금을 조달(타인자본, 즉 부채)했다면 약속된 이자를 제때 주어야 하고 부채의 만기가 되면 반드시 원금을 갚아야 한다.

기업이 어떻게 자본을 조달했는지는 재무상태표의 대변에 그대로 나타난다.

자본비용

자본비용의 의의

기업은 자본을 조달하여 사용하고 자본제공자에게 자본 사용에 대한 대가를 지불한다. 이것이 자본비용(cost of capital)이다. 자본조달방법으로 자기자본과 타인자본에 의한 방법이 있듯이 자본비용도 자기자본비용과 타인자본비용이 있으며 이 둘을 모두 고려하여 계산하는 기업 전체의 자본비용이 있다.

자본비용(cost of capital)
자본제공자에게 지불하는 자본 사용의 대가

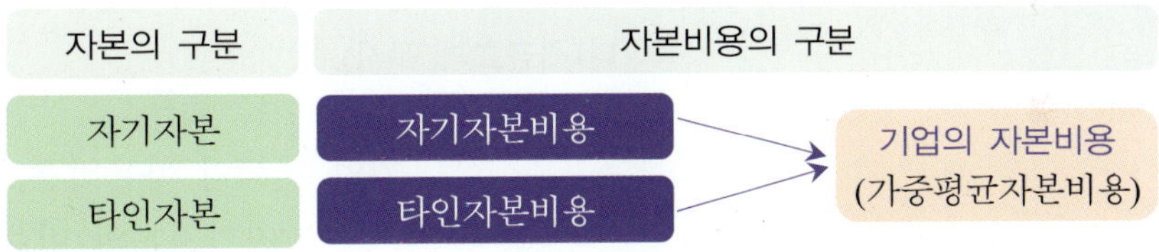

□ 그림 13-7
자본의 원천과 자본비용의 관계

자본비용의 종류

- **자기자본비용**: 자기자본비용은 자기자본을 제공하는 자에게 지불하는 대가이다. 자기자본인데도 왜 비용이 발생하는가? 그 이유는 기회비용(opportunity cost)으로 설명할 수 있다. 즉 자기자본을 가지고 있는 사람이 직접 투자하지 않고 다른 곳에 투자한다면 투자수익을 얻을 수 있다. 그 투자수익을 얻을 수 있는 기회를 포기하고 자기자본으로 제공할 때에는 최소한 포기한 만큼의 수익(또는 수익률)을 기대하고 요구할 것이다. 이 요구수익률이 자기자본비용인 것이다. 기업 내에서 유보된 유보

이익도 같은 방식으로 설명할 수 있다. 자기자본비용의 계산은 기업이 실시하는 배당이나 이익의 크기를 이용한다.

- 타인자본비용 : 기업이 타인자본 이용의 대가로 지급하는 지급이자로서 일반적으로 부채의 이자율을 말한다. 타인자본비용은 이론적으로는 자기자본비용보다 낮은데, 그 이유는 기업은 타인자본 제공의 대가인 이자를 자기자본 제공의 대가인 배당보다 우선적으로 지급해야 하기 때문이다. 기업이 배당을 하지 않아도 법적으로 문제가 없지만 이자를 주지 않으면 채무불이행이 된다. 자본제공자 입장에서 볼 때 타인자본 제공자는 기업이 망하지 않는 한 자금제공의 대가를 반드시 받을 수 있으나 자기자본 제공자는 받지 못할 수가 있다. 결국 이론적으로 보면 타인자본 제공자는 자기자본 제공자보다 자금제공의 대가를 받지 못할 위험이 낮으므로 타인자본비용이 자기자본비용보다 낮다.
- 기업 전체의 자본비용 : 기업이 조달하는 자본은 자기자본과 타인자본을 합한 것이다. 따라서 기업 전체의 자본비용은 자기자본비용과 타인자본비용을, 총자본에서 자기자본과 타인자본이 차지하는 각각의 구성비율을 가중평균하여 계산한다. 예를 들어 자기자본과 타인자본이 차지하는 비중이 각각 40%, 60%이고 자기자본비용과 타인자본비용이 각각 12%, 10%라면 기업 전체의 자본비용(가중평균자본비용)은 다음과 같이 계산된다(세금효과 무시).

기업 전체의 자본비용
=(자기자본의 비율×자기자본비용)
+(타인자본의 비율×타인자본비용)
=(40%×12%)+(60%×10%)
=10.8%

함께 생각해보자 기업마다 자본비용이 다른 경우가 많다. 그 이유는 무엇일까?

자본구조

자본구조의 의의

자본구조(capital structure)
기업의 총자본에 대한 자기자본과 타인자본의 구성비율

기업이 필요한 자본을 어떻게 조달했느냐에 따라 기업의 자본구조가 결정된다. 자본구조(capital structure)란 기업의 총자본에 대한 자기자본과 타인자본의 구성비율을 말한다. 예를 들어 어떤 기업의 총자본(=자기자본+타인자본)이 100억원이고 이 중 자기자본이 20억원이라면 이 기업은 자기자본비율이 20%(=자기자본 20억원/총자본 100억원) 또는 부채비율이 400%(=타인자본 80억원/자기자본 20억원)인 자본구조를 가지고 있다고 말한다. 이처럼 동일한 자본구조에 대해 자기자본비율은 자기자본을 초점으로, 부채비율은 부채, 즉 타인자본을 초점으로 말하는 것이다.

한편 자본구조에 대한 핵심은 기업에 최적자본구조가 존재하느냐의 여부이다. 최적자본구조란 자본비용을 최소화하는, 그래서 기업가치를 극대화하는 자본구조를 뜻한다.

자본구조의 영향

자본구조는 먼저 자본비용에 영향을 미친다. 자본구조가 직접적인 자본조달비용에 미치는 순수한 효과만 본다면, 타인자본비용이 자기자본비용보다 낮기 때문에 타인자본을 많이 사용할수록 기업 전체의 자본비용은 낮아진다.

다른 한편으로는 타인자본을 많이 사용할수록 기업의 재무위험이 커진다. 즉 타인자본을 많이 사용할수록 파산할 가능성이 높아진다. 또한 타인자본 사용의 대가인 이자는 기업이 흑자이든 적자이든 관계없이 고정적으로 지불되어야 한다. 때문에 타인자본을 많이 사용할수록 이익이 날 때에는 더 큰 이익이 나고 손실이 발생할 때에는 더 큰 손실이 발생한다(이러한 효과를 레버리지효과라고 한다). 이렇듯 재무위험이 커지게 되면 기업에 자금을 제공하려는 타인자

ㅁ 그림 13-8
자본구조가 기업가치에 미치는 영향 흐름도

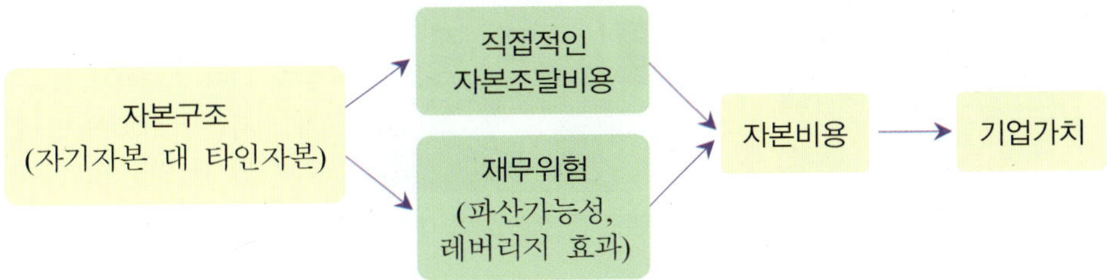

본 제공자는 더 높은 대가를 요구할 것이므로 자본비용이 증가할 것이다.

이와 같이 자본구조가 복합적으로 자본비용에 영향을 미치지만 자본비용이 최소로 되는 어떤 자본구조가 존재한다면 그 구조가 곧 최적자본구조이다.

그렇다면 최적자본구조가 존재할까? 비현실적인 가정하에서 최적자본구조를 증명한 주장들은 있지만 현실적인 여건이 반영된 상황에서 최적자본구조가 제시된 것은 아직 없다. 다만 기업의 경쟁력 및 경제여건 등 기업을 둘러싼 환경조건에 따라 타인자본을 적게 사용하는 것이 바람직할 수도 있고 그렇지 않을 수도 있다.

함께 생각해보자

조달되는 자본의 비용이 낮을수록 기업에게는 투자기회가 많아진다. 왜 그런지 생각해보자.

쉬어가기 금융공학과 금융공학자

주가가 오르면 그에 비례해서 수익이 증가하면서도 주가가 떨어지거나 굳이 오르지 않는 경우에도 최소한의 수익이 발생하는 상품이 있을까? 당연히 있다. 이러한 이해하기 힘든 상품이 존재하는 데에는 금융공학이 큰 역할을 했다.

금융공학을 전공한 사람이 큰 인기를 끌고 있다. 금융공학(financial engineering)은 복잡한 금융상품의 연구 및 개발을 위하여 공학적 분석기법을 활용하는 학문분야이다. 기존의 금융상품을 재구성하기도 하고 새로운 상품을 개발하기도 하는데, 이 과정에서 물리학, 화학, 수학, 생물학, 산업공학 등 자연과학 이론이 사용되기 때문에 공학의 개념을 첨가해 "금융공학"이라고 부르는 것이다. 공학의 다른 학문분야도 중요하지만 특히 수학이 중요한 것으로 알려지고 있다.

미국 대학 재무(finance)부문에서 최상위권인 펜실베이니아 대학의 와튼 스쿨(Wharton School)

파생금융상품은 금융공학의 꽃이라고 불리며 금융공학을 하는 사람을 금융공학자(financial engineer)라고 한다. 금융공학자의 몸값이 치솟고 있다. 당연히 고급인력이 모자라기 때문이다. 근래 어떤 은행에서 금융공학자 몇 명을 공채하고자 했는데, 박사급 지원자 100여 명 중 진정한 금융공학자로 분류할 만한 인력은 단 한 명도 없었다고 한다. 최근 금융권의 인력채용시장을 보면 거의 모든 기관에서 금융공학 전공자를 찾고 있다. 연봉도 업계 최고수준이다.

배당정책

배당정책의 의의

배당정책(dividend policy)
기업의 이익을 배당금과 유보이익으로 나누는 결정

배당정책(dividend policy)이란 기업의 이익을 배당금과 유보이익으로 나누는 결정을 말한다. 기업이 경영활동을 통하여 이익을 창출했을 때 주주는 경영활동을 위하여 자본을 제공한 사람들이므로 이익이 발생하면 이익의 일부는 당연히 주주 몫으로 배당받기를 원한다. 한편 이익의 전부 또는 일부를 기업 내부에 남겨 놓으면 향후 기업의 사업확장이나 손실이 발생했을 때 유용하게 활용할 수 있다. 이러한 목적으로 사내에 유보시키는 이익을 유보이익이라고 한다. 그런데 배당을 늘리면 유보이익의 크기가 줄고 유보이익을 늘리면 배당이 줄어들 수밖에 없다.

따라서 기업가치를 극대화한다는 관점에서 배당을 기대하는 투자자들의 기대와 미래의 기업활동에 대비하기 위한 유보이익의 크기를 적절히 조화시키는 것이 배당정책의 주요한 과제가 된다.

숫자로 본 경영

주요 국가 배당 관련 통계

(단위 : %)

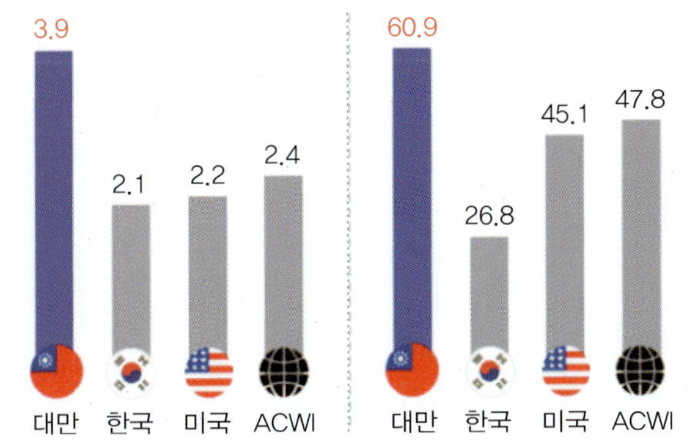

* ACWI : 전 세계 전체(All Country World Index)
* 배당성향 : 당기순이익 중 현금배당액의 비율

(자료 : 삼성자산운용)

배당의 특징과 종류

기업이 주주들에게 배당을 하지 않는다고 하더라도 법적으로는 문제가 없다. 타인자본 제공자에게는 자본제공 대가인 이자를 반드시 지급해야 하지만 자기자본 제공자인 주주들에게는 꼭 배당을 해야만 하는

□ 그림 13-9
배당정책

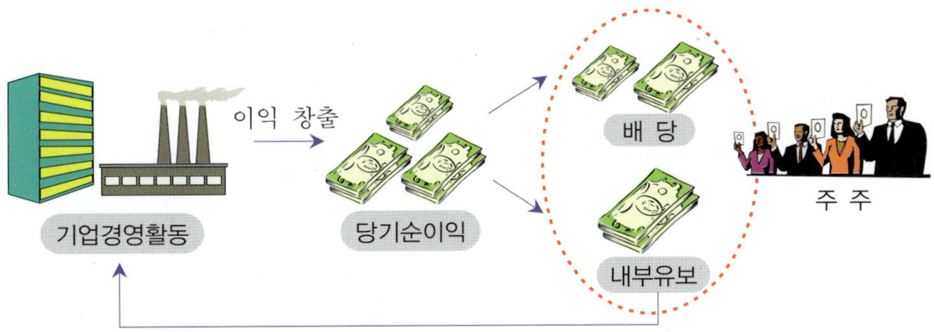

주) 점선 부분이 배당정책임

것은 아니다.

배당을 하지 않는 것이 주주의 입장에서 언제나 불리한 것인가? 아니다. 기업에게 유리한 투자기회가 있어 자금이 필요한 경우, 배당을 하지 않고 그 자금으로 투자를 성공적으로 수행하면 장기적으로 회사의 가치가 증대되고 주가가 올라 주주의 입장에서는 당초 받을 수 있었던 배당금보다 더 많은 주가 상승차익을 얻을 수도 있기 때문이다.

대표적인 배당방법으로는 현금으로 직접 배당하는 현금배당과 배당금에 해당하는 금액만큼을 주식으로 나눠주는 주식배당이 있다.

수출입은행, 누적손실 6천억원… '투자실패' 논란

한국수출입은행(이하 '수은')이 정책자금을 투자 · 지원한 회사 10곳 중 6곳이 최초 출자 당시보다 회사의 가치가 떨어진 것으로 확인됐다. 출자할 당시보다 장부가액이 6,000억원 이상 떨어졌다.

25일 국회 기획재정위원회 오기형 더불어민주당 의원실의 '지난 6월 말 기준 출자회사 현황 자료'에 따르면 수은의 출자회사는 ▲현물출자 수령(7개) ▲정책성 출자(8개) ▲여신성 출자(34개) ▲대출금 출자전환(57개) 등 106개다. 수은이 출자한 106개의 회사 가운데 취득가액보다 장부가액이 줄어들거나 장부가액을 평가하지 못한 곳은 63개에 달했다. 출자회사의 59.4%가 투자할 당시보다 기업가치가 떨어진 것이다. 출자회사의 장부가액이 줄어들었다는 것은 현재 주식의 가치가 취득 당시보다 떨어졌다는 의미로 해석할 수 있다. 취득가액은 회사에 출자할 당시 가격을 의미하며, 장부가액은 이를 재평가한 가격이다.

63개 회사의 경우, 취득가액이 1조 7,775억원이었으나 지난 6월 말 장부가액은 1조 1,576억원이었다. 취득가액 대비 장부가액이 34.8%(약 6,199억원) 감소한 것이다. 여신성 출자 회사 중 13곳이 취득가액 대비 장부가액이 줄어들었다. 수은이 투자 성격으로 돈을 지원한 회사의 약 37%가 경영가치가 떨어졌다는 의미다. 이 회사들의 취득가액은 1,701억원이었으나, 장부가액은 1,566억원으로 7.9% 감소했다. 현물출자 수령 회사 중 한국항공우주산업(KAI)의 경우 취득가액이 1조 5,565억원이었으나, 장부가액이 9,687억원으로 줄었다.

수은은 자금을 빌려준 뒤 대출금을 출자전환한 회사 대부분의 장부가액을 0원으로 처리했다. 대출금을 출자전환 등으로 처리한 57곳 중 48곳이 장부가액을 평가하지 않았다. 장부가액이 0원이라는 의미는 수은이 대출을 실행했다가 회수가능성이 낮다고 판단해 손실처리(상각)한 것이다. 출자전환은 대출금을 회수하는 대신 기업의 주식과 맞바꾸는 것이다.

현재 수은의 '출자회사 관리위원회'에서 관리하고 있는 기업은 현물출자 수령 · 정책출자 회사에 집중돼 있다. 현재 관리위원회에 경영 현황을 보고하는 회사는 ▲한국도로공사 ▲교보생명보험 ▲한국자산관리공사(캠코) ▲한국토지주택공사(LH) ▲KAI ▲인천항만공사 ▲여수광양항만공사 ▲중소기업은행 ▲한국자금중개 ▲한국해양진흥공사 ▲KSF선박금융 ▲CGIF(국제기구) ▲연합자산관리 ▲한국해외인프라도시개발지원공사(KIND) 등이다. (퍼블릭뉴스, 2024.9.25)

토론주제 수출입은행의 투자는 어떻게 개선되어야 하는가? 수출입은행의 설립목적을 고려하여 토론해보자.

핵심용어

- 재무관리
- 투자결정
- 자본조달결정
- 혼합의사결정
- 기업가치의 극대화
- 화폐가치 환산
- 미래가치
- 현재가치
- 자본예산
- 운전자본관리
- 금융시장
- 자본비용
- 자기자본비용
- 타인자본비용
- 자본구조
- 배당정책
- 유보이익

요 약

- 재무관리는 기업의 자금흐름과 관련하여 기업활동에 소요되는 자금의 조달과 운용에 관한 활동을 계획, 조정, 통제하는 관리활동이다.
- 주요 재무의사결정으로는 투자결정, 자본조달결정, 그리고 혼합의사결정이 있다.
- 1년 이상의 장기적인 투자에 관한 계획을 자본예산이라고 하는데, 이때 투자 여부를 판단하는 방법에는 투자안의 순현재가치를 계산하여 결정하는 순현가법이 있다.
- 단기성 자본관리에서는 운전자본관리, 매출채권관리, 재고자산관리, 현금관리 등이 이루어진다. 이를 운전자본관리라고 하는데, 이의 목표는 수익성과 유동성의 조화이다.
- 금융시장은 자금수요자와 자금공급자 사이에 자금의 유통이 이루어지는 시장을 말한다. 직접금융시장과 간접금융시장으로 나뉜다.
- 자금은 자기자본과 타인자본으로 조달할 수 있는데, 자본을 조달하면 그 대가로 자본비용을 지불해야 한다. 자본비용을 낮출수록 기업가치는 상승한다.
- 배당정책은 기업의 이익을 배당금과 유보이익으로 나누는 결정을 말한다. 배당에는 현금배당과 주식배당이 있다.

연습문제

1. 재무관리자가 해야 하는 주요 의사결정에는 무엇이 있는가?
2. 화폐가치를 환산하는 이유는 무엇이며, 어떻게 환산하는가?
3. 순현재가치법이 무엇이며, 투자의사결정시 어떻게 활용되는가?
4. 금융기관의 종류를 체계적으로 설명하라.
5. 기업의 자본조달수단의 종류와 특징을 설명하라.
6. 배당정책의 의의를 설명하라.

볼거리 읽을거리

더 울프 오프 월 스트리트(The Wolf of Wall Street)

감독 : 마틴 스코세이지(Martin Scorsese)
출연 : 레오나르도 디카프리오(Leonardo DiCaprio)
조나 힐(Jonah Hill)
제작 : 레드 그래나이트 픽쳐스(Red Granite Pictures) 외
배급 : 파라마운트 픽쳐스(Paramount Pictures, 2013)

"더 울프 오브 월 스트리트"는 마틴 스코세이지 감독의 전기 블랙 코미디이다.

레오나르도 디카프리오가 연기한 조던 벨포트가 펌프 앤 덤프 사기, 자금 세탁, 증권 사기를 통해 주가를 조작하고 투자자를 속이는 모습을 우리는 여전히 불법의 바다에서 지켜보고 있다.

"더 울프 오브 월 스트리트"는 강렬한 장면, 어두운 유머, 금융산업의 탐욕과 부패에 대한 논평으로 월스트리트 영화의 고전이 되었다.

(자료 : XS.com 외)

찾아보기

장 영 광

성균관대학교 경영학과 졸업 | University of Michigan(경영학석사) | 고려대학교 대학원(경영학박사) | 한양대학교 상경대학 조교수 | University of Wisconsin 연구교수 | University of Washington 연구교수 | 정부투자기관 경영평가위원 | 공인회계사 시험출제위원 | 성균관대학교 경영대학원장 | 성균관대학교 경영대학장 겸 경영전문대학원장 | 한국증권학회 회장

현, 성균관대학교 명예교수 (e-mail : chang446@skku.ac.kr)

주요 저서 및 논문 현대 경영학의 이해(신영사, 2024) | 생활속의 증권투자론(신영사, 2023) | 경영분석(한빛아카데미, 2022) | EXCEL 활용 투자관리(신영사, 2020) | 증권투자론(신영사, 2019) | 현대투자론(신영사, 2017) | 현대재무관리(신영사, 2014) | 상호저축은행 경영실태평가지표 타당성분석 및 도난예측(2004) | 한국주식시장에서 가치투자전략의 성과와 원천(2003) | 단기간 증권수익률 구성요소의 상대적 비중 측정(1999) | 매매거래제도의 변경과 증권시장의 운영효율성(1998) | 한국증권시장의 미시구조와 주가변동성의 원천에 관한 연구(1997) 외

정 기 만

성균관대학교 경영학과 졸업 | 성균관대학교 대학원(경영학 석사 · 박사) | 미 일리노이주립대 연구교수 | 정부 공공기관사업 심사위원 | 국세청 국세심사위원 | 조달청 기술평가위원 | 국가자격(경영지도사) 시험 출제/채점위원 | 취업전문기관 및 주요 대기업 입사/승진시험 출제 | 한국교통대학교 평생교육원장, 인문사회대학장, 기획처장, 교무처장 | 한국기업경영학회 편집위원장 · 회장 | 대한경영학회 편집위원장 · 부회장

현, 한국교통대학교 융합경영학과 교수 (e-mail : kmjeong@ut.ac.kr)

주요 저서 및 논문 현대 경영학의 이해(신영사, 2024) | MZ의 재테크와 자산관리(신영사, 2023) | 생활속의 증권투자론(신영사, 2023) | 표준재무관리에센스(신영북스, 2014) | 정보화사회와 기업경영(신영사, 2007) | 경영자의 경기전망에 대한 인식이 투자의사 결정에 대한 방식과 조직에 미치는 영향(2015) | 국내 외국교육기관 회계기준의 특성에 관한 연구(2015) | Kirkpatrick 등의 경영자 특성은 우리나라에서도 유효한가?(2014) | 교수학습 방법에 따른 학습효과 분석 : 경영정보학 교과에 대한 PBL 효과를 중심으로(2013) | 지방 이전 기업의 재무적 성과 비교에 관한 연구(2012) 외

제8판 생활속의 경영학

2003년 8월 30일 제 1 판 1쇄 발행
2025년 1월 10일 제 8 판 1쇄 인쇄
2025년 1월 15일 제 8 판 1쇄 발행

저 자 장영광 · 정기만
발 행 인 권 영 섭
발 행 처 (주) 신 영 사
경기도 파주시 심학산로 12(출판문화단지)
등 록 : 1988. 5. 2 / 제406-1988-000020호
전 화 : 031-946-2894(代)
F A X : 031-946-0799
e - mail : sys28945@naver.com
홈페이지 : http://www.shinyoungsa.co.kr

정가 33,000원
ISBN 978-89-5501-872-1